# DICIONÁRIO
## DE
# ARGUMENTAÇÃO
Uma introdução aos estudos da argumentação

*Conselho Acadêmico*
Ataliba Teixeira de Castilho
Carlos Eduardo Lins da Silva
Carlos Fico
Jaime Cordeiro
José Luiz Fiorin
Tania Regina de Luca

Proibida a reprodução total ou parcial em qualquer mídia
sem a autorização escrita da editora.
Os infratores estão sujeitos às penas da lei.

A Editora não é responsável pelo conteúdo deste livro.
O Autor conhece os fatos narrados, pelos quais é responsável,
assim como se responsabiliza pelos juízos emitidos.

Consulte nosso catálogo completo e últimos lançamentos em **www.editoracontexto.com.br**.

Christian Plantin

# DICIONÁRIO DE ARGUMENTAÇÃO

Uma introdução aos estudos da argumentação

*Coordenação da tradução*
Rubens Damasceno-Morais
Eduardo Lopes Piris

*Uniformização terminológica,
pesquisa e inserção de excertos em português, notas*
Rubens Damasceno-Morais

*Tradução*
Ana Lúcia Tinoco Cabral (A.L.T.C.)
Ângela Maria da Silva Correa (A.M.S.C)
Eduardo Lopes Piris (E.L.P.)
Luci Banks-Leite (L.B.L.)
Luís Fernando Bulhões Figueira (L.F.B.F.)
Maria Helena Cruz Pistori (M.H.C.P.)
Priscila Renata Gimenez (P.R.G.)
Rodrigo Seixas (R.S.)
Rosalice Botelho Wakim Souza Pinto (R.B.W.S.P.)
Rubens Damasceno-Morais (R.D.M.)
Rui Alexandre Lalanda Martins Grácio (R.A.L.M.G.)
Suzana Leite Cortez (S.L.C.)

editora**contexto**

Texto originalmente publicado em francês com o título Dictionnaire de l'argumentation. Une introduction aux études d'argumentation © 2016 ENS ÉDITIONS.

Direitos de publicação no Brasil adquiridos pela Editora Contexto (Editora Pinsky Ltda.)

*Foto de capa*
Jaime Pinsky

*Montagem de capa e diagramação*
Gustavo S. Vilas Boas

*Preparação de textos*
Daniela Marini Iwamoto

*Revisão*
Hires Héglan, Lilian Aquino e Mariana Carvalho Teixeira

---

Dados Internacionais de Catalogação na Publicação (CIP)

---

Plantin, Christian
Dicionário de argumentação : uma introdução aos estudos da argumentação / Christian Plantin ; coordenação da tradução Rubens Damasceno-Morais, Eduardo Lopes Piris ; tradução de Ana Lúcia Tinoco Cabral...[et al]. – São Paulo: Contexto, 2025.
608 p.

Bibliografia
ISBN 978-65-5541-610-7
Título original: Dictionnaire de l'argumentation:
Une introduction aux études d'argumentation

1. Discussões e debates – Dicionários 2. Persuasão (Retórica) 3. Linguagem 4. Linguística I. Título II. Damasceno-Morais, Rubens III. Piris, Eduardo Lopes IV. Cabral, Ana Lúcia Tinoco

25-2700                                    CDD 808.53

---

Angélica Ilacqua – Bibliotecária – CRB-8/7057

Índice para catálogo sistemático:
1. Discussões e debates – Dicionários

---

2025

---

EDITORA CONTEXTO
Diretor editorial: *Jaime Pinsky*

Rua Dr. José Elias, 520 – Alto da Lapa
05083-030 – São Paulo – SP
PABX: (11) 3832 5838
contato@editoracontexto.com.br
www.editoracontexto.com.br

# Apresentação à edição brasileira

Há de tomar o pregador uma só matéria, há de defini-la para que se conheça, há de dividi-la para que se distinga, há de prová-la com a Escritura, há de declará-la com a razão, há de confirmá-la com o exemplo, há de amplificá-la com as causas, com os efeitos, com as circunstâncias, com as conveniências que se hão de seguir, com os inconvenientes que se devem evitar, há de responder às dúvidas, há de satisfazer as dificuldades, há de impugnar e refutar com toda a força da eloquência os argumentos contrários, e depois disto há de colher, há de apertar, há de concluir, há de persuadir, há de acabar. Isto é sermão, isto é pregar, e o que não é isto, é falar de mais alto. Não nego nem quero dizer que o sermão não haja de ter variedade de discursos, mas esses hão de nascer todos da mesma matéria, e continuar e acabar nela. Quereis ver tudo isto com os olhos?

Ora vede. Uma árvore tem raízes, tem troncos, tem ramos, tem folhas, tem varas, tem flores, tem frutos. Assim, há de ser o sermão: há de ter raízes fortes e sólidas, porque há de ser fundado no Evangelho; há de ter um tronco, porque há de ter um só assunto e tratar uma só matéria. Deste tronco hão de nascer diversos ramos, que são diversos discursos, mas nascidos da mesma matéria, e continuados nela. Estes ramos não hão de ser secos, senão cobertos de folhas, porque os discursos hão de ser vestidos e ornados de palavras. Há de ter esta árvore varas, que são a repreensão dos vícios, há de ter flores, que são as sentenças, e por remate de tudo há de ter frutos, que é o fruto e o fim a que se há de ordenar o sermão. De maneira que há de haver frutos, há de haver flores, há de haver varas, há de haver folhas, há de haver ramos, mas tudo nascido e fundado em um só tronco, que é uma só matéria. Se tudo são troncos, não é sermão, é madeira. Se tudo são ramos, não é sermão, são maravalhas. Se tudo são folhas, não é sermão, são verças. Se tudo são varas, não é sermão, é feixe. Se tudo são flores, não é sermão, é ramalhete. Serem tudo frutos não pode ser; porque não há frutos sem árvores. Assim que nesta árvore, a que podemos chamar árvore da vida, há de haver o proveitoso do fruto, o formoso das flores, o rigoroso das varas, o vestido das folhas, o estendido dos ramos, mas tudo isto nascido e formado de um só tronco, e esse não levantado no ar, senão fundado nas raízes do Evangelho: *Seminare sémen*. (Vieira, I, p. 22-23)

Esse texto faz parte do antológico *Sermão da sexagésima*, pregado por Antônio Vieira na Capela Real, em 1665. Nele, o missionário fundamenta sua argumentação no predicável ... *exiit qui seminat seminare* (Mat.13: 3), a que acrescenta *semen suum* (saiu o que semeia a semear sua semente). Desenvolve palavra por palavra, elaborando uma teoria oratória. Nele pretende ensinar como fazer que uma prédica seja eficiente, ou seja, que atinja o objetivo colimado, que é persuadir os homens, levá-los a crer na palavra de Deus e a fazer uma mudança em suas vidas. Nele está, pois, desenvolvida uma teoria da persuasão a serviço da parenética, ou seja, da eloquência sagrada. Vieira analisa as causas de ineficiência dos sermões e mostra como se deve fazer uma boa pregação. Segundo ele, as razões do sucesso ou do insucesso de uma prédica podem estar ligadas a cinco circunstâncias: a pessoa do pregador, sua ciência, a matéria de que trata, o estilo que segue, a voz com que fala. O texto acima é um trecho da parte que trata da matéria.

Esse é o principal texto doutrinário, em língua portuguesa, do método de pregar. É interessante que um texto antolológico do cânone literário brasileiro trate da teoria da argumentação.

Na parte em que discute a matéria do sermão, a proposição de Vieira é que, para que um sermão tenha êxito, é preciso que trate de um só assunto, caso contrário, os ouvintes não poderão entendê-lo dada a confusão que se cria.

No primeiro parágrafo do trecho, Vieira explica como organizar um sermão. Na introdução, o pregador enuncia o assunto, define-o e expõe as partes que o compõem. No desenvolvimento, deve usar os seguintes recursos argumentativos: o argumento de autoridade ("há de prová-la com a Escritura"), o raciocínio baseado em relações fundamentadas na realidade ("há de declará-la com a razão; há de amplificá-la com as causas, com os efeitos, com as circunstâncias, com as conveniências que se hão de seguir, com os inconvenientes que se devem evitar"), o exemplo e a ilustração ("há de confirmá-la com o exemplo"). Além disso, em sua argumentação, deve o pregador antecipar as dúvidas e respondê-las, apontar e discutir as dificuldades para comprovar uma tese e não escamoteá-las, imaginar os argumentos contrários e refutá-los. Na conclusão, há de retomar o que foi dito ("há de colher"), resumir ("há de apertar") e, enfim, concluir. Aborda em seguida a questão da variedade, mostrando que o que é variado, em um sermão, são as diversas abordagens do mesmo assunto ("variedade de discursos") e não os assuntos.

No segundo parágrafo, para comprovar essa ideia, argumenta por analogia, comparando a prédica a uma árvore. Só existe árvore se houver raiz, tronco, ramos, folhas, varas, folhas e frutos. Também só existe sermão se partir de um texto dos Evangelhos (raiz), se tratar de uma só matéria (tronco), se abordar as diferentes maneiras como essa matéria pode ser analisada (ramos), se esses modos de abordagem forem veiculados por palavras (folhas), se servir para vergastar os vícios (varas), se for ornado de uma boa organização discursiva (flores), se conseguir atingir uma finalidade (fruto). Se não tiver tudo isso não é sermão, assim como se uma árvore não tiver todos os componentes enunciados não é árvore. O que comanda todos os elementos da prédica é a unidade do assunto, fundado nos Evangelhos, assim como o que sustenta os componentes da árvore é o tronco, assentado nas raízes. Em seguida, Vieira vai enfatizar essa analogia entre a prédica e a árvore, com um paralelismo sintático que associa uma a outra: oração condicional referente a um conjunto de partes da árvore + oração negativa que afirma que esse conjunto não é sermão + oração positiva que diz o que é esse conjunto: por exemplo, "Se tudo são troncos, não é sermão, é madeira". Conclui essa analogia mostrando as qualidades que deve ter a prédica: o proveito do fruto, a beleza das flores, o rigor das varas, o revestimento das folhas, a extensão dos ramos, mas tudo nascido de um só tronco e este fundado nas raízes do Evangelho. Termina com uma citação da parábola do semeador, que serve, no *Sermão da sexagésima*, para usar a metáfora de Vieira, de raiz para o tronco: *Seminare semen*.

Toda a obra de Vieira, que foi professor de retórica no Colégio de Olinda, serve para ilustrar os conceitos apresentados na monumental obra, que vem a lume pela Editora Contexto, *Dicionário de argumentação: uma introdução aos estudos da argumentação*, de Christian Plantin, professor emérito da Universidade Lumière Lyon II e um dos maiores especialistas em teoria da argumentação.

Na Antiguidade e na Idade Média, o campo dos estudos linguísticos repartia-se em três disciplinas, a Dialética, a Retórica e a Gramática, o *trivium* dos medievais. A Dialética trata dos enunciados em sua relação com os objetos que supostamente eles representam e, por isso, tem a finalidade de distinguir o verdadeiro do falso. A Retórica estuda os meios de persuasão criados pelo discurso e analisa, nos enunciados, os efeitos que eles podem produzir nos ouvintes. A Gramática é a ciência dos enunciados considerados em si mesmos, ou seja, é o domínio do conhecimento que busca apreender os conteúdos e analisar os elementos da expressão que os veiculam. Diz Rener que a Retórica era definida como a *ars bene dicendi*, a Gramática, como a *ars recte dicendi*, e a Dialética, como a *ars uere dicendi* (1989, p. 147).

Essas três artes constituem-se progressivamente do fim do século V a.C. (a época dos sofistas) até por volta do século I a.C., quando encontram um ponto de equilíbrio em sua delimitação recíproca. Durante quase dois milênios a Retórica foi uma disciplina que gozava de imenso prestígio. No entanto, no período compreendido entre o século XIX e a primeira metade do século XX, ela entra em declínio.

Bender e Wellbery estudam as condições discursivas que levaram ao declínio da Retórica (1990). Em primeiro lugar, a definição de um ideal de transparência, objetividade e neutralidade do discurso científico com base na concepção de que a linguagem representa a realidade, o que é incompatível com o princípio da antifonia de que a cada discurso corresponde outro discurso, produzido por outro ponto de vista, o que significa que o discurso constrói a maneira como vemos a realidade. Em oposição a essa primeira condição discursiva de declínio da Retórica, surge um ideal paradoxalmente contrário para o discurso literário, o de originalidade, individualidade e subjetividade, o que conflita com a ideia de um estoque de lugares-comuns e de procedimentos à disposição do escritor. Em terceiro lugar, ocorre a ascensão do liberalismo como modelo do discurso político, que pretende que as escolhas dos agentes políticos são pautadas pela racionalidade, o que é inconciliável com o ideal de persuasão que está na base da Retórica. Em quarto, o modelo de comunicação oral é substituído por um modelo de comunicação escrita, o que deixa em segundo plano a eloquência que serviu de ponto de partida para a criação da Retórica. Finalmente, com a emergência dos Estados-nação e com o papel que adquirem as línguas nacionais dentro desse novo quadro, o latim deixa de ser a referência cultural. O positivismo científico e a estética romântica foram os paradigmas discursivos que não admitiam mais o papel exercido pela Retórica por mais de dois milênios.

Na segunda metade do século XX, novas condições discursivas alteram, conforme Bender e Wellbery (1990), as premissas culturais hostis à Retórica e assiste-se, então, a seu renascimento. Em primeiro lugar, o século XX liquidou o ideal de objetividade e neutralidade científica do positivismo. Muitos teóricos (por exemplo, Heisenberg e Gödel) mostram que os dados de observação não são neutros. Por outro lado, começa-se a verificar, conforme modelo difundido por Thomas Kuhn, que as ciências são construções dentro de determinados paradigmas. Em segundo lugar, a arte moderna solapa a noção de subjetividade fundadora da estética romântica. Com o surrealismo e, mais ainda, o dadaísmo, a experiência estética é vista como um jogo de forças inconscientes e linguísticas em relação a que o sujeito está descentrado. O ideal de originalidade é relativizado. Em terceiro lugar, o modelo de comunicação política é encarnado na publicidade, no *marketing*, nas relações públicas, em que a racionalidade dos agentes não é mais um axioma. O que se pretende é persuadir, isto é, convencer ou comover, ambos meios igualmente válidos de conduzir à admissão de determinada ideia. Com o advento das novas mídias, o modelo de comunicação escrita sofre um abalo, pois, como mostrou McLuhan (1969), há uma relação profunda entre a nova cultura da imagem e a cultura oral pré-clássica. Finalmente, revalorizam-se o poliglotismo, os dialetos, os jargões. É no bojo dessas condições discursivas que se produz uma mudança na Linguística que possibilita sua aproximação com a Retórica.

Há, asssim, um redimensionamento da teoria da argumentação, com a introdução de novas noções e o estabelecimento de novas perspectivas. A obra de Plantin integra os clássicos (Aristóteles, Cícero e Quintiliano) aos debates contemporâneos e também apresenta as noções criadas pela teorias atuais.

Todo discurso é de natureza argumentativa, pois todas as manifestações linguísticas, desde a fala cotidiana até as grandes obras literárias, têm uma organização antifônica, já que apresentam um ponto de vista a favor de uma tese, que se liga a outro contrário a ela, que admite uma réplica, e assim sucessivamente. A argumentação é também o exercício da função crítica da linguagem. Plantin não apresenta, em seu *Dicionário*, uma abordagem filosófica ou histórica dos conceitos que se dispõem em verbetes, mas busca dar a eles um valor operacional. Isso significa que os verbetes expõem práticas discursivas utilizadas pelos falantes em sua atividade linguística. Isso mostra a incomensurável utilidade desse dicionário, que serve a todos os que se interessam pela prática da argumentação. Afinal, todos os que têm interesse pelo antagonismo discursivo, principalmente nestes tempos de forte polarização social, têm necessidade de conhecer o discurso sobre a argumentação, para melhor desempenhar sua atividade argumentativa. Assim, esse dicionário apresenta-se como um legítimo herdeiro da arte retórica. A Retórica é chamada arte (do latim *ars*, que traduz o grego *techné*), porque é um conjunto de habilidades (é uma técnica, entendiam os antigos) que visa tornar o discurso eficaz, ou seja, capaz de persuadir. Assim, a argumentação pode ser aperfeiçoada e é esse o grande objetivo desse dicionário: ajudar-nos a tornar nosso discurso cada vez mais eficaz, definindo rigorosamente os termos que constituem o vocabulário do campo da argumentação, exemplificando, com textos escritos ou orais, cada prática argumentativa. Dessa forma, sem perder em nenhum momento o rigor teórico, essa obra tem uma finalidade didática, que era o objetivo último de todas as obras retóricas dos autores clássicos: ensinar a argumentar.

Cada verbete apresenta remissões. Assim, essa obra convida para mais de um percurso de leitura: pode-se lê-la alfabeticamente, para conhecer um dado conceito; mas também se pode ler um verbete e suas remissões, para entender um conjunto de imbricações conceituais.

Esse dicionário é um trabalho de fôlego, que compreende os conceitos usuais do campo da teoria da argumentação, os princípios gerais que constituem seus fundamentos, as noções de várias origens teóricas, mas coerentemente organizadas, com vistas a que o leitor sempre perceba seu valor operacional.

Cabe lembrar ainda que apresentar um campo do conhecimento sob a forma de dicionário revela uma visão muito atual do saber: a ciência nunca está acabada; ela possibilita sempre exclusões, alterações, acréscimos, o que uma exposição não alfabética não permite com facilidade. Essa obra recusa uma concepção religiosa da ciência, muito presente em nossas universidades, que pretende que uma teoria seja considerada "a" verdade. Christian Plantin tem uma concepção, diríamos utilizando um pleonasmo, científica da ciência: ela é sempre uma organização provisória, sempre sujeita a mudanças.

Cabe fazer uma referência ao gigantesco trabalho de tradução de uma equipe coordenada por Rubens Damasceno-Morais e Eduardo Lopes Piris.

Por tudo o que se disse, nota-se que esse livro é magnífico, em sua completude, em sua operacionalidade, em sua clareza, em sua importância, em seu rigor... É um convite a uma aventura intelectual que nos deixará munidos para viver este tempo de fortes antagonismos e participar ativamente dele.

Na capital paulista, num dia escaldante do verão de 2025.
José Luiz Fiorin (USP)

**REFERÊNCIAS BIBLIOGRÁFICAS**

BENDER, John; WELLBERY, David E. *The Ends of Rhetoric:* History, Theory and Practice. Stanford: Stanford University Press, 1990.

MCLUHAN, Marshall. *Os meios de comunicação como extensão do homem.* São Paulo: Cultrix, 1969.

RENER, Frederick M. *Interpretatio. Language and Translation from Cicero to Tytler.* Amsterdam/Atlanta: Éditions Rodopi, 1989.

VIEIRA, Antônio. *Sermões.* v. I. Porto, Lello, 1959.

# Metodologia de tradução para o português

- O complexo trabalho de tradução do *Dictionnaire de l'argumentation* de Christian Plantin, publicado originalmente em francês (2016), pela ENS Éditions, iniciou-se em 2019 e contou com uma equipe de 12 professores, aos quais agradecemos imensamente, não só pelo empenho, como também pela seriedade e boa vontade em nos ajudar a trazer à luz este relevante texto, já publicado em inglês e, brevemente, em árabe. Muitíssimo obrigado a vocês!
- Utilizamos rodapés em duas situações principais: 1) informar algumas escolhas de tradução mais acerbas; 2) apresentar a versão integral de alguns excertos, às vezes arrolados de forma fragmentada/pulverizada pelo autor.
- Há duas referências bibliográficas ao final: a primeira ("Obras citadas e já traduzidas para o português"), em que arrolamos todas as traduções que encontramos e cujos excertos utilizamos no bojo da obra, e a segunda ("Versão original"), na qual meramente mantivemos as referências originais, exatamente como constam na versão original e de acordo com as normas técnicas francesas.
- Acerca das referências às principais obras clássicas citadas, adotamos as seguintes abreviaturas:

| Arist. | Aristóteles |
|---|---|
| A.P. | Analíticos posteriores (Analytica posterior) |
| A.A. | Analíticos anteriores (Analytica priora) |
| Cat. | Categorias (Categoriae) |
| E.E. | Ética a Eudemo (Ethica Eudemia) |
| E.N. | Ética a Nicômaco (Ethica Nicomachea) |
| Int. | Da interpretação (De interpretatione) |
| Part. an. | Partes dos animais (De partibus animalium) |
| Poet. | Poética (Poetica) |
| Pol. | Política (Politica) |
| Ret. | Retórica (Rhetorica) |
| R.S. | Refutações sofísticas (Sophistici elenchi) |

| Top. | Tópicos (Topica) |
|---|---|
| Cic. | Cícero (Marco Tulio) |
| De or. | Do orador (De oratore) |
| Inv. rhet. | (De inventione rhetorica) |
| Orat. | (Orator ad M. Brutum) |
| Div. | As divisões da arte oratória (Partitiones oratoriae) |
| Top. | Tópicos (Topica) |
| [Cícero] | [Obra atribuída a Cícero] |
| Her. | Retórica a Herênio (Rhetorica ad Herennium) |
| Pr. ac. | Primeiros acadêmicos |
| Pl. | Platão |
| Eut. | Eutidemo (Euthydemus) |
| Fed. | Fedro (Phaedrus) |
| Górg. | Górgias (Gorgias) |
| Quint. | Quintiliano |
| Inst. | Instituição Oratória (Institutio oratoria) |
| Eur. | Eurípides |
| Hip. | Hipólito |

- Eis o percurso metodológico da tradução, em 9 etapas:
  - **1ª etapa**: divisão do livro em 12 partes iguais e tradução livre de cada uma das partes por cada membro da equipe.
  - **2ª etapa**: formação de duplas, em que cada pessoa da dupla leu criticamente e teceu comentários sobre a tradução de seu colega. Ambos discutiram as escolhas e/ou problemas, e, por fim, uma versão final de cada parte, comentada, foi entregue aos coordenadores.
  - **3ª etapa**: a partir da junção das 12 partes em um só texto, foram elaboradas três planilhas, cada uma categorizando o nível de dificuldade e problemas de uniformização a serem resolvidos diretamente com o autor do livro, Christian Plantin.
  - **4ª etapa**: envio do material já traduzido para o autor, o qual leu cuidadosamente todo o texto e corrigiu, atualizou e ampliou o teor do dicionário (Plantin compreende bem o português). Desse modo, esta versão em português do *Dictionnaire* é também uma versão **corrigida e ampliada**, em relação à versão original publicada em 2016.
  - **5ª etapa**: sessões *on-line* de discussão realizadas com o próprio Christian Plantin, o qual esteve sempre à disposição para esclarecer dúvidas diversas.
  - **6ª etapa**: mapeamento de obras citadas no dicionário e já traduzidas para o português. O levantamento da existência das obras em português

realizou-se nos seguintes *sites*: Amazon, Estante Virtual, Sistema de bibliotecas UFMG, portal do docente e pesquisador da Biblioteca Central da Universidade de Brasília, Library Genesis, até o dia 31 de maio de 2024. Outros *sites* foram eventualmente consultados, mas os anteriormente arrolados foram os principais.

- **7a etapa**: busca dos excertos citados nas obras já traduzidas para o português. Optamos por utilizar a tradução já existente, para evitar retradução e, ainda, para valorizarmos os trabalhos dos tradutores brasileiros. Em seguida, inserimos os excertos encontrados no conjunto da versão final do texto.
- **8ª etapa**: inserção, na versão final, das atualizações (correções, supressões, ampliações) propostas pelo autor para esta versão em português.
- **9ª etapa**: uniformização terminológica e inserção de rodapés.

- Achamos, neste momento, pertinente recomendar o artigo "O dicionário como ferramenta para o ensino de argumentação", publicado em 2021, pela revista *Entrepalavras* (v. 11, n. esp.: 1-20), em que Plantin e Damasceno-Morais apresentam a gênese e metodologia de elaboração da versão original do *Dictionnaire de l'argumentation* (Plantin, 2016), trazendo à luz os fundamentos, o processo de elaboração de um dicionário inédito e específico de argumentação e retórica, do qual a presente edição é uma edição revista e ampliada pelo próprio autor, em português do Brasil.

Os coordenadores

# PREFÁCIO

Esta obra só foi possível graças ao trabalho de Jean-Claude Anscombre, Anthony Blair, Oswald Ducrot, Frans van Eemeren, Jean-Blaise Grize, Rob Grootendorst, Charles L. Hamblin, Lucie Olbrechts-Tyteca, Chaïm Perelman, Stephen E. Toulmin, Douglas Walton, John Woods. Esses autores redimensionaram o campo de estudos em argumentação, reintegraram-no aos domínios científico e filosófico contemporâneos, introduziram novas noções e possibilitaram novas perspectivas cuja exploração está longe de acabar.

Aristóteles, Cícero e Quintiliano fundaram a tradição de observação das práticas argumentativas e dos estudos em argumentação. Não obstante, a distância temporal desses autores é, muitas vezes, um obstáculo à leitura de seus clássicos. Sem dúvida sob a influência das grandes correntes americanas de estudos da retórica e da argumentação, eu li e integrei as obras clássicas aproveitando o que elas trazem de propostas e de esquemas de análise, buscando sempre integrá-las ao grande debate contemporâneo, na seara da argumentação.

Não podemos nos furtar dos postulados teóricos. Sem nenhuma pretensão de originalidade, a visão geral de argumentação mobilizada neste *Dicionário* será descrita a seguir.

A argumentação será abordada como *uma atividade linguageira* e, principalmente, como atividade semiótica a partir do exercício cotidiano da linguagem. A fala do dia a dia apresenta, certamente, uma existência *oral* e *dialogada*. A argumentação se ocupa, nesse sentido, da organização *antifônica* da fala, em que um ponto de vista "a favor" está sempre ligado a um "contra" com direito à *réplica*, e assim por diante. A argumentação é irremediavelmente diálogo e monólogo. Ela estabelece e revisa concepções, esquematizações, inferências e associações de palavras e ideias. Argumentar é também exercer a *função crítica da linguagem*. Por *crítica da linguagem* queremos dizer, ao mesmo tempo, crítica da fala e da língua.

As disciplinas científicas discursivas empregam uma postura crítica tomando por base meramente seus limites e objetivos. As ciências duras utilizam-se da argumentação no âmbito de suas necessidades teóricas, mas descartam-na quando dela não têm mais serventia. Nesse sentido destaca-se uma característica extraordinária da linguagem cotidiana, isto é, a de poder engendrar outras linguagens, capazes de adentrar reentrâncias pouco exploradas.

É preciso dizer que esta obra não se situa no mesmo plano dos trabalhos de enciclopedistas, os quais propõem sempre uma abordagem filosófica e histórica das noções.

Nosso objetivo é outro: as noções propostas são apresentadas a partir de seu *valor operacional*, sempre se levando em consideração o uso das práticas discursivas mobilizadas pelos locutores em suas discussões cotidianas.

Este dicionário foi concebido a partir de experiências em seminários de ensino e pesquisa sobre argumentação, oferecidos por mim. Algumas das formulações aqui propostas representam o fruto daqueles encontros. O público dos seminários constituiu-se de colegas experimentados no ensino da argumentação com projetos e pesquisas nesse domínio; pesquisadores em começo de carreira e estudantes em diversos níveis de formação. Nesse sentido, um dos grandes desafios deste dicionário foi trabalhar com público tão eclético. Não obstante, foi sempre com foco nesse público que me dispus a empreender este trabalho, tomando em consideração, sobretudo, os pesquisadores em começo de carreira e os estudantes.

Eu espero que a consulta a esta obra seja útil não somente àqueles que (ainda?) não ousam se autodenominar *argumentólogos*, mas também a todos que se interessam por reflexões no domínio da argumentação e que, justamente por tal interesse, sintam necessidade de *falar* sobre argumentação. A atividade de argumentar nos leva a criticar discursos que apresentem pontos de vista antagônicos ou mesmo que propõem soluções diferentes aos mesmos problemas. Nesse sentido, se queremos nos posicionar acerca de tantos discursos em franco antagonismo, é fundamental que *falemos* desses discursos. O exercício ordinário da argumentação supõe, portanto, o uso sistemático de um discurso *sobre* a argumentação, de uma metalinguagem ordinária da argumentação. Nossa expectativa é de que não apenas *teóricos*, mas os *praticantes* da argumentação se interessem de alguma forma por este trabalho. Esperamos ainda que as observações que fazemos ao longo do livro sejam *reinvestidas* em *práticas argumentativas*.

Afora as buscas de informação pontuais na internet, muitas vezes em inglês, todo aquele que se embrenha no mundo da argumentação – como em qualquer outro campo das ciências humanas – já se viu à cata de clarificações conceituais, de definições e de coerência conceitual.

Achar respostas para essas pequenas buscas isoladas não é necessariamente complicado, quando se trata de um conceito apenas, de uma definição específica. Não obstante, o problema surge quando há *pluralidade de definições* para um mesmo termo ou quando há *pluralidade de termos* para uma mesma definição. E essa situação se agrava quando nos deparamos com inusitadas nuances estilísticas que, no fim das contas, até podem ser sedutoras. O caso dos argumentos *a pari, a simili, por analogia*, isso sem falar no *per analogiam*, são um exemplo dessa miríade de vários termos para uma só definição. Nesse sentido, se pretendemos não apenas admirar, mas também compreender o que se passa, então precisamos, forçosamente, renunciar a algumas nuances conceituais, considerando que muitos termos, ao fim e ao cabo, não passam de rótulos diferentes de uma mesma definição.

Uma segunda dificuldade: a coerência das definições entre esses termos. Apenas para ficarmos no caso dos vários rótulos para "argumento por analogia" (*a pari, a simili, per analogiam* etc.), vemos essa dificuldade novamente, por exemplo, quando precisamos decidir se consideramos expressões como *regra de justiça* ou *argumento pelo precedente* como sinônimas. Sem pretendemos dar um tratamento estrito e rigoroso aos estudos da argumentação, é importante prestarmos atenção nos eventuais liames entre as noções que nos dispomos a definir.

Ao tentarmos resolver o primeiro problema, corremos o risco da simplificação arbitrária de várias definições para um mesmo termo; no caso da segunda dificuldade, arriscamo-nos a ser muito rígidos no trato de duas expressões para uma mesma definição. Se fracassarmos nos dois planos, teremos simplesmente piorado aquilo que tentamos remediar.

Se este dicionário der fôlego a "propostas mártires", isto é, aquelas que em vez de encerrar uma polêmica venham a colocar mais lenha na fogueira, eu, sinceramente, já estarei feliz.

Este dicionário reúne termos relativamente técnicos que constituem um vocabulário compartilhado no domínio da argumentação. De *argumentação* a *tópica*, passando por *ônus da prova*, o grau de tecnicidade é bem variado. Certos termos correspondem a termos cotidianos, mas utilizados com matizes diferentes em teoria da argumentação. É o sentido matizado que vamos apresentar aqui. O verbete "Pragmático, arg." não tratará da Pragmática como Filosofia ou como braço da Linguística. Neste caso específico, falaremos sobre o *Argumento pragmático*.

O livro que ora apresentamos situa a argumentação no domínio do estudo da *fala* e suas duas faces, isto é, a *enunciativa* e *interacional,* e a discursiva (pertencente ao campo dos estudos do discurso), a exemplo do *Dicionário de análise do discurso* de Patrick Charaudeau e Dominique Maingueneau (Contexto, 2004), o qual, é preciso dizer, me inspirou a elaborar este *Dicionário de argumentação*.

Muitos dicionários ou mesmo léxicos do domínio da Lógica e da Retórica apresentam definições de termos do campo da teoria da argumentação, como o *Compendio de lógica: argumentación y retórica* de L. Vega Reñon e P. Olmos Gómez (2011). Até onde sei, não há muitos dicionários de argumentação circulando por aí, exceção feita ao livro *Sztuka argumentacji – Slownik terminologiczny* [Arte de argumentar – Dicionário terminológico] de Krysztof Szymanek (2004), em polonês.

Este dicionário apresenta 248 verbetes principais e 66 verbetes secundários. Um verbete secundário pode corresponder a um homônimo de um verbete fundamental ou a uma noção definida dentro de um verbete fundamental. Nos dois casos, o verbete secundário fará alusão a um verbete principal no qual uma noção foi apresentada.

Esta obra não se propõe a ser um estudo das diversas maneiras de se argumentar nas diferentes culturas e civilizações. Tampouco se trata de um dicionário enciclopédico e histórico de argumentação, preocupado em traçar a origem de cada noção por meio de evoluções, sua relação com episódios históricos, sua estrutura atual e programas de pesquisa, posicionando cada autor ou cada escola em suas delimitações teóricas. Por uma questão de reflexo, compreensível, as grandes escolas contemporâneas insistem em suas características específicas. Nesse sentido, o leitor se sente, muitas vezes, em um fogo-cruzado de "teorias" que nem sempre conversam entre si, inclusive no que concerne ao próprio conceito de "argumentação".

Aqui trabalharemos noções, o que nos permitirá, na medida do possível, aparar arestas e harmonizar acepções muitas vezes difusas em diferentes teorias.

Os itens de um dicionário são constituídos por *verbetes* que abrigam noções. Neste trabalho, eu tentei, na medida do possível, contribuir com um grãozinho de sal, sugerindo alguma explicação complementar, um dado histórico ou algum exemplo, com o objetivo de tornar instigante o conteúdo apresentado. Não obstante, eu jamais busquei a definição perfeita ou uníssona, que, sabemos, não resistiria à primeira confrontação com dados e exemplos. As definições apresentadas voltam-se, sobretudo, àqueles que se interessam pelos estudos contemporâneos de argumentação e suas práticas discursivas orais ou escritas.

Os exemplos são variados. Alguns foram criados apenas com o objetivo de ilustrar um conceito; outros foram extraídos de textos escritos. Outros, ainda, advieram de textos orais oriundos de bancos de dados ou simplesmente de conversas notadas posteriormente. Suas marcas orais foram preservadas tanto quanto possível.

Os excertos apresentados correspondem a exemplos autênticos e/ou textos teóricos relevantes.

Os verbetes estão em ordem alfabética. Na iminência de possibilitarmos uma leitura orientada no que se refere a conceitos primos, foram feitos pequenos reagrupamentos temáticos. Isso pode ser visto, por exemplo, nos verbetes ligados à analogia argumentativa ou causalidade.

É possível que soe estranho apresentarmos um verbete não tão conhecido em uma entrada principal. No entanto, isso não anula a importância do conceito. Pode-se, nesse caso, simplesmente se tratar de um termo pouco divulgado. Nesse sentido, o presente dicionário poderá contribuir com os estudos de argumentação.

Haverá, certamente, expressões latinas ao longo do dicionário. E isso será discutido em "Nomes latinos dos argumentos".

Christian Plantin
(Tradução de R.D.M.)

# CONVENÇÕES

**VERBETES**

Os verbetes estão dispostos em ordem alfabética. Quando um verbete multifaceta-se em novas acepções, estas serão reagrupadas e reordenadas sempre a partir de um conceito geral.

Como exemplo, vejamos os diferentes verbetes ligados ao verbete principal *Analogia*:

Analogia (I): O pensamento analógico
Analogia (II): A palavra e o conceito
Analogia (III): Analogia categorial (arg.)
Analogia (IV): Analogia estrutural (arg.)

Não obstante, verbetes como *Comparação, metáfora, proporção* estão em ordem alfabética.

**TERMOS LATINOS**

Os nomes *mais recorrentes* dos argumentos em latim estão em ordem alfabética. Já os nomes *menos comuns* estarão em verbetes secundários.

Os verbetes em latim virão acompanhados de tradução, às vezes com algum comentário acerca de forma e/ou sentido. Tais informações tomam como referência principalmente o *Dictionnaire illustré latin-français* de F. Gaffiot, 1934.

**PARÊNTESES ANGULARES < >**

Esses sinais gráficos (de abertura e de fechamento) demarcarão símbolos e fórmulas. Por exemplo < A & não B >, que se lê "A e não B". Se utilizado isoladamente, isto é, sem abertura seguida de fechamento, o parêntese angular > será utilizado para indicar algum vínculo derivacional entre as palavras. Poderá ser o caso, por exemplo, de uma ligação histórica (particularmente etimológica):

*auctoritas* > autoridade

Ou poderá se tratar de ligação morfológica, puramente sincrônica:

política > político

### < [VERBETE], FAL., OU ARG. >

A forma < [Verbete], fal. > lê-se como: "Falácia de [Verbete]" e significa que o verbete foi discutido principalmente na parte do *Dicionário* em que se discorre sobre falácias. A forma < [Verbete], arg. > é lida de várias maneiras, por exemplo:

*A pari*, arg.: Argumento, argumentação *a pari*.
Definição, arg.: Argumento, argumentação por definição.
Caso a caso, arg.: Argumentação caso a caso.

Esse verbete indica um tipo de argumento ou de argumentação que pode, aliás, ser considerado falacioso.

### SETAS: ▶, →

A seta < ▶ > indica uma remissão ou referência (ver na sequência "Remissões").
A seta < → > indica várias funções, por exemplo:

- Implicação lógica do tipo: < A → B > (lê-se "A implica B")
- A relação de um argumento com uma conclusão, sem elucubrações acerca da identidade entre implicação lógica e encadeamento argumentativo.

### REMISSÕES DO TIPO: < ▶ > E < VER >, "VER"

< ▶ >
Essa seta acompanha os verbetes. Ela não significa que um termo seja sinônimo de outro. A seta indica simplesmente que o termo que a precede será definido no verbete subsequente. Exemplo:

Prosódia ▶ Paronímia (lê-se "O verbete **Prosódia** é definido no verbete **Paronímia**")

< ver >
No corpo ou no fim de um artigo, a indicação < ver > remete a um verbete ou conjunto de verbetes que trazem informações complementares relativas ao tema tratado no artigo. Essa indicação será muito útil para que se acompanhe a evolução de famílias de noções ao longo do dicionário. Por exemplo:

ver **Comparação**; *A fortiori*

Ali o leitor é convidado a consultar os termos < Comparação > e < *A fortiori* >. Os diferentes termos remissivos, sugeridos como consultas complementares, apresentados em um mesmo verbete, não seguem uma ordem estrita.

Um vocábulo remissivo pode, por exemplo, remeter a um grupo de verbetes. Por exemplo: < ver **Contrários** > remete a:

**Contrário e contraditório**
**Contrários: Argumentação, arg.**

Atenção: não é viável indicar todas as remissões, dada a amplitude de possibilidades. Isso significaria, por exemplo, que todas as ocorrências das palavras *argumento* ou *argumentação* deveriam ser acompanhadas por uma referência às entradas correspondentes. Por isso, elegemos algumas.

**ASTERISCOS < * >**

Acrescentado antes de uma palavra ou de um enunciado, o asterisco indica que a palavra e/ou o enunciado não são utilizados de fato, parecendo pouco aceitáveis em um determinado contexto.

Acrescentado antes do enunciado-conclusão de um silogismo, o asterisco indica que a conclusão não resulta da(s) premissa(s).

**ABREVIATURAS MAIS COMUNS**

| | |
|---|---|
| Adj. = Adjetivo | N = Nome |
| Adv. = Advérbio | Pl. = Plural |
| Arg. = Argumentação | PPas. = Particípio passado |
| Art. = Artigo ou verbete de um dicionário (vários são citados ao longo do texto) | PPr. = Particípio presente |
| Fal. = Falácia | Prep. = Preposição |
| Fr. = francês | Sing. = Singular |
| Gr. = grego | Subst. = Substantivo |
| Ing. = inglês | V = Verbo |
| Med. = medicina | |

**OUTRAS CONVENÇÕES**

**< L1, L2 >**

Nos breves diálogos que buscarão ilustrar alguns fenômenos argumentativos, os locutores serão designados por L1 e L2. Se o diálogo contiver mais de dois turnos de fala, o primeiro turno será indicado como L1_1, o segundo, L1_2 etc. O mesmo para o segundo turno de fala (L2_1, L2_2).

**< C >**

A letra < C > será usada para indicar a conclusão de uma argumentação. Vale lembrar que a teoria da argumentação na língua, de Ducrot e Anscombre, utiliza o símbolo < r >. Nesse sentido, quando o exemplo fizer referência àquela teoria, será usado o símbolo < r > (e não o símbolo < C >).

(R.D.M.)

# Relação dos verbetes

## A

- *A cohærentia* ▶ Coerência
- *A comparatione*, arg.
- *A conjugata*, arg.
- *A contrario*, arg.
- *A fortiori*, arg.
- *A pari*, arg.
- *A priori, a posteriori*, arg.
- *A repugnantibus*, arg.
- *A rubrica*, arg.
- *A simili*, arg.
- *Ab-, ad-, ex-*: Nomes latinos dos argumentos
- *Ab exemplo*, arg.
- Abdução
- Absurdo, arg.
- Absurdo: demonstração pelo absurdo
- Acidente, fal.
- Acordo
- Acordos prévios ▶ Condições de discussão
- *Ad baculum* ▶ Punições e recompensas
- *Ad hominem*, arg.
- *Ad incommodum*, arg.
- *Ad judicium* ▶ Fundamento arg.
- *Ad personam* ▶ Ataque pessoal
- *Ad populum*, arg.
- *Ad quietem* ▶ Tranquilidade
- *Ad rem* ▶ Fundamento, arg.
- *Ad verecundiam* ▶ Modéstia, arg.
- Afirmação do consequente ▶ Dedução
- Alinhamento, Aliança argumentativa ▶ Orientação (I)
- Ambiguidade
- Ambiguidade sintática
- Ameaça, arg.
- Anfibologia ▶ Ambiguidade sintática
- Analogia (I): o pensamento analógico
- Analogia (II): a palavra e o conceito
- Analogia (III): analogia categorial, arg.
- Analogia (IV): analogia estrutural, arg.
- Antanáclase, antimetábole, antiperístase ▶ Orientação (II)
- Antítese
- Antonomásia ▶ Imitação, paradigma, modelo
- Apagógico, arg.
- Aparentados ▶ Derivados ou palavras derivadas, arg.
- Aporia ▶ Assentimento; Estase
- Argumentação (I): um *corpus* de definições
- Argumentação (II): traços definitórios
- Argumentação (III): questões e interseções
- Argumentação (IV): da composição de enunciados ao enunciado autoargumentado
- Argumentação (V): argumentação como raciocínio revogável
- Argumentação (VI): desdobramentos contemporâneos dos estudos da argumentação
- Argumentação por etapas
- Argumentário ▶ Repertório argumentativo
- Argumentatividade, graus e formas ▶ Argumentação (II), (§6)
- Argumento, argumentação: as palavras
- Argumento – Conclusão
- Argumentos em *ab* (ou *a*): argumento *a contrario*
- Argumentos em *ad*: argumento *ad hominem*
- Argumentos em *e* (ou *ex*): argumento *ex concesso*
- Assentimento
- Associação ▶ Dissociação
- Assunto em questão, arg.
- Ataque pessoal
- Auditório ▶ Orador
- Autofagia ▶ Retorsão
- Autoridade, arg.
- Avaliação e avaliador

| 23 |

*Relação dos verbetes*

## B

- Baliza argumentativa

## C

- Caso a caso, arg.
- Categorização
- Causa
- Causalidade (I)
- Causalidade (II): argumentação estabelecendo e refutando a existência de um elo causal
- Causalidade (III): argumentação pela causa
- Chaleira, arg.
- Círculo vicioso
- Circunstâncias
- Classe argumentativa ► Escala argumentativa
- Classificação
- Coerência, arg.
- Comparação, arg.
- Completude, arg.
- Composição e divisão
- Concessão
- Conclusão ► Argumento – Conclusão
- Condições de discussão
- Conectivo ► Baliza; Marcador
- Conhecimento imediato e conhecimento por inferência
- Consenso – Dissenso
- Consequência, arg.
- Contra-argumentação
- Contradição
- Contraposição ► Contra-argumentação
- Contrário e contraditório
- Contrários, arg.
- Convergência
- Convergência – Ligação – Série
- Correlativos, arg.
- Crenças do auditório, arg.
- Crítica – Racionalidades – Racionalização

## D

- Debate
- Declive escorregadio, arg.
- Dedução, arg.
- Definição (I)
- Definição (II): argumentação das definições
- Definição (III): argumentação por definição
- Definição (IV): definição persuasiva
- Demonstração e argumentação
- Depois como antes, arg.
- Derivados ou palavras derivadas, arg.

- Desacordo conversacional e desacordo argumentativo
- Desperdício, arg.
- Desprezo, arg.
- Destruição do discurso
- Diagrama de Toulmin
- Diagrama, esquema, esquematização
- Dialelo ► Círculo vicioso
- Dialética
- Dilema
- Direção, arg.
- Discussão ► Dialética; Debate
- Dissenso ► Consenso – Dissenso
- Dissociação
- *Distinguo*
- Divisão ► Composição e divisão; Caso a caso
- Dúvida
- *Doxa*

## E

- Ectese ► Exemplo
- Emergência da argumentação
- Emoções: a construção argumentativa da emoção
- Entimema
- Epiquirema
- Epítrope
- Escala argumentativa
- Esquematização
- Estase
- Estratégia
- Estrutura argumentativa
- *Ethos* (I): a palavra
- *Ethos* (II)
- *Ethos* (III): uma categoria estilística
- *Ethos* (IV): caráter do auditório
- Etimologia, arg. ► Sentido original da palavra, arg.
- Evidência
- Evidencialidade
- Exagero
- *Ex concessis*
- *Ex datis*
- Exemplo, arg.
- *Exemplum*
- Explicação
- Expressão

## F

- Falácias como pecados da língua
- Falacioso (I): as palavras: *falacioso*, *falácia*; ingl. *fallacy*
- Falacioso (II): definições, teorias e listas

- Falacioso (III): Aristóteles
- Falacioso (IV): Port-Royal, Bacon, Locke
- Falsa causa ▶ Causalidade (II)
- Falsa pista
- Fé, arg.
- Figura
- Força
- Força das coisas, arg.
- Fórum argumentativo
- Fundamento, arg.

## G

- Generalidade da lei, arg.
- Generalização apressada ▶ Indução, arg.
- Gênero, arg.
- Genético ▶ Intenção do legislador, arg.; Falacioso (II)

## H

- Histórico ▶ Intenção do legislador, arg.
- Homem de palha ▶ Representação do discurso
- Homonímia (fal.)

## I

- Ignorância, arg.
- Ignorância da refutação, *ignoratio elenchi* ▶ Pertinência
- Imitação, paradigma, modelo
- Indicador ▶ Marcador
- Indício
- Indução
- Inferência
- Intenção do legislador, arg.
- Interação, diálogo
- Interpretação, arg.
- Interpretação, exegese, hermenêutica
- Ironia

## J

- Justiça, regra de –
- Justificação e deliberação

## L

- Leis de passagem ▶ Diagrama de Toulmin; *Topos*
- Leis do discurso
- Ligação, arg.
- Linha argumentativa ▶ Repertório argumentativo
- Lógica (I): arte de pensar, ramo das matemáticas
- Lógica clássica (II): Termo – Proposição – Quadrado lógico

- Lógica clássica (III): silogismo
- Lógica clássica (IV): conectivos e cálculo de proposições
- Lógicas do diálogo
- Lugar-comum

## M

- Maioria ▶ *Ad populum*; Consenso
- Manipulação
- Mapa argumentativo ▶ Repertório argumentativo
- Marcador de argumento, marcador de conclusão
- Medida proporcional, arg.
- Meio-termo, arg.
- Metáfora, analogia, modelo
- Metonímia e sinédoque
- Modéstia, arg.
- Morfema argumentativo
- Motivos velados e motivos declarados

## N

- Não contradição
- Naturalista, arg. ▶ Força das coisas, arg.
- Negação
- Negação do antecedente ▶ Dedução
- Nome próprio, arg.
- Normas
- Novidade ▶ Progresso, arg.

## O

- Objeção
- Objeto de discurso
- Ontológico, arg ▶ *A priori, a posteriori*, arg.
- Ônus da prova
- Oponente ▶ Papéis argumentativos
- Oposição (figuras)
- Orador – Auditório
- Organização racional ▶ Argumento – Conclusão
- Orientação (I): uma teoria do sentido argumentativo
- Orientação (II): inversão da orientação argumentativa

## P

- Papéis argumentativos: Proponente, oponente e terceiro
- Paradiástole ▶ Orientação (II)
- Paradoxos da argumentação e da refutação
- Paralogismos silogísticos
- Paronímia

- Patético, arg.
- *Pathos*, da prova à falácia
- Pergunta capciosa
- Persuadir, convencer
- Persuasão
- Pertinência
- [A] Pessoa na argumentação
- Pessoa tópica: os lugares-comuns da pessoa
- Petição de princípio, *petitio principii* ▶ Círculo vicioso
- Polemicidade ▶ Debate; Pressuposição; Papéis argumentativos
- Polidez argumentativa
- Polissilogismo ▶ Sorites
- Pragmático, arg.
- Precedente, arg.
- Pressuposição
- Princípio de cooperação
- Progresso, arg.
- Prolepse
- Proponente ▶ Papéis argumentativos
- Proporção
- Proposição
- Proposição inversa
- Prosódia ▶ Paronímia
- Prova e artes da prova
- Provas "não técnicas"
- Provas "técnicas" e "não técnicas"
- Provas "técnicas": *Ethos* – *Logos* – *Pathos*
- Provável, verossímil, verdadeiro
- Pseudo-simplicidade ▶ Falacioso (II)
- Psicológico ▶ Intenção do legislador, arg.
- Punições e recompensas

## Q

- Quase lógico, arg.
- Questão
- Questão argumentativa

## R

- Raciocínios em dois termos
- Racionalidade – Racionalização ▶ Crítica – Racionalidades – Racionalização
- Reciprocidade, arg.
- Redundância jurídica, arg.
- Refutação
- Regras
- Relações, arg.
- Repertório argumentativo
- Repetição

- Representação do discurso
- Respeito, arg.
- Retórica argumentativa
- Retórica falaciosa?
- Retorsão
- Riqueza e pobreza, arg.
- Riso e seriedade

## S

- Senso comum ▶ *Doxa*; Autoridade
- Sentido estrito, arg.
- Sentido original da palavra, arg.
- Série (argumentações em –)
- Silêncio, arg.
- Silogismo ▶ Lógica clássica (III)
- Simetria ▶ Reciprocidade
- Sinédoque ▶ Metonímia e sinédoque
- Sistemático, arg.
- Sizígia
- Sofisma, sofista
- Sorites
- Superação ▶ Direção
- Superstição, arg.
- Suporte argumentativo

## T

- Terceiro ▶ Papéis argumentativos
- Testemunho
- Tipologias (I): antigas
- Tipologias (II): modernas
- Tipologias (III): contemporâneas
- Tipos e tipologias dos argumentos
- Todo e parte ▶ Composição e divisão, arg.
- Tópica
- Tópica da deliberação política
- Tópica jurídica
- Tópica substancial
- *Topos*
- *Topos* inferencial
- Tranquilidade, arg.
- Transitividade ▶ Relação

## V

- Valor
- Verborragia
- Verossímil, verdadeiro ▶ Provável
- Vertigem, arg.
- Viés linguageiro
- Você também!, arg.

- **A cohærentia** ▶ Coerência

- **A comparatione, arg.**

   ❖ Lat. *comparatio*, "comparação".

   O rótulo *argumento a comparatione* remete a dois tipos de argumentos:
   1. Na maioria das vezes, indica o argumento pela comparação, ver **Comparação**; *A fortiori*.
   2. Às vezes, refere-se ao argumento *a pari*, ver ***A pari***.

   (R.D.M.)

- **A conjugata, arg.**

   ❖ Lat. *conjugatus*, "relacionado, da mesma família".

   Há três tipos de argumentos baseados numa relação de parentesco ou semelhança de termos. Essa aproximação ocorre em três níveis:
   1. Parentesco etimológico, ver **Etimologia**.
   2. Parentesco morfolexical, ver **Derivados ou palavras derivadas**.
   3. Semelhança fônica ou gráfica, ver **Paronímia**.

   (R.D.M.)

- **A contrario, arg.**

   ❖ Lat. *contrarius*, "contrário". Encontramos as formas: "argumento *a contrario sensu*", argumento "pelo sentido contrário". Também encontramos a expressão com uma preposição: *complecti ex contrario*, isto é, "concluir pelos contrários" (Cícero, apud *dictionnaire latin-français*, art. *Complector*).

   Esse rótulo é utilizado em francês no sentido de "reviravolta", indicando as diferentes possibilidades de argumentação pelo contrário; ver **Contrários**.

   (R.D.M.)

# ▪ *A fortiori*, arg.

❖ Lat. *a fortiori ratione*, "ainda mais", lat. *ratio*, "razão"; *fortis* "forte" ("mais forte que") na formação do comparativo de superioridade.

O argumento *a fortiori* tem duas formas (ver **Escala argumentativa**):

(i) *Do maior para o menor* (*a maiori ad minus*), que corresponde à máxima "quem pode o mais pode o menos". Essa formulação permite inferências do tipo "Se se consegue o maior (o mais difícil), então se consegue o menor (o mais fácil)":

> Se alguém consegue carregar um pacote de 100 kg, então conseguirá (*a fortiori*) carregar um pacote de 30 kg.
>
> Se ele é capaz de matar alguém, então (*a fortiori*) ele é capaz de agredir uma pessoa.

(ii) *Do menor para o maior* (*a minori ad maius*). O raciocínio que subjaz a essa formulação é: "quem não consegue o menor (o mais fácil) não conseguirá o maior (o mais difícil)". Vejamos uma ilustração:

> Quem não suporta 30 kg não suportará 100 kg.
>
> Se ninguém tem o direito de agredir, que dirá de matar alguém!

Esse esquema cabe em um domínio discursivo do tipo "discurso de consolação", em situações do tipo:

> A ideia de que a morte deve poupar os jovens é mais aceitável (mais normal...) do que a ideia de que a morte deve poupar os idosos. No entanto, você sabe, muitos morrem prematuramente; portanto, aceite a morte do seu bisavô.

A essa fórmula subjaz um enunciado do tipo: "muitos morrem muito cedo", o que pode servir como resignação a pessoas jovens que perdem entes queridos mais velhos. Ou mesmo a ajudar idosos a aceitarem a própria condição de seres finitos.

### *A FORTIORI*, UM *TOPOS* TRANSCULTURAL

O argumento *a fortiori* apresenta um *topos* que exemplifica uma regra transcultural; ver **Interpretação**.

*Na tradição greco-latina*, encontramos formulações e exemplificações desse *topos* ao longo da história da argumentação no Ocidente. Nenhuma tópica omite esse fato. Vemos uma expressão disso no próprio Aristóteles (*Ret.* II, 23, 1397b15), nos seguintes exemplos:

> Se nem os deuses sabem tudo, menos ainda os homens.
>
> Uma pessoa que bate nos vizinhos também bate no pai.

O *topos* do tipo "Se ele bate no pai, é bem capaz de bater no vizinho" é utilizado na seguinte situação: alguém foi agredido e se está buscando o culpado. Na vizinhança da vítima, sabe-se que há um filho que bateu no pai. O *topos* que acabamos de apresentar leva a crer que o culpado pode ser alguém cujo comportamento violento não poupa o próprio pai. Conclusão: o agressor do pai torna-se um suspeito de agressão ao vizinho e deve ser interrogado pela polícia.

*Na argumentação jurídica muçulmana*, o argumento *bi-l-awla* equivale ao argumento *a fortiori*. Essa questão é discutida no versículo 24 da Sura 17 do Alcorão, o qual trata do respeito que um filho deve ter pelos pais.

> Não resmungue ao falar com seus pais. (trad. J. Dichy)

Essa bronca é voltada às crianças que resmungam ao se dirigirem a seus pais; ao reagirem, a contragosto, a qualquer tipo de observação feita por eles. De acordo com o princípio *a fortiori*, as crianças precisam demonstrar absoluto respeito aos progenitores. Nesse sentido "Se é proibido qualquer tipo de resmungo, *a fortiori* não serão permitidas respostas atravessadas, malcriações, agressividade, violência física...". O raciocínio ali elaborado parte da infração mínima que se poderia cometer naquela escala do desrespeito aos pais. A dedução *a fortiori* é vista como um caso de dedução semântica (Khallâf [1942]: 216).

As regras da *exegese talmúdica* foram elaboradas por diferentes autores, a partir de Hillel, no 1º século. A *Encyclopædia Judaïca*, no artigo "Hermeneutics" enumera as 13 regras de rabino Ismael (E. C., art. *Hermeneutics*). A primeira é precisamente a regra *qal va-homer*, "a mais forte razão" (da "menor" (*qal*) para a "maior" (*homer*)), que deve ser colocada em prática na avaliação do lícito para o ilícito.

Essa regra permite responder a problemas como no caso do sacrifício da Páscoa (*Pessah* ou *Festa da Libertação*). A situação se configura mais ou menos da seguinte forma: a Bíblia diz que o *Pessah* seja feito na Páscoa. Algumas ações são proibidas aos sábados (*shabbat*). O que fazer quando a Páscoa cai num sábado, então? O raciocínio *a fortiori* ajuda a resolver esse dilema: o sacrifício *tamid* (acendimento da chama eterna) deve ser realizado todos os dias. Nesse sentido, ele deve ser oferecido também aos sábados. Não obstante, o *Pessah* é mais importante que o *tamid* (e a prova é que se não se respeita o *tamid*, não há sanções; se não se respeita o *Pessah*, há sanção grave). Nesse sentido, se o *tamid* (que é menos relevante que o *Pessah*) é cumprido mesmo aos sábados (*shabbat*), então, *a fortiori*, o *Pessah* (que é mais importante que o *tamid*) precisa ser cumprido, mesmo que seja em um sábado.

## NATUREZA DA GRADAÇÃO

A aplicação do *topos a fortiori* pressupõe que os fatos dispostos em gradação pertencem a uma certa categoria e posicionam-se de acordo com critérios dessa categoria. Como vimos, ali se faz o seguinte tipo de avaliação: tal forma de desrespeito é mais grave do que outra; tal sacrifício é mais importante do que outro etc. Nesse sentido, a gradação pode surgir a partir de princípios bastante ecléticos. Vejamos alguns exemplos:

- Gradação objetiva: *Ele mal consegue caminhar da cama até a janela, e você quer que ele vá passear no parque?.*
- Gradação sócio-semântica: *Se até os avós fazem besteira, imagine os netos...*
- Gradação cultural: *Ficar com raiva dos pais é mais grave do que fingir que não os ouve.*
- Gradação bíblica: *O sacrifício da Festa da Libertação (Pessah) é mais importante do que o sacrifício de Acendimento da Chama Eterna (tamid).*

Essa noção de gradação por categorias está presente no conceito de escala argumentativa da teoria da argumentação na língua (Ducrot, 1973). O raciocínio *a fortiori* equivale, assim, a um operador na teoria ducrotiana; ver **Escala argumentativa**. Quando a gradação é consensual, ratificada pelos dicionários, a dedução argumentativa/interpretativa é puramente semântica; ver **Definição**.

### *A FORTIORI* NAS ESCALAS PARADIGMÁTICAS

Algumas dessas escalas são delimitadas por um modelo absoluto, dito paradigma ou protótipo, que representa o "que é por excelência" (Littré, art. *Parangon*) em determinada categoria. O grau absoluto na categoria é estabelecido pela sua igualdade o que é o paradigma:

> *Avaro como Harpagon.*
> *Puro como uma criança.*

Essas escalas paradigmáticas podem ser úteis para se refutar uma reclamação: "Você alega ter sido condenado por engano e injustamente. Isso é verdade e eu acredito em você. Veja que Cristo é o retrato mais fiel dos injustiçados, porque ele aceitou uma morte injusta. Então você também deve aceitar o destino que lhe é reservado". O trecho a seguir segue a mesma linha desse raciocínio *a fortiori* com base em um modelo exemplar: trata-se de um episódio da Guerra Civil Espanhola (1936-1939). Paco, um camponês um pouco turbulento enfrenta os "estrangeiros de armas grandes" a pedido de Mosén Millán, um padre. Mosén Millán lhe havia dito que ele seria julgado, mas que teria sua vida poupada. Após se entregar, Paco foi, com seus companheiros, sentenciado à morte por fuzilamento.

> – Por que vocês querem me matar? O que eu fiz? Nós não matamos ninguém. Diga-lhes que eu nada fiz. Vocês sabem que eu sou inocente, que nós três somos inocentes.
> – Sim, meu filho. Vocês três são inocentes. Mas o que eu posso fazer?
> – Se eles querem me matar porque eu apenas me defendi em Pardinas, que assim seja. Mas os meus dois companheiros não fizeram nada.
> Pedro se agarra à batina de Mosén Millán e repete: "Eles não fizeram nada e vão ser mortos. Eles não fizeram nada". Emocionado, Mosén Millán diz:
> – É possível, meu filho, que Deus permita a morte de um inocente. Aliás, ele permitiu que isso acontecesse com o seu próprio filho, que era mais inocente do que vocês três. Ao ouvir essas palavras, Paco, paralisado, se cala. E o padre nada mais disse. (Sender, 1981 [1953]: 100-101)

(R.D.M.)

## ▪ *A pari*, arg.

❖ Lat. *a pari*; *a pari ratione* por "coisa igual"; *a pari ratione*, "pela mesma razão".

A dificuldade com o argumento *a pari* está relacionada com questões de definição e de categorização. Trata-se de uma operação relativa a taxonomias; ver **Definição; Classificação**.

É possível distinguir duas formas de argumentação *a pari*, ou seja, a argumentação relacionada a *indivíduos* ou a *classes de indivíduos*.

- Se a argumentação se relaciona a *indivíduos*, ali se estabelece uma relação de pertencimento (equivalente ao símbolo ∈ da lógica), situando o indivíduo em um conjunto, uma classe, por uma operação de categorização, ver **Categorização**.

- Se a argumentação se relaciona a *classes de indivíduos*, ali a argumentação *a pari* tem a ver com uma relação de inclusão de classe (equivalente ao símbolo ⊆ da lógica). Essa é a acepção no verbete aqui apresentado.

Utiliza-se, ainda, a nomenclatura *argumento a comparatione* ou termos da analogia para designar a argumentação *a pari*, nos dois sentidos.

Quando se trata de inclusão de classes, a argumentação *a pari* é aplicável "a uma outra espécie do mesmo gênero, daquilo que foi afirmado para uma espécie particular" (Perelman e Olbrechts-Tyteca, 1999 [1958]: 273). Nesse sentido, "a lógica do argumento *a pari* estabelece-se a partir da igualdade de casos: se um parricida merece a morte, a mesma pena caberá a um matricida" (Chenique, 1975: 358). O argumento *a pari* transfere para uma espécie de crime (matricídio) uma propriedade, uma qualidade ou um direito, um dever (no caso, "a morte como punição") de outra espécie (parricídio). Ali duas diferentes espécies pertencem a um mesmo gênero (assassinato de um parente). Esquematicamente:

Situação:     A pena para o matricídio é a prisão perpétua.

Proposta:     É preciso agravar a pena para o matricídio!
Argumento:    O patricídio é punido com a pena de morte.
Inferência:   Patricídio e matricídio são crimes do mesmo gênero.
Conclusão:    A punição para o matricídio deve ser a pena de morte.

É preciso ainda distinguir dois tipos de situação nas quais o argumento *a pari* está presente: a) aquela que não gera nenhum debate porque é de conhecimento geral e na qual um raciocínio silogístico pode perfeitamente ser elaborado (situação de contemplação da verdade); b) situações em que a verdade está em debate e em que é necessário tomar decisões (situação de aquisição e extensão de conhecimentos e práticas): trata-se de situações em que a argumentação precisa ser construída.

## *A PARI* SILOGÍSTICO

Do ponto de vista de contemplação da verdade, o argumento *a pari* pode ser considerado um truísmo silogístico ou um paralogismo, a depender de seu sentido genérico. Consideremos duas espécies de um mesmo gênero:

(i) *Se a propriedade é genérica*, então ela é verdadeira para todas as espécies ligadas a um mesmo gênero, sobretudo no que se refere às duas espécies em comparação. Nesse caso, surgirá um silogismo do tipo:

> *Temperatura corporal regular é uma propriedade genérica dos mamíferos.*
> *Baleias, humanos... são mamíferos.*
> *Então, baleias, humanos... têm temperatura corporal regular.*

O raciocínio *a pari* funciona da seguinte forma:

> *Se as baleias são animais de temperatura corporal regular* (aqui há referência à espécie baleias),

*então os homens são animais de temperatura regular* (aqui há referência a outra espécie, i.e., a dos homens),
*porque tanto homens quanto baleias são mamíferos* (do mesmo gênero, o dos mamíferos).

Apesar de termos feito a ilustração a partir da categoria *baleia*, o raciocínio se estabelece, geralmente, pela categoria mais central, isto é, *os homens*; os seres periféricos (as baleias) vêm em segundo lugar.

(ii) *Se a propriedade não é genérica*, então a inferência constitui um paralogismo. Vejamos:
*Os labradores, os* poodles... *são cachorros.*
*Os labradores são cães de busca (trazem a caça).*
*Então os* poodles *são cães de busca.*

É importante destacar que *poodles* não são cães de busca. A propriedade "cão de busca" não pode ser transferida dos labradores para os *poodles*, pois essa é uma propriedade ligada a um *gênero* específico de cachorro e que exclui a *espécie poodle* (não basta ser cachorro para ter a característica "cão de busca"). Em outros termos, os predicados da categoria subordinada (espécie) integram todos os predicados da categoria maior (gênero). Nesse sentido, se os labradores são cachorros, então o que pode ser dito sobre cachorros pode ser dito sobre labradores, mas algumas coisas se aplicam somente aos labradores e não a outras raças, como a característica de serem cães de busca.

Não é possível transferir propriedades de uma espécie a outra, salvo se se tratar de propriedades *genéricas*, o que demanda uma tipologia bem estabelecida. E, para que o argumento seja convincente, é importante que haja acordo sobre a tipologia estabelecida; ver **Classificação**.

## O IMPASSE APARENTE *A PARI / A CONTRARIO* E AS CONDIÇÕES CONTEXTUAIS DA ARGUMENTAÇÃO

Dois paradoxos são atribuídos ao argumento *a pari*. Trata-se da situação em que A e B são tratados de formas diferentes.

(i) *a contrario* em oposição a *a pari*
– *A pari* atribui a A o tratamento reservado a B, fiando-se no fato de que ambos (A e B) pertencem a uma categoria comum ou a uma categoria que admita tanto A quanto B:
*Os A são como os B! E devem ser tratados como tais!*
– *A contrario* justifica uma diferença de tratamento, fiando-se no fato de que ambos (A e B) pertencem a categorias diferentes ou excludentes, isoláveis:
*Os A não são como os B. E devem receber tratamento diferente!*

(ii) *a pari* em oposição a *a pari*
Sem lançar mão do argumento *a contrario*, pode-se atribuir a A o tratamento reservado a B ou a B o tratamento reservado a A, de modo que se possa aplicar o raciocínio *a pari* tanto a A quanto a B. Nesse sentido, a (1) é possível objetar:
(3) *Se A é como B, então B também é como A. Assim B deve ser tratado como A.*

No primeiro paradoxo, o foco é a anulação (ou não) da diferença de tratamento entre A e B. A aplicação do argumento *a pari* opõe-se ao argumento *a contrario*. No segundo paradoxo, o foco é a natureza da nova categoria criada a partir da anulação de uma diferença de tratamento, em uma espécie de *a pari* contra *a pari*.

De tudo isso, pode-se concluir que esse debate é inócuo (na citação a seguir, o termo *analogia* pode ser substituído por *a pari*). Vejamos:

Que os habituais meios de interpretação do *argumentum a contrario* e da analogia são completamente destituídos de valor resulta já superabundantemente do fato de que os dois conduzem a resultados opostos e não há qualquer critério que permita saber quando deva ser empregado um e quando deva ser utilizado o outro. (Kelsen, 1989 [1962]: 248)

Esse paradoxo pode ser compreendido a partir de dois pontos de vista diferentes.

(iii) Ainda sobre o argumento *a pari* em oposição *a pari*

Tomemos como exemplo o seguinte raciocínio: o parricídio é punido com pena de morte. Nesse sentido, a pena do parricídio seria a *norma de referência* para crimes dessa natureza. Em um raciocínio *a pari*, então, seria necessário alinhar a punição do matricídio à do parricídio, agravando-se, dessa forma, a pena do crime de matricídio, mais branda. Ou, por outro lado, pode-se tomar por norma de referência a pena de matricídio, e não a de parricídio. Nesse caso, concluir-se-á que é a pena de parricídio que deve ser abrandada, e não a pena de matricídio.

Situação:     *O parricídio é punido com a pena de morte* (pena mais pesada).

Proposta:     *Aleguemos a pena de parricídio.*

Argumento:     *O matricídio é punido com a prisão perpétua* (pena mais leve).

Inferência:     *Patricídio e matricídio são crimes do mesmo gênero.*

Conclusão:     *O parricídio não deve ser punido com pena de morte, mas com a prisão perpétua.*

A questão mudou de foco: da pena mais pesada para a mais leve. Como se vê, o sentido do raciocínio *a pari* depende do contexto em que as questões se colocam e, ainda, é tributária de quem tem o ônus da prova. Dependendo de quem argumenta, será "inquestionável" o abrandamento da pena ou o seu agravamento.

Kelsen, com a sua "teoria pura" da lógica argumentativa, acaba por criar um impasse pois descontextualiza os fatos. Ali há certa negligência das condições pragmáticas, o que leva a possíveis paradoxos. É preciso reintegrar ao funcionamento do *a pari* as condições do contexto, tal como se dá na elaboração de uma questão argumentativa que, em conjunto com o ônus da prova, introduz no jogo argumentativo a dissimetria necessária para que uma argumentação aconteça; ver **Questão argumentativa**; **Ônus da prova**. Quando a tendência sociopolítica tende a ser mais severa, então o *a pari* penderá para uma pena mais dura (a pena de morte); se for o contrário, a norma de referência será a pena mais branda (prisão perpétua).

O argumento *a pari* permite, então, um alinhamento de A com B ou de B com A. É uma questão de contexto. Assim, na ocorrência de uma estase, há a possibilidade de se contra-argumentar no sentido inverso; ver **Causalidade (II)**. Vejamos uma rápida ilustração:

Contexto: Alguns assalariados têm contrato de tempo indeterminado; outros possuem contrato temporário. Como tornar essa diferença de *status* mais igualitária?

Situação de *a pari* cuja norma de referência são os contratos de tempo determinado:

Os contratos de tempo indeterminado são privilegiados. É preciso combater tais privilégios. Todos em regime de tempo determinado!

Situação de *a pari* cuja norma de referência são os contratos de tempo indeterminado:

Os contratos de tempo determinado exploram os trabalhadores. É preciso combater a exploração da mão de obra do trabalhador. Pelo regime de tempo indeterminado!

(iv) *A contrario* em oposição a *a pari*

Ao raciocínio *a pari* será possível uma contra-argumentação *a contrario*, que, como o nome já diz, leva a uma conclusão contrária. Consideremos em uma interdição I feita a uma categoria de seres E. Vamos chamar de não E os seres que não pertencem àquela categoria E, mas que com ela têm alguma "familiaridade". Ao aplicarmos o *topos* dos contrários (argumentação *a contrario*), teremos:

*Se I é proibido a E, então I é permitido a não E.*
*Se é proibido aos homens, então é permitido às mulheres.*

Mas, em uma argumentação *a pari*, considerando-se o critério do mesmo gênero:

*Se I é proibido a E, então I também é proibido a não E.*
*Se é proibido aos homens, então é também proibido às mulheres.*

Na situação que conclui pela necessidade de se punir de forma mais severa o crime de matricídio, igualando-se a pena relativa a esse crime à de parricídio, pode-se argumentar *a contrario* pela manutenção do *status quo*:

*Os homens e as mulheres não pertencem ao "mesmo gênero".*

Em outras palavras, quem argumenta *a contrario* entende que, de forma geral, assassinar a mãe é *menos* grave do que assassinar o pai. Não obstante, em uma sociedade em que as relações de gênero sejam igualitárias, o argumento *a contrario* será rechaçado. Por fim, a questão acerca do alinhamento da condição dos homens à condição das mulheres suscita posicionamentos do tipo: ou as mulheres também prestam o serviço militar ou ninguém mais se alistará.

## *A PARI* E O ALINHAMENTO DE CATEGORIAS

Dois *topoi* aplicados a uma mesma situação pode levar a conclusões contraditórias:

*Se o pai tem tal característica Q, então o filho também a terá.*
*O pai é um rico empresário; o filho, comerciante.*
*Topos: tal pai, tal filho, filho de peixe, peixinho é.*

*Se o pai possui a característica Q, o filho traz a característica não Q.*
*O pai construiu um império, e o filho a dilapidou.*
*Topos: Pai avaro, filho pródigo; ver Pessoa.*

A presença de uma questão argumentativa quebra tal simetria.

> Questão: *Os C são M?*
> Argumento: *Os A são M e são do mesmo gênero que os C.*
> A diferença entre A e C é insignificante.
> Refutação: *A diferença entre A e C é fundamental.*

Na argumentação do dia a dia, é preciso levar em consideração que a definição das categorias é inseparável de sua *destruição* (i.e., contestação) e, ao mesmo tempo, de sua *reconstrução*. As categorias são entidades dinâmicas revisáveis. No entanto, há um paradoxo ali, alimentado por uma falsa fixidez.

Tomemos como ilustração uma fratria de meninos e meninas, duas espécies do gênero adolescente. Os meninos são autorizados a saírem à noite; as meninas, não. Consideremos que as meninas se incomodem com isso. Elas podem argumentar, por exemplo, que saídas noturnas as ajudarão a formar sua consciência social; ver **Pragmático**. E elas podem claramente alegar que os seus irmãos saem à noite:

> F: – *Os meninos saem toda noite!*

Essencialmente, a ontologia das meninas é a seguinte:

> gênero: adolescente, filhos de uma mesma família
> espécie: {menino, menina}
> *Sair à noite* é uma propriedade de gênero, todas as espécies podem usufruir dessa prerrogativa.

A esse respeito, os pais podem retrucar:

> P: – *Sim, eles saem, mas vocês são meninas!*

Os pais utilizam uma argumentação *a contrario*: *os meninos saem, as meninas não podem sair*. A ontologia dos pais é a seguinte:

> gênero: adolescente
> espécie: {menino, menina}
> diferença: masculino/feminino: a diferença de gênero tem uma construção específica.

A partir de uma argumentação por definição, *sair à noite* é uma exceção feita à espécie *menino*; ver Definição. Essa propriedade não pode ser transferida às *meninas*, pois não se trata de propriedade genérica, mas de uma diferença ligada à espécie. A argumentação *a pari* fundada no gênero é bloqueada ali.

Se o raciocínio *a contrario* radicaliza as oposições categoriais, o raciocínio *a pari* as apaga. Nesse sentido, existe, ali, uma solução para a reivindicação das meninas. Basta que elas apaguem as diferenças e reconstruam a partir do gênero uma categoria única, que apoiará o emprego da regra de justiça. Basta que se faça o seguinte:

(i) *Construir uma nova categoria*, apagando a diferença de gênero e incluindo tanto meninos quanto meninas (menino = menina), em um mesmo alinhamento:

> *Os meninos e as meninas recebem a mesma educação; praticam judô na mesma escola; fazem as mesmas provas; têm as mesmas tarefas nos serviços domésticos...*

(ii) *Utilizar o raciocínio "por definição" na nova categoria.* A diferença que existia é anulada devido à concepção de um novo gênero/categoria em que ela se torna meramente acidental; ver *A simili*; **Contrários**; **Categorização**; **Comparação**.

(R.D.M.)

## ▪ *A priori, A posteriori*, arg.

❖ Lat. *prior*, "superior, anterior, mais antigo, melhor, primeiro"; *posterior*, "inferior, detrás, mais tarde, segundo".

Em linguagem cotidiana, *a priori* equivale a "numa análise superficial/inicial, à primeira vista".

### CONHECIMENTO *A PRIORI* / *A POSTERIORI*

A diferença *a priori* / *a posteriori* é de ordem epistemológica. Um conhecimento *a posteriori* faz parte do conhecimento sensível, ligado à experiência de mundo, isto é, um conhecimento concreto advindo da observação e vivência de situações da vida. Tal conhecimento se opõe ao conhecimento *a priori*, o qual não necessita de experiência concreta de mundo. Esse conhecimento exige apenas que se tenha o conhecimento de uma língua e um punhado de intuições. Em Filosofia, a diferença *a priori* / *a posteriori* liga-se à oposição necessário/contingente; analítico/sintético.

### ARGUMENTO *A POSTERIORI*

O argumento *a posteriori* parte da experiência de cada um. É a argumentação que parte do efeito para a causa, ou seja, funda-se na busca de um indício, de um exemplo. É uma forma genérica do raciocínio por abdução; ver **Consequência**; **Indício**; **Exemplo**; **Abdução**.

### ARGUMENTO *A PRIORI*

Rousseau, ao se perguntar sobre as causas da desigualdade social, faz a distinção entre uma explicação baseada na história, *a posteriori*, e a sua explicação filosófica e pessoal, isto é, *a priori*:

> Comecemos, pois, por descartar todos os fatos, pois eles não se prendem à questão. Não se devem tomar as pesquisas que se podem realizar sobre esse assunto por verdades históricas, mas somente por raciocínios hipotéticos e condicionais, mais apropriados para esclarecer a natureza das coisas do que para lhes mostrar a verdadeira origem, e semelhantes aos que fazem, todos os dias, os nossos físicos sobre a formação do mundo. (Rousseau, 1999 [1964]: 132)

Diferentemente do argumento *a posteriori*, o argumento *a priori* não precisa estar ancorado em fatos. Uma argumentação *a priori* considera o metafísico para, a partir daí, deduzirem-se as consequências, com fundamentações diversas, tais como:

- A causa é considerada anterior (isto é, condicionante) ao efeito (condicionado), posterior. A argumentação *a priori* corresponde, nesse sentido, a uma argumentação causal (ou argumentação *propter quid*); ver **Causalidade (III); Causa.**
- As características essenciais, que definem o ser ou o objeto, são primeiros relativamente às características acidentais que os afetam e são considerados como segundos. A argumentação *a priori* corresponde a diversas formas de dedução que partem de princípios, de definições linguareiras, de axiomas, para deles extrair consequências; ver **Definição.**

A argumentação essencialista *a priori* parte da definição de um conceito para dele retirar analiticamente as consequências; corresponde à argumentação por definição *essencialista*. Considera-se que tal definição exprime a essência da coisa sobre a qual se raciocina e que o espírito humano tem a capacidade de entrar em contato com (*de apreender*) essa essência. A argumentação *a priori*, fruto de uma contemplação pura, parte de um conhecimento *a priori* substancial das essências e avança de evidência em evidência intelectual, permanecendo a dedução no domínio do *a priori*. Em uma visão platônica, a contemplação ordenada das essências define o conhecimento supremo, e a argumentação *a priori*, que incide sobre "o ser das coisas", é a forma de argumentação mais valorizada.

A *prova ontológica* da existência de Deus consiste em definir Deus como um ser infinitamente perfeito, daí deduzindo que ele necessariamente existe, em uma conclusão que, como diz Santo Anselmo, seria o fruto "de um raciocínio silencioso consigo mesmo" (Anselme, Pros.: 3).

## ARGUMENTO *PROPTER QUID* E *QUIA*

❖ Lat. *propter quid*, "devido a; por causa de"; *quia*, "porque".

*Propter quid* – a argumentação *pela causa* é por vezes designada em latim como argumentação *propter quid* (devido a; por causa de). Tem a característica da argumentação *a priori*. A argumentação *propter quid* remonta à causa e dela deriva os efeitos. Se a causa é assimilada à essência, então a argumentação *propter quid* corresponde, por definição, à argumentação *a priori*.

*Quia* – a argumentação *pelas consequências* é por vezes designada em latim como argumentação *quia* (porque). Remonta dos efeitos às causas. Corresponde à argumentação *a posteriori*; ver **Consequência.** A prova *quia* é primeira relativamente a nós, a prova *propter quid* é primeira em absoluto.

A distinção entre *quia* / *propter quid* é proposta por São Tomás de Aquino na *Suma teológica*, a propósito de uma possível demonstração da existência de Deus (*Comentário*, Lição 4, § 51). A forma *propter quid* corresponde ao argumento ontológico; a prova *quia* da existência de Deus é apresentada por Voltaire através de uma metáfora:

O universo me intriga. Não dá para acreditar que esse relógio não tenha um relojoeiro. (Voltaire, 1772: 9)

(R.D.M.)

## ▪ *A repugnantibus*, arg.

❖ Lat. *a repugnantibus*, do lat. *repugnans* (partic. pres./subst.), "contraditório; resistente, contrário, incompatível". O sentido de "repugnante" também vem dessa raiz, mas não é bem esse o sentido que prevalece no domínio da argumentação. O argumento *a repugnantibus* não é exatamente o argumento da aversão, da repugnância. A refutação que mira as consequências desagradáveis corresponde, em realidade, à refutação *ad incommodum*. O *a repugnantibus* estaria mais próximo da ideia de "inaceitável, revoltante".

1. Nos *Tópicos*, Cícero trata do lugar *a repugnantibus* como aquele das coisas logicamente contraditórias (Cícero, *Top.*, XII, 53-58). Em sua tradução de Boécio, Stump liga *a repugnantibus* à ideia de *incompatível* (Boécio = *Boethius* [1978]: 64), ver **Contradição**; *A contrario*.

2. Bossuet define a argumentação *a repugnantibus* como uma contradição entre ato e discurso: "sua conduta não condiz com seu discurso" (1990 [1677]: 140), o que corresponde à terceira forma do argumento *ad hominem*; ver **Ad hominem**.

(R.D.M.)

## ▪ *A rubrica*, arg.

❖ Arg. *a rubrica*; a palavra latina *rubrica* pertence à família de *rubor*, "rubor, cor vermelha". *Rubrica* significa "terra vermelha, rubrica"; nas coletâneas de leis "os títulos de capítulos eram escritos em cor vermelha". (Gaffiot [1934], art. *Rubrica*)

O argumento *a rubrica* é imanente à lógica jurídica; ver **Lógica**. Os códigos e regras são derivados em partes e subpartes a partir de um título, títulos e subtítulos. Esses títulos não têm neles mesmos um valor normativo, mas podem contribuir para a interpretação de uma lei. O título circunscreve o âmbito da aplicação dos artigos por ele delineado. A argumentação delimitada por um título legitima ou suspende a aplicação de um artigo de lei, dependendo se cai ou não dentro do campo correspondente à seção.

Se a regra da escola comporta um título, uma chamada do tipo *Regras de comportamento durante as aulas*, cujo primeiro artigo dispõe que "É proibido utilizar o telefone celular, não se pode apoiar neste artigo para proibir o telefone celular no pátio da escola".

Ao contrário, se a proibição não figura no título *Aula*, mas no título *Disposições gerais*, ela se aplica ao comportamento na escola. É a disposição mais alta da hierarquia que deve ser respeitada.

(P.R.G.)

## ▪ *A simili*, arg.

❖ Lat. *similis*, "análogo, idêntico"; também há o arg. *per analogiam*, "similaridade, analogia".

O argumento *a simili* ou "por analogia" define-se como:

> Sendo dada uma proposição jurídica que afirma uma obrigação jurídica relativa a um sujeito ou a uma classe de sujeitos, existe a mesma obrigação a qualquer outro sujeito, ou classe de sujeitos, que tem com o primeiro sujeito (ou classe de sujeitos) uma analogia

suficiente para que a razão que determinou a regra em relação ao primeiro sujeito (ou classe de sujeitos) seja válida em relação ao segundo sujeito (ou classe de sujeitos). Assim é que o fato de um passageiro ter sido proibido de subir os degraus da estação acompanhado de um cão nos leva à regra de que também se deve proibir isso a um viajante acompanhado de um animal igualmente incômodo. (Perelman, 1998 [1979]: 76)

Da forma como é definida aqui, a argumentação *a simili* corresponde às argumentações por analogia, *a pari* e também à aplicação da regra de justiça. A terminologia parece bastante redundante. Como pode ser constatado na extensão "qualquer outro animal que possa igualmente incomodar", a argumentação *a simili* funda-se nos mecanismos da analogia categorial ou de relação genérica, ver **A pari**; **Analogia**; **Regras**; **Gênero**; **Classificação**.

(R.D.M.)

## ▪ *Ab-, ad-, ex-:* Nomes latinos dos argumentos

O latim é utilizado na nomeação de certos argumentos e de certas falácias. Esse uso, ainda que pouco sistemático, está bem presente nos textos modernos e dele permanecem marcas na prática contemporânea. Algumas dessas denominações, pouco numerosas, passaram mesmo para o vocabulário corrente: argumento *ad hominem, a fortiori, a contrario, a pari...* Também encontramos renomeações terminológicas português-latim, por vezes óbvios:

> Argumento do silêncio ou argumento *e silentio*

Outras vezes totalmente opacos para o não latinista:

> Argumento *ad crumenam* ou argumento *da carteira* (*portefeuille*)

e, finalmente, outras vezes com uma equivalência problemática: por exemplo o argumento *ad verecundiam* é traduzido por "argumento de autoridade", embora a palavra latina *verecundia* signifique "modéstia"; para Locke, que propõe esse nome, o argumento ad *verecundiam* é um sofisma não de autoridade, mas de submissão à autoridade; ver **Modéstia**.

Essa prática terminológica do emprego de termos latinos nos nossos dias pode ser bastante excludente para quem não teve lições elementares de latim. Em muitos casos, esse emprego, digamos, de um latim de "fim de semana" na designação de argumentos pode soar ridículo, sobretudo quando existem termos em nossa língua que nomeiam com muita clareza um tipo de argumento expresso em latim. O fato é que nem sempre um termo ou expressão em latim são claros, mas entendemos que esse legado se justifica pela importância reconhecida do latim no domínio jurídico, filosófico e lógico. Esse estranho hábito de designar argumentos por termos ou expressões em latim também se nota na nomeação de figuras de retórica, o que, no fim das contas, não deixa de ser uma tentativa de atribuir ao estudo da linguagem um ar mais técnico, clássico, que traga à memória autores como Cícero, por exemplo. Essa prática do latim para nomear argumentos é a mesma que vemos no uso de estrangeirismos em inglês hoje em dia.

É possível distinguir dois tipos principais de locuções latinas.

## OS SINTAGMAS PREPOSICIONAIS: PREPOSIÇÕES *AB, AD* E *EX*

Alguns argumentos ou falácias são designados, em textos contemporâneos, por sintagmas preposicionais, na forma a seguir:

"argumento" + preposição latina + substantivo latino

O latim é uma língua de declinações. Nesse sentido, o sintagma preposicional definirá o caso gramatical, e o substantivo será marcado por uma variação morfológica ao final, em função da preposição utilizada.

Às vezes a palavra latina *argumentum* substitui *argumento*. As três preposições mais utilizadas são *ab, ex, ad*:

- a preposição *ab* (*a* diante de uma consoante) significa "a partir de": argumento *a contrario* = argumento dos contrários, a partir de coisas contrárias.
- a preposição *ad* significa "em direção de, em direção a, para, meta": argumento *ad personam* = argumento voltado para a pessoa; argumento que mira alguém.
- a preposição *ex* significa "origem, proveniência": argumento *ex datis* = argumento fundamentado no senso comum; nas crenças do interlocutor; do auditório.

Os argumentos formados com a preposição *ex* são menos numerosos.

Há ainda os argumentos formados com as preposições *per*: argumento *per analogiam*, ver **Analogia.**

*In*: argumento *in contrarium*, ver **Contrários**.

*Pro*: argumento *pro subjecta materia*, ver **Assunto em questão.**

*Ab, ad* e *ex* podem se contrapor em alguns casos: argumento *ab auctoritate* ou argumento *ad auctoritatem*, e argumento *ab absurdo*, ou argumento *ad absurdum*, ou argumento *ex absurdo*.

Do ponto de vista semântico, há um contraste de "origem" X "meta" entre as preposições *ab, ex* (indicam a partir de um ponto, origem) e *ad*, que indica meta, objetivo.

argumento *ab, ex* + substantivo latino = argumento *que se origina de, a partir de, que remonta a.*
argumento *ad* + substantivo latino = argumento *que visa a.*

São vários os nomes de argumentos designados por essas preposições. Muitos dos nomes de argumentos com *ad* introduzidos na época moderna pretendiam designar conteúdos precisos, como apelos à emoção ou posições subjetivas, enquanto nomes compostos de *ab* e *ex* nunca são utilizados nessa perspectiva.

**Os verbetes**: traremos um inventário de designações latinas, reagrupadas em quadros em função das preposições que as introduzem, nos verbetes a seguir:

Ver **Argumento *a* (ou *ab*): Argumento *a contrario*.**
Ver **Argumento *ad*: Argumento *ad hominem*.**
Ver **Argumento *e* (ou *ex*): Argumento *ex concessis*.**

Os quadros remetem a verbetes distintos que definem o sentido do argumento correspondente.

As listas de sintagmas latinos advêm de autores como Bossuet ([1677]), Locke ([1690]), Bentham ([1824]), Hamblin (1970); Perelman e Olbrechts-Tyteca (1999 [1958]), além de pesquisas esparsas na internet. Importante destacar que não há aqui nenhuma pretensão de esgotamento do tema.

Nomes latinos de argumentos são muitas vezes retirados de textos originais de Cícero, Quintiliano ou Boécio, sem alterações, por autores modernos. Exemplos dessas terminologias originais podem ser encontrados no verbete **Tipologias**.

### OUTRAS EXPRESSÕES LATINAS

Muitas vezes utilizamos diversos sintagmas latinos para designar certas falácias aristotélicas clássicas:

- *Falácia da omissão de qualificações (circunstâncias) pertinentes* ou de generalização a partir de uma afirmação específica:
  Falácia *a dicto secundum quid ad dictum simpliciter*: transita de um enunciado qualificado (mas limitado) a um enunciado geral (absoluto). Essa é a falácia conhecida por *secundum quid*; ver **Circunstâncias**.
- *Falácia da falsa causa*, que apresenta inadequação na relação causal; ver **Causalidade; Causa**.

| | |
|---|---|
| *non causa pro causa* | "não causa (entendida por) causa": afirma-se que E1 é a causa de E2, quando essa relação causal não se estabelece efetivamente. |
| *cum hoc, ergo propter hoc* | "ao mesmo tempo que; logo, por causa disso": Porque E1 e E2 são concomitantes, deduz-se, equivocadamente, que E1 é causa de E2. |
| *post hoc, ergo propter hoc* | "após; então, por causa disso": E1 acontece sempre antes de E2. Por causa disso, deduz-se, erroneamente, que E1 é causa de E2. |

- *Falácia do círculo vicioso*, ver Círculo vicioso:
  *petitio principii*: o que deveria ser provado torna-se o próprio argumento para fundamentar a tese. Lat. *petitio*, no sentido de "pedido"; *principium*, "princípio".
- *Outras expressões*: utilizam-se, sobretudo na área jurídica, expressões latinas, que atuam como princípios argumentativos. Do mesmo modo, o latim é empregado em certas expressões que dão nomes a diversos tipos de argumentos: *eiusdem generi*: lat. *idem*, "o mesmo"; *genus*, "gênero"; ver **Gênero; Tópica jurídica**.

(R.D.M.)

*Ab exemplo*

# ▪ *Ab exemplo*, arg.

❖ Lat. *exemplum*, "exemplo".

A denominação *ab exemplo* é utilizada em Direito para designar o argumento que interpreta uma lei:

- em função de um caso precedente, ver **Precedente**.
- em conformidade com uma interpretação tradicional, de acordo com "a doutrina geralmente admitida" (Perelman, 1998 [1979]: 80).

A denominação *ab exemplo* designa, desse modo, formas de argumentação bem diferentes do que se entende por "argumentação pelo exemplo", ver **Exemplo**.

A argumentação *ab exemplo* baseia-se em dados, ou *exemplos*, extraídos da tradição, deixando de lado a inovação, em todos os domínios, sobretudo o religioso. Essa forma de argumentação contribui para reforçar a coerência estrutural do campo discursivo em que é aplicada, ver **Tópica jurídica**.

(R.D.M.)

# ▪ Abdução

❖ Lat. *abductio* "ação de levar" para fora (vide abaixo, sentido 2)

## A ABDUÇÃO COMO REDUÇÃO RELATIVA DE INCERTEZA

Uma abdução é um silogismo cuja premissa maior é verdadeira, a premissa menor é simplesmente provável e, em consequência, a conclusão é provável. A conclusão sozinha, sem a premissa menor, pende para a improbabilidade. Nesse sentido, a menor contribui para a aceitação da conclusão. Essa situação resgata a definição ciceroniana de argumentação; ver **Argumentação (I)**.

Nesse sentido, trata-se de uma forma de silogismo dialético (Aristóteles, *A.A.*, II, 25-30). Constrói-se uma resposta à questão "A justiça pode ser ensinada?", "Pode-se aprender a ser justo?", ao se combinar:

1. uma premissa admitida: **É óbvio que** *a ciência pode ser ensinada*;
2. uma premissa duvidosa: *a virtude é uma ciência* (que podemos exprimir sob a forma de uma analogia: *a virtude se parece com a ciência)*;
3. conclusão: *a virtude pode ser ensinada.*

Apesar de incerta, a segunda premissa (2) **é menos duvidosa do que** conclusão (3). Essa estrutura é vista em outros discursos, tais como:

> *É preciso ensinar a cidadania, pois essa nada mais é do que um conjunto de saberes e de práticas sociais. Os saberes podem ser ensinados, e todas as competências práticas podem melhorar através do ensino.*

Essa é uma forma exemplar do funcionamento da argumentação. Em contextos aléticos, o raciocínio desenvolve-se exclusivamente a partir do verdadeiro, diferentemente

| 42 |

do que acontece com a argumentação que funciona *na falta de uma melhor*; reduzindo a incerteza, permite modificar o estatuto epistêmico de uma crença. Não é uma lógica da *eliminação*, mas de *redução* da dúvida e da incerteza, ver **Argumentação (V)**.

## A ABDUÇÃO COMO DERIVAÇÃO DE HIPÓTESE A PARTIR DE FATOS

O conceito de abdução foi introduzido pelo filósofo Charles Sanders Peirce, para quem existem dois tipos de inferência: a inferência *dedutiva* e a inferência *abdutiva* ou *abdução*. Na abdução, parte-se de uma constatação de um fato "inesperado", isto é, um fato que não entra no sistema de explicações possíveis. A abdução é uma forma de inferência pela qual é possível propor uma hipótese para a eventual explicação de um fato.

E tal hipótese não é o produto da aplicação de um "algoritmo de descoberta", mas fruto de um processo criativo: "no final das contas, a abdução nada mais **é do que um jogo de adivinhação**" (Peirce [1958], § 219).

A problemática na qual se inscreve a abdução não é exatamente a da lógica, mas a do método científico (cap. 6). O trabalho científico consiste em propor, a partir de fatos, as hipóteses verossímeis "sugeridas" pelos próprios fatos. A abdução é o primeiro momento dessa atividade. A boa prática da abdução guia-se não apenas por regras lógicas, mas por *princípios*, como o princípio segundo o qual todo fato admite uma explicação: uma hipótese abduzida é interessante se "parece tornar o mundo razoável [*reasonable*]" (§ 202); ou, ainda, como princípio de exclusão das hipóteses ditas metafísicas, ou seja, daquelas que não teriam qualquer consequência experimental.

Diferentemente da abdução, que parte de fatos em busca de uma teoria, a *dedução* peirceana parte de uma teoria para os fatos. Buscam-se ali as consequências experimentais de uma hipótese explicativa.

Em vez de uma forma híbrida de raciocínio por dedução e/ou indução, muito melhor seria ver a argumentação como um tipo de abdução. Do fato de que a luz está acesa, eu posso "abduzir", isto é, eu posso aventar a hipótese de que haja alguém em casa. Mas, certamente, tal hipótese precisará ser verificada.

(R.D.M.)

## ▪ Absurdo, arg.

❖ Lat. *absurdus*, "absurdo". Encontramos as designações: argumento *ad absurdum*, *ab absurdo*, *ex absurdo*. Também se encontra a designação *reductio ad absurdum*, "redução ao absurdo", em diferentes formas: redução ao impossível (*reductio ad impossibile*), ao falso (*reductio ad falsum*), ao ridículo (*reductio ad ridiculum*), ao indesejável *(reductio ad incommodum)*.

A argumentação pelo absurdo parte de uma situação de contradição. Trata-se de uma forma de prova indireta fundada em argumentos que rejeitam uma proposição devido a suas consequências insustentáveis. A operação de *redução ao absurdo* corresponde ao esquema:

1. Parte-se de uma proposição (de uma hipótese).
2. Da proposição, podem-se deduzir as consequências, causais ou lógicas.
3. Constata-se que uma das consequências é "absurda".
4. Rejeita-se a proposição inicial (a hipótese).

Há tantas formas de redução ao absurdo quanto modos de dedução e maneiras de se avaliar a inadmissibilidade de uma consequência. O termo geral "absurdo" pode também aplicar-se a uma consequência:

- *lógico-matemática*: torna-se manifesta a variedade e a diversidade do que se chama de *absurdo* em território da argumentação ao se contrastar tais formas com a *demonstração pelo absurdo*, em que "absurdo" significa *contraditório*, ver **Absurdo: demonstração pelo absurdo**;
- *lógico-semântica*: as consequências culminariam em uma contradição semântica, ver **Contrários**; **Consequência**;
- *causal*: no domínio físico e da experiência natural, os efeitos previstos pela hipótese não são atestados, ver **Causalidade**. Não obstante, a partir do momento em que se passa do vínculo causal cientificamente estabelecido a uma "causalidade romanceada" (*roman causal*) – como se faz, por exemplo, na argumentação pragmática – raciocina-se com base em valores em função dos quais as consequências são avaliadas como positivas ou negativas. Nesse sentido, a consequência pode ser:
  - *contrária aos objetivos almejados*: os efeitos da ação proposta são perversos; a medida é contraprodutiva, contrária aos interesses em jogo, ver **Pragmático**.
  - *inadmissível* do ponto de vista da lei, da moral e do bom senso, ver **Apagógico**; *Ad incommodum*.

(R.D.M.)

## ▪ Absurdo: demonstração pelo absurdo

A demonstração pelo absurdo fia-se no princípio do terceiro excluído, segundo o qual se tem necessariamente <A ou não A>. O raciocínio efetua-se não sobre a proposição A que se quer demonstrar, mas sobre sua contraditória, não A.

Admite-se provisoriamente a contraditória, não A, da qual se deduzem as consequências, até o momento em que se é levado a afirmar A. Considerando-se que enunciar <A e não A> infringe o princípio da contradição, conclui-se que não A é falso. Desse modo, se não A é falso, então A é necessariamente verdadeiro.

No universo da implicação, e bem distante do território da demonstração, tem-se a seguinte situação: <A → não A>. Tal implicação só é verdadeira se A for falso, de acordo com o princípio segundo o qual "do falso nada se deduz".

Um exemplo: demonstra-se, assim, pelo absurdo, que a raiz de 2 (o número cujo quadrado é 2, representado por $\sqrt{2}$) não é um número racional (proposição A).

(1) Supõe-se, desse modo, que o número correspondente a $\sqrt{2}$ é racional (proposição não A).

(2) Por definição, um número racional pode-se escrever sob a forma de uma fração p/q, em que p e q são primos (apenas admitem 1 como divisor comum).

(3) $\sqrt{2} = p/q$; então, $p^2 = 2q^2$. Logo $p^2$ é par. Sabe-se que se o quadrado é par, a raiz é par; então, p é par.

(4) Se o quadrado de p é par, ele pode ser enunciado da seguinte forma: $p = 2k$ e seu quadrado $p^2 = 4k^2$.

(5) No entanto, sabe-se que $p^2 = 2q^2$ [isso está expresso em (3)].

(6) Logo, $2q^2 = 4k^2$; $q^2 = 2k^2$. Assim, o quadrado de q é par; logo, q é par.

(7) p e q são pares, então admitem 2 como divisor comum, o que é contraditório, considerando-se a hipótese inicial.

(8) Conclusão: a hipótese expressa em (1) é falsa e $\sqrt{2}$ não é um número racional.

A argumentação pelo absurdo é uma maneira indireta de demonstrar uma proposição. Nesse sentido, não se demonstrou que A é verdadeiro, mas tão somente que sua contradição é falsa. Esse raciocínio não é pacífico entre especialistas: "Se os matemáticos clássicos considerarem válida a prova pelo absurdo, os matemáticos intuicionistas* a recusarão: para demonstrar A, alegarão, não é suficiente dizer não A" (Vax, 1982, art. *Absurde*). Desse modo, percebe-se que o caráter demonstrativo de uma demonstração pode ser posto em debate.

A *refutação pragmática* por consequências negativas opõe-se a uma medida ao mostrar que ela terá consequências negativas não previstas pela pessoa que a propôs, pensando nas suas eventuais vantagens. Esse raciocínio aproxima-se da demonstração pelo absurdo a partir do momento em que se pode mostrar que uma medida ocasionará efeitos diametralmente opostos, agravando-se, assim, o mal que se buscava mitigar; ver **Pragmático**.

A argumentação pelo absurdo não é exatamente uma argumentação pela ignorância, que afirma que P é verdadeiro "porque não se conseguiu demonstrar não P". A argumentação pelo absurdo afirma que P é verdadeiro "porque se demonstrou que a proposição não P é falsa" e que, de P ou de não P, apenas uma delas é verdadeira, ou seja, ela corresponde a uma argumentação caso a caso em que há apenas duas possibilidades: 1) ou P ou não P é verdadeira; 2) se P é verdadeira, não P é falsa. Ver **Pragmático**; **Apagógico**; **Contradição**; **Ignorância**; **Caso a caso**.

(R.D.M.)

## ▪ Acidente, fal.

A falácia do acidente é uma falácia independente do discurso, ver **Falacioso (III)**.

O termo *acidente* é usado em sua acepção filosófica, que opõe *acidente* a *essência*. Um ser se caracteriza por um conjunto de traços essenciais que determinam seu lugar em uma

---

\* N.T.: Houve a substituição do trecho "os não matemáticos", presentes na versão original, por "os matemáticos intuicionistas", nesta tradução, a pedido do autor do *Dicionário*.

taxonomia; por traços genéricos que exprimem seu gênero e as diferenças que caracterizam sua espécie, ver **Classificação**. "Ser um mamífero" é um traço que categoriza os cachorros, mas o predicado acidental "estar cansado" pode ser verdadeiro para um cachorro em determinado momento e em outro não, ou seja, ele é meramente circunstancial. A falácia que pode surgir ao se considerar acidente e essência é a troca de um pelo outro. Nesse sentido, definir uma categoria tomando por essencial aquilo que é meramente acidental torna-se um problema. Desse modo, "estar no meio do caminho" não é um traço que essencialmente define uma pedra nem um cachorro; do mesmo modo "agradável para uma soneca" não é um traço essencial de *tarde*, ver **Raciocínios em dois termos**.

Para além da estrita ontologia aristotélica, a diferença *essência/acidente* corresponde à oposição *central e periférico*. Na vida cotidiana, tal dicotomia corresponde à oposição *importante e acessório*. A política define-se como uma ciência, e seu prestígio depende do valor atribuído a seus traços essenciais constitutivos. Tomando como exemplo o regime democrático clássico, ali um político pode ser honesto ou desonesto sem, portanto, deixar de ser um político. A desonestidade é um traço meramente *acidental*. Se considerarmos a atividade política como uma atividade *intrinsecamente* desonesta, nesse caso se comete a falácia do acidente.

No sentido inverso, a argumentação que se funda em uma suposta diferença essencial entre duas categorias (*meninos saem à noite; meninas não podem sair porque, ora, meninas são diferentes de meninos*) são refutadas a partir do momento em que uma diferença essencial é tomada por acidental; ver ***A pari***.

(R.D.M.)

## ▪ Acordo

Há diversas formas de se compreender o acordo no território da argumentação. Eis algumas:

- De modo geral, as situações argumentativas dialógicas caracterizam-se por uma *preferência pelo desacordo*, o que as diferencia das situações de interações consensuais, regidas pelo princípio da *preferência pelo acordo*, ver **Desacordo conversacional e desacordo argumentativo; Polidez argumentativa**.
- A existência de *acordos prévios* é, talvez, condição necessária para uma boa prática argumentativa. Tais acordos prévios podem ser *oferecidos* ou *buscados* quer pelo orador, quer pelo auditório, isto é, os protagonistas da prática retórica clássica. Esse acordo pode ainda ser almejado por pessoas envolvidas em uma interação argumentativa; ver **Condições de discussão**.
- Consideramos também que talvez a produção do acordo constitua o objetivo primeiro das interações argumentativas. A argumentação é o que equilibra a distância entre o *consenso estabelecido* e o *consenso visado*; ver **Persuadir, Convencer; Persuasão**.
- O consenso pode ainda ser utilizado como um *argumento* quando se fundamenta um ponto de vista em virtude de um acordo geral sobre determinada questão. Nesses casos, aqueles que porventura se encontrem fora desse grupo consensual serão vistos como "párias" e, por isso, são *ignorados*; ver **Consenso – Dissenso**.

(R.D.M.)

- **Acordos prévios** ▸ Condições de discussão

- *Ad baculum* ▸ Punições e recompensas

- *Ad hominem*, arg.

❖ Lat. *homo*, "ser humano".

A argumentação *ad hominem* é definida por Locke como uma técnica de discussão que consiste em "pressionar o adversário com consequências extraídas de seus próprios princípios ou concessões. Esse argumento é conhecido pelo nome de *ad hominem*" (Locke, 2012 [1690]: 755). Aqui o termo *princípios* pode ser compreendido em uma acepção moral ou intelectual como "pontos de partida". Nos dois casos, trata-se de argumentar a partir de um sistema de crenças e de valores do oponente (ver **Crenças do auditório**) para daí se tirar uma contradição. Locke rejeita essa forma de argumentação como falaciosa, na medida em que tal argumentação, segundo ele, funda-se nas crenças de um indivíduo e não em uma verdade absoluta. Nesse sentido, essa argumentação não produziria nenhum conhecimento substancial do mundo; ver **Tipologias (II)**.

Acerca dessa definição de Locke, Leibniz nota que "o argumento *ad hominem* tem este efeito: mostra que uma das asserções é falsa, e que o adversário se enganou de qualquer forma que se considere" (Leibniz, 1999 [1765]: 499). Ele reconhece, assim, o valor desse tipo de argumentação no bojo de uma discussão.

A argumentação *ad hominem* é um jogo que desenvolve e rearticula os atos, as crenças ou as falas do interlocutor, a fim de levá-lo a revisar seu discurso e suas posições. Essa argumentação não tem nada de emocional, diferentemente do ataque pessoal (*ad personam*, chamado de *ad hominem* abusivo, "grosseiro, injurioso"), que vem acompanhado de forte carga emocional; ver **Ataque pessoal**.

### CONTRADIÇÃO DIRETA NA FALA DO OUTRO

A seguir, ilustramos um caso de réplica *ad hominem*:

> Proponente: – *P* (eu proponho P)
> Oponente: – *Antes, você propunha não P*
> Questão: *O atual mandato presidencial de 7 anos deve ser revisto para 5 anos?*
> Proponente (antigo presidente): – *Eu sou favorável à redução para 5 anos.*
> Oponente: – *Em declarações anteriores, quando presidente, o senhor disse que o mandato de 7 anos era o ideal para o bom funcionamento de nossas instituições.*

A estrutura do argumento evidencia uma contradição "Ele afirmou A e Z, que são intrinsecamente incompatíveis". Nos dois casos, a argumentação se baseia em algo que foi dito precedentemente. O proponente não disse exatamente não P, mas Q, o que passa a ser parafraseado, reformulado ou reinterpretado como não P. O fato de se buscar uma contradição na fala do outro não deixa de ser uma montagem pelo oponente da fala do proponente, e a própria noção de contradição torna-se ambígua; ver **Contrários**.

Além da reconstituição discursiva da contradição, a *fonte dos dizeres* posta em contradição é ampla. A proposição contraditória pode advir não apenas do discurso do oponente, mas também de todas as pessoas que ele não pode desconsiderar, a família dos coenunciadores ou a comunidade discursiva envolvida nesse discurso: colegas de partido, de religião, escola etc.

A argumentação *ad hominem* permite ao locutor intervir como se fosse um mediador (*tiers*), o qual participa do conflito sem ser uma das partes fundadoras dele, como é o caso do proponente e do oponente. Seu papel se restringiria a buscar esclarecimentos, por exemplo.

Em uma situação de acusação, a denúncia de incoerência narrativa possibilita ao acusado rejeitar a acusação a ele imposta; ver **Coerência**.

*Reações à refutação* ad hominem: aquele que foi apontado por ter enunciado uma argumentação *ad hominem* pode rejeitar ou aceitar o que lhe é imputado.

(i) Dois tipos de recusa são possíveis: uma sobre forma e outra sobre o conteúdo. Sobre a forma, o proponente pode alegar:

- *Você coloca palavras na minha boca. Você deforma minha fala.*

A rejeição acerca do conteúdo:

- *As circunstâncias mudaram. É preciso estar atento aos novos tempos.*
- *Eu criei meu próprio sistema.*
- *Eu mudei. Tolos são os que não mudam jamais.*

(ii) A resposta *ad hominem* busca um indivíduo livre de contradição. Lançando mão de uma manobra clássica na teoria da estase, o receptor pode optar por assumir o que lhe tem sido criticado. Desse modo, tornará a contradição um sistema de pensamento. Ver **Estase**; **Contradição**.

- *Eu assumo minhas contradições. Adoro a chuva e o sol.*

## CONTRADIÇÃO ENTRE PALAVRA E CRENÇAS

Na situação precedente, a contradição é direta entre uma afirmação presente e uma afirmação anterior. Consideremos a questão da retirada de tropas da Sildávia:*

Questão: – *Devemos nos retirar da Sildávia?*
Resposta: – *Sim!*

Suponhamos que esse mesmo adepto do "Sim" (Oponente) admita ou que o tenham levado a admitir A, B e C, a seguir:

Objeção posta pelo Proponente:

*– Mas você admitiu que (A) as tropas sildavas são mal-formadas e (B) que os problemas na Sildávia podem se alastrar, potencializando o risco de extensão dos problemas a toda região. Você compreende que esse alastramento do conflito ameaça nossa segurança (C).*

---

* N.T.: Sildávia (*Syldavie*) é uma região imaginária, mencionada nas *Aventuras de Tin-Tin*, que estaria situada no Leste Europeu.

*E ninguém nega que deveremos intervir se a nossa segurança está ameaçada. Nesse sentido, você deve admitir que não podemos nos retirar da Sildávia.*

Esquematização:

O Oponente defende não P ("Devemos nos retirar da Sildávia"). Aliás, ele admite verdadeiras as proposições {A, B, C}. A partir dessas proposições, o Proponente pode deduzir que *é preciso intervir na Sildávia, isto é, não (não P)*.

Pode-se concluir que o Oponente admite que é necessário intervir na Sildávia? Claro que não! O Proponente apenas mostrou, por meio de sua objeção, que o Oponente não poderia sustentar {A, B, C} e não P ao mesmo tempo.

*Reações à refutação* ad hominem *acerca das crenças*: o Proponente pode tentar amenizar a objeção argumentando que A, B, C são extrapolações de suas crenças. E pode sustentar ainda que sua análise da situação do caso da Sildávia é muito mais complexa do que a caricatura apresentada pelo Oponente.

Se ele aceitar essa representação do seu discurso, então deve reformular alguma das suas propostas, por exemplo, rejeitar a ideia de que os problemas na Sildávia possam alastrar a toda a região. A única coisa que se pode exigir do oponente é que ele reveja o seu sistema de crenças {A, B, C}, que as modifique ou clarifique, ou então que renuncie a deduzir delas não P. É essa a natureza do argumento *ad hominem* nessa ilustração.

O argumento *ad hominem* pode ser ilustrado em novas questões:

Questão:         – *Deve-se proibir a caça?*

Proponente:   – *Sim. Os caçadores matam por mero prazer!*

Oponente:      – *E você adora um churrasquinho, não é?*

Ao Proponente atribui-se a seguinte argumentação: É preciso proibir, acabar de uma vez por todas a caça aos animais. Os *caçadores matam por puro prazer*. O Oponente apresenta, então, um argumento *ad hominem*:

> *Você alega que matar os animais é cruel, mas você não abre mão de um churrasco! Você condena ao caçador o que você permite ao açougueiro. Há uma contradição aí.*

O Proponente pode alegar que há uma diferença crucial: o caçador mata por prazer; o açougueiro, por necessidade. O Oponente refuta tal asserção argumentando que ninguém é obrigado a comer carne, mas que o lazer é obrigatório para todo mundo.

## CONTRADIÇÃO DAS PALAVRAS COM AS PRESCRIÇÕES E AS PRÁTICAS

A contradição pode ser apontada a partir do que eu exijo dos outros; a partir do que eu prescrevo ou proíbo, mas também a partir do que eu pratico de fato. Nesse sentido, há contradição quando eu digo às pessoas para não fumarem, mas eu fumo. Em nossa cultura, os atos falam mais alto do que as palavras, e a injunção feita a outrem é sistematicamente invalidada se o locutor não for idôneo. Para ser respeitado, o locutor precisa *ser um exemplo*:

> *Ele não é um bom conselheiro conjugal; ele vive brigando com sua esposa!*
> *Médicos, curem-se primeiro!*

*Você exige que as pessoas argumentem e você não sabe argumentar!*
*Você luta pela liberdade das mulheres e em casa você nunca lavou um prato.*

Podemos perceber que, nos dois últimos exemplos, a conjunção *e* marca, em realidade, uma oposição.

Esse último tipo de *ad hominem* corresponde ao que Bossuet chama de argumento *a repugnantibus*: "suas ações não condizem com as suas palavras" ([1677]: 140). Walton fala de *ad hominem circunstancial* para descrever esse tipo de situação, isto é, quando se colocam em xeque circunstâncias pessoais (*personal circumstances*), comportamentos, situações específicas, posicionamento pessoal. Poderíamos, nesses casos, falar em *ad hominem situacional*; ver **Circunstâncias.**

O argumento *Você também!* inclui essa forma de *ad hominem*; ver **Você também!.**

*Reações à acusação de contradição das palavras com as prescrições e as práticas*: aquele que sofre uma reprimenda por não cumprir aquilo que prega pode tentar se defender:

> *Você tem razão, eu sou um pecador, mas é do fundo do abismo que buscamos impulso para alcançar a luz.*
>
> *É normal, em casa de ferreiro o espeto é de pau.*

Não obstante, essa forma de argumentação não é o melhor caminho, pois os autoproclamados pais da virtude precisam "pregar exemplos". O interlocutor pode muito bem replicar *O que você diz é justo e correto, mas não quero ouvir de sua boca*; ver **Exemplo;** *Exemplum.*

**CONTRADIÇÃO ENTRE AS PALAVRAS E OS FATOS, VER** *IRONIA.*

**O ARGUMENTO ACERCA DAS CRENÇAS DO ADVERSÁRIO (***EX DATIS***)**

O argumento acerca das crenças do adversário (ou do auditório) pode ser considerado como uma forma positiva, e não negativa, de exploração do sistema de suas crenças; ver *Ex datis*; *Ex concessis*; **Crenças do auditório.**

(R.D.M.)

## ▪ *Ad incommodum*, arg.

❖ Lat. *incommodum*, "inconveniente".

O argumento *ad incommodum* é definido por Bossuet como o "argumento que provoca uma inconveniência" ([1677]: 131). Segundo o autor, lança-se mão desse tipo de argumento para se refutar as doutrinas do oponente: o desenvolvimento de tais doutrinas e suas consequências "perniciosas" conduz à indiferença religiosa ou é simplesmente vão, "sem frutos". O argumento *ad incommodum* é uma forma de argumentação pelo absurdo; ver **Absurdo.**

> Se não houvesse autoridade política a que devêssemos obedecer, os homens se devorariam. E se não houvesse autoridade eclesiástica a que as pessoas fossem obrigadas a submeter seu julgamento, haveria tantas religiões quanto o número de cabeças humanas.

Não obstante, é falso que devamos sofrer ou que os homens se devoram mutuamente, ou mesmo que haja tantas religiões quanto o número de cabeças. Portanto, é preciso admitir necessariamente uma autoridade política a que devamos obedecer sem resistir e, ainda, uma autoridade eclesiástica a que as pessoas devam submeter seus julgamentos. (Bossuet, 1990 [1677]: 131)

(R.D.M.)

- *Ad judicium* ▶ **Fundamento, arg.**

- *Ad personam* ▶ **Ataque pessoal**

- *Ad populum, arg.*

> ❖ Lat. *populus*, "povo". A expressão latina *ad populum* é comumente encontrada. Pode ser traduzida por "apelo ao povo" ou por "argumento populista".

A designação *discurso populista* funciona no campo do debate político. Trata-se de um rótulo descritivo e avaliativo. Referir-se a um discurso como *populista* é considerá-lo um discurso falso, demagógico, que propõe soluções mágicas e milagrosas e sem nenhuma consequência negativa. Tal discurso garante que as soluções propostas são as mais fáceis de serem cumpridas. Consideram-se ainda *populistas* e *demagogos* os políticos que sustentam esse tipo de discurso. Tais políticos são acusados de levantar uma falsa bandeira, em vista de benefícios eleitorais, considerando-se que são feitas promessas inexequíveis. A esse discurso opõe-se o discurso sincero, franco: *Vote em mim e trabalharemos juntos; daremos nosso sangue, suor e lágrimas.*

*Apelo às crenças de um grupo*: o argumento *ad populum* geralmente é definido como aquele que parte de premissas aceitas pelo auditório, em vez de premissas universais. Segundo essa perspectiva, o orador visa à adesão, e não à verdade (Hamblin 1970: 41; Woods e Walton 1992: 69). Nesse sentido, toda argumentação, retórica ou dialética, traz características do argumento *ad populum*, o qual não é diferente de argumentos que são construídos a partir das crenças e valores do auditório. Tais argumentos também são designados como argumentos *ex concessis*, *ex datis* ou, ainda, argumentos *ad auditores*; ver **Crenças do auditório**.

*Apelo à emoção*: "O paralogismo conhecido por *argumentum ad populum* pode ser definido como uma tentativa de se obter o apoio popular a partir da emoção e do entusiasmo da multidão" (Woods e Walton, 1992: 72, apud Copi, 1972: 29). O argumento *ad populum* é geralmente associado negativamente a um discurso de ódio e ao fanatismo; ou ligado a um discurso exageradamente entusiasmado. Em realidade, tal argumento é visto como movido por um discurso de paixões exacerbadas, poluentes da boa argumentação. Não obstante, não se pode esquecer de que bons e maus argumentos podem lançar mão de emoções fortes e que essas emoções podem ou não ser poluentes do discurso; ver **Emoções**.

Essa definição corresponde ainda ao que se chama de *ad captandum vulgus* (jogando com o público) (Woods e Walton, 1992: 69, apud Hamblin, 1970: 41) ou a uma espécie de *oratória teatral*, que conta com muitos outros adeptos além da classe política. Nesse cenário, o orador se torna um ator. A crítica feita ao argumento *ad populum* traz em seu bojo a crítica moral ao discurso bajulador, a crítica do entusiasmo, do conformismo e dos efeitos que tais discursos têm sobre o grupo em geral (maioria, falácia *bandwagon* ou a falácia do apelo à maioria; apelo ao povo) ou, simplesmente, alinhamento com o maior número; ver **Pathos**; **Emoções**; **Riso e seriedade**; **Consenso**.

Quer se trate de apelo às crenças ou às emoções, a crítica que ali se observa é devido ao fato de o orador curvar-se ao auditório (a maioria), e não o contrário. Nesse sentido, o que conduz o orador ali não é a verdade, mas tão somente a opinião do grupo, da multidão, da opinião pública, da maioria.

*O problema da falta de pertinência*: como em todos os casos de apelo às paixões, poderia haver ali a substituição do *logos* pelas paixões, o que levaria à ignorância da questão (Woods e Walton 1992: 76); ver **Ignorância da refutação**.

## ORIENTAÇÃO ARGUMENTATIVA DA PALAVRA *POVO*

O termo *povo* é suscetível a orientações argumentativas contrárias. O individualista, que pensa que toda virtude reside no indivíduo, pode concluir pela aplicação do *topos* dos contrários, que o povo é corrompido e, por consequência, que toda argumentação *ad populum* é fundamentalmente falaciosa. O povo seria sempre o *populacho*, sob esse ângulo.

Por outro lado, o adágio *vox populi vox dei* ("a voz do povo é a voz de Deus") confere ao *populus* um tipo de infalibilidade. Segue-se à acusação de falácia *ad populum* a contra-acusação de falácia do orgulho (*ad superbiam*), cometida por quem considera que o povo é intrinsecamente corrupto (*corrupção popular*). Em outras palavras, no primeiro caso (*ad populum*), acusa-se quem toma como parâmetro/verdade a opinião da maioria; no outro (*ad superbiam*), acusa-se quem trata a opinião popular com desdém. Ver **Desprezo**; **Tipologias (II): Modernas**.

Aristóteles, de maneira um tanto quanto ousada, defende a superioridade da multidão sobre a elite (ver **Composição e Divisão**):

> Quanto à maioria, cada um deles não é um homem bom, igualmente é possível que, quando reunidos, sejam melhores que aqueles, não em separado, mas juntos, tal como os banquetes dos que juntos custearam as despesas são melhores que os de um único. (Aristóteles, *Pol*, III, 11, 1281b1)

### PROVOCATIO AD POPULUM

Na República romana, o apelo ao povo, chamado de *provocatio ad populum*, correspondia a uma instância jurídica de apelo (*jus provocationis*) em processos criminais. Esse último apelo, que consistia em levar seu caso diante do *populus,* poderia ser solicitado pelo acusado, cidadão romano. *Populus* era, nesse sentido, o povo em assembleia, constituindo um corpo político-judiciário, integrado nas *comitia centuriata*, que eram as assembleias em que os cidadãos votavam e tomavam decisões por categorias. O *populus* era bem distinto do *vulgus* e da *plebs*. Nas assembleias romanas, considerava-se que os deuses falavam pela voz do povo, tal era o reconhecimento de tais agrupamentos.

Esse direito estava ligado às instituições republicanas: "A tradição alega que a República foi criada no mesmo ano do *provocatio ad populum*, por uma lei do 'cônsul' Publicola" (Ellul [1961]: 278). No entanto, com o estabelecimento do Império, "o *provocatio ad Cæsarem* desbancou o *provocatio ad populum*" (Foviaux, 1986: 61). Em última instância, deixou-se de implorar ao povo, reunido em assembleia, e passou-se a implorar a César.

(R.D.M.)

- *Ad quietem* ▶ Tranquilidade

- *Ad rem* ▶ Fundamento, arg.

- *Ad verecundiam* ▶ Modéstia, arg.

- **Afirmação do consequente** ▶ Dedução

- **Alinhamento, aliança argumentativa** ▶ Orientação (I)

- **Ambiguidade**

    ❖ Em latim, *ambigere* significa "discutir, estar em controvérsia; participação em um debate" (Gaffiot [1934], art. *Ambigo*). Ao falar em "questão em debate", Cícero utiliza a expressão *id de quo ambiguitur*, que significa "tema sobre o qual divergimos [*ambiguitur*]".

    Há três formas de expressões falaciosas causadas por ambiguidade:

    1. *Homonímia*: um mesmo significante (uma mesma palavra) é empregado em vários sentidos em uma mesma argumentação; ver **Homonímia**.
    2. *Paronímia* (ou *prosódia*): duas palavras com sutil diferença em seus significantes, mas com significados muito diferentes, são empregadas em uma mesma argumentação como se fossem uma mesma palavra; ver **Paronímia**.
    3. *Anfibologia*: um mesmo enunciado com diversas interpretações totalmente diferentes; ver **Ambiguidade sintática**.

(R.D.M.)

- **Ambiguidade sintática**

    ❖ A palavra grega *amphibologie* é composta por *amphi-*, "dos dois lados"; *bolos*, "ação de lançar para todos os lados"; *logos*, "palavra". Um discurso anfibológico é um discurso que "pode seguir em direções opostas".

    Um enunciado anfibológico é um enunciado ambíguo sintaticamente, ou seja, um enunciado que pode ser parafraseado por dois enunciados com sentidos diferentes.

Um exemplo de enunciado ambíguo pode ser: *Os alunos que estudam frequentemente são mais inteligentes.*

> Paráfrase 1: *Os alunos são inteligentes porque estudam frequentemente.*
> Paráfrase 2: *Frequentemente são mais inteligentes os alunos que estudam.*

A ambiguidade sintática é um fenômeno de superfície. As duas interpretações representam, na verdade, duas estruturas sintáticas distintas subjacentes, que podemos distinguir pelo jogo de parênteses abaixo:

> (Os alunos que estudam frequentemente) (são mais inteligentes)
> (Os alunos que estudam) (frequentemente são mais inteligentes)*

A sentença "O professor diz o diretor é um asno" é sintaticamente ambígua, pois ali se podem perceber duas estruturas cuja diferença é marcada na oralidade pela entonação da frase, e na escrita pela pontuação:

> *O professor,* diz o diretor, *é um asno.*
> O professor diz: *o diretor é um asno.*

A *falácia de anfibologia* é uma falácia de ambiguidade, ligada ao discurso; ver **Falacioso (III)**. A ambiguidade sintática, atualmente analisada em uma perspectiva gramatical, é discutida por Aristóteles na perspectiva de uma gramática da argumentação. O discurso científico não admite enunciados ambíguos, salvo se a possibilidade de interpretações diversas não causar prejuízos para uma área científica afim.

A maioria dos exemplos que ilustram a falácia da anfibologia é forjada. No texto a seguir, de Santo Agostinho, a questão da boa leitura é crucial para a concepção ortodoxa da Santa Trindade, que prega a igualdade do Pai, do Filho e do Espírito Santo (este último sendo a representação do Verbo/Palavra). A leitura que atribui uma sintaxe de coordenação ao enunciado a seguir acaba por negar a identidade do Verbo e de Deus. Há ali uma interpretação herética, que deve ser retificada, pois a leitura que atribui uma sintaxe de coordenação ao enunciado resulta em negar a identidade da Palavra, que é o Espírito Santo, com Deus:

> *Ambiguidades devido à falsa pontuação:* 3. Consideremos alguns exemplos. Seja o primeiro o de uma pontuação que leva à heresia: *In principio erat Verbum et Verbum erat apud Deum et Deus erat.* O ponto final aí colocado muda o sentido da frase. Porque a continuação: *Verbum hoc erat in principio apud Deum* não leva a reconhecer que o Verbo era Deus. Tal pontuação deve ser rejeitada em virtude da Regra de fé que nos prescreve confessar a igualdade da Trindade. Pontuaremos, portanto, deste modo: *Et Deus erat Verbum*, acrescentando logo a continuação: *hoc erat in principio apud Deum* (Jo 1, 1). (Santo Agostinho, 2002 [1997]: 153)

(R.D.M.)

---

\* N.T.: No original: "(la petite porte) (le voile) / (la petite) (porte le voile)". Devido ao jogo de palavras, de tradução literal complexa, optamos por fazer uma versão que explicite a dubiedade estrutural dos enunciados, mas com outro exemplo.

# ▪ Ameaça, arg.

❖ Encontramos às vezes "argumento *ad metum*", do latim *metus* "receio, medo"; ingl. *argument from fear, appeal to fear; scare tactics.*

A perspectiva de um perigo mais ou menos iminente constitui uma ameaça, que pode estar ligada ao mundo material (*ameaça de temporal*) ou colocar pessoas em confronto (*Pedro ameaça Paulo*). Nos dois casos, a pessoa ameaçada sente uma emoção mais ou menos forte, da ordem do medo, e busca escapar ou controlar a ameaça. Os discursos de ameaça são de dois tipos, externos, conforme o locutor se apresenta relatando ameaças exteriores, ou internos, fazendo-as ele mesmo. O enunciado "X *ameaça* Y" admite duas leituras, segundo a agentividade de X:

- X é não humano, a interpretação é causal: *A tempestade ameaça as colheitas*; *Você está sob a ameaça de um câncer*;
- X e Y são humanos, a interpretação é agentiva: *A bolsa ou a vida*:
  X anuncia a Y um prejuízo $D_0$ possível para Y.
  A realização desse prejuízo depende de X (agente do prejuízo).
  Esse prejuízo pode ser suspenso desde que Y realize tal coisa $D_1$, solicitada por X, e que X não faria espontaneamente e de boa vontade.
  $D_1$ é menos grave do que $D_0$: é razoável doar a bolsa para salvar sua vida.

Essas duas possibilidades de leitura atuam a partir da oposição entre *assustar/aterrorizar*: *assustar* é não agentivo (um rosto assustador, não intencional); *aterrorizar* é agentivo (fazer reinar o terror intencionalmente). Em todos os casos, Y (Humano) tem medo.

A ameaça é um dos dois instrumentos de gestão de sociedades que tenham como princípio "que os bons se regozijem e que os maus tremam". Ela está na base das políticas militares de dissuasão; ver **Punições e recompensas**.

## O LOCUTOR É A FONTE DA AMEAÇA

A ameaça visa construir o medo (*a contrario*: *Suas ameaças não me dão medo*). A forma precisa dessa emoção depende de seu modo de construção, segundo ela seja ou não um objeto preciso (*Sentimos que vai nos acontecer alguma coisa*), causada ou não por uma causalidade inelutável (*Caminhamos em direção a um conflito de civilizações*), e que o ameaçado seja ou não privado de toda possibilidade de controle da ameaça. Se a ameaça for causal, sem objeto e sem controle (*Todos devem bater em retirada*), o discurso da ameaça torna-se o discurso da inquietude difusa, do medo, da angústia, até do pânico.

Quando a fonte da ameaça é humana, o apelo ao medo tem sido frequentemente designado metonimicamente pelo instrumento da ameaça, fonte do medo:

| port. *arg. pela ameaça* | lat. *arg. ad metum*, "medo" | ingl. *arg. from threat* |
|---|---|---|
| do porrete | *ad baculum; baculum*, "porrete" | *from the stick* |
| da prisão | *ad carcerem; carcer*, "prisão" | *from prison* |

| do raio (metáf.) | *ad fulmen*; lat. *fulmen*, "raio; (metáf.) violência" | *thunderbolt argument* |
|---|---|---|
| da bolsa/carteira | lat. *crumena*, "bolsa" | *arg. to the purse* |

- ameaça da violência física (uma paulada etc.), de uso de um *porrete*, leva, então, metonimicamente, à ideia de apelo à força, à coerção física. Pode se tratar de paulada no sentido próprio de punição física ou no sentido simbólico de ofensa.
- ameaça de *prisão*, subespécie da precedente.
- ameaça (mais ou menos) metafórica de *fulminar* (o oponente); a palavra latina *fulmen*, "raio, que leva à ideia de violência", foi traduzida em português por *fulminar* (com ameaças); *fulminar* era usado em contexto pontifical: "fulminar bulas, proibições, excomunhões".
- ameaça de atingir o bolso, a *carteira*. O argumento da carteira (diferente do argumento da riqueza (ver **Riqueza e pobreza**) inclui todas as formas de ameaça e de recompensa ligadas a interesses financeiros.

## AMEAÇA E ARGUMENTAÇÃO PELAS CONSEQUÊNCIAS

O locutor pode ocultar sua ameaça sob a forma de uma argumentação pelas consequências: dito de outra forma, a agentividade é encoberta pela causalidade. No caso da ameaça *aberta*, o locutor assume papel de *pessoa má*, apresentando-se como agente do acontecimento negativo para o interlocutor ameaçado. Se o acontecimento negativo é apresentado como causado pelo comportamento do próprio interlocutor, estamos tratando de uma argumentação por consequências negativas. O interlocutor é então construído como o *agente de sua própria desgraça*. Nessa configuração, o locutor desresponsabiliza-se e se coloca no papel de conselheiro.

A mudança de estratégia é idêntica àquela que observamos no caso da passagem de uma política que é resultado de uma escolha voluntária a uma política orientada pela ordem das coisas; ver **Força das coisas**.

X: – *Devo mesmo fazer meus deveres?*
Y: – *Se você não fizer os seus deveres*
    – *nada de cinema neste fim de semana*
    – *você não passará no exame*
    – *mais tarde não encontrará emprego*
    – *e irá para o inferno.*

Pergunta: *A empresa deve dar um aumento de salário a seus empregados?*
Negociador do sindicato:
    – *Se não houver aumento, os trabalhadores vão quebrar tudo.*
Negociador dos patrões:
    – *Se vocês persistirem nas reivindicações, seremos obrigados a fechar a fábrica.*

(M.H.C.P.)

- **Anfibologia ▶ Ambiguidade sintática**

- **Analogia (I): o pensamento analógico**

Do ponto de vista antropológico, a analogia é uma forma de pensamento que postula que as coisas, os seres e os eventos estão refletidos uns nos outros. Para o pensamento analógico, conhecer é decifrar semelhanças. Desse modo, a analogia estaria no fundamento de todo o conhecimento (*gnose*). A analogia, a partir dos vínculos que cria, produz um "sentimento cósmico no qual triunfam a ordem, a simetria, a perfeição", em um mundo fechado (Gadoffre et al, 1980: 50).

Do ponto de vista da história das ideias, essa forma de pensamento conheceu seu apogeu no Renascimento em que o mundo "sublunar" era, por analogia, colocado em conexão com o mundo celeste e, geralmente, com o mundo divino. Em uma de suas manifestações, a doutrina das correspondências valida os argumentos na seguinte forma:

> Dado: *Esta flor lembra uma parte do corpo.*
> Conclusão: *A flor traz uma virtude secreta capaz de curar os males que afligem a parte do corpo com a qual há grande semelhança.*
> Apoio: *Se a forma de uma planta se parece com uma parte do corpo, então ela cura os males que afligem aquela parte do corpo.*
> Garantia: *Trata-se de um dispositivo divino.*

Essa forma de pensamento analógico postula que todas as plantas trazem propriedades medicinais secretas. A planta possuiria uma *assinatura* que seria uma representação da parte do corpo humano que ela poderia curar. Tal assinatura ou "simpatia analógica" seria um significante motivado, uma "semelhança" com determinada parte do corpo humano. E isso poderia ser considerado um presente divino. Nesse sentido, se uma planta tivesse semelhança com pálpebras, por exemplo, então ela teria virtudes terapêuticas contra males que atingissem o olho humano. Como a casca do marmelo é coberta por pelos, então esse fruto tem a "assinatura" do cabelo. Nesse sentido, comer marmelo pode fazer o cabelo crescer. Nas palavras de Oswald Crollius (*Traicté des signatures ou vraye et vive anatomie du grand et petit monde* [1609], Milan, Archè, 1976, ortografia original):

> Dado: "Esse pelo que vem ao redor do marmelo [...] representa de alguma forma o cabelo" (p. 41).
> Conclusão: "Então sua decocção faz crescer o cabelo que caiu por causa da varíola ou outra doença semelhante" (p. 41).
> Apoio: O poder de cura das plantas "pode ser reconhecido pela assinatura ou simpatia analógica com os membros do corpo humano mais do que com qualquer outra coisa" (p. 8).
> Garantia: "Deus atribuiu um intérprete a cada planta para que sua virtude natural (mas escondida em seu silêncio) pudesse ser reconhecida e decodificada. Este intérprete só pode ser uma assinatura externa, isto é, uma semelhança de forma e figura, verdadeiras indicações da bondade, essência e perfeição divinas" (p. 23).

Essa doutrina deu origem a um programa de pesquisa para "aqueles que querem adquirir a verdadeira e perfeita ciência da medicina", para que "dediquem todos os seus esforços ao estudo de assinaturas, hieróglifos e caracteres" (p. 20). Esse treinamento lhes permitirá reconhecer "à primeira vista, isto é, num rápido exame das plantas diversas, de quais faculdades terapêuticas elas são dotadas" (p. 9).

O conhecimento das propriedades medicinais das plantas se adquire aprendendo-se a decifrar o discurso da natureza, isto é, a se reconhecerem os signos dispersos no mundo, não pela observação e experiência nem pela dissecação ou pela prescrição de soluções ao paciente para constatar se ele melhorou, se está pior ou mesmo se morreu. O conhecimento analógico é um modo peculiar de pensamento, constitutivo do pensamento mágico e que substitui o conhecimento causal por uma linha de reflexão que leva em consideração basicamente correspondências misteriosas que transmitem influências e substituem a reflexão sobre o sistema hierárquico de categorias organizadas em gênero e espécie. Essa forma de pensamento atém-se basicamente à questão da similaridade.

(R.D.M.)

# ▪ Analogia (II): a palavra e o conceito

Os dicionários definem a analogia como uma *relação*, uma *similaridade*, uma *semelhança*, como indicam os primeiros sinônimos oferecidos pelos muitos dicionários. A analogia é uma identidade parcial, *uma proporção* que existe entre as *coisas* ou entre "realidades diferentes" (*TLFi*, art. *Analogia*). A existência de uma relação de analogia estabelece-se por meio de uma comparação da qual sobressaem os traços comuns entre os objetos e as realidades consideradas (Littré, *TLFi*, art. *Analogia*).

### IDENTIFICAR AS ANALOGIAS

#### A ANALOGIA MARCADA

A analogia pode ser marcada por um conjunto de termos que incluem as "palavras pequenas" de ligação que dependem de contexto, tais como os conectivos e as palavras afins, assim como as "palavras grandes", semanticamente cheias, como os substantivos e os verbos (Eemeren et al, 2007; Snoeck Henkemans, 2003); ver **Baliza argumentativa**.

*Substantivos*: o substantivo *analogia* remete mais ou menos aos termos *afinidade, alegoria, associação, concordância, conveniência, evocação, homologia, harmonia, imagem, metáfora, parentesco, paralelo, precedente, proporção, relação, semelhança, símbolo*, entre muitos outros. Tais termos não são necessariamente indicadores de uma analogia, mas podem sugerir essa relação em determinados contextos.

*Marca predicativa*: alguns predicados devem ser considerados como conectivos de analogia. A analogia define-se como o laço talvez ontológico, mas certamente semântico, existente entre os sujeitos e objetos, como nos casos a seguir:

> *X tem ligações com, parece-se com, lembra, faz pensar em, corresponde a... Y;*
> *A está para B assim como C está para D;*
> *X é como, do mesmo gênero, da mesma forma que, parecido com... Y.*

O sentido do predicado pode ser fornecido por um substantivo da classe sinônima da analogia ou por um adjetivo correspondente:

*X está em acordo com, em harmonia com, faz ligações... com Y;*
*X é comparável, análogo, semelhante, similar, idêntico, paralelo, equivalente, homólogo... a Y.*

*Relações interfrásicas*: as construções ditas subordinadas comparativas incluem as relações que vão da comparação à analogia. Nesse sentido, quando uma construção coloca em jogo uma comparação entre X e Y, tanto um quanto outro termo podem receber o mesmo predicado M, teremos uma *analogia de comparação*:

X é tão M quanto Y: *Pedro é tão belo quanto Paulo.*

A comparação pode acontecer a partir da posição dos dois termos em relação a dois predicados, M e N:

X é tão M quanto Y é N: *Pedro é tão preguiçoso quanto Paulo é trabalhador.*

A construção comparativa pode corresponder a uma analogia estrutural:

$P_0$ *como, bem (como), bem como, mais/menos que, tanto quanto, da mesma forma que...* $P_1$

Um enunciado marcado por um advérbio pode estar em relação de analogia com todo um discurso anterior $D_0$:

$D_0$: *Da mesma forma que, mesma coisa, igualmente..., tal, idem...* $P_1$

De modo geral, os indicadores de analogia apenas apontam possibilidades de interpretação. A palavra *como*, por exemplo, não representa um indicador unívoco de analogia. No sentido de "enquanto", tal vocábulo denota uma relação de simultaneidade;

*Como eu vinha descendo a rua, acabei por ver Pierre.*

No sentido de "porque", traz uma relação causal:

*Como Pedro é inteligente, ele vai logo perceber a cilada.*

O sentido de uma analogia só é bem compreendido quando se percebe a função de um vocábulo, de um morfema ou de determinada construção como indicadores, balizas, indícios de analogia.

### A ANALOGIA VAI ALÉM DOS INDICADORES

A analogia pode se exprimir entre enunciados metafóricos do tipo < A é B >: "A metáfora é o sonho da linguagem" (D. Davidson); ver **Metáfora**.

A analogia pode, ainda, realizar-se entre enunciados dispostos paralelamente, sem nenhuma palavra indicadora:

*No futebol, joga-se com o adversário ou com a bola, às vezes com os dois. Na argumentação, joga-se com o tema em discussão ou com os argumentos do antagonista.*

### A PALAVRA ANALOGIA COMO UM TERMO ABRANGENTE

Deixando de lado a perspectiva matemática do conceito "proporção", perceberemos que a definição do termo *analogia* é atravessada pelos substantivos *similitude, semelhança, comparação.* Indagamo-nos, nesse sentido, se há correspondência de um conceito específico com cada um desses três termos. A resposta a essa questão deve levar em consideração a estrutura das famílias derivacionais das quais tais palavras advêm. Os dados semântico-lexicais organizam-se de acordo com o quadro abaixo:

| Verbos | Adjetivos | | Substantivos | | | |
|---|---|---|---|---|---|---|
| | base | deverbais | base | deadjetivais | | deverbais |
| | | | | part. pres. | adj. de base | |
| assemelhar (se) | | semelhante | | semelhança | | |
| | parecido | | | | | parecido |
| | similar | | similitude | | | similaridade |
| | análogo | | analogia | | | |
| comparar | | comparável | | | | comparação |

A série compreende dois verbos, *assemelhar(se)* e *comparar*. Podemos considerar que *(não se) assemelhar* é o resultado de *comparar*:

> H (agente humano) *compara* A e B. Após exame, H conclui que:
> A e B *(não) se assemelham*; A *(não) se assemelha* com B.

Os substantivos e os adjetivos alinham-se com o verbo *assemelhar(se)*:

> *Existe uma analogia, similitude semelhança (\*comparação)... entre* A e B.
> A *é parecido, semelhante, similar, análogo, comparável... a* B.
> A e B *são parecidos, semelhantes, similares, análogos, comparáveis.*
> ↔ A e B *assemelham-se.*

Essa correlação entre termos eleva os adjetivos *semelhante, parecido, similar, análogo* ao patamar de quase-sinônimos. O mesmo se passa com os três substantivos derivados, *semelhança, similaridade, similitude*. Esses dados levam à formação do par {*analogia, assemelhar*}, que se tornam termos-chave (termos abrangentes) do discurso sobre a analogia. Geralmente, faz-se a correspondência entre uma noção e um termo substantivo. De fato, a noção pode ser representada por diversas formas lexicais: verbos, adjetivos, substantivos. No entanto, o vocábulo *analogia* não tem um verbo correspondente. Nesse sentido o conceito deverá encontrar um verbo, e *assemelhar* é uma opção.

Metáfora, comparação, proporção, similitude... exploram a analogia sob diferentes formas e definições.

## EXPLICAÇÃO DAS ANALOGIAS

A analogia como isomorfismo pede uma explicação. Por essa razão, invocamos:

- a coerência da criação divina; ver **Analogia (I): o pensamento analógico**.

- a imitação de um modelo: B imita A ←→ B assemelha-se a A:

  *Se há analogias entre a Grécia e Roma, é porque Roma imitou a Grécia (segundo Paul Veyne).*

- de uma causa comum:

  *A criou, engendrou, produziu, causou ... B ←→ B se parece com A.*

- a obra de um mesmo autor:

  *As pirâmides astecas e maias fazem parte das grandes maravilhas da humanidade. Quem as construiu? Certamente não foram os pobres indígenas que viviam à sua sombra. Foram extraterrestres? A hipótese também não é muito séria. Mas essas pirâmides fazem pensar nas pirâmides egípcias... Minha nossa! É claro: então, em tempos imemoriais, muito antes de Cristóvão Colombo, os bravos navegadores egípcios cruzaram o Atlântico e vieram se instalar no México.*

## FORMAS ARGUMENTATIVAS QUE EXPLORAM A ANALOGIA

Juntamente com a causalidade e a definição, a analogia é um dos três principais recursos argumentativos que permitem ligar seres e objetos. A analogia em sentido amplo é uma noção chave em relação à qual se definem uma quinzena de tipos de argumentos, muitas vezes até redundantes entre si. Do ponto de vista da argumentação, podem-se distinguir três formas principais de analogia, correspondentes a três pontos de vista sob os quais podemos contemplar casos concretos:

- *analogia categorial* – apresenta a problemática do *exemplo*;
- analogia de *proporção*;
- analogia *estrutural* – apresenta a *metáfora*.

*Analogia categorial* é a que se dá entre dois seres classificados em uma mesma categoria, ver **Analogia (III): Analogia categorial**.

*Analogia/argumentação pelo exemplo*. Distinguiremos o sentido de exemplo como *amostra* (ver **Indução**; **Exemplo**) do sentido de exemplo como *modelo* a ser (ou não) seguido, considerando-se um *precedente* (real ou imaginário), um paradigma; ver **Exemplum**; **Ab Exemplo**; **Imitação, paradigma, modelo**.

*Analogia de proporção* (ou analogia de *relação*) é definida como uma analogia entre duas relações, cada uma ligando-se a dois outros seres. Nesse sentido, trata-se de analogia de quatro termos; ver **Proporção**.

*Analogia estrutural* (ou analogia da forma, *isomorfismo*) é a que ocorre entre dois sistemas complexos que compartilham a mesma estrutura. A analogia estrutural estabelece-se a partir de um número indefinido de elementos; ver **Analogia (IV): Analogia estrutural**.

A própria *metáfora* sustenta-se num mecanismo de analogia. A metáfora estendida (*métaphore filée*) é um tipo de analogia estrutural. A metáfora simples é um processo de recategorização, que leva a analogia até a identidade; ver **Metáfora**.

As formas argumentativas ligadas à analogia com nome em latim remetem aos seguintes verbetes:

Argumento *per analogiam*, ver **Analogia**.
Argumento *a compatatione*, ver **Comparação**.
Argumento *a simili*, ver *A simili*; **Analogia**; **Comparação**; *A pari*.
Argumento *ab exemplo*, ver **Exemplo**; **Precedente**.

(R.D.M.)

# ▪ Analogia (III): analogia categorial, arg.

A analogia categorial indica uma relação em que os indivíduos envolvidos pertencem a uma mesma categoria. Esse tipo de analogia é a base da argumentação *a pari*; ver *A pari*.

- Para uma definição da noção de categoria; da organização das categorias em taxonomias e do mecanismo de raciocínio silogístico empreendido por meio de categorias; ver **Categorização**.
- Para as operações pelas quais um indivíduo enquadra-se em uma categoria; ver **Categorização**.

### DA IDENTIDADE À ANALOGIA CATEGORIAL E CIRCUNSTANCIAL

*Identidade individual*: um indivíduo é idêntico a ele mesmo (nem *semelhante* nem *parecido*). Ele não é "mais ou menos" idêntico a ele mesmo. Essa evidência funda o *princípio de identidade* < A = A >.

*Identidade dos indiscerníveis*: dois indivíduos diferentes, mas perfeitamente parecidos, por exemplo, produtos industriais em final de uma cadeia de produção, são materialmente *idênticos*, no sentido de *indiscerníveis*. Tudo o que se pode dizer de um se pode dizer do outro. Suas descrições coincidem, e esses objetos têm os mesmos predicados, essenciais ou acidentais (circunstanciais). Os seres indiscerníveis estão, nesse caso, em uma relação de analogia categorial e de identidade circunstancial.

A percepção fica por conta de quem observa: o observador leigo acredita que é a mesma coisa; é tudo igual, enquanto o especialista enxerga diferenças.

*Analogia categorial*: a identidade categorial é a relação que existe entre os membros de uma mesma categoria C, isto é, todos os membros que trazem, por definição, os traços relativos àquela categoria específica. Nesse sentido, eles passam a ser descritos como os membros de C. A expressão *Um outro X* remete a outro membro da mesma categoria. Dois seres que pertencem a uma mesma categoria são *idênticos nessa categoria*. Uma baleia e um rato são idênticos do ponto de vista da categoria "ser um mamífero". Tal identidade categorial é, assim, uma identidade *parcial*, compatível com grandes diferenças. É por isso que dois seres que pertencem à mesma categoria são considerados *análogos, similares* ou *semelhantes*. Eles são comparáveis por suas outras propriedades não categoriais. Os ovos da galinha são todos semelhantes enquanto ovos de galinha: um ovo é idêntico a outro ovo. Esse ovo é comparável a todos os outros ovos por várias características, como frescor, tamanho, cor etc.; ver **Comparação**.

*Analogia circunstancial*: se um indivíduo X possui os traços x, y, z, t, esse indivíduo é semelhante a todos os indivíduos que têm quaisquer uns desses traços, quer se trate de um traço essencial ou acidental. As partes comuns às descrições de dois objetos definem *o ponto de vista* por meio do qual eles serão vistos como equivalentes.

Se ampliamos a noção de pertencimento a uma classe, diremos que dois seres são *análogos* se suas descrições contêm partes comuns, mesmo que tais descrições não correspondam exatamente ao conjunto de todos os traços essenciais. Em outros termos, a identidade da descrição produz uma categoria, e o sentido da operação depende do interesse da categoria criada. Poderíamos falar, nesse caso, de *analogia circunstancial*. Alice e a serpente são idênticas do ponto de vista da categoria "ter pescoço longo e comer ovos de pombos"; ver **Definição**.

## ANALOGIA CATEGORIAL COMO INDUÇÃO E DEDUÇÃO

A analogia categorial pode ser reconstruída como uma indução ou uma dedução:

- *Como uma indução*:
  O é análogo a P.
  P possui as propriedades w, x, y, z.
  O possui as propriedades w, x, y.
  *Então* O possui *provavelmente* a propriedade z.

De um julgamento global de analogia entre dois seres, considerando-se os traços compartilhados w, x, y, concluímos que, se P possui o traço z, O deverá necessariamente possuir esse traço (z). Em outros termos, a analogia vai no sentido da identidade.

- *Como uma dedução*:
  O é análogo a P.
  P possui a propriedade x.
  *Conclusão*: O possui *provavelmente* a propriedade x.

  O é análogo a P, a partir do momento que ambos possuem o traço x.
  O e P pertencem à mesma categoria C.
  *Conclusão*: Então eles possuem *provavelmente* outras, talvez todas, as propriedades da categoria C.

Isso equivale a dizer que o predicado *análogo a* é interpretado como uma diminuição das propriedades ligadas à "identidade" ali expressa. A analogia passa a ser vista como uma identidade enfraquecida.

A dedução e a indução são consideradas como formas válidas de raciocínio. O motivo da discussão de se reduzir a analogia à dedução ou à indução está em determinar se o raciocínio por analogia é uma forma válida de raciocínio. Como o raciocínio por analogia é muitas vezes empregado para provar a existência de Deus, vê-se aí o caráter ideológico dessa questão.

Tais reflexões sobre a argumentação por analogia sob a forma de silogismos dialéticos são, na verdade, bastante estéreis, uma vez que ofuscam análises de inferências de problemas muito mais interessantes. Por outro lado, a reformulação da conclusão não mais como um resultado do conhecimento, mas como uma regra heurística, é de grande valor. Poderíamos reescrever as conclusões precedentes sob a forma de sugestões:

É interessante observar o que há em P relativamente à propriedade z.
É interessante observar se O e P têm outras propriedades comuns.

## ARGUMENTAÇÕES SOBRE A ANALOGIA CATEGORIAL

Constrói-se uma *categoria* a partir do momento em que se cria uma *definição*. Dois indivíduos pertencem a uma mesma categoria se se enquadram na mesma definição; ver **Definição**.

A argumentação explora e reestrutura as analogias categoriais e circunstanciais; ver *A pari*; **Definição (III)**; **Regra de justiça**.

### REFUTAÇÃO DA ANALOGIA CATEGORIAL

Sob um outro prisma, tudo é análogo a tudo. Mas nem toda analogia faz unanimidade. Por exemplo, uma analogia não aceita é categorizada como um *amálgama* (Doury, 2003: 2006).

A analogia categorial refuta-se ao se mostrar que um reagrupamento de dois seres em uma mesma categoria funda-se não a partir de um traço essencial, mas devido a um traço acidental. Nesse caso, e de modo geral, mostra-se que a categoria produzida não é de grande interesse. A analogia do "chinês ~ borboleta", ironicamente comentada por Musil, ilustra os perigos da analogia circunstancial, que se funda pela escolha arbitrária de uma característica não essencial, no caso aqui discutido, a cor "amarelo-limão":

> Existem as borboletas amarelo-limão. Há igualmente os chineses amarelo-limão. Em um sentido, pode-se definir a borboleta como: chinês anão alado da Europa central. Borboletas e chineses passam por símbolos da felicidade. Aqui vislumbramos pela primeira vez a possibilidade de concordância, jamais estudada, entre o grande período da fauna lepidóptera e a civilização chinesa. Que a borboleta tenha asas, e não os chineses, é apenas um fenômeno superficial. Se um zoólogo tivesse compreendido ao menos uma pequena parte das mais recentes e profundas descobertas da técnica, não caberia a mim explicar o fato de que as borboletas não inventaram a pólvora: precisamente porque os chineses foram pioneiros nesse quesito. A predileção suicida de certas espécies noturnas por lâmpadas acesas talvez seja uma pista, dificilmente explicável ao entendimento diurno, dessa relação morfológica com a China. (Musil, 1999 [1921]: 21-22)

A relação da analogia encontra problemas com questões de transitividade (ver **Série**). A analogia *categorial* é transitiva: se A e B de um lado, B e C de outro, são considerados análogos porque apresentam os mesmos traços essenciais; então, **A** é análogo a C. Já a relação de analogia *circunstancial* não é transitiva: não é porque **A** apresenta partes comuns com B, e B com C, que A e C terão partes comuns. Khallâf retoma uma analogia tradicional para criticar os laços de analogia em geral:

> [...] [alguém que] tente encontrar, na praia, conchas semelhantes. Ao recolher uma concha parecida com a primeira encontrada, vai tentar buscar outras e mais outras parecidas umas com as outras. Ao comparar a última concha recolhida, não se surpreenderá ao constatar que essa última é completamente diferente da primeira encontrada. (Khallâf, [1942]: 89)

(R.D.M.)

# ▪ Analogia (IV): analogia estrutural, arg.

**TERMINOLOGIA**

A analogia *estrutural* põe em relação dois domínios complexos, cada um deles articulando um número indefinido e ilimitado de objetos e de relações entre esses objetos. Ela combina analogia *categorial* (propriedade dos objetos) e analogia *proporcional* (propriedade das relações). Poder-se-ia igualmente falar em analogia *de forma* (os domínios têm mesma forma) ou tomar emprestado das matemáticas o termo *isomorfismo*; ver **Analogia categorial**; **Proporção**.

Fala-se de *analogia material* para designar a relação entre dois objetos dos quais um é a réplica do outro. A noção recobre fenômenos diferentes, como a relação entre uma maquete e o original, ou a relação entre um protótipo e o objeto a ser construído. Os raciocínios feitos sobre a maquete ou o protótipo são diretamente transponíveis para o original.

Podem-se distinguir dois tipos de situação, que correspondem a duas afirmações distintas pondo em jogo a analogia estrutural. As chaves lembram que se trata aqui de domínios complexos, e não de indivíduos.

(i) {A} *e* {B} *são análogos*: no primeiro caso, trata-se de comparar os dois domínios {A} e {B} a fim de determinar se há ou não uma analogia entre eles, quer dizer, se a proposição *A e B se parecem* é verdadeira ou não. Pode-se perguntar se a crise de 1929 tem características comuns com a do Japão nos anos 1990, ou com a da Argentina no início dos anos 2000, a fim de se estabelecer uma tipologia das crises econômicas, sem ideia preconcebida sobre a utilização que os políticos farão dos resultados dessa pesquisa.

Os domínios são simétricos do ponto de vista da investigação, que não recai sobre um dos domínios, mas exclusivamente sobre suas relações. Não sendo nenhum deles privilegiado relativamente ao outro, eles só podem ser designados na sua especificidade.

(ii) {A} *é análogo a* {B}: vê-se *a contrario* a importância da situação precedente quando se faz intervir na série a crise de 2008; trata-se então, quase com certeza, se é possível "aprender lições" das crises precedentes. Se alguém se serve da analogia 1929~2008 para prever uma terceira guerra mundial, seu argumento será destruído mostrando-se que os domínios não são análogos e que não se pode, portanto, apoiar-se sobre um para dizer alguma coisa sobre o outro (ver adiante).

A diferença de estatuto entre os dois domínios foi notada de diferentes maneiras:

> {A} é análogo a {B}
> *Tenor* se parece com *Veículo* (Richards, 1936) (inglês *Tenor* = o sentido, o conteúdo; *Veículo* = o instrumento, o vetor, o suporte)
> O *tema* tem correspondência com o *foro** (Perelman e Olbrechts-Tyteca, 1999[1958]: 424)
> O *Tema* se parece com seu *Análogo*.
> O *Comparado é como* o *Comparante*.
> O *Alvo* se parece com a *Fonte* ou *Recurso*.

---

\* N.T.: O autor está fazendo uma síntese do que Perelman e Olbrechts-Tyteca consideram da analogia. Não foi possível encontrar literalmente o excerto.

A argumentação por analogia funciona com base na assimetria dos domínios comparados. É por isso que esses dois domínios são designados por letras de alfabetos diferentes {Π} e {R}. O domínio {Π} refere-se à *Problemática*, ao domínio *Alvo* ou *Objetivado* pela investigação. O domínio {R} é a *Fonte* ou *Recurso* sobre o qual alguém se apoia a fim de modificar o estatuto epistêmico do domínio *Alvo*, {Π}, para deduzir certas consequências no tocante a {Π}. Dito de outra forma, o domínio *Recurso* {R} tem o estatuto de domínio *Argumento*, e o sistema *Alvo* {Π}, de domínio *Conclusão*.

Os dois domínios se diferenciam dos pontos de vista epistêmico, psicológico, linguageiro e argumentativo:

- em termos *epistêmicos*, o domínio *Recurso* é o domínio mais bem conhecido; o domínio *Alvo* é o domínio que está sendo explorado, sobre o qual recai a questão;
- em termos *psicológicos*, a intuição e os valores que funcionam sobre o domínio *Recurso* são convidados a funcionar no domínio *Alvo*;
- em termos *linguageiros*, o domínio *Recurso* apoia-se em uma linguagem estável; o domínio *Alvo* não possui uma linguagem própria estabilizada;
- em termos argumentativos, o domínio *Recurso* é reconhecido como legítimo/ilegítimo, logo legitimando/deslegitimando o domínio *Alvo*.

## ANALOGIA EXPLICATIVA

Na célebre analogia de Ernest Rutherford entre o átomo e o sistema solar, o domínio *Recurso* é o sistema solar, o domínio *Alvo* pela analogia é o átomo:

> *O átomo é como o sistema solar.*
> O domínio *Alvo*, no qual se coloca o problema, é como *Recurso*.

No exemplo, há uma analogia didática. Trata-se de fazer compreender o que é o átomo a partir do que é o Sistema Solar. A assimetria dos domínios é evidente. O domínio *Recurso*, o Sistema Solar, é bem conhecido, desde há muito tempo. O domínio *Alvo* é novo, mal compreendido, enigmático. A analogia explicativa mantém seus méritos pedagógicos mesmo que ela seja parcial. Pode-se sempre comparar os dois sistemas a fim de pôr em evidência os limites da comparação; ver **Refutação**.

A analogia tem valor explicativo na seguinte situação:

1. No domínio {Π}, a proposição $\pi$ não é compreendida.
2. Em um domínio {R}, não há debate sobre p: ela é compreendida
3. {Π} é isomórfico de {R} (analogia estrutural sistêmica).
4. A posição de $\pi$ em {Π} é idêntica à de p em {R}.
5. $\pi$ é um pouco mais compreendida.

Estabelece-se uma relação de analogia entre dois fatos; integra-se (situa-se) o desconhecido sobre a base do conhecido. Como a explicação causal, a explicação por analogia cria pontes, quebra a insularidade dos fatos; ver **Refutação**.

# A ARGUMENTAÇÃO POR ANALOGIA ESTRUTURAL

Na fala cotidiana, a analogia é utilizada argumentativamente nos casos seguintes:

1. Uma questão se coloca em um domínio {Π}: a verdade de uma proposição α ou a pertinência de uma linha de ação ß estão em discussão.
2. Em um domínio Recurso {R}, a proposição α é tida como verdadeira (a ação de ß como adequada). Nesse domínio, as representações estão estabilizadas e são objeto de um consenso.
3. Existe uma relação de analogia entre domínio Recurso {R} e domínio Problemática {Π}.
4. Logo, ao tomarmos α como verdadeira, consideramos que fazer ß seria eficaz.

A operação argumentativa consiste em atrair a atenção daquele que duvida sobre o fato de que "se os domínios são análogos, então seus elementos correspondentes o são", em particular a e α, b e β, assim como as relações que os unem. A analogia faz pensar, mas não prova nada: a conclusão pode revelar-se falsa; ver **Refutação**; **Metáfora, analogia, modelo**.

A analogia estrutural é utilizada em diferentes formas de argumentação; ver **Exemplo**; **Imitação, paradigma, modelo**.

## POTÊNCIA DA ANALOGIA ESTRUTURAL

A analogia é um convite para ver e tratar o *Problema* através do *Recurso*. O domínio *Recurso* é considerado um modelo do domínio *Alvo*. A relação do domínio sob investigação com o domínio *Recurso* é tratada como a relação do domínio de investigação com um modelo desse domínio. Otto Neurath utiliza, para explicar sua visão da epistemologia, uma analogia metafórica marítima:

> Não existe *tabula rasa*. Somos como os marinheiros que, em pleno mar, devem reconstruir seu navio sem jamais poder conduzi-lo a uma doca para desmontá-lo e o reconstruir com melhores elementos. (Beckermann, 2001: 206)

A analogia pode ser traduzida palavra por palavra: não há fundamento último dos conhecimentos a partir dos quais nós possamos, sem nenhum pressuposto, mostrar que eles são válidos. Esse recurso é extremamente poderoso. A imagem poderia também aplicar-se bem à vida relacional: não existe boa explicação que permita reconstruir uma relação deteriorada e retomá-la do zero.

O recurso não deve necessariamente preexistir à analogia. A analogia pode criar *ex nihilo* um recurso cuja evidência se imponha instantaneamente à intuição, como aquela proposta por Heisenberg em 1955 na qual o comparante é "um barco construído com uma tão grande quantidade de aço e de ferro que a agulha de sua bússola, em vez de indicar o norte, orienta-se apenas em direção à massa de ferro do barco". O perigo sobre o qual se discute na primeira linha é aquele em que se encontrava a humanidade no momento da Guerra Fria.

> Uma outra metáfora tornará ainda mais evidente esse perigo. Por esse crescimento aparentemente ilimitado do poder material, a humanidade se encontra na situação de um capitão cujo barco seria construído com uma tão grande quantidade de aço e de ferro que a

agulha de sua bússola, em vez de indicar o norte, orienta-se apenas em direção à massa de ferro do barco. Um barco como esse não chegaria a lugar algum; abandonado ao vento e à corrente, tudo o que ele pode fazer é girar em círculos. Mas voltemos à situação da física moderna; na verdade, o perigo existe na medida em que o capitão ignora que sua bússola não reage mais à força magnética da terra. No momento em que ele o compreende, o perigo já está descartado pela metade. Porque o capitão que, não desejando girar em círculos, quer atingir um objetivo conhecido ou desconhecido, encontrará meio de guiar seu barco, seja utilizando novas bússolas modernas que não reagem à massa de ferro do barco, seja orientando-se pelas estrelas como se fazia antigamente. É verdade que a visibilidade das estrelas não depende de nós e talvez na nossa época as vejamos apenas raramente. Mas, de qualquer forma, a conscientização dos limites da esperança que exprime a crença no progresso contém o desejo de não girar em círculos, mas de atingir um objetivo. Na medida em que reconhecemos esse limite, ele se torna o primeiro ponto fixo que permite uma orientação nova. (Heisenberg, 1962 [1955]: 35-36)*

## A ANALOGIA ESTRUTURAL COMO OBSTÁCULO EPISTEMOLÓGICO

Considerando que, visto de certo ângulo, tudo se parece com tudo e que, sendo a relação de semelhança transitiva, é possível fazer associações ao infinito, e a produtividade do procedimento pode ganhar contornos inimagináveis.

A analogia é fecunda para estimular a descoberta ou a invenção. Ela é útil no ensino e na vulgarização científica. Mas ela representa um obstáculo epistemológico quando a explicação que ela propõe, muito satisfatória para a intuição, constitui obstáculo às pesquisas mais aprofundadas:

> Por exemplo, o sangue e a seiva escoam como água. A água canalizada irriga o solo; o sangue e a seiva devem irrigar também. Foi Aristóteles quem assimilou a distribuição do sangue a partir do coração e a irrigação de um jardim por meio de canais.** E Galeno não pensava diferente. Mas irrigar o solo é, afinal, perder-se no solo. E esse é exatamente o principal obstáculo à inteligência da circulação. (Canguilhem, 2012 [1965]: 15-16)

Esse exemplo contribui para a rejeição ao princípio da analogia.

## REFUTAÇÃO DAS ANALOGIAS ESTRUTURAIS

*A analogia inútil (vaine)* – assim como em uma *explicação*, o esclarecimento fornecido deve ser mais acessível do que a coisa a ser explicada. Em uma *definição*, a exposição deve ser mais clara do que o termo definido. Em uma *analogia*, é preciso que o domínio *Recurso* seja mais familiar do que o domínio *Alvo*. Quando o domínio *Recurso* é de fato ainda menos conhecido, menos claro do que o domínio sob exploração, a analogia é inútil do ponto de vista da partilha dos conhecimentos.

---

\* N. T.: Existe a tradução em português desta obra (Werner Heisenberg. *A imagem da natureza na física moderna*. Editora Livros do Brasil), mas, infelizmente, não conseguimos um exemplar, apesar de nossos esforços em tentar adquirir o livro em plataformas de vendas (novos e usados) e na biblioteca consultada *in loco*. Pode se tratar de edição já esgotada.

\*\* N.T.: Referência ao livro: Aristóteles. *Traité sur les parties des animaux*. Texto, tradução, introdução e comentários por J.-M. Le Blond. Paris: Aubier, 1994, livro 1.

Uma analogia vazia pode funcionar para *enganar bobo*, isto é, serve não para fazer alguém *compreender* um certo alvo, mas para causar *admiração* por supostas competências do seu autor, que se apresenta como familiarizado com algum domínio *Recurso*. O teorema de Gödel serviu muito para esse efeito (Bouveresse, [1999]).

*Falsa analogia* – refuta-se uma argumentação por analogia rejeitando a analogia que ela explora. Para tanto, mostra-se, por esse procedimento, que o domínio *Recurso* apresenta diferenças profundas com o domínio objetivado (*Alvo*), o que impede, a partir de uma das lições ou explicações, que se façam inferências nessa operação. Por exemplo, a comparação da crise de 2008 com a crise de 1929 é posta em xeque pelo fato de que, numa conjuntura europeia de 2009, não se encontra nada com que se possa estabelecer correspondência com Hitler e a situação da Alemanha nazista. Ali há uma refutação de base.

> *Jean-François Mondot* – a crise econômica não contribui para tornar nossa civilização mais frágil do que nunca? Ouvem-se às vezes alguns intelectuais ou editorialistas fazerem analogias com a crise de 1929 que desencadeou a Segunda Guerra mundial.

> *Pascal Boniface* – comete-se muito frequentemente o erro de pensar que a história se repete, ou que ela titubeia, para se autorizar fazer comparações muito arriscadas. A Rússia dá murros na mesa, e se fala logo do retorno da guerra fria. Uma crise econômica e financeira explode em Wall Street, e as pessoas se apressam em fazer uma analogia com 1929 imaginando que um Hitler poderia chegar ao poder aproveitando-se dessas dificuldades. No entanto, as circunstâncias políticas são evidentemente muito diferentes, na medida em que não há, na Europa, um grande país que tenha sido humilhado, como a Alemanha em 1918, e que queira vingar-se. Essa comparação é fácil e expressiva, mas ela não tem fundamento nem estrategicamente, nem intelectualmente. ("O choque das civilizações não é uma fatalidade" – entrevista de Pascal Boniface para Jean-François Mondot, *Les Cahiers de Science et Vie,* fevereiro-março, 2009 – disponível em: http://www.iris-france.org/Tribunes-2009-03-04.php3. Acesso em: 20 set. 2013)

Essa refutação não permite a evolução da analogia. Ela se baseia na identificação de uma diferença crucial (essencial) entre os dois acontecimentos.

*Analogia parcial* – a analogia parcial (frágil) é uma analogia que foi criticada e limitada ("*misanalogy*", Shelley, 2002, 2004). Não obstante, conserva sua utilidade pedagógica, como se vê no caso da analogia entre o Sistema Solar e o átomo:

> Uma massa central: o sol, o núcleo.
> Elementos periféricos: os planetas, os elétrons.
> Uma massa central mais importante que as massas periféricas: a massa do sol é mais importante que a dos planetas, a do núcleo, é mais importante que a dos elétrons.

Diferenças (rupturas de analogia):

> A natureza da atração: elétrica para o átomo, gravitacional para o Sistema Solar.
> Há átomos idênticos, cada Sistema Solar é único.
> É possível haver vários elétrons na mesma órbita, só há um planeta em cada órbita.

O fato de que a analogia seja parcial impede qualquer transposição do conhecimento adquirido de um domínio para outro domínio.

*Analogia retorcida* (*retournée*) – a mesma analogia conduz a resultados incompatíveis com a conclusão que se pretendia tirar dela ("*disanalogy*", Shelley, 2002, 2004). A partir do mesmo domínio *Recurso* pode-se chegar a conclusões incompatíveis.

Esse modo de refutação é particularmente eficaz, pois ele se produz no terreno do adversário. O oponente "exagera" a analogia posta à mesa pelo seu opositor, modificando-a, a fim de utilizar a analogia em seu próprio favor. O oponente conecta o domínio *Alvo* ao domínio *Recurso* e focaliza outro aspecto do *Recurso* não percebido pelo proponente, tirando dele proveito ou uma conclusão a serviço de seu contradiscurso. Essa estratégia é explorada na refutação das metáforas argumentativas.

Argumento:      *– Esse domínio situa-se no coração de nossa disciplina.*

Refutação:      – É verdade. Mas uma disciplina tem também necessidade de olhos para nela ver, claramente, pernas para avançar, mãos para agir, e mesmo um cérebro para pensar.

Outra refutação: – É verdade. Mas o coração pode muito bem continuar a bater conservado em um recipiente.

Um partidário da monarquia hereditária fala contra o sufrágio universal:

Argumento:      *– Um presidente eleito por sufrágio universal é um absurdo, não se elege o piloto.*

Refutação:      *– Mas também não se nasce piloto.*

Essas duas partes tecem a mesma metáfora. Essa forma de analogia tem a força de uma refutação *ad hominem*, sobre as crenças do interlocutor: *Você é o seu próprio refutador.*

*Contra-analogia* – como para qualquer argumentação, podemos opor uma contra-argumentação por analogia, quer dizer, uma argumentação cuja conclusão é contraditória à conclusão original. Essa contra-argumentação pode ser de qualquer tipo, inclusive outra argumentação por analogia, de outro domínio recurso. Fala-se, então, de contra-analogia.

Argumento: *A universidade é (como) uma empresa, logo...*
Refutação: *Não é (como) uma creche, uma abadia...*

(A.L.T.C.)

# ▪ Antanáclase, antimetábole, antiperístase – Orientação (II)

## ▪ Antítese

Em retórica das figuras, a antítese se define como uma oposição entre dois termos (palavras ou sintagmas) de sentidos opostos, que participam de construções sintáticas paralelas. Uma aplicação do *topos* dos contrários se materializa discursivamente por uma antítese; ver **Contrários**.

### ANTÍTESE E DÍPTICO ARGUMENTATIVO

A situação argumentativa emerge com a constatação de um ponto de confronto ratificado como tal, uma *estase*. Ela se desenvolve em um díptico, constituído pelo confronto de duas *esquematizações*, quer dizer, duas descrições – narrações de fatos de orientações opostas, que apoiam conclusões antagônicas. Nesse nível, o diálogo pode perfeitamente reduzir-se a um "diálogo de surdos", no qual nada do discurso de um se faz ouvir no discurso do outro. Esse tipo de situação argumentativa elementar corresponde à *antítese*; ver **Estase**; **Esquematização**.

Esse confronto pode ser retomado em um monólogo estruturado que justapõe os dois lados desse díptico. A *antítese monologal* assim criada põe em cena uma *antifonia*, duas vozes que têm discursos incompatíveis sobre um mesmo tema. É o caso típico da deliberação interior, na qual o locutor se situa na posição de terceiro, indo de uma posição à outra. Trata-se de uma "oposição do tipo *e*" ou dilema transformado em oposição do tipo "*mas*":

> "Eu admiro a tua coragem *e* lamento a tua juventude"* (Corneille, *El Cid*, A. 2, Sc. 2, v. 43, apud Lausberg, 1960: § 796)

Quando o locutor se identifica claramente com um dos dois enunciadores, o equilíbrio das duas vozes é rompido em favor de uma das posições. Trata-se de uma "oposição do tipo *mas*", que transcende a antítese:

> ... mas eu lamento a tua juventude, não responderei ao teu desafio.

### ANTÍTESE, FIGURA E ARGUMENTO

Um discurso como:

> (D1) É alguém submisso aos fortes, eu não gostaria de me encontrar diante dele em posição de fraqueza.

corresponde a uma argumentação completa estruturada pelo *topos* dos contrários, exatamente como a descrição autoargumentada:

> (D2) *Ele é submisso diante dos fortes e duro com os fracos.*

Enquanto em (D1), *duro com os fracos*, segunda parte do *topos*, permanece subentendida, (D2) corresponde a uma atualização completa do *topos*. Mas os dois discursos repousam sobre os mesmos mecanismos, a argumentação é "válida" na medida em que o retrato é "verdadeiro". Um e outro são "convincentes". O vigor da descrição e da argumentação, da figura e do argumento, é o mesmo.

(A.L.T.C.)

## ▪ Antonomásia ► Imitação, paradigma, modelo

## ▪ Apagógico, arg.

❖ O adjetivo *apagógico* provém de uma palavra grega que significa "desviado" (*détourné*). A palavra é sobretudo utilizada em direito.

---

\* N. T.: O trecho na obra de Corneille é: "Admiro o teu valor; dói-me tua juventude" (p. 40). Cornenille, *O Cid e Horácio* (Tragédias em cinco atos), Tradução de Jenny Klabin Segall, Rio de Janeiro, Ediouro, 19 (s. d.).

O argumento apagógico é uma forma de argumento pelo absurdo. Ele afirma que as interpretações desarrazoadas da lei devem ser rejeitadas: "o argumento apagógico [...] supõe que o legislador é sensato e que jamais poderia ter admitido uma interpretação da lei que conduzisse a consequências ilógicas ou iníquas" (Perelman, 1998 [1979]: 79). Retoma-se ali o argumento psicológico, pressupondo-se que o legislador é racional e benevolente; ver **Absurdo**; Tópica **jurídica**.

Com os argumentos por *analogia*, *a contrario*, e *a fortiori*, o argumento *apagógico* é um dos quatro tipos de argumentos prevalentes em direito (Alexy, 1989, apud Kloosterhuis, 1995: 140).

(A.L.T.C.)

## ▪ Aparentados ► Derivados ou palavras derivadas, arg.

## ▪ Aporia ▪ Assentimento; Estase

## ▪ Argumentação (I): um *corpus* de definições

As diferentes teorias da argumentação desenvolvidas no fim do século XX baseiam-se em diferentes visões e definições de seus objetos, de seus métodos e de seus objetivos. As problemáticas bimilenares da retórica, da dialética e da lógica foram retomadas e reelaboradas no novo quadro intelectual da lógica contemporânea pós-fregeana e das ciências da linguagem marcadas por desenvolvimentos da Pragmática, das teorias do discurso e da interação: ponto de vista retórico da *Nova retórica* de Perelman e Olbrechts-Tyteca ([1958]), ponto de vista dialético crítico da *Pragmadialética* (Eemeren e Grootendorst, 1984, 1992, 2004), ou da *Lógica informal* (Blair e Johnson, 1980; Johnson, 1996). As perspectivas da retórica e da dialética estão onipresentes nos estudos contemporâneos da argumentação (Eemeren e Houtlosser, 2002; Boyer e Vignaux, 1995).

As teorias generalizadas da argumentação, como a *teoria da argumentação na língua* (Anscombre, 1995b; Anscombre e Ducrot, 1983, 1986; Ducrot, 1972, 1973, 1988, 1995; Ducrot et al, 1980) ou a *lógica natural* de Grize (1974, 1982, 1990, 1996) deslocaram a noção e construíram definições novas, amplas, da argumentação, em ruptura com as concepções clássicas ou neoclássicas da área; ver **Argumentação (VI)**.

Diante da diversidade das definições e suas aparentes divergências surge a tentação da síntese: pesquisar uma definição que, sem ser banal, restaure um pouco de ordem, retome o essencial e seja, enfim, unânime. A experiência mostra que uma nova definição que supostamente suplantaria as outras é apenas mais uma numa longa lista que só faz crescer o mal contra o qual ela pretendia ser o remédio. Não partiremos, pois, de uma definição, mas de um *corpus de definições* que apresentam traços comuns e diferenças características. Esse *corpus* está reagrupado em torno de polos constituídos por definições notáveis. Uma possível estruturação desse *corpus* está apresentada no seguinte verbete: **Argumentação (II): traços definitórios**.

## PERELMAN E OLBRECHTS-TYTECA, A ARGUMENTAÇÃO RETÓRICA

"O objeto da [teoria da argumentação] é o estudo das técnicas discursivas que permitem provocar ou aumentar a adesão dos espíritos às teses que se lhes apresentam ao assentimento" (Perelman e Olbrechts-Tyteca, 1999 [1958]: 4). Pondo em primeiro plano as "técnicas discursivas" e "adesão dos espíritos", a definição de Perelman e Olbrechts-Tyteca confere à teoria da argumentação os mesmos fundamentos da retórica argumentativa aristotélica, os *topoi* e a *persuasão*. Essa teoria reintroduz assim o tesouro das reflexões clássicas na reflexão contemporânea sobre a argumentação. É por isso que as definições antigas devem figurar no *corpus* de definições que alimentam o campo.

Sócrates define a retórica como um empreendimento de persuasão social pelo discurso. Ele partilha essa definição com seus adversários, especialmente Górgias:

> Górgias: – Refiro-me à capacidade de persuadir mediante discursos juízes nos tribunais, políticos nas reuniões do Conselho, o povo na Assembleia ou um auditório em qualquer outra reunião política que possa realizar-se para tratar de assuntos públicos. (Platão, *Górg.*, 452d)

> Sócrates: – Ora, não seria a retórica com um todo uma espécie de arte na condução de almas por meio dos discursos – não apenas nos tribunais e muitos outros colegiados públicos, mas também nos privados? (Platão, *Fed.*, 261a)

*Sócrates* condena radicalmente o discurso retórico que produz a persuasão como *mentira, ilusão, manipulação* e o opõe radicalmente ao discurso filosófico de busca da *verdade*. "Considero que a retórica é uma cópia [um simulacro, uma imagem sem consistência que não é genuína e nem original] de uma ramificação da política" (Platão, *Górg.*, 463d). A política, para Sócrates, é "[uma arte] que tem a ver com a alma" (Platão, *Górg.*, 463d). Como para a retórica, não há argumentação sem crítica da argumentação.

*Aristóteles* vê na retórica "a outra face da dialética" (Aristóteles, *Ret.*, I, 1, 1354a1) e uma ciência empírica orientada para o estudo do particular: "Entendamos por retórica a capacidade de descobrir o que é adequado a cada caso com o fim de persuadir" (Aristóteles, *Ret.*, I, 2, 1355b26). Na grande arquitetura aristotélica, a retórica se articula com a dialética e com a analítica silogística.

*Cícero* retoma essa orientação apontando para a persuasão:

> Cícero filho: – O que é um argumento?
> Cícero pai: – Uma razão plausível inventada para convencer. (Cícero, *Div.*, II, 5)

> Crassus: – O primeiro dever do orador é discursar de maneira adequada a persuadir. (Cícero, *De or.*, I, XXXI, 138)

Ver **Persuasão**.


## TOULMIN, A LÓGICA SUBSTANCIAL

A passagem argumentativa se define pela sua estrutura: um locutor apresenta uma tese ou conclusão (*claim*) apoiando-se sobre um dado (*data*) e sobre regras (*backing, warrant*). Essa conclusão é revisável sob certas condições (*modal, rebuttal*); ver **Diagrama de**

**Toulmin**. Essa abordagem é perfeitamente conciliável com uma classe de definições imanentes da argumentação, como uma das que propõe Cícero:

> Cícero pai: – A argumentação é a maneira de desenvolver os argumentos [...] ela parte de proposições não duvidosas ou verossimilhantes e delas tira o que, isoladamente considerado, parece duvidoso ou menos verossímil. (Cícero, *Div.*, XIII, 469)

Toulmin não faz nenhuma referência à retórica. Mas, conforme o assinalou imediatamente Bird (1961), seu diagrama repousa sobre a noção de *topos*, fundamental para a teoria retórica da argumentação; ver **Diagrama de Toulmin**.

## GRIZE, A LÓGICA NATURAL

> Tal como eu a entendo, a argumentação considera o interlocutor não como um objeto a manipular, mas como um *alter ego* com quem se partilhará um ponto de vista. Agir sobre ele é procurar modificar as diversas representações que se atribuem a ele, pondo em evidência certos aspectos das coisas, ocultando outras e propondo novas, e tudo isso com a ajuda de uma esquematização apropriada. (Grize, 1990: 40)

Essa *generalização da argumentação* torna a noção coextensiva à de enunciação:

> Argumentar é enunciar certas proposições com as quais se escolhe estabelecer uma composição. Reciprocamente, enunciar é argumentar, pelo simples fato de que se escolhe dizer e apresentar certos sentidos em vez de outros. (Vignaux, 1982: 91)

Ver **Objeto de discurso**; **Esquematização**.

## QUINTILIANO, A ARTE DE FALAR BEM

Essa visão do *dizer* como essencialmente argumentativo pode também se aproximar da ideia que Quintiliano defende do *bem dizer* como essência da retórica: "A definição que caracteriza da melhor maneira possível sua substância é que a retórica é a ciência de discursar bem" (Quintiliano, *Inst.*, II, 15, 34); ela generaliza potencialmente a retórica a todas as formas do *dizer* e é complementar à definição do orador "homem de bem hábil para falar". A retórica se torna uma técnica normativa da palavra, garantida pelas qualidades da pessoa que a utiliza.

Ver *Ethos*; **Persuasão**.

## *RETÓRICA A HERÊNIO*: A ESTASE ARGUMENTATIVA

A contradição veemente entre duas partes, diante de um tribunal, produz uma *estase*, ou *estado da causa*, que instaura uma situação argumentativa: "A constituição da causa se estabelece a partir da primeira alegação da defesa em resposta à acusação do adversário" ([Cícero], *Her.*, I, 18). A estase define a contradição trazida à mesa pelas duas partes antagônicas; a argumentação é o instrumento discursivo graças ao qual a estase é tratada antes de a causa ser decidida pelo juiz; ver **Questão argumentativa**; **Estase**.

## ANSCOMBRE E DUCROT, A ARGUMENTAÇÃO NA LÍNGUA

> Um locutor argumenta quando ele apresenta um enunciado E1 (ou um conjunto de enunciados) destinados a fazer admitir outro (ou um conjunto de outros) E2, isto é,

E1 → E2. Nossa tese é de que há na língua coerções que regem essa estrutura argumentativa. Para que um enunciado E1 possa ser dado como argumento em favor de um enunciado E2, não basta de fato que E1 forneça razões para concordar com E2. A estrutura linguística de E1 deve, além disso, satisfazer algumas condições para que E1 seja apto a constituir, no discurso, um argumento para E2. (Anscombre e Ducrot, 1983: 8)

Essa abordagem conduz a uma redefinição da noção de *topos* como elo semântico entre dois predicados; ver **Orientação**. Situando a argumentação no nível das coerções que caracterizam a semântica do enunciado, Anscombre e Ducrot procedem a uma generalização da noção de argumentação não mais no discurso, à moda de Grize, mas *na língua*; ver **Orientação**; **Escala argumentativa**; **Marcador de argumento**.

## SCHIFFRIN, A ARGUMENTAÇÃO ENTRE MONÓLOGO E DIÁLOGO

A argumentação é um modo de discurso nem puramente monológico nem puramente dialógico [...]. Um discurso por meio do qual os locutores defendem posições discutíveis. (Schiffrin, 1987: 17)

A obra de Schiffrin não é fundamentalmente consagrada à argumentação, mas essa rápida definição exprime perfeitamente o caráter misto, enunciativo e interacional da atividade de argumentação.

## EEMEREN, A NOVA DIALÉTICA

A argumentação é uma atividade verbal e social, que tem por finalidade reforçar ou enfraquecer a aceitabilidade de um ponto de vista controverso perante um auditório ou um leitor, apresentando uma constelação de proposições destinadas a justificar (ou a refutar) esse ponto de vista diante de um juiz racional. (Eemeren et al, 1996: 5)

Essa definição sintetiza as posições retóricas e dialéticas e desloca a posição de juiz do institucional empírico para o racional normativo; ver **Normas**; **Avaliação e avaliador**.

## DEFINIÇÕES ATUAIS NO TERRITÓRIO FRANCÓFONO

Amossy (2020 [2000]: 47) reformula e amplia a definição de Perelman, afirmando que a argumentação é constituída pelos:

[...] meios verbais que uma instância de locução utiliza para agir sobre seus alocutários, tentando fazê-los aderir a uma tese, modificar ou reforçar as representações e as opiniões que ela lhes oferece ou simplesmente orientar suas maneiras de ver, ou de suscitar um questionamento sobre um dado problema.

Doury (2003: 13) define a argumentação como "um modo de construção do discurso visando a torná-lo mais resistente à contestação".

Plantin (2008 [2005]: 64-65) define a *situação argumentativa* da seguinte forma:

O desenvolvimento e o confronto de pontos de vista em contradição, em resposta a uma mesma pergunta. Em tal situação, têm valor argumentativo todos os elementos semióticos articulados em torno dessa pergunta.

Para Danblon (2005: 13), "argumentar consiste em apresentar uma *razão* com vistas a conduzir um *auditório* a adotar uma *conclusão* à qual ele não adere a princípio". Para Angenot (2008: 441):

> Os humanos argumentam e debatem, eles trocam razões por dois motivos imediatos, logicamente anteriores à esperança razoável, magra ou nula, de persuadir seus interlocutores: eles argumentam para se justificar, para buscar diante do mundo uma justificativa [...] inseparável de um ter-razão, e eles argumentam para situar-se em relação às razões dos outros testando a coerência e a força que eles imputam às suas posições, para se posicionar [...], para sustentar essas posições e colocar-se em posição de resistir.

Para Breton (2003 [1996]: 25-26), o campo da argumentação circunscreve-se a "três elementos essenciais: "[...] argumentar é, primeiramente, comunicar [...] argumentar não é convencer a qualquer preço [...] argumentar é raciocinar, propor uma opinião aos outros dando-lhes boas razões para aderir a ela"

Dufour (2008: 23) define a argumentação como "um conjunto de proposições entre as quais algumas são presumidamente justificadas por outras".

Este *Dicionário* emprega a seguinte definição: a argumentação é o conjunto de atividades verbais e semióticas produzidas em uma *situação argumentativa*.

Uma *situação argumentativa* é uma situação discursiva organizada por uma *questão argumentativa*.

Uma *questão argumentativa* é uma questão para a qual os locutores (os argumentadores) dão *respostas contraditórias* (sensatas, razoáveis, mas incompatíveis), organizadas em um discurso e em um *contradiscurso*.

Essas *respostas* exprimem *conclusões* (os pontos de vista) dos argumentadores sobre a questão. Os elementos do discurso e do contradiscurso que apoiam essas conclusões têm o estatuto de *argumento* para as suas respectivas conclusões; ver **Estase; Questão argumentativa**.

As situações argumentativas conhecem diferentes *graus e tipos de argumentatividade*, de acordo com os modos de relação estabelecidos entre o discurso e o contradiscurso, e os parâmetros interacionais e institucionais que enquadram a situação de discurso; ver **Argumentação (II)**.

(A.L.T.C.)

# ▪ Argumentação (II): traços definitórios

À explosão dos questionamentos teóricos em torno da noção de argumentação (Eemeren et al, 1996), a multiplicidade das disciplinas envolvidas torna redutora e arriscada qualquer definição global de argumentação e incita sobretudo a caracterizar a área pelo leque de problemas que a atravessam. As definições contemporâneas de argumentação podem se organizar conforme uma arborescência, na qual os pontos de divergência correspondem às questões de pesquisa que conferem sua unidade ao campo.

Constatar-se-á que aquilo que poderia parecer à primeira vista como dispersão responde de fato à necessidade de levar em conta uma gama complexa de objetos e de situações nas quais se manifesta a atividade argumentativa.

Qualquer visão de argumentação poderia ser caracterizada pelo conjunto das possíveis respostas a questões como as seguintes, que podem se entrecruzar à vontade.

## A ARGUMENTAÇÃO, UMA FORMA DO DISCURSO MONOLOGAL

*A escravidão foi abolida, por que não a prostituição? As serpentes saem da toca, vai chover*: uma argumentação é um discurso no qual um enunciado, o argumento, apoia outro enunciado, a conclusão. A escravidão foi abolida, é certo; as serpentes saem da toca, constata-se; em contrapartida, abolir a prostituição é um projeto que será talvez realizado um dia; e é o futuro próximo que dirá se está chovendo. Está-se no caso da projeção do dado não duvidoso, o argumento, em direção ao incerto e controverso, a conclusão.

Essa abordagem corresponde à de Toulmin, que define o episódio argumentativo como uma constelação estruturada de enunciados. A argumentação parte de um dado para dele obter uma conclusão; uma lei geral garante essa passagem; e as reservas são expressas por um traço modal. Essa forma define o discurso racional razoável; ver **Diagrama de Toulmin**.

## A ARGUMENTAÇÃO, UMA MANIFESTAÇÃO DIRIGIDA A UM GRUPO

A abordagem retórica perelmaniana (Perelman e Olbrechts-Tyteca [1958]: 5) articula o funcional e o estrutural. Ela supõe que nem todos os discursos são argumentativos. Do ponto de vista funcional, o discurso argumentativo se caracteriza, de modo extradiscursivo, pelo efeito perlocutório que lhe será ligado, a persuasão unilateral: o auditório está aí para ser persuadido, não para propor, a seu turno, um contradiscurso. A manifestação retórica é uma interação restrita, sem estrutura de troca. Ela se diferencia nisso da dialética, antiga e moderna.

A argumentação assume, assim, entre outras, a função que é, desde a Antiguidade, atribuída à retórica, "a arte de conduzir as almas". A tarefa de influenciar os espíritos é também tarefa da *propaganda*, democrática, totalitária ou religiosa. Domenach propõe definir a propaganda como o conjunto das atividades que visam a "criar, transformar ou confirmar certas opiniões" (1955 [1950]: 10). A diferença relativamente a Perelman e Olbrechts-Tyteca recai sobre os meios: a atividade argumentativa utiliza "técnicas discursivas" (1999 [1958]: 4), quer dizer, explícitas, abertas, enquanto a propaganda utiliza todos os meios semióticos para atingir seus objetivos. Por outro lado, a persuasão argumentativa é *aberta*, enquanto a propaganda é simultaneamente *aberta* e *escondida*: um ano antes do *Tratado*, Vance Packard publica "a nova técnica de convencer" (1955 [1950] *The Hidden Persuaders* (1957); fr. *La persuasion clandestine*, 1958), ver **Tipologias**; **Persuasão**; **Retórica**; **Dialética**.

## A ARGUMENTAÇÃO, UMA FORMA DA SIGNIFICAÇÃO LINGUÍSTICA

Essa visão da argumentação é desenvolvida pela teoria da argumentação na língua. Como para as abordagens clássicas, a argumentação é considerada como uma combinação de enunciados (argumento → conclusão); mas é um princípio semântico, que liga na língua o predicado do argumento ao da conclusão, que autoriza e condiciona a derivação da conclusão a partir do argumento: *ele é divorciado* → *logo ele foi casado*; *ele é inteligente* → *ele fará direito esse trabalho*. A conclusão já está na forma semântica do argumento. Em consequência, a racionalidade ligada ao suporte argumentativo é o reflexo ilusório da significação; ver **Orientação**.

## A ARGUMENTAÇÃO, UMA PROPRIEDADE DE TODA PALAVRA E DE TODO DISCURSO

*Uma propriedade estrutural*: a argumentação é uma palavra que esquematiza o mundo, um ponto de vista, um esclarecimento (*éclairage*), uma esquematização: essa perspectiva é a de Grize. A argumentação é um discurso que joga uma luz subjetiva e situada sobre o mundo; argumentar é, metaforicamente, esclarecer, "orientar o olhar". Nessa perspectiva, a argumentação não é necessariamente um conjunto de enunciados ordenados à moda de Toulmin, e a influência eventual não está ligada a um tipo especial de discurso nem ao emprego de técnicas discursivas específicas. Todo enunciado, toda sucessão coerente de enunciados (descritiva, narrativa) constrói um ponto de vista, ou "esquematização", cujo estudo constitui o objeto da lógica natural.

Como a teoria da argumentação na língua, a lógica natural generaliza a argumentação, mas, enquanto a argumentação na língua generaliza sobre características de *língua*, a lógica natural o faz sobre características do *discurso*: a lógica natural é uma teoria generalizada da argumentação que se fia no discurso.

*Uma propriedade funcional*: se o objetivo da argumentação se define como uma intervenção verbal que visa a modificar as representações e comportamentos do interlocutor, então um enunciado informativo, tal como *São 8 horas*, é argumentativo; ver **Esquematização; Persuasão**.

### A ARGUMENTAÇÃO, UMA FORMA DE DIÁLOGO

O discurso retórico argumentativo monogerido tem uma estrutura *dialógica*; a palavra do outro só existe construída na do orador. As teorias *dialogais* consideram seja que o diálogo é a forma primeira da atividade argumentativa, seja que é sob a forma do diálogo que se manifestam de forma mais clara os mecanismos da argumentação, em virtude do princípio de externalização (Eemeren e Grootendorst, 1992: 10). O elemento desencadeador da atividade argumentativa é a dúvida lançada sobre um ponto de vista, que cria uma estase e engaja o interlocutor a justificar esse ponto de vista. Como a dúvida em si exige que seja justificada, a situação argumentativa típica se caracteriza interacionalmente pelo desenvolvimento e pelo confronto de pontos de vista em contradição a respeito de uma mesma questão. Essa visão está na base da argumentação retórica antiga, na qual se encontra, com a teoria das questões, ou "estados da causa", a primeira teorização dos discursos que se desenvolvem sobre a base de um desacordo; ver **Estase; Questão; Dialética**.

### A ARGUMENTAÇÃO, UM MODO DE GESTÃO DO DESACORDO

O desacordo pode receber um tratamento não linguístico (eliminação física do adversário, guerra, violência de Estado, violência privada, eliminação do discurso do adversário pela censura, sorteio para decidir sobre a ação a seguir, voto etc.) ou um tratamento linguístico (explicação, argumentação, conversas etc.). As interações concretas mesclam esses dois tipos de desacordo.

A teoria da argumentação não se confunde com uma teoria do debate, menos ainda com a da polêmica violenta; ver **Debate**.

## A ARGUMENTAÇÃO, UM DIÁLOGO CRÍTICO

As teorias críticas dialéticas da argumentação reforçam as coerções sobre a situação de diálogo seja por meio de um sistema de regras que visam a encarnar uma norma racional (na Pragmadialética), seja pelo viés de questões críticas (na Lógica informal); ver **Normas; Regras; Crítica; Racionalidades; Racionalização**.

## A ARGUMENTAÇÃO, UM INSTRUMENTO DE RACIONALIDADE A SERVIÇO DA AÇÃO

Certas abordagens da argumentação assumem as noções de verdade e de racionalidade tradicionalmente associadas ao discurso lógico. Na perspectiva de uma retórica da persuasão, o verdadeiro é aquilo sobre o que se realiza o consenso do auditório universal convenientemente definido. A teoria das falácias recorre à crítica dialogada para dela extrair a verdade racional; a Lógica informal aproxima o método argumentativo da metodologia crítica científica.

Em completa oposição a essas orientações, as diversas *teorias gerais da argumentação* desenvolvem perspectivas agnósticas sobre a racionalidade e ainda põem em dúvida a possibilidade de atingi-la através do discurso.

## A ARGUMENTAÇÃO, CONCLUSÕES REVISÁVEIS

Do ponto de vista cognitivo, a situação de argumentação é marcada pela insuficiência de informação disponível: falta de tempo, falta de informação, natureza imprecisa da questão; ver **Argumentação (V)**. Essa condição essencial diferencia situações de argumentação e situações nas quais a informação é suficiente, mas distribuída e transmitida de forma desigual. Neste último caso, trata-se de esclarecimento e eliminação de mal-entendidos, a partir do que a conclusão supostamente se impõe a todos por um simples cálculo. No primeiro caso ("situação de argumentação"), além dessas tarefas de esclarecimento e de cálculo sempre presentes, intervêm pontos de vista (posições discursivas, sistemas de valores, interesses) que podem ser radicalmente incompatíveis. Nenhuma das posições pode ser eliminada totalmente, permanecendo sempre uma aposta, logo um risco: eu escolho A temendo que a escolha certa seja B; eu defendo meu partido, sabendo que o juiz ou o futuro darão talvez razão a meu adversário.

## A ARGUMENTATIVIDADE, UMA NOÇÃO BINÁRIA OU GRADUAL?

Para as teorias gerais da argumentação, a *língua* (Ducrot), o *discurso* (Grize) são, por natureza, argumentativos. Para as teorias restritas da argumentação, alguns *gêneros* discursivos (deliberativo, epidítico, judiciário) ou, mais extensamente, alguns tipos de *sequências* discursivas são considerados essencialmente argumentativos e opostos a outros gêneros ou a outros tipos de sequências. Essas últimas definições incitam a fazer da argumentatividade uma noção *binária*: uma sequência é ou não é argumentativa.

Se relacionamos fundamentalmente a argumentação à atividade linguageira desenvolvida numa situação na qual os parceiros defendem posições contrastantes, *a argumentatividade de uma situação* não é uma questão de tudo ou nada; podem-se distinguir *formas e graus de argumentatividade*.

Uma dada situação linguageira começa a se tornar argumentativa quando nela se manifesta uma oposição de discursos. Dois monólogos justapostos, contraditórios, sem que um faça alusão ao outro, constituem um díptico argumentativo. É, sem dúvida, a forma argumentativa de base: cada um repete e reformula sua posição. Pode-se, assim, ir além da oposição entre formas narrativa, descritiva ou argumentativa: é possível avaliar o potencial argumentativo de duas descrições ou de duas narrativas contraditórias, com a condição de que elas sejam apresentadas para apoiar duas respostas diferentes a uma mesma pergunta.

A comunicação é plenamente argumentativa quando a diferença de opiniões é problematizada em uma questão argumentativa, a partir da qual surgem três papéis argumentativos: proponente, oponente e terceiro; ver **Questão**; **Papéis argumentativos**.

### A ARGUMENTAÇÃO, UMA REALIDADE MULTIMODAL

Nas definições precedentes, a argumentação é unanimemente considerada uma prática *discursiva*. O fato de levar em conta a *imagem*, fixa e animada, conduz a interrogar-se sobre uma significação argumentativa, verbal e não verbal, capaz de investir outros suportes semióticos. As pesquisas sobre argumentação em situação de trabalho também solicitam que se leve em consideração a intenção significante que coorienta a ação e a argumentação. Nos dois casos, é necessário observar com cuidado a composição de um *corpus* cuja construção argumentativa seja colocada em evidência.

Globalmente, define-se, pois, o campo da argumentação como um campo de questões-interseções; ver **Argumentação (III)**.

(A.L.T.C.)

## ▪ Argumentação (III): questões e interseções

As diferentes teorias da argumentação se caracterizam pela natureza de suas hipóteses *internas* e de suas hipóteses *externas*. As primeiras correspondem às entidades teóricas postuladas em um dado sistema, e as segundas, aos tipos de objeto levados em consideração por essas teorias; essas duas formas de hipóteses são ligadas.

### HIPÓTESES INTERNAS

O diagrama a seguir propõe uma espécie de mapa de teorias da argumentação. Ali se busca esquematizar tomadas de posição teóricas no que se refere à maneira como se concebe o estudo da argumentação.

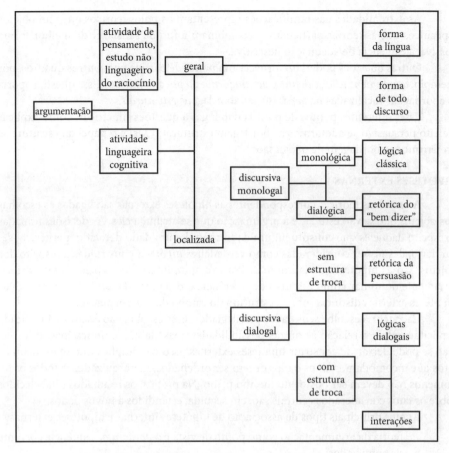

(i) uma questão fundamental serve de base para o campo da argumentação: trata-se fundamentalmente de uma *atividade linguageira* ou de uma *atividade de pensamento*? Definida como pura atividade de pensamento, a argumentação corresponde a uma psicologia do raciocínio, fora da linguagem. As abordagens linguísticas da argumentação são compatíveis com diversos posicionamentos sobre a questão do pensamento e do raciocínio; a Lógica natural e a abordagem cognitiva procuram articular pensamento de linguagem na atividade argumentativa.

(ii) As diferentes abordagens da argumentação como atividade linguageira se orientam de forma diferente conforme seus objetos e seus quadros teóricos de referência.

Os pontos cruciais de discussão são os seguintes:

- a argumentação: um fenômeno *local* ou *geral*?
- a forma linguageira fundamental: *diálogo* ou *monólogo*?
- a forma do diálogo argumentativo: *com* ou *sem* estrutura de troca?
- o tipo de estrutura de troca: lógica dialogal normatizada ou interação crítica?

Para cada um desses pontos, não se trata de escolher um e exorcizar o outro, mas de articular a oposição entre os dois termos.

As extremidades das ramificações representam os polos teóricos que têm objetos específicos que as teorias particulares recombinam a fim de satisfazer da melhor forma possível a exigência de adequação descritiva.

Outras questões poderiam fornecer um ponto de partida para outros quadros, por exemplo: *a argumentação se define pela sua forma ou por sua função*? Essa questão oporia as abordagens focalizadas na *persuasão* às abordagens *estruturais*.

Esses diferentes pontos de partida dão lugar a questões simétricas: como explicar o efeito persuasivo se adotarmos a abordagem estrutural? Qual é o papel da estrutura se preferirmos a abordagem da persuasão?

### HIPÓTESES EXTERNAS

As escolhas teóricas correspondentes às hipóteses externas são ligadas às escolhas dos objetos que se vão estudar e à organização que se atribui a eles. As decisões tomadas a respeito daqueles que constituem um dado central e um dado derivado, periférico, secundário, devem ser consideradas como verdadeiras *hipóteses* construídas a respeito dos objetos: são as hipóteses ditas *externas*. Por exemplo, interessar-se pelo *diálogo* prioritariamente ou tomar como discurso de referência o discurso *silogístico* é construir duas hipóteses externas distintas sobre a estrutura do campo da argumentação.

Cada teoria escolhe seus dados privilegiados. Essa escolha não é sempre justificada explicitamente em relação às outras possibilidades, mas ela não é nunca insignificante. Não se pode deixar de construir hipóteses externas. Isso não implica que se excluam os fatos que incomodam, mas os dados devem ser ordenados, hierarquizados, e todos os fenômenos não devem ser postos no mesmo plano. Na prática, os resultados estabelecidos sobre os fatos considerados centrais são, em seguida, estendidos a novos dados.

Alguns principais tipos de associação de hipóteses internas e hipóteses externas:

- teoria da argumentação como ponto de vista e o *parágrafo*, sequência coerente de enunciados;
- teoria das orientações argumentativas e os *pares de enunciados*;
- teoria da argumentação retórica e o *discurso* monogerido planificado;
- da argumentação dialética e o *diálogo normatizado*;
- teoria da argumentação interativa e a *interação plurilocutores*.

(A.L.T.C.)

## ▪ Argumentação (IV): da composição de enunciados ao enunciado autoargumentado

A Linguística Textual distingue cinco *tipos de sequência*: narrativa, descritiva, argumentativa, explicativa e dialogal (Adam, 1996: 33). As estruturas a seguir correspondem a diferentes características da sequência argumentativa.

### A ARGUMENTAÇÃO COMO COMPOSIÇÃO DE ENUNCIADOS

*Argumento, conclusão* – seja um encadeamento de enunciados {E1, E2}. Esse encadeamento é argumentativo se for passível de ser parafraseado por um ou vários dos seguintes enunciados:

E1 *apoia, suporta, motiva, justifica...* E2
E1, *logo, por conseguinte...* E2
E2, *já que, considerando que...* E1

A teoria da argumentação na língua formula a mesma relação sob um modo que se mostrou extremamente fértil: a conclusão é *aquilo que se tem em vista*, aquilo a que se deseja chegar quando se enuncia um argumento:

Se o locutor enuncia E1, é na perspectiva de E2.
A razão pela qual ele enuncia E1 é E2.
O sentido de E1 é E2.
e, a rigor, E1, *ou seja, quer dizer,* E2:
L: – *Você tem trabalho, ou seja, você não quer sair conosco hoje à noite?*

Vê-se que *ou seja*, conectivo de reformulação, pode introduzir uma conclusão, que é a reformulação do argumento.

A conclusão é o que dá sentido ao enunciado. Somente a apreensão da conclusão permitirá a compreensão do enunciado. Essa definição permite inscrever na língua o sentido do discurso.

*Argumento, conclusão, topos* – considera-se geralmente que o elo argumento-conclusão é assegurado por um *topos*, normalmente implícito. Nesse sentido, a coerência do encadeamento:

*Começou a ventar, vai chover.*
está fundamentado na regularidade empírica observada:
*Geralmente, quando esse tipo de vento sopra, chove.*

Diz-se às vezes que há *mais* no argumento do que na conclusão, na medida em que o argumento é mais concreto do que a conclusão, que pode ser apenas uma projeção hipotética do argumento. Pode-se também dizer que há *menos*, na medida em que a conclusão não se limita a desenvolver analiticamente o argumento; ela é o produto *enriquecido* e estruturado desse argumento pela sua combinação com um princípio geral, ou *topos*.

*Argumento, conclusão, topos, modalizador* – essa combinação corresponde ao modelo ou diagrama de Toulmin, que articula a célula argumentativa monológica em torno de cinco elementos, o dado (argumento), a conclusão, a lei de passagem (ou topos), ela própria ligada a um suporte, e, enfim, um modalizador que remete às condições de refutação da argumentação (2001 [1958], capítulo 3); ver **Diagrama de Toulmin**.

## DA COMPOSIÇÃO DE ENUNCIADOS AO ENUNCIADO AUTOARGUMENTADO

Do ponto de vista da teoria do conhecimento, a condição fundamental de validade de uma argumentação é que ela se expresse por uma sequência coordenada <argumento + conclusão>, de tal forma que a conclusão não seja uma reformulação do argumento. É necessário, para isso, que os dois enunciados sejam distintos e avaliáveis independentemente um do outro. É o caso em *Se começou a ventar, vai chover*. Trata-se de dois fatos constatáveis, o fato de que há vento em certo momento e chuva um pouco mais tarde. O primeiro fato é mensurável por um anemômetro, o segundo, por um pluviômetro; dois instrumentos cujos princípios de funcionamento não têm nada a ver um com o outro.

No discurso corrente, o enunciado-argumento pode ser encaixado no enunciado-conclusão sob a forma de oração subordinada ou de determinante de um dos termos do enunciado-conclusão:

> *Essas pessoas vêm para trabalhar no nosso país, vamos acolhê-las.*
> → *Acolhamos essas pessoas que vêm para trabalhar.*
>
> A rigor, ele se integra no sentido de um dos termos do enunciado:
> → *Acolhamos esses trabalhadores!*

Nesse caso, o argumento está inserido na palavra (Empson, [1940]). O enunciado é autoargumentado e exprime um ponto de vista completo, que se apresenta como evidente.

(A.L.T.C.)

## ▪ Argumentação (V): argumentação como raciocínio revogável

Desde mais ou menos a década de 1970, as pesquisas em inteligência artificial vêm desenvolvendo o estudo formal da argumentação como raciocínio passível de revisão, do ponto de vista lógico e do ponto de vista epistemológico.

### O RACIOCÍNIO REVOGÁVEL

Do ponto de vista *lógico*, o raciocínio revogável (*revisável* ou *défaisable, defeasable reasoning*) é estudado no quadro das lógicas ditas *não monotônicas*. Diferentemente das lógicas clássicas (ou monotônicas), elas admitem a possibilidade de que uma conclusão seja dedutível de um conjunto de premissas {P1} e não o seja de {P1} acrescido de novas premissas. Em termos de revisão de crenças, trata-se de formalizar a ideia elementar de que um novo aporte de informação pode levar a rever uma crença deduzida de um primeiro conjunto restrito de dados.

Do ponto de vista *epistemológico*, a teoria do raciocínio dito "revisável" (ou "desfazível", *defeasable reasoning*) (Koons, 2005) diz respeito às crenças que permitem inferências que admitem exceções: em geral, as aves voam, mas pinguins são aves que não voam. Se é sabido que Piupiu é uma ave, não se pode, portanto, com todo rigor, nada concluir sobre o fato de ele voar ou não. A teoria do raciocínio revisável admite a conclusão *Piupiu voa* por falta de informação indicando que Piupiu é um pinguim. Tal raciocínio permite exceções.

A problemática do raciocínio revisável situa-se no quadro da exploração inferencial dos conhecimentos sob certas condições:

> Considerando A (*Piupiu é uma ave*), normalmente B (*ele voa*).

A premissa apoia a conclusão, mas é possível que essa premissa seja verdadeira e que a conclusão seja falsa. Uma conclusão extraída dos conhecimentos disponíveis em $T_0$ pode ser correta ali e não mais o ser em $T_1$ se, nesse meio tempo, nossos conhecimentos aumentaram.

Os antecedentes da teoria do raciocínio revisável são pesquisados, como os da argumentação nos *Tópicos* de Aristóteles e no raciocínio dialético. A restrição "na ausência de informação" corresponde exatamente ao componente modal de Toulmin; as intuições de base são as mesmas, ver **Diagrama de Toulmin**.

Um raciocínio "desfazível" (ou anulável) trata de problemas como o seguinte. Sabe-se que:

> *As aves voam.*
> *As aves* têm os músculos das asas muito desenvolvidos.
> *Piupiu é uma ave.*
> *Piupiu* não voa.

Nessas condições, pode-se deduzir que *Piupiu tem os músculos das asas muito desenvolvidos?* Há uma ligação entre a capacidade de voar e o fato de ter os músculos das asas muito desenvolvidos. Essa ligação leva a suspender a inferência *Piupiu tem os músculos das asas muito desenvolvidos* em função de outra informação disponível no contexto *Piupiu não voa.* Em outras palavras, a conclusão *Ele tem os músculos das asas muito desenvolvidos* é dedutível não de *Piupiu é uma ave*, mas de *Piupiu é uma ave que voa.*

As condições de refutabilidade de uma conclusão C afirmada no quadro de um raciocínio "desfazível" corresponde:

- de um lado, à existência de bons argumentos para uma conclusão incompatível com C [ditos *"rebutting defeaters"*], quer dizer, à existência de uma sólida contra-argumentação.
- e, de outro lado, à existência de boas razões para pensar que a lei de passagem invocada habitualmente na argumentação não se aplica [ditos *"undercutting defeaters"*, Koons, 2005] ao caso em questão; ver **Refutação**.

## ESQUEMATIZAÇÃO DE INFERÊNCIA REVISÁVEL

A inferência revisável é esquematizada como uma regra *padrão* [*default rule*]:

> *Se Filó é uma ave,*
> *na ausência de informação de que Filó seja um pinguim,*
> é legítimo concluir que *Filó voa.*

Representação e anotação utilizada em teoria do raciocínio revogável:

$$\frac{\text{Filó é uma ave: Filó não é um pinguim}}{\text{Filó voa}}$$

$$\frac{\zeta : \eta}{\theta}$$

$\zeta$: pré-requisito – sabe-se que $\zeta$;
$\eta$: justificativa – $\eta$ é compatível com a informação disponível;
$\theta$: conclusão.

Essa esquematização explora os mesmos conceitos empregados no diagrama de Toulmin e, então, é possível dispô-la assim:

$$\frac{D \text{ (Dado, } Data\text{): R (Ressalva, } Rebuttal\text{)}}{C \text{ (Alegação, } Claim\text{)}}$$

D: pré-requisito – sabe-se que D;

R: justificativa – R é compatível com a informação disponível]; não se tem informação que indique que a *Ressalva* possível é efetivamente verdadeira;

C: alegação.

(A.L.T.C.)

# ▪ Argumentação (VI): desdobramentos contemporâneos dos estudos da argumentação

A *longa história das teorias da argumentação* cruza o caminho da retórica, da dialética e da lógica (ver Breton e Gauthier, 2001 [1999]). Como disciplina que aspira a certa autonomia, os estudos de argumentação só aparecem depois da Segunda Guerra Mundial. É, no entanto, possível notar inflexões no decorrer dessa *história curta*.

### A HISTÓRIA LONGA: DIALÉTICA, LÓGICA, RETÓRICA

*A Antiguidade greco-latina* – do ponto de vista das disciplinas clássicas, a argumentação é ligada à Lógica, "arte de pensar corretamente", à Retórica, "arte de falar bem", e à Dialética, "arte de dialogar bem". Esse conjunto forma a base do sistema no qual a argumentação é pensada desde Aristóteles até o fim do século XIX; ver **Dialética**; **Lógica**; **Retórica**. A argumentação é, nesse contexto, vista como uma teoria do pensamento inferencial em língua corrente. O cerne da argumentação é constituído pela teoria dos tipos de argumentos e de uma reflexão sobre a questão da validade desses. Essa validade depende da *qualidade das premissas* e da *fiabilidade das leis* que permitem, a partir das premissas, derivar conclusões.

*A época moderna* – ela é marcada, desde a Renascença, pela decadência das práticas dialéticas (Ong, 1958) e por uma crítica da lógica aristotélica como instrumento exclusivo do pensamento científico. Impõem-se novos métodos, baseados na observação e na experimentação, os quais fazem cada vez mais apelo à matemática.

*Fim do século XIX e início do século XX* – no fim do século XIX, a argumentação retórica é deslegitimada como fonte de saber e associada apenas à literatura; a lógica é formalizada e se torna um ramo da matemática.

### UM SINTOMA: OS TÍTULOS

Até o lançamento do *Tratado da argumentação*, as obras intituladas *Argumentação* não propunham uma *teoria da argumentação* de fato, mas discorriam sobre *argumentações* de forma vaga, ao tratar de temas aleatórios, por exemplo:*

---

\* N.T.: O autor refere-se a edições em língua francesa.

1857 – *Discussion sur l'éthérisation envisagée au point de vue de la responsabilité médicale, argumentation* (Discussão sobre a eterização do ponto de vista da responsabilidade médica, argumentação). Por Marie Guillaume Alphonse Devergie.

1860 – *Argumentation sur le droit administratif de l'administration municipale* (Argumentação sobre o direito administrativo da administração municipal). Por Adolphe Chauveau.

1882 – *La question des eaux devant la Société de médecine de Lyon. Argumentation en réponse au rapport de M. Ferrand* (A questão das águas diante da Sociedade de medicina de Lyon. Argumentação em resposta ao relatório de M. Ferrand). Por M. Chassagny. P.-M. Perrellon.

1922 – *Argumentation de la proposition polonaise concernant la frontière dans la section industrielle de haute-silésie* (Argumentação da proposta polonesa concernente à fronteira na seção industrial de Alta Silésia). 76 páginas.

A natureza da argumentação é especificada por um complemento na forma de subtítulo: *argumentação a propósito de, sobre...* O título *Argumentação* funciona em geral como *ensaio* ou *tese* na literatura daquela época, para designar um gênero. Se tal é o caso, deve-se constatar que a aparição do gênero "[obra teórica sobre a] *Argumentação*" é correlativo ao desaparecimento do gênero "*Argumentação* [sobre –]".

### 3. 1958 e depois: o campo dos estudos da argumentação
1958 é uma data-chave, quando apareceram duas obras fundamentais:
Chaïm Perelman e Lucie Olbrechts-Tyteca. *Tratado da argumentação: a nova retórica.* Tradução de Maria Ermantina Galvão. São Paulo: Martins Fontes, 1999 [1958].

Stephen Edelston Toulmin. *Os usos do argumento.* Tradução de Reinaldo Guarany. São Paulo: Martins Fontes, 2001 [1993].

Os dois títulos são os mais conhecidos de uma impressionante constelação de obras que contribuem para definir a nova temática da argumentação. Vejamos algumas:

– Para um ponto de vista não retórico da persuasão:
Vance Packard. *A nova técnica de convencer.* Tradução de Aydano Arruda. São Paulo: Ibrasa, 1959 [1958].
– Para a análise da linguagem da propaganda:
Serguei Tchakhotine. *A violação das massas pela propaganda política.* Tradução de Miguel Arraes. Revisão e atualização de Nélson Jahr Garcia. Edição eletrônica: Ed. Ridendo Castigat Mores, 1947 [1939]. Disponível em: http://www.ebooksbrasil.org/eLibris/violacao.html. Acesso em: 25 abr. 2019.

Jean-Marie Domenach. *A propaganda política.* Tradução de Ciro T. de Pádua. Coleção Saber Atual. São Paulo: Difusão Europeia do Livro, 1955 [1950].

– Para o Direito:
Theodor Viehweg. *Tópica e jurisprudência*: uma contribuição à investigação dos fundamentos jurídico-científicos. Tradução da 5ª edição alemã, revista e ampliada, de profª. Kelly Susane Alflen da Silva. Porto Alegre: S. A. Fabris, 2008 [1953].

– Para a retórica dos fundamentos da literatura e da cultura ocidental:
Ernst Robert Curtius. *Literatura europeia e Idade Média latina.* Tradução de Teodoro Cabral, Paulo Rónai. São Paulo: Edusp, 2013 [1956].

– Para uma reconstrução histórica sistemática do campo da retórica:
Heinrich Lausberg. *Elementos de retórica literária.* Tradução, prefácio e aditamentos de R. M. Rosado Fernandes. Lisboa: Fundação Calouste Gulbenkian, 2004 [1960].

– Para uma história das aventuras da dialética em torno da Renascença:
Walter J. Ong. *Ramus. Method and the Decay of Dialogue*. Cambridge: Harvard University Press, 1958.

*Teorias gerais da argumentação* – essas teorias foram desenvolvidas numa perspectiva lógico-linguística, a partir dos anos 1970. Suas obras fundadoras são:

Oswald Ducrot. *Princípios de semântica linguística*: dizer e não dizer. Tradução de Carlos Vogt, Rodolfo Ilari, Rosa Attié Figueira. São Paulo: Cultrix, 1977 [1972].

Oswald Ducrot. *Provar e dizer*: linguagem e lógica. Tradução de Maria Aparecida Barbosa, Maria de Fatima Gonçalves Moreira, Cidmar Teodoro Pais. São Paulo: Global, 1981 [1973].

Oswald Ducrot et al. *Les mots du discours*. Paris: Minuit, 1980.

Jean Claude Anscombre e Oswald Ducrot. *L'argumentation dans la langue*. Bruxelles: Mardaga, 1983.

Jean-Blaise Grize. *De la logique à l'argumentation*. Préface de G. Busino. Genève: Droz, 1982. (Lógica natural)

*A tendência dialético-crítica* retoma o estudo das falácias:
Charles L. Hamblin. *Fallacies*. Londres: Methuen, 1970.

Essa obra influenciou particularmente as correntes da Pragmadialética e da Lógica informal, que também relançaram a pesquisa sobre os tipos de argumento.

A *Pragmadialética* foi desenvolvida a partir dos anos 1980 por Eemeren e Grootendorst. Ela refunda os estudos da argumentação sobre os atos de fala e da Pragmática linguística, propondo uma nova concepção da dialética. É uma abordagem normativa na qual a avaliação dos argumentos se baseia em um sistema de regras para a solução racional das diferenças de opinião; ver **Normas; Regras; Avaliação e avaliador**.

Frans H. van Eemeren e Rob Grootendorst. *Speech Acts in Argumentation Discussions*: A Theoretical Model for the Analysis of Discussions Directed towards Solving Conflicts of Opinion. Dordrecht: Foris, 1984.

Frans H. van Eemeren e Rob Grootendorst, 1992, *Argumentation, Communication and Fallacies*. Mahwah (NJ): Lawrence Erlbaum, 1992.

Frans H. van Eemeren e Rob Grootendorst. *A Systematic Theory of Argumentation*: the Pragma-dialetical Approach. Cambridge: Cambridge University Press, *2004*.

Em francês, a seguinte obra propõe uma introdução à Pragmadialética:
Frans H. van Eemeren e Rob Grootendorst. *La nouvelle dialectique*. Paris, Kimé, 1996. [Trad. do inglês *Argumentation, Communication, Fallacies* por M.-F. Antona et al.]

Desde 1986, organiza-se em Amsterdã um congresso internacional de referência sobre a argumentação, ligado à International Society for the Study of Argumentation – ISSA, e que sempre produz os *Anais* (*Proceedings*), os quais propõem um importante estado da arte dos diversos estudos em argumentação, renovado a cada quatro anos desde 1987 (Eemeren et al, [ISSA]).

A *Lógica informal* (*informal logic*) de Anthony Blair, Ralph Johnson e Douglas Walton liga a argumentação a uma lógica e a uma filosofia que levam em conta as dimensões cotidianas do discurso e do raciocínio. O foco é posto na avaliação dos argumentos e nas aplicações didáticas para o desenvolvimento do pensamento crítico (*critical thinking*). Essa corrente desenvolveu o método de avaliação dos argumentos pelo modelo dos discursos críticos voltados para um argumento.

Howard Kahane. *Logic and Contemporary Rhetoric*: The Use of Reason in Everyday Life. 1971.

Ralph H. Johnson e J. Anthony Blair. *Logical Self Defense*. 1977.

Ralph H. Johnson. *The Rise of Informal Logic*. 1996.

J. Anthony Blair e Ralph H. Johnson. *Informal Logic*: The First International Symposium. 1980.

Douglas Walton, Chris Reed, Fabrizio Macagno. *Argumentation Schemes*. 2008.

J. Anthony Blair. *Groundwork in the Theory of Argumentation*. 2012.

Em francês, a seguinte obra propõe uma tradução de estudos que se alinham a essa corrente:

John Woods e Douglas Walton. *Critique de l'argumentation*. Logiques des sofismes ordinaires. 1992.

*Argumentação e interações cotidianas* – essas diferentes escolas construíram teorias articuladas do campo da argumentação, as quais concedem uma importância particular ao diálogo. Algumas abordagens se abrem para as problemáticas da interação cotidiana. Os primeiros estudos realizados nessa perspectiva se encontram em:

J. Robert Cox e Charles S. Willard (ed.). *Advances in Argumentation Theory and Research*. 1982.

Frans H. van Eemeren (et al.) *Proceedings of the [1986] Conference on Argumentation*. 1987.

*Obras de introdução em francês* – as seguintes obras propõem visões gerais do campo da argumentação, em francês:

Pierre Oléron. *A argumentação*. Tradução de Cascais Franco. Portugal: Publicações Europa-América, 1983 [1985].

Gilles Declerq. *L'art d'argumenter*. Structures rhétoriques et littéraires. 1993.

Jean-Jacques Robrieux. Élements *de rhétorique et d'argumentation*. 1993.

Christian Plantin. *A argumentação*. Tradução de Rui Alexandre Grácio e Martina Matozzi. Coimbra: Grácio Editor, 2010 [1995].

Philippe Bretton. *A argumentação na comunicação*. Tradução de Viviane Ribeiro. 2. ed. Bauru, São Paulo: EDdusc, 2003 [1999].

Georges Vignaux. *L'argumentation* – du discours à la pensée. 1999.

Ruth Amossy. *A argumentação no discurso*. Coordenação da tradução de Eduardo Lopes Piris e Moisés Olímpio-Ferreira. São Paulo: Contexto, 2018 [2000].

Mariana Tutescu. *L'argumentation*. Introduction à l'étude du discours. 2003.

Emmanuelle Danblon. *La fonction persuasive*. Anthropologie du discours rhétorique. 2005.

Christian Plantin. *A argumentação*. História, teorias, perspectivas. Tradução de Marcos Marciolino. São Paulo: Parábola Editorial, 2008 [2005].

Michel Dufour. *Argumenter* – cours de logique informelle. 2008.

Entre as obras de introdução à retórica, em francês:
Antelme-Édouard Chaignet. *La rhétorique et son histoire*. 1988.

Roland Barthes. "L'Ancienne rhétorique. Aide-mémoire". *Communications* 16, 1970.

Michel Patillon. Éléments *de rhétorique classique*. 1990.

Olivier Reboul. *Introdução à retórica*. Tradução de Ivone Castilho Benedetti. São Paulo: Martins Fontes, 2004 [1991].

## LAÇOS COM AS DISCIPLINAS VIZINHAS

As principais escolas de argumentação mantêm relações muito diversas com a herança *retórica, dialética, lógica e gramatical,* e *filosófica* e *pedagógica*.

O quadro a seguir pode dar uma ideia desses laços:

|  | Nova retórica | Argumentação na língua | Lógica natural | Hamblin | Pragmadialética | Lógica informal |
|---|---|---|---|---|---|---|
| Retórica | +++ | + | + | O | ++ | + |
| Dialética | + | O | O | +++ | +++ | +++ |
| Lógica clássica | O | O | +++ | +++ | ++ | +++ |
| Gramática Linguística | O | +++ | ++ | O | ++ | + |
| Filosofia | +++ | + | + | ++ | + | +++ |
| Pedagogia | ++ | O | O | O | + | +++ |

O: sem laço significativo

+: o número de símbolos "+" indica a importância do laço

## LAÇOS OU FILIAÇÕES ENTRE AS GRANDES ESCOLAS

Por razões de legibilidade, a representação foi fragmentada em dois quadros. As flechas representam os laços de solidariedade ou de filiações entre as diferentes escolas (flechas contínuas: laço essencial; flechas pontilhadas: laços secundários).

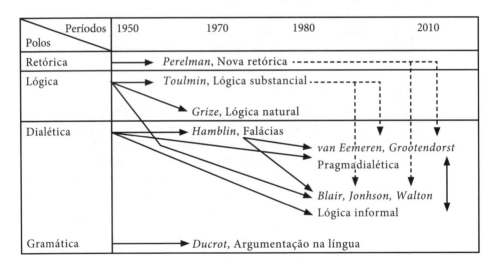

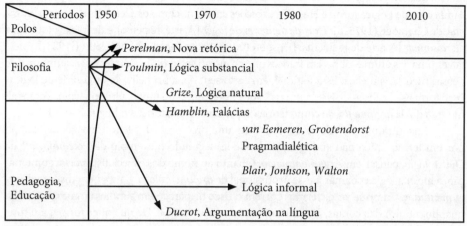
Diagrama 1.

## ARGUMENTAÇÃO: NOMEAR UMA ÁREA E SEUS ESPECIALISTAS

Fala-se da emergência do *campo da argumentação* nos anos 1950. A expressão é ambígua: não se fala evidentemente do campo da argumentação como conjunto de práticas argumentativas. Trata-se não do linguageiro, mas do metalinguageiro, de um conjunto de reflexões articuladas sobre essas práticas, que buscam se definir, de maneira autônoma, especialmente em relação à lógica e à retórica. No entanto, a reflexão articulada sobre a argumentação não data certamente de menos de um século, mas de mais de dois milênios. Quer-se simplesmente dizer com isso que, a partir dos anos 1950, constituiu-se uma comunidade de estudo, apoiada nos ensinamentos em todos os níveis, que se refere não mais à lógica ou à retórica, mas simplesmente à argumentação.

Como designar um campo de estudo/um objeto de estudo de especialistas? A situação é clara quando cada uma dessas realidades bem distintas é designada por um termo específico. É o caso, por exemplo, da *Sociologia*, ciência das *sociedades*, da qual se encarregam os *sociólogos*. A situação é já mais complicada com *Economia*, cujo termo designa ao mesmo tempo a *economia real* (produção e consumo de bens e de serviços; em inglês *economy*) e a *economia como ciência* que estuda esse objeto (em inglês *Economics*); os especialistas são chamados *economistas* (inglês *economists*).

O termo *argumentação* designa ao mesmo tempo o objeto de estudo e o estudo em si, ou uma "teoria da argumentação". No entanto, uma obra intitulada *Argumentação* pode muito bem não conter nenhum deles, assim como se pode abrir uma obra intitulada *Fallacies* (*Falácias*) sem que esse trabalho apresente raciocínios falaciosos.

O surgimento espetacular de obras que trazem no título a palavra *argumentação* mascara uma realidade mais profunda, ligada à mudança de estatuto da lógica. No fundo, fala-se atualmente de argumentação para designar uma área ou uma obra que teoriza essa área porque a palavra *lógica* não está mais disponível desde a revolução formal do fim do século XIX. Todas as antigas obras intituladas *Lógica*, que retomam a lógica aristotélica considerada como *arte de pensar*, são, na realidade, teorias, tratados da argumentação. Mas, desde a matematização da lógica no fim do século XIX (Auroux, 1995), o título *Lógica* só pode convir a uma obra de Lógica formal. Há raras exceções em obras como os *Élements de logique classique*, de Chenique (1975, t.I: *L'art de penser et de juger* [A arte de pensar e de julgar]; t. II: *L'art de raisonner* [A arte de raciocinar]) e sobretudo a *Petite Logique* de Maritain ([1923]), que é talvez uma das últimas obras em francês que propõem sob o título simples *Lógica* uma arte de pensar (neo-)aristotélica. Essa lógica é, em certo sentido, a primeira de uma série de lógicas "não formais", "substanciais", "naturais"... que floresceram no fim do último século. Temos ali um tratado da *argumentação* como teoria do pensamento natural, em língua natural.

Encontramo-nos, desse modo, com um problema de denominação do campo por um termo único não ambíguo; poder-se-ia, seguindo o exemplo da *Polemologia*,* da *Dialetologia*, pensar em *Argumentologia*. Quanto ao nome dos especialistas da argumentação, a mesma lógica chamaria esse profissional de *argumentólogo*, figura bem distinta de *argumentador*. Como se vê, os termos correm o risco de parecerem simples jargões, ridículos, quando, no fim das contas, eles seriam bastante necessários. De qualquer forma, a última palavra será dada pelo uso, até porque ninguém parece muito preocupado em encontrar com urgência um vocábulo que bem delimite tal função. O termo *Argumentology* não figura nos monumentais e fundamentais *Proceedings on the Fourth International Conference of the International Society for Study of Argumentation* de 1999 (ISSA). Nos Anais desse grande evento acadêmico vemos apenas uma ocorrência do termo em 2003; outra igualmente em 2007. Também não há nenhuma ocorrência de *argumentólogo* ou de uma palavra derivada para o especialista que atua nessa área (Eemeren et al, Ed. 1999, 2003, 2007).

(A.L.T.C.)

# ▪ Argumentação por etapas

A estratégia de se desenvolver uma argumentação por etapas é definida por Perelman e Olbrechts-Tyteca da seguinte maneira:

> Constata-se que, com muita frequência, há interesse em não confrontar o interlocutor com todo o intervalo que separa a situação atual do fim último, mas em dividir esse intervalo em seções, estabelecendo pontos de referência intermediários, indicando fins parciais cuja realização não provoca uma oposição forte. (Perelman e Olbrechts-Tyteca, 1999 [1958]: 321); ver **Declive escorregadio.**

O *argumento de direção* "consiste, essencialmente, no alerta contra o uso do procedimento das etapas" (p. 321); ver **Direção.**

A estratégia de argumentação por etapas tem uma versão *limpa* e uma versão *manipulatória*. Na versão *limpa*, o alvo julgado como impossível de ser alcançado diretamente é dividido em alvos parciais, mais acessíveis, que poderão ser alcançados sucessivamente. Já que eu não posso transportar um objeto de cem quilos, então eu o desmonto e transporto sucessivamente todas as suas partes; eu divido um pacote grande em dez pequenos etc. Trata-se simplesmente de dividir o peso, seccionando-o. Nesse sentido, há semelhanças com

---

\* N.T.: Segundo o *Dicionário Larousse*, o termo *polémologie* significa: o estudo da guerra considerada como fenômeno de ordem social e psicológica. Termo criado em 1945 por G. Bouthoul.

o processo de aprendizagem: inicialmente, aprende-se a conduzir em uma estrada tranquila antes de se aprender a conduzir em estrada escorregadia, coberta com gelo ou com lama. Nessas situações, raciocina-se tendo claramente presente um objetivo global (aprender a dirigir em qualquer situação), mas que teve de ser seccionado em etapas menores.

Na versão *manipulatória* da divisão, a ação a ser realizada implica a colaboração de uma pessoa que, sabe-se de antemão, não partilha espontaneamente ou é mesmo hostil ao objetivo porque todo o procedimento vai contra seus interesses. A estratégia da argumentação por etapas, nesse segundo sentido, é correntemente designada, no domínio da venda comercial, como uma *estratégia de iniciação* (*stratégie d'amorçage*) (Joule et Beauvois, 1987); ver **Manipulação**.

É uma dessas estratégias de iniciação – um tanto manipulatória, mas cuja intenção é louvável – que Abraão utiliza em sua argumentação com o Eterno para convencê-lo a reter sua cólera vingadora contra a cidade de Sodoma. A direção é invertida, ela vai não de "pouco" a "muito", mas de "muitos" a "muito pouco":

> Sendo, pois, Abrão da idade de noventa e nove anos, apareceu o Senhor a Abrão e disse-lhe: Eu sou o Deus Todo-Poderoso; anda em minha presença e sê perfeito. (Gênesis, 18: 1 – Bíblia Sagrada)

> 23 E chegou-se Abraão, dizendo: Destruirás também o justo com o ímpio? 24 Se, porventura, houver cinquenta justos na cidade, destrui-los-ás também e não pouparás o lugar por causa dos cinquenta justos que estão dentro dela? […]26 Então, disse o Senhor: Se eu em Sodoma achar cinquenta justos dentro da cidade, pouparei todo o lugar por amor deles. 27 E respondeu Abraão, dizendo: Eis que, agora, me atrevi a falar ao Senhor, ainda que sou pó e cinza. 28 Se, porventura, faltarem de cinquenta justos cinco, destruirás por aqueles cinco toda a cidade? E [o Senhor] disse: Não a destruirei, se eu achar ali quarenta e cinco. 29 E continuou ainda a falar-lhe e disse: Se, porventura, acharem ali quarenta? E disse: Não o farei, por amor dos quarenta. 30 Disse mais: Ora, não se ire o Senhor, se eu ainda falar: se, porventura, se acharem ali trinta? E disse: Não o farei se achar ali trinta. 31 E disse: Eis que, agora, me atrevi a falar ao Senhor: se, porventura, se acharem ali vinte? E disse: Não a destruirei, por amor dos vinte. 32 Disse mais: Ora, não se ire o Senhor que ainda só mais esta vez falo: se, porventura, se acharem ali dez? E disse: Não a destruirei, por amor dos dez. 33 E foi-se o Senhor, quando acabou de falar a Abraão; e Abraão tornou ao seu lugar. (Gênesis, 18: 23-33 – Bíblia Sagrada)*

Infelizmente, o Senhor não encontrará dez justos em Sodoma.

(L.B.L.)

# ▪ Argumentário ► Repertório argumentativo

# ▪ Argumentatividade, graus e formas ► Argumentação (II), (§6)

# ▪ Argumento, argumentação: as palavras

A palavra *argumentação* é utilizada com algumas variantes gráficas nas línguas românicas, no inglês, no alemão, além de ser uma excelente candidata à internacionalização. Mas

---

\* N.T.: Disponível em: https://www.biblegateway.com/passage/?search=G%C3%AAnesis%2018&version=ARC. Acesso em: 16 jul. 2024.

o sentido da palavra nessas línguas distintas apresenta diferenças essenciais, como se pode ver comparando *argumento* e *argumentar* com as palavras inglesas *to argue, an argument*.

Por outro lado, o francês propõe dois verbos, *argumentar* e *arguir* (*argumenter, argüer*), cuja comparação esclarece a orientação argumentativa positiva do substantivo *argumento* opondo-o a *argúcia, artimanha*.

## ARGUMENTAR VS. ARGUIR

*Arguir* – de acordo com O'Keefe [1977] e o dicionário *Webster*, o verbo inglês *to argue* tem dois significados: *to argue_1* e *to argue_2*:

- *to argue_1* significa "apresentar razões" (Webster, art. *Argue*). Nesse sentido, *to argue* é seguido de uma completiva em *that*, "que"; *to argue that P* designa uma atividade monologal. P é o posicionamento defendido por pelo locutor.
- *to argue_2* significa "ter um desacordo com, uma querela, uma discussão" (Webster, art. *Argue*). Nesse sentido, *to argue* é seguido da preposição *about*, "sobre, a respeito de", e remete ao vasto domínio das interações indo da discussão animada ao puro e simples pugilato. *Arguing* with *someone* about *something* (discutir calorosamente, bater boca, brigar) é uma atividade interacional. P designa o objeto debatido na discussão.

O francês *argumentar* traduz bem, portanto, *to argue_1* (apresentar razões), mas não corresponde a *to argue_2*, que significa "discutir de maneira agressiva", "brigar, bater boca".

Os substantivos ingleses *argument, argumentation* – o substantivo *an argument* herda os dois sentidos anteriormente apresentados, isto é, "apresentar boas razões" e "discutir". Nesse sentido, um *argument_1* é uma "boa razão", um *argument_2* é uma "discussão", eventualmente um conflito no qual se apresentam argumentos.

Em contrapartida, o substantivo *an argumentation* é monossêmico e remete unicamente a um discurso no qual uma conclusão é sustentada por uma boa razão.

A palavra inglesa *argument* não pode ser traduzida nem por *argumento*, nem por *argumentação* nos seguintes enunciados:

> *Alice was always ready for a little argument* = "uma boa discussão"
> *Alice didn't want to begin another argument* = "recomeçar a brigar"
> *If you lose an argument...* = "se você não vence uma discussão"

Os dois sentidos de *argument* orientam em direção a abordagens analíticas diferentes. A obra de Grinshaw, *Conflit Talk: Sociolinguistic Investigation on Arguments in Conversation* (1990), trata de discussões, e não de argumentação.

*O adjetivo inglês* argumentative – a questão se torna mais problemática quando se aproxima o adjetivo inglês *argumentative* do adjetivo francês *argumentativo* (*argumentatif*) e de seu derivado nominal *argumentatividade*.

Em francês, essas palavras são derivadas de *argumento* e só podem significar "relativo à construção de uma (boa) razão que virá apoiar uma conclusão". *Argumento, argumentativo, argumentatividade* estão sempre relacionados com *argumentação*.

Em inglês, *argumentative* está ao lado de *argue with – about –*. O dicionário Collins traduz *argumentative* por "trapaceiro" (Collins, art. *Argumentation*). O termo é também empregado em relação a *to argue_1*, mas um risco de incompreensão subsiste quando se quer utilizar expressões como *partícula argumentativa* ou *orientação argumentativa de um enunciado*, fundamentais para o estudo linguístico da argumentação. Esta última expressão (*orientação argumentativa de um enunciado*) só pode ser traduzida por *the argumentative orientation of an utterance*, ficando claro que o adjetivo *argumentative* não evoca de forma alguma uma discussão, nem um locutor briguento.

## ARGUIR, ARGÚCIA

### (i) *Arguir*

Há, em francês, dois verbos *arguir* [*arguer*]. Um diz respeito ao vocabulário especializado da ourivesaria e significa "passar os lingotes na fieira"; a fieira é um "aparelho que permite obter fios de ouro e de prata por tiragem a frio" (http://www.privals.fr. Acesso em: set. 2013). Escreve-se sem trema em francês [*arguer*].

O outro verbo *arguir* diz respeito à argumentação e se escreve, em francês, com um trema [*argüer*]. No plano estritamente morfológico, *arguir* é o verbo de base, e a palavra *argumento*, seu derivado:

> (*ele*) *carrega* → (*um*) *carregamento*
> (*ele*) *argui* → (*um*) *argumento*

e *argumentar*, um verbo, que deriva de *argumento*:

> (*um*) *argumento* → (*ele*) *argumenta*

Mas há uma descontinuidade semântica entre *arguir* e *argumento*: *argumento* é semanticamente ligado a *argumentar*, e não a *arguir*.

Diferentemente do verbo *argumentar*, que pode ser empregado sem complemento, o verbo *arguir* é empregado em construções transitivas: *X (humano) argui que P*. O verbo *arguir*, em francês, apresenta um argumento sem tomar posição sobre o argumento empregado. Ele permite, portanto, que se arrolem os argumentos do adversário, sem reconhecer neles a menor validade. O verbo *arguir* assume, dessa forma, facilmente, o sentido de "propor um argumento falacioso".

Se se tratar de uma discussão da qual o locutor não tomou partido, de "um caso a ser acompanhado de perto", ele dirá *O Sr. X se defende arguindo que –*. No caso em que o sujeito é o pronome de primeira pessoa, o distanciamento se efetua graças a um futuro do pretérito com valor hipotético em *eu arguiria que –*. Um jornal democrático e republicano dirá, portanto: *A extrema direita argui que –*.

Dizer que *Pedro argumenta* já é reconhecer em certa medida a validade desse argumento. *Arguir* e *argumentar* são antiorientados: *arguir* é orientado negativamente em direção ao distanciamento, à invalidação, ao rechaço à argumentação; *argumentar* é orientado em direção à validação, a se levar algo em consideração. O conceito de *argumentação* e os estudos de argumentação se beneficiam de um empurrãozinho dado pela orientação positiva que a palavra *argumentação* tem na língua corrente, como atividade nobre. O caso é o mesmo para a palavra e o conceito de *diálogo*, como, provavelmente, para o de *persuasão*.

(ii) *Argúcia*

Ao verbo *arguir* corresponde o substantivo *argúcia* (*argutie*); uma *argúcia* é um argumento cuja validade não se reconhece:

*Essas pessoas são apenas agentes de uma subversão cujo fim lhes escapa, mas cujas ordens eles executam e cujas argúcias eles repetem.*

No jogo argumentativo, essa oposição se manifesta na objeção: *Eu argumento, eu produzo argumentos; Vocês arguem, vocês repetem argúcias.*

O termo *argúcia* é às vezes substituído pelo seu equivalente *argumento* colocado entre aspas: [...] *e cujos "argumentos" eles repetem.* É o que se lê, por exemplo, na apresentação de um contra-argumentário difundido por partidários da energia eólica:

*Estudemos alguns dos "argumentos" apresentados pelos antieolianos* (exemplo completo; ver **Convergência**).

(A.L.T.C.)

# ▪ Argumento – Conclusão

## ARGUMENTO

❖ Na Retórica, Aristóteles emprega o temos *pistis*, traduzido por "prova" ou "argumento". O latim utiliza a palavra *argumentum*, "argumento, prova". Em francês, de acordo com Rey, a palavra "argumento" só se tornou corrente no século XX "com empregos particulares na publicidade e no sistema de vendas". (Rey [1992], art. *Argument*)

A palavra *argumento* é utilizada em três campos, com acepções diferentes.

1. Na lógica, *o argumento de uma função* corresponde a um termo designativo; encontra-se esse uso na *gramática*.
2. Na literatura, *argumento* designa um discurso que resume outro discurso.
3. Na teoria da argumentação, *argumento* se define como um enunciado que legitima uma conclusão.

### NA LÓGICA E NA GRAMÁTICA

Na lógica e na matemática, designa-se por *argumento de uma função f* cada um dos campos vazios ou variáveis $x, y, z, ...$, associadas a essa função $f(x, y, z, ...)$.

Na gramática da língua natural, a *função* corresponde ao *predicado*. Por exemplo, o verbo *dar* corresponde a um predicado com três argumentos: $x$ dá $y$ a $z$. O número de *argumentos* corresponde à *valência* do verbo. Quando nomes de objetos convenientemente escolhidos (respeitando as relações de seleção impostas pelo verbo) substituem cada uma das variáveis, se obtém uma frase que exprime uma *proposição* (verdadeira ou falsa): *Pedro dá uma maçã a João*; ver **Lógica clássica (II)**.

## Na literatura

O argumento de uma peça de teatro ou de um romance corresponde ao *esquema*, ao *resumo*, ou ao *fio condutor* de uma intriga. Esse sentido da palavra *argumento* é morfologicamente isolado. Em particular, as palavras *argumentar, argumentação*, morfologicamente derivadas de *argumento*, não têm acepção correspondente. Por outro lado, nessa acepção, *argumento* não se opõe a *conclusão*.

## Na argumentação

**Argumento ~ argumentação** – *argumento* é frequentemente utilizado no sentido de "argumentação": É *preciso que o melhor argumento vença*. O *Dictionnaire de l'Académie* de 1762 define *argumento* como um "raciocínio" e, de forma secundária, *argumentação* como a "maneira de fazer argumentos"; ele traz como exemplo premonitório o sintagma *Tratado da argumentação* (*DAF*, art. *Argumento; Argumentação*, consultado em 20 de setembro de 2013).

**Premissas, dados, argumentos** – os termos *premissa* e *dado* são às vezes utilizados no sentido de *argumento*.

Em lógica, opõem-se as *premissas* do silogismo à sua *conclusão*. As *premissas* são proposições que exprimem julgamentos passíveis de serem verdadeiros ou falsos. A *conclusão* é uma proposição distinta das premissas e derivada da combinação das premissas. Uma premissa não constitui um argumento, mas, sobretudo, um componente de um argumento, construído pela combinação de duas premissas; ver **Convergência.**

Toulmin deriva sua conclusão de um dado (inglês *data*), frequentemente traduzido por *argumento* (ver **Diagrama de Toulmin**). Em outros contextos, os dois termos não são intercambiáveis: fala-se dos *dados de um problema* e não dos *argumentos de um problema*. Os dados são constituídos por um conjunto de fatos indiscutíveis (*banco de dados*) aos quais diz respeito o problema. Eles não têm orientação argumentativa; é a existência de uma lei (de passagem) que lhes confere uma.

Tipologia dos argumentos, argumentos etóticos, patêmicos e lógicos; ver **Tipos e tipologias dos argumentos; Prova e artes da prova.**

## AS RELAÇÕES ARGUMENTO – CONCLUSÃO

A definição de argumento está diretamente ligada à de conclusão. Um *argumento* é um enunciado do qual se deriva, apoiando-se em princípios linguísticos e experienciais, outro enunciado, chamado *conclusão*.

Para exprimir a relação argumento-conclusão, recorre-se às oposições resumidas no seguinte quadro:

| O **ARGUMENTO** É UM ENUNCIADO ___ (ou apresentado como tal pelo argumentador) | A **CONCLUSÃO** É UM ENUNCIADO ___ (ou apresentado como tal pelo argumentador) |
| --- | --- |
| consensual | não consensual, contestado, discutido |
| mais plausível | menos plausível |

| | |
|---|---|
| ponto de partida (da argumentação deliberativa) ponto de chegada (da argumentação justificativa) | ponto de chegada (da argumentação deliberativa) ponto de partida (da argumentação justificativa) |
| que diz respeito à *doxa* | que exprime um ponto de vista específico |
| que exprime uma boa razão | em busca de razão |
| sobre o qual não pesa o ônus da prova | que sustenta o ônus da prova |
| orientado (em direção à conclusão) | projeção (do argumento) |
| (do ponto de vista funcional): determinante, legitimador. | (do ponto de vista funcional): determinado, legitimado. |
| (do ponto de vista dialogal): acompanhando a resposta à questão argumentativa | (do ponto de vista dialogal): a resposta propriamente dita à questão argumentativa |

**Leitura do quadro**: O traço ( ___ ) deve ser substituído pela palavra ou expressão contida em cada quadro da coluna correspondente. Por exemplo, na linha 1 se lê: "o argumento é um enunciado *consensual* (ou apresentado como tal pelo argumentador), enquanto a conclusão é um enunciado *não consensual, contestado, discutido* (ou apresentado como tal pelo argumentador)".

Ver **Justificação e deliberação**.

*Argumento verdadeiro, verossímil, admitido*
- Os enunciados são considerados (ou apresentados) como fora de dúvida e passíveis de funcionar como argumentos sobre bases extremamente diversas.
- Uma evidência factual, intelectual, de crença; ver **Evidência**.
  *A neve é branca.*
  *A divindade tem tal estrutura.*
  *Dois mais dois são quatro.*
- Uma norma legal em uma comunidade:
  *Não matarás.*
- Uma convenção; o enunciado argumentativo é objeto de um acordo explícito entre os parceiros no quadro de uma discussão dialética, por exemplo:
  *Estamos de acordo em considerar que a Sildávia não sairá jamais da zona do euro.*
- Uma escolha do locutor (do orador), que concebe seus dados entre aqueles que são admitidos pelo seu interlocutor (seu auditório); ver ***Ex datis***.
- Uma simples constatação de fato; o enunciado não é questionado nem pelo adversário nem pelo público.

O acordo dos interlocutores sobre os enunciados estáveis, passíveis de servirem de apoio à conclusão, não é necessariamente assegurado, menos ainda o é o do adversário. A escolha daquilo que será conservado como argumento é, portanto, uma questão de *estratégia de discurso*, adotada em função das circunstâncias; ver **Estratégia**.

*Contestação do argumento* – se o argumento é contestado, ele deve então ser legitimado. No curso dessa nova operação, há o estatuto de *conclusão* proposta por um locutor e sustentada por uma série de argumentos, que são subargumentos em relação à conclusão primitiva; ver **Convergência**; **Epiquirema**. Se o acordo não se realiza com base em nenhum enunciado, a regressão pode ser infinita, e a discussão, eterna.

# TESE, CONCLUSÃO, PONTO DE VISTA

Em argumentação, fala-se de *conclusão* ou de *ponto de vista*. Uma conclusão filosófica é frequentemente chamada de *tese*.

## PONTO DE VISTA

(i) Fala-se de *ponto de vista* em teoria do texto literário. Nessa acepção, ponto de vista não se opõe a *argumento*.

> *Do outro lado da cerca, eu notei um jardineiro.*
> *Do outro lado da cerca, notava-se uma estrada.*

Em um caso, o locutor está fora do jardim; no outro, ele está dentro do jardim.

(ii) No campo sociopolítico, ponto de vista tem o sentido de "opinião", eventualmente justificada por argumentos.

(iii) Em argumentação, o termo é utilizado para traduzir os termos ingleses *point of view*, *viewpoint* e *standpoint*. Um ponto de vista corresponde a uma ou várias proposições. A expressão é utilizada para designar o conjunto do discurso composto pelo ponto de vista e pelas boas razões que o sustentam. O programa pragmadialético está orientado para a redução das diferenças de pontos de vista: não se fala, nesse quadro, de reduzir as diferenças das conclusões.

Uma afirmação constitui um ponto de vista se ela tiver uma ligação com a fonte, enquanto a verdade absoluta é independente de qualquer fonte, ou tem apenas fonte universal. Os pontos de vista são necessariamente múltiplos e diferentes, enquanto a verdade é supostamente uma só. A noção de ponto de vista estrutura o discurso conforme a metáfora de visualização de uma paisagem que seria o conjunto do real, do qual um ponto de vista seria o recorte de uma parte. O ponto de vista exclui a parte maior da realidade geográfica e a reestrutura conforme os efeitos de perspectiva que têm realidade somente em relação a um ponto focal, por definição, instável. Nesse sentido, o ponto de vista é criticável, pois ele funciona como um *antolho*; mas também traz um lado positivo, pois ele protege da *ilusão de objetividade* produzida pelo consenso e também da *paranoia* do saber absoluto.

O ponto de vista é um ponto de partida obrigatório. Os pontos de vista são comparáveis e avaliáveis Pode-se definir um "melhor ponto de vista". Pode-se ainda mudar de ponto de vista, multiplicá-los, mas não se pode estar sem um. É possível extinguir as diferenças de ponto de vista eliminando os sujeitos, a pluralidade de vozes e descontextualizando o discurso. Produz-se por meio dessas manobras o ponto de vista do Todo, aquele do argumentador narrador onisciente, objetivo.

## CONCLUSÃO

(i) A *conclusão argumentativa* é distinta da *conclusão fechamento do discurso*. A conclusão argumentativa pode ser enunciada em diversos pontos do discurso, tanto na sua *abertura* como no seu *fechamento*, tanto na sua *introdução* como na sua *conclusão*.

(ii) A conclusão se define por oposição ao argumento (ver quadro anterior). Em um texto argumentativo monologal, a conclusão é a afirmação em função da qual se organiza o discurso; a direção à qual ele converge e na qual se materializa sua orientação. A conclusão é o resíduo final que se obtém na condensação do texto.

(iii) A conclusão pode ser isolada dos argumentos. Uma vez que se concluiu que *Harry é cidadão britânico* (ver **Diagrama de Toulmin**), pode-se agir em função dessa proposição, mas, na medida em que a afirmação é acrescida de um elemento modal, as conclusões que derivam dela permanecem sempre revisáveis. O princípio "atira e esquece" (*fire and forget*) não vale em argumentação. Isso quer dizer que a conclusão estará sempre atrelada ao discurso que serviu para produzi-la.

(iv) Um enunciado torna-se uma *proposição-conclusão* na seguinte configuração dialógica:

- Ele é introduzido por um locutor.
- Ele não é ratificado pelo destinatário.
- Ele é mantido pelo locutor.

É a reação do destinatário que produz uma *proposição-conclusão* a partir de um texto ou de um turno de fala. "Ser uma proposição" é uma propriedade relativa a um estado do diálogo ou da interação. A proposição torna-se uma *conclusão* quando ela é sustentada por argumentos; ver **Proposição**.

(A.L.T.C.)

## ▪ Argumentos em *ab* (ou *a*): argumento *a contrario*

### A CONSTRUÇÃO

A preposição *ab* (*a*) tem duas formas; em geral, *a* se emprega diante de consoante e *ab* diante de vogal. Em latim clássico, essa preposição se constrói com um substantivo complemento no caso ablativo. Ela não introduz complementos de nome, mas somente circunstanciais que indicam a proveniência, a origem, o distanciamento, a separação. Na base dessas construções, há, portanto, um verbo elíptico. Os textos latinos designam as formas argumentativas por expressões desse tipo, por exemplo, Cícero escreve nos *Tópicos*:

> *cum autem a genere ducetur argumentum* – quando o argumento é derivado do gênero, não será necessário investigá-lo desde o princípio. Basta, muitas vezes, o que está mais próximo dele, contanto que aquilo que for provado seja superior àquilo que se pretende provar. (Cícero, *Top.*, IX, 39)

*genere* é o caso ablativo do substantivo *genus*, "gênero". A construção é *argumentum* [*ducetur*] *a genere*, ou seja, com a elipse do verbo "argumento fornecido pelo gênero/baseado no gênero" etc.

Assim também o *Retórica a Herenio* afirma que, para ampliar a acusação:

> *primus locus sumitur ab auctoritate* – o primeiro lugar é tirado da autoridade ([Cícero], *Her.*, II, 48)

*auctoritate* é o caso ablativo do substantivo *auctoritas*. A construção é: "lugar [extraído] da autoridade".

## LISTA DOS ARGUMENTOS EM *A/AB*

A primeira coluna retoma a designação latina; a segunda propõe a tradução para o português, a partir de uma tradução do francês extraída de Gaffiot (1934), e remete ao verbete brasileiro correspondente.

Esse conjunto pertence ao estoque original de rótulos de argumentos cujo núcleo é extraído da tipologia de Cícero, transmitida por Boécio; ver **Tipologias (I)**. Trata-se claramente de argumentos, e não de falácias.

Por oposição aos argumentos em *ad*, nota-se que não se encontra neste quadro nenhum rótulo que faça referência a emoções ou a crenças subjetivas.

| Nome do argumento em latim *argumentum* – | Termo latino, tradução para o português – equivalente em inglês, verbete(s) correspondente(s) |
|---|---|
| *ab auctoritate* | lat. *auctoritas*, "autoridade" – ing. *arg. from authority* (ver **Autoridade**) |
| *a carcere* | lat. *carcer*, "prisão" – ing. arg. *from threat* (ver **Ameaça; Emoções; Punições e recompensas**) |
| *a coherentia* | lat. *cohærentia*, "conexão, coesão" – ing. *arg. from coherence* (ver **Coerência**) |
| *a comparatione* | lat. *comparatio*, "comparação" – ing. *arg. from comparison* (ver **Comparação**; *A fortiori*; *A pari*) |
| *a completudine* | lat. *completudo*, "completude" – ing. *arg. from completeness* (ver **Completude**) |
| *a conjugata* | lat. *conjugatus*, "aparentado, da mesma família" – ing. *arg. of connected words* (ver ***A conjugata***; **Etimologia; Derivados ou palavras derivadas; Paronímia**) |
| *a contrario a contrario sensu ex contrario* | lat. *contrarius*, "contrário" – ing. arg. *a contrario* (ver ***A contrario***) |
| *a consequentibus* | lat. *consequens*, "o que se segue" – ing. *arg. from consequences* (ver **Circunstâncias; Consequência**) |
| *a fortiori* | lat. *a fortiori ratione*, "pela razão mais forte"; *ratio*, "razão; *fortis* "forte" ("valente, enérgico"...) no comparativo de superioridade – ing. *arg. a fortiori* (ver ***A fortiori***) |
| *a generali sensu* | lat. *generalis*, "que pertence a um gênero, geral"; lat. *sensus*, "maneira de ver, de conceber" – ing. *arg. of the generality of the law* (ver **Generalidade da lei**) |
| *a genere* | lat. *genus*, "gênero" – ing. *arg. from genre* (ver **Classificação; Definição**; *A pari*) |
| *a pari* | lat. *par*, "igual, parecido" – ing. *arg. a pari* (ver ***A pari***) |

| | |
|---|---|
| *a posteriori* | lat. *posterus*, "que vem em segundo" – ing. arg. *a posteriori* (ver **A priori**; **A posteriori**) |
| *a priori* | lat. *prior*, "o primeiro de dois, superior" – ing. arg. *a priori* (ver **A priori**; **A posteriori**) |
| *a repugnantibus* | lat. *repugnans* (part. presente/subst.), "contraditório; resistente, contrário, incompatível" – ing. arg. *from contrary, from incompatible; by impugning* (ver **A repugnantibus**; **Absurdo**; **Ad hominem**) |
| *a rubrica* | lat. *rubrica*, "título" – ing. arg. *from title* (ver **A rubrica**) |
| *a silentio* | lat. *silentium*, "silêncio" – ing. arg. *from silence* (ver **Silêncio**) |
| *a simili* | lat. *similis*, "parecido, idêntico" – ing. arg. *by analogy* (ver **Analogia**; **A pari**) |
| *ab absurdo* (geralmente: *ad absurdum*) | lat. *absurdus*, "absurdo" – ing. arg. *by absurdity* (ver **Absurdo**) |
| *ab adjunctis* | lat. *adjuncta*, "o que acompanha" – ing. arg. *from circumstances* (ver **Circunstâncias**) |
| *ab antecedentibus* | lat. *antecedens*, "o que precede" – ing. arg. *from precedente* (ver **Circunstâncias**; **Precedente**) |
| *ab auctoritate* (geralmente: *ad auctoritatem*) | lat. *auctoritas*, "autoridade" – ing. arg. *from authority* (ver **Autoridade**) |
| *ab enumeratione partium* | lat. *enumeratio* "enumeração"; lat. *pars*, "parte"; "desmembramento das partes" – ing. arg. *from the enumeration of the parts* (ver **Todo e parte**; **Caso a caso**; **Definição**) |
| *ab exemplo* | lat. *exemplum*: "exemplo" – ing. arg. *from example* (ver **Exemplo**; **Exemplum**; **Precedente**) |
| *ab inutilitate* | lat. *inutilitas*, "inútil, perigoso" – ing. arg. *from superfluity* (ver **Redundância jurídica**) |
| *ab utili* | lat. *utilitas* "utilidade, vantagem" – ing. arg. *from utility* (ver **Pragmático**) |

(A.L.T.C.)

# ▪ Argumentos em *ad*: argumento *ad hominem*

*A construção: uma designação moderna?* – Em latim clássico, a preposição *ad* se constrói com o acusativo e introduz circunstâncias de lugar, de objetivo; pode-se ler o sintagma como "argumento que se dirige a (a pessoa etc.)".

De acordo com Hamblin, o termo mais antigo da série é *ad hominem*; ele figura nas traduções latinas de Aristóteles. Esse modo de apelação teria sido popularizado por Locke (1690), assim como por Bentham ([1824]), e a maioria desses termos seriam dos séculos XIX e XX. Haveria assim uma especificidade dos argumentos em *ad* que não são clássicos (Hamblin, 1970: 41; 161-162).

# LISTA DOS ARGUMENTOS EM *AD*

| Nome do argumento em latim *argumentum –* | Termo latino, tradução para o português – equivalente em inglês, verbete(s) correspondente(s) |
|---|---|
| *ad absurdum* *ab absurdo* *reductio ad absurdum* | lat. *absurdus*, "absurdo" – ing. *arg. reduction to the absurd* (ver **Absurdo**) |
| *ad amicitiam* | lat. *amicitia*, "amizade" – ing. *arg. from friendship* (ver **Emoções**) |
| *ad antiquitatem* | lat. *antiquitas*, "ancianidade, antiguidade, tradição" – ing. *arg. to tradition, to antiquity* (ver **Autoridade**) |
| *ad auditorem* (pl. *ad auditores*) | lat. *auditor*, "ouvinte" – ing. *arg. appeal to the public, to the audience* (ver **Crenças do auditório**) |
| *ad baculum* | lat. *baculus*, "porrete" – ing. *arg. from the stick* (ver **Punições e recompensas; Ameaça**) |
| *ad captandum vulgus* | lat. *captare*, "procurar cativar... insinuar para obter algo"; *vulgus*, "o público, a gentalha – ing. *arg. playing to the gallery; playing to the crowd* (ver **Auditório; Emoções; *Ad populum*; Riso e seriedade**) |
| *ad consequentiam* | lat. *consequentia*, "sequência, sucessão" – ing. *arg. from consequences* (ver **Consequências**) |
| *ad crumenam* | lat. *crumena*, "bolsa" – ing. *arg. to the purse* (ver **Emoções; Punições e recompensas**) |
| *ad falsum* (*reductio ad falsum*) | lat. *falsum*, "falso" – ing. *arg. reduction at a falsehood* (ver **Absurdo**) |
| *ad fidem* | lat. *fides*, "fé" – ing. *arg. appeal to faith* (ver **Fé**) |
| *ad fulmen* | lat. *fulmen*, "cólera, indignação" – ing. *arg. from thunderbolt* (ver **Punições e recompensas; Ameaça**) |
| *ad hominem* | lat. *homo*, "ser humano" – ing. *arg. ad hominem* (ver ***Ad hominem***) |
| *ad ignorantiam* | lat. *ignorantia*, "ignorância" – ing. arg. *appeal to ignorance* (ver **Ignorância**) |
| *ad imaginationem* | lat. *imaginatio*, "imaginação" – ing. *arg. appeal to imagination* (ver **Pessoa**) |
| *ad impossible* (*reductio ad impossible*) | lat. *impossibilitas*, "impossível" – ing. *arg. reduction to the impossible* (ver **Absurdo**) |
| *ad incommodum* *deducendo ad incommodum* (*reductio ad incommodum*) | lat. *incommodum*, "inconveniente, desvantagem" – ing. arg. *reduction to the uncomfortable* (ver ***Ad incommodum***) |
| *ad invidiam* | lat. *invidia*, "inveja, raiva, indignação, impopularidade" – ing. *arg. appeal to envy* (ver **Emoções**) |
| *ad iudicium* | lat. *iudicium*, "faculdade de julgar, tribunal, sentença" – ing. 1. *argument appealing to the judgement*; 2. *to common sense* (ver **Fundamento**) |

| | |
|---|---|
| *ad lapidem* | lat. *lapis*, "pedra" – ing. *argument by dismissal* (ver **Desprezo**) |
| *ad Lazarum* | lat. *Lazarus* (nome próprio bíblico) – ing. *arg. ad Lazarum* (ver **Riqueza e pobreza**) |
| *ad litteram* | lat. *littera*, "letra, ao pé da letra" – ing. *to the letter* (ver **Sentido estrito**) |
| *ad ludicrum* | lat. *ludicrum*, "jogo, espetáculo" – ing. *arg. to the gallery* (ver **Emoções, Auditório**, *Ad populum*; **Riso e seriedade**) |
| *ad metum* | lat. *metus*, "medo, temor" – ing. *appeal to fear* (ver **Ameaça, Punições e recompensas**) |
| *ad misericordiam* | lat. *misericordia*, "compaixão, pena" – ing. *appeal to pity* |
| *ad modum* | lat. *modus*, "medida, justa medida, moderação" – ing. *arg. of gradualismo* (ver **Medida proporcional**) |
| *ad naturam* | lat. *natura*, "natureza" – ing. *appeal to nature; naturalistic fallacy* (ver **Força das coisas**) |
| *ad nauseam* | lat. *nausea*, "náusea, enjoo" – ing. *proof by assertion* (ver **Repetição**) |
| *ad novitatem* | lat. *novitas*, "novidade, condição de um homem que seja o primeiro de sua família a receber honras" – ing. *appeal to novelty* (ver **Progresso**) |
| *ad numerum* | lat. *numerus*, "número, multidão" – ing. *appeal to the number, arg from number* (ver **Autoridade**) |
| *ad odium* | lat. *odium*, "ódio" – ing. *appeal to hatred, to spite* (ver **Emoções**) |
| *ad orationem* | lat. *oratio*, "linguagem, propósito, palavra" – ing. *arg. to the statement* (ver **Fundamento**) |
| *ad passionem* (pl. *ad passiones*) | lat. *passio*, "paixão, emoção" – ing. *appeal to passion, emotion* (ver **Pathos, Emoções**) |
| *ad personam* | lat. *persona*, "máscara, papel, pessoa" – ing. *abusive ad hominem* (ver **Ataque pessoal**) |
| *ad populum* | lat. *populus*, "o povo romano" (oposto ao Senado e à plebe); "povo" – ing. *ad populum, appeal to people, arg. from popularity* (ver *Ad populum*) |
| *ad quietem* | lat. *quies*, "repouso, neutralidade política, calma, tranquilidade" – ing. *appeal to repose, conservatism* (Hamblin) (ver **Tranquilidade**) |
| *ad rem* | lat. *res*, "realidade, coisa, ponto de discussão, questão" – ing. *arg. addressed to the thing, to the point, dealing with the matter at hand* (ver **Fundamento**) |
| *ad reverentiam* | lat. *reverentia*, "temor respeitoso" – ing. *arg. from respect* (ver **Respeito**) |
| *ad ridiculum* | lat. *ridiculus*, "ridículo, absurdo" – ing. *appeal to ridicule, appeal to mockery* (ver **Absurso; Riso e seriedade**) |
| *ad socordiam* | lat. *socordia*, "estupidez; pobreza de espírito" – ing. *weak-mindedess* (ver **Pessoa**) |
| *ad superbiam* | lat. *superbia*, "orgulho, arrogância; despotismo" – ing. *arg. of popular corruption* (ver **Emoções**; *Ad populum*) |
| *ad superstitionem* | lat. *superstitio*, "superstição" – ing. *superstition* (ver **Pessoa**) |
| *ad temperentiam* | lat. *temperantia*, "justa medida, justa proporção" – ing. *arg. of gradualism* (ver **Medida proporcional**) |

| | |
|---|---|
| *ad verecundiam* | lat. *verecundia*, "respeito, modéstia; temor da vergonha" – ing. *arg. from modesty; arg from authority* (ver **[A] Pessoa na argumentação; Modéstia; Autoridade**) |
| *ad vertiginem* | lat. *vertigo*, "rotação, vertigem" – ing. *arg. from vertigo* (ver **Vertigem**) |

## CARACTERÍSTICAS DESSA FAMÍLIA

*Uma forma produtiva e parodiada* – há muito mais argumentos em *ad* do que argumentos em *ab*, e apenas a construção em *ad* é produtiva. É também a forma parodiada, especialmente na internet, com mais ou menos sucesso. Naquele ambiente virtual encontramos nomes esdrúxulos, como os argumentos *ad bananum*. Em *Tristram Shandy*, Sterne menciona os argumentos *ad verecundiam, ex absurdo, ex fortiori, a crumenam*, assim como *l'argumentum baculinum* (*ad baculum*), e pede que se acrescente à lista o *argumentum fistulatorium*, do qual ele reivindica a invenção. A conversa gira em torno do assunto sobre a reputação das famílias, quando "milhares dentre elas perecem a cada ano [...] o que não é nada preocupante":

> – Na minha maneira singela e comum de ver as coisas, costumava responder o tio Toby,
> – cada um desses casos é um caso de ASSASSINATO puro e simples, seja quem for que o cometa.
> – Aí está o teu engano , retrucaria meu pai, – pois, *in Foro Scientiae*, não há coisa como ASSASSINATO, há apenas MORTE, irmão.
> Meu tio Toby jamais dava resposta a isso com qualquer outro tipo de argumento que não fosse assobiar meia dúzia de compassos de "Lillabullero". Deveis saber que era o canal costumeiro por que suas paixões tinham escoadouro, quando alguma coisa o chocava ou surpreendia; – especialmente quando lhe ofereciam algo que ele reputasse absurdo. [...] Pelo presente, eu portanto ordeno e rigorosamente determino que ele fique conhecido e distinguido pelo nome e título de *Argumentum Fistulatorium*, e por nenhum outro. (Sterne, 2022 [1975]: 121-122)

"Lillabullero" é uma célebre marcha irlandesa. A *fistula* é uma flauta pan (Gaffiot, [1934], art. *Fistula*). O comportamento do tio Toby corresponde exatamente à expressão francesa *faire fi*; *bufar* em português; dizer *pfff!*, que se prolonga naturalmente num leve assovio "denotando um comportamento indiferente e insolente" (*TLFi*, art. *Siffloter*); ver **Destruição do discurso**.

*Origem desses rótulos* – algumas dessas denominações foram definidas e utilizadas por Locke e por Bentham, ver **Tipologias (II)**.

Locke definiu os argumentos

| | | | |
|---|---|---|---|
| *ad hominem* | *ad verecundiam* | *ad ignorantiam* | *ad judicium* |

Bentham definiu os argumentos:

| | | | |
|---|---|---|---|
| *ad verecundiam* | *ad quietem* | *ad amicitiam* | *ad imaginationem* |
| *ad superstitionem* | *ad socordiam* | *ad odium* | *ad superbiam* |
| *ad ignorantiam* | *ad judicium* | *ad metum* | *ad invidiam* |

*Subfamílias de argumentos em* ad – esses argumentos são muito diversos. Pode-se propor alguns reagrupamentos em função de seu conteúdo semântico:

(i) Argumentos subjetivos ligados aos *afetos*, às emoções, frequentemente via interesses positivos (recompensas) ou negativos (ameaças):

| | |
|---|---|
| *ad passionem* | *ad odium* |
| *ad invidiam* | *ad amicitiam* |
| *ad misericordiam* | *ad superbiam* |
| *ad quietem* | *ad metum (ad carcerem, ad baculum, ad fulmen, ad crumenam)* |

As seguintes formas têm um componente emocional:

| | |
|---|---|
| *ad captandum vulgus* | *ad novitatem* |
| *ad populum* | *ad ludicrum* |
| *ad numerum* | *ad personam* |
| *ad verecundiam* | |

(ii) Argumentos que fazem apelo a um *sistema limitado de crenças*, a crenças pessoais, não universais, contestáveis...

| | |
|---|---|
| *ad imagintionem* | *ad incommodum* |
| *ad superstitionem* | *ad ignoratiam* |
| *ad fidem* | *ad consequentiam* |
| *ad socordiam* | *ad hominem* |
| *ad vertiginem* | |

(iii) Argumentos que tratam do fundamento de uma questão:

| | |
|---|---|
| *ad iudicium* | *ad rem* |

As categorias (i) e (ii) agrupam argumentos frequentemente considerados como falaciosos, na medida em que eles exprimem a subjetividade do argumentador. Em outras palavras, elas são o reflexo, na teoria da argumentação, dos componentes etóticos e patêmicos da retórica, ver **Pessoa**; *Ethos*; *Pathos*; **Emoções**.

(A.L.T.C.)

# ▪ Argumentos em *e* (ou *ex*): argumento *ex concesso*

A preposição latina *ex* ou *e* (jamais *e* diante de vogal) introduz, em latim clássico, um complemento do nome no ablativo. Ela significa "tirado de"; no caso das construções que nos interessam, o complemento indica, então, a substância, no sentido abstrato, do que é feito um argumento.

**Lista dos argumentos em _e_ (ou _ex_)**

| Nome do argumento em latim _argumentum –_ | Termo latino, tradução para o português – equivalente em inglês, verbete(s) correspondente(s) |
|---|---|
| _ex datis_ | lat. _datum_, "presente" – ing. _from the facts; from what is accepted by the audience_ (ver **Ex datis**) |
| _ex notatione_ | lat. _notatio_, "marcar com um sinal" – ing. _arg. from the structure or meaning of a word_ (ver **Sentido original da palavra**) |
| _ex silentio_ | lat. _silentium_, "silêncio" – ing. _arg. from silence_ (ver **Silêncio**) |
| _ex concesso_ (pl. _ex concessis_) _e concessu gentium_ | lat. _concedere_, "ceder, conceder, adotar a opinião de" – ing. _arg. from the consensus of the nations; from traditional wisdom_ (ver **Crenças do auditório**) |
| _e contrario_ (geralmente: _a contrario_) | lat. _contrarius_, "contrário" – ing. arg. _from the contrary_ (ver **A contrario**) |

Como os argumentos em _ab_ e em _ad_, os argumentos em _ex_ não designam uma categoria específica de argumentos, que se poderia ligar seja a uma mesma raiz semântica, seja a um mesmo tipo formal.

(A.M.S.C.)

# ▪ Assentimento

Perelman e Olbrechts-Tyteca conduzem a discussão dos efeitos da argumentação com base na oposição entre _persuadir_ e _convencer_, entretanto a definição funcional da argumentação proposta na abertura do _Tratado_ não utiliza esses termos, mas fala de _adesão dos espíritos_ e de _assentimento_ (anuência). A argumentação é vista aí como uma atividade dupla, que visa "provocar ou aumentar a adesão dos espíritos às teses que se lhes apresentam ao assentimento" (1999 [1958]: 4).

A palavra _assentimento_ lembra o título da obra de John Henry Newman, _Ensaio a favor de uma gramática do assentimento_ (2005 [1870]). A noção de assentimento tem relação com a teoria estoica do conhecimento, em que é definida como um ato voluntário da alma que se produz todas as vezes que recebe uma impressão verdadeira, o que supõe uma harmonia entre a vontade e a verdade: "a alma quer o verdadeiro", a verdade é _index sui_, sua própria marca: a marca da impressão verdadeira é o assentimento que se atribui a ela.

O ceticismo rejeita essa harmonia entre representação verdadeira e assentimento; o verdadeiro não é capaz de se autocertificar, o que quer dizer que se pode dar assentimento a representações falsas. A suspensão ou a abstenção do assentimento está no fundamento do método cético que permite obter a tranquilidade (_ataraxie_).

> Assim, a conduta cética é chamada de investigativa pela atividade de investigar e de examinar, de suspensiva pela afecção advinda ao examinador após a investigação, de aporética por sobretudo suscitar aporias e investigar, como alguns dizem, ou por não ter instrumentos para assentir ou rejeitar [algo], e de Pirrônico por parecer-nos Pirro ter se aplicado mais carnal e claramente ao ceticismo. (Sextus Empiricus, _Esb._ I, 2, 7: 55)

O assentimento pode ser concedido ou recusado por um ato da vontade:

> Para mim, estou convencido de que a mais enérgica das ações é lutar contra as sensações, resistir às conjeturas, conservar seu julgamento [*assensus*] na linha da afirmação. Concordo com Clitômaco que Carnéades realiza um verdadeiro trabalho de Hércules expurgando nosso espírito de um monstro dos mais terríveis, quero dizer da afirmação [*assenssus*] que precede a luz e é fruto da irreflexão. (Cícero, *Pr. Ac.*, 34)

O ceticismo caracteriza a situação argumentativa pelo confronto de dois discursos *de força igual* (*equipolentes*), mas antiorientados, o que impõe uma *suspensão do assentimento*; ver **Força**.

A linguagem corrente trata o assentimento como uma ação: pode-se *dar* ou *suspender* seu assentimento, como se pode dar ou suspender sua concordância ou sua autorização. Do ponto de vista retórico, a intervenção do assentimento problematiza a recepção do ato de persuasão atribuindo certa atividade ao auditório destinatário. Nesse sentido, quando alguém *se deixa* persuadir, *dá* seu assentimento. Isso restabelece um pouco o equilíbrio entre orador e auditório: à *intenção de persuadir* do primeiro corresponde à capacidade do segundo *em conceder ou não seu assentimento*. Há uma recusa em assentir – em opinar – que é perfeitamente racional. A suspensão do assentimento instaura o estado de dúvida que é definidor da posição do terceiro; ver **Papéis argumentativos**; **Dúvida**.

O assentimento concedido a uma proposição comporta graus, à medida que se passa da opinião à crença e ao saber:

- o grau mais fraco corresponde à *opinião*, definida como uma crença acompanhada da consciência de que existem outras opiniões igualmente válidas: "a opinião se distinguirá da crença somente pelo fato de que, diferentemente da crença, a opinião tem consciência de sua própria insuficiência" (Kant, apud Gil, 1988:17);
- o grau intermediário é o da *crença*, considerando-se que existem outros discursos, considerados como não falsos, mas menos válidos, carentes de verdade;
- o mais forte é a *convicção*; a pessoa convencida considera que a proposição à qual ela adere é verdadeira, e que os discursos que se opõem a essa proposição são perversos, falsos, alienados.

De acordo com a teoria de Perelman e Olbrechts-Tyteca, *persuadir* produz a opinião, uma crença particular, enquanto *convencer* produz uma crença geral, produzindo um tipo de saber; ver **Persuasão**; **Persuadir, convencer**.

(A.M.S.C.)

## ▪ Associação ▸ Dissociação

## ▪ Assunto em questão, arg.

❖ Encontramos a denominação latina *pro subjecta materia*: lat. *subjectus*, "submetido, apresentado", *materia* "tema, assunto"; argumento "segundo o caso, o sujeito concernido, segundo a matéria tratada". Ingl. *arg. of the subject matter*.

O argumento da *matéria da lei* ou do *tema em discussão* (*pro subjecta materia*) exige que o texto da lei ou do regulamento não seja interpretado de forma absoluta, mas em função do assunto tratado; ver **Tópica jurídica**.

No caso seguinte, a interpretação *pro subjecta materia* exige que se redefina a expressão *território inteiramente coberto de neve* como significando "lugar onde a camada de neve é suficiente para que se possa seguir a caça pelo rastro", pois a matéria da lei ali é a *proteção da caça*. O sentido seria totalmente outro se a *materia subjecta* fosse, por exemplo, a regulamentação do esqui fora da pista.

> O que entendemos por estas palavras, "território inteiramente coberto de neve"? Se interpretássemos essa condição literalmente, a suspensão da caça no período da neve praticamente não poderia produzir nenhum resultado. [...] O objetivo, a que nos propusemos, é prevenir a matança – mas essa matança não é evitada se eu caço fora da floresta, nos terrenos onde eu posso perseguir a caça por seu rastro, ainda que as terras vizinhas estejam desprovidas de neve.
>
> Pouco importa, então, que a neve esteja derretida em uma superfície de cem hectares de rochas ou em terrenos pantanosos, se eu caço na neve em um terreno vizinho que ainda esteja coberto.
>
> Talvez seja verdade, na hipótese aqui aventada, que o objetivo da proibição seria frustrado, se pudéssemos admitir uma interpretação contrária – evidentemente; de imediato, é preciso se render à nossa opinião, pois a palavra *inteiramente*, aqui empregada, é de aplicação impossível – forçoso é atribuir-lhe apenas o sentido e a compreensão que ela comporta *pro subjecta materia*.
>
> Assim eu penso que há delito todas as vezes que formos pegos caçando, fora da floresta, nos terrenos cobertos de neve, se estivermos perseguindo a caça pelo rastro. (Bonjean, 1816: 68-69)

O tema em discussão (*materia subjecta*) é determinado em referência à *intenção do legislador*, que é proteger a caça. Pode ser que a matéria seja indicada por uma rubrica, logo o argumento da *matéria da lei* corresponde ao argumento *a rubrica*; ver **Intenção do legislador**; *A rubrica*; **Pertinência**.

(S.L.C.)

# ▪ Ataque pessoal

> ❖ Lat. argumento *ad personam*; o substantivo latino *persona* designa a máscara do ator, que corresponde a seu papel, e não à identidade pessoal do indivíduo. Inversamente, na expressão *ataque ad personam*, a palavra *pessoa* remete àquilo que sustenta a dignidade humana e às proibições que protegem o indivíduo, o ser humano único.

O ataque pessoal contra o adversário às vezes é chamado de *ataque ad personam*, distinto do ataque *ad hominem*; ver ***Ad hominem.***

A refutação propriamente dita incide sobre as posições tomadas pelo adversário, enquanto o ataque pessoal é uma estratégia de evitamento metonímico das posições do adversário. Nesse sentido, para eliminar o que foi dito, desqualifica-se o locutor.

*Ataque aberto e coberto – o insulto* é a forma mais simples de ataque *ad personam*: *O senhor não passa de um mal-educado desonesto!* A deontologia da interação, e principalmente as regras de polidez, proíbem que se insulte o interlocutor, mesmo que seja um adversário; ver **Regras**; **Polidez argumentativa**. De modo geral, o ataque pessoal é uma maneira de *estragar o debate*. Ironizar sobre o adversário fora de propósito, fazer alusão a ele em termos negativos, pode contribuir para que ele perca seu sangue frio, embaralhe seu discurso, leve-o a colocar a si mesmo sobre o plano pessoal e a responder no mesmo tom, e o público ficará tentado a não apoiar nenhum dos pugilistas.

O ataque pessoal pode também se dar *sobre a vida privada* do adversário: se a expressão *Seria melhor se você tomasse conta de seus filhos!* for dita num debate político, a um adversário cujos filhos têm problemas, é um ataque pessoal que todo mundo reprova. Esse ataque pode ser feito de uma maneira mais sutil ao se introduzir a questão da política familiar no debate, destacando-se a necessidade para os pais de se ocupar prioritariamente de seus filhos; a opinião pública reconstituirá as premissas não ditas; ver **Entimema**.

*Graus de pertinência do ataque* – dependendo se está ou não ligado à questão em debate, o ataque pessoal é mais ou menos pertinente. Consideremos as descrições negativas do adversário feitas no âmbito da questão argumentativa *Deve-se intervir na Sildávia?*.

| Proponente: | – É preciso intervir na *Sildávia com urgência!* |
|---|---|
| Oponente: | 1. – *Pare com essas idiotices!* |
| | 2. – *Pobre imbecil manipulado pelas mídias!* |
| | 3. – *Pobre imbecil, há oito dias você era incapaz de localizar a Sildávia num mapa!* |

Nos casos (1) e (2), está-se diante de ataques gratuitos à pessoa, sem ligação com a questão argumentativa. Mas no caso (3), nada está claro; o oponente fornece um argumento que invalida o interlocutor, ao menos no contexto do presente debate. O ataque não é desprovido de pertinência. Seria preciso fazer uma diferença entre *tratar* alguém de imbecil e chamar um imbecil de *imbecil*, mas isso não é possível, pois todos os que insultam dirão que estão apenas se limitando a descrever o insultado; daí a proibição geral do insulto, em qualquer circunstância.

(A.M.S.C.)

■ **Auditório ▶ Orador**

■ **Autofagia ▶ Retorsão**

■ **Autoridade, arg.**

### AUCTORITAS

Este termo, e igualmente certos elementos da problemática da autoridade, vem do latim. A etimologia da palavra *autoridade* foi estabelecida por Benveniste (1969): essa palavra vem do latim *augere*, que, na língua clássica significa "aumentar". *Auctor, auctoritas* não são formados a partir do sentido clássico, mas a partir do sentido primeiro de *augeo*: "Claro está que *auctor* é o nome de agente de *augeo*, usualmente traduzido por 'acrescentar, aumentar'" (Benveniste, 1995 [1969]: 151); *augeo* é a primeira pessoa do singular do presente do indicativo de *augere*:

> No próprio latim, ao lado de *auctor*, temos um antigo neutro masculinizado *augur*, o nome de "áugure", com seu derivado *augustus*, que formam um grupo distinto. Vê-se a importância desse grupo de palavras. Elas pertencem à esfera política e à esfera religiosa, e se cindiram em vários subgrupos: o de *augeo*, o de *auctor*, o de *augur* [...] A raiz *aug-* em indo-iraniano designa a "força" [...] a "força dos deuses" [...] "dotado de força" é uma qualificação quase exclusivamente divina. Isso já indica um poder da natureza e eficácia particulares, um atributo dos deuses. (Benveniste, 1995 [1969]: 151)

Acerca da palavra pronunciada com *auctoritas*:

> O sentido primeiro de *augeo* é retomado por intermédio de *auctor* em *auctoritas*. Toda palavra pronunciada com a *autoridade* determina uma mudança no mundo, cria alguma coisa; essa qualidade misteriosa é que exprime *augeo*, o poder que faz surgir as plantas, que dá vida a uma lei. Aquele que é *auctor*, que promove, apenas ele é dotado dessa qualidade [...] Vê-se que "aumentar" é um sentido secundário e enfraquecido de *augeo*. Valores obscuros e poderosos permanecem nessa *auctoritas*, esse dom, reservado a poucos homens, de fazer surgir alguma coisa e – ao pé da letra – de trazer à vida. (Benveniste, 1995 [1969]: 152)

Ellul descreve assim o exercício institucional da *auctoritas* :

> A *auctoritas* é a qualidade do *auctor*. Este dá seu apoio, sua aprovação ao ato executado por outra pessoa. É provável que, no começo, se tratasse de um ato de direito sagrado: um indivíduo produz o ato jurídico, e outro torna este ato válido, por sua intervenção que manifesta a concordância dos deuses. (Ellul [1961]: 248-249)

A *auctoritas* é propriedade do pai, do sacerdote, do juiz; ela dá uma base comum à vida familiar, religiosa e jurídica:

> A *auctoritas* aparece como a autoridade de uma pessoa que serve de fundamento a um ato jurídico. Este só tem valor e eficácia pela *auctoritas*. [...] O *pater* dá sua *auctoritas* ao casamento de seu filho. Na vida religiosa, a *auctoritas* do sacerdote delimita o domínio do sagrado e traça a fronteira do profano. Na vida jurídica, a *auctoritas* delimita o domínio do legítimo, separando-o do que não é de direito. (Ellul [1961]: 248-249)

Falar de argumento de autoridade não tem muito sentido numa tal visão das coisas, visto que *o auctor* não baseia seu dizer numa realidade, mas cria a realidade pelo seu dizer.

Os empregos latinos, que deram origem aos empregos do francês (diferente do uso em português), têm tudo a ver com o sentido fundacional de *autoridade*. O francês distendeu o elo *autor–autoridade;* um autor pode não ter nenhuma autoridade, e o detentor de uma autoridade não é forçosamente um autor. Com *autoritário e autoritarismo*, desenvolveu-se, em francês, uma linha lexical que estigmatiza a autoridade.

O conceito de autoridade é redefinido e discutido em todos os campos das ciências humanas, em relação com a ideia de submissão e em oposição à ideia de liberdade. Importantes estudos sobre o tema da autoridade, do poder e do totalitarismo marcaram o último século: em Psicologia, particularmente depois das retumbantes experiências de

Stanley Milgram sobre a "submissão à autoridade" (1974); em Filosofia, com o estudo da "personalidade autoritária" de Theodor Adorno ([1950]), ou o estudo do "sistema totalitário" de Hannah Arendt ([1951], 1972); ou em Sociologia com Max Weber ([1921]), cujas distinções entre as diferentes fontes de autoridade e de legitimidade passaram para o pensamento comum: autoridade tradicional, carismática e racional-legal. A problemática da autoridade remete o estudo do discurso a uma reflexão pluridisciplinar nos planos *epistêmico* (condições de aceitabilidade dos enunciados); no plano *da influência social* (gestão dos poderes do discurso); no plano *interpessoal* (manifestações e efeitos sobre a interação das posições de autoridade dos interactantes).

No campo da Retórica argumentativa, a noção de autoridade é abordada em sua relação com a palavra. O que é um apelo à autoridade? Como funciona o enunciado fundamentado em uma autoridade, evocando ou invocando uma autoridade? Quais são os tipos de respostas críticas suscitadas por este gênero de discurso? Na medida em que reivindica um apelo à razão e à livre reflexão, a argumentação é antitética à autoridade e à violência, mesmo que elas se justifiquem pela autoridade legal e legítima. Mas a palavra argumentada é uma palavra totalmente ambivalente: enquanto discurso de afirmação forte, pretende persuadir, agir sobre o espírito do outro, mudar suas representações em nome da razão, isto é, *exercer autoridade*; enquanto palavra crítica, ela *denuncia os discursos de autoridade* pronunciados sob a aparência da universalidade da razão e do consenso da comunidade.

Os estudos de argumentação raramente desenvolveram um pensamento próprio sobre a relação entre a palavra argumentativa e a autoridade enquanto exercício do poder e da violência, legítimos ou não: pôr a verdade ou a democracia das opiniões em primeiro plano não autoriza colocar entre parênteses esses dados fundamentais das sociedades humanas, ver **Acordos**; **Papéis argumentativos**; **Persuasão**. Invoca-se o ideal de persuasão e de consenso racionais servido pela argumentação, mas é preciso levar em conta o fato de que a decisão cabe ao poder legal enquanto tal.

## HETEROGENEIDADE DE AUTORIDADES E SEUS USOS ARGUMENTATIVOS

A autoridade está no fundamento do *topos* nº 11 da *Retórica* de Aristóteles, que define sua força da seguinte forma:

> Outro tópico obtém-se de um juízo sobre um caso idêntico, igual ou contrário, sobretudo se for um juízo de todos os homens e de todos os tempos; se não é de todos, pelo menos da maior parte; ou dos sábios, de todos, ou da maior parte; ou das pessoas de bem; ou ainda se os juízes se autojulgaram, ou aqueles cuja autoridade reconhecem os que julgam; ou aqueles a quem não se pode opor um juízo contrário, como, por exemplo, os que têm o poder soberano, ou aqueles a quem não convém opor um juízo contrário, como os deuses, o pais, ou os mestres. (Aristóteles, *Ret.*, II, 23, 1398b15-30)

Nota-se que o sentido da palavra *julgamento* evolui ao longo dos exemplos, do julgamento intelectual até o julgamento judiciário.

Com base nisso, as retóricas ulteriores enumeram as autoridades suscetíveis de serem chamadas para reforçar a posição de uma das partes. No domínio judiciário, a *Retórica a Herênio* propõe dez "fórmulas" (*topoi*) para "amplificar a acusação". "O primeiro lugar é tirado da autoridade, quando fazemos lembrar quanto cuidado os deuses imortais, os nossos ancestrais, os reis, os povos, as nações, os sábios e o Senado dispensaram à matéria, e, especialmente, como ela foi sancionada por lei" ([Cícero], *Her.*, II, 48). São autoridades suscetíveis de apoiar toda forma de discurso, bem distintas do precedente judiciário.

Quintiliano, para a mesma situação judiciária, considera como autorizadas as causas "que podem ser relatadas no caso de algo ter sido assim visto pelas nações, povos, homens sábios, cidadãos destacados e poetas famosos. De fato, nem mesmo o que foi dito pelo povo e aceito pela convicção popular permaneceria sem utilidade" (Quintiliano, *Inst.*, V, II, 36-37). Esse conjunto das autoridades será largamente retomado, com alguns ajustes. "Deuses", por exemplo, deve ser empregado no singular:

- autoridade dos Livros, da tradição, dos ancestrais (*ad antiquitatem*); o argumento do progresso se opõe a esta forma de autoridade.
- versos célebres, provérbios, fábulas, parábolas...; ver **Exemplum**.
- chineses, americanos...
- autoridade das mídias, dos profissionais, dos intelectuais, dos professores...
- verdades saídas das bocas das crianças, de ricos, de pobres, de camponeses do Danúbio...; ver **Riqueza e pobreza**.
- autoridade da maioria, prestígio do consenso majoritário, de um grupo particular...; ver **Consenso – Dissenso**; *Doxa*.

Essas formas de autoridade são acumuláveis: a autoridade científica do mestre algumas vezes é matizada pela autoridade carismática do guru.

Nas nossas sociedades as *normas e os regulamentos* são uma fonte de autoridade essencial. As *regras do lugar*, onde a discussão é realizada, por vezes são informais, mas não há lugar de troca sem regra; ver **Regras**. As regras mais gerais são as *normas legais* do grupo social e as *normas internacionais* que podem dominá-las.

Podem-se distinguir as seguintes formas de apelo à autoridade:

- A autoridade *invocada é aquela* que é posta em prática no *argumento de autoridade*, em que certas formas são especificadas em função da natureza de sua fonte (*ad antiquitatem, ad numerum...*) (ver adiante).
- A autoridade pode também ser *autoatribuída*, encarnada e manifestada no discurso do orador; ver **Ethos**; **Modéstia**.

A autoridade do *testemunho é* sustentada pelo caráter e pela reputação da testemunha, e isso se relaciona com o seu *ethos*; ver **Testemunho**.

- A autoridade do *precedente* (*ab exemplo*) se baseia num julgamento anterior (em todos os sentidos da palavra *julgamento*). A causa pode também ter sido explicada por intermédio de uma fábula ou de uma parábola; ver **Precedente**; **Exemplo**; *Exemplum*.
- A *dialética* problematiza discursos sustentados por diversas formas de autoridade social; ver *Doxa*; **Dialética**.

# FORMAS DE AUTORIDADE LIGADAS À PALAVRA

## FAZER PELA PALAVRA

O locutor dispõe de uma "autoridade" incontestada sobre diferentes classes de enunciados. Segundo Austin [1962], o enunciado performativo é produtor da realidade que ele enuncia: promete-se ao dizer *eu prometo*. O locutor é literalmente *auctor* da realidade que ele cria, isto é, de sua promessa.

## ACREDITAR NA PALAVRA

Habitualmente não se precisa de argumentação para se fazer acreditar: basta dizer. Simplesmente se acredita na palavra do locutor. Se perguntamos *Que horas são?*, aceitamos a resposta sem procurar consultar diretamente o relógio do interlocutor. As afirmações referentes a estados interiores (*Estou me sentindo em boa forma hoje*) geralmente são recebidas sem problema, assim como as afirmações das pessoas supostamente detentoras de informações. Se *ter autoridade* significa "ter o poder de transmitir ao outro suas representações", tem-se ali a forma de autoridade mais especificamente associada à atividade linguística habitual, que está ligada à noção de preferência pelo acordo; ver **Acordo; Testemunho.**

## "FAZER FAZER" PELA PALAVRA: O PODER E A FORÇA

A autoridade, no sentido mais corrente do termo, tem a pretensão de ser obedecida. O princípio de autoridade como "fazer fazer" pretende, em sua forma radical, que a ordem seja obedecida em virtude de sua origem, sem que nenhuma justificativa necessariamente a acompanhe.

> Contexto: L detém o poder, meios de coerção, recompensa e sanção.
> L diz a O para fazer F.
> O faz F.

O ideal desta autoridade é agir para motivar o comportamento do outro. Se não se é especialmente sensível aos argumentos (*bonnes raisons*) do tirano nem a seu carisma, resta-lhe recorrer a dois célebres recursos: a punição e a recompensa; ver **Punições e recompensas**. A autoridade radical exige que a pessoa que recebe a ordem obedeça "como um cadáver" ("*perinde ac cadaver*", segundo a metáfora que Inácio de Loyola retoma para ilustrar a perfeição da virtude da obediência), isto é, como um puro instrumento, sem intervenção de seu livre exame e de sua própria vontade. Inversamente, a ordem fornece a justificativa da ação realizada: *recebi a ordem, só fiz obedecer*. Esta forma de autoridade é antinômica da filosofia da argumentação que universaliza a obrigatoriedade de justificativa.

A autoridade se democratiza quando suas capacidades de recorrer à força incidem sobre objetos precisos, codificados e conhecidos (pagar seus impostos), e quando suas possibilidades de sanção são enquadradas pela lei. A autoridade é a da *norma legal*, posta em ação no sistema judiciário. Seu exercício é sustentado pelo monopólio da *violência legal*. Esquematicamente:

Contexto: Existe um sistema de normas N. Uma dessas normas habilita um juiz a fazer aplicar tal sistema e lhe atribui os meios de coerção necessários à sua aplicação.
A pessoa I praticou a ação A.
O juiz avalia, no âmbito de um procedimento organizado segundo as prescrições de N, se A constitui ou não uma transgressão de uma norma.
O juiz ordena eventualmente a I de fazer P.
I faz P.

A ordem incide sobre o fazer, não sobre a crença. I faz P querendo ou não. Pode ser que alguém tenha sido convencido da justiça de seu castigo pelas boas razões que o juiz lhe deu, mas essa condição psicológica não é necessária. A deve somente *se dobrar* à decisão do juiz. Não se pode exigir de todo mundo que compartilhe a teoria do castigo redentor e concorde com sua condenação, mesmo democrática. A demanda que emana da autoridade, dispondo do poder e eventualmente da força, só pode alcançar o fazer: se o controlador da estrada de ferro me pede para mostrar o meu bilhete, eu acato; sua autoridade está inscrita no *regulamento* da SNCF;* minhas crenças e opiniões sobre a SNCF não são pertinentes.

A autoridade não pode obrigar alguém a *crer* em alguma coisa; mas se a crença se manifesta em palavras e comportamentos, *fazer fazer é*, por assim dizer, indiscernível do *fazer crer* (*Ajoelhem-se e acreditarão*).

## FAZER CRER PELA PALAVRA: O ARGUMENTO DE AUTORIDADE

Os estudos críticos da argumentação operam um *distinguo* na autoridade relativa ao *ethos*. Em primeiro lugar, rejeitam *a priori* como falacioso o componente carismático sedutor e, em segundo lugar, só retêm o componente experto; ver **Ethos**.

**Autoridade *invocada*** – O argumento de autoridade clássico explora uma das fontes da autoridade. Ele se baseia num mecanismo de citação e se esquematiza da seguinte maneira (cf. Hamblin 1970: 224 e seg.):

L:    – *A é uma autoridade. A diz que P; logo, P é verdadeiro.*

Ou, simplesmente, *A diz que P*, quando o contexto estabelece claramente que A é uma autoridade e que, além disso, o próprio L defende P ou uma posição coorientada por P. O exemplo prototípico que funda essa categoria é o de Pitágoras citado por seus discípulos: *Ele mesmo disse isso* (*ipse dixit!*); logo, é verdadeiro. É preciso lembrar que Pitágoras não tem nada a ver com isso. É o locutor que faz uso dele como de uma autoridade. A autoridade pode igualmente justificar *maneiras de fazer* como as crenças ou combinar as duas:

L:    – *O Mestre disse que a piedade é um vício.*
L:    – *É assim que se segura um garfo em Paris.*
L:    – *Eu nunca dou dinheiro aos sem-teto. Li num livro que isso não seria conveniente para eles.*

---

\*    N.T.: SNCF é a sigla que corresponde a "Société Nationale des Chemins de Fer", empresa responsável pelo serviço de transporte ferroviário na França.

*Autoridade autofundada e hétero-fundada* – no caso da autoridade mostrada, a fonte da autoridade é idêntica ao locutor. Ali temos uma autoridade "autoautorizada" ou *autofundada*. O que é dito é crível ou obedecido porque é tal pessoa que o diz; ver **Ethos**. No caso do argumento de autoridade clássico, o locutor legitima seu propósito ao referi-lo a uma fonte considerada legitimante, preexistente, diferente do locutor. Nesse caso, a autoridade é *hétero-fundada*, citada, e não mais mostrada. Há, então, heterogeneidade das fontes enunciativas, e não mais homogeneidade, como no caso precedente (autoridade *autofundada*). O estudo do funcionamento da autoridade no discurso se situa, assim, no âmbito mais geral da *retomada discursiva*.

*Autoridade evocada* – a análise da fundamentação de um discurso pela autoridade de outro discurso, que lhe é heterogênea, deve levar em conta o fato de que a citação nem sempre é direta e aberta. O locutor pode também proceder por alusão conotando um discurso "autorizado", dominante, prestigiado ou especializado. Se insiro em minhas palavras as expressões *formação discursiva, aparelho ideológico do estado; grande Outro...*, deixo entender minha concordância, ou minha conivência, com, respectivamente, o pensamento de Michel Foucault, de Althusser, de Lacan etc. Essas expressões conotam discursos que podem usufruir, e deixar de usufruir, de um certo prestígio.

A citação de uma autoridade em apoio a uma proposição tem uma ressonância etótica. Se, como diz o mensageiro Orestes, "todos os gregos vos falam por minha voz", o locutor faz mais do que citar: ele representa. Não é certo que a autocitação confira uma grande autoridade ao locutor, mas citar uma autoridade de prestígio é uma maneira de se construir um *ethos*; é falar pela voz do Mestre, fazer ouvir Sua voz, então, no final das contas, trata-se de *se identificar* com Ele e, por conseguinte, *reenquadrar a troca*.

A filosofia da argumentação privilegia um ideal popperiano de exposição à refutação: é perfeitamente legítimo argumentar pela autoridade se a argumentação é explicitada, se se sabe exatamente quem disse o quê. Essa exigência racional de explicitação opõe-se à estratégia retórica de construção de um *ethos* imponente, que procede pela incrustação da autoridade no discurso (pressuposição, implicitação), furtando-a assim à refutação.

## AVALIAR E CRITICAR A AUTORIDADE DE UM ESPECIALISTA

De um ponto de vista lógico-científico, um discurso é aceitável se reúne e articula, segundo procedimentos admitidos na comunidade concernente, proposições verdadeiras, para que delas se deduza uma proposição nova, verdadeira e interessante. Em argumentação, a aceitação de um ponto de vista é baseada na autoridade se esta repousa não no exame da conformidade do enunciado aos fatos em si, mas na confiança concedida à fonte e ao canal pelos quais a informação foi produzida e recebida. O argumento de autoridade corresponde à substituição da *prova ou exame diretos*, considerados como inacessíveis, custosos ou cansativos demais, por uma *prova periférica, indireta*. Seu uso se justifica cotidianamente por um princípio de economia, de divisão do trabalho, ou por um efeito de posição. Esse tipo de argumento funciona muito bem, racionalmente, como *argumento por padrão*, revisável quando se tiver acesso a informações mais amplas. A autoridade não impede que alguém ou algo seja contestado; ela estabelece, simplesmente, a incumbência do ônus da prova à pessoa que a contestar; ver **Dialética**.

O argumento de autoridade é, assim, uma forma de argumentação, pois expõe a autoridade que reivindica. Poder-se-ia opor *revestimento autoritário (étayage autoritaire)*, de um enunciado, sustentado pela posição sócio-discursiva do locutor a *argumento de autoridade*, hétero-fundado, em que a autoridade é claramente tematizada. Em outras palavras, o argumento de autoridade não é nem autoritário nem falacioso se é invocado para abrir o debate, mas passa a sê-lo se tem a pretensão de encerrá-lo; ver **Modéstia**.

*Os discursos contra a autoridade* – o método dos contradiscursos fornece um princípio de avaliação e de crítica aos argumentos de autoridade. A autoridade é vulnerável a contradiscursos do tipo seguinte, levando-se em conta a estrutura de autoridade da argumentação (L: – *A é uma autoridade, A diz que P; logo P*). Os contradiscursos são dirigidos:

(i) Contra a pessoa que argumenta pela autoridade, preservando o estatuto de autoridade da pessoa citada: *A autoridade A não está sendo interpretada corretamente; A não disse isto ou não quis dizer isto; P não é citada corretamente, foi retirada de seu contexto, foi reformulada, reorientada de maneira tendenciosa...*

(ii) Contra a autoridade citada:
- A não dispõe de nenhuma prova direta.
- Por aplicação do argumento *ad hominem* à fonte: P **é pouco** compatível, contraditória em relação a outras afirmações (ou prescrições) de A.
- Inversão da autoridade: A evoluiu a respeito deste ponto; há declarações e resultados mais recentes que não vão mais nesse sentido.
- A falou fora de seu domínio de competências; A não é experto no domínio preciso a que se ligam as tomadas de posição do tipo P.
- Não há consenso entre os especialistas: outros especialistas não dizem a mesma coisa.
- A não é um especialista, ele está ultrapassado, ele se engana, ele se deixa enganar; tem interesses, é manipulado, é pago para dizer o que diz, é vendido; resvala para o ataque pessoal (*ad personam*): A não é um especialista, mas um bufão.

Pode-se distinguir duas estratégias na relação com a autoridade: as argumentações que *estabelecem* uma autoridade e as argumentações que *exploram* a autoridade. Essa oposição tem um valor geral e se aplica igualmente ao caso das argumentações que estabelecem/ exploram uma relação causal ou uma definição. O primeiro discurso contra a autoridade gira em torno da exploração que se faz da autoridade, enquanto o segundo discurso tem a ver com a própria autoridade. Ocorre que o discurso (ii) contra a autoridade se baseia num discurso que define o que é a autoridade especialista legítima: *A fala em seu domínio de competência, domina a questão em debate, seu sistema é coerente, dispõe de provas diretas, todos os especialistas sérios estão de acordo com ele, ele já fez predições justas.*

(iii) Contra a pessoa que se dobra diante da autoridade – o enquadre dialogal convida a focalizar não mais sobre *o enunciado de autoridade*, mas sobre a *relação de autoridade*, isto é, a deslocar o problema da autoridade criticável do locutor para a *pusilanimidade do interlocutor*, não menos falaciosa. Locke fala de falácia de modéstia, *ad verecundiam*, para transferir a crítica da autoridade para aquele que aceita a autoridade; ver **Modéstia**.

(iv) Contra-argumentação – pode-se enfim opor a P argumentos de melhor qualidade, argumentos sobre o fundamento, tirados não da autoridade, mas da razão científica ou do saber histórico declarados por natureza superiores ao apelo à autoridade.

## USOS REFUTATIVOS DA AUTORIDADE

*Usos refutativos da autoridade positiva* – os parágrafos precedentes abordam a autoridade quando ela serve de apoio a uma afirmação. O apelo à autoridade também serve para a refutação quando sustenta uma afirmação contrária àquela que se quer refutar:

L1:     – *P!*

L2:     – *X diz o contrário, e ele é especialista no assunto!*

Se X **é** da mesma área que L1, a refutação ali empreendida mescla autoridade com o argumento *ad hominem*; ver **Ad hominem**. A autoridade positiva pode também ser utilizada para destruir não mais o conteúdo do que é dito, mas *a pretensão à autoridade* e, nesse sentido, a *competência* da pessoa que sustenta o discurso:

L1:     – *P!*

L2:     – *É exatamente isso que Perelman diz! E isso, sabe-se desde Aristóteles!*

*Autoridade negativa* – a autoridade negativa serve para a refutação do dizer no seguinte caso:

L1:     – *P!*

L2:     – *H diz exatamente a mesma coisa!*

H é uma pessoa, um partido rejeitado na comunidade de fala à qual pertencem L2, os terceiros (árbitros da troca) e possivelmente o próprio L1; H **é** uma antiautoridade. A ligação do enunciado à autoridade positiva é feita pelo proponente. Aqui, é o oponente que liga o enunciado que ele contesta à autoridade negativa. *Hitler* está no topo da categoria das pessoas das quais é impossível retomar os argumentos. Fala-se, inclusive, em *reductio ad Hitlerum* para designar esse caso de autoridade negativa, cuja invocação é suficiente para destruir qualquer possibilidade de argumentação pela autoridade.

No ano passado, a gente se lembra, os barões da indústria financeira ficaram incomodados por causa de uma leve crítica do presidente Obama. [...] E quanto à reação deles à proposta de suprimir um nicho fiscal que permitia realmente a alguns deles pagar poucos impostos, diante disso, Stephen Schwartzman, presidente do grupo Blackstone, comparou-a à invasão da Polônia por Hitler. (Paul Krugman, "Panic of the Plutocrats", *New York Times*, 10 out. 2011 – disponível em: http://www.nytimes.com/2011/10/10/opinion/panic-of-the-plutocrats.html?_r1&ref global-home. Acesso em: 20 set. 2013)

(A.M.S.C.)

## ▪ Avaliação e avaliador

De uma maneira geral, avaliar um discurso argumentativo é atribuir a esse discurso um "juízo de valor" positivo ou negativo justificado; ver **Valor**. A atividade de avaliação é uma atividade argumentativa que pode ser ela mesma tão falaciosa – ou bem fundamentada – quanto o julgamento que ela aprova ou condena.

### DIMENSÕES DA AVALIAÇÃO

*Escalas de avaliação* – a avaliação pode ser feita segundo diferentes dimensões. Isso quer dizer que a argumentação é avaliada em escalas de naturezas diferentes, por exemplo, a escala da *eficácia*: a melhor argumentação é aquela que melhor orienta seu alvo para a tese que ela defende ou a ação que preconiza; ou a escala da *validade* lógico-científica: as boas argumentações são deduções *válidas* que partem de premissas verdadeiras e que transmitem essa verdade à conclusão. Nesse segundo caso, argumentações não válidas são consideradas *falaciosas*.

Uma argumentação *eficaz* pode ser falaciosa. Na verdade, as argumentações eficazes são sistematicamente suspeitas de serem falaciosas. Reciprocamente, uma argumentação *válida* pode ser totalmente ineficaz: por exemplo, < P, portanto P > é uma inferência dedutiva válida que não tem nenhum poder de persuasão. É comum encontrarmos a forma < P, portanto (*paráfrase de* P) >, isto é, uma forma de tautologia: *Porque está atrasado, o trem não partirá na hora*. Essa sentença é ainda mais redundante porque sabemos que os trens não partem jamais antes da hora. Se a avaliação ali quer escapar da arbitrariedade, então é necessário precisar sua escala de referência, pôr em jogo critérios explícitos e aceitar se expor a críticas.

*Avaliação binária e avaliação gradual* – A avaliação pode ser *binária*, e a argumentação será aceita ou recusada, *boa ou ruim*; ou a avaliação pode ser *gradual*, isto é, ela será então situada em uma escala de qualidade como *mais ou menos* boa ou ruim.

- A avaliação binária classifica as argumentações em *válidas* e *não válidas*. Essa avaliação é aplicada segundo os critérios da lógica formal. Ela necessita da tradução, para uma linguagem lógica, da argumentação produzida em linguagem comum. É essa tradução da argumentação que é avaliada, exprimindo a essência, a caracterização lógica, sem que se perca de vista o discurso original; ver **Lógica Clássica (IV)**.
- A avaliação também pode classificar-se em termos de *grau de validade*. Essa abordagem gradual é adotada em particular no quadro da lógica informal. Quando ela se refere a argumentos-tipos, a avaliação permite concluir que tal tipo é válido em determinadas condições. Nesse tipo de classificação gradual, um conjunto das *questões críticas* delineiam as condições de validade de um argumento.

### A ACUSAÇÃO DE FALÁCIA

A imputação de falácia condena, rejeita, desqualifica o discurso de outrem. Trata-se de um procedimento acusatório, e todo acusado tem direito a sua defesa, em virtude do princípio *no execution without representation*. As discussões sobre o caráter falacioso ou não de uma argumentação são, em princípio, abertas e revisáveis. Essas discussões são argumentações normais, possivelmente elas mesmas falaciosas, podendo inclusive tornarem-se *corpora* suscetíveis a análises argumentativas.

*Quem avalia?* – Hamblin apresentou uma resposta a essa questão: o lógico não é o árbitro. Considerada a sua importância, citamos inicialmente esta passagem em inglês.

> Consider, now, the position of the onlooker and, particularly, that of the logician, who is interested in analysing and, perhaps, passing judgement on what transpires. If he says "Smith's premisses are true" or "Jones argument is invalid", he is taking part in the dialogue exactly as if he were a participant in it ; but, unless he is in fact engaged in a second-order dialogue with other onlookers, his formulation says no more than the formulation "I accept Smith's premisses" or "I disapprove of Jones's argument". Logicians are, of course, allowed to express their sentiments but there is something repugnant about the idea that Logic is a vehicle for the expression of the logician's own judgements of acceptance and rejection of statements and arguments. The logician does not stand above and outside practical argumentation or, necessarily, pass judgement on it. He is not a judge or a court of appeal, and there is no such judge or court: he is, at best, a trained advocate. It follows that it is not the logician's particular job to declare the truth of any statement or the validity of any argument.
>
> While we are using legal metaphor it might be worth while drawing an analogy from legal precedent. If a complaint is made by a member of some civil association such as a club or a public company, that the officials or management have failed to observe some of the association's rules or some part of its constitution, the courts will, in general, refuse to handle it. In effect the plaintiff will be told: "Take your complaint back to the association itself. You have all the powers you need to call public meetings, move rescission motions, vote the managers out of office. We shall intervene on your behalf only if there is an offence such as a fraud." The logician's attitude to actual argument should be something like this. (Hamblin, 1970: 244-245)

Tradução:

> Vejamos agora a posição do observador [*onlooker*], e mais precisamente a do lógico que se interessa pela análise e, talvez, pela avaliação do que se passa. Se o lógico diz "as premissas de Smith são verdadeiras" ou "a argumentação de Jones é inválida", ele se envolve no diálogo exatamente como se fosse um participante; mas, a menos que ele esteja engajado em um diálogo de segundo nível com outros participantes, sua formulação não diz nada além de "Eu aceito as premissas de Smith" ou "Eu não concordo com a argumentação de Jones". Os lógicos têm, evidentemente, o direito de expressar sua opinião, mas há algo de repugnante [*repugnant*] na ideia de que a lógica esteja a serviço de julgamentos de aceitação ou de rejeição de afirmações e de argumentações. O lógico não se situa nem fora nem acima da argumentação prática [*practical argumentation*], da qual ele não é necessariamente o avaliador. Ele não é nem juiz nem corte de apelação, simplesmente porque esse tipo de juiz ou de corte não existem. Ele é, no máximo, um advogado bem treinado. Segue-se daí que não cabe ao lógico se pronunciar sobre a verdade de uma afirmação [*statement*] nem sobre a validade de uma argumentação [*argument*].
>
> Uma vez que nós estamos utilizando uma metáfora jurídica, seria interessante fazer uma analogia com o que se passa no Direito. Se um membro de uma associação privada, por exemplo, um clube ou uma sociedade anônima, se queixa de que os responsáveis ou a administração não respeitaram tal regra ou tal disposição estatutária da associação, de modo geral o tribunal deixará essa contenda restrita ao reclamante e à administração envolvida. Na prática, será dito ao reclamante "Reclame na sua organização. Você tem todos os poderes necessários para convocar assembleias, instaurar procedimentos de anulação, votar moções de censura e destituir seus dirigentes. Nós só interviremos se houver uma infração, por exemplo, uma fraude". É com isso que deveria se parecer a atitude do lógico em face de argumentações autênticas [*actual argument*].

A acusação de discurso falacioso funciona em um nível meta-argumentativo e, como toda refutação, diz respeito a uma argumentação. Embora essa acusação não nos faça passar a um nível que transcende o diálogo, esse diagnóstico, que funciona como uma acusação, é parte integrante do jogo argumentativo. Dito de outro modo, a acusação *Essa argumentação é falaciosa* funciona como uma refutação comum, seja sustentada por um participante comum (que utilizaria o termo *falacioso* no sentido habitual), seja sustentada por um analista, que se comporta, então, como um participante. Nesse sentido, pode-se falar de um verdadeiro argumento ou de uma refutação *ad fallaciam*, por acusação de falácia.

Em uma carta a Schérer, o economista Léon Walras cita uma controvérsia opondo o próprio Schérer a Guéroult. Schérer refuta as teses de Guéroult:

> Eu tomo [...] seu estudo de 30 de dezembro [= o estudo de Schérer] a partir do ponto em que [...] o senhor aborda nitidamente e sem elucubrações as considerações mais gerais que concernem à divergência entre as opiniões dele [= as opiniões de Guéroult] e as suas [= Schérer].
>
> A perfectibilidade, o senhor diz, é uma ideia moderna, uma daquelas que melhor marcam a distância entre o mundo antigo e o novo mundo. Ela carrega nela mesma sua própria evidência, tanto que ela só tem como adversários alguns sofistas ou alguns misantropos. Ela passou no direito comum da inteligência. Não se deveria, no entanto, como o Sr. Guéroult parece fazer às vezes, confundir a perfectibilidade com a possibilidade da perfeição. Essa confusão não é simplesmente um jogo de palavras; para quem sabe compreender a complexidade das questões, ela marca o ponto de separação entre dois sistemas, o liberalismo e o socialismo. O socialismo, se visto a partir de sua essência, não é nada além de uma crença na perfeição possível da sociedade e o esforço para que isso se concretize.
>
> Deve-se reconhecer: eis o que está óbvio. O Sr. Guéroult e você [= Schérer], os senhores estão de acordo um com o outro até certo ponto. Aos olhos dos dois, a humanidade avança e não recua; a lei do desenvolvimento e da organização da sociedade é uma lei de progresso, e não de decadência. Para além desses limites, os senhores se separam: o senhor [= Schérer] pensa que a sociedade é meramente perfectível, o Sr. Guéroult estima, por sua vez, que a sociedade, cedo ou tarde, será perfeita. O senhor é liberal, já o Sr. Guéroult é socialista. Perfectibilidade ou perfeição, liberalismo ou socialismo, tal é a alternativa e a questão que se apresentam. (Walras [1863], 1896: 4)

Schérer afirma que Guéroult conclui que é possível ir do *perfectível* (ponto de acordo entre os dois) ao *perfeito* (ponto de desacordo entre eles). Trata-se, tipicamente ali, de uma falácia de derivação; ver **Derivados ou palavras derivadas**. Estamos no domínio do paralogismo, não do sofisma: Schérer não suspeita de que Guéroult tenha intenção de enganar, mas simplesmente de estar errado. Essa crítica não é dirigida de um ponto de vista exterior, o qual, para simplificar, poderíamos chamar de ponto de vista do linguista (que zelaria pelo uso correto das derivações lexicais) ou do lógico (que circunscreve a linguagem à boa designação do conceito e à transmissão correta da verdade); a crítica é, não obstante, dirigida da parte de um adversário político. A acusação de paralogismo é aqui tomada no próprio debate argumentativo e não depende de nenhum balizamento linguístico ou conceitual. Ela tem seu sentido no momento do debate *Liberalismo ou socialismo?*. Essa observação *não* significa *de maneira alguma* que a crítica de Schérer é infundada: ainda que Schérer pretenda falar em nome do verdadeiro, isso não implica que ele diga o falso.

## POR UM *LAISSEZ FAIRE* EM ARGUMENTAÇÃO

A argumentação cotidiana se realiza em um domínio específico, entre pessoas que formam aquilo que Hamblin chama de "uma associação civil" (*a civil association*). Nesse domínio, o lógico, enquanto tal, não tem a competência necessária. Ele pode muito bem tê-la por outra via, por exemplo, enquanto cidadão consciente e responsável. No entanto, se ele a exerce em nome de sua profissão de lógico, passa a haver ali uma confusão – um problema de deontologia – e que exige uma "tomada de consciência": mudamos de patamar, não se trata mais de uma análise do debate, mas de uma intervenção no debate que pretendemos analisar. A acusação de falácia pode ser analisada como uma estratégia de refutação entre outras. Essa observação está no fundamento do "liberalismo crítico", isto é, do *laissez faire*, em argumentação.

Como avaliar, então, uma argumentação? A perspectiva interacional-dialogal leva em consideração a objeção de Hamblin e considera, de fato, que a avaliação das argumentações está atrelada a uma "*civil association*" dos argumentadores interessados na resolução da questão. O objeto de análise dos dados a serem examinados são os discursos contraditórios desenvolvidos em torno de uma questão argumentativa. Esse *corpus* de teor argumentativo engloba as intervenções *pro*, assim como as intervenções *contra*. Nesse sentido, um *corpus* constituído de uma única intervenção tomada ao acaso é insuficiente. Em consequência, as modalidades da avaliação podem ser documentadas empiricamente, em três níveis. Esquematicamente, temos:

- *Descrição das práticas de avaliação "em ato" (não tematizadas)*: concessões, objeções, refutações e contradiscursos.
- *Emergência de uma metalinguagem crítica da argumentação*: nesse nível, analisa-se notadamente como são apresentadas as acusações de falácia, ou de amálgama, de processo de intenção, de argumentação passional etc. (Doury, 2000; Vié-Largier, 2005).
- *Avaliações de grupos distintos*: esse nível (que inclui o da especialização científica) é o último nível da avaliação. Cabe aos cientistas avaliar as falácias de seus colegas; aos historiadores, avaliar as falácias dos historiadores (Fisher, 1970); e aos professores, mas também aos alunos, cabe apreciar os argumentos dos alunos. É nesse nível que a avaliação é frutífera. Evidentemente, essa atividade é uma atividade linguageira. Na medida em que a avaliação deve ser justificada, ela é uma argumentação como as outras cuja descrição pode constituir um objeto de estudo legítimo para a teoria da argumentação.

Em todos os níveis, o "lógico" pode, evidentemente, intervir, se sua presença é desejada. Sua função e sua postura deontológica é a de um "advogado bem treinado", como diz Hamblin. Ele pode, nesse sentido, avaliar todas as argumentações do mundo, sendo sua postura a de um avaliador participante, submetido a uma situação de dupla restrição, da qual a etnometodologia se propõe a descrever o paradoxo.

Como preconizava Guizot, *laissez faire, laissez aller* (deixe fazer, deixe ir). O discurso argumentativo é por essência crítico, e a avaliação é um processo de expansão e de aprofundamento argumentativo. Não existe um superavaliador capaz de interromper o processo crítico com uma avaliação definitiva e que possa deixar a todos sem palavras. Esse posicionamento é compatível com o programa que Marc Bloch propõe aos historiadores, isto é, *compreender, não julgar*.

(L.F.B.F.)

## ▪ Baliza argumentativa

Analisar uma argumentação é balizar um texto ou uma interação segundo três níveis principais:

1. Recortar as *sequências* e determinar se tal sequência é argumentativa.
2. Se a sequência for argumentativa, determinar quais são as diversas linhas argumentativas presentes e suas estruturas, precisando quais são o(s) *argumento(s)*, a(s) *conclusõe(s)*, mas também o estatuto que essas linhas reservam ao(s) *contradiscurso(s)*.
3. Determinar de que *tipo de argumentação* se trata.

A análise de uma sequência argumentativa, segundo os níveis precedentes, deve basear-se em critérios relativamente *objetivos*, isto é, estáveis e compartilháveis, mesmo que nem sempre sejam *decisivos*. Em outros termos, a análise de uma passagem argumentativa é uma atividade argumentativa cujas afirmações devem ser justificadas e criticadas. Em uma linguagem ideal, disporíamos de marcas, isto é, de elementos materiais, unívocos e unifuncionais, automaticamente localizáveis, que permitam análises como: "Presença da marca S: tal passagem é uma *sequência* argumentativa; presença da marca A: tal segmento é um *argumento*; presença da marca C: tal segmento é uma *conclusão*; presença da marca T: tal argumentação tem a ver com tal *tipo*".

A argumentação em linguagem natural não apresenta tais marcas. Aquelas que se podem distinguir são quase sistematicamente plurívocas e sua função propriamente argumentativa deve ser avaliada em função do contexto; do mesmo modo que o contexto designa tal marca como argumentativa, a marca designa tal contexto como argumentativo.

### DETERMINAÇÃO DA SEQUÊNCIA ARGUMENTATIVA: QUAL É A QUESTÃO?

Se postularmos que, sendo a língua argumentativa, tudo na fala é argumentativo, o problema de identificar o que é uma sequência argumentativa e o que é uma sequência de outro tipo não se coloca. Se postularmos que somente certas sequências de palavras são argumentativas, é preciso, em primeiro lugar, recortar o dado linguageiro macro (texto, interação) em sequências mais ou menos articuladas em torno de fronteiras mais ou menos delimitadas. Por exemplo, em uma interação em sala de aula distinguiremos a sequência *resolução de problema* da sequência *trabalhos e orientações para a lição seguinte*. Em uma reunião, distinguiremos a sequência *leitura da ordem do dia* da sequência *discussão e decisão sobre o primeiro ponto da ordem do dia*. Cada uma dessas sequências que se pode recortar num contexto macro é definida externamente por suas *fronteiras* e internamente por sua *estrutura* própria. Internamente, na forma oral, a sequência é definida por um tipo de atividade linguageira, um formato de interação, uma coerência semântico-temática, que, globalmente, definem um *princípio de completude* da sequência. O que é uma sequência completa depende do tipo de sequência selecionada: o princípio de completude da sequência *leitura da ordem do dia* não é o mesmo que o da sequência *discussão do ponto número três da ordem do dia*. Externamente, nas fronteiras da sequência, encontramos pontos de transição em que se notam mudanças de tema, fórmulas de fechamento e de abertura, assim como arranjos do formato de interação.

Determinamos em seguida se tal sequência é argumentativa e, para isso, procuramos ali manifestações de contendas, de contradições (explícitas ou não, tematizadas ou não) entre os dizeres respectivos dos participantes. Buscamos ainda saber que questão emerge dessas oposições – sabendo-se que questões e oposições se determinam mutuamente. No caso de um texto monologal, as mesmas relações se manifestam entre as vozes postas em cena. Com base nisso, caracteriza-se a passagem cujos contornos (abertura, fechamento etc.) estamos descrevendo para analisar, a partir da detecção de uma questão argumentativa que pode inclusive ter tido origem em episódios de situações argumentativas em outras circunstâncias. A questão argumentativa pode ter, desse modo, um longo histórico, e a sequência que estamos tentando descrever pode ser apenas um fragmento, isto é, um episódio dessa história maior, com ou sem perspectiva de se encerrar naquele momento, isto é, na interação sobre a qual estamos debruçados naquele momento.

## AS *LINHAS ARGUMENTATIVAS*:
## ALIANÇAS; ARGUMENTO(S), CONCLUSÕE(S); CONTRADISCURSO(S)

Uma sequência argumentativa é estruturada em subsequências de vários tipos. Quer se trate de um diálogo real ou encenado num texto, em que intervêm argumentações e contra-argumentações, é necessário atribuir a cada um o que lhe é devido, isto é, as posições que cada um ocupa. Uma vez determinada a natureza exata da oposição, observam-se os sistemas de aliança sobre essas posições, assim como a evolução das posições e das oposições.

Para cada uma das linhas argumentativas, a conclusão traz uma resposta à questão argumentativa que pode ser localizada ao se fazer a seguinte pergunta: *Qual(quais) resposta(s) a passagem traz a essa questão?*. Após identificação da conclusão, passa-se a olhar como o discurso circunjacente se articula a essa resposta, o que nos permitirá, após todo esse exercício, localizar *o* ou *os* argumentos. Nessas tarefas, pode-se recorrer aos *marcadores de função argumentativa* eventualmente presentes na passagem. Tais *marcadores são* um indício de que determinado segmento de texto é um argumento ou uma conclusão; ver **Marcador de argumento**.

Dentre os outros pontos pelos quais devemos nos interessar prioritariamente, podemos citar:

- a estrutura de cada uma das linhas argumentativas. Ali observaremos se elas fazem convergir para a conclusão diversos tipos de argumentos; se elas põem em funcionamento uma estratégia identificável; ver **Convergência**; **Ligação**; **Estratégia**.
- as estratégias de gestão do *contradiscurso*, cruciais para determinar o tipo de argumentatividade utilizado: retomada direta de outros discursos, evocações, reformulação etc.; ver **Destruição do discurso**; **Refutação**; **Objeção**.

A retórica clássica propõe uma excelente descrição de uma sequência argumentativa monogerida ou monolocutor, que se confunde com a da arte retórica: introdução, apresentação de si e da questão (argumentativamente orientadas); descrição dos lugares, descrição dos participantes, narração dos fatos (argumentativamente orientados); refutação da posição adversa; apresentação argumentada da posição própria, introdução de argumentos e reafirmação das conclusões (subsequência da argumentação propriamente dita); apelo à adesão ou à ação. Cada uma dessas funções tem seus próprios marcadores.

### TIPO DE ARGUMENTAÇÃO

O tipo de argumentação é dado pela natureza da lei de passagem (*topos*) posta em ação, implícita ou explicitamente, no texto. Para isso, procura-se ver se a passagem contém enunciados genéricos, que são sempre bons suportes para a afirmação de valores, de princípios ou de leis. De maneira geral, trata-se de estabelecer se existe uma relação de *paráfrase* aceitável entre um discurso tópico *genérico* independentemente definido e um discurso argumentativo *atual* (em termos clássicos, entre o *topos* e o *entimema*). Apresentamos um exemplo detalhado dessa correspondência quando falamos do argumento de desperdício; ver ***Topos***. A determinação do esquema tópico adequado depende, então, estreitamente do esquema concernente. Pode ser que um mesmo discurso argumentativo concreto seja passível de paráfrase a partir de diferentes esquemas tópicos; ver ***Topos***.

(A.M.S.C.)

## ▪ Caso a caso, arg.

A argumentação *caso a caso* se efetua em várias etapas:

- parte-se de uma questão do tipo: *O que aconteceu, o que pode acontecer?*;
- faz-se o inventário dos casos possíveis;
- procede-se ao exame sucessivo de cada um desses casos;
- este exame conduz à eliminação de todos os casos possíveis, exceto um;
- este último caso é declarado verdadeiro.

*Este dinheiro, ou você herdou, ou você ganhou com o seu trabalho, ou você o roubou.*

*Se você o ganhou com o seu trabalho ou se você o herdou, é fácil provar mostrando-nos os documentos que atestam isso.*

*Você não tem nenhum documento desse tipo?*

*Então você o roubou.*

O argumento *por divisão é outro* nome do argumento *caso a caso*:

> Tomemos o argumento por divisão, no qual se tira uma conclusão sobre o todo depois de se ter raciocinado sobre cada uma das partes. Assim se procurará mostrar que, não tendo o acusado agido, nem por ciúme, nem por ódio, nem por cupidez, não tinha nenhum motivo para matar. Este raciocínio lembra a divisão de uma superfície em partes: o que não se encontra em nenhuma das partes também não se encontra no espaço subdividido. (Perelman, 1992 [1977]: 69)

O rótulo *argumentação por divisão é, pois, homonímico: pode remeter seja* à argumentação por *composição e divisão*, seja à argumentação *caso a caso*; ver **Composição e divisão**.

*Refutação* – a argumentação caso a caso é perfeitamente concludente se abordarmos todos os casos. Refuta-se a argumentação caso a caso mostrando que a enumeração dos casos é incompleta:

> – *Este dinheiro, eu o ganhei na loteria, aqui está o bilhete vencedor!*
> – *O pneu furou porque tinha sido mal inflado, porque havia um buraco na estrada, porque o pneu tinha se chocado contra o buraco, porque o mecânico acabara de utilizar um maçarico para retirar um parafuso de roda (estava muito quente), porque o freio estava colado, porque tinha sido posto em contato com uma fonte de energia elétrica, porque o carro estava carregando peso demais, porque estava rodando a alta velocidade...*

*Definição e argumentação caso a caso* – uma ofensa como a heresia pode ser *definida* como uma falta de respeito *seja* para com os deuses, *seja* para com seus padres, *seja* para com seus santuários. Para acusar alguém de heresia, deve-se mostrar que ele faltou com respeito *ou* para com um, *ou* para com o outro, *ou* para com o terceiro. Para se livrar do crime de heresia, procede-se por divisão ou por caso, mostrando que não se fez nada de mal *nem* para com um, *nem* para com o outro, *nem* para com o terceiro, segundo Aristóteles (*Ret.*, II, 23, 1399a5). Essa forma ilustra a lei clássica da negação de uma disjunção:

< não (P ou Q ou R) > é equivalente a < não P & não-Q & não R >; ver **Lógica clássica (IV)**.

(A.M.S.C.)

# ▪ Categorização

Fala-se de *categorização* para indicar a operação que legitima a ligação de um indivíduo a uma categoria designada por um *nome*, quer esse nome seja um termo do léxico corrente ou um termo ligado a uma taxonomia cientificamente controlada. Seria possível, igualmente, falar de operação que funde *a nominação* ou a *designação*, para cobrir os aspectos cognitivos e linguísticos da atribuição de um nome a um indivíduo. O exemplo clássico apresentado no diagrama de Toulmin é um caso de categorização administrativa de um ser: o indivíduo Harry é categorizado como *cidadão britânico* com base no critério *ter nascido nas Bermudas*; ver **Diagrama de Toulmin**. O mecanismo da categorização constitui a primeira etapa de uma argumentação por definição; ver **Definição**. No contexto jurídico, a categorização corresponde à *qualificação* de um ato, operação essencial que determina as leis que lhe são aplicáveis; ver **Estase**.

### CATEGORIZAÇÃO POR TRAÇOS E POR ANALOGIA

A atribuição de um nome e de uma categoria a um ser é feita com base em *traços distintivos* ou numa *semelhança*. (Kleiber, 1990)

- *A categorização por traços distintivos essenciais* parte de uma definição que agrupa os traços que servem de critério, permitindo dizer se um ser particular entra ou não nessa categoria. Consideram-se um a um os critérios *essenciais* e verifica-se se o ser a categorizar os satisfaz; caso os satisfaça, ele pertence à categoria. A categorização pode basear-se num traço *anedótico* pertencente a um ser qualquer daquela categoria, por exemplo, a cor. Mas é preciso ficar atento, pois uma categoria pode ser inconsistente num conjunto: o pássaro é cinza, a nuvem é cinza; o pássaro é uma nuvem, a nuvem é um pássaro; ver **Analogia (III)**.
- *A categorização analógica* parte de uma *Gestalt*, de uma semelhança global do ser particular a categorizar com um elemento bem identificado da categoria em questão. O ser de referência para a categoria pode ser *qualquer um*: é pássaro tudo o que se assemelha *a outro pássaro* ou a um ser com fortes traços característicos da categoria, um *estereótipo* da categoria. Nesse sentido, é pássaro tudo o que

se assemelha a um pardal, pelo menos para os parisienses dos anos 1930. Nesse caso, todos os traços apresentados pelo estereótipo tendem a ser considerados como essenciais, definitórios da categoria; ver **Imitação, paradigma, modelo**.

O *modelo é o* elemento mais valorizado de uma categoria hierarquizada. Ele funciona como:

- elemento gerador da categoria;
- elemento mais representativo da categoria;
- norma e critério de avaliação dos membros da categoria;
- aquilo para o qual tendem todos os membros da categoria.

Pertence à categoria o que se assemelha ao modelo. A argumentação pelo modelo sustenta conclusões do tipo é *(não é) um bom (um verdadeiro) X* por meio de uma comparação entre o elemento a avaliar e o elemento de referência.

Na cultura clássica, a autoridade funda a doutrina da imitação e contribui para definir os gêneros literários, relacionando cada um deles a um modelo fundador: o gênero histórico a Tucídides; a fábula a Esopo e a La Fontaine; a argumentação a Aristóteles ou a Cícero, o romance vendido em banca de jornal a Guy des Cars etc.

*Categorização binária e categorização gradual* – a categorização baseada em traços distintivos essenciais tem por consequência que os predicados de categoria, como "ser um pássaro", são predicados *binários: um ser é ou não é um pássaro*. No caso em que, de maneira geral, a pertinência a uma categoria é feita por acumulação de traços aleatórios, os predicados de categoria são *gradativos*; *quanto mais* o acúmulo de traços é rico, *tanto mais* o ser é um pássaro. Do mesmo modo, o pássaro que se assemelha mais ao pássaro prototípico "*é mais pássaro*" que o outro. O pertencimento à categoria torna-se *gradual*. O paradigma é o que representa o pássaro prototípico. É o que a seguinte expressão juvenil representa: *Se você for além de X, sem chance!*, em outros termos, *Se você sair da categoria*.

*Erros de categorização?* – em *Alice no país das maravilhas*, a pomba parece categorizar Alice como uma serpente ("Serpente! Gritou a pomba"), com base no pescoço longo que percebeu. Esse traço (pescoço longo) evoca a serpente, o que faz a pomba temer por seus ovos. Além disso, Alice come ovos, traço que talvez seja irrelevante para a categorização dos seres, mas que reforça a conclusão da pomba; ver *A pari*. Do ponto de vista aristotélico, a pomba categoriza mal os seres; "ter um pescoço longo" não é nem uma diferença específica nem uma característica própria da serpente; a girafa, a garça... também são animais de pescoço longo. Mas não se pode afirmar com plena convicção que a pomba esteja de fato realizando um raciocínio por categorização ao considerar Alice como uma serpente. Do ponto de vista da pomba, o pescoço longo é um *indício* de periculosidade e é prudente exclamar *Serpente!* como se grita *Lobo!* para assinalar um perigo.

## TÉCNICA DE CATEGORIZAÇÃO

A categorização pode consistir em um simples julgamento voltado para um indivíduo (é um vigarista, isto se vê imediatam*ente*). A maior parte das designações não são necessariamente a conclusão de um exame cuidadoso dos critérios pertinentes, mas, em caso de dúvida, deve-se recorrer a tais critérios. A operação de categorização é aquela à qual se dedica o coletor de cogumelos que tem dúvidas sobre o produto que acaba de colher. É ainda aquela que o funcionário municipal elabora no momento de decidir se deve aceitar ou negar os benefícios sociais para a pessoa que está diante dele. Uma categorização bem-sucedida chega a conclusões como:

> Y é/não é um *marasmius oreades*, ou seja, um tipo de *champignon*.
> X é/não é o único provedor(a) responsável no sentido administrativo do termo.

Tais julgamentos são feitos com base em critérios colhidos na enciclopédia pertinente: o atlas dos champignons, num caso, ou o conjunto dos textos e decretos que definem a política social francesa de benefícios aos pais que proveem sozinhos suas famílias, no outro.

Na França, os provedores únicos de família são os que têm direito a receber benefícios da seguridade social e são definidos como: "pais que assumem sozinhos uma ou várias crianças, assim como as pessoas que foram levadas a acolhê-la". Ser "sozinho" é definido como: "ser viúvo, divorciado, separado ou solteiro que não vive maritalmente". O sentido de "pais" foi estendido às "mulheres grávidas e às pessoas que aceitaram acolher uma ou várias crianças" (informações retiradas do *site*: http://www.linternaute.com/pratique/famille/jeunes-enfants/73/l-allocation-parent-isole.html. Acesso em: 2007).

Quanto ao *cogumelo comestível*, o atlas dos *champignons* o descreve assim:

> [...] esguio, chapéu de 3 a 8 cm, com pé de 10 cm, mas com diâmetro no máximo de 5 mm, maleável, muito resistente, como seu pé que, sob a pressão dos dedos, continua rígido, mas maleável. O chapéu é plano e fino; a espécie tem o tom amarelado, um pouco avermelhado em tempo seco, em particular no alto do chapéu. (Montegut e Manuel, 1975)

Se o fruto colhido corresponde a essa descrição, é um cogumelo comestível. A categorização é operada por um conjunto de procedimentos diversificados, que explora os dados obtidos da definição por descrição, por extensão (reprodução de um cogumelo da espécie comestível) e, enfim, de definição operatória ("maleável... sob a pressão dos dedos"). Recorrendo-se à experiência, a percepção integrará a argumentação e corresponderá imediatamente à categorização: é então que, realmente, ver-se-á o *marasmius oreades*: *Olhe, os* champignons *ali!*

A importância da boa categorização é fundamental. O coletor de *champignons* se pergunta sobre a natureza exata da agaricácea que está contemplando; trata-se de um *cogumelo comestível* ou de um *cogumelo venenoso*? Para isto, ele deve dispor de critérios de identificação *diferenciais* que lhe são fornecidos por sua enciclopédia dos *champignons*.

> O bulbo do Amanita avermelhado é liso, sem saliência, inclinado em forma de nabo; o bulbo do Amanita pantera apresenta ao menos duas saliências brancas superpostas. (Montegut e Manuel, 1975).

## QUESTÃO DE CATEGORIZAÇÃO

A necessidade de uma argumentação para fundamentar uma categorização ocorre em casos em que a situação real não se enquadra totalmente nos critérios de categorização: um pai ou mãe *em vias de isolamento é assimilável a um pai ou mãe isolado?*

Atualmente estou separada de meu marido, que abandonou o domicílio conjugal para se juntar a outra mulher; nós vamos então fazer o necessário para o divórcio e, enquanto isso, eu vivo sozinha com minha filha.

Há estase ou conflito de categorização quando discurso e contradiscurso propõem duas categorizações incompatíveis para o mesmo acontecimento, a mesma ação, a mesma pessoa:

| | |
|---|---|
| L1_1: | – É um pobre coitado. |
| L2: | – *Não, é um vigarista.* |
| L1_2: | – *Não, é um pobre coitado, digno de pena.* |
| L1_1: | – *A Sildávia é agora uma grande democracia!* |
| L2_1: | – *Como você pode falar de democracia num país que não respeita os direitos das minorias?* |
| L1_2: | – *Como não, os direitos das minorias são reconhecidos lá!* |
| L3_1 (aliado de L1): | – *Tem um monte de democratas que não respeitam os direitos das minorias.* |

O ataque revela discursos definitórios, mais ou menos completos, que justificam o julgamento feito nos exemplos ilustrativos; ver **Analogia (III)**.

A legislação francesa prevê a atribuição automática da nacionalidade francesa às crianças nascidas na França de pais estrangeiros que aí residem (*grosso modo*). Essa legislação é suscetível de criar duas categorias de crianças em uma mesma família de pais estrangeiros que vieram para a França: por um lado, as "crianças nascidas na França" em oposição às "crianças nascidas no estrangeiro e que foram levadas por seus pais para outro país". Do ponto de vista da lei, a diferença específica, então, está no local de nascimento. Mas essa diferença pode cair em desuso, ou ser o objeto de uma contestação ativa. Pode-se contestá-la, refutando-a pelas consequências absurdas e que causam problemas sociais: ela cria um fosso entre os filhos nascidos em uma mesma família, com uma pequena diferença de idade, sob pretexto de que um nasceu no estrangeiro, e o outro, na França. O segundo pode obter a nacionalidade francesa em condições relativamente fáceis, enquanto as coisas serão muito mais difíceis para o mais velho, que poderá conviver com ameaça de expulsão.

Por conseguinte, pode-se querer substituir essa categoria por outra, por exemplo "ter vivido por muito tempo na França"; "ter sido educado em escola da República". Essa nova categoria permite argumentar *a pari*, por assimilação categorial com base nessa nova propriedade compartilhada: eles viveram na França por muito tempo tanto uns quanto os outros, eles foram educados, tanto uns quanto os outros, na escola da República, assim, a medida que permite a um tornar-se francês deve valer também para o outro; ver *A pari*. O que está em debate, então, é o caráter essencial ou não do critério adotado para a categorização. Se o que é essencial do ponto de vista ontológico está solidamente estabelecido na "natureza das coisas e dos seres" (ser um animal vivíparo), não é o caso para as categorias sócio-administrativas.

No fundo, é a escolha do gênero que condiciona a manobra: eu quero reivindicar a propriedade F. Tal categoria C de pessoas têm a propriedade F. Obrigatoriamente, eu posso achar uma propriedade que compartilho com os membros dessa categoria. Com base nessa propriedade, posso reivindicar o pertencimento à categoria C. Logo, beneficiar-me de F.

(A.M.S.C.)

## ▪ Causa

Na teoria da argumentação, utiliza-se a noção de "causa" em dois sentidos diferentes:

1. **Estados de causa** – a palavra *causa é tomada no sentido jurídico de* "caso", tipo de questão à qual o tribunal deve responder. Nesse sentido, a palavra não admite os derivados *causal, causalidade* etc.; ver **Estase; Questão.**
2. **Causa** – no processo de causalidade; ver **Causalidade; Pragmático;** *A priori, A posteriori.*

(A.M.S.C.)

## ▪ Causalidade (I)

### A RELAÇÃO CAUSAL E SUA EXPRESSÃO

A noção de causa tem um papel central na argumentação quotidiana, assim como na argumentação científica. A relação causal liga fatos, acontecimentos, fenômenos. A determinação da causa de um fenômeno fornece uma *explicação* desse fenômeno: *compreender* é perceber a posição de um acontecimento na rede de suas causas e efeitos. Nesse sentido, conhecendo suas causas, percebe-se o *porquê*, a *razão* das coisas.

A ideia de causa passa por uma noção primitiva, intuitivamente clara. Na prática, isso significa que a linguagem corrente oferece, para definir causa, noções igualmente complexas. Se considerarmos o campo dos sinônimos de *causa* proposto pelo dicionário francês *DES* (art. *Cause; Causer*), verifica-se que:

- a causa é *princípio, origem, base, fundamento; desencadeador, partida, motor; propulsor, fator; meio, ocasião, pretexto;*
- o humano agindo como causa é *agente, artesão, autor, criador, inspirador, instigador, promotor...*; seus *objetivos, finalidades, intenções, álibis, motivos velados e motivos declarados...* valem como causas;
- metaforicamente, a causa é pensada como uma *fagulha*, um *fermento*, um *germe*, uma *origem*, uma *semente*, uma *fonte*.

Relações de tipo causal são associadas a verbos muito gerais como:

- *trazer, atrair, conduzir, criar, dar, dar lugar a, estimular, fazer, formar, proporcionar, suscitar...*
- uma série de verbos e construções verbais é mais específica: *ser causa de, ter por efeito, estar na origem de, acarretar, criar, produzir, provocar, determinar...*

| 131 |

- a série *iluminar, engendrar, fazer nascer, desencadear, excitar, fomentar, inspirar, ocasionar, motivar, suscitar é* metafórica, orgânica e ligada a agentes humanos. Toda vez que uma sequência tematiza um desses termos, ela pode desenvolver uma relação de família causal.

Como a relação lógica de implicação, a relação causal é expressa por conjunções:

> *porque, visto que, posto que...*: Consequência + Relator + Causa;
> *logo; quando; se... então...*: Causa + Relator + Consequência:
> *Quando, se... aquecemos o ferro, ele se dilata.*

## CAUSA/PRECEDENTE/ANTECEDENTE

No mundo físico, a *causa* precede *o efeito*, mas acontecimentos se sucedem sem ter obrigatoriamente elo causal; preceder não significa causar. Distinguem-se as três séries, temporal, causal, lógica:

| | | |
|---|---|---|
| *série temporal* | anterior | posterior |
| *série causal* | causa | efeito, consequência |
| *série lógica* | antecedente | consequente, consequência |

A série temporal compreende três termos:

| anterior | concomitante | posterior |
|---|---|---|
| antes, anterior, precedente | durante | depois, ulterior |

A relação lógica implicativa liga um *antecedente* a um *consequente*. De maneira geral, as relações logico-matemáticas desenvolvem as *consequências de hipóteses* que podem ter a forma de postulados. Se o comprimento do lado do quadrado é dobrado, multiplica-se sua superfície por quatro: é uma *consequência*, ligada a uma *causa* que é uma *razão* matemática. O termo *consequência* se emprega assim para designar *o efeito* (ligado à causa) ou o *consequente* (ligado ao antecedente lógico):

> *Você está falando do nascimento dos deuses. Então você afirma que, em uma dada época, os deuses não existiam.*

Tem-se aqui não uma consequência *causal*, mas uma consequência *lógica*, isto é, que opera somente a partir dos recursos da linguagem; ver **Consequência; Inferência**.

## ARGUMENTAÇÕES, CAUSAS, EFEITOS; MOTIVOS VELADOS E MOTIVOS DECLARADOS

A terminologia dos argumentos que põe em jogo a causa é vaga. Distinguiremos, de um lado, a *construção* argumentativa do elo causal e, por outro lado, sua *exploração* argumentativa.

(i) A argumentação *que estabelece* uma relação causal, ou argumentação causal, permite estabelecer a existência de uma relação de causalidade entre dois fatos e eliminar as "falsas causas". A metodologia causal está no centro do pensamento aristotélico; ver **Causalidade (II)**.

(ii) As argumentações *que exploram* uma relação causal *pressupõem* a existência de uma relação causal. Neste segundo caso, distinguiremos:

- A argumentação *pela causa*, que "vasculha" a causa de um efeito. Baseia-se num fato-argumento ao qual é atribuído um estatuto de *causa*, para reconstruir seus *efeitos*; ver **Causalidade (III)**.
- A argumentação *pelas consequências ou pelos efeitos*, que "remonta" do efeito à causa. Baseia-se em um fato-argumento ao qual é atribuído um estatuto *de efeito*, para reconstruir sua *causa*; ver **Consequência**.
- A argumentação *pragmática* é uma forma de argumentação pelas consequências. Para tomar uma decisão (assimilada a uma causa), baseia-se em uma avaliação positiva ou negativa de suas consequências; ver **Pragmático**.
- Diferentes formas de argumentações *pelos motivos declarados e pelos motivos velados* alinham a relação "motivo velado-ato" sobre a relação "causa-efeito"; ver **Motivos velados e motivos declarados**.
- As argumentações *a priori* e *a posteriori*, *propter quid e quia*, assimilam, às vezes, consequência causal e dedução lógica; ver ***A priori, a posteriori***.

(A.M.S.C.)

# ▪ Causalidade (II): argumentação estabelecendo e refutando a existência de um elo causal

## ARGUMENTAÇÃO CAUSAL

*A argumentação causal* estabelece a existência de um elo causal entre dois tipos de fato. Constata-se, por um lado, que (1) a utilização dos pesticidas se intensifica e, por outro lado, que (2) as abelhas desapareçam. Existe uma relação causal entre esses dois fatos? Dito de outra forma, afirmações como as seguintes são verdadeiras?

> A utilização dos pesticidas *causa o desaparecimento* das abelhas.
> A utilização dos pesticidas *está fazendo com que desapareçam* as abelhas.
> Utilizam-se os pesticidas, *e* as abelhas desaparecem (com um subentendido causal).

Pode haver desacordo sobre tal conclusão, mesmo se houver acordo sobre os fatos considerados:

> *Os pesticidas são utilizados e as abelhas estão desaparecendo, de acordo. Mas...*

A investigação causal parte de um fato marcante, como *as abelhas estão desaparecendo, o clima está mudando*, de que se busca a causa. Em geral, vários fatos são evocados como causas possíveis, os quais funcionam como *explicações* do fenômeno. Chega-se, assim, a uma *estase de causalidade*, que se manifesta pelo confronto dessas duas hipóteses:

L1:  – É o *aumento da atividade solar que provoca a mudança climática.*

L2:  – É a emissão crescente *de gás de efeito estufa que provoca a mudança climática.*

Essas causas explicativas integram-se, por sua vez, a teorias mais vastas sobre o equilíbrio climático do globo terrestre. Por meio de tais afirmações causais locais, há concepções do mundo físico e social que se enfrentam.

A afirmação de uma relação causal se baseia então na montagem de experimentações e de observações cruciais. A determinação das causas se faz de acordo com uma metodologia que depende do domínio. A experimentação causal faz intervir a observação e a experiência cotidianas. Eu sofro de uma alergia. Qual é o alérgeno possível? Ontem eu fui à piscina e comi morangos. Ali temos dois candidatos possíveis ao estatuto de causa alergênica, os morangos ou os produtos de manutenção da piscina. Verificação: comer morangos e não tomar banho de piscina; nadar e não comer morangos. Se eu não tiver sorte, terei de aprofundar a pesquisa e recorrer a um especialista, que procederá fundamentalmente da mesma maneira. Se eu tiver sorte, a alergia se manifestará em um caso e não no outro, e então encontrarei o alérgeno. Como uma crise alérgica é indesejável, raciocino pragmaticamente pela consequência negativa e elimino a causa: esse tipo de narrativa é o relato de uma experimentação causal.

## REFUTAÇÃO DAS AFIRMAÇÕES CAUSAIS

Estabelecer corretamente uma relação causal é uma exigência fundamental, tanto no plano científico como no plano da vida quotidiana, quer o objetivo do discurso seja mostrar que existe uma relação causal entre dois fatos (*argumentação causal*), quer seja mostrar que tal relação é subjacente a uma argumentação que explore a causa (*argumentação pela causa e pelo efeito*).

O cuidado com a determinação correta da relação causal está na base do pensamento aristotélico. Há falácia causal (chamada *falsa causa*) quando uma relação causal é estabelecida entre dois fenômenos que não têm relação alguma. É uma falácia considerada por Aristóteles como *independente do discurso*, por vezes designada pelo nome latino *non causa pro causa*, "não causa" tomada como uma causa; ver **Falacioso (III)**.

*Fumar causa câncer*: rigorosamente, a existência positiva de tal relação não pode ser mostrada ou demonstrada; pode-se apenas considerá-la como um "resto", persistindo quando todas as outras possibilidades foram excluídas. A imputação causal é sujeita a revisão. Para poder afirmar que tal relação entre dois fatos é efetivamente de tipo causal, é preciso responder ao discurso "contra a existência de uma relação de causalidade", cujas características principais são as seguintes:

(i) O pretenso efeito não existe – os fatos não estão claramente estabelecidos: refuta-se a afirmação causal *o emprego de pesticidas é a causa do desaparecimento das abelhas* mostrando-se que as abelhas desapareceram talvez de uma zona, mas que na escala da região, há sempre a mesma quantidade. Nesse sentido, elas não desapareceram, mas se mudaram. É o famoso caso do dente de ouro, contado por Fontenelle na obra *Histoire des oracles* [História dos oráculos] (1686). Ali se procura a causa de um efeito que não existe:

Asseguremo-nos bem do fato, antes de nos inquietarmos com a causa. É verdade que esse método é bem lento para a maioria das pessoas, que correm naturalmente para a causa, e passam por cima da verdade do fato; mas, enfim, evitaremos o ridículo de ter encontrado a causa do que não existe. Essa contrariedade aconteceu divertidamente no final do século passado com alguns sábios da Alemanha, que não posso deixar de falar aqui. Em 1593, correu o boato de que tendo caído os dentes de um menino da Silésia, com a idade de sete anos, nasceu um de ouro, no lugar de um de seus dentes. Horstius, professor de medicina na universidade de Helmstad, escreveu, em 1595, a história deste dente e declarou que ele era em parte natural, em parte miraculoso, e que tinha sido enviado por Deus a essa criança para consolar os cristãos atacados pelos turcos. Imaginem o consolo e a relação que foi criada entre esse dente e os cristãos, nem tanto para os turcos. Neste mesmo ano a fim de que esse dente de ouro não fosse esquecido pelos historiadores, Rullandus escreveu de novo a história. Dois anos depois, Ingolsteterus, outro sábio, escreve contra o sentimento que Rullandus tinha sobre o dente de ouro; e Rullandus responde com uma bela e douta réplica. Outro grande homem, chamado Libavius, recolhe tudo o que tinha sido dito sobre o dente e acrescenta seu sentimento particular. Não faltava mais nada a tantas belas obras, senão que fosse verdade que o dente era de ouro. Quando um ourives o examinou, foi verificado que se tratava de uma folha de ouro aplicada ao dente com muita destreza; mas começaram por escrever livros, e só depois se consultou o ourives. Nada é mais natural do que fazer a mesma coisa sobre todos os tipos de assuntos. Não estou tão convencido de nossa ignorância pelas coisas que existem e cuja razão nos é desconhecida, que por aquelas que não existem, cuja razão encontramos. Isso quer dizer que não somente nós não temos os princípios que levem ao verdadeiro, mas que nós temos outros que se acomodam muito bem com o falso.

(ii) O efeito existe independentemente da pretensa causa – a causa determinante age de todo modo; se C é causa de E, não se pode ter C sem E. Se se aquece um metal, ele se dilata obrigatoriamente. Pode-se então refutar uma afirmação causal mostrando que o efeito persiste enquanto a causa suposta está ausente: se se pode demonstrar que as abelhas desaparecem também de zonas onde não se usam pesticidas, os pesticidas são postos "fora de causa", em todos os sentidos do termo *causa*.

(iii) Não há causalidade, mas concomitância – não é porque A acompanha ou precede regularmente B que A é a causa de B. O galo canta regularmente antes do amanhecer, mas ele não é a causa do nascer do Sol. O ato de tomar um antibiótico é acompanhado de uma sensação de cansaço; ora, a causa desse cansaço não é o antibiótico, mas a infecção que ele tem precisamente por efeito combater. O princípio geral de verificação de uma relação causal é sempre o mesmo: suprime-se o agente que se imagina ser a causa e verifica-se se o efeito permanece. Se se elimina o galo, o Sol não deixa de nascer; se não se toma o antibiótico, fica-se (ainda mais) cansado.

O uso de pesticidas é, com efeito, concomitante ao desaparecimento das abelhas, mas, nas zonas onde se suprimiram os pesticidas, as abelhas continuaram a desaparecer no mesmo ritmo. A causa deve ser procurada em outros lugares: talvez as abelhas não suportem as mudanças climáticas?

Os erros de imputação causal (ii) e (iii) são bem abordados na teoria antiga das falácias, que as designa por duas expressões latinas:

No exemplo do antibiótico: Falácia *cum hoc, ergo propter hoc*: "com isto, logo por causa disto": A acompanha B, logo A é causa de B.

| 135 |

No exemplo do galo: Falácia *post hoc, ergo propter hoc*: "depois disso, logo por causa disso": B aparece depois de A, logo A é causa de B.

(iv) Uma outra causa pode ter o mesmo efeito: pode-se estar cansado porque se está esgotado fisicamente, porque se tem uma infecção ou porque se está deprimido.

(v) Está-se diante de uma causalidade complexa, a conjunção de diversas causas é necessária para produzir certo efeito; é o caso das crises econômicas ou de um câncer de pulmão.

A determinação das causas permite estabelecer responsabilidades. Se a causalidade é complexa, é possível aos acusados sustentar que só são responsáveis por *um fator causal*, o qual, isolado, não teria efeito. Se uma pessoa morre quando é presa, todo mundo concorda em reconhecer que ela foi conduzida de maneira violenta; a autópsia mostra que essa pessoa sofria de uma fraqueza cardíaca:

> O advogado: – *Se a polícia não o tivesse maltratado, ele não teria morrido. A polícia é responsável.*
>
> A polícia: – *Se ele não tivesse uma doença crônica, ele não teria morrido. A polícia não é responsável.*

Em caso de forte poluição, as autoridades municipais se desculpam do mesmo modo com as pessoas que sofrem de doenças respiratórias: *as pessoas normais não têm problema.*

(vi) É o efeito que alimenta a causa – o *feedback* é uma espécie de círculo vicioso causal: a fusão atômica provoca aumento da temperatura, e a elevação da temperatura acelera a fusão. No domínio social, esse tipo de mecanismo é invocado para rejeitar uma proposição de ação particular, argumentando-se que tal ação, em vez de combater, vai *agravar* o que ela pretende *combater*:

L1:     – *Para combater a recessão, é preciso reforçar/reduzir os serviços públicos.*

L2:     – *Mas o reforço/a redução dos serviços públicos vai aumentar a recessão.*

Sempre se pode refutar uma medida afirmando que ela terá determinadas consequências indesejáveis (*certas*) que dominarão suas (*pretensas*) vantagens; ver **Pragmático**. No presente caso, a refutação é radical, o efeito perverso sendo não um efeito colateral qualquer para o autor da proposição, mas exatamente o *inverso* do efeito esperado. É um caso de inversão pura e simples da causalidade (ver mais adiante), frequente no discurso polêmico.

(vii) No caso das profecias autorrealizáveis, *o anúncio* de um acontecimento é *causa* do acontecimento:

L1_1:     – *Na verdade, eu vos digo: haverá uma penúria alimentar!*

          (As pessoas se precipitam para as lojas e dá-se uma penúria alimentar)

L1_2:     – *Então, eu bem que avisei!*

L2:     – *Se você não tivesse semeado o pânico, não teria havido penúria.*

A profecia autorrealizável é semelhante à manipulação: *Nós vamos certamente entrar em guerra, logo nós devemos rearmar e conscientizar a população.* – *Agora, nós somos os mais fortes, e nosso povo está conosco. Nós podemos entrar em guerra.*

(viii) Conversão da causa e do efeito – a conversão da causa e do efeito é uma forma de refutação utilizada na argumentação habitual sobre as questões humanas. Toma-se consciência da existência de uma relação entre dois fatos que variam de maneira concomitante. Para dar conta dessa concomitância, uns afirmam que a causalidade vai de A para B, os outros de B para A. Os protagonistas defendem as proposições em conversão < A **é** causa de B > e < B é causa de A >.

Chora-se porque se está triste ou se está triste porque se chora? A agressão provoca o medo ou o medo, a agressão?

L1:  – *Tenho medo dos cães, eles mordem!*
L2:  – *Não, eles mordem porque eles sentem que você tem medo.*
L1:  – *Se sou agressivo é porque me perseguem!*
L2:  – *Não, você é perseguido porque você é agressivo.*

No primeiro caso, os responsáveis e os culpados são os cães; no segundo, a pessoa que diz ter medo de cachorros. Os solteiros se suicidam mais do que as pessoas casadas: eles têm problemas porque são solteiros ou são solteiros porque têm problemas?

Essa forma de refutação por permuta da causa e do efeito é simples e radical, quando ela pode se aplicar, o que não é possível, por exemplo, no caso das abelhas e dos pesticidas. Sem dúvida, é por essa razão que essa forma de refutação seja particularmente valorizada pela argumentação causal cotidiana, ilustrando, assim, a força de todos os *topoi* que atuam a partir da permutação dos termos. É mais tentador afirmar que é *a política que determina a moral*, ou que é *a moral que determina a política*, do que afirmar que *não há ligação entre moral e política*; ver **Proposição inversa**.

(ix) Causalidade, subjetividade, responsabilidades: *Você descreve mal a cadeia causal* – a expressão da problemática causal sob a forma < A **é** causa de B > é uma simplificação que pode ser excessiva. Toda causa é ela mesma causada – exceto Deus, que seria ao mesmo tempo sua própria causa e causa de tudo que vem depois. O fenômeno que age como causa pode ser ele mesmo construído como o efeito de uma causa mais profunda, e seus efeitos são novas causas para novos efeitos. Assim sendo, não se trata da relação entre dois termos, mas de uma verdadeira *cadeia causal*, de comprimento potencialmente infinito. Lia-se na primeira página do jornal *L'Équipe* de 17 de abril de 1988:

> HORROR!
> Noventa e quatro pessoas morreram, no sábado, no estádio de Sheffield, onde devia acontecer a semifinal da Cup Liverpool-Nottingham.

Tipicamente, esse tipo de acontecimento provoca uma inquietação que estimula a busca de explicações causais, sob o signo da pergunta *por quê?*, sobre a qual o jornal *Le Figaro* do mesmo dia assim se pronuncia:

> FUTEBOL: POR QUE TANTOS MORTOS?
> Quatro explicações para o drama:
> • A loucura dos torcedores
> • O envelhecimento do estádio
> • A negligência da polícia
> • A insuficiência de socorristas

As respostas propostas pelo jornal à sua própria questão relevam, no primeiro caso, de uma causalidade larga; nos seguintes, de uma causalidade estreita. O jornal *Libération* apresenta uma causalidade larga:

*94 mortos na tribuna do estádio de Sheffield*
o drama do estádio

Esmagados pela pressão de outros torcedores, as vítimas que tinham vindo assistir à partida de futebol Liverpool-Nottingham Forest pagaram um tributo dramático ao esporte-rei do país de Thatcher.

O jornal *L'Humanité* mescla causas locais e causas ditas "mais profundas":
*Após o drama de Sheffield, Liverpool de luto*
o último estágio do horror
9 mortos e 170 feridos, pelo menos, tal é o horrível balanço da catástrofe de Hillsborough. As vítimas são, em sua grande maioria, crianças e adolescentes de meios populares, que vieram torcer pelo seu time. A degradação e o caráter segregativo dos estádios, o domínio do dinheiro sobre o mundo do futebol estão no banco dos réus. A destruição do tecido industrial e a desorganização do lazer que resulta disso têm sua parte de responsabilidade na transformação do esporte e do jogo em atividade de alto risco.

O exame da cadeia causal mobiliza especialistas de vários segmentos: policiais e juízes sobre as causalidades e responsabilidades *diretas*, sociólogos, economistas, políticos e historiadores sobre as causalidades e responsabilidades *indiretas*; jornalistas sobre as duas. Em resumo, qual é a causa? A fragilidade da caixa torácica das vítimas, a má qualidade dos cuidados recebidos, a lentidão dos serviços de socorro, a imperícia dos serviços de polícia, o desgaste do material do estádio, a avidez financeira dos organizadores, a loucura dos torcedores, os movimentos sociais, o desemprego, a exclusão social, o sistema capitalista...?

Designar a causa é designar um *responsável* pela ação ou pela vindita públicas. Além disso, pelo fenômeno de causalidade múltipla, as cadeias causais se entrelaçam, e os "fios causais" se misturam num "emaranhado de causas". A argumentação, a partir desse emaranhado, puxa "fios causais" e seleciona algumas causas, *cortando esses fios* em certos pontos. Esses pontos são determinados em função dos interesses e do programa de ação do argumentador, que pode, assim, encontrar responsáveis e culpados.

*O argumentador está inteiro no recorte da cadeia causal que ele faz* e na causa que isola. Seria então ilusório considerar que as argumentações que se baseiam em elos de causalidade são, apesar de tudo, mais *rigorosas* e menos *subjetivas* que as argumentações, baseando-se, por exemplo, na analogia.

(A.M.S.C.)

## ▪ Causalidade (III): argumentação pela causa

A argumentação *pela causa* se baseia na existência de uma relação causal e de uma causa que leve a uma conclusão da causa ao efeito. A argumentação pela causa é orientada para o futuro:

*Argumento:*
Constata-se a existência de um fato c.
Esse fato c entra na categoria dos fatos C.

*Lei de passagem:*
Existe uma lei causal ligando os fatos C a fatos E.

*Conclusão:*
c terá um efeito e, do tipo E.

A dedução causal é inseparável da predição/previsão:

*Esta ponte é de metal;*
*Este metal se dilata quando é aquecido, segundo tal coeficiente;*
*No verão a ponte se dilatará em tal comprimento.*

Essa argumentação causal pode se desdobrar numa argumentação pragmática. A dilatação da ponte pode ter consequências perigosas (*A dilatação pode deformar o metal*) às quais se deve remediar:

*É preciso então prever um espaço de dilatação suficiente para a estrutura da ponte.*

Ver **Causalidade (I)**; **Causalidade (II)**; **Consequência**; **Pragmático**; *A priori, a posteriori.*

(A.M.S.C.)

# ▪ Chaleira, arg.

Em *A interpretação dos sonhos*, a respeito da interpretação do sonho da injeção aplicada em Irma, Freud relembra a história da chaleira para designar uma defesa incoerente que fornece justificativas incompatíveis:

> Toda a apelação – pois o sonho não passara disso – lembrava com nitidez a defesa apresentada pelo homem acusado por um de seus vizinhos de lhe haver devolvido danificada uma chaleira tomada de empréstimo. O acusado asseverou, em primeiro lugar, ter devolvido a chaleira em perfeitas condições; em segundo, que a chaleira tinha um buraco quando a tomara emprestada; e, em terceiro, que jamais pedira emprestada a chaleira a seu vizinho. Tanto melhor: se apenas uma dessas três linhas de defesa fosse aceita como válida, o homem teria de ser absolvido. (Freud, 1987 [1900]: 139)

O vizinho acumula todas as réplicas defensivas possíveis (ver **Estase**), sem se importar com o fato de que, analisadas em conjunto, as três justificativas são contraditórias:

(1)   *Eu nunca peguei uma chaleira emprestada*: rejeita a responsabilidade do dano.
(2)   *Eu te devolvi em bom estado*: nega a existência do dano; incompatível com 3, 4 e 5.
(3)   *Não fui eu que o furei*: nega a responsabilidade do dano constatado; incompatível com 2.
(4)   *A chaleira* já tinha um furo quando você me emprestou: rejeita a responsabilidade do dano; incompatível com 1 e 2.
(5)   *É um furo muito pequeno*: minimização do dano; incompatível com 2.

Diz-se *argumento da chaleira*, mas seria necessário falar da *argumentação* da chaleira para designar um discurso que em que se baseie a conclusão de uma série de argumentos convergentes para desculpar o locutor, mas incompatíveis entre si, quando analisadas em conjunto; ver **Coerência**; *Ad hominem*; **Contrários**.

(A.M.S.C.)

# ▪ Círculo vicioso

Utiliza-se igualmente a expressão *petição de princípio* (lat. *petitio principii*). Nesta expressão, *petição* significa "pedido": Tricot considera que "a versão *petição de princípio* a que nos restringimos é, aliás, viciosa: o que se pede para conceder não é um princípio, mas a conclusão a provar" (nota em Aristóteles, versão francesa, *Top.*, VIII, 13, 162a30; nota 2). Pode-se, entretanto, compreender que o argumentador pede que se conceda a ele, a título ou de argumento ou de *princípio*, o que está em questão, isto é, a própria conclusão.

O círculo vicioso é uma falácia independente do discurso; ver **Falacioso**. Trata-se de um raciocínio que pretende provar uma coisa por ela mesma, apresentando como argumento para uma conclusão a própria conclusão, daí a imagem do círculo. Sua forma esquemática é:

A, visto que A.
A, então A.

Existem diferentes formas de círculo vicioso (Aristóteles, *Top.*, VIII, 13 163a15-30).

*Repetição* – no caso mais evidente, tem-se repetição, em que o enunciado tomado como argumento repete a conclusão. No discurso habitual, a repetição ocorre estritamente quando é o mesmo enunciado que é apresentado:

*Você deve fazer porque você deve fazer. É assim porque não é de outro modo.*

Apesar do formato < P porque P >, não se trata de uma petição de princípio precisamente, porque não se trata de justificativa, mas de recusa de justificativa.

*Reformulação* – nos casos identificados como tais, há círculo vicioso quando a conclusão é uma *reformulação* parafrástica do argumento:

*Gosto de leite porque é bom.*

*Ainda bem que eu gosto de leite, se eu não gostasse, eu não beberia, e seria uma pena, porque é muito bom.*

Quando se postula o próprio resultado que se deve demonstrar,

[referindo-se a uma forma de se incorrer em petição de princípio], o que não escapa facilmente da detecção quando o próprio termo em causa é usado, mas é mais suscetível de não ser detectado quando são usados sinônimos, e o termo e a descrição significam a mesma coisa. (Aristóteles, *Top.*, VIII, 13, 162b35)

Na teoria da argumentação na língua, a noção de orientação introduz de maneira sistemática uma forma de viés que não é diferente da petição de princípio. Nesse sentido, dizer *Pedro é inteligente, ele poderá resolver este problema* apresenta aspectos dedutivos, enquanto o predicado é *inteligente* contém em sua definição o predicado *pode resolver problemas*. A problemática da argumentação como *inferência* evolui para a da derivação de uma *reformulação*, que pode ter valor de explicitação. A petição de princípio só é falaciosa na medida em que é o mesmo termo que é repetido; ver **Viés linguageiro**; **Orientação**.

Goethe defendeu a ideia de que, em toda argumentação, o argumento não deixa de ser uma variação da conclusão; de que decorre que a racionalidade argumentativa é apenas uma vã racionalização:*

> É sempre melhor expressar simplesmente sua opinião do que baseá-la em provas, pois as provas são apenas as variações da opinião, e nossos adversários não têm boa vontade para ouvir nem o tema nem as variações. (Goethe, *Maximes et Réflexions* – disponível em: http://textes.libres.free.fr/francais/johann-wolfgang-von-goethe_les-affinites-electives.htm. Acesso em: 20 set. 2013)

*Leis gerais* ad hoc – os *tópicos* assinalam o caso frequente em que se postula sob a forma de lei universal o que está em questão num caso particular (Aristóteles, VIII, 12, 163a1):

> *Os políticos são mentirosos. Logo, este político é mentiroso.*
> *Este político é corrupto, posto que os políticos são corruptos.*

O locutor postula um princípio *ad hoc* cuja única função é aplicar-se ao caso em pauta. Pode-se também analisar esses casos como definições mal construídas: considera-se o fato de ser corrupto como uma característica essencial dos políticos, quando não passa de uma característica acidental; ver **Definição**; **Acidente**. É uma forma de argumentação extremamente comum.

*Pressuposição mútua* – nem todos os círculos viciosos são reformulações. Uma objeção que se faz à ideia de milagre é que ela funciona em círculo vicioso: os milagres justificam a doutrina, provam que ela é verdadeira e santa; mas um fato só pode ser reconhecido como milagre através dessa mesma doutrina. Trata-se de uma forma de resistência à refutação:

L1:     – *Este fato milagroso prova a existência de Deus.*

L2:     – *Mas este fato é reconhecido como um milagre somente por aqueles que creem na existência de Deus.*

L2 pode acrescentar que L1 se recusa a reconhecer outros fatos porventura tão surpreendentes quanto os milagres a que se refere. A isso L1 responde que:

L1:     – *Esses outros fatos são milagres feitos pelo demônio para enganar as pessoas.*

*Incerteza igual* – o termo *dialelo é utilizado pelos* céticos, com uma significação idêntica a "círculo vicioso":

---

\* N.T.: Existe a tradução em português da obra citada (von Johan Wolfgang Goethe. *Máximas e reflexões.* Tradução de Marco Antônio Casanova. Rio de Janeiro: Forense Universitária, 2003), mas, infelizmente, não conseguimos um exemplar, apesar de nossos esforços em tentar adquirir o livro em plataformas de vendas (novos e usados) e na biblioteca consultada *in loco*. Pode se tratar de edição já esgotada.

O dialelo acontece quando o que serve para assegurar a coisa sobre a qual se faz a busca precisa desta coisa para levar alguém à convicção; então, não sendo capazes de tomar um para assegurar o outro, nós suspendemos nosso assentimento a respeito dos dois. (Sextus Empiricus, *Esq. pyr.*, I, 15, 169)*

Essa definição introduz um novo conceito de círculo vicioso, o qual não incide mais sobre a equivalência semântica ou sobre a relação epistêmica, mas sobre a própria base da argumentação, que exige que se fundamente o incerto (a conclusão) sobre o mais certo (o argumento). Os céticos vão então dedicar-se a mostrar que, sistematicamente, o argumento não é mais certo do que a conclusão. Neste sentido, eles são os primeiros desconstrucionistas.

**Circularidade na explicação** – A circularidade atinge não apenas *a inferência*, mas também *a explicação*: uma explicação é circular se ela (o *explanans*) é ao menos tão obscura quanto o fenômeno a explicar (o *explanandum*).

(A.M.S.C.)

## ▪ Circunstâncias

A noção de circunstância intervém em duas formas de argumentação:

- a falácia de omissão das circunstâncias pertinentes;
- a argumentação pelas circunstâncias.

A expressão inglesa *circumstancial ad hominem* é um falso sinônimo. As *circumstances* de que se trata são as características próprias da pessoa posta em causa na argumentação *ad hominem*; ver **Ad hominem**.

### FALÁCIA DE OMISSÃO DAS CIRCUNSTÂNCIAS PERTINENTES

A falácia de omissão das circunstâncias é às vezes designada pela expressão latina falácia *secundum quid*, que abrevia a expressão latina *a dicto secundum quid ad dictum simpliciter*, "de uma afirmação restrita a uma afirmação absoluta". Ingl.: *the use of words absolutely or in a certain respect*.

A falácia de omissão das circunstâncias é classificada como uma falácia fora do discurso. São "falácias ligadas ao uso de alguma expressão particular absolutamente ou num certo aspecto, e não no seu sentido próprio, ocorrem quando aquilo que é predicado somente em parte é tomado como se fosse predicado absolutamente" (Aristóteles, *R. S.*, 5, 166b35) e inversamente.

---

* N.T.: Encontramos uma tradução que pode estar relacionada com o trecho apresentado por Plantin, mas, como não está claro se se trata do mesmo excerto, vamos inseri-lo aqui, em rodapé, apenas como nota: "Mas, além disso, se o dogmático assume como subsistente aquilo sobre o que dogmatiza, o cético, por seu turno, enuncia seus proferimentos como podendo anular-se a si próprios, então não se deveria dizer que dogmatiza em sua enunciação. Mas, acima de tudo, na enunciação desses proferimentos, diz o que a ele próprio aparece, e anuncia sua própria afecção, não-dogmaticamente, sem afirmar fortemente nada sobre as coisas subjacentes" (Sextus Empiricus. *Esboços pirrônicos* I, 1-30. Tradução de Rodrigo Pinto de Brito. Acesso em: https://www.academia.edu. Acesso em: 10 jul. 2024).

Essa falácia consiste em negligenciar a análise dos dados contextuais pertinentes. Quando se trata da retomada de um discurso, essa estratégia pode corresponder a uma radicalização das afirmações do adversário. Diz-se então que a falácia trata como uma afirmação *absoluta* o que tinha sido afirmado *sob reserva*, em um *contexto* particular, com *intenções* bem precisas.

Para que a refutação seja válida, é preciso que ela incida exatamente sobre a expressão que foi pronunciada, levando em consideração reservas que foram expressas. A falácia é particularmente viciosa quando atribui a um locutor o que este havia repetido de um enunciador com o qual não se identificava, melhor dizendo, faz com que este assuma o que só tinha admitido a título de concessão:

> Michel Rocard: – *A França não pode acolher toda a miséria do mundo, mas ela deve assumir sua parte.*
>
> Reprodução: – *Como disse M. Rocard, "A França não pode acolher toda a miséria do mundo".*

Como as circunstâncias podem tornar verdadeira ou falsa uma afirmação empírica, é sempre possível ironizar (ver **Ironia; Acidente**):

L1:     – *O céu está bonito.* (dito de manhã, quando o tempo está bom)

L2:     – *Ah ah! e você diz que o céu está bonito.* (dito à noite, quando está chovendo)


## ARGUMENTAÇÃO PELAS CIRCUNSTÂNCIAS

A argumentação pelas circunstâncias permite estabelecer indiretamente a existência de um fato (nos termos da teoria das estases, trata-se de uma causa conjetural): *Ele cometeu este crime?* (Cícero, *Top.*, XI, 50).* A argumentação pelas circunstâncias explora indícios periféricos de uma ação, que não têm valor realmente probatório, mas que, entretanto, apontam para um fato que elas sugerem sem realmente prová-lo. Trata-se de indícios não necessários:

Questão:         – *Ele é corrupto?*

Acusador:        – *Certamente. Ele precisava de dinheiro; viram-no trocar envelopes volumosos; e depois ele comprou um carro de luxo.*

Para estabelecer um fato duvidoso, "que se busque o que vem antes do evento, durante o evento e o que tiver acontecido depois" (Cícero, *Top.*, XI, 51). Acha-se assim "o encontro marcado [...] a sombra de um corpo [...] a palidez [...] e outros índices do distúrbio e do remorso" (XI, 53). Bossuet também se interessa pelo trabalho do detetive:

> Ele saiu murmurando...: argumenta-se pelo que precede; viram-no se esconder atrás de um arbusto... eis o que acompanha. [...] uma alegria maligna, que ele se esforçava por manter oculta, apareceu no seu rosto com não sei que de alarmante: eis o que se segue. (Bossuet, [1677]: 140)

---

\*   N.T.: O mais próximo que encontramos no excerto citado (Parágrafo 50) foi o texto seguinte: "O que é, ou o que terá acontecido, ou o que há de ser, ou o que, no geral, poderia acontecer". (Cícero, 2019: 61)

Os indícios são de três tipos, segundo precedem, acompanham ou seguem a ação. Esses indícios "indica[m] que se busque o que vem antes do evento, durante o evento e o que tiver acontecido depois" (Cícero, *Top.*, XI, 53); Bossuet fala "[de] adjuntos ou conjuntos [*adjoincts ou conjoincts*]; *antecedens*; *consequens*" ([1677]: 140).

## UMA TERMINOLOGIA FLUTUANTE

O § 53 dos *Tópicos* de Cícero trata dos argumentos procedentes do "lugar próprio dos dialéticos: derivado de consequentes, de antecedentes e de contraditórios" (Cícero, *Top.*, XI, 53). Trata-se nesse parágrafo de antecedência e de consequência *lógicas*, ligações semanticamente "necessárias", que remetem às questões do raciocínio dito *a priori* e *a posteriori*, à definição, às regras da implicação e ao princípio de contradição; ver **A priori, A posteriori**; **Definição**; **Causa**; **Dedução**; **Contradição**.

Bossuet fala sobre o argumento pelas circunstâncias, de lugares (*lieux*) "tirados do que precede, do que acompanha e do que segue [a ação], *ab antecedentibus*, *ab adjunctis*, *a consequentibus* ([1677]: 140). Aqui, as ligações dos acontecimentos anteriores e posteriores ao acontecimento principal não são mais semântico-lógicas, mas *cronológicas* (a mudança de preposição – *ex antecedentibus* para a consequência lógica e a ligação necessária *vs. ab antecedentibus* pela anterioridade temporal – nada tem a ver com essa distinção).

A palavra latina *adjuncta* designa em Cícero tudo o que acompanha a ação: antes, durante, depois. Em Bossuet, ela designa somente circunstâncias copresentes da ação.

(A.M.S.C.)

# ▪ Classe argumentativa ► Escala argumentativa

# ▪ Classificação

Os seres são *definidos e categorizados* a partir das suas *características comuns* que os aproximam e das suas *especificidades* que os diferenciam dos seres de outra natureza,* ver **Categorização**; **Analogia (III)**; **Definição (I)**.

Uma classificação é um conjunto de categorias organizadas de acordo com seu grau de generalidade (crescente ou decrescente).

A *categorização* e organização das categorias em *classificações* caracteriza o que Lévi-Strauss chama de "a ciência do concreto", uma ciência fundamental compartilhada por todos os humanos ([1962], cap. 1), e a base da argumentação comum.

---

\* N.T.: Este verbete substitui a entrada **Taxonomia e categorias** da versão original deste dicionário. Aqui o tema foi revisto e ampliado. O verbete ora apresentado é reorientado em torno de questões de definição e classificação. A palavra "categoria" é usada apenas no sentido definido na entrada **Categorização**, e não com o significado de "predicável", "categorias primárias de ser", das quais derivam os parâmetros mencionados em conexão com o método de questionamento associado à busca de argumentos.

## PREDICADOS FUNDAMENTAIS E DEFINIÇÃO ESSENCIALISTA

Aristóteles atribui à ciência a tarefa de dar definições corretas de seres, ou seja, definições que permitam agrupá-los em classificações bem-feitas. Reconstruída por Porfírio (c.234-305, no *Isagoge*, "*Introdução às categorias de Aristóteles*"), e transmitida na Idade Média principalmente por Boécio (c.480-525), esta "metodologia aristotélica da definição" (De Pater, 1965) constituiu o equipamento intelectual fundamental da ciência até os tempos modernos.

Aristóteles distingue cinco tipos de predicados fundamentais (*predicáveis*): *gênero, espécie, diferença, próprio, acidente*. O *status* lógico-metafísico exato dessas noções é contestado, mas sua função é clara: atribuir uma estrutura lógico-semântica a afirmações como as seguintes.

- *Pedro é um homem*: esta afirmação predica uma espécie, "homem", de um indivíduo, Pedro.
- *O homem é um animal* predica um *gênero*, "animal", de uma espécie, "homem".
- *O homem é racional* predica uma diferença, "racional", de uma espécie, "homem".

Homem e cavalo são duas espécies do gênero animal; ao contrário dos cavalos e outros animais, o homem é dotado de razão.

*O cavalo relincha*: em sua interpretação genérica, essa afirmação confere à espécie cavalo uma caraterística própria, *relinchar*. *Próprio* é uma característica essencial de uma espécie; *relinchar* é *próprio* do cavalo (todos os cavalos relincham, e apenas os cavalos relincham). Definir um homem como um "bípede sem plumas" permite designar sem erro quem é ou não ser humano. A filosofia essencialista reprova essa definição porque nada diz sobre o que é um ser humano, em sua essência.

*O cavalo sofre*: prevê um *acidente* de um *indivíduo*. O *acidente* é uma propriedade do indivíduo que não caracteriza a espécie (nem um traço de gênero, nem uma diferença), e que não lhe é própria. O cavalo (cavalos) não pode ser caracterizado, em nenhum nível, como um "animal sofredor". Determinado cavalo pode ou não estar com dor, dependendo das circunstâncias, enquanto *não* pode ou não ser um mamífero.

A famosa definição aristotélica de homem é construída nesta base:

O homem$_{espécie}$ **é um** animal$_{gênero}$ racional$_{diferença}$
[O (espécie) "homem"]$_{definiendum}$ é definido como ["animal$_{gênero}$ racional$_{diferença}$"]$_{definiens}$

Quando definimos/categorizamos um ser, o associamos a objetos que são idênticos a ele e o dissociamos de objetos diferentes. Temos um conhecimento científico dele, isto é, sabemos tudo o que não está ligado a ele como um indivíduo particular (em particular seus acidentes, que se expressam dizendo que *não há ciência do contingente*).

O erro na natureza da predicação está na origem dos erros de definição, levando a uma má categorização. Admitamos que *algumas nuvens estão cinzas* e *todos os pardais são cinzas* sejam verdadeiros. A cor é uma propriedade acidental das nuvens e corresponde a uma característica comum a todos os pardais, mas que não é específica deles: os elefantes também são cinza. Essa propriedade, ainda que compartilhada, não permite reagrupar as nuvens e os pardais em um mesmo gênero natural; no máximo, podemos dizer que, do ponto de vista do *efeito cinza*, algumas nuvens são como os pardais. Em outras palavras, se argumentarmos por analogia categorial sobre o traço "cinza", para reagrupar na mesma categoria os pardais e as nuvens, a analogia é falaciosa.

## CLASSIFICAÇÕES CIENTÍFICAS

A definição de um ser por sua *espécie*, sua *diferença* específica e seu *gênero* permite posicioná-lo na classificação em que se enquadra. Uma classificação científica é uma classificação racional e hierárquica de seres, composta de um sistema representável por uma estrutura de árvore. Os elementos básicos de uma classificação são os indivíduos, e seu ponto final é a categoria mais geral (abstrata), a mais alta na árvore.

Acabamos com resultados mais ou menos convincentes, a depender se se trata de um animal ou outra coisa. No entanto, essa forma de pensar classificatória deu resultados espetaculares para as espécies naturais. No topo dessa grande classificação encontramos *o reino mineral* oposto aos dois reinos que agrupam os seres vivos, *o reino vegetal* e *o reino animal*. O reino inclui diferentes *ordens*, que incluem um certo número de *famílias*, e assim por diante, de acordo com a sucessão de possibilidades:

Reino > Ordem > Família > Gênero > Espécie > {Indivíduos}

As classificações podem se tornar mais complexas pela introdução, entre o *reino* e a *ordem*, da *ramificação* e da *classe*. O *gênero* é uma coleção de *espécies* com caracteres comuns e relações filogenéticas próximas. A *espécie* é a unidade fundamental da sistemática. Em princípio, a espécie pode ser definida como todos os indivíduos descendentes de pais comuns, ou semelhantes uns aos outros, como se fossem dos mesmos pais e férteis entre si (Brosse, 2010).

*Raciocínio silogístico sobre classificações científicas*

As classificações científicas obedecem às leis da teoria dos conjuntos. Os predicados são organizados em árvores de acordo com sua generalidade, o que permite que inferências silogísticas válidas sejam feitas. Uma classificação é um espaço de raciocínio; este acoplamento "classificação-silogismo" é um instrumento fundamental da argumentação comum. Argumentar aqui é mover-se de maneira regulamentada de um galho para outro de uma árvore.

Desde que a taxonomia seja bem-feita, pode-se falar de definição e inferência *a partir da natureza das coisas*: é um labrador implica é um cão, e ambos também implicam é um mamífero. Daí o silogismo, *Labradores são cães e cães são mamíferos; portanto, labradores são mamíferos*:

- *Labradores são cachorros*
  Labrador é uma espécie do gênero_1;  todos os L's são C's
- *Os cães são mamíferos*
  gênero_1 é um subgênero de gênero_2;  todos os C's são M's
- *Labradores são mamíferos*
  Labrador é uma sub-(subespécie) do gênero_2;  todos os L's são M's

A definição:

O homem$_{espécie}$ **é um** animal$_{gênero}$ racional$_{diferença}$

| 146 |

Corresponde ao silogismo válido:

| Homens são animais | todos H's são A's |
| Homens são racionais | todos os H's são R's |
| Alguns animais são racionais | alguns A's são R's |

Por outro lado, se o gênero C inclui as espécies E1, E2,... Em, então, podemos inferir imediatamente a verdade da disjunção:

"Ser um C" implica "ser um E1, ou E2,... ou En"
"X é um mamífero" significa "X é um cachorro... ou uma baleia"

Outras implicações são que o gênero é caracterizado por um conjunto de propriedades que pertencem a todas as espécies que ele domina. Se *ser um mamífero* é definido como "ser um vertebrado, de sangue quente, temperatura constante, tendo respiração pulmonar, amamentando seus filhotes", então cada uma dessas propriedades é atribuível a qualquer um dos seres que são mamíferos, seja o que for suas espécies.

## CLASSIFICAÇÕES ORDINÁRIAS

De acordo com as teorias ligadas à Psicologia e aquelas relacionadas aos estudos linguísticos, as classificações atuais têm três níveis:

- as categorias básicas (é um cachorro)
- categorias superordenadas (é um mamífero)
- e categorias subordinadas (é um labrador)

A palavra *categoria* é usada aqui para se referir a qualquer nível de uma classificação. Na linguagem comum, *espécie* e *gênero* funcionam como sinônimos para categorizar aproximadamente os seres que não se enquadram no estereótipo categórico:

*Olha, há uma espécie / uma espécie de cogumelo / algo como um cogumelo na parede!*

Os seres são identificados e designados em primeiro lugar por sua categoria básica, caracterizada por sua frequência ou saliência, perceptual, cultural ou cognitiva. Normalmente, reconhecemos primeiro um cão, não um mamífero ou um labrador.

No nível linguístico, essa situação é descrita pela relação de hiponímia e hiperonímia. A relação de hiponímia corresponde à de gênero para espécie: rosa é hiponímia de flor, *todas as rosas são flores*. A relação de hiperonímia corresponde à de espécie para gênero: flor é hiperônimo de rosa, *algumas flores são rosas*.

*Raciocínio sobre classificações comuns*

A categorização científica determina o lugar exato de determinado ser ou classe de seres em uma taxonomia racional e científica, na qual os termos receberam uma definição essencialista a partir da qual é possível argumentar silogisticamente. A categorização-nomeação *ordinária* consiste em atribuir a um indivíduo o *nome* correspondente à categoria que se julga corresponder a ele mais adequadamente, ou em atribuir-lhe as *propriedades da categoria* correspondente ao nome que lhe foi dado.

O sistema em princípio simples, estável e consensual de categorias científicas é substituído pelo sistema complexo, instável e contestável de relações de significado e definição em uma dada língua. O raciocínio silogístico permanece possível em ilhas de estabilidade correspondentes a acordos semânticos, ou seja, a hierarquias de hiponímia/hiperonímia. Sendo as categorizações linguísticas desestabilizáveis e revisáveis, os argumentos *a pari* e *a contrario* desempenham um papel preponderante.

(S.L.C.)

# ▪ Coerência, arg.

A expressão fundamental da coerência argumentativa é a não contradição; ver **Não contradição; Absurdo**. Esse princípio fundamental da argumentação cotidiana foi objeto de uma elaboração especial no território jurídico.

### COERÊNCIA DO SISTEMA E ESTABILIDADE DOS OBJETOS DA LEI

Lat. arg. *a cohærentia*, de *cohærentia*, "formação em um todo compacto"; ing. *arg. from coherence*.

Lat. *in pari materia*: lat. *par*, "igual, semelhante"; *materia*, "tema, assunto"; argumento "em um caso semelhante, sobre o mesmo tema". Ing. *in a like matter, upon the same subject, similarly*.

*Princípio de coerência das leis, a cohærentia* – esse princípio de direito estabelece que, em um sistema legal, duas normas não podem entrar em contradição. Diz-se que o sistema não conhece antinomias. Uma linha argumentativa pode então ser rejeitada se ela conduz a considerar que duas leis são contraditórias. Essa é uma forma de argumentação pelo absurdo. Na prática, esse princípio exclui a possibilidade de que um mesmo caso seja julgado de duas maneiras diferentes pela justiça.

Pela aplicação desse princípio, se duas leis entram em contradição, diz-se que se trata meramente de aparência e que, por conseguinte, elas deverão ser interpretadas de maneira que a contradição desapareça. Se uma delas é obscura, deve ser esclarecida por outra menos duvidosa.

O argumento *a cohærentia* é invocado quando se trata de resolver os conflitos de normas. Para prevenir esse tipo de conflito, o sistema jurídico prevê *adágios*, que são metaprincípios interpretativos, como "a lei mais recente derroga a mais antiga" (*lex posterior derogat (lex) priori*).

*Princípio de estabilidade do objeto da lei, in pari materia* – O argumento *a cohærentia* incide sobre a não contradição *formal* das leis em um sistema jurídico. O argumento *in pari materia*, ou argumento do *mesmo assunto*, explora uma forma *substancial* da coerência: ele requer que uma lei seja compreendida no contexto das outras leis que incidem sobre os mesmos seres (pessoas, coisas, atos), ou tendo um mesmo objetivo, um mesmo "assunto".

A definição elaborada de um assunto de lei deve ser estável e coerente. Somente a estabilidade das categorias legais permite que a argumentação *a pari* funcione; ver *A pari*; **Classificação**.

O princípio de coerência leva o legislador a harmonizar o sistema das leis sobre um mesmo tema; a questão da delimitação do que constitui um mesmo assunto e o conjunto das leis sobre um mesmo assunto deve ser colocada. Por exemplo, as leis antiterroristas formam um conjunto para o qual é necessário assegurar-se de que seu objeto permanece constante. A definição do terrorismo visado por cada disposição legal deve ser a mesma em cada uma das passagens que mencionam esse termo. Se tal não ocorrer, essas leis devem se tornar coerentes, o que supõe que elas sejam sustentadas por uma política constante e, também ela, coerente.

## ARGUMENTO DA INCOERÊNCIA NARRATIVA

Pode-se refutar uma acusação mostrando que a peça de acusação comporta incoerências:

L1:    – É a você *que o crime beneficia, você o assassinou para poder herdar!*

L2:    – *Sendo assim, eu deveria ter assassinado também o outro herdeiro.*

A acusação deverá provar que L2 tinha a intenção de assassinar também o outro herdeiro ou achar outros motivos. A defesa parte da linha de ação proposta pela acusação para mostrar que seus atos não são coerentes com a versão oferecida pela acusação. A peça acusatória apresenta falhas ou contradições na narrativa apresentada. Eis um caso particular de argumentação *ad hominem*.

O argumento da acusação incoerente explora o princípio de racionalidade como adequação de uma conduta a um objetivo. O acusado pode refutar a narrativa proposta pela acusação mostrando que, segundo aquela narrativa, ele teria agido não de maneira incoerente, mas ingênua, inábil, pouco inteligente:

> O senhor diz que eu sou o assassino. Mas foi provado que, pouco antes do crime, eu passei uma hora no café em frente ao domicílio da vítima, como todo mundo viu. Não é uma conduta coerente da parte de um assassino exibir-se assim nos locais de seu crime.

Todos os pontos fracos assinalados na peça da acusação podem então servir para isentar de culpa do acusado.

O princípio de *coerência das leis* e o princípio de *estabilidade do assunto da lei* incidem sobre a coerência do sistema legal. O argumento *da incoerência* ou *da inconsequência* da narrativa apresentada pela acusação explora os recursos da racionalidade narrativa: todos os relatos de desculpas, todos os relatos misturados à argumentação são vulneráveis a esse tipo de refutação. Reciprocamente, o argumento é verossímil porque a história é plausível e porque o locutor sabe contá-la.

Essas formas de incoerência correspondem às estratégias assinaladas nos *topoi* n° 25 e n° 27 da *Retórica* de Aristóteles (*Ret.*, II, 23, 1400a35-bI; 1400b5-20), ver **Tipologias (I)**.

(A.M.S.C.)

# ▪ Comparação, arg.

O rótulo *argumento por comparação* (*a comparatione*) é utilizado em vários sentidos, correspondendo à argumentação *a fortiori*, à argumentação *a pari*, assim como à argumentação por analogia estrutural.

*Comparação intracategorial* – dois seres pertencentes a uma mesma categoria são idênticos do ponto de vista da categoria, podendo, entretanto, ser comparados:

- do ponto de vista de sua posição em relação a uma subcategoria prototípica dessa mesma categoria. Um rato e uma baleia são idênticos enquanto mamíferos. Se considerarmos, entretanto, que o protótipo do mamífero é a vaca, então o rato está mais próximo da vaca do que da baleia; ver **Classificação; Analogia (III)**.
- se pertencem a uma categoria gradual, então eles podem entrar no território da argumentação *a fortiori*. O certificado de término do Ensino Médio é um diploma; o certificado do antigo Curso Normal é um diploma comparável e, ainda, superior em termos de graduação. Se um titular do certificado de Ensino Médio pode ser candidato a determinado cargo, então *a fortiori* um titular do certificado do Curso Normal também pode ser, a menos que uma disposição bloqueie a aplicação do raciocínio *a fortiori*, restringindo o concurso apenas aos titulares do certificado de Ensino Médio; ver *A fortiori*.

*Comparação, categorização e argumentação* a pari – a comparação é o ato pelo qual se estabelece se dois indivíduos, duas situações, dois sistemas… apresentam ou não certas semelhanças; ver **Analogia (II)**. A comparação encontra-se, assim, na base da operação de categorização, (ver **Categorização**) e, também, da argumentação *a pari*. Se considerarmos o resultado da operação pela própria operação, a argumentação por comparação é outro nome da argumentação *a pari*; ver *A pari*.

*Comparação e analogia estrutural*; ver **Analogia (IV); Exemplo**.

(A.M.S.C.)

# ▪ Completude, arg.

❖ Argumento *a completudine*, lat. *completudo*, "completude".

No Direito, o argumento da completude supõe que o sistema é completo, isto é, que não há vazio jurídico (lacuna na legislação, silêncio do legislador). Por conseguinte, todos os casos submetidos ao juiz podem ser relacionados a uma lei ou a uma interpretação fundada da lei. O princípio de completude é correlato da *obrigação de julgar*: o juiz não pode deixar de julgar argumentando que há furos no dispositivo legal. Supõe-se que todos os atos humanos são qualificáveis pela lei como proibidos, permitidos ou obrigatórios.

Por meio desse princípio, surge o problema do tratamento das lacunas no Direito, as quais aparecem em função da evolução da sociedade (Tarello, 1972, apud Perelman, 1992 [1977]). Um metaprincípio permite arrematar o sistema de julgamento:

Em matérias civis, o juiz, na ausência de lei precisa, vê-se obrigado a proceder de acordo com a equidade; para decidir segundo a equidade, é preciso recorrer à lei natural e à razão, ou aos costumes vigentes, no silêncio da lei primitiva. (Saint Joseph, 1856: 460)

O argumento da *completude* funciona em paralelo com o *topos* do *legislador ineficaz*, isto é, quando a natureza das coisas torna a aplicação da lei impossível; ver **Força das coisas**.

(A.M.S.C.)

# ▪ Composição e divisão

❖ Lat. *fallacia compositionis*; ing. *composition of words, division of words*.

A falácia de composição e divisão faz parte de um conjunto das falácias *que dependem do discurso* (*vs.* falácias independentes do discurso): é uma falácia de *palavras*, e não de *coisas* ou de *método*; ver **Falacioso (III)**. Ela é tratada nas *Refutações sofísticas* e na *Retórica* (II, 24: 128).

O rótulo *argumentação pela divisão é*, às vezes, utilizado para designar a argumentação caso a caso; ver **Caso a caso**.

## GRAMÁTICA DA COMPOSIÇÃO E DA DIVISÃO

A composição e a divisão põem em jogo a conjunção *e*, que coordena:

- sintagmas: $(N^0 \text{ e } N^1)$ + Verbo
(1) *Pedro e Paulo vieram.*
(2) *Pedro fumou e orou.*

- enunciados: $(N^0 + \text{Verbo})$ e $(N^1 + \text{Verbo})$
(3) *Pedro veio e Paulo veio.*
(4) *Pedro fumou e Pedro orou.*

Na terminologia lógico-gramatical aristotélica, diz-se que:

(3) e (4) são obtidos por divisão a partir de (1) e (2), respectivamente.
(1) e (2) são obtidos por composição a partir de (3) e (4), respectivamente.

Os enunciados "compostos" e "divididos" às vezes são equivalentes semanticamente; às vezes não são.

(i) *Equivalentes*: os enunciados (1) e (3) de um lado, (2) e (4) de outro são *grosso modo* equivalentes, mesmo que se possa perguntar se (1) não implicaria que Pedro e Paulo tenham vindo *juntos* e que (3) não o implique obrigatoriamente.

Nesse caso, diz-se que a composição e a divisão são possíveis. A coordenação dos sintagmas permite evitar a repetição. Os dois enunciados estão em relação de paráfrase.

(ii) *Não equivalentes*: **às vezes** não há equivalência entre coordenação de sintagma e coordenação de frase. Os fenômenos em jogo são de tipos muito diferentes.

*As significações* do enunciado dividido e a do enunciado composto não são as mesmas:

> *Pedro se casou e Maria se casou.*
> *≠ Pedro e Maria se casaram.*

No segundo enunciado, *se casar* equivale a "desposarem-se, tomarem-se por esposos". Se alguém fala de seus filhos, segundo os costumes, a composição não é sujeita a engano. Se não há informação desse tipo, a composição produz um novo sentido, introduzindo uma ambiguidade.

A operação de divisão pode dar origem a um discurso *sem sentido*:

> *A bandeira é vermelha e preta.*
> → *\*A bandeira é vermelha e a bandeira é preta.*
> *B está entre A e C.*
> → *\*B está entre A e B está entre C.*

O estudo dos sistemas parafrásticos, isto é, das condições de transformação de um enunciado em outro enunciado com o mesmo sentido é um objeto de estudo da Gramática contemporânea. Algumas vezes, uma operação sintática aplicada a um enunciado produz um enunciado que parafraseia o anterior e, de outras vezes, a mesma operação aplicada a outro enunciado que tenha aparentemente a mesma estrutura que o primeiro produz um enunciado que não tem nenhum sentido, ou que tenha um sentido e condições de verdade diferentes daqueles do enunciado de partida.

## LÓGICA NATURAL ARISTOTÉLICA DA COMPOSIÇÃO E DA DIVISÃO

No campo do que se deveria chamar de "lógica natural aristotélica", o estudo das propriedades da conjunção *e* é tratado como um problema de lógica, no capítulo das falácias de composição e divisão. Quando os sentidos dos enunciados compostos e divididos não têm nada a ver, diz-se, na linguagem aristotélica, que a composição e a divisão são *falaciosas*.

Como insistentemente assinalou Hintikka (1987), a noção aristotélica de falácia é dialogal; ver **Falacioso (I)**. A manobra falaciosa lança o interlocutor na confusão. É o que acontece quando se divide um enunciado que não pode ser dividido. O caso seguinte apresenta uma das ilustrações mais antigas e mais célebres da falácia de composição:

> *Este cão é o teu cão* (é teu, é de ti)*; e este cão é pai.*
> *Então este cão é teu pai e tu és irmão dos cãezinhos.*

O interlocutor fica *desorientado*, e todo mundo acha isso muito engraçado (Platão, *Eut.*, XXIV, 298a-299d); ver **Sofisma, sofista**.

Sob o título de "paralogismo de composição e divisão", Aristóteles analisa, nas *Refutações sofísticas* e na *Retórica*, essa brincadeira sofista não sob o ponto de vista da gramática, mas sob o da lógica. O problema se estende a todo o discurso: em quais condições julgamentos que incidem sobre enunciados tomados isoladamente se combinam quando se passa para um discurso no qual esses enunciados se encadeiam?

(i) *A falácia de composição* é ilustrada por vários exemplos. Sua tradução francesa é um pouco rígida, mas permite perceber a generalidade do problema, visto sob o ângulo da interpretação. Seja o enunciado *"é possível escrever enquanto não escrevendo"* (Aristóteles, *R. S.*, 4, 166a20), ele é suscetível de duas interpretações:

- A interpretação 1 "compõe" o sentido: pode-se ao mesmo tempo escrever e não escrever, no sentido de "pode-se (escrever e não escrever)", o que é um absurdo: a composição do sentido é falaciosa.
- A interpretação 2 "divide" o sentido: quando não se escreve, tem-se a capacidade de escrever, no sentido de "pode-se (saber escrever) e/mas (e não se estar escrevendo)",* o que é correto. Em certas circunstâncias, uma pessoa que *pode escrever* (diríamos que "sabe") *não o pode* materialmente, por exemplo, se ela está com as mãos atadas. O modal *poder é ambíguo* entre "ter a capacidade de" e "ter a possibilidade de exercer esta capacidade". O exemplo seguinte põe ainda em jogo a modalidade *poder*, dessa vez em sua relação com o tempo: pode-se muitas coisas, mas não tudo de uma vez.

Consideremos o enunciado "se podemos carregar uma única coisa, podemos carregar várias" (Aristóteles, *R. S.*, 4, 166a30): (1) (*eu posso carregar a mesa*) e (*eu posso carregar o armário*); logo, por composição dos dois enunciados em um só: (2) *eu posso carregar* (*a mesa e o armário*), o que não é forçosamente o caso: se somos contratados para carregar a mesa e o armário, não obrigatoriamente nos comprometemos a carregá-los de uma só vez.

(ii) *A falácia da divisão* é ilustrada pelo exemplo "cinco é igual a três e dois" (Aristóteles, *R. S.*, 4, 166a30):

- A interpretação (1) divide o sentido, isto é, decompõe o enunciado em duas proposições coordenadas, o que é absurdo e falacioso: (*cinco é igual a três*) e (*cinco é igual a dois*).
- A interpretação (2) compõe o sentido, o que é correto: *cinco é igual a* (*três e dois*).

Na *Retórica*, a noção de composição é apresentada em vários exemplos, em que se vê claramente o potencial argumentativo. Pode-se argumentar por composição e divisão "combinando o que estava dividido ou dividindo o que estava combinado" (Aristóteles, *Ret.*, II, 24, 1401a20-30), o que permite apresentar as coisas sob um aspecto mais ou menos favorável. Essa técnica de argumentação põe em jogo enunciados construídos em torno de predicados apreciativos e modais como:

- é bom; – *é justo*; – *é capaz de* –; – *pode* –;
- *conhece* –; – *sabe que* –; etc.

---

\* N.T.: O texto integral, sem as adaptações feitas por Plantin é: "é possível escrever enquanto não escrevendo […] é possível escrever quando não escrevendo, pois significa que ele pode escrever e não escrever ao mesmo tempo, ao passo que, se alguém não combinar as palavras, significa que quando não estiver escrevendo terá o poder de escrever".

Exemplo: "justo é que, se uma mulher mata o seu marido [...] morra ela também, e que o filho vingue o pai. Mas, juntando as duas coisas, estes fatos talvez não sejam uma coisa justa" (Aristóteles, *Ret.*, II, 24, 1401a35-b5). O problema se coloca concretamente se se trata de Orestes, Clitemnestra e Agamenon: um filho (Orestes) tem o direito de assassinar sua mãe (Clitemnestra), quando esta assassinou seu pai (Agamenon)? O efeito de composição produz uma estase dramática, isto é, uma situação argumentativa. Orestes alega que a composição é lícita, seus acusadores alegam que ela é falaciosa. Essa técnica de decomposição de uma ação duvidosa em uma sequência de atos louváveis, com ares de atos inocentes, é argumentativamente muito produtiva: roubar nunca é apenas pegar a bolsa que se encontra ali, colocá-la em outro lugar e deixar de colocá-la de novo no mesmo lugar. A divisão bloqueia a avaliação global.

A *Retórica* apresenta um segundo exemplo no qual se vê claramente que falácia e argumento são como a cara e a coroa de uma mesma moeda:

> E ainda quando se afirma que, se a dose dupla é nociva à saúde, a dose simples não pode ser saudável. Seria absurdo que duas coisas boas somassem uma má. Assim apresentado, o entimema é refutativo, mas passa a demonstrativo se for apresentado da maneira seguinte: não é possível que um bem seja dois males. Mas todo este tópico é paralogístico. (Aristóteles, *Ret.*, II, 24, 1401a30)

Por divisão é o argumento dos abstêmios; por composição, dos permissivos. Os partidários da proibição partem de um acordo sobre o fato de que "esvaziar muitos copos faz cair doente", e eles dividem:

> Esvaziar (1 + 1 + 1 +...) copo faz cair doente.
> Logo, esvaziar 1 copo faz cair doente *e* esvaziar 1 copo faz cair doente *e* esvaziar 1 copo faz cair doente...

Os permissivos partem de outro acordo: "tomar um copo [dessa substância] é bom para a saúde". E eles compõem a partir disso.

## ARGUMENTAÇÃO POR *COMPOSIÇÃO E DIVISÃO* E ARGUMENTAÇÃO PELO *TODO E AS PARTES*

- A argumentação fundada no *todo* atribui a cada uma das *partes* que o compõem uma propriedade observada sobre o todo:

  > Se o todo é P, então cada uma de suas partes é P.
  > Se o país é rico, cada uma de suas regiões (de seus habitantes...) é rica (?).

A problemática do *todo às partes* corresponde àquela da argumentação por *divisão*: a propriedade verificada no todo é verificada em cada uma de suas partes?

- A argumentação fundada nas *partes* atribui ao *todo* que elas compõem as propriedades verificadas sobre cada uma das partes:

  > Se cada uma das partes de um todo é P, então o todo é P.
  > Se cada um dos jogadores é bom, então o time é bom (?).

A problemática *das partes ao todo* corresponde àquela da argumentação por *composição*: a propriedade observada em cada uma das partes é verificada no todo?

Os dois rótulos "composição e divisão" e "todo e parte" são, na prática, considerados como equivalentes (Eemeren e Garssen, 2009), mas as duas situações a que remetem, entretanto, são distintas. Em um caso, as operações concernem qualquer conjunto de objetos ou de ações, não sendo necessário que esse conjunto se agregue em um todo permanente e substancial: a relação é de vizinhança. No outro caso, incidem sobre um todo orgânico, que é composto da conjunção das partes e mais alguma outra coisa que configura a unidade e o distingue de uma coleção de componentes. Para designar a irredutibilidade do todo à soma de suas partes, fala-se de um *efeito de composição* (exemplo de efeito de composição; ver **Ad populum**). A lógica da relação parte/todo é estudada pela Mereologia.

No nível da argumentação, encontra-se uma questão tratada na teoria das figuras de retórica, o problema da metonímia e da sinédoque. A primeira voltada para a questão da simples vizinhança; a segunda, para a unidade substancial; ver **Metonímia e sinédoque**.

(A.M.S.C.)

# ▪ Concessão

*Concessão negociada* – pela concessão negociada, o argumentador modifica sua posição diminuindo suas exigências ou fazendo concessões ao adversário. Do ponto de vista estratégico, recua com prudência. A concessão é um momento essencial da negociação, entendida como discussão sobre uma discordância aberta na iminência de um acordo.

Diferentemente da refutação, ao fazer concessões o locutor reconhece certa validade a um discurso que sustenta um ponto de vista diferente do seu, conservando suas próprias conclusões. O locutor pode avaliar:

- que dispõe de argumentos mais fortes ou mais numerosos que os de seu oponente;
- que tem argumentos de outra espécie, aos quais não quer renunciar;
- que não tem nenhum argumento a opor, mas que mantém seu ponto de vista em relação ao tema e contra tudo e todos, segundo a fórmula *eu sei, mas ainda assim*.

Na interação, a concessão aparece como um passo feito em direção ao adversário. Ela é constitutiva de um *ethos* positivo (abertura, escuta do outro).

A concessão pode ser irônica; ver **Epítrope**.

*Concessão linguageira* – na Gramática, as construções concessivas monológicas coordenam dois discursos "D1–*conectivo concessivo*–D2" de orientações argumentativas opostas, tendo por orientação global a do segundo membro D2:

> *certamente* D1, *mas* D2;
> *embora* D1, D2;
> *admito, compreendo* D1, *mas mantenho* D2.

D1 retoma ou reformula o discurso de um oponente real ou evoca o discurso de um oponente fictício; D2 reafirma a posição do locutor.

> As relações sociais são extremamente tensas na empresa, entretanto nós devemos continuar as restruturações de efetivos.

Diferentemente da concessão negociada, a concessão linguageira é estrutural. Nos termos da teoria polifônica, o locutor põe em cena um enunciador que, com base em D1, desenvolve um discurso que vai em um sentido diferente do seu (mudar a política da empresa), mas se recusa a se identificar com esse enunciador. Ou seja, o locutor reconhece a existência de argumentos que vão em outro sentido, mas se recusa a argumentar nesta base. A concessão é, aqui, uma simples *desativação* da força argumentativa. O termo *desvirtuar*, "esvaziar um argumento de sua força, de sua eficácia, de sua substância", caracteriza perfeitamente essa operação. A concessão linguageira não é jamais a expressão da boa vontade de um negociador racional, mas a fagocitagem e a simples castração dos argumentos do oponente.

Pode-se sobrepor as duas formas de concessão, racionalizando-se a concessão linguageira. Dir-se-á então que se alguém faz uma concessão no sentido linguageiro, é porque fez uma avaliação dos próprios argumentos e daqueles do oponente. Contudo, como a linguagem tem a propriedade de tornar verdadeiro o que ela significa, *a concessão linguageira* produz automaticamente um efeito de *concessão negociada*, seja ou não o caso. Isso não significa que seja impossível conceder ou que toda concessão seja um puro ato de linguagem. Esse tipo de indecidibilidade só existe no nível do *enunciado* concessivo. A concessão negociada só pode ser estudada sobre uma *sequência* interativa ou intertextual longa.

(A.M.S.C.)

## Conclusão ▶ Argumento – Conclusão

### ▪ Condições de discussão

O *Tratado da argumentação* insiste na necessidade de "acordos prévios" à argumentação, e em sua variedade:

> Para que haja argumentação, é mister que, num dado momento, realize-se uma comunidade efetiva dos espíritos. É mister que se esteja de acordo, antes de mais nada e em princípio, sobre a formação dessa comunidade intelectual e, depois, sobre o fato de se debater uma questão determinada. (Perelman e Olbrechts-Tyteca, 1999 [1958]: 16)

Dois tipos diferentes de acordo são mencionados aqui e, como o texto destaca, nenhum desses acordos é automático.

#### CONSTITUIÇÃO DAS COMUNIDADES DE FALA

Esse primeiro tipo de acordo incide sobre a realização de uma "comunidade dos espíritos". Essa "comunidade intelectual efetiva", constituída pela concordância livre de seus membros, é por vezes evocada como a forma ideal da comunicação argumentativa. Observa-se, entretanto, que a prática da argumentação habitual não depende da produção de uma tal comunidade. O tribunal é um local (fórum) argumentativo prototípico, mas nenhum acordo prévio precisa existir com os suspeitos de qualquer crime para que eles ali compareçam. Pode-se recorrer a questões legais para se conduzir os acusados, mas seu comparecimento não depende da existência de algum acordo por parte deles. As comunidades argumentativas nem sempre são constituídas por um contrato ao qual cada um aderiria de boa vontade, elas podem estar ligadas a instituições que se organizam em torno de locais, de problemáticas e de tipos de interações específicas. A existência dessas infraestruturas sociais permite dispensar negociações sobre as comunidades de fala.

## CONSTITUIÇÃO DAS QUESTÕES

Para que se debata um tema, é de fato, como afirma o *Tratado*, "mister que se esteja de acordo [...] sobre o fato de se debater uma questão determinada" (Perelman e Olbrechts-Tyteca, 1999 [1958]: 16])? Os diferentes sistemas jurídicos declaram que lhes cabe definir quem comparecerá para colaborar em processo determinado, ainda que o acusado não concorde necessariamente em debater a questão para a qual foi intimado a dar explicações. Isso porque as comunidades econômicas e sociais são estruturadas institucionalmente. Pode haver debates prévios para estabelecer os pontos que serão discutidos em uma reunião, mas a agenda não é necessariamente decidida por um acordo mútuo, pois isso pode ser atribuição e prerrogativa de uma só pessoa, em geral, do chefe.

As comunidades intelectuais também são comunidades sociais, mesmo quando se ocupam de questões que tocam a condição humana em geral. O problema das questões de discussão (*disputabilité*) é um exercício tão argumentativo quanto a eventual resolução da própria questão. Essas condições do debate são de duas ordens: de um lado, as condições para a formulação adequada da afirmação (ver **Estase**); de outro lado, as condições pragmáticas para a própria discussão. Nesse sentido, podemos tanto insistir no princípio de que, em termos absolutos, todos os pontos de vista podem ser afirmados e contestados (princípio da liberdade de expressão) quanto nos preocuparmos precipuamente com as condições pragmáticas que condicionam a discussão.

*Toda questão é debatível* – segundo Eemeren e Grootendorst (1996: 124), em sua Regra 1 de uma discussão crítica, "os debatedores não devem apresentar resistência a questionamentos de pontos de vista" seja ele qual for. Essa é igualmente a posição de Stuart Mill (1987: 76):

> Se todos os homens menos um fossem da mesma opinião, aqueles não teriam mais razão de impor silêncio a este do que a este, se tivesse forças, se justificar fazendo silenciar todos os demais. (Mill, 1963 [1987]: 20)

Ver **Normas**; **Regras**.

*Nem toda questão é debatível* – muitas vezes o fato de nos posicionarmos diante de uma questão é simplesmente ignorado. Isso tem a ver com as condições pragmáticas acerca das condições de discussão de uma afirmação. Assim como é impossível voltar atrás em uma causa julgada, a menos que se produza um fato novo, o funcionamento adequado de um grupo argumentativo caracteriza-se também pelo fato de que não se questiona *o tempo todo, tudo e qualquer coisa*. Não se discute sobre *qualquer coisa* (critérios de pauta, agenda do dia), *com qualquer um* (critérios para que se participe da discussão), *em qualquer lugar*, *em qualquer momento* (tipo de situação), *de qualquer maneira* (tipos de procedimento):

É permitido dizer a verdade, mas não convém dizê-la diante de qualquer um, em qualquer momento e de qualquer maneira. (Érasme, 2001: 470)

Os autores da *Nova retórica* são mais sensíveis ao "qualquer um":

Há seres com os quais qualquer contato pode parecer supérfluo ou pouco desejável. Há seres aos quais não nos preocupamos em dirigir a palavra; há outros também com quem não queremos discutir, mas aos quais nos contentamos em ordenar. (Perelman e Olbrechts-Tyteca, 1999 [1958]: 18)

Aristóteles circunscreve a discussão legítima aos *endoxa* e rejeita completamente os debates que contestam "qualquer um", ou seja, as afirmações que, na prática, ninguém questiona:

Não é necessário submeter a exame todo problema e toda tese, bastando examinar aquele ou aquela que venha a suscitar dúvidas para alguém que necessita de argumentos e não de punições, pessoa esta a quem não falta percepção, pois os que alimentam dúvidas quanto a deverem os deuses ser ou não ser reverenciados e os pais amados necessitam de punição, enquanto os que alimentam dúvidas quanto à neve ser ou não ser branca carecem de percepção. (Aristóteles, *Top.*, 105a)

O *in*-discutível relaciona-se com três tipos de evidência: a evidência sensível (*a neve é branca*); a evidência religiosa (*devemos honrar os deuses*); a evidência social (*devemos amar nossos pais*). Para que uma opinião seja digna de ser questionada, é necessário, de um lado, que ela pertença ao domínio da *doxa*, isto é, seja defendida seriamente por algum membro ou grupo respeitável da comunidade (ver **Doxa**) e, de outro lado, que aquele que a questione seja sério em seu questionamento. Os enunciados sobre a cor da neve, as honras devidas aos deuses e o amor devido aos pais são *in*-discutíveis, porque não está claro como alguém poderia sustentar o contrário. No mesmo espírito, a teoria da estase categoriza certo número de problemas como *in*-discutíveis (*antiestásicos*):* questões mal elaboradas, insolúveis, mas também questões cuja resposta é evidente; ver **Dialética; Evidência; Estase; Questão argumentativa**.

O questionamento não pode ser gratuito; deve apoiar-se em *razões para duvidar*. Em outras palavras, quem *duvida* assume o ônus da prova (ver **Ônus da prova**).

Sobre a legitimação do debate, ver **Paradoxos da argumentação e da refutação**.

## CONSTITUIÇÃO DOS ARGUMENTOS

Além dos acordos sobre a comunidade de fala e sobre a constituição da questão a ser debatida, existem os acordos sobre os seres, os fatos, a situação do mundo, as regras e os valores (Perelman e Olbrechts-Tyteca, 1999 [1958], segunda parte, cap. 1, "O acordo"). A questão dos acordos refere-se aqui às condições que fazem com que um enunciado apresentado num debate possa contar como um argumento, as quais arrolamos a seguir: condição de *verdade*, que é fundamental no raciocínio (ver **Evidência**); condição de pertinência do enunciado verdadeiro para a conclusão defendida; condição de pertinência da conclusão (a partir de um enunciado reivindicado como verdadeiro e pertinente) para o próprio debate; ver **Pertinência**.

---

\*    N.T.: No original: *a-stasiques*.

Ao nos encontrarmos diante da impossibilidade de determinar se um enunciado é verdadeiro, pertinente para uma conclusão e, ainda, se tal conclusão é, em si, pertinente para um debate, invocamos um regime geral de *aceitação* pelas partes, aceitação que geralmente é interpretada como *acordo* entre as partes. Mas, na prática, é difícil obter esse tipo de acordo, porque os interessados pela questão (os debatedores etc.) já sabem *o que os espera* e, por isso, têm plena consciência de que aceitar o argumento já é aceitar a conclusão. Daí a preferência pelo desacordo já de início.

Em tese, a noção de acordo desempenha o papel de um *deus ex machina*, que permite dispensar a noção de verdade e transformar um simples enunciado em um argumento que permita a evolução do debate. Esse recurso à noção de acordo está fundado em um argumento pelas consequências indesejáveis, sobretudo porque a ausência de acordo conduziria o debate à situação de "desacordo profundo".

Se o destino do debate é deixado aos participantes, a ausência de acordo pode de fato resultar no fracasso da discussão (Doury, 1997). Na prática, é preciso considerar dois fatos: de um lado, os pontos de acordo e desacordo podem ser o objeto de uma negociação permanente durante a argumentação e, de outro lado, a ausência de acordo não impede a argumentação. O exercício do poder, que pode ser legítimo, permite a dispensa do acordo. Nesse sentido a decisão do juiz, e mais amplamente a do terceiro, pode ser tomada com base em um argumento rejeitado por uma das partes; ver **Papéis argumentativos**.

De modo geral, quanto mais concordamos, mais aproximamos a prática da argumentação à dedução simples: se estamos de acordo com o fundamental, basta organizarmos convenientemente os acordos para que a conclusão venha à tona. Essa perspectiva alinha a argumentação à demonstração lógica elementar. Mas não nos enganemos, a argumentação é uma maneira linguageira de tratar os conflitos em um regime de desacordos e de incertezas generalizados. Ali há uma incompatibilidade decisiva de interesses em jogo: podemos de fato compartilhar o bolo, mas o que é comido por um não pode ser pelo outro. O desacordo profundo decorre da argumentação cotidiana; ver **Evidência; Desacordo conversacional e desacordo argumentativo**.

(E.L.P. e R.D.M.)

# ▪ Conectivo ▶ Baliza, marcador

# ▪ Conhecimento imediato e conhecimento por inferência

Segundo uma concepção comum, a argumentação é uma forma de *inferência* e, como tal, pode produzir conhecimento. De modo geral, os conhecimentos expressam-se em afirmações e provêm de fontes e operações diversas que podem ser esquematizadas da seguinte forma:

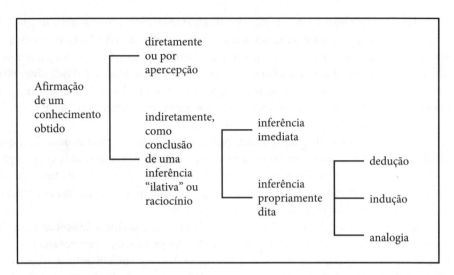

Esse esquema é lacunar no sentido de não incluir o raciocínio experimental, fundado na observação, na medida e no cálculo para estabelecer relações causais e, de modo geral, conectar estatisticamente os fenômenos. Não obstante, permite situar a argumentação como afirmação de um conhecimento por inferência.

A afirmação vetora de conhecimento é encontrada em um discurso composto:

- *de um único enunciado*: o conhecimento é obtido *diretamente*, ou seja, sem a intervenção de uma inferência. Esse conhecimento (chamado *imediato*) corresponde à certeza que surge da evidência; ver **Evidência**.
- *de vários enunciados*: o conhecimento é obtido *indiretamente*, ou seja, por meio de uma inferência, de modo que algo é afirmado com base em uma ou mais afirmações antecedentes:
- *de dois enunciados*: o conhecimento é expresso em um enunciado-conclusão que é inferido diretamente, por *inferência imediata*, de outro enunciado. É uma inferência de premissa única.
- *de três (ou mais de três) enunciados*: o conhecimento é expresso em um enunciado de conclusão que é inferido a partir de dois (ou mais de dois) enunciados (premissas), um deles tendo a função da lei de passagem; ver **Lógica (III)**; **Diagrama de Toulmin**.

A inferência é "ilativa" (Peirce), pois permite adquirir novos conhecimentos a partir de verdades já admitidas, correspondendo à problemática da demonstração silogística e da argumentação, considerada sua "contraparte" retórica.

(E.L.P. e R.D.M.)

# ▪ Consenso – Dissenso

### CONSENSO

#### CONSENSO COMO ACORDO EXPRESSO OU VISADO PELA ARGUMENTAÇÃO, VER ACORDO, PERSUASÃO.

#### ARGUMENTO DO CONSENSO

O *argumento do consenso* abrange uma família de argumentos que consideram uma proposição verdadeira pelo fato de haver consenso sobre o tema em discussão ou que rejeitam uma proposição pelo fato de ela se opor ao consenso. O locutor alega que os dados sobre os quais ele fundamenta sua argumentação são o objeto de consenso entre todos os homens e em todos os tempos, e que, ao não se associar a isso, seu interlocutor se excluiria dessa comunidade. Esses argumentos têm a forma geral:

> *Sempre pensamos, quisemos, fizemos... assim.*
> *Então compre (queira, faça...) assim.*
> *Todo mundo adora o produto X.*

*Maior número* (lat. arg. *ad numerum*; *numerus* "número") – o argumento do maior número tende para o argumento do consenso.

> *A maioria/muitas pessoas... pensa(m), quer(em), faz(em)... X.*
> *Três milhões de americanos já o adotaram!*
> *Meu livro vendeu melhor que o seu.*
> *Ele é um ator muito famoso.*

*Senso comum* – o argumento do consenso é facilmente combinado com o da autoridade, o qual é generosamente associado com a *sabedoria tradicional* ou com o *bem comum*, na medida em que o consenso é compartilhado por todo mundo; ver **Autoridade; Fundamento**.

> *Eu sei que os franceses me aprovam.*
> *Apenas os extremistas me atacam, todas as pessoas de bom senso concordam comigo.*

*Maioria\** – o argumento do maior número também está ligado à *falácia da maioria* (em inglês, *bandwagon fallacy*). O *bandwagon* é literalmente o carro decorado que leva a banda pela cidade e é seguido por todos com alegria e entusiasmo. Metaforicamente, seguir ou entrar no *bandwagon* é seguir o movimento, juntar-se a uma "emoção" popular, no sentido etimológico. Falar sobre *bandwagon fallacy* é, portanto, condenar o apelo à maioria, ao senso comum: fazer qualquer coisa simplesmente porque isso diverte muito as pessoas.

Essa falácia também está ligada ao argumento populista (*ad populum*).

---

\* N.T.: A versão em espanhol do *Dictionnaire* traduziu o termo *suivisme* por por *seguidismo*. A versão em inglês, por *bandwagon argument*. Propomos traduzir *suivisme* por *maioria* ou *argumento da maioria*, porque mantém o sentido original e nos dispensa de criar um neologismo.

# DISSENSO

As abordagens mais comuns da retórica argumentativa focalizam a persuasão, a adesão, a comunhão, o consenso, a coconstrução... Esses termos soam como imperativos morais – "a diferença é ruim, o idêntico é bom" –, de modo que seria preciso ser muito insensível para discordar do princípio do acordo. O foco na persuasão e no consenso sugere que a unanimidade é o estado normal e sadio da sociedade e dos grupos, contrário ao estado *patológico* que seria o da controvérsia e da polêmica, em suma de *dissenso*.

O dicionário *TLFi* não traz o termo *dissenso*: essa forma regular, advinda do latim, da família do *desacordo*, corresponde ao antônimo *entendimento*.

## A FALA ARGUMENTATIVA POLÊMICA

"Conflito, polêmica, controvérsia": de acordo com o dicionário *Le Petit Robert* (PR), a polêmica é um "debate vivo ou agressivo por escrito → controvérsia, debate, discussão" (PR, art. *Polémique*). A controvérsia lhe parece mais pacífica, pelo menos em sua definição: "Discussão argumentada e seguida de uma questão, uma opinião" (PR, art. *Controverse*), ou em seus exemplos, em que ela pode ser qualificada como "viva", até mesmo "irredimível". Polêmica e controvérsia são espécies do gênero debate, não necessariamente escrito; ver **Debate**.

O campo lexical sobre o dissenso distingue, de um lado, interações colaborativas não violentas e estritamente argumentativas, como o ato de *deliberar* e as interações também com forte teor argumentativo, mas com inclinação mais conflituosa, como a *polêmica* e a *controvérsia*. Encontramos entre essas espécies tanto o ato de polemizar (acadêmico-político, escrito/oral) quanto o ato de sair no braço com alguém (mimo-posturo-gestual), o que pode muito bem acontecer em uma controvérsia. Não se trata apenas de gêneros, trata-se de *momentos* diferentes ou *posturas* interacionais diferentes, eventualmente muito breves. Globalmente, o gênero *debate* distingue-se de outras formas de violência verbal, não argumentativas, como a *troca de insultos*.

A violência verbal na controvérsia ou na polêmica é menos marcada pelo insulto do que por uma forma de dramatização emocional, frequentemente presente no ato de fala que abre esse gênero de debates, expresso por atitudes como: *revoltar-se, indignar-se, protestar*, mas nem sempre (*contestar*). Do ponto de vista de seu impacto emocional, a controvérsia e a polêmica podem ser *ofensivas*.

## A PAIXÃO PELO DISSENSO COMO FALÁCIA E PECADO

A polêmica é precisamente uma forma de debate sem fim. Os polemistas (e os polemizadores) manifestam uma verdadeira paixão pelo dissenso, o que os faz incessantemente adiar a conclusão do debate, pois o amor ao debate supera o amor à verdade. As polêmicas, então, prosperam em um contexto de paralogismos, em que, no limite, o grau de polemicidade se torna um bom indicador do grau falacioso da troca: os paralogismos emocionais e hierárquicos (*ad personam*, *ad verecundiam*) estão inevitavelmente associados ao debate "vivo e agressivo". A recusa de se render diante dos argumentos do outro é um paralogismo de obstinação, estigmatizado pela Regra 9 da discussão crítica, que exige que o proponente se curve diante de uma refutação conduzida de forma conclusiva; ver **Regras**. Mas quem decide se o ponto de vista foi defendido de forma conclusiva? O polemista é precisamente aquele que se recusa a admitir que o ponto de vista de seu oponente foi defendido de forma conclusiva, postulando que o seu ponto de vista vai além da dúvida suscitada.

Essa condenação da polêmica *falaciosa* repete o que a Idade Média fez com a discussão *pecaminosa*, considerada como um pecado da língua. Os teólogos medievais construíram uma teoria dos "pecados da língua", dentre os quais figura, em uma colocação muito boa, o pecado de *contentio*; ver **Falácias como pecados de língua**. Essa palavra latina, que deu origem a *contencioso* em português, significa "luta, rivalidade, conflito" (Gaffiot [1934], art. *Contentio*):

> A *contentio* é uma guerra travada com palavras. Pode ser a guerra defensiva de alguém que, teimoso, se recusa sem motivo a mudar de opinião. Mas geralmente é uma guerra de agressão que pode assumir várias formas: um ataque verbal inútil contra o próximo não para buscar a verdade, mas para manifestar sua agressividade (Aymon); uma querela de palavras que, abandonando toda a verdade, gera litígios e chega até a blasfêmia (Isidore); uma argumentação refinada e malevolente que se opõe à verdade ouvida para satisfazer um irreprimível desejo de vitória (*Glossa ordinaria*); uma altercação maldosa, litigiosa e violenta com alguém (Vincent de Beauvais); um ataque à verdade realizado com a força do *clamor* (*Glossa ordinaria*, Pierre Lombard). Frequentemente, no entanto, a *contentio* figura nos textos sem ser definida, como se a conotação de antagonismo verbal violento associado ao termo bastasse para indicar o perigo que se deve evitar e o pecado que se deve condenar.* (Casagrande e Vecchio, 1991: 213-214)

A *contentio* é um pecado de "segundo nível", derivado de um pecado capital, essencialmente o orgulho ("filiação da vã glória", Gaffiot [1934], art. *Contentio*), um modo de expressão da cólera e da inveja. Porém, uma ressalva: as definições restringem o pecado de *contentio* aos ataques violentos contra a verdade ou em negação dela, então atacar violentamente o erro não é um pecado, e a cólera, pecaminosa ali, torna-se aqui uma cólera *abençoada*.

## A ERA PÓS-PERSUASÃO E A NORMALIDADE DO DISSENSO

Todo debate argumentativo minimamente sério contém elementos de radicalidade e isso é normal, nada dramático, nem do ponto de vista social nem moral. A apreciação exata de uma situação argumentativa requer uma reavaliação do papel dos participantes terceiros ratificados – dotados do poder de tomar uma decisão – e, acima de tudo, uma desdiabolização do dissenso. Como diz Willard, que escreveu extensivamente sobre esse assunto: "elogiar o dissenso vai contra uma tradição antiga de argumentação que valoriza menos a oposição do que as regras que a restringem" (Willard, 1989: 149).

A preferência pelo consenso não exclui a normalidade do dissenso. Um é da ordem das preferências; o outro, dos fatos. Essa questão é vislumbrada por um dos campos

---

\* N.T.: Como este excerto faz parte de uma obra sem tradução e, ainda, por se tratar de obra pouco divulgada no Brasil, optamos por manter os nomes próprios como na versão original.

dos estudos da argumentação. Nesse sentido, o estudo da argumentação toma por objeto as situações em que as diferenças de opinião são *produzidas, geridas, resolvidas, amplificadas* ou *transformadas* por meio de sua confrontação discursiva. Saber em quais condições é conveniente empenhar-se para *reduzir* as diferenças de opiniões pela persuasão ou, ao contrário, *favorecer* seu desenvolvimento é uma questão social e científica importante, pois tem implicações pedagógicas cruciais, que só podem ser discutidas com base no entendimento correto do que acontece quando se argumenta.

Existem conflitos de interesse entre os humanos e os grupos humanos e tais conflitos são expressos em discursos que sustentam diferentes pontos de vista. Essas diferenças de interesses *podem* ser tratadas pela linguagem (parcial ou totalmente), e a argumentação é *um dos* modos de processamento dessas diferenças, que se materializam em diferenças de opinião.

A argumentação *pode servir* para trabalhar a opinião do outro, levar ao convencimento, gerar acordos, reduzir as diferenças de opinião e produzir consenso: essa é uma afirmação empiricamente verdadeira. Podemos considerar como um programa de pesquisa as condições nas quais uma argumentação contribuiu para a resolução de um conflito. A partir daí, pode-se desdobrar outro programa que contemple a pesquisa dos meios pelos quais é possível favorecer o acordo entre indivíduos, nações, grupos religiosos ou grupos humanos em geral. No entanto, nada garante que o mesmo sistema de regras e os mesmos procedimentos sejam eficazes em todos esses níveis, pois apenas uma investigação empírica pode eventualmente determinar isso.

A argumentação *pode servir* para dividir a opinião e aprofundar as diferenças de pontos de vista: é o que o discurso do Cristo faz na cosmovisão cristã: "Não pensem que eu vim trazer paz à terra; não vim trazer paz, mas espada. Pois vim causar divisão entre o homem e o seu pai; entre a filha e a sua mãe e entre a nora e a sua sogra. Assim, os inimigos de uma pessoa serão os da sua própria casa" (Mateus 10: 34-36).*

A abordagem linguageira da argumentação interessa-se pela maneira como os conflitos de interesse e as diferenças de opinião são geridos discursivamente. A argumentação dá palavras aos conflitos, pois se trata de um método de gestão não apenas das opiniões *diferentes*, mas também das *diferenças*, reduzindo-as ou as ampliando.

Em um contexto social, ideológico ou científico marcado pelo consenso, o primeiro momento na geração de uma questão argumentativa é a criação de um discurso "alternativo", opondo-se ao consenso. Como as situações de consenso não precisam de justificação, os discursos alternativos devem ser poderosamente justificados para se tornarem audíveis na esfera pertinente. Assim, para a teoria da argumentação, é uma tarefa digna refletir acerca da maneira como ela pode contribuir para a construção desses discursos de dissenso, ou seja, para *a emergência de diferenças de opinião.*

Priorizar o consenso presume que a unanimidade é o estado normal e, sobretudo, desejável da sociedade e dos grupos. Se não há unanimidade, há uma maioria efetiva e uma minoria falaciosa que resistiu ao poder de persuasão do orador e se recusou a reconhecer a derrota por ele infligida. Tudo o que lhe resta é abandonar o debate ou partir para outra.

---

\* N.T.: Disponível em: https://www.bible.com/pt/bible/1840/MAT.10.34-39.NAA. Acesso em: 13 jul. 2024.

Podemos admitir a hipótese de que a coexistência de opiniões contraditórias representa o estado normal, nem patológico nem transitório, tanto no domínio sociopolítico quanto no das ideias; o desacordo profundo é a regra (ver **Desacordo conversacional e desacordo argumentativo**). A democracia não vive de eliminação de diferenças, e o voto não elimina a minoria. As coisas são mais complexas. Como escreveu, muito felizmente, um correspondente do jornal espanhol *El País*: "não se trata de convencer, mas de conviver" [*No se trata de convencer sino de convivir*] (A. Ortega, "La razón razonable", *El País*, 25-09-2006).* O problema não é convencer o outro, mas conviver com ele. A argumentação é uma maneira de gerir essas diferenças, eliminando-as ou as fazendo prosperar para o bem de todos.

Disso resulta que a teoria da argumentação pode permanecer agnóstica na questão da persuasão e do consenso. O debate profundo é banal; todos os debates sérios contêm elementos de radicalidade, e é precisamente neste momento que os debates não são meros esclarecimentos: argumentar não é apenas dissipar um mal-entendido.

(E.L.P. e R.D.M.)

# ▪ Consequência, arg.

❖ *Ad consequentiam*, lat. *consequentia*, "consequência, sucessão".

Na literatura sobre argumentação, *consequência* é tomada ora no sentido causal do *efeito*, ora no sentido lógico de *consequência*; ver **Causalidade (I)**.

### ARGUMENTAÇÃO PELOS EFEITOS CAUSAIS

A argumentação pelas consequências vai das consequências à causa. A conclusão fundamenta a existência de uma causa, apoiando-se na existência de um fato e de uma relação causal entre esse fato e a causa. A argumentação conclui ("reconstrói") a partir da consequência, do efeito, ou seja, o raciocínio elaborado ali se estabelece em um caminho inverso. Esse tipo de relação é também chamado de argumentação pelo efeito, ou do efeito à causa: *Você tem febre, então você tem uma infecção.*

> *Argumentos:* Observamos a existência de um fato ou evento *e*.
> Esse fato *e* se enquadra na categoria de fatos ou eventos *E*.
> *Lei da passagem:* existe uma lei causal que liga os fatos *C* aos fatos *E*.
> *Conclusão: e* tem uma causa de tipo *C*.

Trata-se do processo de diagnóstico ou ainda da *argumentação diagnóstica*, relacionada à argumentação pelo indício; ver **Indício**.

No domínio da decisão sociopolítica, a argumentação pelas consequências corresponde à argumentação pragmática ou ao argumento pragmático; ver **Pragmático**.

Ver **Causalidade**; *A priori*; *A posteriori*.

---

\* N.T.: Este texto está traduzido para o português em: *Revista Eletrônica de Estudos Integrados em Discurso e Argumentação/EID&A*, 15(1), 244-269. Disponível em: https://doi.org/10.17648/eidea-15-2066.

## ARGUMENTAÇÃO PELA IDENTIDADE DAS CONSEQUÊNCIAS

Esta argumentação vale para as deduções feitas com base no sentido das palavras e para as deduções causais. Ela recorre ao sentido da coerência.

*Sobre o sentido das palavras (consecução lógica)* – se a consequência for sempre a mesma, conclui-se que os antecedentes também são os mesmos. "Xenófanes dizia que tanto cometem impiedade aqueles que dizem que os deuses nascem como os que afirmam que morrem: em ambos os casos, com efeito, a consequência é haver um tempo em que os deuses não existem" (Aristóteles, *Ret.*, II, 23, 1399b5). A inferência é feita a partir do enunciado a um de seus pressupostos, e a lógica da linguagem impõe a conclusão.

*Sobre as consequências (consecução causal)* – se F é condenável porque sempre causa algo de mal, então tudo o que é suscetível de ter uma consequência desse tipo deve ser condenado. Se o argumento apresentado para proibir o consumo de haxixe é que *essa substância causa a perda de autocontrole*, logo é condenável tudo o que causa a perda de autocontrole; por exemplo, o álcool.

### REFUTAÇÃO PELAS CONSEQUÊNCIAS CONTRADITÓRIAS

A refutação pelas consequências contraditórias tem a seguinte forma:

Pedro afirma "S é P".
De um lado, S possui o atributo Q: a *doxa* diz e o adversário admite.
De outro lado, os P possuem os atributos não Q.
Se S era P, ele deveria possuir o atributo não Q.
Portanto, Pedro afirma coisas incompatíveis a propósito de S.

Exemplo:

*Pedro afirma que o poder é um bem.*
*Porém, todo mundo concorda em dizer que o poder corrompe.*
*Porém, a corrupção é um mal.*
*Porém, o bem é incompatível com o mal.*
*Para ser um bem, o poder deve excluir a corrupção.*

Esse *topos*, que corresponde a *Você afirma os contrários*, coloca em contradição as afirmações com as consequências dessas mesmas afirmações. Essa forma de refutação, já era utilizada na troca dialética filosófica.

*Do ponto de vista linguageiro*, toda a arte está na construção de não P. De fato, o que é dito pelo proponente é algo como *S é X*. Seu oponente constrói *X* como *não P* por uma série de paráfrases argumentativas; ver **Ad hominem**; **Contrários**; **Absurdo**; **Dialética**.

A argumentação *pelas consequências* às vezes é chamada em latim como argumentação *quia*, "porque", em oposição à argumentação *pela causa* ou *propter quid*, "devido a; por causa de"; ver **A priori; A posteriori**.

(E.L.P. e R.D.M.)

## ▪ Contra-argumentação

A contra-argumentação surge quando, na argumentação em defesa de um ponto de vista, o interlocutor apresenta um ponto de vista diferente, também por meio de argumentos que levam a uma conclusão que contradiz o primeiro ponto de vista apresentado:

L1:     – *Vamos construir a nova escola aqui, o terreno é menos caro.*

L2:     – *Se a construirmos lá, os alunos terão menos transporte.*

Se o oponente apresenta uma contraproposição e afirma É preciso *construí-la em outro local*, espera-se que por meio desse posicionamento ele tenha razões para defender esse ponto de vista.

A estrutura argumentação/contra-argumentação pode corresponder ao estágio emergente de uma questão argumentativa, mas, de modo geral, ela caracteriza um posicionamento relativo (um *footing* no sentido de Goffman) dos participantes: a contra--argumentação corresponde aos momentos em que os debatedores apresentam e defendem duas posições incompatíveis, o que pode acontecer a qualquer momento, em uma situação argumentativa concreta.

Os dois interactantes argumentam no sentido pleno do termo, pois argumentação e contra-argumentação têm igualmente um papel recíproco de refutação. Por meio do jogo da negação em situação bipolarizada, o fato de se fornecer um argumento para se fazer B, incompatível com A, transforma-se na razão para não se fazer A. Pode-se dizer que a argumentação a favor de B é uma contribuição à refutação de A, ou uma contra-argumentação desfavorável a A (Brandt e Apothéloz, 1991: 98-99); ver **Questão**; **Contradição**; **Antítese**.

A *contra-argumentação fraca* funciona como uma refutação fraca, pois reforça a posição que está atacando. Na passagem seguinte, Noam Chomsky argumenta a partir do fracasso da contra-argumentação de seu adversário, o filósofo Hilary Putnam, ao sugerir que ele, Chomsky, poderia muito bem ter razão:

> Até aqui, em minha opinião, [Putnam] não justificou suas posições como também não conseguiu esclarecer quais são essas posições. O fato de mesmo um filósofo de sua envergadura não ter sucesso nisso nos autoriza talvez a concluir que... (Chomsky, 1979: 461)

O elogio das competências de seu adversário, *um filósofo de sua envergadura*, faz parte desse importante *topos* da refutação do discurso contra-argumentativo; ver **Polidez argumentativa**; **Ignorância**; **Refutação**.

(E.L.P. e R.D.M.)

## ▪ Contradição

**1. No diálogo**, a contradição é uma situação em que dois interlocutores produzem turnos de fala antiorientados. A contradição aparece com a recusa de ratificação, que pode ser resolvida por uma série de procedimentos de ajustes ou ser tematizada e dar origem a uma situação argumentativa; ver **Desacordo conversacional e desacordo argumentativo**; **Questão**; **Estase**; **Negação**; **Refutação**; **Contra-argumentação**.

**2. As relações de contradição e de oposição** são definidas em lógica e estão na base de inúmeras operações argumentativas:

- Relações de contradição e de oposição, ver **Contrário e contraditório**.
- Princípio de não contradição, ver **Não contradição**; *Ad hominem*; **Coerência**.

- Argumentação pelo absurdo, ver **Absurdo**.
- Argumentação pelos contrários, ver **Contrários; Leis do discurso**.

(E.L.P. e R.D.M.)

# ■ Contraposição ► Contra-argumentação

# ■ Contrário e contraditório

As propriedades da contraposição (*contrariété*) e de contradição (*contradiction*) são definidas no nível das proposições não analisadas.

*Proposições contrárias* – duas proposições P e Q são *contrárias* se, e somente se, elas não são simultaneamente verdadeiras, mas podem ser simultaneamente falsas, ver **Lógica clássica (IV)**:

| P | Q | P contrário de Q |
|---|---|---|
| V | V | F |
| V | F | V |
| F | V | V |
| F | F | V |

*Ter cabelos brancos* e *ter cabelos ruivos* são proposições contrárias, pois um mesmo sujeito não pode ter, ao mesmo tempo, cabelos brancos e ruivos (desconsideremos o caso de raízes de cabelo mal tingidas); ele ainda pode ter os cabelos castanhos.

*Proposições contraditórias* – duas proposições P e Q são *contraditórias* se, e somente se, não podem ser simultaneamente verdadeiras nem simultaneamente falsas, ou seja, uma delas é verdadeira, e a outra é falsa:

| P | Q | P contraditório de Q |
|---|---|---|
| V | V | F |
| V | F | V |
| F | V | V |
| F | F | F |

*Ser homem* e *ser mulher* são proposições *contraditórias* na acepção tradicional de gêneros, mas, na acepção não tradicional de gêneros, essas são proposições *contrárias*.

*Contrários e contraditórios no quadrado lógico* – o quadrado lógico estabelece uma relação entre as proposições afirmativas e negativas, universais e particulares, segundo um conjunto de inferências imediatas, incluindo as relações de contradição e de contraposição; ver **Lógica clássica (II)**.

Um exemplo de confusão entre contrários e contraditórios: em 1864, o papa Pio IX publicou um *Syllabus*, ou seja, uma obra, uma espécie de catálogo resumindo suas reflexões sobre temas "modernos". Considerado retrógrado, o *Syllabus* recebeu fortes críticas. Em 1865, dom Dupanloup, bispo de Orléans, fez a defesa daquele catálogo, nos seguintes termos:

> É uma regra elementar de interpretação considerar que uma proposição, tida como falsa, errônea e até herética, não possa implicar necessariamente a afirmação de seu contrário. Tal consideração poderia levar a outro erro, mas apenas de seu contraditório. A proposição contraditória é aquela que simplesmente exclui a proposição desconsiderada. O contrário é aquele que vai além dessa simples exclusão.
>
> Pois bem! É essa regra elementar que não parece ter sido considerada nas diversas interpretações que têm sido feitas nas últimas três semanas da *Encíclica* e do Sílabo [*Syllabus*].
>
> O papa condena a seguinte proposição: "É permitido recusar a obediência a príncipes legítimos" (Prop. 63).
>
> É-se tentado a concluir que, de acordo com o papa, a recusa de obediência nunca é permitida e que é preciso sempre inclinar a cabeça sob a vontade dos príncipes. É dar um salto muito grande interpretar a fala do vigário de Jesus Cristo como manifestação de um despotismo brutal e de obediência servil a todos os caprichos dos reis. É a extinção da mais nobre das liberdades, a santa liberdade das almas. E é isso o que afirmam que o papa diz! (Dulanloup, 1865, apud Pio IX, 1967: 104-105)

O universo da *Encíclica* é binário ou pluridimensional? Consideremos os posicionamentos X:

- Se se considerar um esquema de oposição binária "permitido *versus* proibido", então as proposições É *permitido* (recusar a obediência)/É proibido (recusar a obediência) são *contraditórias*: apenas uma dessas proposições é verdadeira. Se se condena É permitido recusar a obediência aos príncipes legítimos, então se deve concluir que o contraditório é verdadeiro, ou seja, que É proibido recusar a obediência aos príncipes legítimos ou, em outras palavras, *Sempre incline a cabeça à vontade dos príncipes.*
- Se se considerar um padrão de oposições como "prescrito/permitido (indiferente) proibido", então as proposições É *permitido* (recusar a obediência)/É proibido (recusar a obediência) não são *contraditórias*, mas *contrárias*: elas não são simultaneamente verdadeiras, mas podem ser simultaneamente falsas, por exemplo se X for indiferente. A inferência *Se X* não é combatido, *X é prescrito* não é válida. Se se condena É permitido recusar a obediência aos príncipes legítimos, então se deve concluir um ou outro dos extremos:

  *É prescrito* recusar obediência a príncipes legítimos.

  *É proibido* recusar obediência a príncipes legítimos.

Como é difícil admitir que Pio IX, ou qualquer outra pessoa, *prescreva* o dever de desobediência aos governantes legítimos, concluímos que é o outro membro da disjunção que é prescrito pelo papa, isto é, *X é proibido.*

- Se se considerar um universo com cinco dimensões "prescrito/aconselhado/permitido (indiferente)/desaconselhável/proibido", introduzem-se duas possibilidades suplementares: "aconselhado" e "desaconselhado". A interpretação "aconselhado" não é possível pelas razões já vistas. Por outro lado, a interpretação "desaconselhado" pode corresponder à intenção do texto, como lida por dom Dupanloup. Então devemos nos perguntar por que tanta solenidade naquela condenação. Se se admite que algo *desaconselhável* é algo que não se faz *sem uma boa razão*, é evidente que não se desobedece ao príncipe legítimo assim, sem mais nem menos.

(E.L.P. e R.D.M.)

## ▪ Contrários, arg.

O *topos* dos contrários é o primeiro na lista dos *topoi* retóricos de Aristóteles:

> Um dos tópicos dos entimemas demonstrativos é aquele que se tira dos seus contrários. É conveniente examinar se o contrário está compreendido noutro contrário, refutando-o se não estiver, confirmando-o se estiver. (Aristóteles, *Ret.*, II, 23, 231397a7)

Em outros termos, se < A é B > é duvidoso, deve-se olhar para o que se passa com < não A >, assim o *topos* pode servir tanto para a *confirmação*:

> Se não A é não-B, então A é B

como para a *refutação*:

> Se não A não é não B, então A não é B.

- Confirmação:

> Questão: *A coragem é uma virtude?*
> Verifiquemos se o contrário da coragem (covardia) é um vício. Esse é exatamente o caso. Logo, deduzimos que a coragem é uma virtude.
> Argumentação: *A coragem é (bem) uma virtude, já que a covardia é (indiscutivelmente) um vício.*

É nessa função de confirmação que o *topos* dos contrários serve à amplificação oratória ou poética.

- Refutação:

> Questão: *O que é agradável é bom?*
> Observemos: aquilo que é desagradável é (sempre) ruim? Não, porque o óleo de fígado de bacalhau é desagradável, mas é bom para sua saúde. Logo, deduzimos que o agradável nem sempre é bom, e aquele que sustenta a proposição *o agradável é bom* é refutado.
> Argumentação: *O que é agradável nem sempre é bom, e o que é desagradável nem sempre é ruim.*

O *topos* dos contrários permite conclusões como as seguintes:

> Se respirar o pó de *carvão preto* o deixou *doente*, então, bebendo *leite branco*, ele recuperará sua *saúde*.

O *topos* dos contrários corresponde à regra "se A é B, então não A é não B". Esse esquema não é "quase lógico", mas *inválido* do ponto de vista lógico e corresponde ao paralogismo da negação do antecedente (*modus tollens*) < P → Q, logo não P → não Q >; ver **Dedução**. Uma condição suficiente é tomada por necessária e suficiente:

> *Se chover, os tomates ficarão bonitos.*
> *Então*, se não chover, os tomates estragarão?
> *Não*, basta irrigar corretamente no momento certo.

A argumentação apoia-se no esquema < A é B >, "se um ser x é A, então ele é B" e substitui, nesse esquema, A e B por suas respectivas negações: "logo, se um ser é não x, ele é não B". O problema é que a noção de negação de um predicado é clara, e a noção de negação de um nome não é: uma garrafa e um trem são não unicórnios. Como se trata de enunciados da linguagem cotidiana, tomadas em uma situação específica, as noções de contrário e de contraditório são discutíveis, mas quem quiser discuti-las dará à acusação a oportunidade de tentar escapar da discussão por meio de "querelas semânticas".

A aplicação do *topos* dos contrários é um reflexo semântico. Há um pensamento pelos contrários, do mesmo modo que há um pensamento por analogia. Há, no entanto, casos em que esse reflexo pode ou deve ser inibido: quando o texto é declarado perfeito tal como ele está, não se pode lhe acrescentar nada, nem pelos contrários, nem pela analogia. Se a oração diz *Paz às pessoas que amam você*, deve-se ou não aplicar o *topos* dos contrários: *guerra àqueles que não amam você*?

Certos exemplos possibilitam conclusões banais: o *topos* dos contrários – no campo filosófico que visa a estabelecer uma definição exata das palavras – permite concluir que *ser comedido é bom, considerando que ser descomedido é prejudicial*, o que parece uma operação evidente (vazia, irrefutável). Na esfera política, teríamos argumentações como:

> Se a guerra é a causa dos males sofridos, é com paz que devemos repará-los.
> *Aqueles que nos mergulharam na crise podem não ser os mais indicados para dela nos tirarem.* Se A quebra, então alguém (não A) fará o conserto.

A conclusão já é menos evidente em uma situação em que se pode sustentar que não é a *paz*, mas a *vitória total* que irá reparar tudo. As conclusões não são triviais nos dois exemplos a seguir em que Aristóteles ilustra o primeiro de seus *topoi*:

> Uma vez que nem contra os que nos fizeram mal sem querer é justo cair em ira, também não convém mostrar-se agradecido a alguém que à força nos faz um favor. (Aristóteles, *Ret.*, II, 23, 1397a10-15)

> Mas, se entre os mortais dizer mentiras é persuasivo, acredita que o contrário também o é: quantas verdades se tornam incredulidade para os mortais? (Aristóteles, *Ret.*, II, 23, 1397a10-15)

Cícero considera o entimema dos contrários como um entimema por excelência; ver **Entimema**.

## A CONTRARIO

A argumentação pelos contrários corresponde à argumentação *a contrario*: "se uma regra diz respeito explicitamente a uma categoria de seres, logo ela não se aplica a seres que não pertençam a essa categoria".

No Direito, o argumento *a contrario* é definido como:

> [...] um procedimento discursivo segundo o qual, sendo dada uma proposição jurídica, que afirma uma obrigação (ou outra qualificação normativa) de um sujeito (ou de uma classe de sujeitos), na falta de outra disposição expressa, deve-se excluir a validade de uma proposição jurídica diferente, que afirma a mesma obrigação (ou outra qualificação normativa) a propósito de qualquer outro sujeito (ou outra classe de sujeitos)

(Tarello, 1972, p .104). Assim é que, se uma disposição jurídica obrigar todos os jovens que chegaram aos vinte anos a prestar o serviço militar, daí se concluirá, *a contrario*, que as jovens não são sujeitas à mesma obrigação. (Perelman, 1998 [1979]: 75)

Se uma disposição está prevista para seres pertencentes a uma categoria, então ela não se aplica a seres pertencentes a outra categoria. Uma medida é aplicável somente no domínio estritamente previsto a todos os seres previstos e somente a eles. É uma aplicação da regra da Quantidade de Grice, que exige que seja fornecida a quantidade de informação necessária, nem mais nem menos.

Essa regra pressupõe que o sistema jurídico é confiável e estável. Em um período de evolução da sociedade e de revisão do direito, opor-se-á à argumentação *a contrario* a argumentação *a pari*. As mulheres engajadas num processo de conquista de igualdade com os homens vão recusar o raciocínio *a contrario* em relação à prestação do serviço militar apenas pelos homens. Elas exigirão que as leis sejam aplicadas *a pari*, ou seja, concluirão que também devem poder prestar o serviço militar. Não há paradoxo no fato de que é possível aplicar o raciocínio *a pari/a contrario* numa mesma situação. Isso reflete apenas a dualidade de possíveis posições políticas sobre questões sociais. O paradoxo só aparece se queremos fazer a regulação funcionar como um sistema lógico imutável, desprovido de sua dimensão sócio-histórica; ver ***A pari***.

## REFUTAÇÃO PELA CONSTATAÇÃO DO CONTRÁRIO

Dois contrários não podem se referir simultaneamente a um mesmo assunto. Em outros termos, se alguém afirma algo ("predica tal termo a tal assunto"), isso é refutado quando constatamos o fato contrário. Esse *topos*, tão trivial quanto eficaz, corresponde à ideia de que ainda são os fatos que melhor argumentam: *você diz isso, mas eu constato o contrário*.

Tese: Tal fato apresenta algumas especificidades.
Refutação: Verificar se há algo que contrarie a especificidade alegada do fato.

Exemplo:

1. Tese: *Pedro tem cabelos brancos.*
2. Constatação: *Pedro tem cabelos pretos.*
3. Regra: "preto" e "branco" são contrários (eles não são simultaneamente verdadeiros, mas podem ser simultaneamente falsos se Pedro tiver cabelos ruivos).
4. Regra dos opostos: veja acima.
5. Pedro não tem cabelos brancos.

A presença de um contrário permite eliminar todos os outros termos da família de contrários à qual ele pertence. Esse argumento tem um alcance imenso, pois constitui, sem dúvida, o regime de refutação padrão. Refutamos a alegação do adversário, mostrando um caso em que a proposição contrária é verdadeira.

A condição de pertencer à mesma família de contrários é necessária, pois não se refuta *Maria tem um gato* (tese) com base na constatação de que *Maria tem um coelho*.

O mesmo procedimento funciona também com os *contraditórios*. No regime sexual do século XIX, refutava-se *Maria é um homem*, constatando-se que Maria era uma mulher. Ali a refutação mostrava que seu contraditório era verdadeiro. Da mesma forma, se dois termos estão em relação de *posse/privação*, outra forma de contrários se coloca, por exemplo, se sou acusado de ter, na minha cólera, arrancado a orelha de alguém, então vou ao tribunal mostrar que quem me acusou tem suas duas orelhas.

Essa argumentação é de fundamental importância, pois define o regime popperiano de refutação: a teoria diz que X, mas se constata que não X. Em outras palavras, as predições feitas pela teoria são falsas. Esse *topos* intervém em todas os domínios do discurso prático. Não obstante, pelo menos nas humanidades, a constatação do contrário é menos conclusiva do que parece com o exemplo precedente. A teoria afirma, direta ou indiretamente, que P. Contudo, o bom senso, a intuição linguística, levam antes a "constatar" Q, algo contraditório a P. O que fazer para sair do dilema? Várias soluções são propostas:

- Rejeitar a teoria, o que seria uma solução dolorosa.
- Minimizar o fato inconveniente, opondo-o aos fatos que possam ser corroborados pela teoria ou ao menos que a teoria permita explicar ou coordenar.
- Retrabalhar a intuição e decidir que a teoria é ótima, precisamente porque nos faz ver as coisas "de maneira diferente", de forma mais rica e profunda, e que de fato P é uma espécie de estrutura profunda da intuição elementar expressa por Q. Em outras palavras, é possível resistir à refutação escolhendo reformular as hipóteses internas (teoria) ou as hipóteses externas (que caracterizam um fato).

## REFUTAÇÃO PELA IMPOSSIBILIDADE DO CONTRÁRIO

A refutação pela impossibilidade do contrário permite rejeitar um julgamento sobre um ser, salientando-se que não é possível que esse ser seja objeto do julgamento contrário: *Para ser elogiado por sua sobriedade, é preciso ter a possibilidade de ter sido imprudente*. Esse é o *topos* "não se pode dizer o contrário", logo o que você diz não tem sentido nem interesse:

- O proponente diz de um ser P, *Pedro*, que ele tem tal qualidade G, *ser gentil*.
- Essa qualidade tem um contrário M, *ser mesquinho*.
- Para que se possa atribuir a P a qualidade G, também é necessário que P seja suscetível de manifestar a característica contrária M.

L1:     – *Pedro agiu gentilmente.*

L2:     – *Para dizer isso, seria necessário que ele tivesse tido a possibilidade de ser mesquinho.*

Para que uma declaração contribua com informações reais em uma determinada situação, é necessário que a informação oposta seja significativa – *todos estão de acordo, como poderia ser diferente*:

> No *Le Figaro* desta manhã, um gestor da Companhia de Energia da França (EDF), Henri Proglio, afirma que o parque nuclear francês está em muito bom estado. Só que é difícil imaginar como ele poderia dizer o contrário. (*France Culture*, Programa das 9h, em 8 de abril de 2011)

(E.L.P. e R.D.M.)

## ▪ Convergência

Dois ou mais argumentos são convergentes quando apoiam a mesma conclusão; a estrutura resultante também pode ser chamada de *argumentação convergente*. Nesse caso lida-se com uma acumulação de *argumentos* que, tomados separadamente, podem ser relativamente fracos, pouco conclusivos, mas que, tomados em bloco, se fortalecem (duas razões valem mais do que uma): *Meu computador está começando a ficar velho. Existem promoções da minha marca favorita. Acabei de receber um bônus. Eu vou comprar!* Cada um dos argumentos está orientado para a conclusão *Eu vou comprar!*.

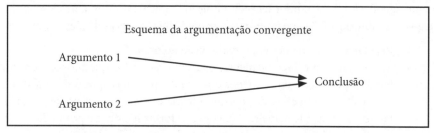

Cada premissa corresponde a um argumento, a uma "boa razão" bem caracterizada. Cada uma dessas argumentações (Arg_1 → Conclusão) é aqui globalmente esquematizada. Ao restabelecer essas leis de passagem, obtém-se o esquema a seguir, que podemos comparar com o esquema da *argumentação por ligação* [*argumentation liée*] (ver **Ligação**):

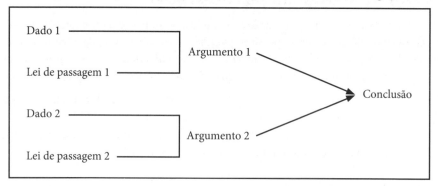

Essa estrutura aberta é característica da *rede* argumentativa [*filet argumentatif*], oposta à *cadeia* demonstrativa [*chaîne démonstrative*]. Os *argumentários* têm uma estrutura de argumentações convergentes, tanto em sua parte positiva quanto em sua parte refutativa; ver **Repertório argumentativo**.

No que diz respeito à argumentação convergente, coloca-se a questão da disposição dos argumentos. Se os argumentos fornecidos tiverem uma força muito diferente, a presença de um argumento fraco ao lado de um argumento forte corre o risco de prejudicar o conjunto da argumentação, particularmente se este argumento for o último empregado em uma sequência (ver **Leis do discurso**):

*Ele é um grande caçador, matou dois cervos, três javalis e um coelho.*

O conectivo *além de* constrói argumentos convergentes: conclusão, já que Argumento_1, além de Argumento_2:

> *Pois é, Pedro não virá domingo, ele tem trabalho, como de costume, além de seu carro estar quebrado.*

O locutor considera que o Argumento_1 é suficiente para a conclusão, mas, por precaução, ele acrescenta ainda o Argumento_2 (Ducrot et al, 1980: 193-232).

*Refutação ponto a ponto* – para refutar a conclusão de uma argumentação convergente, é preciso refutar cada um dos argumentos que apoiam essa conclusão. Assim, uma argumentação *convergente* é respondida por meio de uma refutação *ponto a ponto*. Trata-se de uma argumentação caso a caso, limitada aos argumentos que foram apresentados pelo adversário; ver **Caso a caso**.

- O proponente apresenta uma série de argumentos que convergem para a mesma conclusão. Ele considera seus argumentos como "provas".
- O oponente responde a cada um desses argumentos, considerados por ele como "pseudoargumentos" ou "argumentos".

**Como responder aos detratores das turbinas eólicas**
Turbinas eólicas: vento de controvérsias
Quinta-feira, 6 de março de 2008

Atualmente, estão florescendo artigos e relatórios sobre a questão das turbinas eólicas, acusadas de todos os males. Vamos examinar alguns dos "argumentos" apresentados pelos antiturbinas *eólicas, que são na maior parte pró-nucleares mal disfarçados. A rede "Sair do Nuclear" [Réseau Sortir du Nucléaire]* nos ajuda a responder. (Arquivos do Partido Verde de Paris – disponível em: http://idf.lesverts.fr/spip.php?article1096. Acesso em: 20 set. 2013)

A refutação ponto a ponto corresponde aqui ao estabelecimento de um contra-argumentário.

(E.L.P. e R.D.M.)

## ▪ Convergência – Ligação – Série

Em uma argumentação organizada na forma de "argumento-conclusão", a conclusão é expressa geralmente por um único enunciado ou por um breve discurso de conclusão. Toda a construção argumentativa que leva a essa conclusão tem papel importante na defesa da tese proposta. A distinção entre argumentações *ligadas, convergentes* e *em série* refere-se à estrutura que pode adquirir esse discurso. Nesse sentido, distinguimos três modos básicos de estruturação:

- com vários argumentos coorientados, ver **Convergência**;
- com vários enunciados cuja combinação produz um argumento, ver **Ligação**;
- com argumentações distintas, mas cujas conclusões vão se retroalimentando, isto é, uma conclusão reforça a outra, ver **Série (argumentações em –)**.

(E.L.P. e R.D.M.)

## ▪ Correlativos, arg.

*Termos correlativos (relativos, recíprocos)* – *pai* e *filho* são termos correlativos e, por isso, estabelecem entre si uma relação de inferência imediata: "se A é pai de B, então B é filho de A". Nesse exemplo simples, *filho* tem o sentido de "criança", termo não marcado que compõe o par "filho ou filha". Esses termos definem-se um em relação ao outro. Nesse sentido, *pai de* define-se como "homem que tem E1 e E2 por filhos"; *filho de* como "filho ou filha de P".

De modo geral, dizer que dois termos A e B mantêm uma relação de correlação na relação R1 e R2 é dizer que:

A_R1_B $\leftrightarrow$ B_R2_A

Os termos seguintes são correlativos:

*causa/efeito*
*vender/comprar*
*dobro/metade*
*ação/paixão*

Os termos correlativos são às vezes considerados como uma variação de termos contrários: "os relativos são [opostos] por definição"; eles são "ontologicamente simultâneos" (Hamelin [1905]: 133).

*Topos dos correlativos* – as operações relacionadas aos correlativos correspondem ao *topos* n. 3 da *Retórica* de Aristóteles: "o que Diomedonte, o coletor de impostos, disse acerca dos impostos: 'se para vós não é vergonhoso vender, também para nós não é vergonhoso comprar'" (Aristóteles, *Ret.*, II, 23, 1397a25):

*Se é permitido comprar 2 g de haxixe, então é permitido vender 2 g.*

Essas inferências têm limites, pois, no caso do haxixe, a venda de droga é proibida na França, mas sua posse em pequenas quantidades é tolerada. O princípio seguinte trata dois pares correlativos *saber/aprender*, *mandar/obedecer* a partir do *topos* dos contrários:

*Se você quer aprender a mandar, aprenda primeiramente a obedecer.*

(E.L.P. e R.D.M.)

## ▪ Crenças do auditório, arg.

A argumentação *a partir das crenças* do auditório, que se opõe à argumentação baseada nos *fundamentos* de uma questão, reveste-se de duas formas, o argumento *ad hominem* e o argumento *ex datis*:

- O argumento *ad hominem* explora o sistema de crenças do interlocutor de forma *negativa*, bloqueando o interlocutor e fazendo-o entrar em contradição com ele mesmo: *Você se contradiz quando se recusa a apoiar a intervenção na Sildávia!*; ver **Ad hominem**.
- O argumento *ex datis* explora *positivamente* o sistema de crenças do interlocutor: *Tudo que você pensa tem a ver com a defesa da intervenção na Sildávia*; ver **Ex datis**.

(E.L.P. e R.D.M.)

# ▪ Crítica – Racionalidades – Racionalização

## RACIONALIDADES

A argumentação é frequentemente vista como o instrumento da racionalidade. Podemos distinguir várias formas de racionalidade:

*Racionalidade como adequação de uma conduta a um objetivo* – é a forma de racionalidade que engloba todas as formas de ação guiadas por um *script* ou um plano preestabelecido. Por exemplo, se queremos ter sucesso ao preparar uma receita culinária, será necessário ficarmos atentos a todas as etapas, na sequência proposta pela receita. Esse princípio confunde-se com a exigência de não contradição (um princípio de consistência ou de coerência) entre conduta e objetivo, sendo explorado por todas as formas de refutação que possam levar a algum tipo de contradição do adversário; ver **Ad hominem**; **Coerência**. Como não é incomum corrermos atrás de mais de um objetivo ao mesmo tempo, a racionalidade disso resultante é constantemente desestabilizada.

Essa forma de racionalidade pode estar relacionada com situações de infração da lei. Nesse sentido, Sade é um excelente argumentador. Assim, corre-se o risco de que racionalidades delirantes e despóticas estejam a serviço de objetivos com a mesma natureza.

*Racionalidade atrelada a um campo* – a racionalidade precisa estar atrelada a algum campo, a algum domínio. Um comportamento linguageiro, por exemplo, é considerado racional se se enquadra nas práticas reconhecidas em um determinado domínio, seja um domínio técnico, um paradigma científico, uma tradição intelectual; ver **Regras**.

*Racionalidade democrática* – trata-se de uma qualidade de sociedades e de grupos que dispõem de instituições e de lugares em que a informação é acessível; em que é permitido a todos a manifestação contra e a favor acerca de questões sociais, aí incluída a defesa de pontos de vista antagônicos; em que existe o direito de resposta, em um formato idêntico ao do ataque; em que a segurança física dos oponentes é garantida. Trata-se de uma forma de sociedade em que os detentores do poder sejam levados a prestar contas de seus atos.

Muitas vezes acreditamos que a racionalidade é guiada por regras. Não obstante, ao formulamos regras, é necessário termos em mente que elas podem ser de diferentes naturezas e conformes a cada contexto.

## RACIONALIDADES DISCURSIVA E ARGUMENTATIVA

Uma questão argumentativa gera um paradoxo, uma vez que a questão em discussão apresenta ao menos dois posicionamentos antagônicos *sensatos*, mas globalmente *contraditórios*. É por essa razão que os teóricos da argumentação tentam encontrar um critério de validade mais forte que o simples fato de estarmos diante de pontos de vista "sensatos", quando estamos diante de uma questão argumentativa. Nesse sentido, eles propõem, em seus modelos teóricos, a noção de discurso *racional*. Assim, podemos associar as diferentes vertentes teóricas da argumentação a diferentes visões de racionalidade. Vejamos algumas:

*Racionalidade linguageira* – do ponto de vista linguageiro, um discurso racional é, antes de mais nada, um discurso *sensato* e apresenta um *sentido linguístico* e um *sentido contextual* em relação à questão argumentativa em debate. Um discurso sensato é dotado de uma significação acessível a seus destinatários, em que um locutor é capaz de defender um ponto de vista, justificar e explicar por que disse isso e não aquilo. Em inglês o termo *accountable* ("responsável") resume bem essa ideia.

*Racionalidade discursiva e gêneros linguageiros* – a racionalidade do discurso geralmente é associada com o discurso argumentativo. No entanto, não há só *uma*, mas *várias* formas de racionalidade: racionalidade *argumentativa*, racionalidade *narrativa*, racionalidade *descritiva* etc. *A contrario*, podemos encontrar um sem-número de descrições e narrativas completamente absurdas e, nesse sentido, pouquíssimo racionais, incoerentes e delirantes.

*Discurso racional e retórica eficaz* – a racionalidade da eficácia tem a ver com a racionalidade como adequação de um comportamento a um objetivo, podendo prescindir de justificativas. Essa racionalidade da eficácia pode orbitar o território da manipulação verbal e não verbal, podendo ainda ser pouco sensata.

*Discurso racional e discurso justificado* – a definição de discurso racional como discurso justificável ajuda a construir a ideia de que um discurso só é racional se suas proposições não são meramente intuitivas, isto é, fruto de certezas meramente individuais, independentemente de como se busque justificar tais posicionamentos. O discurso racional é abertamente sustentado por outras proposições, a partir de diferentes disposições das quais seja possível rastrear a fundamentação; ver **Evidência**; **Evidencialidade**; **Diagrama de Toulmin**.

*Um discurso é mais racional se expõe seus pontos fracos* – um discurso racional está aberto à refutação. O discurso toulminiano, por exemplo, leva à risca essa exigência, isto é, a de expor seus pontos fracos. Nesse sentido, em seu *layout* de argumentos, a conclusão estabelece-se a partir de um dado, em função de uma lei de passagem devidamente modalizada. A instância crítica daquele layout é representada pelo rastro da justificativa que ali se deixa, por meio de argumentos, em que o *rebuttal* indica o *ponto de refutação* potencial e que advém de uma noção popperiana a partir da qual se entende que o discurso exibe seu ponto fraco e indica que direção deve ser tomada para que se fortaleça. De forma inversa, quanto mais uma argumentação dissimula seus pontos fracos, menos ela será considerada racional.

*Um discurso é mais racional se foi criticado* – o grau de racionalidade de um discurso aumenta de acordo com o número de contradiscursos confrontados ao longo do caminho e contra os quais se saiu vitorioso. Esse é um legado perelmaniano, isto é, compreender a racionalidade em função do número e, sobretudo, da qualidade dos auditórios que a acolhem. Como diz Bachelard, não existe verdade, mas tão-somente erros retificados ou em processo de retificação.

A prática da argumentação dialogada, seja face a face ou a distância, pode ser considerada como *o exercício da função crítica da linguagem*. Nesse sentido, *criticar* não quer dizer "depreciar" nem "rejeitar", mas "apresentar um julgamento", positivo ou negativo, acerca de uma questão qualquer. A observação atenta de uma argumentação mostra que os participantes que dela fazem parte passam o seu tempo a avaliar os argumentos uns dos outros (Finocchiaro 1994: 21). A fala argumentativa é avaliada em um metadiscurso produzido tanto face a face quanto a distância, seja espacial ou temporal. Toda abordagem do discurso argumentativo que tenha preocupação com a adequação empírica deve levar em conta essa dimensão crítica.

A *Nova retórica* apresenta a questão crítica em dois níveis. De um lado, e tomando o partido da Retórica antiga, estuda os mecanismos de refutação, o que constituiria uma crítica de primeiro nível. Por outro lado, relaciona a questão da avaliação dos argumentos à apreciação crítica pelos auditórios, inscrevendo-a na passagem do *persuadir* ao *convencer*; ver **Persuasão**. A avaliação dos argumentos cabe, nesse sentido, aos participantes na constituição do discurso retórico. E esse é um contraste considerável em relação aos que creem que a avaliação dos argumentos só pode ser realizada por um julgador extremamente racional e que, na prática, confunde-se com o analista.

Os modelos de diálogo inserem a atividade crítica no centro de suas preocupações. A *Pragmadialética* e a Lógica informal desenvolvem uma crítica da argumentação fundamentada na noção de *falácia*. Para evidenciar as falácias, a Pragmadialética utiliza um sistema de regras; a Lógica informal utiliza, de forma mais recorrente, a técnica das questões críticas; ver **Falacioso**; **Regras**.

Diversos termos são empregados para caracterizar negativamente o conteúdo de um discurso que foi invalidado pela crítica:

- Um *paralogismo* é essencialmente um silogismo não válido; ver **Paralogismos silogisticos**.
- Enquanto o paralogismo é da ordem do erro, o *sofisma* é da ordem do engodo, da enganação intencional; ver **Sofisma, sofista**.
- A noção de raciocínio e de *discurso falacioso* (lat. *fallacia*, ing. *fallacy*), desde sua origem, engloba um sem-número de dificuldades na construção de um discurso que pretenda dizer e transmitir a verdade. A origem de tais dificuldades encontra-se tanto em particularidades estruturais da linguagem (falácias *ligadas à linguagem*) quanto na aplicação correta de um método a objetos naturais (falácias *fora da linguagem*); ver **Paralogismos silogisticos**; **Sofisma, sofista**; **Falacioso**; **Normas**; **Regras**; **Avaliação e avaliador**.

## TEORIAS GERAIS DA ARGUMENTAÇÃO E CRÍTICA DO DISCURSO

Nem todas as teorias da argumentação se engajam em definir uma forma de racionalidade. É o caso, por exemplo, da teoria conhecida por *argumentação na língua*, proposta de Anscombre e Ducrot, ou, ainda, a Lógica natural, proposta por Grize. Por princípio, essas duas perspectivas teóricas não chegam a ser *irracionais*, mas *a-racionais*. Uma premissa ali é que se todos os discursos são argumentativos, não faz sentido falar-se em retificar um discurso na iminência de melhorar a sua argumentatividade ou sua racionalidade, pouco importando o método empregado. Tanto a argumentação na língua quanto a Lógica natural concordam que a primeira das condições para que um discurso seja racional é que ele seja *sensato*.

Para a Lógica natural, a teoria da representação [*éclairage*] proporciona a cada discurso um tipo de validade, mas parcial. Existe, então, ali, um tipo de impossibilidade crítica: "o orador não faz mais do que construir uma esquematização diante de seu auditório, mas sem 'transmiti-la'" (Grize 1982: 30).

A *teoria da argumentação na língua* considera que a conclusão corresponde a um desenvolvimento semântico do argumento cuja argumentação é uma reformulação. Nesse sentido, a argumentação está inteiramente suscetível às configurações da língua (isto é, às orientações) a que o discurso não faz mais do que aquiescer – e que são precisamente denunciadas pelas teorias das falácias que buscam uma linguagem neutra e objetiva. Em realidade, a teoria da argumentação na língua propõe uma abordagem crítica radical do discurso com a pretensão de alcançar a/uma racionalidade. Se fazemos a transposição dessa perspectiva teórica para uma teoria focada nas falácias, poderíamos dizer então que, por petição de princípio, toda argumentação em língua natural é radicalmente falaciosa. Daí a afirmação de que a argumentação é o "sonho do discurso" (Ducrot 1993: 234). Essa metáfora do "sonho", que evoca a pretensão racional da argumentação (como a vemos em Perelman, por exemplo), sugere uma "racionalização onírica" [*rationalisation du rêve*], uma teorização ilusória. Nesse sentido, propor uma crítica dos argumentos seria o mesmo que fechar-se em uma "crítica ao sonho" quando podemos, na melhor das hipóteses, interpretá-los; ver **Demonstração e argumentação**; **Viés linguageiro.**

## RACIONALIDADE E RACIONALIZAÇÃO

Em Psicanálise, fala-se em racionalização ou em intelectualização para designar os processos discursivos com pretensão racional por meio dos quais um sujeito toma consciência e reivindica seus atos, suas representações, seus sentimentos, seus sintomas ou seu delírio (Laplanche e Pontalis, 1967, art. *Rationalisation*), enquanto seu verdadeiro eu continua opaco: "[o Eu] procura, sempre que possível, permanecer em bom acordo com o Id; reveste as ordens deste com suas racionalizações; simula a obediência do Id às advertências da realidade, mesmo quando o Id é obstinado e inflexível" (Freud, 2011 [1923]: 54).

(E.L.P. e R.D.M.)

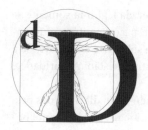

## ▪ Debate

O debate* ou a discussão à ocidental é um gênero que mobiliza todas as faces da atividade argumentativa, ao ponto de assimilarmos os dois termos, *argumentar é debater*: construir pontos de vista, produzir boas razões, estabelecer alianças mais ou menos efêmeras, integrar/refutar/destruir posicionamentos alheios, implicar-se pessoalmente no estabelecimento de decisões, de verdade e de poder.

Não obstante, o debate não é feito apenas de sequências argumentativas. Ele é composto de sequências de diversas ordens: apresentação dos participantes, busca de informação, apreciações, registro dos atos, gestão da interação, digressões, brincadeiras etc. É legítimo, inclusive, se perguntar qual o teor argumentativo de um debate (forte ou fraco), quais são as *sequências argumentativas* ou mesmo quanto tempo se gastou para a elaboração e justificativa das conclusões mais polêmicas.

A importância atribuída a suas múltiplas faces midiáticas acaba associando o debate à *polêmica*, quando existem vários exemplos de debates e discussões *cooperativas*, tanto em contexto profissional quanto familiar. De modo geral, a polemicidade e a cooperação caracterizam momentos do debate mais do que outras formas de debate em geral.

A forma e encaminhamento da argumentação em um debate dependem do *poder* de que dispõem os participantes, isto é, se têm ou não capacidade de decisão a respeito da discussão em jogo. Se a decisão é tomada por maioria, a decisão vincula a minoria, persuadida ou não e, ainda, independentemente de o argumento vencedor ser ou não o mais bem visto aos olhos da lógica.

### *O debate é uma forma de legitimação social*

Em uma perspectiva fundacionista [*fondationniste*], pode-se considerar que uma decisão é legítima se ela se adequa a – ou é derivada de – um *pacto original*, de um contrato social a que os ancestrais, ou os representantes ideais de uma comunidade, adeririam livremente desde suas origens míticas. Ou mesmo se adeririam em um espaço racional ideal.

---

* N.T.: Este verbete especificamente sofreu muitas alterações nesta tradução para o português. Supressões, inserções e muitas reformulações foram realizadas pelo autor, em relação à versão original.

A democracia valoriza o debate. Uma decisão é considerada legítima somente se ela é pública e abertamente argumentada, de forma livre e com espaço à contra-argumentação na arena de discussão. A decisão legítima *de fato* é a que sobrevive ao debate. Se a decisão é ou não apoiada pelo melhor argumento, essa já é outra questão. Autoridade e poder desempenham papel importante ali.

O debate está no coração da vida democrática, estendendo-se ao dia a dia das pessoas, seja nas relações mais íntimas conjugais, familiares, profissionais, em que as melhores práticas são aquelas que têm no debate uma prática rotineira. No meio escolar, por exemplo, o debate argumentado, associado à aquisição de conhecimentos, faz parte de uma "democracia de aprendizagem".

### Críticas ao debate

Mesmo reconhecendo a importância do debate, devemos estar conscientes de que ele não é uma prática tão inocente e miraculosa idealmente capaz de resolver todos os problemas da educação e da sociedade com todas as suas desigualdades. O império do debate, sobretudo o império do *debate midiático*, é alvo de um argumentário crítico, como alguns dos que arrolamos a seguir:

- O recurso ao debate pode não passar de um *artifício de apresentação*. Para introduzir um tema qualquer, um personagem histórico ou um evento político, mostra-se ali que o tema suscitado é alvo de discursos antagonistas. O evento só se torna midiático se tiver potencial de elevar a temperatura da polêmica.
- "Deixar aberto o debate" pode ser uma maneira de não assumir responsabilidades, no caso de um jornalista em relação a seus artigos, e no caso de um conferencista, a depender de sua postura. Trata-se de um *topos* de fechamento cômodo e que transfere a discussão para o outro, evitando a discussão.
- A postura dubitativa e interrogativa é muito cômoda, pois permite que se *digam impunemente intervenções contraditórias*. Na prática, o debate é talvez um lugar em que "todos dizem o contrário de tudo".
- O debate é *um lugar potencialmente sofístico*, em que se usam todas as técnicas de manipulação. Quando uma questão suscita de fato o interesse público, surgem imediatamente os especialistas do debate que falam para o cidadão comum que nem sempre tem conhecimentos técnicos e científicos suficientes para debater a questão e fazer valer seus interesses.
- Ao se tornar um fim em si mesmo, *o debate espetaculariza-se* e, assim, perde o vínculo com a busca da verdade, com a busca do acordo, com a tentativa necessária de aprofundamento dos pontos de vista divergentes ou da passagem a limpo das divergências. As diferenças convertem-se em um negócio.
- Debater pode ser *uma profissão, um* hobby, *um "doce pecado"* [*un péché mignon*]. A Idade Média tinha inclusive um nome para esse tipo de "pecado", o pecado de *contentio*, atribuído aos monges orgulhosos, intelectuais e versados em dialética, sobretudo o primeiro dentre eles, Abelardo; ver **Consenso – Dissenso**.
- Promover o debate é promover *uma forma potencialmente agressiva de argumentação*. Na teoria das faces e da polidez linguística, o debate mobiliza um

jogo de gestão da própria face e da face do antagonista. O termo *confrontação*, em uma situação de interação face a face, pode implicar uma forma de ruptura entre participantes. Todo debate, por menos significativo que seja, divide o grupo. Uma opinião sempre deve prevalecer e, quando isso vem à tona, uma parte dos interactantes ficará em posição baixa, a outra, em posição alta. Nesse sentido, o debate não rompe com a violência simbólica, apenas lida com ela.

- Quando as conclusões têm consequências práticas, eles afetam interesses humanos que são regulados por lei. Transformar uma conclusão em uma decisão e colocar esta decisão em prática são *formas de exercício de poder*. Neste processo, pode-se usar *a coerção e a violência legais*. Essa violência atinge concretamente todos aqueles que na discussão se opuseram à decisão, mas cujas propostas de ação foram rejeitadas.

- O espaço de debate é, em princípio, um espaço igualitário e livre. Em certo sentido, minimiza-se ali as relações de forças externas ou ao menos se tenta suspendê-las enquanto durar o debate. Mas cada local tem as suas regras. Todo debate tem um agente regulador ou um "modo de regulação" que impõe normas formais ou substanciais. Bem ou mal, essas "regras do local" precisam ser acatadas por todos que participarão do debate, e a primeira dentre elas é a regulação dos turnos de fala, um elemento essencial do "contrato do debate". *O debate pressupõe a democracia tanto quanto a promove.*

- Mesmo que seja considerado como *uma atividade pedagógica*, o debate tem seus limites. Algumas culturas evitam o confronto aberto, visto como algo grosseiro. Nessas sociedades, colocar os alunos frente a frente, por exemplo, na posição de debatedores, obrigando-os a entrar no jogo de defesa de posições antagônicas, seria uma forma de violência. Por outro lado, o debate em sala de aula não deixa de estar ligado a um princípio de externalização de opiniões e que precisa prestar atenção ao princípio da sinceridade. No entanto, sabemos que falar em público o que de fato pensamos e declarar em qual lado nos posicionamos não é necessariamente uma atividade sem consequências, em todas as latitudes.

- Às vezes, os debates produzem *conclusões racionais e esclarecedoras*. Tais conclusões podem ou não ter consequências práticas. Para que as conclusões sejam transformadas em decisões e em ação, não basta a invocação de uma misteriosa intervenção da vontade, das emoções e dos valores, que poderiam transformar a persuasão majoritária em decisões e em ação; ver **Persuasão**; **Valor**; **Emoções: a construção argumentativa da emoção**.

A sala de aula pode parecer-se com um local de diálogo ideal sobre temas diversos em que as consciências são livres. Trata-se de um espaço privilegiado para a construção de uma opinião consistente, a qual pode, inclusive, ser modificada conforme o debate avance.

No fim das contas, o debate não é uma panaceia, mas um recurso. No entanto, o simples fato de se levar um tema a debate é uma decisão que precisa, ela também, de uma justificação.

(E.L.P. e R.D.M.)

## ▪ Declive escorregadio, arg.

O argumento do declive escorregadio (ing. *slippery slope argument*), ou argumento do *dedo na engrenagem*\* é utilizado em uma refutação. Ele consiste em dizer que uma ação, mesmo se ela parecer inofensiva e razoável, não deve ser realizada, pois se o for, então, em virtude dos mesmos princípios, uma outra mais grave se tornará necessária, depois outra ainda mais grave e assim sucessivamente; e, desse modo, não haverá limites ou volta: *se você começar, não terá mais razões para parar*; ver **Direção**.

> *Nouvel Observateur*: – Anne Coppel, no livro que publica com Christian Bachmann, *Le dragon domestique* ["O dragão doméstico"], você toma partido pela legalização das drogas. Você não teme passar por alguém de má índole?\*\*
>
> Anne Coppel: – Mais do que de legalização, preferimos falar de domesticação, porque isso supõe uma estratégia progressiva; não é uma política que podemos colocar em operação de um dia para o outro [...]
>
> Francis Curtet: – [...] Em terceiro lugar, se a droga é legalizada, isso quer dizer que será preciso legalizar tudo, sem exclusividade. Existe no comportamento do viciado em drogas alguma coisa que o incita a usar um produto justamente porque ele é proibido. Você legaliza a *cannabis*, ok. Depois a cocaína, depois o ópio, depois a heroína... E para o crack, o que vocês vão fazer? Será preciso que o legalizem também. E em seguida o *ice*, e depois novos produtos, todas as porcarias que o homem é capaz de criar. Será preciso legalizá-las progressivamente, senão os mercados paralelos se organizarão em torno dos produtos que continuarem proibidos. (*Le Nouvel Observateur*. Acesso em 12-18 outubro de 1989)

Ver **Pragmático**.

Essa argumentação se baseia nas operações seguintes. A questão é:

Questão:     – É preciso fazer *A?*

L1 propõe:     – *Nós devemos fazer A, por tais e tais razões.*

Seu oponente L2 é reticente a aceitar. No entanto, ele poderia talvez fazê-lo. As razões apresentadas por L1 talvez não sejam inúteis. Mas ele se recusa a aceitar entrar no jogo de L1, porque ele faz a seguinte análise da situação na qual a questão se põe:

(i) *Uma consideração do contexto* no qual intervém a proposição. A se refere a certo domínio D, que agrupa A1, A2 (ver **Classificação**; **Categorização**):

> *O haxixe é uma droga, como a heroína, o crack etc.*

(ii) *Uma operação de gradação dessa categoria*: A, $A_1$, $A_2$... formam uma série ordenada crescente na categoria D:

> *O crack é mais nocivo que a heroína, que, por sua vez, é mais nociva que o haxixe.*

---

\*   N.T. : No original: *l'argument du petit doigt dans l'engrenage*. Esse argumento está diretamente associado ao argumento do declive escorregadio ou *slippery slope argument*.

\*\*   N.T.: No original: *suppôt de Satan*.

A é o ponto "baixo", o ponto fraco pelo qual se entra na categoria graduada.

(iii) *Uma avaliação*: a decisão a tomar sobre A é incerta, mas a mesma decisão tomada para $A_1$ seria claramente inaceitável; estendê-la a $A_2$ é impensável e revoltante. Tem-se, portanto, a escala discutível/impensável/revoltante.

(iv) *Um mecanismo de acionamento*: as decisões a respeito de A são ligadas àquelas que se precisa tomar acerca de A1, A2,...; o mesmo problema não deixará de ser colocado sobre elas:

> *É preciso legalizar a heroína? É preciso legalizar o crack?*

Mas aceitar A forneceria um precedente. Os mesmos argumentos que justificam a decisão sobre A poderiam servir para $A_1$, e depois para $A_2$, ...; e a defesa acerca da série $A_1$, $A_2$,... se tornaria impossível. Em suma, ao se aceitar A, engajar-nos-íamos em um processo infernal que se autoalimenta: *nós colocaríamos o dedo na engrenagem e logo estaríamos sem o braço*.

(v) *Conclusão*: eu rejeito A.

> *Eu me recuso a legalizar o haxixe.*

O argumento do declive escorregadio tem uma versão positiva, isto é, que mostra uma sequência de eventos (ver **Desperdício**):

> *Nós não podemos mais recuar, não se bate em retirada na primeira dificuldade, nós gastamos muito dinheiro e sacrifício nessa empreitada: é preciso continuar.*

*Os mecanismos de acionamento*, frequentemente implícitos, podem ser bem diferentes:

- Orgânico, causal: a metáfora do dedo na engrenagem, a qual puxa o braço, que, por sua vez, puxa todo o corpo, enfatiza a solidariedade física que une as diferentes decisões a tomar. Nesse sentido, o efeito *dedo na engrenagem* é um efeito dominó que se inicia. Nesse sentido, não apenas a queda do primeiro dominó leva mecanicamente à queda do segundo, mas os dominós começam uma escalada vertiginosa, sem freios.
- Psicológico: *Ladrão de tostão, ladrão de milhão.*
- Estratégico: o argumento do *dedo na engrenagem* está fundamentado no princípio da precaução, o qual visa prevenir um risco de extensão da decisão tomada. O oponente pode atribuir ao proponente uma forma de ingenuidade ou de idealismo que o impede de ver esses riscos e tentar fazê-lo partilhar sua análise da situação por meio de um discurso que tem a aparência de uma explicação. Pode-se também imputar-lhe certo maquiavelismo, lançar-lhe a suspeita de agir com intenções ocultas, isto é, de estar engajado em um propósito manipulativo, seguindo a estratégia "sempre começar pelo mais fácil; ou o primeiro passo é o mais importante". Ali se visa "atacar o ponto fraco"; "comer pelas beiradas"; ver **Argumentação por etapas**. Trata-se de acusação da qual se pode defender invocando a sexta regra de Hedge: "Não devemos imputar a uma pessoa as consequências de sua tese, a menos que ela as reivindique expressamente" (1838: 159-162). Encontramos a diferença entre a *imbecilidade paralógica* (*ele nem mesmo é consciente das consequências de seus atos*) e a *vilania sofística* (*ele nos esconde suas reais intenções*); ver **Manipulação**; **Argumentação por etapas**; **Direção**; **Sofisma, sofista**.

*Réplica ao argumento do declive escorregadio* – para se defender, o proponente pode mostrar que a categorização de A com $A_1$, $A_2$, ... é inaceitável. Para isso, ele *recategoriza* o haxixe como uma *droga leve*, como um bom vinho e um bom cigarro, "que não têm nada a ver com a heroína e menos ainda com o crack"; ver *A pari*.

(R.S.)

# ▪ Dedução, arg.

A palavra *dedução* corresponde ao vocábulo grego *apodeixis*, e o conhecimento dito *apodítico* é o conhecimento como conclusão de uma dedução válida. Descartes define a dedução como:

> Toda conclusão necessária tirada de outras coisas conhecidas com certeza. [...] porque sabemos a maioria das coisas de uma maneira certa sem que elas sejam evidentes, contanto somente que as deduzamos de princípios verdadeiros e conhecidos, por meio de um movimento contínuo e sem nenhuma interrupção do pensamento que vê nitidamente por intuição cada coisa em particular. (Descartes, 2012 [1988]: 15)

O raciocínio que liga duas premissas à conclusão em um silogismo é uma forma de dedução que é frequentemente tomada por norma de uma argumentação válida.

De um modo geral, a dedução válida é uma operação que liga, por meio de regras válidas, um conjunto de premissas (axiomas, hipóteses, proposições verdadeiras) a uma conclusão. A dedução correta constitui uma demonstração.

O raciocínio *axiomático* deduz as consequências de proposições com *status* de postulados. O raciocínio *hipotético-dedutivo* parte de uma hipótese, da qual se exploram as consequências. E esse mesmo procedimento subjaz formas argumentativas tais como a *argumentação por definição*, a qual desenvolve as consequências da definição de um termo. Há ainda as diversas formas da *argumentação pelo absurdo*; ver **Definição (III)**; **Absurdo**.

### DEDUÇÃO É DIFERENTE DE IMPLICAÇÃO

*A implica B* – a implicação é um conectivo lógico que permite formar, a partir de duas expressões bem-formadas, uma nova expressão bem-formada:

A implica B: < A → B >

*B deduz-se de A* – a dedução é uma cadeia de operações que liga expressões bem-formadas a partir de uma regra. Por exemplo, a regra do *modus ponens* permite deduzir B de duas premissas < A → B > e < A >:

$$A \rightarrow B$$
$$\frac{A}{B}$$

A *implicação* é verdadeira quando o antecedente é falso (independentemente de o consequente ser verdadeiro ou falso). A *dedução* opera a partir de duas ou mais premissas. E para que a dedução seja válida, as duas premissas devem ser verdadeiras. A expressão:

$$((A \rightarrow B) \mathbin{\&} A) \rightarrow B$$

é uma dedução válida, na forma de uma implicação.

# MODOS VÁLIDOS DE DEDUÇÃO

*Afirmação do antecedente: existência de uma condição suficiente* – a realização de uma condição suficiente do consequente permite deduzir (isto é, concluir) legitimamente a verdade desse consequente:

| | | |
|---|---|---|
| A → B | A é uma condição suficiente para B | *Se chover, a grama ficará molhada.* |
| <u>A</u> | A condição A se realiza | *está chovendo* |
| *então* B | *então* B se realiza | *então a grama está molhada* |

Falamos também em *modus (ponendo) ponens*, quando a dedução se realiza ao se asseverar (*ponendo*, "apresentando") a verdade do antecedente para afirmar (*ponens*) a verdade do consequente B.

A mesma dedução por *modus ponens* pode efetuar-se a partir da conjunção <não (A & não B)>: a implicação é verdadeira se, e somente se, não temos ao mesmo tempo um antecedente verdadeiro e um consequente falso. Transposto para a linguagem de um universo regido pelas leis da Física tal como as conhecemos, pensar em um mundo onde seria possível chover sem que a grama ficasse molhada é algo inconcebível.

*Negação do consequente: não realização de uma condição necessária* – a não realização de uma condição necessária do antecedente permite que legitimamente se conclua a falsidade desse antecedente:

| | | |
|---|---|---|
| A → B | B é uma condição *necessária* para A | *Se chover, a grama ficará molhada* |
| <u>não B</u> | a condição necessária não se realiza | *a grama não está molhada* |
| *então* não A | A não se realiza | *então não choveu* |

Falamos ainda de *modus (tollendo) tollens*. A dedução permite, nesse caso, "deletar", isto é, negar o antecedente A, "retirando" (*tollendo*), ou seja, negando, o consequente B.

# PARALOGISMOS DA DEDUÇÃO

*Paralogismo de negação do antecedente* – a não realização de uma condição suficiente do consequente não permite afirmar a falsidade desse consequente. A dedução seguinte é não válida:

| | | |
|---|---|---|
| A → B | A é uma condição suficiente para B | *Se chover, a grama ficará molhada.* |
| <u>não A</u> | a condição suficiente não se realiza | *não choveu* |
| *\*então* não B | *\*então* B não se realiza | *\*então a grama não está molhada* |

*Paralogismo de afirmação do consequente* – a realização de uma condição necessária do antecedente não permite afirmar a verdade desse antecedente. A dedução seguinte é não válida:

|Definição (I)

| | | |
|---|---|---|
| A → B | B é uma condição necessária para A | *Se chover, a grama ficará molhada* |
| __B__ | a condição necessária se realiza | *a grama está molhada* |
| *então A | *então A se realiza | *então choveu* |

No primeiro caso, uma condição *suficiente* para que a grama esteja molhada (a chuva) foi indevidamente considerada como necessária. No segundo caso, uma condição *necessária* para (que se possa afirmar que) chove (a saber: a grama molhada) foi indevidamente considerada como *suficiente*.

### PRAGMÁTICA DA DEDUÇÃO

As noções de paralogismos de afirmação do consequente ou de negação do antecedente são bem definidas em um sistema lógico, em que todos os componentes de um raciocínio devem ser explicitados. A linguagem comum autoriza elipses e subentendidos, e sua interpretação apoia-se em fatores contextuais.

Suponhamos que o chão só pode estar molhado se ao menos uma das quatro condições suficientes a seguir ocorrer: alguém jogar água, chover, problema de vazamento, orvalho. Se pelo contexto sabe-se que ninguém jogou água (quem viria fazer isso no meu jardim?), que não houve vazamento (nem existe uma canalização nas redondezas) e que o orvalho seria impossível (orvalho acontece de madrugada), então eu posso concluir, com toda segurança, que, se a grama está molhada, é porque choveu ou está chovendo.

Nessa reconstrução toda, notamos que somente a forma superficial do raciocínio é que configura um paralogismo. A avaliação deve levar em conta o raciocínio implícito em sua integralidade, caso a caso, o que permitiu eliminar as três outras condições suficientes, elevando a última hipótese a uma condição tanto *necessária* quanto *suficiente*. Esses atalhos do raciocínio correspondem à regra da quantidade para Grice.

É claro que esta conclusão não mostra qualquer incapacidade da "lógica" para expressar tais situações. Apenas sublinha o fato de que a lógica da dedução deve ser acompanhada por uma pragmática da dedução.

(E.L.P. e R.D.M.)

## ▪ Definição (I)

Definir o sentido de uma palavra ou de uma expressão é atribuir uma *significação*, isto é, associar a tal palavra ou expressão *um discurso que tenha o mesmo sentido*. A definição estabelece uma relação de equivalência semântica entre um termo, o *definido* (*definiendum*, "o que deve ser definido") e um discurso (o *definiens*, isto é, "o que define"). O *definiens* é muitas vezes chamado de *definição* (por metonímia, em que há uma relação em que o todo representa a parte). Nesse sentido, temos:

Tio: "irmão da mãe ou do pai"
[*definiendum*] : [*definiens*]

A equivalência *definiendum/definiens* atende a duas exigências, uma semântica e outra formal:

- no plano semântico (intensão), deve haver *identidade* de *sentido* entre o termo definido e a definição;
- no plano formal (por extensão), deve haver a possibilidade de substituição em todos os contextos, isto é:
  a) a substituição do definido pela definição: a definição *explicita* o sentido do definido;
  b) a substituição da definição pelo definido: o definido *abrevia* o discurso.
  A definição apresenta uma resposta a questões como:
  – *O que é um X?; O que chamamos de X?; Quando estamos nos referindo a X?*

De acordo com a natureza de X, tais questões exprimem uma pesquisa sobre o sentido, sobre o saber substancial, os usos... ligados a um termo X:

– *O que é um peixe? O que é uma democracia? O que é uma mãe/pai solteira/o? O que é uma pessoa culta? O que é um cidadão francês?*

A definição de *peixe* como espécie animal mobiliza conhecimentos das ciências da natureza; a de *democracia, cidadão* e *cidadania*, das ciências sociais; de *mãe/pai solteira/o*, a leis e decretos em vigor; a ideia vaga de *pessoa culta* vai misturar um pouco os domínios das artes e letras. O progresso no conhecimento, as mudanças históricas envolvem modificações na definição de cada um desses termos.

## FORMAS DE DEFINIÇÕES

Podemos distinguir alguns diferentes tipos e técnicas de definição, como os que arrolamos a seguir:

*Definição por ostensão* – A ostensão é basicamente a ação de mostrar. A definição por ostensão consiste em definir um termo mostrando um exemplar do que se buscou designar: *Você quer mesmo saber o que é um pato? Peraí que vou te mostrar um!* O *pato* torna-se um alvo que é apontado por quem tenta definir o seu significado. A definição por ostensão só se aplica a coisas concretas e é fundamentalmente ambígua. Nesse sentido, se apontamos para um cavalo, podemos estar querendo definir o animal ou simplesmente a sua cor castanha, característica de certas espécies e, nesse caso, é o contexto que dirá se estamos apontando para a cor ou para o animal.

A ostensão não é uma definição "redondinha" porque não chega a constituir um texto, como um verbete de dicionário, por exemplo. Ali recorre-se não a um texto escrito, mas a um malabarismo que toma como apoio um ato de referenciação, o *uso*, o manuseio de uma coisa relacionada a um termo: podemos mostrar e entender o que é um *pato* quando estamos diante de um. Nesse sentido, a ostensão é um auxiliar indispensável da definição no momento de se designar seres e coisas concretas e, nesse caso, quanto mais o ser particular mostrado se aproxima do protótipo de sua espécie, mais eficaz será a ostensão. A imagem que acompanha a definição do dicionário, por exemplo, corresponde a uma definição por ostensão. Desse modo, a definição por ostensão subentende o famoso argumento: *Eu não sei como te explicar, mas eu reconheço uma espécie de cogumelo quando me deparo com uma!*

*Definição por exemplificação* – a definição por exemplificação consiste em apresentar um caso que possa ilustrar um termo. O exemplo dado fornece uma base a partir da qual se reconstrói um significado por analogia, como acontece no processo de ostensão. A exemplificação é utilizada pelo dicionário como complemento de outras definições.

*Definição por descrição* – a definição por descrição consiste em definir um ser por uma série de *traços característicos* que permitem designá-lo de maneira inequívoca. Por exemplo, a expressão *o presidente da República francesa* é sempre acompanhada de expressões como *o hóspede do Élysée** ou *o chefe da nação*, que são expressões que caracterizam o presidente da República e só se aplicam a quem ocupa tal cargo. Tais expressões o *definem*, no sentido em que se nos referimos ao *marido da primeira-dama francesa*, não haverá dúvidas a quem nos referimos.

Tais descrições são extensionalmente equivalentes à expressão *presidente da República*. A condição de substitucionalidade é atendida, mas não a de significação. Em efeito, tais descrições não dizem nada especificamente sobre o que ser um presidente da República significa, forma de eleição, funções exercidas. Em termos aristotélicos, a propriedade de ser o hóspede oficial do Palácio Élysée não é uma propriedade essencial ligada à função de presidente da República. Trata-se de uma informação acessória, periférica; ver **Classificação.**

*Definição por extensão* – um termo é definido *por extensão* quando enumeramos o conjunto dos seres que caberiam nessa designação. Assim, a expressão *conector lógico binário* é definida por extensão como um membro do conjunto {~, &, V, W, →}. Nesse sentido, a definição por extensão fornece a base de uma argumentação observando caso a caso.

Se *o dinheiro ganho de forma honesta* é, em princípio, definido como um dinheiro ganho "seja pelo suor do próprio trabalho, por herança ou por operações financeiras bem-sucedidas", podemos tentar provar que, indiretamente, se tal soma de dinheiro não foi ganho por uma dessas três fontes (fruto do trabalho, de uma herança ou o produto de uma operação financeira bem-sucedida), então ele pode ter sido adquiro de forma desonesta; ver **Caso a caso; Divisão.**

Definição operatória – a *definição operatória* associa um termo X a um conjunto de operações que permitem controlar sua aplicação adequada, isto é, determinar se tal indivíduo é ou não um X. Não afirmamos mais o que vem a ser um X, simplesmente aprendemos a utilizar o significante X.

A expressão *número primo* é definida como "um número que é dividido apenas por um e por ele mesmo". E essa definição basta para que se identifiquem quais números atendem a essa peculiaridade.

*Definição funcional* – a definição funcional associa a um termo a sua função, seus usos. Desse modo, dar sentido ao termo *bússola* significa saber o que uma bússola faz, para

---

\* N.T.: *Elysée* é a residência oficial do chefe de Estado na França.

que ela serve: "uma bússola indica sempre o norte (magnético)". Saber como utilizá-la contribui para dar mais sentido à definição.

*Definição estipulativa* – a definição estipulativa é igualmente chamada de *definição de nome* (Pascal, 2017 [1657]: 187). Isso porque ela realiza um ideal de definição, estabelecendo uma perfeita sinonímia entre o termo a definir (*definiendum*) e a expressão que o define (*definiens*): *avô* = "pai do pai ou da mãe". A definição estipulativa corresponde a um procedimento de abreviação; a definição é sempre imediatamente recuperável pelo termo que a define. E essa dinâmica é adaptável à linguagem científica.

A definição estipulativa é essencial na criação de neologismos científicos. Quando uma nova classe de fenômenos ou de seres é identificada e caracterizada, o próximo passo é dar-lhe um nome. Enquanto nos demais casos a necessidade de definição está ligada a algo que já tenha um nome (*O que é X ?*) e para o qual se busca uma definição, no caso da definição estipulativa, parte-se de uma definição bem caracterizada (o *definiens*) para dar-lhe um nome que possa sintetizar da melhor maneira possível essa definição. Trata-se de uma espécie de batismo e, como tal, pode-se "batizar" esse algo com um nome aleatório, vazio de significado. Os físicos costumam utilizar o termo *charme* para se referir a um tipo particular de partícula.

Em outros casos, o nome escolhido para designar o fenômeno guarda qualquer coisa de seu sentido comum, não científico, e aí nem sempre haverá unanimidade quanto ao nome escolhido, podendo haver uma oscilação. No campo da teoria didática, essa instabilidade equivaleria talvez a um *momento, fase, episódio, footing...* didático? Como cada campo vai preferir uma terminologia que melhor represente a sua área específica, a característica relativamente arbitrária da neologia estipulativa pode conduzir a um "inchaço terminológico" e a uma "batalha de nomes', que buscamos resolver tentando estabelecer o nome que mais se aproxime da coisa, a primazia dessa característica: "Você pode até chamar isso de 'Ivan Ivanovitch' desde que todos saibamos o que você quis dizer" (Jakobson, 1963: 30).

*Definição essencialista* – a definição essencialista busca apreender a *natureza* do que se busca definir, para lá do saber linguístico (definição *lexical*) e para lá inclusive do saber sobre a coisa definida (definição *enciclopédica*). Nesse sentido, a definição essencialista pretende expressar o verdadeiro sentido de um nome e que de fato exprima a sua natureza. Em termos platônicos, diríamos que uma definição essencialista é a que capta a *ideia* da coisa: *O que é a virtude?* Em princípio, a definição essencialista deve ser estabelecida por uma metodologia própria e que busque o "âmago do essencial"; ver **Classificação**; **Definição III**.

Enquanto a definição do tipo *realista* da palavra *democracia* parte de acepções sócio-históricas, uma definição do tipo essencialista estabelece as condições ideais da democracia, associando a esse sentido os usos da palavra, talvez para condená-los em nome da *verdadeira* democracia. Nesse sentido, segundo uma acepção essencialista, é possível que a percepção ideal de democracia e a democracia tal qual a conhecemos jamais coincidam. Desse modo, a definição essencialista acaba por se tornar um contraponto e um ponto de reflexão entre o ideal e o real, sendo mobilizada na argumentação *a priori* sobre a natureza das coisas, idealista ou conservadora (Weaver, 1953); ver **Categorização**.

*Definição enciclopédica* – o *dicionário enciclopédico* apresenta apenas termos conceituais. A *definição enciclopédica* resume um conjunto de saberes sobre coisas e conceitos designados pelos verbetes que o compõem. Com o foco no referente, a definição enciclo-pédica descreve seres e processos. Uma boa definição é o coroamento de um conhecimen-to bem construído (como o de uma lei bem elaborada).

A *força* e a *massa*, conceitos do domínio da física, são definidos de forma menos técnica quando apresentadas em um dicionário comum. Para um físico:

> O termo *massa* é utilizado para designar duas grandezas relacionadas a um corpo: uma quantifica a inércia do corpo (a *massa inerte*) e a outra a relação do corpo com a força gravitacional (a *massa grave*). Essas duas noções são a priori distintas, mas se tornam uma só massa a mais ou menos $10^{-12}$, e isso é experimentalmente verificável. Nesse caso, pode-se falar *da* massa de um corpo. (Wikipedia, art. *Masse*).

Já no dicionário Littré, os dois sentidos fundamentais do termo *massa*, e não do conceito físico de massa, são "1. Partes de um conjunto que criam um corpo [...] 2. Diz-se também de um só corpo (compacto). Uma massa de chumbo" (Littré, art. *Masse*).

As argumentações que estabelecem definições podem ser de domínios bastante di-versos. Quem não se lembra do congresso de astronomia em que se discutiu a redefinição do termo *planeta*, na iminência de se encerrarem as controvérsias acerca do *status* de Plutão?

A definição comum pode ser muito diferente se transposta para uma definição técnica, como no exemplo abaixo:

> Eu utilizava o termo surpresa no sentido de "reação de surpresa", isto é, um conjunto de fenômenos que, para o neurofisiologista, divide-se em dois momentos, quando um estímulo inopinado brutal acontece:
> 1. um bloqueio da atividade alfa precedido por um elemento transitório que se exprime na região do córtex (a ponta do córtex);
> 2. um espasmo muscular mais ou menos importante (um sobressalto);
> 3. manifestações neurovegetativas como a taquicardia e a diminuição da resistência cutânea.
> Eu me referia, então, à reação de surpresa "clássica" que todos vocês conhecem. (Gastaud, 1974: 183)

*Definição lexical* – o sentido das palavras de língua cotidiana não é um fantasma abstrato. Trata-se, simplesmente, do conjunto de discursos e de práticas associados aos vocábulos que o dicionário condensa e dos quais fazem uma apresentação.

A definição lexical é a definição que encontramos nos dicionários *de língua* em contra-posição aos dicionários *enciclopédicos*. O dicionário de língua deve satisfazer a múltiplas con-dições: levantar todos os vocábulos e expressões de uma língua (ou de um léxico particular, ou de uma época particular); apresentar uma definição; indicar seus usos, sejam eles figurados e estereotipados; precisar as construções sintáticas em que seus diversos sentidos se manifestam; situá-los em diversos "campos" de ocorrência, no sentido de precisar suas relações com seus (quase) sinônimos e antônimos no plano semântico, assim como a indicação de suas famílias derivacionais morfológicas etc. Desse modo, ao desnudar as associações linguísticas essenciais de um termo, legitimadas pela instituição do dicionário, a definição lexical constitui um enor-me repositório de "possibilidades de inferência"; ver **Definição (III)**.

O conhecimento das *palavras* (definição lexical) e o conhecimento das *coisas* (de-finição enciclopédica) são, em princípio, bem distintos, mas, em realidade, os termos que receberam uma definição enciclopédica não deixam de conter uma definição lexical. *Se o barômetro baixar, o tempo piora*: essa dedução se realiza em referência a uma lei da física meteorológica (um conhecimento específico) que faz intervir as variações de pressão atmosférica ou essa inferência acerca da piora do tempo é calcada basicamente no sentido da palavra? Parece-nos que conhecer o *sentido funcional* do termo *barômetro* é saber que "quando há uma queda, o tempo piora".

Todos os termos são dignos de uma definição lexical, mas nem todas as coisas ou práticas que por eles são designadas pertencem à categoria de conhecimento científico. A fronteira entre as duas categorias é fluida e depende inclusive de pesquisas diversas sobre temas afins. Por exemplo, a *conversação*, há muito tida como fútil e indefinível, tornou-se o objeto de estudos da análise da conversação e da etnometodologia. Nesse sentido, uma vez definido o termo, tanto os estudos em análise da conversação e também em etnometodologia deram substância a seu objeto de estudos, isto é, a *conversação*.

## DEFINIÇÃO E ARGUMENTAÇÃO

Há formas muito produtivas de argumentação que estão diretamente ligadas à questão da definição. Isso é visto em todas as tipologias dos argumentos. Vejamos alguns casos:

- A *argumentação justifica uma definição*: ali se permitem julgamentos do tipo *[esse discurso]* é uma boa/má definição *[de termo]*; ver **Definição (II)**.
- A *argumentação funda uma categorização* – ali se trabalha com uma definição para que, por exemplo, se construa uma resposta para uma questão do tipo *O que é X?* (*Isso é um pintassilgo?*). Apesar do exemplo simples, o processo é sempre assim: busca-se a definição de *pintassilgo* em um dicionário, e se o animal/coisa/ ser corresponde aos traços que particularizam o pássaro pesquisado, ele torna-se efetivamente o X para o qual se buscava uma definição; ver **Categorização**.
- A *argumentação por definição* – trata-se de uma argumentação que permite associar a um ser particular todas as qualidades, propriedades, discursos, direitos e deveres, saberes e ideologias... que fazem parte de uma outra definição. Se sabemos que determinado país vive num regime democrático, então podemos concluir que é possível passar férias nesse lugar; ver **Definição (III)**.
- À argumentação por definição também podemos associar a argumentação "do sentido verdadeiro do termo"; ver **Sentido original da palavra**.
- A *definição persuasiva* é uma forma de argumentação por definição em que a definição é restabelecida em função da causa; ver **Definição (IV)**.

As formas de argumentação a seguir são interdependentes:

- A *argumentação que funda uma categorização* permite a associação de um indivíduo a uma categoria, nomeada por um termo acompanhado de uma definição. Quanto a suas características, essa associação é possível, primeiramente, porque o indivíduo apresenta certo número de semelhanças que correspondem às da definição (*Trata-se de um cogumelo porque seu chapéu é...*; ver **Categorização**) ou, ainda, a associação acontece por analogia com um dos membros da categoria.

- Uma vez embasado em uma definição prévia, o termo definido pode funcionar como um *argumento por definição*: *Já que é um cogumelo comestível, então nada impede que ele faça parte da receita que proponho!*
- Para que esse mecanismo possa funcionar, é necessário que a definição tenha sido estabelecida de forma independente e não circular. É para isso que serve *a justificação argumentada de uma definição.*
- Se o termo é redefinido localmente para se ajustar a uma conclusão preestabelecida, então ali teremos uma *definição persuasiva.*
- Outras formas de argumentação exploram a noção de categoria e de definição:
  - A *argumentação a pari*, assim como a *regra de justiça*, estabelecem-se a partir do pertencimento a dois seres de uma *mesma* categoria, com um mesmo *nome*, ver **A pari**; **Regras**.
  - A *argumentação a fortiori* estabelece-se a partir do pertencimento de dois seres a uma mesma categoria de forma *gradual*; ver **Escala argumentativa**; *A fortiori*.

(E.L.P. e R.D.M.)

# ▪ Definição (II): argumentação das definições

A exatidão e adequação de uma definição pode sofrer críticas e ser contestada. Tais críticas, em realidade, reclamam, explícita ou implicitamente, uma metodologia das definições da qual as regras constituiriam os *topoi* mobilizados pela *argumentação das definições.*

## METODOLOGIA DA DEFINIÇÃO

Do mesmo modo que existem regras para os argumentos que estabelecem uma relação causal correta (ver **Causalidade (I)**), existem também regras para o estabelecimento de uma definição correta, particularmente em relação à definição de coisas. A *metodologia da definição* precisa as regras que permitem construir e, por consequência, avaliar as definições elaboradas. Essas regras dependem dos domínios sociais ou científicos a que pertencem os seres definidos e se adaptam aos tipos de definição; ver **Definição (I)**. As mais comuns são:

- O *definiens* (a definição) deve considerar o sentido intuitivo do *definiendum* (termo definido). Nesse sentido, podemos criticar uma definição por ela ser muito *vaga* (aplica-se a seres heterogêneos) ou muito *restrita* (deixa de lado seres que poderiam ter sido integrados).
- A definição deve *evitar a circularidade*, como em uma explicação e em uma argumentação.
- Ela deve *esclarecer* o sentido do termo definido e seu uso.
- Ela deve ser *substituível* pelo termo definido em todos os contextos.
- Ela deve ser útil, isto é, facilitar a compreensão do fenômeno ou a apreensão do ser designado.
- Ela deve ser *breve* e *simples*, mais clara do que o termo definido, evitando-se, desse modo, termos metafóricos.

- Ela deve fornecer informações sobre o *uso* ou os domínios de uso de um termo.
- Ela deve ser *não tendenciosa*, isto é, não ser portadora de uma avaliação positiva ou negativa em relação a seu objeto; em outros termos, representar o uso e o sentido real, e não refletir as preferências ideológicas do autor da definição; ver **Viés linguageiro**.

Além das características anteriormente arroladas, a *definição essencialista*:

- deve incidir na essência (e não no acidente);
- não deve ser negativa;
- deve considerar as peculiaridades do gênero (Chenique 1975: 117).

### ARGUMENTAÇÃO DAS DEFINIÇÕES

As regras anteriormente servem de guia para o estabelecimento das definições e, em consequência, para a sua crítica. Tais regras são mobilizadas em debates que, não por acaso, discutem definições (Schiappa, 1993; 2000). Recorremos explicitamente a elas quando nos deparamos com uma estase de definição; ver **Definição (III)**. Nesse sentido, a atenção às regras ora apresentadas permite criticar os argumentos que lançam mão de definições e, ainda, permite mostrar que as definições subjacentes são mal construídas justamente por não respeitarem essas regras.

Na verdade, esse tipo de cuidado metodológico para a construção de uma boa definição é o mesmo quando se pensa em regras para a construção de uma boa relação de causalidade, de uma boa relação de autoridade, para a construção de uma boa analogia; ver **Causalidade (I)**; **Autoridade**; **Analogia**.

(E.L.P. e R.D.M.)

## ▪ Definição (III): argumentação por definição

Esse tipo de argumentação mobiliza o conteúdo da definição. O mais correto mesmo seria falar em argumento pelo *definiens*. A definição (*definiens*) de um termo (*rapaz, cogumelo, democracia, mãe/pai solteira/o, pessoa culta, cidadão francês, catástrofe natural...*) fornece discursos que se referem a tudo e a todos os seres, indivíduos, instituições, pessoas, eventos... designados.

A *argumentação por definição* tem a seguinte estrutura:

1. Um *argumento*: um enunciado com a forma < I é um D >: um indivíduo I é (considerado, categorizado, percebido, *nomeado* ... como) "um D".
2. Uma *permissão de inferência* [*permis d'inférer*], encontrada na definição de D.
3. Uma *conclusão*: o que se faz e o que se diz de D pode-se deduzir acerca de I.

Uma definição (um *definiens*) é um conjunto rico de proposições sobre "o que são os D". Nomear um ser de "D" é não apenas impor-lhe o discurso de definição, mas também atribuir-lhe *scripts* de ação, deveres e obrigações que se esperam de todas as coisas chamadas D.

Disso decorre que, para falarmos de argumento por definição, é necessário que a definição seja discursiva. Nesse sentido, não podemos pensar em uma argumentação por definição se se tratar de uma definição *ostensiva*, por exemplo, ver **Definição (I)**.

A categorização corresponde a uma *modelização local da pessoa*, que pode ser explorada em uma argumentação que lança mão da *definição*: *Ele é inglês, então é bem provável que ele goste de chá*. Tal conclusão pode ser retificada à medida que passamos a ter informações mais detalhadas sobre essa pessoa inglesa em específico. E, atenção, ali não estamos pensando em uma argumentação "quase lógica", mas em uma argumentação revisável.

O recurso à definição autoriza inferências, sejam elas discutíveis ou não, do tipo a seguir; ver **Pessoa tópica**.

– *Harry é cidadão britânico*: trata-se da conclusão de uma operação de categorização efetuada acerca da pessoa de Harry, a partir da informação segundo a qual ele teria nascido nas Bermudas; ver **Categorização**; **Diagrama de Toulmin**. Nesse sentido, munidos dessa nova informação provável sobre Harry e apoiando-se em um "caldeirão de conhecimentos" que definem os cidadãos britânicos, concluiremos, de acordo com as circunstâncias, que podemos *então* conversar com ele em inglês; que muito provavelmente ele até prefira seu chá com uma leve nuvem de espuma de leite; ou, se ele chegou a cometer um crime no exterior, que o regime judiciário que o julgará será regido por uma convenção internacional qualquer.

– *Você já é uma mocinha!*: o senso comum diz claramente o que uma "mocinha" já pode e não pode fazer etc. Ali, se aparecesse um *então*, teríamos uma resposta explícita ao que se espera de uma mulher enquanto uma "mocinha".

– *Isso é um cogumelo, então* "é aromático; delicioso em omeletes" e, melhor, vou "utilizá-lo para aromatizar, ressecando-o" (J. Montegut e J. Manuel, *Atlas des champignons*, Paris, Globus, 1975); ver **Categorização**.

– *Agora você faz indubitavelmente parte das grandes democracias!*, *então* poderemos restabelecer nossas relações diplomáticas e sugerir a nossos cidadãos tirarem férias no seu país.

– *A senhora fulana é uma mãe que vive sozinha, então* ela tem direito a uma ajuda do governo para mães/pais solteiras/os.

– *A senhora fulana está fazendo doutorado, então* ela tem obrigações e benefícios como qualquer estudante de doutorado daquela universidade.

– *Ele é um idiota, então* não é digno de confiança.

Os argumentos ligados à definição exploram essa mistura de saberes linguísticos e saberes enciclopédicos. Às pessoas alvos de definições associamos saberes, lugares-comuns, expectativas de diferentes matizes.

A argumentação por definição é um exemplo do que Billig chama "o modelo burocrático de pensamento" (Billig, 2008 [1987]: 201). Trata-se, ainda, de uma das múltiplas significações que podemos atribuir à famosa equivalência-oposição de Georges Perec, "pensar/classificar".

Se os critérios categoriais são definidos em um quadro científico rigoroso, então a argumentação por definição é um momento essencial do trabalho científico. O mesmo acontece se a definição se realizar em um contexto jurídico, em que, inclusive, pode-se lançar mão do silogismo jurídico, a partir do qual resultam sentenças "justas", rotineiras e consensuais. O silogismo jurídico é um exemplo de argumentação por definição jurídica de um ato.

*Questão de definição* – há estase ou conflito de *definição* (em relação ao *definiens*) quando discurso e contradiscurso propõem duas definições incompatíveis para a mesma pessoa:

L1:    – *Os direitos de livre expressão e de manifestação são fundamentais numa democracia.*

L2:    – *O que é fundamental em uma democracia é o direito de matar a fome que nos assola e de ter um celular.*

Trata-se de um conflito que tem a estrutura de uma definição: quais os traços essenciais (centrais) e os traço acidentais (periféricos) que caracterizariam uma democracia?

*Uma estase de categorização pode levar a uma estase de definição.* De acordo com seu papel, o terceiro transforma em questão os dois discursos em conflito, como na estase de categorização a seguir; ver **Categorização**:

> Alguém morreu. Uns dizem que foi *acidente*; outros falam em *assassinato*;
> Informações confidenciais foram divulgadas. Trata-se de uma *traição* ou de uma *falha grave* de serviço?

O terceiro, então, faz uma enquete que possa ajudá-lo a precisar o que se passou de fato e, se as coisas não estiverem claras, será preciso buscar as definições legais:

> O que é um *assassinato*? O que é um *acidente*? Em que circunstâncias se considera que houve *traição*? O que vem a ser um disfuncionamento *grave*?

A teoria da argumentação retórica fala em *estase de definição* quando há oposição acerca de uma designação (qualificação, categorização) de um fato (Cícero, *Inv. Rhet.*, l. I, §19).

L1_1:    – *A Sildávia atualmente é uma grande democracia!*

L2_1:    – *Como você pode falar em democracia em um país que não reconhece os direitos das minorias?*

L1_2:    – *De acordo com o dicionário, a democracia é...; ou nada nessa definição menciona os direitos das minorias; então a Sildávia pode muito bem fazer parte das grandes democracias.*

L2_2:    – *Essa definição não é boa (muito genérica).*

A partir dessa breve ilustração, vemos que:

- Há uma estase de categorização nas definições de L1 e L2.
- L1_2 refuta a objeção de L1, fazendo apelo a algumas autoridades, começando pelo dicionário, depois às convenções universais, ao direito internacional, ao consenso etc.
- L2_2 ratifica a estase de definição.

De acordo com um célebre exemplo de Lewis Carrol, é o poder que permite sairmos de uma estase de definição:

"Não sei o que quer dizer com 'glória'", disse Alice.

Humpty Dumpty sorriu, desdenhoso. "Claro que não sabe... até que eu lhe diga. Quero dizer 'é um belo e demolidor argumento para você!'"

"Mas 'glória' não significa 'um belo e demolidor argumento'", Alice objetou.

"Quando eu uso uma palavra", disse Humpty Dumpty num tom bastante desdenhoso, "ela significa exatamente o que quero que signifique: nem mais nem menos."

"A questão é", disse Alice, "se pode fazer as palavras significarem tantas coisas diferentes."

"A questão", disse Humpty Dumpty, "é saber quem vai mandar – só isto." (Carrol, 2002 [1969]: 204)

*Ataque por meio de um pedido de definição* – o pedido de definição de algum termo pode ser feito no intuito de refrear um contra-argumento. Imaginemos a seguinte situação:

L1:    – *Fulano tem muito prestígio.*

L2:    – *O que você chama de prestígio?*

Esse questionamento abrupto de L2 introduz uma estase de definição que não estava prevista, mas que, quando acontece, bloqueia, ao menos temporariamente, o foco central do que se estava a discutir. Outro exemplo:

> [a falta de pessoal técnico] conduziria a um problema de "eficácia técnica" nos laboratórios (primeiramente, o que se entende por eficácia técnica de um laboratório?). (*Journal du CNRS* 10, 1990)

*Recursos argumentativos das definições lexicais* – certas inferências argumentativas partem do sentido descrito nos dicionários. As definições dos dicionários são, nesse sentido, constituídas em parte por sintagmas que ajudam a construir um sentido e, em parte, por meio de exemplos que ilustram o emprego do verbete definido. Os exemplos são tomados de empréstimo de autores diversos. Podem ainda ser elaborados com o único fim de ilustrar um verbete. Fica a cargo de tais exemplos legitimarem certas inferências argumentativas que se podem elaborar a partir dessas ilustrações, sem que se percam de vista os aspectos culturais (Raccah, 2014). Nesse sentido, e dito de outra forma, as definições podem ser consideradas como um tipo de *topos* que liga o termo definido a uma série de outros termos, legitimando, assim, a passagem de um ao outro.

Quando se faz o inventário das várias definições de um vocábulo em dicionários diversos, constrói-se, assim, "permissões de inferência", a partir das quais se engendram princípios semânticos que fundam "derivações" ou, melhor, "derivas" das definições coligidas. Tais derivas são consideradas convincentes na medida em que expressam uma espécie de "patrimônio semântico". Tomemos como exemplo a definição do adjetivo *rico*.

> A. – 1. [Falando de uma pessoa ou grupo de pessoas] Quem tem fortuna, bens em abundância, muito dinheiro. (TLFi, art. *Riche*)

A partir de *X é rico*, podemos fazer uma dedução do tipo "analítico-lexical":

> *Então X tem uma fortuna, possui bens em abundância, tem muito dinheiro.*

Nem todas as inferências são analíticas. Algumas são simplesmente uma extensão da *doxa*, o que pode ser observado nos exemplos compilados nos dicionários, muitas vezes retirados de obras diversas. No entanto, nem sempre o sentido ali destacado faz unanimidade no uso social. Vejamos alguns casos:

> Por que ela não é rica? Porque seu pai nunca roubou. O que é ser rico de fato? É ter condições de comprar o paletó que o vizinho teria conseguido comprar se não tivesse sido pego. (Mallarmé, *Corresp.*, 1862: 55)

Esse enunciado legitima o seguinte *topos*: *a riqueza é fruto do roubo*. Outros enunciados evidenciam alguns *topoi* do tipo: *se ele é rico, então é arrogante* ou *se ele é rico, então é desprezível*:

- *Os ricos (e seus filhos) desprezam as pessoas*:
  A seus olhos, o que eu sou? O "instrutor", pelo menos é desse modo desdenhoso que o inglesinho me chamava, aquele filhinho de papai. (Mauriac, *Asmodée*, 1938, IV, 13: 176)

- *Pessoas que desprezam os ricos*:
  Os hábitos e costumes dos patrícios eram de tal modo que eles não podiam ter desprezo por um rico, caso tivesse origens plebeias. (Fustel de [Coulanges], *Cité antique*, 1864: 389)

A essas permissões para inferir [*permis d'inférer*] juntam-se outras, oriundas de outros tipos de definições, também empregadas na definição lexical cuja natureza é bastante sincrética; ver **Definição (I)**.

(E.L.P. e R.D.M.)

## ▪ Definição (IV): definição persuasiva

A definição persuasiva não respeita a *condição de separabilidade* entre o estabelecimento da definição por um lado e, por outro, o seu uso. Dito de outra forma, a definição persuasiva é uma definição elaborada, de forma espontânea ou planejada, com a intenção de que um objeto preciso seja, *ad hoc*, englobado em uma categoria. Nesse caso também falamos em definição *parcial, tendenciosa* [*biaisée*]; ver **Viés linguageiro**.

A definição do que vem a ser um *bom trabalho escolar* deve ser estabelecida tomando-se por base a qualidade da atividade realizada. Não obstante, uma definição parcial não respeita muito esse critério. Vejamos um exemplo:

> *Um bom trabalho escolar é um trabalho para o qual o estudante dedica bastantes esforços e muito investimento. Meu filho passou o final de semana fazendo um trabalho de História. Então ele fez um bom trabalho e merece uma excelente nota.*

A categoria *bom trabalho escolar* foi redefinida ("trabalhar durante o final de semana" + "bastante esforço" + "muito investimento") de modo que pudesse ser aplicada a um caso específico (*meu filho*), sem que se levasse em consideração o que *efetivamente* caracteriza um *bom* trabalho escolar.

A noção de definição persuasiva foi introduzida por Stevenson ([1938]) nos seguintes termos:

> Em uma definição persuasiva [*persuasive definition*] o termo definido é um termo comum cujo sentido é, ao mesmo tempo, descritivo e fortemente emotivo [*emotive*]. O objetivo da definição é modificar o sentido descritivo de um termo, geralmente conferindo-lhe maior

precisão se comparado com o seu sentido usual. Em revanche, essa definição não apresenta nenhuma mudança substancial para o sentido emotivo do termo. E tal definição é empregada, consciente ou inconscientemente, para induzir, num jogo de significações emotiva e descritiva, a uma reorientação das atitudes das pessoas. (Stevenson [1938]: 210-211)

Trata-se de um termo "carregado emocionalmente" e, independentemente do que essa expressão venha a significar, palavras que exprimem valores serão, certamente, contempladas por essa categoria. A redefinição emocional de um termo *preservará* toda a carga emocional ali contida.

O conceito de definição persuasiva é diferente das definições científicas em que o conteúdo emocional é *suprimido*. O dicionário define a palavra *lágrima* com o auxílio de palavras como "aflição, dor, pena, sofrimento"* ([www.larousse.fr/dictionnaires/francais/larme], acesso em: 24 set. 2014): como vemos, trata-se, indiscutivelmente, de uma palavra descrita com forte teor emocional. Já sua definição "objetiva" e de cunho mais científico é algo como:

secreção límpida, incolor e salgada, produzida pelas glândulas lacrimais, que umidifica a conjuntiva e a córnea, exerce uma ação bactericida e expulsa pequenos corpos estranhos e a poeira que penetra nos olhos" (Dicionário Eletrônico Houaiss)**

Essa definição só será considerada "persuasiva" quando compreendermos que, para que uma definição seja indiscutível (logo, radicalmente "persuasiva"), basta apenas limitá-la a seu significado científico.

Para tornar persuasiva uma definição, no sentido pretendido por Stevenson, basta apenas redefinir seu conteúdo descritivo e manter a força emocional, que não se aplicará mais ao conteúdo primitivo, mas ao conteúdo redefinido. Stevenson apresenta o seguinte exemplo, no qual L1 e L2 falam sobre alguém:

- L1 destaca algumas lacunas na formação dessa pessoa (educação, conversa, referências literárias, perspicácia) e conclui: *ele* não tem nenhuma cultura.
- L2 descreve seu amigo enfatizando alguns traços favoráveis (imaginação, sensibilidade, originalidade) e conclui: é alguém de uma cultura muito mais genuína do que a maioria de nós que tivemos acesso irrestrito à cultura desde tenra infância.

Por um lado, L1 e L2 estão de acordo quando dão ao termo *cultura* e à conclusão *X é uma pessoa culta* uma orientação emocional positiva (valorização da cultura). Por outro lado, a palavra *cultura* tem um sentido descritivo vago, mas tanto L2 quanto L1 buscam fazer caber na ideia de *cultura* traços positivos. Stevenson analisa da seguinte forma o objetivo argumentativo de L2: "o objetivo [de L2] é de reorientar [*redirect*] a atitude de L1, pois ele pensa que L1 não é suficientemente sensível aos méritos de seu amigo".

---

\* N.T.: Em português, tanto o dicionário do Houaiss quanto o Michaelis trazem dois verbetes distintos: 1) *lágrima* (no singular), com uma definição claramente científica, sem referência a emoções; 2) *lágrimas* (no plural), com definição focada nas emoções (pranto, choro, dor, tristeza etc.).

\** N.T.: Aqui utilizamos a primeira acepção do verbete *lágrima* do Dicionário eletrônico Houaiss e que corresponde exatamente à caracterização mais científica buscada pelo autor.

Parece que a manobra é a seguinte: (a) L2 deseja valorizar seu amigo; (b) ele redefine *cultura* em função das qualidades que seu amigo possui; (c) e conclui que seu amigo é culto; (d) e o amigo se beneficia assim da opinião positiva associada à ideia de cultura e de pessoa culta. O ponto (b) é crucial: é nele que se encontra o ato argumentativo; (d) pressupõe que a orientação positiva (o conteúdo emotivo) é independente do conteúdo cognitivo e que ele não é alterado pela redefinição.

De modo bastante surpreendente, Stevenson atribui a L2 *somente* uma definição persuasiva. Mas parece que L1, não menos que L2, dá uma definição persuasiva de *cultura* ("referências literárias" etc.) que lhe permitiria não categorizar o amigo em comum como alguém que tivesse cultura. Nesse sentido, L1 busca influenciar L2 tanto quanto L2 busca influenciar L1.

Uma definição persuasiva é, portanto, uma redefinição do conteúdo descritivo de um termo não a partir de considerações gerais objetivas, mas tendo em vista sua aplicação a um caso singular. E é isso o que a torna falaciosa.

Esse cenário supõe que a orientação argumentativa (denominada aqui "conteúdo afetivo") é independente do conteúdo cognitivo e que essa orientação é insensível à modificação deste último. Devemos, então, associar tal orientação diretamente ao significante. Essa teoria implica um desdobramento do significado. Devido a essa divisão do sentido ali praticada, a definição persuasiva se aproxima dos procedimentos de *distinguo* e de dissociação; ver **Distinguo**; **Dissociação**; **Orientação**.

(E.L.P. e R.D.M.)

# ▪ Demonstração e argumentação

Etimologicamente, demonstrar está relacionado a mostrar. Os dois verbos permaneceram sinônimos em alguns contextos: *no que segue, eu mostrarei (= eu demonstrarei) que....* O uso corrente emprega *demonstração* no sentido de *manifestação*: as pessoas praticam *demonstrações de amizade* e dão *provas de amor*. Tais empregos lembram que a demonstração, mesmo em seus empregos mais abstratos, mantém uma relação com o visual: se a prova leva a tocar com o dedo e a experimentar (o sabor), a demonstração faz ver. Apenas a argumentação parece inseparável do discurso.

Na retórica, a palavra *demonstração* é usada em dois sentidos totalmente diferentes:

- A *demonstração* é a apresentação de um acontecimento ou de um estado de coisas sob forma de um quadro cujo ouvinte ou leitor é o espectador. Essa figura é também denominada *evidência* (Lausberg [1960], § 810).
- O *gênero demonstrativo* é outro nome de um gênero geralmente denominado *epidítico* ou *laudativo*, ao lado dos gêneros *deliberativo* e *judiciário* (Lausberg [1960], § 239).

A oposição entre argumentação e demonstração é o elemento fundamental das "ideias prontas" [*prêt-à-penser*] sobre a argumentação, a qual fica no fogo-cruzado entre opinião *versus* verdade.

## A DEMONSTRAÇÃO HIPOTÉTICO-DEDUTIVA, IDEAL DA PROVA?

Na Lógica, uma demonstração hipotético-dedutiva é frequentemente representada, *a posteriori*, como uma progressão linear indo dos *axiomas* ao *teorema*. Trata-se de uma sequência de proposições tais que uma ou é um axioma (premissa tida como verdadeira) ou uma proposição já demonstrada ou deduzida de um axioma; ou, ainda, trata-se de uma proposição demonstrada por uma regra de inferência. A construção dessa sequência não escapa à intencionalidade, já que ela visa a um ponto de chegada, um resultado notável: o teorema.

Quando é possível apresentar uma prova sob a forma de uma demonstração do tipo lógico-matemática, diz-se que a prova foi *formalizada*. Esta definição da prova formal está na base da concepção da ciência como cálculo puro e é, às vezes, tomada como o ideal de prova, que se opõe, por vezes, a uma visão da ciência como descrição da realidade (geográfica, zoológica), apelando também para o cálculo e para a experimentação (física, química).

Nas ciências, uma demonstração é um discurso:

- fundado a partir das proposições *verdadeiras*: por hipótese, como resultados de observações ou de experimentações conduzidas segundo um protocolo válido ou como resultados adquiridos de demonstrações precedentes;
- cujas proposições são encadeadas de maneira válida, isto é, conforme procedimentos específicos definidos na disciplina;
- que leva a uma nova proposição, estável, marcando um *avanço* no domínio, e suscetível de orientar o desdobramento posterior da pesquisa. Essa proposição pode ser de natureza teórica ou estimular uma experimentação que a validará ou a invalidará.

A prática científica supõe muitas outras operações, linguísticas, cognitivas ou materiais, distintas da demonstração: descobrir uma situação, formular o problema, conceber uma hipótese, definir, observar, descrever, (contra-)experimentar, calcular, esquematizar, predizer, revisar, medir, verificar resultados...

### DOIS CAMPOS DISTINTOS: O QUE SE SABE, O QUE SE FAZ

O campo da argumentação é mais vasto do que o da demonstração: a argumentação incide não apenas sobre o que é necessário *acreditar*, zona sobre a qual ela encontra a questão da prova e da demonstração, mas também sobre o que é necessário *fazer*, abandonar ou não, rejeitar ou aceitar propostas de negociação etc., assim como sobre o que convém *admirar* e mesmo *sentir*, domínios nos quais o que está em jogo vai além de provas ou demonstrações.

Para certas questões relacionadas ao acreditar e à predição científica, pode-se pensar que a dúvida é *acidental*, destinada a ser normalmente revogada pelo progresso da ciência. Em contrapartida, ela é *essencial* desde que se considerem situações nas quais intervêm agentes humanos. Nessas situações, frequentemente, a dúvida nunca é resolvida, e pode-se perguntar legitimamente o que teria acontecido se...

Recorre-se à argumentação quando os dados são incompletos ou de má qualidade, as hipóteses e as leis são imperfeitamente definidas; por conseguinte, as deduções são submetidas a um princípio contínuo de *revisão*. Em última instância, deparamo-nos com a questão do tempo: a argumentação aceita o desafio. Ela está vinculada à *urgência* e à *ocasião*. A argumentação implica um processo "em tempo limitado", bem diferente da demonstração filosófica ou científica, que lida com o tempo de forma diferente, podendo-se outorgar um tempo ilimitado para resolução de suas questões. Há uma diferença de natureza entre suas agendas, assim como entre seus problemas.

Quando ela funciona no campo do saber, a argumentação tem uma função *heurística*; ela permite produzir hipóteses, por definições precárias e incertas, mas que permitem abrir uma discussão e desencadear o processo crítico de verificação e de revisão.

Por natureza, a demonstração está ligada a um domínio; já a argumentação pode combinar *provas de origem heterogênea*. Ao se discutir a necessidade de se construir um canal ligando dois rios, devem-se articular os argumentos e as provas dos geólogos, dos economistas, dos ecologistas com as dos moradores ribeirinhos e dos financiadores, tudo isso tendo como pano de fundo cálculos, números e as demonstrações, todas elas mais científicas umas que as outras; ver **Provas "técnicas" e "não técnicas"**.

## ARGUMENTAÇÃO-PROVA E ARGUMENTAÇÃO-DEMONSTRAÇÃO

Várias e diferentes teorias opõem argumentação e demonstração. Historicamente, as noções de demonstração e de argumentação, herdadas da tradição ocidental, construíram-se na Grécia antiga. A demonstração nas ciências e na matemática (Arquimedes, Euclides) foi elaborada sem relação com a argumentação no campo das questões sociais. Segundo Lloyd, Aristóteles identificou "o conceito explícito de demonstração" ([1990]: 124) em um contexto científico no qual eram praticados "quatro tipos de argumentação",

> o primeiro é o da argumentação nos domínios do direito e da política; o segundo, o da argumentação na cosmologia e na medicina; o terceiro, nas matemáticas na época pré--aristotélica; e o quarto, a argumentação dedutiva em filosofia. Os dois primeiros estão ligados essencialmente à prova; os dois últimos, à demonstração. (Lloyd, [1990]: 124)

Constata-se a unidade da prova pelo exame de seu vocabulário:

> O mesmo vocabulário, não somente o dos testemunhos, do exame, do julgamento, mas igualmente o da prova, aparece não somente no domínio puramente judiciário ou político, mas também e sobretudo nos diversos campos do pensamento especulativo grego emergente. A cosmologia e a medicina fornecem exemplos disso. (Lloyd, [1990]: 124)

Na obra de Aristóteles, a argumentação é caracterizada pelas diferenças com a demonstração lógica: na argumentação, as premissas e as regras da argumentação *dizem respeito à opinião*; quando se trata de demonstração, elas são *incontestáveis*. Por puro reflexo, herdeiro de um modelo aristotélico simplificado, a argumentação foi constantemente relacionada à *demonstração lógica* (à argumentação-*demonstração*), e não às *práticas científicas ou médicas* às quais ela está, entretanto, mais ligada, dada sua natureza substancial e sua relação com os dados (argumentação-*prova*). Na medicina, o termo *estase* é usado para denotar um bloqueio da circulação de um humor (sangue etc.); na argumentação, a palavra é usada para designar um bloqueio do processo de coconstrução discursiva; ver **Estase**.

A ruptura da ligação entre argumentação de um lado e, de outro lado, as artes e as ciências que faziam apelo à observação, à manipulação de objetos, à experiência, aos números, aos esquemas e aos planos é consequência de uma referência hipnótica à dedução lógica elementar. Essa forma de cálculo que serve de modelo e às vezes de contraponto aos estudos da argumentação torna, por exemplo, impossível, toda reflexão sobre o que é *negligenciável* em uma dada situação, noção essencial para a argumentação como (também) para outras ciências naturais.

Esse antagonismo demonstração/argumentação, cujas origens são profundas e que agora é visto como um lugar-comum, foi consideravelmente reforçado pela Nova retórica, assim como por posições não referencialistas da teoria da argumentação na língua.

## DEMONSTRAÇÃO *CONTRA* ARGUMENTAÇÃO?

O *Tratado da argumentação* – Perelman e Olbrechts-Tyteca construíram uma noção autônoma da argumentação, de um lado rejeitando as emoções e, de outro, opondo argumentação à demonstração. Para o *Tratado*, trata-se de circunscrever um domínio discursivo autônomo, no qual se fala sem demonstrar e sem (se) comover. Nos termos do *Tratado*, o par argumentação/demonstração funciona como um "par antagonista" cujos termos são objeto de uma verdadeira "ruptura de ligação" ou "dissociação" (Perelman e Olbrechts- Tyteca, 1999 [1958]). Sistematicamente, fala-se ali de demonstração em contraponto à argumentação, como se pode verificar sobre cada ocorrência do termo *demonstração* mencionada no índice daquela obra.

Essa estratégia, próxima daquela do espantalho,* constitui uma das células fundamentais do *Tratado*. Se colocarmos no primeiro plano, além da Lógica, a Medicina ou a Física, e se nos situarmos não mais em um contexto de exposição dos resultados, mas nos contextos de descoberta ou de aprendizagem, veremos que, para cada um dos pontos evocados no *Tratado*, poderíamos colocar em questão a realidade da ruptura ou discutir sua natureza exata ou sua posição na construção da demonstração.

No *Tratado*, a forma de demonstração, que é oposta à argumentação, é tomada em uma disciplina particular, a Lógica formal, exposta de maneira simples (existem modos de construção matematicamente muito mais complexas). A questão fundamental da evolução dos suportes semióticos, que são diferentes para a argumentação e para a demonstração, não é abordada. A demonstração lógica elementar seria, de certa forma, prototípica do que é a demonstração e o ideal inacessível da argumentação. Esta imagem rígida da demonstração favorece o antagonismo argumentação/demonstração. Ela se concretiza pela exclusão no *Tratado* de tudo o que diz respeito às ciências. Ali os autores da *Nova retórica* se propõem então a analisar:

> [...] os meios de prova usados pelas ciências humanas, o Direito e a Filosofia; examinaremos argumentações apresentadas pelos publicitários em seus jornais, pelos políticos em seus discursos, pelos advogados em seus arrazoados, pelos juízes em suas sentenças, pelos filósofos em seus tratados. (Perelman e Olbrechts-Tyteca, 1999 [1958]: 11)

---

* N.T.: Aqui o autor se refere à "falácia do espantalho" (épouvantail/*straw man fallacy*).

Nenhuma referência é efetuada a uma atividade qualquer do tipo científico. No *Tratado*, a argumentação concerne exclusivamente às humanidades, e a demonstração reina sobre as ciências e as matemáticas. Assim sendo, o corte entre as duas culturas se encontra consagrado ao próprio fundamento da disciplina.

*A teoria da argumentação na língua* – esta teoria faz da argumentatividade a característica essencial do plano semântico da língua e leva à negação da argumentação no discurso. Consideremos o seguinte texto de Ducrot:

> Com bastante frequência, observa-se que os discursos que dizem respeito à vida quotidiana não podem constituir "demonstrações" mesmo no sentido pouco lógico do termo: Aristóteles o afirmou, opondo à demonstração necessária do silogismo, a argumentação incompleta e somente provável do entimema; Perelman, Grize, Eggs insistiram sobre esta ideia. No início, pensávamos nos situar nessa tradição, tendo como simples originalidade a de trazer para a natureza da linguagem esta necessidade de substituir a argumentação à demonstração: pensávamos encontrar nas palavras da língua ou a causa ou o signo do caráter fundamentalmente retórico, ou, como dizíamos, "argumentativo" do discurso. Mas me parece que somos agora levados a dizer muito mais. Não apenas as palavras não permitem a demonstração, mas elas pouco permitem essa forma degradada da demonstração que seria a argumentação. Esta é apenas um sonho do discurso, e nossa teoria deveria melhor se denominar "teoria da não argumentação". (Ducrot, 1993: 234)

Está na coerência desta teoria, isto é, na perspectiva ducrotiana, negar todo princípio de uma inteligibilidade à argumentação no discurso, depois que a ordem da fala se curvou à da língua (saussuriana).

## ARGUMENTAR O CARÁTER NÃO DEMONSTRATIVO DA ARGUMENTAÇÃO

A discussão sobre o caráter possivelmente demonstrativo do discurso cotidiano está ameaçada pelos paradoxos céticos e se expõe à autorrefutação: é complicado argumentar em um discurso em língua natural sobre o caráter argumentativo ou não do discurso em língua natural. Por meio de alguns ajustes convencionais, a linguagem ordinária permite desenvolver, por exemplo, o silogismo ou o cálculo aritmético elementares (os números não estão fora da língua).

Se o silogismo constitui um exemplo de demonstração necessária, como o silogismo é constituído de um encadeamento de enunciados em língua natural, as palavras permitem ao menos a demonstração silogística e a correta conclusão aritmética. Os estudos de interação nos ensinaram muito sobre o que são os discursos da vida cotidiana e nos mostraram que eles fazem muitas coisas. Raciocínios simples se realizam em sequências nas quais a linguagem se combina com a ação para chegar a conclusões operatórias. Define-se, categoriza-se, articulam-se causas, efetuam-se analogias, todas mais ou menos imperfeitas, mas todas suscetíveis de críticas e de retificações que funcionam para a grande satisfação das partes envolvidas.

*O barômetro baixou, (quer dizer que) o tempo vai piorar*: qual é a natureza da ligação entre esses enunciados, ou seja, o que significa *quer dizer que*? Isso tem a ver com um princípio semântico ou com um princípio físico? A resposta coloca em jogo a divisão, tão cômoda, do saber linguístico e do saber enciclopédico. A ligação semântica tem uma origem científica, cristaliza um saber físico laboriosamente adquirido desde Pascal, que permite uma autêntica previsão. Existem dois fatos ligados por uma lei: se *o barômetro baixa* significa "vai chover", e isto porque nossas práticas de fala integraram um saber positivo sobre o mundo.

Pode-se argumentar de maneira correta em língua natural. A argumentação desempenha um papel na aquisição das ciências. Emerge, assim, uma verdade do debate jurídico e histórico. Não somente uma lógica, mas uma geometria, uma aritmética, uma física... informam as práticas linguageiras, e nenhuma escassez metafísica lhes impede de concluir corretamente, como bem mostra o simples exemplo a seguir, em que um cálculo elementar precisa ser elaborado:

> O abade do Chaila é um dos principais artesãos da repressão dos protestantes das Cevenas. Seu assassinato "deu origem à guerra 'dos Camisards'". (Poujol, 2001: 7)
> [...]
> A data de nascimento do futuro abade do Chaila apresenta um primeiro mistério, devido ao desaparecimento dos registros paroquiais. Pode-se situá-la no início do ano de 1648. De fato, os pais de François, Balthazar de Langlade e Françoise d'Apchier, casaram-se em 9 de abril de 1643 e, ao ritmo de uma criança por ano, tiveram sucessivamente oito meninos e duas meninas, em dez anos. Sendo François a quinta criança da família, nasceu em 1648, tendo os quatro irmãos precedentes nascido em 1644, 1645, 1646 e 1647, respectivamente. (Poujol, 2001: 31)

Toda afirmação geral sobre o caráter demonstrativo da argumentação, qualquer que seja o prestígio da autoridade que a sustenta, é dificilmente avaliável: as argumentações indiciárias, a argumentação caso a caso, não podem ser tratadas como as argumentações de autoridade ou por analogia. O discurso argumentativo ordinário combina tipos de prova e domínios de prova totalmente heterogêneos.

A tese sobre o "sonho argumentativo"* é indissociável da tese do "sonho referencial" que recusa ao discurso toda capacidade de designação para reduzir a significação aos efeitos do enunciado: *Está sujo!* nada significaria caso não houvesse a sequência *Vá lavá-lo, não o use mais!* etc. Pode-se discutir esta afirmação a partir da evidência: há traços de sujeira – café no fundo da xícara, odores nas roupas sujas, poeira sobre o automóvel, latas de lixo derrubadas na entrada do prédio etc.

O estatuto das avaliações emitidas nas diferentes culturas sobre o sujo e o limpo é uma outra questão, como bem problematizada pelos antropólogos. É evidentemente possível utilizar os enunciados como *o copo está sujo* de maneira puramente performativa (*sujo porque eu o digo*) a fim de desencadear, por exemplo, um comportamento de submissão (*eu te trago um outro imediatamente*) ou uma marca de onipotência. Mas esses usos são distintos do usual, que é o de um consenso sobre os critérios e, em caso de desacordo, o recurso à discussão e à argumentação: é necessário lavar novamente a louça?

Ver **Prova e artes da prova**.

(L.B.L.)

---

\* N.T.: Referência à expressão usada por Ducrot (vide verbete **Crítica – Racionalidades – Racionalização**).

# ▪ Depois como antes, arg.

Pode-se reagrupar sob esse título dois *topoi* da *Retórica* de Aristóteles, os quais pedem que os princípios e comportamentos permaneçam estáveis e coerentes.

### DEPOIS DO ACONTECIMENTO COMO ANTES

*Depois da proeza como antes* – o primeiro corresponde ao *topos* n. 5 "da observação do tempo" (Aristóteles, *Ret.*, II, 23, 1397b25). A situação é a seguinte:

1. X não pede nada e realiza uma proeza.
2. Mais tarde, ele pede uma recompensa.
3. *Argumento*: se antes ele tivesse pedido algum pagamento, a recompensa lhe teria sido dada.

No caso ilustrado, X tem como certa uma recompensa que, apesar de não ter sido prometida, foi-lhe atribuída: *Quando algo é bem executado, merece-se uma recompensa* é um *subtopos* do *topos Todo esforço merece salário*. Tudo se passa como se a definição da palavra *proeza* tivesse integrado o *topos merece uma recompensa*:

L1:     – *Se você faz, você terá...*

L2:     – *Eu fiz e fiz bem, então você me recompensa...*

Esse *topos* explica a decepção daquele que devolve a carteira encontrada e não recebe recompensa.

### O PASSADO GARANTIA DO FUTURO

O segundo corresponde ao *topos* n. 18 de Aristóteles, que ele ilustra pelo entimema, sob a forma de uma pergunta retórica: "Se no exílio lutamos para voltar à pátria, uma vez que voltamos deveríamos exilar-nos para não termos de combater?" (Aristóteles, *Ret.*, II, 23,1399b15). Pode-se supor a seguinte situação: No passado, exilados lutaram para retornar a seu país, e eles voltaram. Na situação atual, eles são suspeitos de se recusar a lutar e de preferir o exílio, acusação que eles negam na forma do seguinte entimema:

*Você lutou para obter essa posição, e agora você aceitaria que lhe expulssasem assim?*

Esse *topos* é uma reivindicação de coerência: *vocês nos acusam de incoerência!* e se aproxima do argumento *ad hominem* positivo (argumento *ex datis*). Ele parece pressupor uma forma de gradação: *Se alguém luta para reencontrar sua pátria, lutará mais ainda para não ser expulso dela.*

Tal *topos* é designado pela expressão: *os mesmos homens não fazem as mesmas escolhas, antes e depois*. É isso que diz o acusador, mas não é o que respondem os acusados; ver **Ad hominem**; **Coerência**; *A fortiori*.

(A.L.T.C.)

## ▪ Derivados ou palavras derivadas, arg.

Uma *palavra derivada* é um vocábulo formado a partir de uma palavra de base ou sobre uma raiz acrescentada de um prefixo ou de um sufixo. Uma *família derivacional* é composta de um conjunto de palavras derivadas de uma mesma raiz ou de uma mesma palavra de base.

### ARGUMENTAÇÃO A PARTIR DE DERIVAÇÕES

*O topos* de *derivados* emprega o mesmo mecanismo da derivação lexical. Como o significante da palavra de base se acha em substância na palavra derivada, tende-se a pensar que o *sentido* da palavra de base está igualmente conservado na derivada, o que não é necessariamente o caso: o presidente de uma *comissão* chama de *comissários* os membros dessa comissão. Essa hábil derivação lhe permite captar a autoridade associada à palavra *comissário* e conferir a ele e aos seus colegas certa superioridade sobre as pessoas que recorrem a seus serviços.

Uma família de argumentações explora o sentimento de evidência semântica proveniente da semelhança morfológica existente entre as palavras pertencentes a uma mesma família derivacional. A reiteração da suposta raiz semântica produz um enunciado que parece impossível negar, pois é verdadeiro em virtude de sua forma: A é A:

> Exemplo 1) *Eu sou homem, nada do que é humano me é estranho.*\*
> Exemplo 2) *Se você acha que seu trabalho é alienante, então nós deveremos encaminhá-lo para um asilo de alienados.*

Essas argumentações repousam sobre uma permissão de inferir [*permis d'inférer*] que é, na verdade, uma teoria popular [*folk-théorie*] da derivação lexical, segundo a qual as famílias derivacionais são semanticamente homogêneas. Segundo essa hipótese, as palavras derivadas não têm nenhuma autonomia semântica. O sentido desses vocábulos (*humano, alienado*) pode ser calculado (predito) a partir daquele da palavra de base e do afixo empregado. Não obstante, a realidade do léxico é diferente. O sentido das famílias derivacionais não é nem transparente, nem homogêneo. A aparência morfológica mascara divergências semânticas profundas entre a palavra de base e a palavra derivada, indo da conservação do sentido à oposição entre as conotações ou orientações argumentativas das palavras até a independência completa das significações em sincronia.

Um famoso discurso do general De Gaulle utiliza tais enunciados autoargumentados:

> Quanto às eleições legislativas, elas acontecerão nos prazos previstos pela Constituição, a menos que se pretenda amordaçar todo o povo francês, impedindo-o de se exprimir, ao mesmo tempo em que se lhe impeça de viver, pelos mesmos meios que se impedem os estudantes de estudar, os educadores de educar, os trabalhadores de trabalhar. (Charles de Gaulle, *Discurso* de 30 de maio de 1968 – disponível em: www.charles-de-gaulle.

---

\* N.T.: A frase *Homo sum, humani nihil a me alienum puto* foi dita por Terêncio, um dramaturgo e poeta romano. A tradução para o português é *Sou humano e nada do que é humano me é estranho.* Disponível em: https://educacaopublica.cecierj.edu.br/artigos/2/1/nada-do-que-eacute-humano-me-eacute-estranho#:~:text=Viol%C3%AAncia.Escola.,pare%C3%A7a%2C%20%C3%A9%20feita%20por%20n%C3%B3s. Acesso em: 14 out. 2024.

org/pages/espace-pedagogique/le-point-sur/les-textes-a-connaitre/discours-du-30-mai-1968.php. Acesso em: 20 set. 2013)

A família derivacional (*empreender, empresário, empresa, empreendedor*) é formada a partir do mesmo morfema raiz. Ela permite uma larga gama de argumentações que podem apelar para a evidência. A frase

> *Que os empresários empreendam!*

é um convite aos indivíduos de se mostrarem à altura de seu conceito.

> *A contrario*, dir-se-á:
>
> É necessário que os regulamentos acintosos (picuinhas) não impeçam os empresários de empreender.

A argumentação pode atribuir a um indivíduo uma qualidade, apoiada no postulado de homogeneidade do sentido entre *empreendedor* e (*espírito de*) *empreender*:

> *Já que é um empresário, ele tem forçosamente o espírito de empreendedor.*

Pode-se objetar a um empresário que expõe suas opiniões fora de seu domínio de competência profissional:

> *Acho que você é bem empreendedor, senhor empresário!*

Inversamente, as oposições de orientação argumentativa entre palavras que pertencem a uma mesma família derivacional são exploradas por formas de antanáclase (ver **Orientação**):

L1:  – *Assinando este compromisso no momento oportuno, o presidente tomou uma decisão altamente política.*

L2:  – *O presidente se comprometeu com uma decisão politiqueira, puramente oportunista.*

*Refutação* – as argumentações por derivação podem ser consideradas como falácias de forma de expressão. A identidade das formas aparentes da palavra derivada com sua palavra de base leva a supor que seus sentidos são os mesmos; mas essa suposição é enganosa (*misleading*), falaciosa; ver **Expressão**. Elas são, portanto, refutadas como "jogos de palavras", colocando em evidência as diferenças de sentido entre a palavra de base e a palavra derivada. Por sua vez, essa refutação dará lugar à acusação de "guerra de palavras" [*querelle de mot*] ou de "rixa semântica" [*chipotage sémantique*].

## OUTRAS DESIGNAÇÕES E FORMAS APARENTADAS

*Lugar de palavras aparentadas* – Cícero considera esse mesmo *topos* sob o nome de lugar das *aparentadas* (*conjugata*) "São chamados de relacionados os [argumentos] que surgem do mesmo grupo de palavras. As palavras do mesmo grupo são aquelas que provieram da mesma raiz" (Cícero, *Top.*, II, 12):

"Se o pasto é compartilhado, é justo compartilhá-lo"* (Cícero, *Top.*, II, 12)

Já que é *comum* (aberto a todos), os animais podem aí pastar *em comum* (livremente). Mas isso significa que todos os rebanhos podem pastar simultaneamente ou sucessivamente nessa pastagem?

*Lugar de derivações* – o *topos* n. 2 da *Retórica* de Aristóteles define o "lugar das derivações" como segue:

> Outro tópico é o das flexões casuais semelhantes, porque de modo semelhante deveriam compreender ou não os mesmos predicados; por exemplo, dizer que o justo não é um bem em todas as circunstâncias; é que se o fosse "justamente" seria sempre um bem, mas, por agora, não é desejável morrer "justamente". (Aristóteles, *Ret.*, II, 23, 1397a20)

*Trata-se de uma argumentação a respeito de uma definição*; uma argumentação que permite excluir um predicado (\_\_\_ *é bom, desejável*) da definição do (substantivo) *justo*: *Se você acha que o justo é desejável, então você pensa que ser enviado à morte justamente é desejável.*

*Argumento por etimologia* – o argumento dos derivados é, às vezes, designado como "argumento extraído da etimologia"; ver **Etimologia**. Por exemplo, sob o título "do lugar da etimologia", Dupleix trata das derivações sincrônicas do tipo *passarinho-passarinheiro* e das inferências analíticas como "ele é *doutor*, por conseguinte, ele possui *doutrina*", o que diz claramente respeito à questão das derivações. Ele estima, com razão, que esse gênero de inferência é muito fraco ([1607]: 303).

*Etimologia, notatio nominis, conjugata* – Bossuet distingue dois tipos de *topoi* sobre o nome. De uma parte, o *topos* que "se toma da etimologia, em latim *notatio nominis*, isto é, a raiz das quais as palavras são derivadas, como quando eu digo *se você é rei, reine*". O exemplo faz pensar nos *conjugata* de Cícero.

De outro lado, o *topos* que "se extrai das palavras que têm juntas a mesma origem, denominadas *conjugata*", apresenta como exemplo dessa relação o par *homo/hominis*, ou seja, duas formas declinadas do mesmo termo.

Vale observar os entrelaçamentos terminológicos. Mas o fundamento é claro: todas as vezes em que dois termos estão ligados pela morfologia, pelo léxico ou pela etimologia, pode-se apoiar sobre um deles para tirar conclusões acerca do outro.

(L.B.L.)

# ▪ Desacordo conversacional e desacordo argumentativo

### PREFERÊNCIA PELO ACORDO

A argumentação é um meio de se chegar a um *consenso construído* com base em um *consenso posto*; ver **Acordo**; **Persuasão**. A construção argumentativa do consenso

---

\* N.T.: No original, "Si le champ est un pâturage commun, on a le droit d'y envoyer des troupeaux pâturer en commun". O exemplo original tenta explicar a proximidade dos termos *commun* e *en commun*, no sentido de "permitido a todos os animais".

pode ser vista como a expressão discursiva "macro" de uma tendência observável no nível "micro" de uma sequência interacional, *a preferência pelo acordo*. Essa noção é fundamental no estudo da organização dos turnos de fala em interação. Seja uma sequência composta de um par adjacente de turnos de fala, o primeiro desses turnos projeta uma preferência por um segundo turno de um certo tipo; uma demanda, um convite, "prefere" uma aceitação a uma recusa, no sentido em que demandas e convites são feitos para serem aceitos e não recusados. Uma afirmação é efetuada para ser ratificada, e não rejeitada.

A *sequência preferida* é não marcada. O interlocutor se alinha ao locutor. Já que o acordo é preferido, uma marca linguística mínima pode ser suficiente: (*sim, sim, OK, vamos* lá), uma marca quase verbal (*aham*) ou corporal (um balanço da cabeça). A preferência pelo acordo se manifesta ainda pelas práticas evasivas de oposição frontal, pela ausência de ratificação dos desacordos emergentes e pela preferência pelos microajustes que permitem aos interlocutores chegarem a um acordo sem tematização do desacordo.

A *sequência não preferida* caracteriza-se por marcas específicas como a hesitação, a presença de um turno prévio e, enfim, a presença de justificativas, como em L2_2:

L1_1: – *O que você fará esta noite?*

L2-1: – *Bem, não sei.*

L1_2: – *Quer passar lá casa para tomar algo?*

L2_2: (silêncio) – *Humm bem, sabe, eu creio que não, preciso trabalhar um pouco.*

Por outro lado, apresentar uma razão para aceitar um convite é quase insultante:

L1: – *Que tal amanhã à noite, então?*

L2: – *Com prazer, assim eu não precisarei cozinhar e aproveito para descer o lixo.*

Essa preferência pelo acordo não é um fato psicológico, mas uma regularidade observacional. Ela corresponde ao princípio de cooperação de Grice, assim como às observações de Ducrot sobre o efeito polêmico produzido pelos encadeamentos que não respeitam a "sequência ideal", isto é, a que conserva os pressupostos; ver **Pressuposição**.

## DIVERGÊNCIAS CONVERSACIONAIS E INTERAÇÕES FORTEMENTE ARGUMENTATIVAS

A oposição a uma intervenção pode ser verbal (*eu não estou de acordo*) ou paraverbal. Neste último caso, ela se manifesta por fenômenos bem precisos: tentativas de se tomar a palavra e recusa do outro em cedê-la; sobreposição de turnos de fala, de aceleração do debate, de elevação de voz; recusa em emitir reguladores positivos ou excesso irônico de sinais de aprovação; comportamento de parceiro não dirigido, não ratificado (*você finge não estar me ouvindo ou o quê?*); emprego de reguladores negativos verbais ou não (sinais negativos com a cabeça, suspiros, agitação) etc. A ausência de ratificação positiva equivale a um desacordo.

Os episódios de divergência conversacional se caracterizam por sua ocorrência não planejada; por seu desenrolar também não planejado, ou fracamente planejado; por sua possível incidência negativa sobre os objetivos da interação global; pela tensão que introduzem entre ameaça para a relação (afirmar sua diferença persistindo no seu discurso) e pela ameaça à face (sacrificar a diferença renunciando a seu discurso), e, enfim, pelo fato de que esses episódios podem conter argumentos. A contradição conversacional pode ser reparada pelos procedimentos de ajustamento e de negociação ou evoluírem para um aprofundamento do desacordo. Quando um desacordo é ratificado, a interação torna-se localmente argumentativa.

A interação fortemente argumentativa repousa sobre um desacordo que apresenta características específicas: ele não é corrigido instantaneamente no decorrer da interação em que apareceu: é tematizado na interação; ele pode incidir sobre um fórum argumentativo (local) específico. Ele engendra, assim, interações organizadas em torno de um conflito preexistente. Nesse sentido, o conflito é a razão de existência dessas interações e condiciona sua evolução. As intervenções dos participantes são desenvolvidas e planejadas.

### DESACORDO RADICAL

Na sua essência, a polêmica seria falaciosa devido a um engajamento pessoal intenso demais. É bem diferente, em princípio, do desacordo profundo ou radical (*deep disagreement*), noção introduzida por Fogelin (1985). Um debate radical não é forçosamente uma controvérsia ou polêmica, uma vez que o debate radical pode muito bem permanecer pacífico. Ele situa-se além da controvérsia ou da polêmica, pois coloca em jogo princípios ou valores incompatíveis.

O diferendo que o organiza seria caracterizado por uma diferença metafísica, mais do que um conflito epistêmico. Em outras palavras, se o debate radical não avança, não é por culpa de um envolvimento (*involvement*) excessivo dos participantes, mas porque a realidade não chega a exercer pressão suficiente sobre os discursos orientados por interesses ou valores inconciliáveis. Dessas ideias, percebe-se que a existência mesma desse tipo de debate era, já, em si, um desafio "*radical and shocking*" (Turner e Compolo, 2005: I) relativo ao próprio fazer argumentativo:

> Se assim fosse, o que se tornaria a disciplina? E, mais importante, sem dúvida, como se poderiam tratar os desacordos radicais? Assim sendo, é todo o campo e suas realizações que parecem estar ameaçadas. (Turner e Compolo, 2005: I)

Ver **Dissenso.**

(L.B.L.)

## ▪ Desperdício, arg.

O argumento do desperdício é definido por Perelman e Olbrechts-Tyteca como:

> O argumento do desperdício consiste em dizer que, uma vez que já se começou uma obra, que já se aceitaram sacrifícios que se perderiam em caso de renúncia à empreitada, cumpre prosseguir na mesma direção. Essa é a justificação fornecida pelo banqueiro que continua a emprestar ao seu devedor insolvente, esperando, no final das contas, ajudá-lo a sair do aperto. É uma das razões que, segundo Santa Teresa, estimula a rezar, mesmo em período de "seca". Abandonaríamos tudo, escreve ela, se não fosse "porque

nos lembramos de que isso nos proporciona satisfação e prazer ao Senhor do jardim, porque atentamos em não perder todo o serviço realizado e também no benefício esperado do grande esforço de lançar seguidamente o balde no poço e retirá-lo sem água". (Perelman e Olbrechts-Tyteca, 1999 [1958]: 317-318).

A definição do que o *Tratado* chama de *meio* é uma "técnica discursiva" (Perelman e Olbrechts-Tyteca, 1999 [1958]: 4), ou um *topos*, isto é, uma esquematização de ordem linguístico-cognitiva; ver ***Topos* inferencial**. O *Tratado* introduz o *topos* do desperdício por uma definição seguida de duas ilustrações na passagem: "uma vez que já se começou uma obra, que já se aceitaram sacrifícios que se perderiam em caso de renúncia à empreitada, cumpre prosseguir na mesma direção" (Perelman e Olbrechts-Tyteca, 1999 [1958]: 4). Os agentes são impessoais; as situações bastante gerais ("iniciar, obra, empreitada, sacrifício, direção"). Esse *topos* relaciona:

- uma situação inicial complexa, o argumento (a): em vista de um benefício, inicia-se uma obra; (b) tal obra é difícil; (c) nada se obteve; (d) é possível e tentador parar; (e) se se para, perde-se tudo (com uma aplicação do *topos* dos contrários: cessar e perder tudo/continuar ganhar tudo);
- da qual se tira a conclusão (f): é preciso seguir na mesma direção.

Todas essas condições são cruciais, por exemplo (e); se se tratasse de uma obra cujos resultados são cumulativos (do tipo exercícios de musculação), assim, poder-se-ia justificar a interrupção, dizendo que *já é meio caminho andado.*

O *topos* do desperdício está ligado ao argumento do dedo na engrenagem:* *Não se deve começar, pois, se começar, não conseguirá mais parar.* Este *topos* justifica a abstenção, ao passo que o argumento do desperdício é aquele da perseverança na ação; ver **Direção**; **Declive escorregadio**. O *topos* do desperdício é parente daquele provérbio: *Não se mexe em time que está ganhando,* ao qual se replica *Ou você muda, ou vai se dar mal.* Esse tipo de argumento é vulnerável a um contradiscurso do tipo: *Já perdemos bastante tempo assim.*

A propósito da guerra do Iraque (2003-2011), o exemplo seguinte utiliza uma fórmula que é frequentemente associada a esse *topos*, utilizado para justificar a continuação de uma guerra: *Senão eles terão sido mortos por nada!*:

> Bater em retirada equivale a reconhecer que todos os nossos homens são mortos por nada!", afirma o soldado Carl Broberg, [um dos fãs de John McCain (*)], que voltou ao seu país.
>
> (*) candidato à investidura republicana na eleição presidencial americana de 2008. (*Marianne,* 10 de março de 2008: 59)

Os elementos principais do *topos* estão dispersos descontinuamente nesse segundo exemplo (passagens destacadas por nós):

> [O filósofo Alain] Não acredita na guerra do Direito. É favorável, já no final de 1914, a uma paz de compromisso e, aliás, acompanha de perto, através da *Tribune de Geneve*

---

\* N.T.: no original, *l'argument du petit doigt dans l'engrenage.* Esse argumento está diretamente associado ao argumento do *declive escorregadio* ou *slippery slope argument.*

que lhe envia o casal Halévy, tudo o que se parece com um início de negociação, por mais frágil que seja seu rastro. Mas não tem muitas ilusões: *precisamente porque é tão horrenda, tão mortífera, tão cega, tão total, a guerra é difícil de terminar*. Ela não pertence, ou não pertence mais, a essa categoria dos conflitos armados em que príncipes cínicos podem deter quando julgam que seu custo supera os lucros possíveis e que o jogo já não vale a pena. Ela é dirigida por patriotas, gente de bem eleita pelo povo, *encerrados cada vez mais nas consequências das decisões de julho de 1914. Os sofrimentos foram tão duros, as mortes tão numerosas, que ninguém ousa agir como se elas não tivessem sido necessárias*. E como dar o primeiro passo, sem se designar como traidor? *Quanto mais a guerra dura, mais ela vai durar*. Ela mata a democracia, de que, porém, recebe o que perpetua seu curso. (Furet, 1995 [1995]: 63-64)

(P.R.G.)

# ▪ Desprezo, arg.

❖ Encontramos, às vezes, a metáfora *argumento ad lapidem*, do lat. *lapis*, "pedra"; ingl. *argument by dismissal*.

As formas padrão de refutação sustentam-se no exame do discurso rejeitado ou sobre considerações ligadas à pessoa que o apresenta. Mesmo nesse último caso, a refutação é argumentada. Podemos igualmente desferir ao adversário o *golpe de desprezo*, que a retórica antiga designa com o nome de *apodioxis*, recusando-se até mesmo de argumentar contra ele, deixando evidente a má qualidade de sua argumentação:

> *Teus argumentos são ridículos, insuficientes, deploráveis.*
> *Eu não darei à sua exposição a honra de uma refutação.*
> *Isso que você diz nem mesmo é falso.*

O argumento é considerado "pueril" (Dupriez 1984, art. *Apodioxis* [*Apodioxe*]) "evidentemente absurdo ou praticamente nulo" (Molinié, 1992, art. *Apodioxis* [*Apodioxe*]). É isso que significa a expressão *sem comentário*: aquilo que dispensa comentário, portanto podemos dispensar toda refutação argumentada; ver **Patético**.

O oponente que utiliza essa estratégia retórica radical pode agir de perfeita boa-fé, o que pode conduzi-lo a atitudes paradoxais. Bastaria ouvir um partido extremista para ficar escandalizado com ele:

> *Deveríamos dar a palavra a fulano mais frequentemente, quanto mais ele fala, menos terá voz.*

mas essa estratégia tem seus perigos. A rigor, seria suficiente assegurar a difusão da palavra do outro partido para desacreditá-la. O mecanismo é próximo daquele da ironia: é o caso extraordinário que relata Wayne Booth, a propósito de manifestações que ocorreram em sua universidade, onde se confrontaram dois grupos de estudantes:

> De repente, as coisas deram tão errado que cada uma das duas partes passou a duplicar os ataques da outra e a difundi-los por meio de milhares de cópias, sem comentários. Cada um considerava que a retórica do outro tinha se tornado tão absurda que prejudicava a si mesma (*as if the other side's rhetoric was self-damning, so absurd had it become*). (Booth, 1974: 9)

O oponente não pode ouvir falar de tal forma de desqualificação, destinada a terceiros. A emoção externada é o desprezo, podendo chegar até a indignação. Do ponto de vista do *ethos*, o autor desse golpe abre espaço para a acusação de arrogância. Empregado em formas particularmente polêmicas da argumentação, esse golpe permite ao autor negar a existência de qualquer acordo entre os envolvidos na disputa; ver **Condições de discussão**.

(M.H.C.P.)

# ▪ Destruição do discurso

As formas típicas de refutação repousam sobre o que é *dito*, sobre o teor do discurso rejeitado ou sobre considerações ligadas à pessoa que o sustenta. Bem ou mal, a refutação é argumentada; ver **Refutação**.

Em situação de confronto face a face, o discurso pode ser destruído por manobras referentes não mais a respeito do *dito*, mas sobre o *dizer*, sobre a maneira pela qual o que se diz é expresso. A destruição mais radical é a expressa no comportamento interacional, na recusa em *ouvir*, física ou intelectualmente, o discurso do outro. Ali se busca o *nocaute verbal* [*le K. O. verbal*] (Windisch, 1987).

### DESTRUIÇÃO EM SITUAÇÃO DE INTERAÇÃO

O acordo se manifesta por diversos fenômenos de ratificação. Inversamente, a ausência de ratificação pode levar o interlocutor a abandonar o seu discurso; ver **Desacordo conversacional e desacordo argumentativo**.

A seguinte interação se desenvolve em uma aula de trabalhos práticos de Física (https://visa-video.ens-lyon.fr/visa-web/, consulta submetida à autorização). O tema é a noção de "força". Ali se vê um pequeno dispositivo – uma pedra suspensa por um suporte. São filmados dois alunos que trabalham juntos. A questão da professora é:

> *Quais objetos agem sobre a pedra?*

Em seguida, ela se dirige à classe, e dois alunos a olham:

> *então, eu considero objeto no sentido mais geral, é tudo o que pode agir sobre a pedra, heee, de maneira visível ou invisível, a bem dizer, heee, pronto.*

Um dos alunos F responde, virando-se para o seu parceiro:

> *bem, o ar, o ar.... o ar, ele age o ar quando você faz isso, o ar*

Depois de uma interrupção, F retoma sua argumentação agitando seu braço de baixo para cima e de cima para baixo:

> *quando você faz assim, haverá o ar depois já que, cê sabe, quando você faz um movimento de velocidade assim, é a mesma coisa tem o ar com certeza mas lá, no momento, não se responde ainda isso, mas*

Seu parceiro toma a palavra, manipulando a pedra:

> *tem a atração*

F produz uma argumentação exatamente conforme o diagrama de Toulmin, isto é, apresenta uma conclusão (*o ar*) rodeada e sustentada por um discurso e uma gestualidade *ad hoc*. A conclusão é reforçada (*tenho certeza*), mas abruptamente deixada de lado (*mas lá, no momento, não se responde ainda isso*). Esse recuo totalmente inesperado, visto o que houve precedentemente no curso da interação, só é compreensível em referência ao comportamento interacional de seu parceiro que, durante toda a interação, olha fixamente a pedra e não dá nenhum sinal de ratificação.

### DESTRUIÇÃO DO DIZER

Em uma situação de confronto face a face, o discurso de um pode levar em consideração o discurso do outro para destruí-lo por manobras protoargumentativas que servem não apenas para *refutar*, mas também para *destruir* o discurso argumentativo do oponente, apesar de a réplica *Eu não tenho a mesma opinião* marcar um alto grau de cooperação argumentativa. A retórica antiga enumera três qualidades principais do discurso: *correção, clareza* e *boa oratória* (respectivamente *latinitas, perspicuitas* e *ornatus*). Uma falha de cada um desses pontos pode funcionar como uma estratégia de "destruição", no sentido de descredibilização do discurso.

*Correção: Você não conhece a língua que você pretende falar* – A *latinitas* corresponde à correção, voltada para a construção gramatical do latim ou, de uma maneira geral, da língua. Em uma situação polêmica, o oponente pode rejeitar um discurso *a priori* justificando sua rejeição devido a uma falha gramatical: *Você fala mal, em um árabe que não é clássico, não se compreende nada*. Engana-se quem acha que essas estratégias são marginais ou ineficazes:

> Com uma ortografia titubeante, Madame X coloca em perigo a avaliação de suas competências linguísticas diante de uma banca de concurso.

*Clareza e boa oratória: Você é confuso e enfadonho* – Estratégias análogas são fundadas na clareza, na transparência da expressão (*perspicuitas* ou *aptum*): *A apresentação foi confusa*; e sobre a *boa oratória* (*ornatus* no sentido de "decoração"): *Sua apresentação foi tão enfadonha!*

É preferível que um discurso argumentativo seja gramaticalmente correto, claro e interessante. Além disso, tende-se a considerar como corretos, claros e interessantes discursos com os quais se está de acordo. Não se trata simplesmente de uma questão psicológica ou de "má-fé". Esse fato tem uma pertinência cognitiva: o discurso com o qual se está de acordo é bem conhecido por quem concorda, no sentido de que seus princípios são aceitos. Nesse sentido, é mais fácil recuperar os conteúdos elípticos e as ligações que porventura faltem naquele discurso; suas variações são mais bem toleradas; o discurso é mais facilmente memorizado etc. Reciprocamente, é relativamente natural aplicar esse tipo de estratégia de destruição ao discurso do oponente, alegando que as condições mínimas de intercompreensão não foram satisfeitas.

Outras formas se situam no limite da destruição e da refutação proposicional; ver **Refutação**.

(L.B.L.)

# ▪ Diagrama de Toulmin

## O MODELO DE TOULMIN*

*Exemplo de célula argumentativa* – para Toulmin, a passagem seguinte é um discurso argumentativo elementar completo:

> "Harry nasceu nas Bermudas", ora, um homem que nasceu nas Bermudas será, em geral, um súdito britânico, [...] por conta das garantias implícitas nas Leis de Nacionalidade Britânica; mas o argumento não é conclusivo em si mesmo, se não se acrescentar provas relativas à sua ascendência e à possibilidade de ele ter ou não mudado de nacionalidade em algum momento da vida. (Toulmin, 2001 [1958]: 150)

A representação conceitual dessa passagem é dada sob a forma de um diagrama, articulando seis componentes funcionais.

**Estrutura**

```
Harry nasceu                                              Harry nas
nas Bermudas  ──────▶  Assim, presumidamente,             Bermudas é um
                                                          súdito britânico

        Já que              A menos que

    Um homem              Seus pais sejam
    nascido nas           estrangeiros/ele
    Bermudas será,        se tenha tornado
    em geral, súdito      americano
    britânico             naturalizado

    Por conta de

    Os seguintes
    estatutos e outros
    dispositivos legais
```

Esse diagrama se encontra no capítulo intitulado "O *layout* de argumentos"; o termo *layout* significa "plano, estrutura". Falamos assim do modelo ou do diagrama de Toulmin: os dois usos parecem aceitáveis.

*Interpretação dialogal* – este modelo se aplica ao discurso contínuo, ao monólogo. Dois elementos permitem considerá-lo como a transposição monologada de um diálogo. Toulmin explica o seu diagrama:

> Em apoio à ALEGAÇÃO [CONCLUSAO] ( C ) de que Harry é súdito britânico, apelamos ao DADO (D) de que ele nasceu nas Bermudas, e a GARANTIA pode então

---

\* N.T.: A depender da tradução, pode-se falar ainda em Layout *de Toumin* e/ou *Modelo de Toumin* (entre outras possibilidades). Aqui uniformizamos como *Diagrama de Toulmin*.

ser afirmada na forma "*um homem nascido nas Bermudas pode ser considerado súdito britânico*"; no entanto, como as questões de nacionalidade são sempre sujeitas a qualificações e condições, teremos de inserir um "presumivelmente" QUALIFICADOR (Q) diante da conclusão, e notar que nossa conclusão pode ser REFUTADA caso se verifique (R) que seus pais eram estrangeiros, ou então que, depois disso, ele se naturalizou norte-americano. Finalmente, caso a própria garantia seja desafiada, poderemos inserir o APOIO, com os termos e as datas de decretação dos Atos do Parlamento e outros dispositivos legais que governam a nacionalidade de pessoas nascidas em colônias inglesas. (Toulmin, 2001 [1958]: 151, 180)

Por outro lado, o modalizador, apontando para objeções possíveis, representa o traço de um contradiscurso. Ele introduz no modelo um segundo elemento dialógico. A representação sob forma de estrutura dialogada permite separar bem os dois níveis do diálogo e do monólogo.

Questão: – *Qual a nacionalidade de Harry?*
O proponente argumenta: – *Harry nasceu nas Bermudas: ora, as pessoas que nascem nas Bermudas são em geral cidadãos britânicos, em virtude de leis e decretos sobre a nacionalidade britânica; então Harry é provavelmente cidadão britânico.*
O oponente objeta: – *Mas talvez seus pais fossem estrangeiros de passagem pelas Bermudas. Ele pode também ter mudado de nacionalidade.*
O proponente mantém sua conclusão: – *De fato. Mas não temos a posse de nenhum elemento que nos permita pensar que seus pais fossem estrangeiros ou que ele tenha podido mudar de nacionalidade. Até que tenhamos informação mais ampla, devemos considerar que Harry seja mesmo cidadão britânico.*

*Os seis conceitos de base* – o diagrama ou modelo de Toulmin (2001 [1958], cap. 3) articula a *célula argumentativa* monológica em torno de seis elementos:

- uma *conclusão* é afirmada baseada num *dado*;
- o "passo" ou "salto" argumentativo que é autorizado por uma *lei de passagem*, ela mesma apoiada por um *suporte*;
- a introdução de um *modalizador* que remete a possíveis discursos de *refutação*.

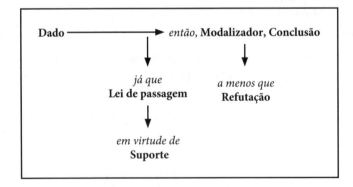

Na versão original temos:*

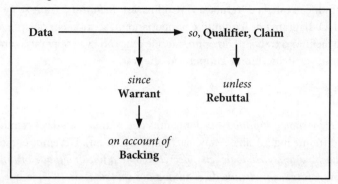

Os conceitos principais do diagrama toulminiano *Data, Claim, Warrant, Backing, Qualifier* e *Rebuttal* podem ser traduzidos de modos muito diferentes. O sentido em inglês é o seguinte:

*Dado* – *Harry nasceu nas Bermudas.* O termo inglês é *data* e significa: "qualquer coisa que sabemos ou que supomos ser verdadeira; fatos ou números a partir dos quais podemos tirar uma conclusão; informação" (Webster, art. *Data*).

*Conclusão* – *Harry é cidadão britânico.* O termo inglês *claim* é "uma reivindicação [*demand*] de qualquer coisa que consideramos, com ou sem razão, como devida" (Webster, art. *Claim*). Nós o traduzimos por *conclusão*. Esse termo também significa "afirmação, pedido, reivindicação" de qualquer coisa num contexto de contestação (Collins, art. *Claim*).

*Lei de passagem* – *já que as pessoas nascidas nas Bermudas são geralmente cidadãs britânicas.* O termo inglês é *warrant*, que significa principalmente: "1. autorização ou aprovação [*sanction*] dada por um superior ou uma lei; 2. justificação ou boa razão [*reasonable ground*] para uma ação, um comportamento, uma afirmação ou uma crença" (Webster, art. *Warrant*). Tradução: "mandato, garantia, justificação".

*Suporte* – *tendo em vista os estatutos e decretos seguintes...* O termo inglês é *backing*, "reforço, suporte, apoio, aval": "1. qualquer coisa colocada atrás para sustentar ou reforçar; 2. apoio ou ajuda entregue a uma pessoa ou a uma causa; endosso [*endorsement*]" (Webster, art. *Backing*).

*Modalizador* – corresponde a um advérbio e remete à *restrição*. O termo inglês é *qualifier*. *To qualify* significa principalmente "4. modificar; restringir; limitar; tornar menos categórica [*positiva*] (uma afirmação); 5. atenuar, suavizar (um castigo)" (Webster, art. *Qualify*). "Modalizador, modal, restrição" são as traduções tradicionais. "Suavizar" ou "mitigar" não expressam o vínculo preciso aos contradiscursos.

*Refutação* – *a menos que seus pais sejam estrangeiros ou que ele tenha se naturalizado americano.* O termo inglês é *rebuttal*. *To rebut* significa: "contradizer, refutar, se

---

\* N.T.: Na tradução em português, os termos estão assim traduzidos do inglês: *Data*: Dados (D); *Claim*: Alegação ou Conclusão (C); *Warrant*: Garantia (W); *Qualifier*: Qualificador (Q); *Rebuttal*: Condição de Exceção ou Refutação (R); *Backing*: Apoio (B).

opor, particularmente de modo formal, por um argumento ou uma prova" (Webster, art. *Rebut*). Sua tradução estrita é "refutação" (Collins, art. *Rebuttal*). Trata-se de uma *refutação potencial*. O diagrama de Toulmin é popperiano no sentido em que prevê refutações possíveis. Ao facilitar o trabalho do oponente, ele reintroduz a cooperação em uma situação de dissenso; ver **Princípio de cooperação**; **Regras**.

### COROLÁRIOS

*Uma regressão ao infinito?* – suponhamos que se trate não das Bermudas, mas das ilhas Falkland (nome inglês)/ilhas Malvinas (nome argentino). Devemos então acrescentar ao suporte (*backing*) *em virtude de leis e decretos sobre a nacionalidade britânica* um fundamento sobre a força, *em virtude do resultado dos combates de 1823*, já que as Malvinas foram tomadas da Argentina em 1823, mesmo que a Argentina não reconheça esse fato. Fundamentando a lei de passagem sobre uma garantia, estabelecemos uma regressão potencial ao infinito (a garantia deve também estar garantida). A mesma regressão poderia ser observada sobre o argumento, que pode ele mesmo requerer sua justificação ou garantia. Essa problemática se junta àquela do sorites e do epiquirema; ver **Sorites**; **Epiquirema.**

*Um modelo nomológico* – Inserir um silogismo no coração da atividade argumentativa talvez explique a adesão ao diagrama de Toulmin entre cientistas interessados na argumentação. O exemplo seguinte, retirado do livro de Toulmin, *Os usos do argumento*, corresponde à expressão de uma predição científica fundada sobre um cálculo que faz intervir leis advindas da experiência e da observação (2001 [1958]: 262):

> Dado: *posições observadas do sol, da lua e da Terra até 6 de setembro de 1956.*
> Lei: *leis correntes da dinâmica planetária.*
> Suporte da lei: *totalidade da experiência sobre a qual estão baseadas as leis correntes até 6 de setembro de 1956.*
> Conclusão: *momento preciso em que o próximo eclipse da lua após 6 de setembro de 1956 se torna total.*

A premissa do tema geral é substituída por uma gama de leis físicas. A ausência de contradiscurso (*Modal* + *Rebutal*) neste exemplo é característica da passagem ao domínio científico.

*Um silogismo jurídico categorizante* – o exemplo escolhido por Toulmin para ilustrar seu diagrama corresponde ao silogismo jurídico:

> Lei de passagem: *As pessoas nascidas nas Bermudas são súditos britânicos.*
> Argumento: *Harry nasceu nas Bermudas.*
> Conclusão: *Então Harry é cidadão britânico.*

Esse silogismo vincula uma premissa a um tema geral (a lei de passagem). Ali também é feita uma articulação com um fato (ou proposição simples, o argumento) para, a partir desse esquema, se chegar a uma conclusão. Tudo isso corresponde a um processo de categorização que mobiliza indivíduos e categorias, a partir das quais o indivíduo adquire direitos e deveres, assim como os estereótipos ligados a X, isto é, todos os predicados definidores de um indivíduo pertencente a uma categoria específica. Esse exemplo chama a atenção sobre a importância da categorização e da dedução intracategorial na atividade argumentativa ordinária; ver **Categorização**. A passagem seguinte tem a mesma estrutura:

> Todo motorista que ultrapassa a linha amarela comete uma contravenção, X ultrapassou a linha amarela, então X cometeu uma contravenção – a menos que se trate de um veículo de bombeiros em missão; de um cortejo oficial...; ou ainda de obras ou de um perigo iminente..., que obriga você a ultrapassar a linha amarela.

A restrição menciona um conjunto de critérios legais suscetíveis de entrar em concorrência com o princípio mais geral; ela introduz um elemento de inviabilidade da argumentação; ver **Argumentação**.

É por isso que Toulmin fala de seu enfoque da argumentação como de uma "jurisprudência generalizada" (2001, [1958]: 10). O processo jurídico, no entanto, não é visto como uma confrontação contraditória regrada de diferentes pontos de vista, mas, prioritariamente, como a justificação de um enunciado.

*A redescoberta dos topoi* – a lei de passagem corresponde à noção argumentativa tradicional de *topos* (Bird, 1961). Um *topos* é um enunciado geral suscetível de engendrar, por meio de atualização e amplificação, uma infinidade de argumentações concretas particulares ou entimemas, "assegurando" (*Warrant*) a aceitabilidade do vínculo argumento-conclusão.

Ehninger e Brockriede ([1960]) ressaltaram que a noção de lei de passagem podia cobrir diversos tipos de relações, e não apenas categorizações. A *generalização* é uma delas:

> Nas três regiões onde foram testadas, a criação de zonas francas não teve influência sobre o desenvolvimento econômico; portanto, a criação de uma zona franca numa quarta região provavelmente não terá influência sobre seu desenvolvimento econômico.

A lei de passagem é a de uma *indução*:

> Se o fenômeno não tiver sido observado nos casos 1, 2, 3... então não será observado no caso 4.

O diagrama de Toulmin é perfeitamente compatível com um enfoque por tipos de argumentos; ver **Tipologias (III)**. Cada um desses tipos será, além disso, alvo de objeções e de contradiscursos (*Qualifier/Rebuttal*) específicos.

*Um modelo da célula argumentativa* – esse modelo deve ser colocado em paralelo com outras formas de se compreender a célula argumentativa; ver **Epiquirema**.

(M.H.C.P.)

# ▪ Diagrama, esquema, esquematização

ESQUEMA

- A expressão *esquema de argumento* [trad. do ingl. *argumentative scheme*] é empregado no sentido de "*topos*" ou "tipo de argumento"; ver ***Topos***.

- O *esquema lógico* de uma argumentação corresponde à forma lógica de uma argumentação em língua natural; ver **Lógica clássica (IV)**.

## DIAGRAMA

- Fala-se geralmente de *diagrama da argumentação* para se designar uma representação gráfica da estrutura (dos traços essenciais) de uma argumentação, simples ou complexa; ver **Diagrama de Toulmin**; **Epiquirema**; **Convergência – Ligação – Série**.
- *Diagrama de uma questão argumentativa*; ver **Repertório argumentativo**.

## ESQUEMATIZAÇÃO

A lógica natural utiliza o termo *esquematização* para designar o resultado da transposição de algo em discurso por um sujeito; ver **Esquematização**.

(R.A.L.M.G.)

# ▪ Dialelo ► Círculo vicioso

# ▪ Dialética

*Dialética* e *diálogo* possuem a mesma etimologia = *Dia* + *legein* "através" + "dizer". Esse prefixo *dia-* é diferente do prefixo *di-*, que significa "dois". Etimologicamente, um *diálogo* não é uma conversa de duas pessoas (que poderia ser designada como um *dílogo*). Ali a questão não diz respeito ao número de pessoas entre as quais a fala circula, mas, sim, sobre o fato de que ela circula. Entretanto, a noção histórica de *dialética* remete a um diálogo entre *duas* pessoas.

## O MÉTODO DIALÉTICO ANTIGO

O método dialético antigo, teorizado por Aristóteles, parte de uma questão (*P ou não P?*, *Ser rico é bom ou não?*) e propõe-se a resolvê-la, metodicamente, eliminando um dos termos da alternativa com a ajuda de um instrumento, o *silogismo dialético*, que atua em uma interação regida por normas.

A dialética é *um instrumento filosófico* empregado na busca *a priori* da definição de conceitos fundamentais. Nessa função de clarificação dos primeiros princípios, ela foi substituída pela axiomatização.

*Raciocínio dialético* – assim como a argumentação retórica, o raciocínio dialético procede pelo silogismo ou pela indução (Aristóteles, *A. P.*, I, 1, 5-15). O silogismo dialético tem a particularidade de ser fundado sobre premissas que não são absolutamente verdadeiras, como no silogismo lógico. O silogismo dialético constrói-se a partir de simples *endoxa* (Aristóteles, *Top.* I, 1, 100a30), termo que Tricot traduz por "premissas prováveis", e Brunschwig, por "ideias admitidas". As regras de dedução estritas, no silogismo dialético, são substituídas pelos *topoi*. Ainda de acordo com os *Analíticos posteriores*, o raciocínio dialético "[pressupõe] as premissas como aceitas pelo adversário" (Aristóteles, *A. P,.* I, 1,5). O jogo dialético se desenvolve a partir das as crenças do Respondente e tem por função testar a coerência desse sistema; ver **Ex datis**.

Interação dialética – ela acontece entre dois parceiros, o *Respondente* e o *Questionador* (Brunschwig, 1967: 29). Trata-se de uma interação regida por regras que se estabelecem por meio de questões e respostas, com um ganhador e um perdedor. Pode-se falar em "jogo dialético". Um desses participantes, o Respondente, pode afirmar P ou não P. O Questionador deve refutar a proposição que o Respondente escolheu para sustentar, por meio de perguntas fechadas dicotômicas, isto é, às quais o Respondente manifesta-se por meio de *sim* ou *não*. Com base nessas respostas, o Questionador deve levar o Respondente a afirmar a proposição contraditória que ele aceitou no início do jogo. Se o Questionador conseguir, então ele ganhou a "partida"; se ele é derrotado, é o Respondente quem ganha. A prática dialética remete, portanto, a um teste *ad hominem* da afirmação defendida pelo Respondente; ver **Ad hominem**.

Autoridade dialética – a noção de autoridade é uma condição do debate dialético. Os *Tópicos* definem tal noção como o "questionamento" [*mise en question*] de um *endoxon*, isto é, de uma "opinião provável" ou "ideia admitida" que se beneficia de uma autoridade:

> Opiniões de aceitação geral, por outro lado, são aquelas que se baseiam no que pensam todos, a maioria ou os sábios, isto é, a totalidade dos sábios, ou a maioria deles, ou os mais renomados e ilustres entre eles. (Aristóteles, *Top.*, I, 1, 100b20)

Essa autoridade da opinião não é uma questão de tudo ou nada. Ela advém da autoridade dos diferentes grupos sociais, a partir de uma gradação que vai do quantitativo ao qualitativo, da opinião do gênero humano (o consenso universal) à autoridade da "opinião esclarecida", até a de uma pessoa ilustre; ver **Doxa**.

Estabelecendo um *continuum*, Aristóteles valoriza as diferentes nuances dos *endoxa*. O autor se afasta da ideia de *doxa* como *clichê* ou *estereótipo* vistos como "ideias prontas" ou mesmo, e mecanicamente, como "denúncias prontas". Os *endoxa* são ideias "dignas de serem discutidas". Eles definem *a contrario* o que é uma tese:

> Tese é a concepção contrária à opinião geral, mas proposta por alguém renomado como filósofo notável ["notável" é por minha conta] isto porque levar em conta que uma pessoa ordinária expressa um parecer contrário à opinião geral é tolice. (Aristóteles, *Top.*, I II, 104a15-25).

em outros termos, "usualmente a natureza de falsidade [das opiniões de aceitação geral] é imediatamente visível, mesmo para aqueles que possuem modesta capacidade de entendimento" (*Top.*, I, I, 100b20). A autoridade que participa do debate é reconhecida pela sociedade.

Dessa forma, é notável percebermos a diversidade e o *funcionamento competitivo* das autoridades – e não do *apelo* à autoridade – embasando o debate intelectual. A autoridade não está lá para encerrar a discussão, mas para iniciá-la: dizer que uma proposição é defendida por uma autoridade, não é dizer que é verdadeira, mas que é, no mínimo, *discutível*.

## A DISCUSSÃO ESCOLÁSTICA

A discussão escolástica (*disputatio*) corresponde à prática medieval do jogo dialético. É um instrumento de pesquisa e de ensino. Parte-se de uma questão precisa, concebida por um mestre. Dois participantes, mestres ou estudantes, nos papéis de proponente e de oponente, mantêm-se em posições antagônicas, num jogo de ataques às respostas uns dos outros. No final da discussão, o mestre propõe uma solução e refuta os argumentos que vão contra ela (Weijers, 1999).

## RENASCIMENTO DA DIALÉTICA: A PRAGMADIALÉTICA

O método dialético antigo, deixado de lado desde a Renascença (Ong, 1958), ressurgiu com o interesse pelos estudos do diálogo, sobretudo nos estudos da argumentação a partir da nova dialética, a *Pragmadialética* de Eemeren e Grootendorst (1996 etc.).

Os termos *proponente* e *oponente* utilizados para designar os parceiros de uma situação argumentativa autêntica foram emprestados dessa teoria dialética. Os desafios de um debate autêntico não são puramente refutativos como em um jogo dialético aristotélico. Os debatedores mesclam os argumentos empregados para sustentar as próprias posições e aqueles empregados para refutar a posição do oponente.

Na esteia da definição geral da dialética como "prática do diálogo racional, [a arte] de argumentar por questões e respostas" (Brunschwig, 1967: 10), pode-se considerar que o processo conversacional se torna dialético na medida em que trata de um problema preciso e definitivo, em comum acordo entre debatedores, em busca da verdade, do justo ou de um bem comum, entre os quais a fala circula livremente, respeitando as regras estabelecidas e subscritas pelos debatedores.

Um jornalista que, ao entrevistar uma pessoa que tem responsabilidades e capacidades de decisão, se esforça em colocá-lo em dificuldade está próximo da situação do Questionador dialético.

## DIALÉTICA ARISTOTÉLICA E DIALÉTICA HEGELIANA

Diferentemente da dialética aristotélica, a dialética hegeliana não procede por eliminação do falso, mas por síntese das posições em debate. A oposição não é resolvida, mas exaustivamente debatida.

A dialética aristotélica é fundada no princípio da não contradição, enquanto a dialética hegeliana tende a ir "além" da contradição, a qual, é preciso destacar, é fortemente atacada, (ver **Contradição**):

> [HL] proclama "uma vez que o mundo é eivado de contradições, só a dialética (que admite a contradição) permite encará-la no seu conjunto e encontrar nela um sentido e direção". Em outras palavras, já que o mundo é contradição, a ideia do mundo deve ser contradição; a ideia da coisa deve ser da mesma natureza que esta coisa; a ideia do azul deve ser azul. (Benda, 1975: 63)

A dialética conversacional, feita de negociações e de ajustes, permite salvar as faces, enquanto a dialética aristotélica corresponde a uma dialética lógica de eliminação do falso, sem considerar as questões das pessoas.

RETÓRICA E DIALÉTICA

O uso da dedução silogística é próprio da *ciência*. A *dialética* é *legislativa* e serve à discussão dos fundamentos *a priori* que servirão de premissas à dedução cientifica. A *retórica* tem uma função *executiva* e trata das questões cotidianas, públicas, que dizem respeito ao Direito e à política. A retórica trata também do reforço aos princípios que regem essa última prática, isto é, a política, pelo viés do gênero epidítico.

Segundo sua antiga definição, dialética e retórica são as duas artes do discurso. A retórica argumentativa "é a outra face (*antistrophos*) da dialética" (Aristóteles, *Ret.*, I, 1, 1354a1). Ela é também associada a duas grandes operações científicas: "Chamo entimema ao silogismo retórico e exemplo à indução retórica" (Aristóeles, *Ret.*, I,2, 1356b5)

Retórica e dialética utilizam os mesmos fundamentos de inferência, os *topoi*, aplicados a enunciados plausíveis, os *endoxa*, componentes de uma *doxa* (Amossy, 1991; Nicolas, 2007); ver **Doxa**. A retórica representa para a palavra *pública* o que a dialética representa para a palavra *privada* de aparência mais conversacional. A dialética diz respeito às teses, é de ordem *filosófica*; já a retórica se interessa por questões particulares de ordem *social* ou *política*. Enfim, enquanto a dialética é uma técnica da discussão entre dois parceiros, procedendo por (breves) *questões* e *respostas*, a retórica tem por objeto o discurso *longo* e *contínuo*.

(L.B.L.)

# ▪ Dilema

Um dilema é a esquematização de uma situação na forma de uma alternativa cujos dois termos são igualmente insatisfatórios. Utilizado como estratégia argumentativa, o dilema é um modo de refutação caso a caso, consistindo em acuar um adversário, mostrando-lhe que todas as linhas de defesa que poderia adotar conduzem à mesma conclusão que lhe é desfavorável:

- *Ou você estava a par do que se tramava no seu trabalho, e você era cúmplice, ao menos passivo, do que aconteceu, e você deve pedir demissão.*
- *Ou você não estava a par, então você não controla mais seu trabalho, e você deve pedir demissão.*
- *Portanto, você deve pedir demissão.*

Fala-se de *falso dilema* quando se considera que o dilema é mal construído e que radicaliza artificialmente uma oposição mais complexa. Essa oposição é reconstruída de maneira a possibilitar o surgimento de um terceiro termo, uma saída; ver **Caso a caso**.

> Se a adesão honesta e massiva dos cidadãos me obrigar a permanecer em função, o futuro da nova República estará decididamente assegurado. Se não, ninguém poderá duvidar de que ela logo se desmantelerá e que a França deverá sofrer, mas desta vez sem possibilidade de recurso, uma má gerência do Estado mais desastrosa ainda do que aquela que conheceu outrora. (Alocução televisionada em 4 de novembro de 1965 pela qual o general de Gaulle anuncia sua candidatura à eleição presidencial de dezembro 1965. Disponível em: http://fresques.ina.fr/jalons/fiche-media/InaEdu00101/de-gaulle-fait-acte-de-candidature-en-1965.html. Acesso em: 20 set. 2013)

Essa esquematização foi reformulada pelo slogan *Eu ou o caos*. Um partidário do general leu esta declaração como uma *escolha* deliberada entre o bem e o mal. Um oponente determinado rejeitaria essa escolha como uma *espécie de ameaça*, um falso dilema insuportável porque *enviesado*. Um indeciso pode até ver nessa declaração a expressão de um verdadeiro dilema, uma escolha entre duas opções igualmente desagradáveis.

(L.B.L.)

## ▪ Direção, arg.

O argumento da direção é definido por Perelman e Olbrechts-Tyteca como um argumento "fundado sobre a estrutura do real":

> O argumento de direção consiste, essencialmente, no alerta contra o uso do procedimento das etapas: se você ceder esta vez, deverá ceder um pouco mais da próxima, e sabe Deus aonde você vai parar. (Perelman e Olbrechts-Tyteca, 1999 [1958]: 321)

Ele corresponde ao argumento do declive escorregadio; ver **Declive escorregadio**; **Manipulação**; **Argumentação por etapas**.

O ponto essencial nesse tipo de argumentação é o da imputação de intencionalidade. Ali está em jogo tanto uma *estratégia intencional* manipuladora quanto as consequências *naturais de uma causa* e que, nesse segundo caso, não têm a ver com as intenções de quem tentou usar o argumento falaciosamente (i.e. como estratégia intencional). Hedge considera que a atribuição de uma intenção manipuladora seria contrária à sexta regra da controvérsia honrosa; ver **Norma**; **Regras**; **Avaliação e avaliador**.

(L.B.L.)

## ▪ Discussão ► Dialética; Debate

## ▪ Dissenso ► Consenso – Dissenso

## ▪ Dissociação

A noção de dissociação foi introduzida por Perelman e Olbrechts-Tyteca. O *Tratado da argumentação* esquematiza o campo da argumentação a partir da grande oposição entre "técnicas argumentativas" de *ligação* que incidem sobre os enunciados e correspondem às diversas formas de argumentação, e os procedimentos de *dissociação* que incidem sobre as noções (1999 [1958], 3ª parte). A dissociação é definida como a cisão de uma noção elementar, realizada pelo argumentador para escapar a uma contradição (1999 [1958]). A noção problemática é designada por um termo T. A dissociação a faz romper-se em duas noções, designadas respectivamente por um Termo_1 e um Termo_2.

Segundo essa definição, a dissociação não é um tipo de argumento, mas uma estratégia de resistência à contradição, seja ela apresentada dialogalmente por um contraditor ou evocada polifonicamente:

X: – *Meu caro, a democracia é isso!*
Y: – *Há democracia e democracia.*

A noção problematizada é vista como contraditória, portadora de uma contradição interna, "uma incompatibilidade", "uma antinomia". Nesse sentido, a dissociação é um mecanismo que permite resolvê-la. Segundo Perelman, a dissociação é

> uma técnica argumentativa raramente mencionada pela retórica tradicional, porque se impõe sobretudo àquele que analisa o pensamento filosófico, isto é, o pensamento que se pretende sistemático. (Perelman, 1992 [1977]: 139)

O exemplo proposto é o de Kant, para quem as ciências naturais postulam um determinismo universal. Ora, a moral postula a liberdade do indivíduo; daí a necessidade de dissociar a *realidade* (noção confusa) em *realidade fenomenal*, na qual reinam o determinismo, e a *realidade numenal*, na qual o indivíduo poderia exercer sua liberdade.

A dissociação entre Termo_1 e Termo_2 é acompanhada de uma avaliação dos termos; um deles é *valorizado* (a realidade); o outro, *desvalorizado* (a aparência).

> Na medida em que o estatuto primitivo do que se oferece como objeto de partida da dissociação é incerto e indeterminado, a dissociação nos termos 1 e 2 valorizará os aspectos que estão de acordo com o termo 2, e desvalorizará os aspectos que se lhe opõem: o termo 1, a aparência, no sentido estrito da palavra, não passa de ilusão e erro. (Perelman, 1992 [1977]: 141)

## FORMAS LINGUAGEIRAS DA DISSOCIAÇÃO

> O raciocínio por dissociação caracteriza-se, desde o início, pela oposição entre a aparência e a realidade. Esta pode ser aplicada a qualquer noção, desde que se faça uso dos adjetivos "aparente", "ilusório", por um lado, "real", "verdadeiro" pelo outro. Utilizar uma expressão como "paz aparente" ou "verdadeira democracia" é apontar a ausência de paz "verdadeira", a presença de uma democracia "aparente": cada um destes adjetivos remete para o outro. (Perelman, 1992 [1977]: 147)

As marcas linguísticas de dissociações são de diferentes ordens:

> Um prefixo como *pseudo* (pseudoateu), *quase* (quase-múltiplo), *não* (não filosofia), o adjetivo *suposto*, o uso de aspa, indicam que se trata do termo 1, enquanto que a maiúscula (o Ser), o artigo definido (a solução), os adjetivos *único* ou *verdadeiro* assinalam um termo 2. (Perelman, 1992 [1977]: 147-8)

Outras dissociações são *estabilizadas* sob formas de pares de termos correlativos antitéticos. O *Tratado da argumentação* se interessou pelos "pares filosóficos" como *aparência/realidade*; *opinião/ciência*; *conhecimento sensível/conhecimento racional*; *corpo/alma*; *justo/legal* (Perelman e Olbrechts-Tyteca, 1999 [1958]: 477-478).

Algumas dessas duplas de "dissociados" têm uma existência tradicional e constituem as oposições geradoras de discursos ideologicamente "fundadores". As duplas antagonistas são pares antonímicos e, como em todos os pares antonímicos, um dos termos é valorizado em detrimento do outro; ver **Contradição**; **Refutação**; **Valor**; *Distinguo*.

## AS FACETAS DA DISSOCIAÇÃO

A dissociação tem uma faceta *concessiva*:

L1_1: – *Os alemães bebem cerveja.*

L2: – Não o Hans!

L1_2: – *Mas ele não é um verdadeiro alemão.*

L2 refuta L1_1 com a produção de um caso contrário. L1 _ 2 reconhece que Hans é um alemão e que ele não bebe cerveja.

A dissociação opera um *remanejamento categorial*. Nesse sentido, a categoria "ser alemão" é cindida em duas – os *verdadeiros alemães* e os outros. Este remanejamento pode ser justificado ou não. L1 poderia dizer:

L1_3: – *Mas ele não é um verdadeiro alemão. Ele foi educado nos Estados Unidos.*

Supõe-se que nos Estados Unidos beba-se menos cerveja do que na Alemanha. L1_3 introduz um traço indicando que Hans se afasta do *estereótipo* do verdadeiro alemão. No máximo, pode-se fazer observar que os critérios de definição "ser alemão" não foram especificados em L1_1 e que agora eles o são, com base em um estereótipo associado aos alemães. O fato essencial é que a categoria criada por L1_3 é fundada sobre um critério explícito, independente da discussão em andamento. No diálogo original, o único critério contextualmente disponível é precisamente *beber cerveja*. Ou seja, os *alemães*, considerados *verdadeiros alemães*, são definidos como os *alemães* (no sentido de L1_1) *que bebem cerveja*. Dito de outra forma, o acréscimo deste critério *ad hoc* tornou o enunciado L1_1 *irrefutável*.

O remanejamento categorial é *excludente*. No domínio político, esta estratégia permite, por exemplo, opor um grupo de franceses (*os "verdadeiros" franceses*) a outro grupo de franceses, excluído. Na prática, a dissociação faz com que uma condição que era necessária e suficiente

> *É necessário e suficiente ter a nacionalidade francesa para ser francês.*

exija outras justificativas:

> *Para ser francês, é necessário ter a nacionalidade francesa E aderir à nossa Associação.*

## GENERALIDADE DA DISSOCIAÇÃO

A dissociação está presente sem dúvida em todos os domínios nos quais se pode exercer a argumentação, como podemos perceber no caso do *amor físico*, noção confusa, dissociável em *pornografia*, que visa à satisfação de uma necessidade biológica, e *erotismo*, no qual liberdade e inventividade é o mais importante. *Todos os verdadeiros filósofos dirão:*

L1: – *Os intelectuais, meu caro, são péssimos nos negócios!*

L2: – *Ou então não são verdadeiros intelectuais.*

O seguinte caso opõe "a Reunião" à "verdadeira Reunião":

> *Roland Sicard é jornalista, apresentador do programa. Gilbert Collard é advogado, presidente do Comitê eleitoral de Marine Le Pen, para a eleição de 2012.*

*Roland Sicard*: bom dia a todos, bom dia Gilbert Collard

*Gilbert Collard*: bom dia

RS: antes de falar das afirmações de Claude Guéant sobre o ressurgimento de algumas civilizações

GC: hum

RS: hum uma palavra sobre a viagem de Marine Le Pen à Ilha da Reunião ela foi vaiada tem-se a impressão de que os candidatos da Frente Nacional sempre tiveram muitas dificuldades nessas regiões d'além-mar/

GC: olha só eu conheço bem a Ilha da Reunião heim porque eu eu fui lá para defender causas com frequência e também em questões particularmente sensíveis hum há: hum duas Reuniões heim há uma Reunião que é instrumentalizada \ que organiza o comitê de recepção *habitual* para Marine Le Pen que não representa muita coisa heim finalmente bem e depois tem a verdadeira Reunião sabe que é feita de homens com opiniões divergentes de mulheres com opiniões que se opõem

RS: mas não é mais difícil nos departamentos d'além mar do que na metrópole de qualquer forma/

GC: não acredito que o que torna a coisa difícil é a instrumentalização hum midiática hein [...] (Transcrição realizada de trecho do programa *Les quatre vérités*, transmitido por France 2, em 8 de fevereiro 2012)

Ver **Categorização**; *A pari*; *Distinguo*; **Orientação**.

(L.B.L.)

# ▪ *Distinguo*

❖ Lat. *distinguo*, "eu distingo", 1ª pessoa do singular do presente do indicativo do verbo latino *distinguere*, "separar, dividir; distinguir". O termo é frequentemente colocado em itálico.

Na argumentação, o *distinguo* é uma estratégia de réplica do discurso do oponente. Fazer um *distinguo* é deixar claro que "eu distingo [no seu discurso] o verdadeiro do falso, coisas com as quais eu estou de acordo e outras com as quais eu não estou de acordo". O *distinguo* é um instrumento de luta contra a ambiguidade: *não se deve misturar tudo!* Seu uso é compatível com uma acusação implícita de amálgama (Mackenzie, 1988), ver **Ambiguidade**. O termo é também usado como sinônimo de *paradiástole*, ver **Orientação**.

*Em linguagem cotidiana*, proceder a um *distinguo* é estabelecer uma dupla de noções coadjuvantes sem que nenhuma seja posta em destaque, contrariamente ao que acontece com o processo de dissociação; ver **Dissociação**.

O sistema de "desenvolvimento territorial" é fundado em jogos de interatividade que operam entre seus dois componentes: o sistema econômico local, de um lado, o sistema dito "territorial", de outro.

O *distinguo* a operar entre esses dois últimos sistemas leva em conta oposições relativas às lógicas subjacentes que lhes sustentam. O sistema econômico obedece a princípios que são reconhecidos e expostos em ciências econômicas [...] O sistema territorial visa ao conjunto de funções humanas sociais, econômicas e urbanas do local. (Loinger e Némery, 1998: 126)

*Na troca dialética*, o *distinguo* é uma estratégia pela qual, confrontado com um raciocínio silogístico, o oponente distingue no silogismo o que ele admite (*concedo*) e o que ele nega (*nego*). No exemplo a seguir, o proponente apresenta o silogismo com conteúdo teológico (segundo Chenique, 1975: 9).

> Nenhum pecador entrará no céu.
> Todo homem é pecador.
> Nenhum homem entrará no céu.

O oponente diz:

> – Eu nada tenho a dizer acerca da premissa menor, *Todo homem é pecador*.
> – Acerca da premissa maior, *Nenhum pecador entrará no céu*, eu distingo (*distinguo*):
> – Enquanto pecador, eu concordo (concedo): nenhum homem em estado de pecado entrará no céu.
> – Enquanto pecador perdoado, eu o nego (*nego*).

O *distinguo* não propõe duas significações da palavra *pecador*, mas duas categorias de pecadores.

> – Portanto, eu nego (*nego*) a conclusão.

O oponente contesta, portanto, que o silogismo seja paralógico, pois a menor é ambígua, verdadeira em um certo sentido, e falsa em outro sentido.

O *distinguo* carrega um ranço escolástico:

> Angélica: – Mas a grande marca do amor é submeter-se às vontades de quem se ama.
> Tomás: – *Distinguo*, Mademoiselle. No que não diz respeito ao que é meu, concedo; no que me diz respeito, nego. (Molière, 1975 [s.d.]: 189)*

Thomas Diafoirus é tão brutal quanto pedante: ele não precisa levar em conta a vontade de Angélica para possuí-la; mas, fora isso, ele faz tudo o que ela quer. O *distinguo* é o instrumento da luta contra as ambiguidades falaciosas, mas quando ele introduz distinções em uma expressão perfeitamente clara, o *distinguo* ali se torna, ele mesmo, um instrumento falacioso, dada a confusão que cria na sentença pronunciada.

O apelo ao *distinguo* pode ser rebatido por um terceiro turno de fala do tipo *Basta, chega de distinguos escolásticos!* ou *Nada de querela semântica, por favor!* Em um monólogo, formas de *distinguo* ficam suscetíveis ao refinamento de definições; ver **Definição**.

(L.B.L.)

## ▪ Divisão ► Composição e divisão; Caso a caso

---

\* N.T.: Na versão original do *Dictionnaire*, é indicado o ato II, cena 6 da peça de Molière, quando se trata, na verdade do ato 2, cena 7.

# ▪ Dúvida

O desencadeador da atividade argumentativa é o surgimento de uma dúvida sobre um ponto de vista; ver **Desacordo conversacional e desacordo argumentativo**.

– No plano *argumentativo*, duvidar é estar em estado de "suspensão de concordância" com uma proposição que se queira rejeitar ou que se considere como incerta; ver **Assentimento**.

– Do ponto de vista *linguageiro*, nos termos da teoria da polifonia ducrotiana, esta suspensão de assentimento se manifesta por *uma não adesão* [*non prise en charge*] do locutor à proposição que ele enuncia. Ali não há a identificação do locutor com o enunciador.

– Do ponto de vista *psicológico*, a dúvida pode acompanhar-se de um estado de desconforto psicológico, semelhante à "inquietação".

O diálogo evidencia essas diversas operações, dando-lhes uma forma linguageira e uma configuração microssocial. *Colocar em dúvida* é um *ato reativo* de um interlocutor que se recusa a ratificar um turno de fala ou que a ele se oponha abertamente. Essa situação interacional obriga o interlocutor a argumentar, isto é, a elaborar um discurso de justificação de uma afirmação que, talvez para ele, já fosse óbvia; ver **Desacordo conversacional e desacordo argumentativo**.

A argumentação é uma atividade trabalhosa, tanto do ponto de vista cognitivo como do ponto de vista interacional. Engajamo-nos nessa situação forçados pela resistência do outro à opinião que expomos. Por outro lado, a dúvida não pode ser gratuita: o oponente precisa justificar suas reservas. Nesse sentido, será necessário apresentar argumentos orientados para a defesa de outro ponto de vista, refutar os argumentos da proposição original.

Na distribuição dos papéis argumentativos, a dúvida é suscitada pelo terceiro; ver **Papéis argumentativos**.

Descartes rejeita "todos os conhecimentos que são apenas prováveis e [declara] que é necessário confiar apenas no que é perfeitamente conhecido e naquilo de que não se pode duvidar". Ele reconstrói, assim, um sistema de crenças seguras com base na única certeza do cogito *Eu penso, logo existo*. Essa forma de dúvida se opõe à dúvida cética:

> A dúvida cartesiana não consiste em flutuar, incerta, entre a afirmação e a negação; ela demonstra, ao contrário, com evidência, que aquilo que o pensamento coloca em dúvida é falso ou insuficientemente evidente para ser afirmado como verdadeiro. A dúvida cética considera a incerteza como estado normal do pensamento, enquanto Descartes a considera como uma doença da qual ele tenta nos curar. Mesmo quando ele retoma os argumentos dos céticos, ele o faz mas em sentido contrário, com outra orientação filosófica. (Comentários de Étienne Gilson, em Descartes, *Discours de la méthode*, texto e comentários de E. Gilson, Paris, Vrin, 1970, nota I: 85.)

(L.B.L.)

# ▪ *Doxa*

A palavra *doxa* é calcada em uma palavra do grego antigo que designa "opinião, reputação", o que se diz das coisas ou das pessoas. A *doxa* corresponde ao *senso comum*, isto é, a um conjunto de representações socialmente predominantes, vagas, às vezes contraditórias e cuja verdade é incerta, com o sentido depreciativo de clichê ou de lugar-comum. Dá-se às vezes à *doxa* o sentido de "ideologia" ou de "dogma", particularmente quando se quer transformá-la em uma questão a ser debatida (Amossy, 1991; Nicolas, 2007). A palavra deu origem aos adjetivos *dóxico* e *doxal*.

Aristóteles define os *endoxa* (sing. *endoxon*) como opiniões comuns de uma comunidade, utilizadas nos raciocínios dialéticos e retóricos:

> Opiniões de aceitação geral [*endoxa*] [...] por outro lado, são aquelas que se baseiam no que pensam todos, a maioria ou os sábios, isto é, a totalidade dos sábios, ou a maioria deles, ou os mais renomados e ilustres entre eles. (Aristóteles, *Top.*, I, 1 ,100b20)

Uma ideia *endoxal* é, portanto, uma ideia apoiada sobre uma forma de autoridade social: autoridade da maioria, dos especialistas, das pessoas socialmente em evidência; ver **Dialética**.

O latim traduz o adjetivo derivado *endoxos* (*endoxal*) por *probabilis*, (*provável*). Em francês, utiliza-se às vezes a palavra *endoxal* que tem a vantagem de formar uma dupla antonímica com *paradoxal*.

Os *endoxa* são alvo da crítica filosófica dirigida ao *senso comum*. Tal crítica tem como alvo, por conseguinte, as deduções fundadas em conteúdos e técnicas verossímeis, isto é, o sistema *endoxon/topos* que serve de arrimo para a argumentação, para a dialética ou para a retórica. Nesse sentido, fundamentalmente, dizer de uma proposição que ela é *endoxal* nada tem de pejorativo:

> Conhece-se bem a confiança que Aristóteles concede, ainda que sob reserva de um exame, às representações coletivas e à inclinação natural da humanidade para o verdadeiro. (Prefácio em Aristóteles, 1967, *Top.*, Brunschwig: XXV)

Nota-se bem como retórica e dialética se articulam com os *endoxa*: a argumentação dialética tem a função de colocá-las à prova. A argumentação retórica as utiliza em um conflito, conciliando-as ou as refutando.

Os *tópicos substanciais* são as técnicas de exploração da *doxa*. Elas não permitem afirmar uma verdade, mas determinam quem tem o ônus da prova, ou seja, sobre quem pesa a suspeita; quem acusa; ver **Tópica substancial**; **Ônus da prova**; **Pessoa tópica**.

Numerosas formas de argumentos sustentam-se na questão da autoridade da *doxa*:

- apelo ao senso comum: o argumento *ad judicium* (no sentido 2, diferente do argumento sobre a fundamento), ver **Fundamento**.
- apelo ao sentimento da maioria (*ad numerum*), ver **Autoridade**;
- apelo ao sentimento da multidão (*ad populum*), ver ***Ad populum***.

(L.B.L.)

- **Ectese** ▶ Exemplo

- **Emergência da argumentação**

Da atuação do interlocutor pode emergir o de *oponente*, isto é, aquele que traz à tona uma contradição. A partir desse fato a situação argumentativa se constitui. Ali dois discursos confrontam-se, a partir de um mesmo tema:

L1: – *Considerando o debate atual, precisamos nos posicionar né, e a gente vai votar em Fulano, né?*

L2: – *Humm, será mesmo? Francamente não sei se esse é o nome que devemos apoiar.*

Antes desta troca, L2 é simplesmente o interlocutor de L1. A interação esboça uma reformatação da interação na qual o interlocutor se tornará oponente. Evitar a argumentação é ainda possível, tudo depende se os turnos seguintes tematizarão ou não a oposição. Estamos em face de uma situação argumentativa emergente. As contradições que podem surgir no diálogo estão na iminência de serem tematizadas para serem tratadas argumentativamente pelos participantes, ver **Desacordo**.

*Enantiose* – o termo *enantiose*, utilizado pela retórica das figuras, é particularmente adequado para designar este momento transicional no qual o oponente se constrói, sem ser ainda ratificado pelos participantes. O adjetivo grego *enantios* tem os seguintes sentidos:

1. *Estar em frente de* [...]: margens que estão frente a frente; coisas que se apresentam ao olhar de alguém.
2. *Estar em frente de, de maneira hostil*: o inimigo (literal); aquele que está diante de mim; ou, em sentido amplo, a parte adversa, o adversário.
3. **O** *oposto, contrário a*: (*to enantion*) o partido oposto. (Bally [1901], art. *Enantios*)

No dicionário, o primeiro sentido, o "adj. *enantios*", designa aquele que está em frente – o interlocutor. O sentido de interlocução hostil aparece em um segundo momento por uma derivação metonímica que vai do portador da oposição para a oposição em si mesma: a tradição utiliza o termo para designar o oponente (*adversarius*) em um encontro retórico argumentativo (Lausberg [1960], § 274).

O termo *enantiose* pode ainda designar todo tipo de oposição. Dupriez o utiliza para designar oposições como "*bem/mal*; *par*/ímpar; *um/múltiplo*" (Dupriez, 1984, art. Énantiose), que são características do primeiro estágio de desenvolvimento da situação argumentativa, o díptico, às vezes maniqueísta, característico da argumentação antagonista.

O leque semântico do termo *enantiose* abrange, portanto, a dinâmica da emergência e da primeira estabilização da situação argumentativa:

> *O que está em frente de > com hostilidade > o oponente > a antítese argumentativa, discurso/contradiscurso.*

(L.B.L.)

# ▪ Emoções: a construção argumentativa da emoção

### A EMOÇÃO

*Uma síndrome* – a emoção é uma *síndrome*, uma síntese temporária de estados de diferentes ordens:

- *um estado de consciência*, a partir de uma realidade psicológica, o sentimento, o experienciado;
- *um estado neurofisiológico* perceptível ou não pelo sujeito (vermelhidão associada à vergonha, a elevação de adrenalina acompanhando a cólera);
- *um estado mimo-posturo-gestual*, como a configuração detalhada dos traços do rosto, da postura do corpo traduzindo cada emoção e uma *atitude* como a reação de fuga inseparável do medo;
- *um estado cognitivo*, determinando uma percepção da realidade.

*A direção da causalidade* entre esses componentes é tema para discussões: o senso comum entende que é o estado psíquico que determina as modificações neurofisiológicas e atitudinais (*Ele chora porque está triste*). Mas, mostrou-se que, ao se colocar um sujeito em estado físico correspondendo a tal estado afetivo, ele o sente subjetivamente (*Ele está triste porque ele chora*).

*Emoções de base* – o primeiro jogo de emoções de base é sem dúvida o que foi proposto por Aristóteles na *Retórica* e retomado pelos retóricos latinos, ver **Pathos**. Os filósofos propuseram listas de emoções. Em *As paixões da alma*, Descartes afirma "que há apenas seis paixões primitivas [...], a *admiração*, o *amor*, o ódio, o *desejo*, a *alegria* e a *tristeza*. Todas as outras são compostas de algumas dessas seis, ou são delas derivadas" (Descartes, 2021 [1649]: 70-71). Os pecados capitais dos teólogos – *orgulho, inveja, cólera, tristeza, avareza, gula, luxúria* – podem ser considerados como emoções essenciais, avaliadas como pecados na medida em que o sujeito não sabe controlá-las.

A noção foi reelaborada pelos psicólogos que caracterizam as emoções de base como universais, independentes das línguas e das culturas. As listas são variáveis e mais ou menos desenvolvidas. Elas englobam geralmente *o medo, a cólera, a repugnância, a tristeza, a alegria, a surpresa*. Ekman (1999) enumera 15 emoções fundamentais: *o divertimento, a raiva, o desprezo, a satisfação, a repugnância, o embaraço, a excitação, o medo, a culpa, o orgulho do sucesso, o alívio, a tristeza/angústia, a satisfação, o prazer sensorial e a vergonha.*

Em francês, o estudo lexical sugere que grandes reagrupamentos se operam em torno de zonas nas quais se encontram a *raiva*, a *alegria*, o *medo*, a *tristeza*.

*Emoções/humor: o fásico e o tímico* – os *humores* são definidos como estados afetivos estáveis ou *tímicos*, opostos às emoções que são *fásicas*, caracterizadas por eventos menos estáveis e que podem alterar o rumo de uma situação. À primeira vista, os humores pertencem à ordem do *estado*, enquanto as emoções são da ordem do *acontecimento*.

*Emoção e situação* – a emoção está ligada a uma *situação*. As teorias que se debruçam sobre o estudo das emoções analisam essa ligação da emoção a uma situação como um estímulo que provoca automaticamente uma resposta (uma emoção). Mas essa teoria não explica a possibilidade das injunções emocionais e dos desacordos sobre a emoção (ver a seguir). É a *percepção da situação* que é ligada à emoção. O estímulo *é* uma situação descrita de certa maneira.

*Emoção vivida e emoção falada* – a relação entre essas duas modalidades de emoção é análoga à que a língua alemã expressa sobre o tempo, opondo *Zeit*, o tempo em sua realidade extralinguística, a *Tempus*, o tempo na sua formatação linguajeira. A emoção retórico-argumentativa diz respeito à emoção-*Tempus*, enquanto a psicologia se interessa pela emoção-*Zeit*.

## AS EMOÇÕES DO DISCURSO ARGUMENTATIVO

*Emoções ligadas à situação argumentativa* – a *situação argumentativa* é em si carregada de emoção. Apresentar um questionamento leva a uma tensão sobre os planos social, cognitivo, emocional. Os participantes enfrentam ali seus contraditores. Suas faces sociais são potencialmente ameaçadas, assim como suas relações com o outro. Suas representações de mundo são desestabilizadas, assim como suas identidades pessoais fundadas sobre essas representações.

*Argumentação das emoções* – a situação argumentativa ligada a uma emoção não a determina aleatoriamente, como o mostra a existência de injunções emocionais:

> *Indignai-vos!* (Stéphane Hessel, 2012)

O mesmo acontece em situações em que há desacordo sobre a emoção mais apropriada:

L1:     – *Choremos a morte do pai da pátria!*

L2:     – *Regozijemo-nos da morte do tirano!*

L1:     – *Eu não tenho medo!*

L2:     – *Não? Mas deveria.*

Ao recursar-se a se alinhar com L1, L2 abre um debate e precisará explicar por que não está de acordo e expor as razões pelas quais se deve sentir medo naquela situação: deve, nesse sentido, *argumentar sua emoção* e se expor a uma *refutação* por L1. O caso da emoção não é diferente de qualquer outro tema transformado em questão argumentativa (Plantin, 2011).

Assim como para a argumentação em geral, pode-se distinguir os casos nos quais a argumentação da emoção é *explícita* e aqueles nos quais ela é *implícita*, e nos quais estamos diante de uma orientação direcionada a uma determinada emoção que não é nomeada.

Nos dois casos, o ponto de partida da emoção está na percepção que os participantes têm da situação: situação formatada e emoção formam um todo, o que explica que, para *justificar* uma emoção, deve-se explicar a *formatação* da situação. Essa formatação se efetua segundo um sistema de *eixos* que determina a natureza e a intensidade da emoção, em função do caráter mais ou menos previsível e agradável da situação, de sua origem, de sua distância, das possibilidades de controle, das normas e valores da pessoa emocionada etc. (Scherer [1984]:107, 115; Plantin, 2011).

A *Retórica* de Aristóteles contém uma excelente descrição da estrutura temática dos discursos que constroem a emoção, ou seja, dos *topoi* da emoção. Essa obra não é um tratado de psicologia, nem uma pesquisa de emoções de base universais, mas é, antes, um tratado sobre o que o discurso *pode fazer com as emoções*: a fala pode não fulminar o interlocutor, mas pode *comover*. Não se trata de tipificar uma emoção, mas de construir ou destruir pelo discurso o elã emocional de um grupo em determinada situação. Não se trata de dizer o que *são* a cólera ou a calma, mas de ver como se constrói um discurso suscetível de provocar a cólera ou o apaziguamento. Por isso é preferível utilizar não substantivos, mas predicados de ação para falar das emoções em uma perspectiva argumentativa:

- provocar ou apaziguar a cólera;
- inspirar sentimentos de amizade; romper elos de amizade; incitar a cólera e o ódio;
- despertar o medo e tranquilizar;
- causar vergonha e combater; desafiar;
- cultivar a gratidão; provar que não se tem culpa;
- despertar piedade ou instigar o desprezo e a indignação;
- manipular os sentimentos dos concorrentes: suscitar rivalidade, ciúmes, inveja ou mesmo o desejo de competição saudável (emulação).

Encontramo-nos inteiramente no campo da ação discursiva. O livro II da *Retórica* define essas emoções a partir de cenários [*scénarios types*] a serem ativados pelo orador. Essa orientação da análise em direção às estratégias discursivas de *formatação das situações* pelas quais o locutor é capaz de *produzir emoção*, nomeando-a ou não, é uma conquista da teoria argumentativa retórica.

## TRATAMENTO ARGUMENTATIVO DA EMOÇÃO

Discursos opostos constroem emoções opostas. A emoção construída por A é destruída, apaziguada ou contrabalançada pela contraemoção construída por B, exatamente como se faz acerca de um ponto de vista, quando se pode levar outrem a mudar de opinião.

## INGRATIDÃO: CONSTRUIR O RECONHECIMENTO E O DESCONSTRUIR

*Discurso: a gratidão* – a questão do reconhecimento, assim como no caso dos sentimentos de piedade ou de amizade, necessita que se leve em conta as conexões sociais na argumentação, pois tanto é possível se mostrar solícito e gentil como se pode romper laços de gratidão e de reconhecimento. A mostra-se grato (amável, prestativo...) a B se A se coloca à disposição de B. O reconhecimento pode aproximar-se da caridade. Trata-se de um sentimento eminentemente político, uma vez que cria uma ligação social ao produzir em B o sentimento de *reconhecimento*, de gratidão, ou seja, o sentimento de ter uma dívida para com A.

*Contradiscurso: a ingratidão* – reciprocamente "é possível recusar um favor e pôr em evidência os mal-agradecidos" (Aristóteles, *Ret.*, II, 7,1385a35). O sentimento de gratidão pode, dependendo da situação, ruir e, nesse caso, será preciso cuidar para que B não experiencie a sensação de ingratidão. Para tanto, será preciso explicar a B que, de fato, A agiu movido por outras obrigações e interesses, por causa de dívidas antigas que nada têm a ver com B.

## VERGONHA: CAUSAR VERGONHA, AMENIZAR A VERGONHA

*Discurso: fazer vergonha* – o cenário da vergonha é o seguinte:

- Em certas circunstâncias, A não agiu em função de seus valores;
- B está a par, ele viu tudo;
- B é uma pessoa importante, de referência para A; A admira B;
- A sofre porque ele imagina (ou vive) a perda de sua reputação diante de B: "nos olhos está o pudor" (Aristóteles, *Ret.*, II, 6, 1384a35).

A locução *Nós não poderemos dizer que não sabíamos* explora, por antecipação, o sentimento de vergonha.

*Contradiscurso: a falsa vergonha* – conforta-se a quem sente vergonha, mostrando-lhe que ninguém se preocupa com a sua reputação, que sua conduta não é repreensível, que ninguém o viu etc.

## PIEDADE: SUSCITAR PIEDADE E RESISTIR AO APELO A ELA

*Discurso: implorar piedade*: A tem piedade de B se ele nota que B é vitima de algum mal que não mereceu e se A tem plena consciência de poder ele mesmo, um dia, sofrer do mesmo tipo de injustiça de que B foi vítima: "o que inspira piedade é ver gente honrada em situações tão críticas; é que todas estas coisas, por parecerem tão próximas, causam piedade, uma vez que o sofrimento é imerecido e surge diante dos nossos olhos" (Aristóteles, *Ret.*, II, 8, 1385b13). É igualmente necessário que a distância entre A e B seja calibrada corretamente: "as desgraças que nos parecem próximas são as que produzem piedade" (Aristóteles, *Ret.*, II, 8, 1385b13). A proximidade é uma noção cultural-antropológica, e não uma métrica (sente-se piedade de uma criança que sofre, fica-se apavorado quando se trata de seu filho) acessível à linguagem. A dimensão "distância" desempenha um papel essencial na construção da emoção. Aristóteles defende, por conseguinte, que a piedade não é um sentimento universal. Nesse sentido, os que nada têm a temer seriam insensíveis à piedade. Conforme a teoria dos *èthè*, a construção correta de uma emoção depende de uma boa análise do auditório, ver **Ethos**.

Por conseguinte, para produzir piedade, devo mostrar que sofro, que não mereci passar pelo que estou passando, que a mesma coisa poderia muito bem acontecer a outros etc., e amplificar, se necessário, todos esses *topoi*. A riqueza oratória e literária dos discursos produtores de piedade é imensa.

Se a piedade é construída segundo os parâmetros precedentemente mencionados, ela estará *justificada* e considerada *razoável*.

*Contradiscurso: a piedade inadequada* – como a modéstia, a piedade por mais que seja vista como uma virtude, não é menos falaciosa. Que o *appeal to pity* [apelo à piedade] seja intrinsecamente falacioso é algo que poderá perturbar não somente os bons católicos, no decorrer da missa, ao entoarem *Kyrie Eleison* (*Senhor, tenha piedade!*), mas igualmente os especialistas de Roma, para quem o apelo à clemência do povo – *provocatio ad populum* – é um direito absoluto do povo republicano, ver **Ad populum**. Antes de condenar, caberá ao teólogo – e ao historiador – ter o cuidado de dizer aos grupos sociais concernidos o que exatamente significa a condenação proferida e suas consequências.

Walton (1992: 27) mostrou de que maneira alguém pode resistir a um discurso falacioso de apelo à piedade, isto é, como se pode construir um *antiapelo à piedade,* mantendo-se a calma e a tranquilidade. Esse discurso recoloca o apelo à piedade no seu contexto e diz respeito à discussão do "mal merecido", isto é, pergunta-se se um mal é de fato um mal e se ele é mesmo merecido (isso corresponde à linha "informação" da tópica de Walton). O apelo à piedade só será eficaz se envolver pessoas. Por ser des-subjetivado [*dé-subjectivisé*], o discurso científico não admite a possibilidade de apelo à piedade (trata-se da "informação" da tópica de Walton), porque não é pessoal. Nos domínios que o admitem, o apelo à piedade está imerso no conflito geral das argumentações *pró* e *contra* e deve fazer parte de outras formas de investimento pessoal. No caso de trabalhadores que serão demitidos, o apelo *Piedade!* (*ad misericordiam*) precisa lidar com a necessidade de preservar os interesses dos acionários (*ad pecuniam* contra *ad misericordiam*), colocar a empresa em boa posição no mercado no qual ela enfrenta a concorrência internacional (*ad rivalitatem* contra *ad misericordiam*) e ainda preservar os empregos de outros assalariados da empresa (*ad misericordiam* contra *ad misericordiam*).

## RAIVA: PROVOCAR A RAIVA, ACALMAR A RAIVA

*Discurso: provocar a raiva* – a *raiva* é uma emoção retórica básica: aquele que, em um auditório, procura provocar o sentimento de raiva contra alguém, denomina-a *indignação, raiva justa*, sentimento que está do lado da virtude. Seu oponente nomeia tal sentimento como ódio, o que é um vício, ver **Emoção**; *Pathos*. A formatação discursiva desempenha um papel essencial nessas oposições. O cenário que permite estimular a raiva de A contra B é o seguinte:

- B despreza A injustamente; ele o intimida, ultraja-o, zomba dele, coloca obstáculos aos seus desejos e se compraz disso;
- A sofre;
- A procura se vingar, prejudicando B;
- A imagina essa vingança e se regozija com isso.

Este roteiro mostra que a raiva não é definida isoladamente, como uma resposta bruta a um estímulo. Ainda que considerada uma emoção básica, a raiva surge como resultante complexa de uma combinatória na qual entram outras emoções como a *humilhação* ou o *desprezo*.

Isso significa que, para atiçar a raiva de B contra A, é necessário construir um discurso que deixe claro a B que A o despreza, o intimida, o ultraja, *injustamente*. A racionalidade, o caráter moralmente *justificado* da raiva, depende da boa construção dessa injustiça. Ela é plenamente racional e plenamente emocional; ou melhor, a distinção não faz sentido. Uma vez que se admite a raiva com base nessa esquematização da situação, os mecanismos de *vingança*, de desejo de (se) fazer justiça, são supostamente desencadeados de modo automático.

A raiva não é ódio. O apelo ao ódio é um pecado (*Amai-vos ou ao menos suportai-vos uns aos outros*), mas a raiva pode ser justificada. Os discursos de apelo ao ódio são exemplares. O lógico, enquanto tal, nada tem a dizer sobre os discursos de ódio; não é atribuição profissional do "lógico" decidir se um discurso de ódio deve ser rejeitado como "falacioso", mas sim de todos os que são tocados por esse discurso: o antropólogo, o cidadão, o militante, o moralista, o cientista político e o juiz.

*Contradiscurso: acalmar a raiva* – se o discurso pode *incitar a raiva*, ele pode também *acalmar*. O discurso retórico é duplo, mas não é contraditório: duas posições se enfrentam, incarnadas por duas pessoas que sustentam dois discursos que constroem duas emoções. Para *acalmar* A, desenvolve-se um discurso *contra a raiva* a partir da evocação do tecido de *topoi* apresentado a seguir:

> O comportamento de B não é de desprezo, debochado, injurioso, ultrajante; ou então, B só se divertia; ele deve ter agido assim involuntariamente, não era sua intenção. Aliás, ele se comporta assim em relação a si mesmo. Ele se arrepende, sente remorsos. Ele foi punido, faz tempo que tudo aconteceu e a situação mudou muito.

(L.B.L.)

## ▪ Entimema

A palavra grega correspondente à palavra francesa *enthymème* (entimema), derivada do adjetivo *entimemático*, e significa (Bailly [1901], art. [*enthymema*]):

1. pensamento, reflexão;
2. invenção, particularmente estratagema de guerra;
3. raciocínio, conselho, advertência...;
4. razão, motivo.

O sentido "pensamento, reflexão" permanece vivo em toda a retórica antiga: "não é que toda asserção não possa ser chamada de 'entimema'" (Cícero, *Top.*, XIII, 55). Quintiliano a define como "tudo o que é concebido pela mente"* para descartá-la" (Quintiliano, *Inst*, V,10, I)

A noção de entimema foi definida na tradição retórica argumentativa segundo quatro orientações principais:

(i) como uma forma de silogismo:
- silogismo fundado no verossímil ou sobre um indício;
- silogismo incompleto;

(ii) como a contraparte, o complemento do silogismo;

(iii) na relação retórica:
- como manifestação da participação do auditório;
- como atualização de um *topos*;

(iv) como uma fórmula.

## O ENTIMEMA COMO UMA FORMA DE SILOGISMO

### O ENTIMEMA, UM SILOGISMO FUNDADO NO VEROSSÍMIL OU EM UM INDÍCIO

Nos *Analíticos anteriores*, Aristóteles define o entimema como "um silogismo com base em probabilidades ou signos" (Aristóteles, *A. A.*, II, 27,10). Os dois casos são distintos.

Por um lado, o entimema é definido como um silogismo fundado a partir de premissas não certas, mas somente prováveis ou verossímeis: *As mães geralmente amam seus filhos. Maria é a mãe de Paula, portanto Maria ama Paula*, ou seja, ali temos um silogismo fundado em um estereótipo ou em uma simples orientação linguística: "uma mãe ama sua criança". A conclusão é verossímil, isto é, inicialmente válida, até que tenhamos um pouco mais de informações acerca da relação de Maria com sua filha.

Por outro lado, o entimema é definido como um silogismo fundado em um *signo*. A palavra *signo* tem aqui o sentido de "indício". Enquanto o *signo* no sentido linguístico é arbitrário em relação ao fenômeno que ele designa, o *indício* faz parte do fenômeno. Um signo-indício é uma proposição do tipo: a) *Esta mulher está em fase de aleitamento*; (b) *Esta mulher está pálida*; (c) *Pittacus é honesto*. Os três seguintes entimemas são fundados sobre os seguintes indícios:

(a) Esta mulher teve uma criança, porque ela tem leite;
(b) Esta mulher teve uma criança, porque ela está pálida;
(c) Os sábios são honestos porque Pittacus é honesto.

---

\* N.T.: No original encontramos a palavra *esprit* (espírito), termo que, na versão em português aqui acolhida, foi traduzido por *mente*. Desse modo, para mantermo-nos fiéis ao critério de não (re)traduzir termos já traduzidos (desde que não haja erro de tradução), vamos manter a versão brasileira já publicada, isto é, *mente*, e não *espírito*.

## O ENTIMEMA, UM SILOGISMO INCOMPLETO

O entimema é também definido como um silogismo categórico no qual uma premissa é omitida:

> *Os homens são imperfeitos, você é imperfeito.*
> *Você é um homem, você é imperfeito.*

Daí a conclusão:

> *Os homens são imperfeitos, considere que você é um homem!*

A Lógica de Port-Royal define o entimema desta forma: "um silogismo perfeito no espírito, mas imperfeito na expressão" (Arnauld e Nicole, 2016 [1662]: 374). "E, quando não se exprimem as duas proposições, a este tipo de raciocínio chama-se entimema, que é um verdadeiro silogismo no espírito, na medida em que ele supre a proposição que não é expressa, mas que é imperfeito na expressão, e apenas conclui em virtude dessa proposição subentendida" (p. 292-293).

Os exemplos (a) e (b) podem ser, portanto, denominados *entimemas* por duas razões: de um lado, porque eles são fundados sobre indícios e, de outro, porque eles são silogismos incompletos.

A definição de entimema como silogismo incompleto não é, frequentemente, considerada como aristotélica: "Não é da essência do entimema ser incompleto".* Entretanto, dando sequência à definição precedente e comentando os exemplos, os *Analíticos anteriores* vislumbram, claramente, o caso do silogismo incompleto: "Completamos, em silêncio, uma lacuna, isto é, a última proposição do silogismo (*Pitaccus é sábio* – exemplo c), porque ela é conhecida" (Aristóteles, *A. A.*, II, 15; 323). Por outro lado, lemos na *Retórica* que "se alguma destas premissas é bem conhecida, nem sequer é necessário enunciá-la; pois o próprio ouvinte a supre. Como, por exemplo, para concluir que Dorieu recebeu uma coroa como prêmio da sua vitória, basta dizer: *pois foi vencedor* em Olímpia, sem que haja necessidade de se acrescentar a Olímpia a menção honrosa, porque isso toda a gente o sabe" (Aristóteles, *Ret.*, I, 2, 1357a15-25).

Ainda, segundo Conley, esta concepção de entimema como silogismo incompleto é pouco divulgada na retórica antiga. Isso é visto apenas em uma passagem de Quintiliano (Conley, 1984: 174).

## ENTIMEMA E PROVA

(i) Considerado como um silogismo incompleto, mas "perfeito na mente", não vemos por que razão um entimema não poderia ter um valor de prova.

(ii) Da mesma forma, o entimema definido como silogismo fundado sobre um indício pode fornecer provas, como o mostram os exemplos (a) e (b):

> (a) *Esta mulher teve uma criança, porque ela está em período de aleitamento.*
> (b) *Esta mulher teve uma criança, porque ela está pálida.*

---

\* N.T.: Trata-se de nota do tradutor da obra de Aristóteles, A. A., relativa ao trecho II, 27, 10.

Se as observações inicias tais como são relatadas nos indícios são exatas, o entimema (a) fornece uma conclusão verdadeira, pois ele corresponde a uma forma válida de silogismo, baseada em uma premissa maior verdadeira, omitida no entimema: *Toda mulher em fase de aleitamento deu à luz uma criança; esta mulher tem leite, portanto, ela teve uma criança*. Este entimema fornece uma prova.

Por outro lado, o entimema (b) não fornece uma prova, pois apresenta uma consequência necessária, mas não suficiente, acerca do parto, isto é, a palidez. Sua transposição silogística torna-se enganosa pela introdução de uma premissa falsa, omitida no entimema *Toda mulher pálida deu à luz uma criança*. A palidez é condição necessária, mas não suficiente, para que se conclua que uma mulher, pelo simples fato de estar pálida, tenha dado à luz um bebê.

Da mesma forma, a reconstrução silogística do terceiro entimema (exemplo c) faz intervir a premissa *Pitaccus é sábio* que leva à regra geral *Os sábios são honestos*. Essa inferência também não é válida, pois ali as premissas apenas autorizam a dedução *Certos sábios são honestos*. Esse entimema é, em realidade, um *exemplo*, uma generalização a partir de um só caso, ou seja, uma indução retórica.

De um modo geral, a adequação da transposição silogística desses discursos é discutível, ver **Dedução**. Não se raciocina obrigatoriamente de modo silogístico a partir de um simples indício. Às vezes é necessário raciocinar caso a caso. Comete-se uma falácia de *negligência das circunstâncias pertinentes* quando se trata de discursos cotidianos *ligados* ao contexto, como se fossem discursos produzidos em um sistema lógico e formal. Aliás, na lógica formal as análises são efetivamente *livres* de qualquer contexto.

Além disso, a leitura silogística não leva em conta a *orientação* em direção à conclusão que é dada pelo signo. A palidez orienta em direção ao parto, cria uma suspeita, assim como a honestidade de Pittacus aponta em direção às virtudes de todos os sábios.

## O ENTIMEMA, CONTRAPARTE RETÓRICA DO SILOGISMO

Na sistemática aristotélica, a prova é obtida por *inferência*, seja ela *científica* (lógica), *dialética* ou *retórica*. Aristóteles considera que existem dois tipos de inferência científica, a *dedução silogística* e a *indução*, e que, como as exigências do discurso retórico não são compatíveis com o exercício da inferência científica, esta é substituída pela inferência retórica: "Chamo *entimema* ao silogismo retórico e *exemplo* à indução retórica" (Aristóteles, *Ret.*, I, 2, 1356b5). O *silogismo* (inferência científica) e o *entimema* (inferência retórica) são definidos de maneira estritamente paralela: quando "demonstrar que, de certas premissas, pode resultar uma proposição nova e diferente só porque elas são sempre ou quase sempre verdadeiras, a isso se chama em dialética silogismo e entimema em retórica" (Aristóteles, *Ret.*, I, 2, 1356b15). Mas, diferentemente do silogismo, extraído de proposições verdadeiras, o entimema é tirado "de probabilidades e sinais" (Aristóteles, *Ret.*, I, 2, 1357a30), ver **Tipologias (I)**.

O entimema é "o corpo da persuasão"* (Aristóteles, *Ret.*, I, 1, 1354a15), "a demonstração retórica" (p. 1355a5). Ele diz respeito ao âmago, ao fundamento do debate, "o fato", à *causa* em si mesma** em oposição aos meios discursivos fundados nas emoções ou na presença do locutor no seu discurso, ver **Emoção**; *Pathos*; *Ethos*. Fala-se no mesmo sentido de *silogismo oratório*, de *silogismo retórico* ou de *silogismo imperfeito*, que são denominações que associam o retórico ao silogístico.

Entretanto, esse paralelismo ciência/dialética/retórica, por mais sedutor que seja, é problemático. Se admitimos tais oposições, adentramos um enquadre nocional incômodo e empiricamente inadequado. De um lado, precisaremos considerar a distinção entre os três tipos de raciocínios e de silogismos (científico, dialético, retórico) e o corte entre o *categórico* científico, o *persuasivo* retórico e o *provável* dialético, além de fazer como se o discurso concreto não conhecesse nem o silogismo categórico, nem o provável dialético e nunca atingisse a certeza, ver **Lógica (I): Arte de pensar, ramo das matemáticas**. De outro lado, seria necessário restringir a retórica argumentativa à oposição entre provas ditas *técnicas*, provas retóricas propriamente ditas e provas *não técnicas* que, evidentemente, não entram no quadro nocional precedente, ver **Provas técnicas e não técnicas**. O discurso judiciário combina os dois tipos de provas nas formas de raciocínio perfeitamente silogísticas, ver **Diagrama de Toulmin**.

As razões apresentadas para ligar o entimema ao discurso silogístico são um tanto quanto paradoxais. O entimema como silogismo truncado, isto é, incompleto, supostamente convém à retórica, pois seria menos pedante que o silogismo completo. Sua utilização supõe que a premissa não expressa *seja fácil de recuperar*. Outra razão é igualmente apresentada: utilizar-se-ia o entimema porque o auditório comum é composto de mentes simples, incapazes de seguirem um encadeamento silogístico em todo o seu rigor. Esta segunda justificativa supõe que a premissa faltante é *difícil demais de se recuperar*: essas duas justificativas são, a bem da verdade, pouco compatíveis.

## O ENTIMEMA NA RELAÇÃO RETÓRICA

### ENTIMEMA E A CUMPLICIDADE COM O AUDITÓRIO

Do ponto de vista da comunicação argumentativa, a noção de entimema serve para articular as práticas do implícito com o efeito de persuasão: "E, para demonstrar, todos produzem provas por persuasão, quer recorrendo a exemplos, quer a entimemas, pois fora destes nada mais há" (Aristóteles, *Ret.*, I, 2, 1356b5). Como nota Bitzer, a forma entimemática é uma maneira de ligar orador e auditório em um processo de coconstrução

---

\* N.T.: Na tradução para o português temos "o corpo da prova", mas, para preservar o sentido do uso original no *Dictionnaire*, vamos manter "o corpo da persuasão".

\*\* N.T.: Na tradução para o português, o trecho completo é: "o oponente não tem nenhuma outra função senão a de mostrar se o fato em questão é ou não verdadeiro, aconteceu ou não aconteceu [...] o fato" (Aristóteles, 2012: 7).

do sentido do discurso (Bitzer, 1959: 408), quando apenas se pretende "ser devidamente entendido sem maiores acréscimos" (Quintiliano, *Inst.* V, 14, 24). O entimema introduz intersubjetividade, permitindo ao auditório um papel de bom entendedor, criando assim um efeito de " inteligência" e cumplicidade. A fusão comunicacional contribui também à formação de um *ethos: eu sou como vocês, estamos juntos.*

#### O ENTIMEMA, ATUALIZAÇÃO DE UM *TOPOS*

Sem dúvida, a visão mais fértil é a que faz do entimema um discurso que aplica uma fórmula geral de maneira inferencial ou associativa, isto é, um *topos*, a uma situação argumentativa concreta, ver *Topos*.

#### O ENTIMEMA COMO FÓRMULA CONCLUSIVA

Por definição, existem tantas formas de encadeamentos entimemáticos quanto de *topoi*. A prática retórica antiga concede uma eficácia superior ao entimema que se construía a partir de ideias contrárias. O entimema dos contrários se apropriou do nome da classe da qual ele é o paradigma: "ainda que todo pensamento possa ser dito entimemático, como o aparentemente mais sutil e que resulta da oposição de contrários, esse pensamento [que traz uma fórmula que entrecruza contrários] acabou dando nome ao todo". O autor apresenta um exemplo: "Aquela de quem você nada tem a reprovar, você condena; aquela que você diz ter praticado o bem, você lhe faz mal!" (Cícero, *Top.*, XIII,55).* Este jogo a partir dos contrários e as oposições como "equipamento" – ornamento *e* argumento – do discurso em fórmula de conclusão de um raciocínio estão bem vivos nos nossos dias.

(L.B.L.)

## ▪ Epiquirema

❖ Cícero utiliza o termo latino *ratiocinatio* para designar o *epiquirema.*

A noção de epiquirema recebeu ao menos três definições distintas:

#### UM RACIOCÍNIO DIALÉTICO

A teoria aristotélica do raciocínio silogístico distingue dois tipos de silogismos, o *filosofema* e o *epiquirema*:

Se as duas premissas do silogismo são certas e a regra de dedução, válida, está-se diante de um silogismo analítico ou científico, um "*filosofema*" (Aristóteles, *Tóp.*, VIII, II, 15).

---

\* N.T.: A versão de Cícero traduzida integral é a seguinte: "Vem daí as conclusões derivadas dos contrários, formuladas pelos retóricos, que as chamam de 'entimemas' [...] somente a conclusão recebeu propriamente esse nome, porque parece mais perspicaz aquela asserção que é elaborada a partir dos contrários", e dá o seguinte exemplo: "O que sabes não te serve; o que não sabes te estorva" (Cícero, 2019: 63).

Por oposição ao silogismo científico, "o epiquirema é um silogismo dialético" (p. 15). É um silogismo fundado em premissas que dizem respeito à opinião, portanto são premissas meramente prováveis e que se restringem ao verossímil.

Nas definições seguintes, o epiquirema é uma versão mais complexa da célula argumentativa monologal < argumento, conclusão >.

## UMA ARGUMENTAÇÃO CUJAS PREMISSAS SÃO FUNDAMENTADAS

O epiquirema é uma argumentação cujas premissas são acompanhadas de provas. Como a argumentação retórica (silogismo retórico, entimema) funda-se em premissas somente prováveis, é normal fundamentá-las a partir de provas. O epiquirema é um entimema com cinco termos (Cícero, *Inv.* I, 35-61).

[Premissa 1 + Prova da premissa 1]
[Premissa 2 + prova da premissa 2]
→ Conclusão

*Componentes do epiquirema* – a questão do número de componentes do epiquirema é alvo de discussão teórica:

A controvérsia entre os partidários acerca da divisão em cinco partes do epiquirema e os da forma *tripartida* se reduz a uma questão simples: se é necessário argumentar para sustentar as premissas, é necessário então considerar que estas argumentações são independentes das premissas e que elas formam conjuntos distintos do epiquirema em si mesmas? Ou se trata de componentes do epiquirema? (Solmsen, 1941: 170).

- Se reagrupamos as premissas e suas provas, pode-se sustentar que o epiquirema permanece sendo um raciocínio com três termos:

(Premissa 1 e sua prova) – (Premissa 2 e sua prova) – Conclusão

Essa é a posição de Quintiliano: "Para mim, como para a maioria dos autores, me parece que três partes são o máximo" (*Inst.* V, 14, 6). Em suma, uma premissa provável acompanhada de prova torna-se certa.

- Se uma premissa é considerada como certa (não acompanhada de sua prova), então temos um epiquirema de quatro termos, redutíveis a três, por exemplo:
Premissa 1 – Premissa 2 – Prova da premissa 2 – Conclusão
Premissa 1 – (Premissa 2 + Prova) – Conclusão

*Estrutura do epiquirema* – a problemática do epiquirema corresponde à das formas complexas de argumentação, ver **Convergência – Ligação – Série**.

Definida como uma argumentação na qual cada premissa é a conclusão de uma argumentação, o epiquirema corresponde à argumentação *em série*:

Arg 1 → (Concl 1 = Arg 2) → Concl 2

Se distinguimos premissa e argumento (ver, anteriormente, Quintiliano), o epiquirema correspondente a uma argumentação por *ligação* e representa-se assim:

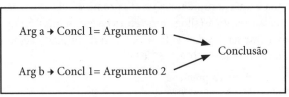

O epiquirema correspondente a uma argumentação *convergente*, na qual cada um dos argumentos é uma conclusão de uma argumentação em série, e é representada da seguinte forma:

```
Arg a → Concl 1= Argumento 1 ↘
                                  Conclusão
Arg b → Concl 1= Argumento 2 ↗
```

**UMA ARGUMENTAÇÃO COMUNICADA**

A *Retórica a Herênio* assim se refere ao epiquirema:

> [...] a argumentação mais completa e perfeita é aquela que se divide em cinco partes: proposição, razão, confirmação da razão, ornamentação e complexão. A *proposição* mostra resumidamente o que desejamos provar. A *razão* é o motivo que, com breve explicação, demonstra ser verdadeiro o que afirmamos. A *confirmação* corrobora com mais argumentos, a razão brevemente apresentada. Uma vez confirmada a argumentação, empregamos a *ornamentação* para honestar e enriquecer o exposto. A *complexão* finaliza com brevidade, reunindo as partes da argumentação. ([Cícero], *Her.*, II, 28)

O epiquirema é aqui uma organização textual argumentativa com cinco elementos:

- A *conclusão*, o *argumento*, os *subargumentos*: estes três elementos correspondem às formas clássicas do epiquirema;
- a *reformulação* (ornamental) e o *resumo*: esses dois novos elementos introduzem elementos de destaque textual e comunicacional.

(L.B.L.)

## ▪ Epítrope

O dicionário *Littré* define *epítrope* como uma "figura de retórica que consiste em concordar com algo que se poderia contestar, a fim de dar mais autoridade a quem se pretende persuadir" (*Littré*, art. Épitrope), ver **Concessão**.

Na comunicação cotidiana, lançar mão da epítrope significa refutar algo em parte. Em *Pedro admite P*, subentende-se que Pedro não é capaz de refutar P. Se o locutor aceita uma proposição contestável, então ele argumenta mal. Se ele reconhece algo que poderia, de maneira evidente, rejeitar, seu discurso ganha contornos irônicos:

(P é evidentemente falso)
L: – P, de acordo, mas/entretanto Q.

A respeito de um escritor, acerca de quem se colocam em dúvida suas qualidades literárias:

*Entendo que ele possua um bom estilo, mas ele não oferece sutileza na construção da intriga.*

A ironia também pode resultar da amplificação exagerada de algo tido como verdadeiro:

*Tenho lá meus palpites, mas também tenho provas.*

Ver **Concessão; Ironia; Exagero**.

(L.B.L.)

## ▪ Escala argumentativa

A noção de *escala argumentativa* foi desenvolvida por Ducrot (1981 [1973]) no quadro da teoria da argumentação na língua e advém da noção de *classe argumentativa*.

*Classe argumentativa* – "um locutor – entendendo-se por essa palavra um sujeito falante inserido numa situação de discurso particular – coloca dois enunciados *p* e *p'* na classe argumentativa determinada por um enunciado *r*, se ele considera *p* e *p'* como argumentos a favor de *r*" (Ducrot, 1981 [1973]: 180).

L:  – *Ela frequenta o Café Deux Magots, ela se veste de preto, ela lê Simone de Beauvoir: é uma verdadeira existencialista!*

Os três argumentos são coorientados para a conclusão *é uma verdadeira existencialista!* Trata-se aqui de uma argumentação convergente, construída a partir de traços emprestados ao estereótipo do que são e do que fazem os existencialistas, ver **Categorização**.

O termo *classe* é tomado no sentido de conjunto *não ordenado* e *não hierarquizado* de elementos. Nada garante que *frequentar o Café Deux Magots* seja considerado pelo locutor L como um argumento mais ou menos forte do que *ler Simone de Beauvoir*.

*Escala argumentativa* – Dois enunciados *p* e *q* pertencem a uma mesma escala argumentativa para um locutor determinado, em uma dada situação, se:

• esse locutor considera que *p* e *q* são dois argumentos para uma mesma conclusão *r* (pertencem, portanto, à classe argumentativa de *r*);
• o locutor considera que um desses argumentos é mais forte que o outro (1981 [1973]).

A seguinte escala representa uma situação na qual *q* é mais forte que *p* para a conclusão *r*.

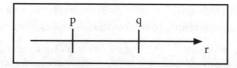

A escala seguinte esquematiza o caso no qual o locutor considera que *ler Simone de Beauvoir* é um argumento mais forte do que *frequentar o Café Deux Magots* para que se chegar à conclusão *ser uma verdadeira existencialista*.

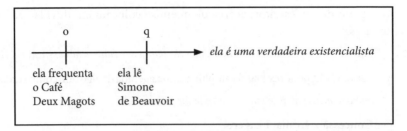

As escalas nas quais a força dos argumentos *p* e *q* é determinada unicamente pelo locutor são ditas *relativas*, ver **Força**.

As escalas nas quais a gradação é objetivamente determinada são ditas *absolutas*, como temos, por exemplo, na escala do frio.

O funcionamento semântico das escalas argumentativas é regulado por quatro leis: *lei da negação, lei da inversão, lei do rebaixamento, lei da fraqueza/debilidade*, ver **Leis do Discurso; Morfema argumentativo**.

(L.B.L.)

## ▪ Esquematização

O estudo das esquematizações é o objeto central da *Lógica natural* desenvolvida por Jean-Blaise Grize. Esta lógica é dita natural por oposição à Lógica formal: por um lado, é uma "lógica dos objetos" (1996: 82) e uma "lógica dos sujeitos" (Grize, 1996:); por outro lado, ela incide nos processos de *pensamento* cujos traços estão na língua. Estes processos obedecem a mecanismos específicos que a Lógica natural se propõe a estudar através das noções de *esquematização* e de *organização racional*, produzidas em um diálogo.

### ESQUEMATIZAÇÃO:
### A ARGUMENTAÇÃO COMO CONSTRUÇÃO DO SENTIDO DO ENUNCIADO

A argumentação é definida, de forma clássica, como uma *combinação de enunciados*. A Lógica natural de Grize desenvolve uma visão da argumentação como um processo de *construção do sentido* cuja combinação de enunciados representa apenas o momento final:

> Agir sobre [o interlocutor] é procurar modificar as diversas representações que lhe atribuímos, *colocando em evidência certos aspectos das coisas, ocultando outros, propondo novos, e tudo isso com ajuda de uma esquematização apropriada*. (Grize, 1990: 40; itálico nosso).

A argumentação não surge com o encadeamento de enunciados num discurso; ela constrói-se em todas as etapas da produção do enunciado, desde a primeira operação que conduzirá à construção de um discurso significante, logo "racional". Todo *enunciado*, tal como todas as sucessões coerentes de enunciados (sejam elas argumentativas, no sentido tradicional, descritivas ou narrativas), é uma argumentação, na medida em que constrói um ponto de vista ou uma "esquematização" cujo estudo constitui o objeto da lógica natural. A partir dessa concepção teórica, é preciso reconsiderar a informação como uma forma de argumentação. Essa é outra maneira de de colocar a argumentação, como fonte da significação, na língua e em todos os discursos, ver **Argumentação (I) a (IV)**.

Grize define a Lógica natural como "o estudo das operações lógico-discursivas que permitem construir e reconstruir uma esquematização" (Grize, 1990: 65); "ela tem como tarefa explicitar as operações do pensamento que permitem a um locutor construir objetos e predicá-los à sua vontade" (Grize, 1982: 222).

Ainda na perspectiva grizeana, a noção de *esquematização* é vista como "representação discursiva" fundada no ponto de vista de alguém (1990: 29). Uma esquematização é um discurso que apresenta ao auditor um "microuniverso" tido como "um reflexo exato da realidade" (p. 36), que constrói, "configura" (1990: 35) uma significação sintética, coerente, estável. A esquematização tem por função "fazer ver algo" (Grize, 1996: 50). Nesse sentido, "esquematizar [...] é um ato semiótico: é fazer ver" (1996: 37). O objeto da Lógica natural é o estudo das modalidades de construção dessas imagens.

Essa noção é de grande interesse para o estudo da argumentação no estágio da confrontação discurso/contradiscurso:

L1: – *Estes substitutos, você vai pagá-los com o dinheiro dos grevistas.*

L2: – *Não é o dinheiro dos grevistas, é o dinheiro dos contribuintes.*

Grize utiliza igualmente a metáfora da *iluminação* [*éclairage*] para designar as operações de esquematização.

## OPERAÇÕES DE ESQUEMATIZAÇÃO

A Lógica natural postula a existência de "noções primitivas" de natureza pré-linguageira (Grize, 1996: 82), simultaneamente ligadas à cultura e à atividade dos sujeitos falantes. Essas noções são o lugar de "preconstruídos culturais", de ideias e representações lugares-comuns. A língua "[semantiza]" as noções primitivas para convertê-las em "objeto[s] de pensamento" associadas às palavras (Grize, 1996: 83). As esquematizações apoiam-se nessas "noções primitivas" (1996: 67) e constroem-se por uma série de operações. Eis um exemplo:

*É lamentável que a borda da imagem esteja borrada, e é preciso corrigir isso.*

Ali o sentido é construído a partir de noções primitivas associadas a *imagem* e *borrada*, configuradas como /borrada/ e /imagem/, pela sucessão das seguintes operações:

- *Operações de constituição das noções primitivas em objetos de discurso* ou classes-objetos, que o discurso vai enriquecer com elementos ligados cultural ou linguisticamente a elementos de base da classe-objeto (Grize, 1982: 227). A classe-objeto corresponde ao feixe de objetos para um dado texto (1990:

86-87). O texto constrói a classe-objeto (*imagem, borda da imagem*) bem como o par predicativo (*estar borrada, não estar borrada*).

- *Operações de caracterização*: produzem "conteúdos de julgamento" ou predicações e são acompanhadas de modalizações operadas nas classes-objetos. Aqui, o conteúdo do julgamento é *A borda da imagem estar de fato borrada*.
- *Operações de enunciação*: o conteúdo da predicação é assumido por um sujeito e produz um enunciado. No caso, *É lamentável que a borda da imagem esteja de fato borrada*.
- *Operação de configuração* ou de ligação de vários enunciados ao nível do encadeamento discursivo. A operação de fundamentação ou suporte argumentativo [*étayage*] é uma operação particular de configuração. No exemplo, por um mecanismo singular, o primeiro enunciado coordena-se por um *e* ao segundo, produzido de um modo similar: *É preciso corrigir isso*.

Os objetos assim esquematizados irão evoluir no decorrer do discurso, ver **Objeto de discurso**.

As operações ditas de "configuração", ou seja, de composição de enunciados que a tradição considera como a essência da argumentação, intervêm em último lugar (Grize, 1990: 66). O grande interesse desta abordagem é sublinhar que todas as operações que podem ser assinaladas na gênese do enunciado têm igualmente um valor argumentativo.

Essas diferentes operações de linguagem ou do espírito podem ser relacionadas com as noções de Lógica clássica, ver **Lógica (I)** a **(IV)**:

- a operação de constituição de noções primitivas em objetos de discurso constrói *os termos e os predicados*;
- a operação de caracterização produz *proposições não enunciadas*;
- a operação de enunciação corresponde *à asserção*;
- a operação de configuração corresponde *à inserção do enunciado num discurso*.

### ESQUEMATIZAÇÃO E SITUAÇÃO DE COMUNICAÇÃO

As esquematizações são constituídas juntamente com a situação de comunicação. Elas são o produto da "atividade de discurso [que] serve para construir objetos de pensamento" (Grize, 1990: 22). Nesse sentido, contribuem para a constituição de uma *lógica de objetos*, em que tais objetos passam a fazer parte de um diálogo no qual "[servem] de referentes comuns aos interlocutores" (1990: 22). Enquanto *lógica dos sujeitos*, a Lógica natural pretende uma relação de interlocução estritamente análoga à do discurso retórico. Ela é "de natureza essencialmente dialógica" (1990: 21):

> Entendo por isso não o entrelaçamento de dois discursos, mas a produção de um discurso a dois: a de um locutor (orador) [...] em presença de um interlocutor (auditor) [...]. É verdade que, na quase totalidade dos textos examinados, [o auditor] permanece virtual. Isso em nada altera o problema de fundo: [o orador] constrói o seu discurso em função das representações que tem do seu auditor. A única diferença é que se [o auditor] estiver presente, ele pode efetivamente dizer "Não estou de acordo" ou "Não compreendo". Mas se o auditor estiver ausente, [o orador] deve de fato antecipar as suas refutações e as suas incompreensões. (Grize, 1982: 30)

As esquematizações são construídas em situações de interlocução segundo o seguinte diagrama (Grize, 1990: 29):

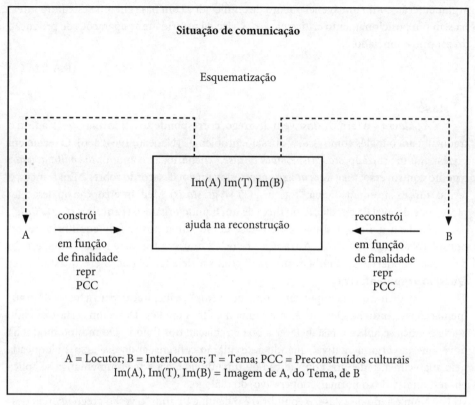

Im(A), Im(T), Im(B): o locutor constrói no seu discurso a sua imagem, a do seu interlocutor e da situação. Há uma construção estratégica de todos os "objetos de discurso", para retomar a terminologia de Grize: imagens do oponente, do juiz, do público, do suspeito, das testemunhas, de todos os protagonistas da causa. A temática do *ethos* corresponde à "esquematização de si" e de outros parceiros da interação. Esse diagrama é profundamente retórico, mas renunciando à persuasão em proveito do que se mostra [*monstration*]: "O orador nada mais faz do que construir uma esquematização perante o seu auditório sem transmiti-la de forma literal" (Grize, 1982:30), ver **Ethos**.

## LÓGICA DOS CONTEÚDOS (GRIZE) E LÓGICA SUBSTANCIAL (TOULMIN)

Grize define a Lógica *natural* por oposição à Lógica *formal*:

> Ao lado de uma lógica da forma, de uma Lógica formal, é possível considerar uma "lógica dos conteúdos", ou seja, uma lógica que se preocupa com os procedimentos de pensamento que permitem elaborar os conteúdos e articulá-los uns com os outros. A Lógica formal, estabelecida a partir de proposições, debruça-se sobre as relações entre conceitos; a Lógica natural, por seu lado, propõe-se evidenciar a forma como são construídas as noções e o laços que as unem. (Grize, 1996: 80)

A noção de *lógica dos conteúdos* pode lembrar a *substantial logic* de Toulmin, ver **Diagrama de Toulmin**. Mas, diferentemente do modelo toulminiano, que caracteriza a argumentação como um agenciamento de enunciados com base em uma estrutura interna sem um posicionamento crítico efetivo, Grize dá prioridade às operações de produção do próprio enunciado.

(R.A.L.M.G.)

## ▪ Estase

*A palavra* – o termo *estase* vem do grego; corresponde ao latino *quaestio*. Nadeau o traduziu para o inglês como *issue*, "questão, problema" (Nadeau, 1964: 366). O termo em inglês é muito utilizado, *stock issue*, *stock phrase*, "clichê, lugar-comum"; *the point at issue*: o ponto controverso; *they were at issue over*: estavam em desacordo sobre... Em francês, o termo *stase* existe em medicina: "estase... (1741; gr. *stasis*). Méd. Interrupção ou desaceleração considerável da circulação ou fluxo de um líquido orgânico (*Petit Robert*, art. *Stase*).

Nadeau definiu a situação de estase como "uma posição de equilíbrio ou repouso" (Nadeau, 1964: 369). A tradição retórica francesa traduziu *stase* como "estado da causa". Poderíamos também utilizar "ponto a debater", "ponto em questão", ver **Questão argumentativa**.

A medicina é uma importante fonte de exemplo e inspiração para a teoria da argumentação, ver **Indício**. O termo *estase* é uma metáfora médica. Dá-se uma estase quando a arte médica se aplica a restabelecer a boa circulação dos fluidos. Do mesmo modo, há uma "questão argumentativa" quando a circulação consensual do discurso é bloqueada pelo aparecimento de uma contradição ou uma dúvida, e a arte argumentativa se aplica em restaurar o fluxo normal, cooperativo, do diálogo.

Num estado de estase, o equilíbrio é o de uma *aporia*: "o verbo grego *aporein* descreve a situação daquele que, encontrando-se perante um obstáculo, não encontra passagem"; o estado psíquico associado é o embaraço (Pellegrin 1997, art. *Aporia*). No uso moderno, uma aporia é uma "contradição insolúvel num raciocínio" (*TLFi*, art. *Aporia*).

### A QUESTÃO RETÓRICA

Uma estase é uma questão, nó de um conflito em torno do qual se vai desenrolar a ação judicial. A *Retórica a Herênio* define o primeiro estágio do confronto judicial como a determinação do ponto essencial da causa (*Her.*, I, 18), ver **Argumentação (I)**. Como também diz Quintiliano: "logo que algo começava a ser discordante, iniciava-se o questionamento" – a *quæstio* (*Inst.* VII, 1, 6). A questão, isto é, o ponto a julgar, deduz-se da natureza da réplica feita pelo acusado ao acusador; consoante o acusado reconheça ou não ter feito o que lhe é imputado, a questão não será a mesma. É apenas no terceiro turno de fala que a estase, o ponto a debater, emerge.

A noção de estase como "questão" corresponde, no domínio retórico, à noção aristotélica de "problema" no domínio dialético (Aristóteles, *Top.*, I, 11, 104b-105a10). A teoria das estases é a teoria das questões que são objeto da retórica – no sentido próprio de "problema retórico" ou de "questão retórica": "a *constitutio* do autor do *ad Herennius* corresponde, portanto, à *estase* da retórica grega, [...] ou à "questão retórica" como foi nomeada por Sextus Empiricus (*Contre les Géomètres*, III, 4)" (Dieter, 1950: 360). Esse sentido de "questão retórica" é bem distinto do sentido corrente, que designa uma questão relativamente à qual o locutor conhece a resposta e sabe que os seus interlocutores também a conhecem e cujo valor está no desafio levado aos potenciais contraditores. Para evitar confusões, vamos falar de *questão argumentativa*.

Nesse sentido, haverá uma estase quando numa deliberação ou numa ação se produzem duas afirmações contraditórias, revelando-se a existência de um desacordo que inibe a construção colaborativa da interação e da ação comum. Essa contradição produz uma *questão controversa* cuja resposta é "ambígua" no sentido etimológico do termo, isto é, dupla, resultando em duas respostas mutuamente exclusivas. O estado de estase pode ser resolvido de várias formas: por um debate contraditório no qual a palavra é de importância fundamental, mas também de maneira autoritária, como o fez Alexandre, desatando um nó górdio.

O estudo dos discursos produzidos em tal situação é o objeto fundamental dos estudos da argumentação. No início do *De Inventione*, Cícero restringe a teoria das questões que concernem ao domínio do orador às que são tratadas no quadro dos gêneros retóricos, epidítico, deliberativo e judicial, e recusa a sua extensão às questões filosóficas gerais (*Devemos referir-nos ao testemunho dos sentidos?*) ou científicas (*Qual é o tamanho do sol?*) (Cícero, *Inv. rhet.*, I, VI, 8).

## ESTRATÉGIAS ESTÁSICAS

*A teoria de Hermógenes e de Hermágoras* – a primeira formulação de uma teoria dos estados de causa encontra-se em Hermágoras de Temnos (metade do século II a.C.). Podemos encontrar a técnica das estases em ação em retores anteriores a Hermágoras, mas foi ele o primeiro a identificá-la formalmente e a nomear quatro "estados de causa". Essa teoria chegou a nossos dias, sobretudo através de Hermógenes de Tarso, retor grego da segunda metade do século II (Hermogène, 1997).

Hermógenes distingue:

(i) De um lado, as questões "mal formuladas", que não podem originar um debate argumentativo seja porque a resposta é evidente, seja porque não decidem nada. Em suma, trata-se de questões *in-discutíveis*, ver **Condições de discussão**.

(ii) De outro lado, as questões "bem-formuladas". No caso da situação judicial, distingue quatro tipos de questões-chave (*stock issues*, Nadeau, 1964: 370-374):

- Estase *conjectural*: O fato aconteceu? Se uma das partes o contesta, então estamos perante um estado de conjectura.
- Estase de *definição*: como qualificar o fato? Ou seja, em que *categoria* o enquadrar. Por exemplo, trata-se de morte natural ou de acidente? Ver **Categorização**.
- Estase de *qualidade*: em que contexto ocorreu? Existem circunstâncias atenuantes ou agravantes?
- Estase de *procedimento*: o procedimento é apropriado? O caso deve ser encaminhado ao tribunal ou conselho disciplinar?

Este sistema de estases corresponde ao sistema aristotélico das categorias: a existência de um fato (o quê?), a sua definição (o que é?), as suas qualidades e relações.

A resposta do acusado ao acusador determina a natureza da troca que se inicia entre os dois. Por exemplo, face à acusação *Você roubou minha mobilete!*, diversas estratégias de defesa podem ser adotadas, determinando o debate que se segue:

(1) Negar a ação ("conjectura"):

> *Não toquei na sua mobilete.*

(2) Reconhecer o fato e negar a qualificação de roubo ("definição"): isso pode ser feito de diferentes maneiras:

> *Pensei que era a minha.*
> *Mas essa mobilete é minha, você nunca pagou o dinheiro que te emprestei.*
> *Não roubei a tua mobilete, apenas peguei emprestada.*
> *Eu tinha te pedido permissão.*

(3) Reconhecer os fatos e a sua definição, mas invocar circunstâncias atenuantes ("qualidade"), descartando responsabilidades:

> *Foi só para ir buscar bombons para a minha irmãzinha, que está doente.*
> *O chefe do bando me obrigou.*

(4) Recusar os juízes, recusar o acusador ("procedimento"):

> *Mas quem é você para me julgar?*
> *Não cabe ao vencedor julgar o perdedor.*
> *Fica bem para você jogar a culpa em mim!*

(5) Reconhecer e desculpar-se:

> *Cometi um erro, senhor presidente.*

(6) Reconhecer e vangloriar-se:

> *Estava embriagado. Salvei a sua vida ao levar a mobilete. Devia me agradecer.*

Algumas dessas estratégias são exclusivas, ver **Chaleira**.

*Reavaliação da ação* – na retórica das figuras, o caso (6) é considerado uma figura, a antiperístase, ou reavaliação da ação em contexto de acusação. Trata-se de uma estratégia de reposicionamento do acusado perante a acusação: há antiperístase quando o acusado reconhece ser o autor dos fatos que lhe são imputados e inverte a sua qualificação "[reivindicando] veementemente a justeza da sua posição" (Molinié, 1992, art. *Antiperastase*), ver **Orientação**:

> *Isto não é um delito, mas um ato de cidadania: por isso, tenho orgulho de ter destruído a plantação de produtos geneticamente modificados.*

É uma escolha de defesa que confere ao locutor um *ethos* militante ou rebelde. No caso da eutanásia, à acusação de morte responde-se que a atitude foi, em realidade, uma ação louvável, tendo permitido evitar sofrimentos insuportáveis, a que se acrescenta que a ação não foi apenas feita com o consentimento da pessoa, mas a seu pedido. Essa contra-avaliação é a que Antígona fez perante Creonte.

O potencial dramático de tal situação, na qual se confrontam valores radicalmente opostos, explica talvez porque é que este caso foi considerado digno de um rótulo. E mais, as diversas estratégias de posicionamento relatadas anteriormente formam igualmente um conjunto coerente e são todas de igual interesse.

*Estratégia de minimização* – a antiperístase supõe uma hierarquia de avaliação binária "louvável-censurável". Não vamos considerar aqui o caso em que se poderia alegar que uma ação, em vez de ser vista como reprovável, é considerada indiferente por quem sofre uma acusação. Aqui apresentamos um caso da passagem dos contrários aos contraditórios. A estratégia estásica de *minimização* ou de *eufemização* dá-se quando o fato é reconhecido, mas a natureza do preconceito ou o alcance do ato criticado são considerados sem muito valor (indiferentes). Se me censurarem de ter roubado a mobilete, posso responder: *oh, aquilo não passa de uma velha mobilete amassada e sem valor nenhum.* Tudo pode ser eufemizado, até a tortura:

> *30-7-84- Christian von Wernich (capelão da Polícia de Buenos Aires, atualmente sacerdote em Bragado) (declaração à revista* Siete Días)
>
> Que me digam que Camps torturou um pobre rapaz que ninguém conhece, bem, ok, e daí; mas como ele poderia ter torturado Jacobo Timermann, um jornalista sobre quem havia uma pressão global constante e decisiva, e talvez tenha feito justamente por isso. (Relatório elaborado por Carlos Santibáñez e Mónica Acosta, na comemoração do vigésimo aniversário do assassinato de dom Angelelli – disponível em http://www.desaparecidos.org/nuncamas/web/investig/dosigles/02.htm]. Acesso em: 20 set. 2013)

*Estratégia estásica de contra-acusação* – o acusador acusado. Pode reconhecer-se que houve roubo, negar ser o autor (caso 1) e acusar outra pessoa, por exemplo o autor da acusação:

> *Não fui eu, foi ele.*
> *Não fui eu, foi você, que me acusa, quem destruiu a sua própria mobilete para pegar o seguro.*

Essa estratégia, como a estratégia de reorientação do fato, manifesta a tendência para a refutação radical pela inversão simétrica, ver **Reciprocidade; Causalidade**.

(R.A.L.M.G.)

## ▪ Estratégia

Uma estratégia é um conjunto de ações planejadas e coordenadas por um ator em vista de alcançar um objetivo preciso. Ela pode ser *antagônica* ou *cooperativa*. As estratégias *antagônicas* se desenvolvem e se opõem no campo das ações não cooperativas, tais como na guerra, no jogo de xadrez ou na disputa entre concorrentes em âmbito comercial. Cada ação visa assegurar uma vantagem decisiva sobre um adversário, que persegue objetivos diversos. As estratégias antagônicas são dissimuladas, desvelando-se à medida que se desenvolvem, ver **Manipulação**. As estratégias *cooperativas* ocorrem no campo das ações em que os parceiros participantes colaboram para a realização de um mesmo objetivo, do qual cada um espera tirar vantagem. As intenções estratégicas são, então, sabidas por todos os participantes. Nesse sentido, pode-se falar de uma *estratégia* *de pesquisa*, para designar um plano de ação que deve permitir resolver um problema, ou de uma *estratégia pedagógica* a desenvolver-se com os alunos.

A *estratégia* e a *tática* se opõem. Na área militar, a estratégia opera antes do combate, e a tática, durante o combate. Fala-se igualmente de tática para designar a implementação local de uma estratégia global.

## ESTRATÉGIAS ARGUMENTATIVAS

Não se usa a expressão *tática argumentativa*, mas se fala em *estratégias argumentativas*, as quais são formas de estratégias linguageiras e comunicativas (estratégias enunciativas, estratégias interacionais); uma estratégia argumentativa é um conjunto de ações e de escolhas discursivas e interativas planejadas e coordenadas com vistas a sustentar um ponto de vista.

Uma estratégia argumentativa é *antagônica* se objetiva fazer triunfar um ponto de vista contra o de um adversário. Uma estratégia é *cooperativa* em dois casos:

- quando os atores incarnam o mesmo papel actancial, partilham de um mesmo ponto de vista e colaboram para sustentá-lo;
- quando os atores desempenham diferentes papéis argumentativos (ou actanciais) sem se identificar com esses papéis e colaboram para a construção de uma solução partilhada, ver **Papéis argumentativos**.

*Estratégia e tipo de argumento* – a escolha de um tipo de argumento pode se relacionar com uma estratégia, mas uma estratégia não é um tipo de argumento. Pode-se identificar um tipo de argumento em uma breve passagem, enquanto o estudo da estratégia argumentativa de um ator exige que se constitua um *corpus* substancial de suas produções que se ligam a uma mesma questão argumentativa, ver **Tipos e tipologias dos argumentos**; **Questão argumentativa**.

Alguns exemplos de estratégias:

- O primeiro nível estratégico é aquele da escolha da resposta que daremos a uma *questão argumentativa*, ver **Estase**.
- A estratégia *defensiva* de refutação limita-se a refutar as proposições do adversário.
- A estratégia de *contraproposição* ignora a proposição P do adversário e argumenta uma proposição P' incompatível com P.
- A estratégia de *objetivação* concentra-se sobre um tema, sem implicar alguém diretamente.
- A estratégia de *deterioração* [*pourrissement*] busca desabonar o debate, a fim de evitar que a questão argumentativa seja discutida.
- Bentham identificou os tipos de argumentos cujo uso define uma estratégia de *temporização* e que visa adiar o debate na esperança de que ele jamais aconteça: *Ainda é preciso atender a algumas condições para sua entrada na União Europeia.*
- As estratégias de *conciliação* ou de *ruptura* com o oponente caracterizam-se pela aceitação/recusa de concessões, a flexibilidade/radicalização das proposições apresentadas como compatíveis/incompatíveis. A estratégia de *conciliação*

utiliza-se das informações admitidas pelo auditório, apresenta as conclusões e suas recomendações como sintonizadas com as crenças e atos daquele grupo. Já a estratégia de *ruptura* desafia o auditório, rejeita completamente suas representações para apresentar-lhe novas. A primeira (conciliação) é reformista; a segunda (ruptura), revolucionária. Essas duas estratégias foram usadas sucessivamente pelo apóstolo do cristianismo Paulo, nas seguintes passagens:

21. Todos os atenienses e estrangeiros residentes (em suas casas) apenas passam seu tempo a dizer ou a escutar as últimas novas. 22. Paulo, de pé no meio do Aerópago, diz: "Atenienses, em tudo eu os vejo eminentemente religiosos". 23. Pois, ao passar e observar o que é de vosso culto, eu ainda encontrei um altar com essa inscrição: "Ao deus desconhecido." O que vós adorais sem o conhecer é o que eu vos anuncio. (Atos, 17: 21-23)

[...]

17. Não foi para batizar que o Cristo me enviou, mas para pregar o Evangelho, não pela sabedoria do discurso, para que a cruz do Cristo se torne vã. 18. De fato, a doutrina da cruz é um absurdo para aqueles que perecem; mas para nós que estamos salvos, ela é uma força divina. 19. Pois está escrito: "Eu destruirei a sabedoria dos sábiose aniquilarei a ciência dos doutos." 20. Onde está o sábio? Onde está o doutor? Onde está o debatedor deste século? Deus não convenceu de delírio a sabedoria do mundo? 21. Porque o mundo, com sua sabedoria, não tendo conhecido Deus na sabedoria de Deus, entende que é agradável a Deus salvar os crentes pela extravagância da pregação. 22. Os judeus exigem os milagres, e os gregos buscam a sabedoria; 23. Nós, nós pregamos um Cristo crucificado, escândalo para os judeus e loucura para os gentios. (1 Coríntios 1: 17-23 – Disponível em: http://bible.catholique.org/1ere-epitre-de-saint-paul-apotre- aux/3361-chapitre-1]. Acesso em: 20 set. 2013.)*

### Manobra estratégica

A Pragmadialética introduziu o conceito de manobra estratégica [*strategic maneuvering*] para reconciliar as exigências dialéticas e retóricas. A exigência *retórica* é definida como uma busca de eficácia: cada parte deseja fazer triunfar seu ponto de vista. A exigência *dialética* é uma busca de racionalidade. Na realização de uma disputa concreta, cada uma das partes persegue simultaneamente esses dois objetivos. Na prática, a dimensão dialética é apreciada em função das regras pragmadialéticas para a resolução racional de uma diferença de opinião, ver **Regras**. A dimensão retórica é essencialmente da ordem da comunicação e da apresentação; ela retoma especialmente as dimensões clássicas de adaptação a um tema e a um estilo em função de um auditório (Eemeren e Houtlosser, 2006).

(S.L.C.)

## ▪ Estrutura argumentativa

Fala-se da estrutura argumentativa em três sentidos diferentes:

1. **Estrutura da argumentação** – a estrutura da argumentação corresponde a sua organização interna, quer dizer, à forma geral da relação do ou dos

---

\* Disponível em: https://www.bible.com/pt/bible/129/ACT.17.NVI#:~:text=1Tendo%20passado%20por%20 Anf%C3%ADpolis,e%20ressuscitar%20dentre%20os%20mortos. Acesso em: 3 ago. 2024.

argumentos com a conclusão, ver **Diagrama de Toulmin**; **Convergência**; **Ligação**; **Epiquirema**.

2. **Estrutura de uma questão** – ela se fragmenta em questões derivadas e pode se representar sob a forma de um mapa argumentativo, ver **Repertório**.

3. **Estrutura de uma interação ou de um texto argumentativos** – a estrutura do texto corresponde ao arranjo dos argumentos, das concessões e das refutações no discurso, o que a retórica tradicional chama de *disposição*, ver **Retórica**. A estrutura de uma interação argumentativa pode ser representada conforme a ordem temporal das questões que são tratadas.

Essas diferentes estruturas são representáveis por diagramas, ver **Diagrama**.

(S.L.C.)

# ▪ *Ethos* (I): A palavra

### AS PALAVRAS GREGAS

A palavra *ethos* é calcada em uma palavra do antigo grego ἦθος. A grafia francesa etimológica é *èthos*, no plural *èthè*. Pode-se transpor em francês para *ethos* ou *éthos* no singular. Para o plural, pode-se utilizar *èthè*, quando se quer insistir sobre a ligação com o significado grego ou empregar também *éthos* como forma plural, na versão francesa.

O grego conhecia dois substantivos *ethos*:

> *no pl.* Residência habitual, lugares familiares, morada; em se tratando de animais, falava-se em cavalariça, estábulo, toca, ninho. [...] caráter habitual, costume, uso; a maneira de ser ou hábito de uma pessoa, seu caráter; [...] *por extensão*, costumes. (Bailly, 1901, art. *Ethos*)

Em Retórica, é um termo empregado para designar "[a] impressão moral (produzida por um orador)" (Bailly, 1901, art. *Ethos*).

Em grego ainda, era possível encontrar os seguintes sentidos e vocábulos advindos do termo *ethos*:

- êthopoiia (substantivo), "pintura de costumes ou de caráter";
- êthicos:
  a) (adjetivo) diz-se daquilo "que diz respeito aos costumes, moral, *por oposição a....* intelectual. Arist. *E.N.*, I, 13, 20", mas também daquilo que diz respeito aos "costumes oratórios" (Bailly, 1901, art. Êthicos).
  b) (substantivo) designa a filosofia moral.

### TRADUÇÕES LATINAS: *MORES, SENSUS*

*Mores* – Quintiliano considera que o *ethos* é uma categoria de sentimento [*adfectus*] e traduz a palavra por *mores*:

> Contudo, as emoções [*adfectus*], conforme nos foi ensinado desde a Antiguidade, são de duas espécies: uma, que os gregos denominam *páthos*, que nós traduzimos correta e adequadamente por *adfectus*, "emoção", e a outra, *éthos*, para a qual, segundo realmente penso, a língua romana não tem correspondente; denominam-se *mores*, "costumes", de onde também se diz *ethiké, moralis*, "moral". (Quintiliano, *Inst.*, VI, 2, 8)

*Sensus* – o termo *sensus* acrescenta certa dificuldade para a compreensão do sentido latino de *ethos*:

> *Sensus* é um desses termos vagos pelos quais os latinos tentam exprimir o que a retórica grega designa por *ethos*.[...] Distingue-se de *dolor* que corresponde a *pathos* (Cícero, *De Or*. III, 25,96). (Courbaud, notas a Cícero, *De Or*. II, XLIII, 184; nota 2)

O substantivo *sensus*, nas acepções derivadas de seu sentido básico ("1. ação de sentir, de perceber-se"), significa "4. [no sentido moral] sentimento" e "5. [no sentido intelectual] maneira de ver" (Gaffiot [1934], art. *Sensus*). Expor um bom *ethos* é, portanto, expor um bom lado moral e intelectual, manifestar *sensus communis*, o senso comum (Gaffiot [1934], art. *Sensus*). O bom orador assume a imagem do *homem de bom senso*.

## AS PALAVRAS FRANCESAS: TRADUÇÕES E EMPRÉSTIMOS

Em francês, encontram-se as palavras *éthos* (*ethos*), *éthique* (*ética*), *éthopée* (*etopeia*), *éthologie* (*etologia*), emprestadas do grego e adaptadas:

- O substantivo *ethos* é utilizado em retórica, nos nossos dias. A época clássica fala de *costumes oratórios* (*mœurs oratoires*). *Mœurs* (*costumes*) vem do latim *mores*, que é a tradução de *ethos*. Diz-se igualmente *caráter oratório*.
- O substantivo *etopeia*, igualmente utilizado em retórica, significa: "retrato moral e psicológico".
- O substantivo *etologia* significa: "ciência dos comportamentos das espécies animais em seu meio natural" (Rey [1992], art. Éthologie).
- O substantivo *ética* (filosofia moral) provém de uma "cópia latina feminina cujo plural é *ethica*, ela mesma emprestada do grego" (Rey [1992], art. Éthique).

## DA ÉTICA À ÉTICA?

Pode-se utilizar a palavra *ética* como derivada de *ethos*. Não obstante, ética existe como substantivo e adjetivo com um sentido ligado à moral e aos valores. Pode-se assim falar de ética *do discurso* para designar uma instância de controle moral da fala (ética_1). Já a noção retórica de *ethos* remete não a uma problemática moral, mas *ao fato de que a pessoa se projeta no seu discurso e que ela poder exercer certo controle sobre essa projeção.* Trata-se de um recurso a ser explorado pelo orador (ética_2).

A noção de ética *do discurso* (ética_1 → moral, costumes) une-se à problemática clássica do *ethos* do orador (ética_2 → forma de se projetar pelo discurso) como "homem de bem especialista em discurso" (*vir bonus dicendi peritus*). A relação ali se aproxima da discussão entre a imagem do ego e a imagem do superego.

A teoria retórica americana utiliza o adjetivo derivado *ethotic*. Em francês, pode-se empregar *éthoïque* ou, como nós faremos, *etótico* [*éthotique*].

Ver ***Ethos* (II)**; ***Ethos* (III)**; ***Ethos* (IV)**.

(L.B.L.)

# ▪ *Ethos* (II)

A palavra *ethos* é copiada da palavra correspondente do grego antigo que designava diferentes costumes, ver **Ethos** (I).

## *ETHOS* DO ORADOR

Aristóteles trata do *ethos* em duas passagens da *Retórica*. Ele distingue de uma parte o *ethos próprio*, a autoficção que constitui a construção da face que o orador se esforça por apresentar ao público; de outra parte, o *ethos de seu público*, a síntese de informações que lhe permite construir uma imagem *a priori* de seu auditório, ver **Ethos** (IV).

O *ethos próprio* é uma estratégia de "representação do eu" (Goffman, 2014 [1956]). Poder-se-ia distinguir duas etapas nesse processo de construção do *ethos*, a produção e o produto. Por um lado, a *apresentação de si*, como produção de si, é uma etapa ativa, estrategicamente gerida. De outro lado, tem-se o produto ou *a imagem de si*, tal como supostamente é recebida pelo público-alvo e passível de ser reconstruída pelo analista, com todos os riscos e perigos de uma interpretação.

### Aristóteles: o elo entre o discurso do orador e a sua reputação

O termo *ethos* designa um dos três tipos de argumentos, juntamente com o *logos* e o *pathos*, ver **Provas**. A palavra *argumento* corresponde a *pistis*, que significa "prova, meio de persuadir, influência".

A *Retórica* introduz o conceito de *ethos* da seguinte maneira:

> Persuade-se pelo caráter quando o discurso é proferido de tal maneira que deixa a impressão de o orador ser digno de fé. Pois acreditamos mais e bem mais depressa em pessoas honestas, em todas as coisas em geral, mas sobretudo nas de que não há conhecimento exato e que deixam margem para dúvida. É, porém, necessário que esta confiança seja o resultado do discurso e não de uma opinião prévia sobre o caráter do orador; pois não se deve considerar sem importância para a persuasão a probidade de quem fala, como aliás alguns autores desta arte propõem, mas quase se poderia dizer que o caráter é o principal meio de persuasão. (Aristóteles, *Ret.*, I, 2, 1356a1-15)

O *ethos* do orador é o produto de uma estratégia discursiva que constrói uma autoridade complexa, a partir de três componentes:

> Três são as causas que tornam persuasivos os oradores, e a sua importância é tal que por elas nos persuadimos, sem necessidade de demonstrações: são elas a prudência (*phronèsis*), a virtude (*aretè*) e a benevolência (*eunoia*). (Aristóteles, *Ret.* I, 1, 1378a5)

A tradução inglesa de Rhys Roberts propõe *good sense, good moral character and good will* [bom senso, bom caráter moral e boa-vontade] (Aristóteles, *Ret*). Ou seja, o orador detém uma autoridade persuasiva porque ele é (ou parece) inteligente (informado, perspicaz, o que ressalta aspectos do *logos*); porque ele é honesto; porque ele quer nosso bem, é benevolente em relação a nós, ele está conosco. Tal autoridade combina competência, moralidade e delicadeza em um sentimento único de *confiança*. Nesse sentido, o *ethos* tem uma estrutura patêmica, ver **Pathos**.

Como diz Groucho Marx, "se você consegue transmitir um ar de sinceridade, isso é ótimo" (*Sincerity. If you can fake that, you've got it made*). O orador não escapa ao "paradoxo do ator": ele pode sempre ser suspeito de mentir sobre suas competências, suas virtudes, suas intenções. Para criar confiança, o orador precisa "mostrar-se prudente e honesto" (*spoudaios*) (Aristóteles, *Ret.*, II, I, 1378a15). A palavra *parecer* – e não *ser* –, soará suspeita: além da reprovação constante feita à retórica de dar meios aos incompetentes, mentirosos e escroques de enganar seu público, trata-se, em realidade, para a retórica, de *fazer parecer* competente e honesto quem de fato é. A arte de parecer não é menos necessária tanto às pessoas honestas quanto aos crápulas.

O *ethos* aristotélico é um *ethos* intracomunitário que busca a convicção de forma a se moldar ao consenso majoritário. Existem, no entanto, outras posturas etóticas introduzidas pelas retóricas de ruptura e que estabelecem autoridades minoritárias: *eu sou diferente de todos vocês... eu trago uma nova perspectiva sobre a questão... sim, é uma loucura.*

O *ethos* do orador é um *ethos* profissional. Todas as profissões têm um *ethos* característico. Por exemplo, o garçom do café de antigamente exibia uma série de virtudes próprias àquela profissão: amabilidade, tato para lidar com os clientes, eficiência, virtuosidade na maneira de encher o copo sem derramar uma gota sobre a mesa etc.

### ETHOS TÉCNICO E ETHOS NÃO TÉCNICO

O excerto da tradução da *Retórica* por Pierre Chiron, que foi apresentado na seção anterior, traz a frase "não se saberia dizer, efetivamente, como o fazem alguns técnicos em relação à técnica, que a honestidade daquele que fala em nada contribui ao persuasivo. Bem ao contrário". Essa sentença é acompanhada da nota: "texto pouco satisfatório". Ali se discute acerca da relação entre o que é "obtido por intermédio do discurso e o que é a consequência de uma "opinião preconcebida". A tradução de Ruelle propunha encontrar um *elo*, e não uma *oposição* entre a opinião preconcebida sobre o orador e sua atuação real: "é necessário, aliás, que este resultado seja obtido pela força do discurso e não *somente* por um prejulgamento favorável ao orador "(Aristóteles, *Ret.* Ruelle, destaque na versão original). Parece-nos que o "bem ao contrário" da tradução de Chiron vai no mesmo sentido.

Tal distinção remete à oposição técnica/não técnica, ver **Provas técnicas e não técnicas**. O efeito etótico "obtido por intermédio do discurso e não em razão de uma opinião preconcebida sobre o caráter daquele que fala" corresponde a uma prova (meio de persuasão) *técnica*. No segundo caso, o do efeito da persuasão obtida em razão de uma "opinião preconcebida", ali o efeito etótico é produzido de maneira *não técnica*.

### ETHOS E ARGUMENTO DE AUTORIDADE

Pessoa retórica e pessoa argumentativa têm *status* opostos. A autoridade do *ethos* supostamente fortalece o discurso. Esse peso da pessoa credível pode dar uma forcinha aos argumentos de todos os tipos, mas não constitui um argumento propriamente dito, uma vez que não atende à condição proposicional: o *ethos* é mostrado, mas não é tematizado.

- *Ethos e argumentação que exploram a pessoa do oponente* (ataque pessoal, *ad personam*) constituem o verso e o reverso de uma mesma moeda discursiva. Aquele que argumenta explora, no primeiro caso (*ethos*), sua própria pessoa como um recurso com o fim de dar crédito a seu ponto de vista. No segundo caso (argumentação), explora-se a pessoa e o discurso de seu oponente como um recurso para refutar ou desacreditar o ponto de vista oposto. O discurso desvia-se da verdadeira questão em debate, fazendo uma encenação e uma discussão acerca das pessoas, seja para desacreditar, seja para dar crédito a uma posição defendida. Do ponto de vista da teoria da polidez, trata-se da valorização de si e da diminuição do outro, ver **Polidez argumentativa**.
- Para as teorias críticas da argumentação, o *ethos* é apenas uma forma de se referir à influência da pessoa sobre um auditório. É uma forma de sujeição da qual se deve emancipar. O *ethos* se mostra amistoso, mas ele é opressor. Na interação face a face, a influência etótica instaura uma relação assimétrica que enquadra a relação de interlocução sobre uma oposição do tipo "posição alta/posição baixa", relegando o interlocutor a uma posição baixa. Esse posicionamento sutil torna esse modo de autoridade muito difícil de ser questionado. Seu *status* implícito torna inviável a refutação *ad hominem*. Passa-se então ao ataque sobre a pessoa, *ad personam*, em que se coloca em questão a face, universalmente proscrita. Nesse sentido, podemos afirmar que a exposição do *ethos* no discurso leva o oponente ao erro.

Para uma teoria crítica da argumentação que postula que só são válidos os argumentos sobre as próprias coisas (ver **Fundamento**), o *ethos* não é nem mais nem menos que uma forma de controle emocional, uma tentativa falaciosa de intimidação do oponente, buscando inibir a crítica. O receptor deve liberar-se metodicamente desse controle, se ele quer ter alguma chance de avançar, senão em direção da verdade, ao menos em direção ao ponto real em debate.

Assim sendo, extrai-se do *ethos* um componente explícito, *o argumento de autoridade*, que satisfaz a condição de proposicionalidade e que é, assim, acessível à refutação. Essa autoridade é posicionada como uma forma de prova periférica, tratada principalmente como uma questão de expertise profissional ou da competência sobre um assunto específico em debate, ver **Autoridade**.

Essa redução do *ethos* à autoridade especialista implica a rejeição de sua faceta *carismática* (não pertinente e falaciosa) e da faceta imbuída de *poder* (administrativa legal): uma afirmação não é verdadeira ou uma medida não é judiciosa simplesmente porque elas são ostentadas por uma pessoa prestigiosa ou uma instância de poder.

## *ETHOS* E ESTUDO DO DISCURSO ARGUMENTATIVO

Nos estudos contemporâneos, a distinção entre diversos modos de presença da pessoa no discurso, fundada na ideia de um sujeito cindido pela língua, conhece um sucesso considerável. A partir da noção de *ethos*, entrecruzam-se estudos do discurso argumentativo e estudos literários em Narratologia, que opõem autor e narrador, o leitor real e o leitor implícito (Amossy, 1999). Em Linguística, estuda-se a problemática da "subjetividade na linguagem" (Kerbrat-Orecchioni, 1980). Podem-se distinguir três facetas subjetivas no discurso.

## UMA FACETA CONSTRUÍDA POR INTERMÉDIO DO DISCURSO

Ducrot integra a noção de *ethos* à teoria da polifonia enunciativa e cita o termo a título de ilustração. O *ethos técnico* é um atributo do "locutor enquanto tal" (oposto ao locutor tal como designado pelo pronome *eu*, e ao sujeito da fala) (Ducrot, 1987 [1984]: 188):

> Na minha terminologia, direi que o *ethos* está ligado a L, o locutor enquanto tal: é enquanto fonte de enunciação que ele se vê dotado de certos caracteres que, por contraponto, torna esta enunciação aceitável ou desagradável. O que o orador poderia dizer de si, enquanto objeto da enunciação, diz, em contrapartida, [...] ao ser do mundo, e não é este que está em questão. (1987: 189)

## UMA FACETA CORRESPONDENTE A UMA OPINIÃO PRECONCEBIDA SOBRE O CARÁTER DAQUELE QUE FALA

Ao lado do elemento intradiscursivo constitutivo do "caráter moral" (*ethos*) do orador, Aristóteles introduz um elemento extradiscursivo, anterior ao discurso, da ordem da reputação, do prestígio, e mesmo do carisma. Esse *ethos* "pré-julgado" é igualmente denominado *ethos* "prévio" por Amossy:

> Em termos mais pragmáticos, dir-se-ia que o *ethos* se desdobra no registro do "mostrado" e, eventualmente, no do "dito". Sua eficácia decorre do fato de que envolve de alguma forma a enunciação sem ser explicitado no enunciado [...] Se o *ethos* está crucialmente ligado ao ato de enunciação, não se pode ignorar, entretanto, que o público constrói representações do *ethos* do enunciador antes mesmo que ele fale. Parece, pois, necessário estabelecer uma primeira distinção entre *ethos* discursivo e *ethos* pré-discursivo [...] Só o primeiro corresponde à definição de Aristóteles [...] De fato, mesmo que o coenunciador não saiba nada previamente sobre o caráter do enunciador, o simples fato de que um texto pertence a um gênero discursivo ou a um certo posicionamento ideológico induz expectativas em matéria de *ethos*. (Amossy, 2019 [1999]: 70-71)*

Nesse sentido, pode-se falar de um *ethos* pré-discursivo (Maingueneau, 2019 [1999]: 71), ou prévio. Esse *ethos* não pode se chamar discursivo, no sentido de que "o público constrói representações do *ethos* do enunciador antes mesmo que ele fale" (2019: 71)

## UMA FACETA CONSTRUÍDA PELO QUE O ORADOR DIZ DELE PRÓPRIO

Ducrot introduz um terceiro elemento, intradiscursivo: "O que o orador poderia dizer de si, enquanto objeto da enunciação" (Ducrot, 1987 [1984]: 189). Ali o locutor

---

\* N.T.: Este trecho, na verdade, é de autoria de Dominique Maingueneau, inserto na obra organizada por Ruth Amossy. Plantin faz referência apenas a Amossy ali.

tematiza sua pessoa (*eu também tive que trabalhar para ganhar minha vida*), mas esses elementos explícitos de autorretrato são bem distintos do que ele pode revelar indiretamente sobre si mesmo. Não é a mesma coisa que ter um sotaque e dizer: *sim, eu tenho um sotaque e estou orgulhoso disso*.

Em situação argumentativa, os participantes valorizam sistematicamente suas pessoas e seus atos, a fim de se legitimarem. As exigências dessa situação ancoram-se sobre os princípios da polidez linguística, notadamente sobre o "princípio da modéstia", ver **Polidez argumentativa**.

### UMA RESULTANTE DE TRÊS FORÇAS

O impacto etótico do discurso é a resultante de três forças:

Poderíamos partir de outras oposições, por exemplo, opondo (a) a construção *dita* (pessoa de discurso explícita, dita pelo locutor) ao (b) *ethos* estrutural *implícito* até (c) os fenômenos de reputação, de uma natureza totalmente diferente. Os sistemas de controle e de exploração dessas diversas camadas etóticas são muito diferentes. Chega-se a uma forte oposição entre dois modos de construção do *ethos*: um *ethos* explicitado, declarativo, e um *ethos* implícito, deduzível, a partir de indícios discursivos. Os dois podem ser contraditórios, pois são suscetíveis a fatores como reputação, preconceitos. Em geral, a construção, a gestão e a reparação da imagem são do domínio da atividade profissional das agências de comunicação por meio das quais, da mesma maneira que os produtos, os humanos fabricam imagens.

### GENERALIZAÇÃO E NATURALIZAÇÃO DO ETHOS

A noção foi elaborada no campo da retórica argumentativa, mas ela pode também ser utilizada para designar, de modo geral, a imagem que uma pessoa transmite de si mesma a partir de seu discurso (Kallmeyer, 1996), sua identidade discursiva. Esse processo de generalização é típico de certas teorias modernas da argumentação, como a teoria da argumentação na língua ou a Lógica natural.

Tal generalização do *ethos* vem acompanhada de uma *naturalização*, com o risco de ali nos esquecermos de que, como o *pathos* e o *logos*, o *ethos* é um *recurso estratégico* à disposição do sujeito que fala. Perde-se ali o elemento funcional específico do *ethos* retórico. Pelas manobras etóticas, o orador tenta representar-se discursivamente de modo a orientar as inferências às quais o auditório forçosamente se entregará. O conceito cessa de ser uma categoria da ação retórica para se tornar uma categoria descritiva, aplicável a toda forma de discurso.

Os indícios discursivos suscetíveis de fornecerem as bases inferenciais à pessoa do locutor não são somente de ordem linguística, mas também de tipo enciclopédico. Uns e outros podem ser explorados à exaustão, pois têm como únicas restrições os conhecimentos do receptor. A pessoa do *locutor* está nos olhos e no ouvido do *receptor*. Se o autor fala dos regimes totalitários, então ele se refere a Arendt (intertextualidade). Se fala dos totalitarismos nazistas e stalinistas, mas não de totalitarismos nazistas e comunistas, então ele tem tendências comunistas (supostamente lança mão da estratégia que consiste em sacrificar uma parte para salvar o restante). Os conhecimentos sobre as práticas da linguagem podem ajudar na dedução: se utiliza o verbo no pretérito mais que perfeito e trata a esposa de *senhora*, então está arraigado a uma França muito tradicional. A retórica do *ethos* se propõe a explorar essas inferências como suporte do discurso. O problema é limitar essas deduções e definir a especificidade do programa de reconstrução do *ethos* do orador em relação aos manuais, por exemplo, da estilística, da psicanálise ou da semiótica do texto.

O analista do *ethos* deve decidir quais métodos ele escolhe para essa reconstrução da dimensão estratégica da apresentação de si nas situações de argumentação. Tal reconstrução não escapa aos riscos da interpretação. O *ethos* não é o ego; e estudar o discurso argumentativo não é psicanalisar o locutor.

(L.B.L.)

## ▪ *Ethos* (III): Uma categoria estilística

O *ethos* é o homem – e o homem é o estilo, ver ***Ethos*** **(II)**. Ao procurar um método sistemático para estudar o *ethos*, encontra-se a tradição estilística. Quintiliano nota assim a eficácia de um "efeito de estilo" ligado à escolha do vocabulário que deve ser considerado como um efeito etótico:

> [...] as palavras transmitidas pela tradição não só dispõem de muitos adeptos, como também conferem ao discurso certa grandiosidade com bastante encanto: pois apresentam tanto a autoridade da Antiguidade, como dispõem do encanto da novidade, uma vez que sofreram uma interrupção do uso [...]. (Quintiliano, *Inst.* I,6,39)

A autoridade da palavra enunciada é constitutiva do *ethos* do enunciador. O ser de linguagem "efeito do próprio discurso" é construído a partir de traços de todos os níveis linguísticos: a voz, potente vetor de atração/repulsão, os empregos lexicais, a sintaxe, a maneira de hesitar, os tipos de gracejos etc. As práticas argumentativas permitem as mesmas inferências sobre o caráter:

- aquele que faz concessões é um moderado/um fraco;
- aquele que não o faz é literal/sectário;
- aquele que apela para a autoridade é dogmático;
- aquele que utiliza os argumentos visando somente a causas ou a consequências é um pragmático, realista;
- aquele que se atém à natureza das coisas e à sua definição expõe um *ethos* de convicção, conservador.

Outras formas de argumentação não apresentam traços claros correspondentes, como no caso da argumentação pelo absurdo ou da argumentação pela analogia.

O elo do *ethos* com a Estilística é explicitado na *Arte retórica* de Hermógenes de Tarso. Hermógenes faz do *ethos* uma das sete *categorias estilísticas do discurso*, que são: "clareza, grandeza, beleza, vivacidade, *ethos*, sinceridade e habilidade" (Hermógenes, *A. R.*, 217, 20-218, 05). O *ethos* é, portanto, *uma das* categorias estilísticas do discurso. Há discursos *com ou sem ethos*. Podemos inclusive identificar *um pouco ou muito* de *ethos* em um dado discurso.

Nessa imbricação com a estilística, a categoria do *ethos* é, por sua vez, constituída por quatro componentes: a *ingenuidade* (sabor, condimento); a *moderação*; a *sinceridade*, a *severidade*. Pode-se ali comparar tais componentes com as qualidades que integram o *ethos* aristotélico, tais como *sabedoria, competência* e *benevolência*. Cada um desses componentes se caracteriza pelos pensamentos, métodos, palavras, figuras, ritmos e (re)cortes de frase: a sinceridade é um *estilo*.

O objetivo deste método extremamente sofisticado é o de produzir um *ethos since-ro*, o qual se constrói pelos seguintes meios de linguagem:

- um sentimento, a *indignação*;
- um método de gestão geral do discurso, em particular o equilíbrio entre o que é *tematizado* e o que (é) sugerido e *implícito*;
- o emprego de palavras que sugerem sinceridade.
- o emprego de figuras como a *apóstrofe*, o *demonstrativo pejorativo*, as *figuras de embaraço* (reticência, dúvida, hesitação, correções, interrogações);
- os *comentários pessoais* e a *suspensão* do discurso (Patillon, 1988: 261 e seguintes).

Todas as categorias etóticas contribuem para a produção de um *ethos* sincero:

- a *ingenuidade*, o natural, a franqueza de pensamentos simples;
- a *moderação*, atributo do cidadão comum, pouco habituado às manobras de assembleias (Patillon, 1988: 259).
- a *sinceridade propriamente dita*, que é, em particular, atestada pela emoção do locutor;
- a *severidade* na acusação do outro ou de si mesmo.

Esta sinceridade não é um suplemento estranho ao discurso que lhe viria de fora por uma exortação moral. Trata-se de uma *sinceridade discursiva*, produto de uma estratégia linguageira, ver **Estratégia**. Trata-se de um dado que tem incidência sobre a ética do discurso. As figuras contribuem para a construção do *ethos*, portanto contribuem com a argumentação em geral. Mede-se, assim, a distância com as retóricas pós-ramistas nas quais a invenção (*inventio*) é divorciada da elocução (*elocutio*).

(L.B.L.)

# ▪ *Ethos* (IV): Caráter do auditório

A noção de *ethos* aplica-se ao orador e a seu auditório, em perspectivas bem diferentes. Aristóteles trata do *ethos* em dois momentos da *Retórica*, em uma breve passagem em que ele define o *ethos* do orador, ver **Ethos** (II), e, depois dos capítulos consagrados às emoções, ele fala do *ethos* referindo-se às características* dos auditórios: "Depois do que dissemos, vamos tratar dos tipos de caráter (*èthè*), segundo as paixões (*pathè*), os hábitos (*hexeis*), as idades e a fortuna" (Aristóteles, *Ret.*, II, 12, 1388b31). Esta seção descreve um conjunto de ideais-tipos de caracteres que classificam e caracterizam os humanos, segundo a fortuna (nobres, ricos; os poderosos e os (des)venturados pelo acaso) e segundo as idades (a juventude, a maturidade, a velhice). As considerações terminam com uma observação prática:

> Tais são, pois, os caracteres dos jovens e dos velhos. Por conseguinte, como todos aceitamos favoravelmente discursos que são conformes ao caráter de cada um e dos que nos são semelhantes, não é difícil descortinar como é que as pessoas podem se servir destes discursos para tanto nós como as nossas palavras assumirem tal aparência. (Aristóteles, *Ret.*, II, 13, 1390 20-29)

Essa passagem mostra claramente que a *adaptação-identificação ao auditório* é fundamental para o processo de persuasão, ver **Persuasão**. Tal consideração do caráter do público será considerada falaciosa pelas teorias normativas da argumentação: não se deve falar a tal *auditório* (*ex datis*), deve-se falar em *verdade*, ver **Crenças do auditório**.

Em relação aos três *status* do *ethos* do locutor, isto é, o *ethos mostrado*, *ethos tematisado* e *ethos de reputação* (ver **Ethos** (II)), trata-se aqui do último tipo de caráter. Nesse sentido, não se trata de "reputação" de uma pessoa específica, mas de um grupo: *os jovens são assim*. Todavia, o próprio público também apresenta um *ethos mostrado*, que ele manifesta por suas reações aos discursos que lhe são apresentados: *ethos* de jovens, de velhos, de professores, de pessoas do poder, de ricos...

(L.B.L.)

# ▪ Etimologia, arg. ▶ Sentido original da palavra, arg.

# ▪ Evidência

Uma evidência é uma forma de certeza imediata que se apresenta como um saber adquirido a partir de uma percepção direta (Dumoncel, 1990). Por extensão, um enunciado evidente é um enunciado que dispensa justificação, ver **Desprezo**.

O termo *apercepção* é utilizado para designar essa forma de conhecimento produzida por uma percepção consciente, acompanhada de reflexão. O conhecimento por

---

\* N. T.: No original, *caractères des auditoires*. Em português, *caractère* pode ser traduzido tanto por *caractere* quanto por *caráter* (termos sinônimos, tanto na versão digital do Dicionário Michaelis quanto na versão digital do *Dicionário Houaiss*). Na versão em português, traduzimos *caractère* como *característica*, *caractere* ou *caráter*.

*apercepção* se opõe ao conhecimento por *inferência*, portanto, ao conhecimento adquirido por meio da argumentação, que é um tipo de inferência. Distinguem-se três formas de apercepção, isto é, três *fontes da evidência*:

- a evidência da *revelação* de outra realidade transcendente;
- a evidência *perceptual*, sensível, da realidade;
- a evidência da intuição intelectual.

Podemos legitimar ou nos recusar a legitimar uma afirmação invocando uma dessas três fontes, ver **Argumento – Conclusão**.

À certeza ligada à apercepção corresponde a certeza manifestada na *afirmação*:

> A afirmação pura e simples, livre de qualquer raciocínio e de qualquer prova, é um instrumento seguro para fazer penetrar uma ideia no espírito das multidões. Quanto mais concisa for a afirmação, e mais desprovida for de prova e demonstração, tanto mais autoridade terá. Os livros religiosos e os códigos de todas as épocas sempre procederam por simples afirmação. O valor da afirmação é bem conhecido pelos homens de Estado chamados a defender uma causa política, e pelos industriais ao fazerem a propaganda dos seus produtos. (Le Bon, 1980 [1895]: 64, ver **Repetição**)

## O DOGMA: A REVELAÇÃO COMO FONTE DE CONHECIMENTO

A revelação registrada nos Livros sagrados é considerada pelos religiosos como uma fonte de certeza. Essa revelação, que remonta a origens sagradas, pode ser renovada por uma revelação particular, como a que Blaise Pascal reuniu naquilo que nós hoje chamamos de *Memorial* e que leva a uma certeza absoluta:

> Ano da graça de 1654.
> Segunda-feira, 23 de novembro, dia de são Clemente, papa mártir, e de outros no Martirológio.
> Véspera de São Crisógono, mártir, e outros.
> Desde cerca de dez horas e meia da noite, até por volta de meia-noite e meia.
> Fogo.
> Deus de Abraão, Deus de Isaac, Deus de Jacó e não dos filósofos e dos sábios.
> Certeza, certeza, sentimento, alegria, paz.
> (Deus de Jesus Cristo)
> Deus de Jesus Cristo.
> Teu Deus será meu Deus
> Esquecimento do mundo e de tudo, menos de Deus. (Pascal, 2005 [1963]: 270)

A crença argumentativa, inferencial, será sempre considerada como inferior à crença fundada sobre a evidência da fé. Essa constatação está na origem dos paradoxos da argumentação, ver **Paradoxos da argumentação e da refutação**.

## A EVIDÊNCIA SENSÍVEL – PERCEPÇÃO DAS COISAS

A partir da experiência com o mundo real, elaboramos afirmações sobre a evidência dos sentidos. Não precisamos de argumentação para percebermos que a grama é verde ou que a neve é branca. É isso que diz o adágio *os fatos são os melhores argumentos*.

Do ponto de vista filosófico, Descartes recusou a possibilidade de instaurar o conhecimento sobre as evidências sensíveis com base na hipótese da faculdade do questionamento [*l'hypothèse du Malin Génie*] (Descartes, 1979 [1641], Primeira Meditação).

## A INTUIÇÃO INTELECTUAL

A intuição intelectual é reconhecida por Descartes como a única base sobre a qual se pode construir a ciência:

> Regra 3: No que tange aos objetos considerados, não é o que pensa outrem ou o que nós mesmos conjecturamos que se deve investigar, mas o que podemos ver por intuição com clareza e evidência, ou o que podemos deduzir com certeza: não é de outro modo, de fato, que se adquire a ciência. (Descartes, 2012 [1628]: 11)

A "boa intuição" é infalível:

> Por intuição entendo não a confiança instável dada pelos sentidos ou o juízo enganador de uma imaginação com más construções, mas o conceito que a inteligência pura e atenta forma com tanta facilidade e clareza que não fica absolutamente nenhuma dúvida sobre o que compreendemos. (Descartes, 2012 [1628]: 13-14)

Essa intuição é aquela que nos faz admitir como fora de dúvida que, a partir de um ponto tomado fora de uma reta, podemos traçar uma única paralela a essa reta; ou que o quadrado de todo número negativo é positivo. Essas certezas foram questionadas pela construção dos números imaginários e das geometrias não euclidianas.

## CONSEQUÊNCIAS

*Conflito das fontes de evidência* – parece que os dados mais incontestáveis são aqueles de evidência sensível. Mas o texto seguinte mostra que a certeza proveniente da evidência sensível pode ser menor do que a que emana da autoridade do texto sagrado. Perceberemos que o comentário do autor, no segundo parágrafo, ratifica essa hierarquia.

### Desacordo sobre a morte do Profeta

Após o falecimento do Profeta, o primeiro desacordo foi justamente a contestação da morte do Profeta. Assim, o muito estimado 'Omar inb al Khattâb persistia em dizer que o Profeta não estava morto e advertia aqueles que afirmavam o contrário, porque ele considerava que eram boatos espalhados pelos hipócritas, até que Aboû Bakr veio lembrar às pessoas os seguintes versos:

> Maomé é só um Mensageiro que passou antes de outros Mensageiros. Será que, se ele morrer ou se ele for morto, vocês cairão na apostasia? Aquele que cai na apostasia não prejudicará em nada a Deus e Deus recompensará aqueles que agradecem (3: 44)
> Você deve morrer um dia assim como eles também morrerão (39: 30)

A espada caiu imediatamente da mão de 'Omar, que se prostrou, convencido de que o Profeta havia deixado de viver e de que a revelação havia chegado ao fim.

Desacordo a respeito do enterro do Profeta [...]

Estão aí duas questões importantes sobre as quais a divergência de opinião se dissipou rapidamente, a partir de simples consulta ao Alcorão e à *sounna*.* (Tâhâ Jâbir al-'Alwani, 1995 [1986]: 46-47)

---

\* N.T.: "Conjunto de preceitos tirados das práticas do Profeta e dos quatro califas ortodoxos", segundo o dicionário on-line do CNRTL (Centro Nacional de Recursos Textuais e Lexicais).

Afastar a dúvida – o argumento, base da derivação argumentativa de uma conclusão, é apresentado como uma maneira de *afastar a dúvida*, e, para isso, é vantajoso apresentá-lo como um dado aperceptivo, isto é, alguma coisa cuja certeza é a de uma revelação, de uma evidência sensível ou de uma intuição intelectual. Por consequência, aquele que se recusa a compartilhar esse dado será considerado, respectivamente, como desgraçado, inválido ou débil. Portanto, não será necessário se dar ao trabalho de refutar essa pessoa com tantos predicados desqualificantes, ver **Destruição do discurso**.

*Limites da argumentabilidade generalizada* – a argumentabilidade generalizada supõe que qualquer pessoa pode ser levada a explicar suas crenças, no sentido de justificá-las argumentativamente, sendo, portanto, ilegítimo exigir uma certeza *a priori*. Não obstante, essa tese é de difícil aplicação se pensamos em aplicá-la a pontos de vista, que são considerados como certezas. Por exemplo, no campo religioso, temos algo como *Deus é a origem de tudo*; em matemática, *o quadrado de um número positivo é positivo*; ou simplesmente na vida cotidiana, *eu acredito que o solo não cederá sob meus pés*, ver **Dialética**. A evidência instaura um limite à argumentabilidade generalizada.

(L.F.B.F.)

## ▪ Evidencialidade

O substantivo *evidencialidade* é um decalque do inglês *evidentiality*, formado a partir de *evidential* (EUA, *evidentiary*) e de *evidência*, "prova". Para designar o mesmo fenômeno, empregamos igualmente a palavra francesa *médiativité*. O termo *evidencialidade* é um anglicismo. A questão da evidencialidade como indicação da fonte de um saber não tem nada a ver com a questão da *evidência* como crença que pode dispensar provas, ver **Evidência**.

A evidencialidade é um conjunto de processos linguageiros por meio dos quais o locutor indica como obteve a informação veiculada por um enunciado e quais as fontes da informação transmitida. Os sistemas evidenciais distinguem especialmente as informações provenientes de *experiência sensorial* própria (auditiva, visual), as informações obtidas por *inferência* e pelos diversos *dizeres*.

Em certas línguas, a evidencialidade é uma categoria gramatical específica. Assim como em francês o acontecimento relatado o é necessariamente segundo suas coordenadas temporal-aspectuais, nessas línguas, o locutor deve obrigatoriamente indicar se a informação que ele traz foi obtida pelos sentidos, por ouvir dizer ou por inferência. As marcas gramaticais da evidencialidade formam um sistema próprio, distinto do sistema dos modais, assim como do sistema temporal-aspectual.

Em outras línguas, os marcadores de evidencialidade são opcionais. Em francês, a categoria da evidencialidade não é gramaticalizada. Ela pode ser alcançada por certos usos considerados como marginais do sistema dos tempos:

- *Pedro teria sido induzido ao atraso*: o condicional permite marcar uma informação como fundada sobre um ouvir dizer.
- *Pedro terá sido induzido ao atrasado*: o futuro remetendo a um acontecimento passado assinala que a afirmação baseia-se em uma inferência, isto é, ela tem o

*status* de uma conclusão. Os modais introdutores de completivas são portadores de nuances evidenciais (exemplos adaptados de Ducrot, 1975):

- *Eu acho/parece que Pedro recebeu minha carta*: a conclusão baseia-se em uma inferência contextual. O comportamento de Pedro se explica a partir de certas informações contidas na carta.
- *Eu acho que ele recebeu minha carta*: a inferência baseia-se simplesmente nos prazos normais de expedição do correio.

A evidencialidade é uma maneira de dispor a argumentação "na língua". Isso porque ela incita a conceber a argumentação como um *continuum* emergindo às vezes da semântica do discurso e às vezes da semântica da língua.

(L.F.B.F.)

# ▪ Exagero

### EXAGERO

O exagero como estratégia (*deinôsei*) é mencionado por Aristóteles e se manifestaria quando:

> Sem se provar que se fez nem que não se fez, se amplifica (*auxèsèi*) o fato: é que isto cria a ilusão de que ou não se fez, quando quem amplifica é quem sustenta a causa, ou que se fez, quando o acusador é quem amplifica. (Aristóteles, *Ret.*, II, 24, 1401b1-10)

A essa estratégia do exagero correspondem as estratégias da *eufemização* ou da *minimização*, ver **Estase**.

### EXAGERO ABSURDO

A manobra do exagero absurdo é uma figura de refutação conhecida na retórica sob o nome de *adínaton*: "utiliza-se na argumentação ao mesmo tempo hipérbole e apodioxe para estabelecer uma posição pelo exagero absurdo da posição contrária" (Molinié, 1992, art. *Adynaton*). Tal forma de exagero caricato corresponde a uma forma de refutação pelo absurdo, levada ao ridículo, por meio de declarações esdrúxulas:

> *Para evitar a reincidência, executemos todos os suspeitos.*
> *Para evitar acidentes, deixemos os carros na garagem.*

O mecanismo do exagero absurdo pode lançar mão de mecanismos da argumentação conhecida por *declive escorregadio*:

> *Você quer comida vegetariana? Sem problema! Coma salada, vá pastar a grama.*

Consideremos a questão *Devem-se julgar os criminosos psicopatas juridicamente irresponsáveis*, ou, dito de outro modo, *devem-se julgar os loucos*? A recusa da proposição *devem-se julgar os loucos* tem a mesma estrutura da chamada falácia do declive escorregadio, ou seja, um convite a "não deixar pela metade o que já se começou":

> Julguemos todos os atos criminosos. Qualquer que seja o nível de consciência do autor de um crime. E por que não [julgar] um cachorro? A atualidade fornece uma trágica ocasião de fazer avançar ainda mais a justiça. [...] E por que não julgar o ciclone que recentemente destruiu as Antilhas, ocasionando várias vítimas e imensos danos materiais? Ele escaparia da ira da justiça? (Horeau, 2007)

Trata-se, no fim das contas, de uma manobra de destruição do discurso alheio, que ridiculariza a posição adversária, generalizando o raciocínio do oponente, ao apresentar comparações disparatadas, ver **Declive escorregadio**; **Absurdo**; **Riso e seriedade**.

(L.F.B.F.)

## ▪ Ex concessis

❖ Lat. *concedere*, "ceder, conceder, se alinhar à opinião de".

▫ lat. arg. *ex concessis*; *concessus*, "concessão, consentimento"; ing. arg. *from the consensus of the nations*;

▫ lat. arg. *ex concessu gentium*, lat. *gens*, "raça, povo"; *idem*.

O rótulo latino argumento *ex concessis* designa duas formas de argumentação.

- *Argumento do consenso* (argumento *ex concessu gentium*), argumento do consenso das nações, ver **Consenso**; **Autoridade**.
- *Argumentação sobre as crenças do auditório*. O argumento *ex concessis* elabora conclusões a partir de crenças admitidas do auditório. Não podemos, no entanto, dizer que ali se supõe um consenso, uma vez que não sabemos ao certo se aquele que argumenta partilha efetivamente das crenças do auditório, ver **Crenças do auditório**; *Ex-datis*; *Ad hominem*. Nesse sentido, o argumento *ex concessis* é chamado de *ex datis* (Chenique, 1975: 322), ver *Ex datis*.

(L.F.B.F.)

## ▪ Ex datis

❖ Lat. *ex datis*, do lat. *datum*, "doação, presente".

▫ Argumento *ad auditorem*, do lat. *auditor*, "aquele que escuta", denominação utilizada por Schopenhauer (1990[1864]: 43).

A argumentação *ex datis* utiliza como dados não os fatos da experiência, mas o que foi admitido, "dado", ou concedido pelo interlocutor, pelo auditório ou pelo adversário. Nesse sentido, raciocina-se "a partir do que foi acordado" (Chenique, 1975: 322). A argumentação *ex datis* é, às vezes, chamada de *ex concessis*. Como a argumentação *ad hominem*, a argumentação *ex datis* é baseada nas crenças do auditório. Não obstante, enquanto o *ad hominem* explora essas crenças para refutá-las, o argumento *ex datis* as explora para confirmá-las. Se o conhecimento do caráter do auditório é tão importante para a retórica argumentativa, isso se deve porque ela lhe fornece um grande estoque de premissas *ex datis*, ver *Ethos* (**IV**).

Se o contexto da interação não admite a reavaliação das crenças, esses dados não podem ser problematizados, e as conclusões que eles permitem atingir são irrefutáveis pelo parceiro. Como ilustração, a situação fictícia a seguir apresenta uma conclusão afirmativa do tipo *Concordo com os seus argumentos!*, acerca da questão *É preciso intervir militarmente na Sildávia\**?:

> Vocês admitem que as tropas sildavas são mal-formadas e que elas correm o risco de ser dominadas pelos inimigos (A), e que os problemas na Sildávia podem se estender para toda a região (B). Estamos de acordo que essa extensão ameaçaria nossa segurança (C); e ninguém nega que devemos intervir se nossa segurança está ameaçada (D). Portanto, vocês concordam comigo, juntem-se a nós, organizem-se, então, do lado das pessoas que são a favor de nossa presença na Sildávia (ver *Ad hominem*).

Essa estratégia de argumentação tem algo a ver com a confissão, caracterizando uma maiêutica: ela ajuda na manifestação de uma verdade, de uma conclusão que uma pessoa não conseguiu ou não ousou formular por não dominar a arte de combinar os enunciados para deles extrair as inferências necessárias.

O argumento *ex concessis* pode se mostrar um tanto quanto melindroso, pois, por ambiguidade ou confusão entre o locutor e o enunciador, podemos atribuir ao locutor crenças com as quais ele lida somente de modo *ex concessis*. O risco é bem conhecido no território da argumentação religiosa. Nesse sentido, alguém que se apresenta como ortodoxo e se dispõe a refutar os heréticos pode dissimular sua concordância com as teses que ele combate numa atitude de manipulação *ex concessis*.

Em Filosofia, Kant propôs uma distinção entre conhecimento *ex datis* fundamentado na experiência e, portanto, um conjunto de dados, e conhecimento *ex principiis*, deduzido de princípios específicos. A História é o protótipo de conhecimento *ex datis*; já a Filosofia e as matemáticas, os protótipos de conhecimento *ex principiis*. A partir de uma acepção kantiana, poderíamos pensar que a argumentação *ex datis* se alimenta de dados da experiência, "sobre a matéria bruta, sobre as próprias coisas". Essa interpretação do *ex datis* poderia aproximá-la do argumento *ad rem*, mas esse não é bem o caso. O uso da expressão *ex datis* em argumentação é distinto de seu uso filosófico.

## Crítica à argumentação ex datis

Essa forma de argumentação convoca duas críticas de princípio, uma *fundacionista* e outra *deontológica*.

Segundo os princípios fundacionistas, para ser válida, uma inferência deve estar fundamentada em premissas verdadeiras, *em verdades* provenientes de um saber absoluto. Não obstante, as premissas da argumentação *ex datis* baseiam-se somente *em crenças*. Por essa razão ela é considerada falaciosa: não é pelo fato de que o argumento seja formatado para um público específico, mas pelo fato, mais fundamental, de que o argumento só vale para esse público. Toda argumentação retórica é contestável do ponto de vista fundacionista.

Do ponto de vista *deontológico*, observamos que, em oposição a um locutor que argumenta com base no *verdadeiro* ou com base naquilo que ele crê como tal, as afirmações

---

\* N.T.: Sildávia (*Syldavie*), como já mencionado, é uma região imaginária que estaria situada no Leste Europeu e que faz parte das *Aventuras de Tin-Tin*.

correspondentes às *crenças do auditório* não são necessariamente aprovadas e assumidas pelo próprio locutor. Nesse sentido, quando o orador está mais bem informado do que seu auditório, isto é, se ele sabe que P é verdadeiro (ou falso) e que seus ouvintes creem que P é falso (ou verdadeiro); se o orador dispõe de uma informação que os ouvintes ignoram e se ele se limita a levar em conta somente o que crê o auditório, então, dizer que ele argumenta *ex datis, ex concessis, ad auditorem*... é simplesmente dizer que o orador mente e manipula seu auditório, ver **Condições de Discussão**; **Manipulação**.

(L.F.B.F.)

## ▪ Exemplo, arg.

A palavra *exemplo* tem dois sentidos:

(i) *Modo exemplar de ser*. Esse sentido é o de dar, tomar como exemplo, seguir o exemplo de alguém, ser exemplar.

(ii) *Um item de uma série de elementos equivalentes*, um caso dentre outros. Um exemplo é um espécime, uma amostra.

A palavra *exemplar*, enquanto adjetivo, tem o primeiro sentido (*um comportamento exemplar*) e, enquanto substantivo, o segundo (*o segundo exemplar desapareceu*).

Além das formas específicas de argumentação descritas anteriormente, várias formas de argumentação estão ligadas ao exemplo, ver **Exemplum**; **Imitação, Paradigma, Modelo**; **Ab exemplo**.

### O EXEMPLO NO SISTEMA RETÓRICO ARISTOTÉLICO

Numa versão do sistema retórico aristotélico, a *indução* e o *silogismo* são os instrumentos do discurso científico; o *exemplo* e o *entimema*, os do discurso retórico (*Ret.*, II, 20, 1393a22). Os exemplos [*paradeigma*] são de vários tipos:

> Há duas espécies de exemplo: uma consiste em falar de fatos anteriores, a outra em inventá-los o próprio orador. Nesta última, há que distinguir a parábola [*parabolè*] e as fábulas [*logoi*]. (Aristóteles, *Ret.* II, 20, 1393a20-1393b1)

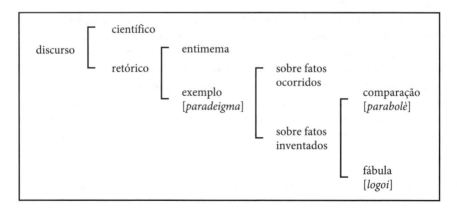

A argumentação por meio do exemplo, a partir de fatos verídicos já ocorridos, é ilustrada por uma forma de indução que chega a conclusões do tipo: *é preciso se preparar para combater o Grande Rei e não o deixar se apoderar do Egito*, quando revisitamos duas páginas difíceis da história da Grécia:

> Falar de fatos passados consistiria, por exemplo, em alguém dizer que era preciso fazer preparativos contra o rei da Pérsia não permitindo que dominasse o Egito, porque já anteriormente Dario evitara atravessar a Grécia sem antes ter tomado o Egito, e que só depois de o ter tomado é que passou à Grécia; e que, por seu turno, Xerxes também não atacou a Grécia sem antes haver tomado o Egito, e que só depois de o ter submetido é que se dirigiu para a Grécia. Assim, se o rei tomar o Egito, passará à Grécia; por isso, não se deve consentir que o submeta. (Aristóteles, *Ret.* II, 20, 1393a0-b5)

Nesse excerto não temos um caso de indução, na medida em que o objetivo não é estabelecer uma regra geral do tipo "todos os conquistadores que se apoderam do Egito passam em seguida à Europa". O raciocínio é orientado para uma ação particular, "ataquemos preventivamente o Grande Rei". Nessa ilustração, estamos talvez mais próximos do raciocínio em dois termos, ver **Raciocínios em dois termos**.

*Comparação* – Aristóteles dá como exemplo de "parábola" uma analogia retirada dos discursos de Sócrates, contra o sorteio dos magistrados, como se sorteássemos os atletas ou, "entre os marinheiros, fosse sorteado aquele que deve pilotar o navio, como se, em vez daquele que sabe, se devesse tomar o marinheiro que a sorte designou" (Aristóteles, *Ret.* II, 20, 1393b5-25), ver **Analogia (IV)**.

*Fábula* – Aristóteles dá como exemplo a fábula do cavalo que queria se vingar do cervo, e, quando se vingou, tornou-se escravo do homem, numa aproximação com o caso dos antigos salvadores da pátria que se transformam em tiranos (*Ret*, II, 20, 1393a30; ver La Fontaine, "O cavalo que quis se vingar do cervo", 2007 [*Fables*, Livro 4, 13]), ver ***Exemplum***.

## ARGUMENTAÇÃO A PARTIR DE UM EXEMPLO QUALQUER

A argumentação a partir de um exemplo qualquer corresponde a uma generalização (indução) realizada a partir de um único caso particular. Nesse sentido, a argumentação elabora-se do seguinte modo: "um (1 indivíduo) → todos (vários indivíduos da mesma classe...)":

> *Este cisne é negro → Os cisnes são negros*

quando somente é possível concluir:

> *Este cisne é negro → Alguns cisnes são negros*

Essa forma de indução corresponde ao raciocínio com uma premissa universal, sempre válida:

> *Os cisnes são negros → Este cisne é negro*

A argumentação a partir de um único exemplo forma uma generalização apressada, efetuada a partir da análise de um caso isolado ou de um número de casos relativamente pequeno. Pode-se tratar ainda de um raciocínio em dois termos, ver **Indução**;

**Raciocínios em dois termos.**

*A narrativa indutiva* surge a partir de um caso, de uma experiência pessoal: *Os proprietários de celulares são mesmo insuportáveis. Você acredita que outro dia eu estava acampando...*. Essa situação ilustra uma generalização – o comportamento antipático dos proprietários de celulares – que foi corroborada pela história vivenciada – o caso do celular no acampamento. Em termos aristotélicos, diremos que tal procedimento está ligado à indução, ao exemplo baseado em um fato passado real, assim como na fábula.

## ARGUMENTAÇÃO A PARTIR DE UM EXEMPLO GENÉRICO OU ECTESE

Um *exemplar genérico* é um ser no qual se manifestam claramente todas as propriedades do gênero ao qual ele pertence. Trata-se do protótipo de um gênero, aproximando-se o mais possível dele, ver **Categoria**; **Analogia**. A argumentação a partir de um *exemplo genérico* toma por base um exemplar para dele tirar conclusões sobre todos os indivíduos pertencentes a esse mesmo gênero e sobre o próprio gênero.

> O exemplo genérico consiste na explicação das razões da validade de uma asserção pela realização de operações ou de transformações sobre um objeto presente, não por ele mesmo, mas enquanto representante característico de uma classe. (Balacheff, 1999: 207)

Esse procedimento é igualmente conhecido por ectese:*

> Técnica de demonstração utilizada sobretudo em geometria euclidiana: para estabelecer um teorema, raciocina-se sobre uma figura singular. Sua inferência está correta se ela não faz menção às características próprias à figura traçada, mas unicamente àquelas que ela partilha com todas as figuras de sua espécie. (Vax, 1982, art. *Ecthèse*)

## EXEMPLO GENERALIZANTE OU EXEMPLO ALEATÓRIO?

A argumentação pelo exemplo é uma extrapolação legítima se se trata de um *exemplo genérico*. Na teoria das categorias, a indução operada a partir de um único traço é válida se se trata de um *traço generalizante*. Se nos perguntamos sobre a quantidade de asas dos corvos, basta observar atentamente um único corvo, escolhido ao acaso. Por outro lado, se nos perguntamos sobre peso médio de um corvo, o mesmo procedimento aplicado a partir de um exemplar aleatório é absurdo: *esse corvo escolhido ao acaso pesa 322 g. Então o peso médio de um corvo é de 322 g.*

Como em muitos casos, não sabemos se o traço é essencial (generalizante) ou acidental (aleatório), essa distinção é explorada como um recurso argumentativo. O

---

\* N.T.: O vocábulo *éctese* (com acento) está dicionarizado em português com a seguinte definição: "Éctese foi uma carta escrita em 638 pelo imperador bizantino Heráclio (r. 610-641) que definiu o monotelismo como a forma imperial oficial do cristianismo" (Houaiss Eletrônico, 2024). No entanto, esse sentido nada tem a ver com o sentido apresentado no *Dicionário* de Plantin. Em buscas na internet, foi encontrado o vocábulo *ectese* (sem acento) com a seguinte explicação: "gr. *ekthesis*; fr. Ecthèse; al. *Ekthesis*; it. *Ectesi*. Exposição do significado de um termo (Aristóteles, *An. pr.*, 1, 34, 48 a 25) ou exibição de um exemplo (I, 6, 28b14; Crisipo, em Stoic. Fragm., II, 7). Leibniz designou com esse termo o enunciado de um teorema geométrico e o traçado da figura, que preparam a demonstração (*Nouv. ess.*, IV, 17. 3). [Abbagnano]". Disponível em: https://filosofia.hyperlogos.info/ectese/. Acesso em: 29 set. 2024.

proponente considera que a generalização é válida, pois ela se faz a partir de um traço que caracteriza o ser em questão de maneira unívoca. O oponente redargui que sua generalização não é válida, pois fundamenta-se não sobre um traço essencial, mas sobre um traço acidental, ver **Classificação**; **Acidente**.

Uma argumentação desenvolvida a partir dos dados fornecidos por um único esqueleto de animal pertencente a uma espécie desaparecida fornece uma panóplia de dados sobre essa espécie.

1. Questão: *O homem de Neandertal é nosso ancestral ou uma espécie diferente da nossa?*

   As concepções dos cientistas sobre os neandertais conheceram vários avatares. (Burehult, 1994: 67)

2. *O Neandertal é de uma espécie diferente da nossa*

   É evidente há muito tempo que a aparência física do homem de Neandertal – e sobretudo o da Europa – era muito diferente da nossa. (1994: 66)

   Apesar dessas diferenças físicas, por muito tempo consideramos os neandertais como ancestrais diretos do homem atual. Somente após os trabalhos do paleontólogo francês Marcellin Boule que julgamos tais diferenças discrepantes demais para que continuássemos julgando-os como ancestrais diretos do homem atual. (1994: 67)

3. *O Neandertal de Marcellin Boule*:

   A partir de 1911, o paleoantropólogo Marcellin Boule publica um estudo detalhado do esqueleto. Ele construiu uma imagem que condicionou a percepção popular do homem de Neandertal durante mais de trinta anos. Suas interpretações são fortemente influenciadas pelas ideias de sua época no que concerne a esse hominídeo desaparecido. Ele o descreve como um tipo de homem das cavernas selvagem e brutal, que se deslocava arrastando os pés e não conseguindo caminhar de forma ereta.

   Marcellin Boule descreve um Neandertal dotado de um crânio achatado, a coluna vertebral curvada (como nos gorilas), os membros inferiores semiflexionados e um dedão do pé divergente. Essa descrição corresponde bem às ideias da época sobre a evolução humana. (Wikipedia, art. *Marcellin Boule* – disponível em: http://fr.wikipedia.org/wiki/ Marcellin_Boule. Acesso em: 20 set. 2013)

4. *Mas esse Neandertal era artrítico*

   Marcellin Boule [tinha] em 1913, exagerado suas diferenças [do Neandertal] conosco, não notando que o esqueleto que ele estudava – o "Velho Homem" da Capela dos Santos (Corrèze) – era deformado pela artrite, como o demonstraram W. Strauss e A. J. E. Cave em 1952. (Burehult, 1994: 67)

   Jean-Louis Heim descreve o sujeito como gravemente deficiente, o indivíduo sofria entre outras coisas de uma deformação do quadril esquerdo (epifisiólise ou, mais provável, traumatismo), de um esmagamento do dedo do pé, de uma artrite severa nas vértebras cervicais, de uma costela quebrada, do estreitamento dos canais de conjugação por onde passam os nervos da espinha dorsal. (Wikipedia, art. *Marcellin Boule*)

5. Conclusão: *Nosso primo de Neandertal*

   Hoje nós os consideramos mais como primos do que como ancestrais, embora eles se pareçam muito conosco em vários aspectos. (Burehult, 1994: 67)

Se queremos reconstruir o sistema de uma língua, o linguista deve se assegurar de que seu informante não seja gago ou apresente outra limitação de linguagem.

## EXEMPLIFICAÇÃO OU ILUSTRAÇÃO

O exemplo generalizante atua como base da abdução que resulta na afirmação de uma regra ou de uma regularidade. Estamos em um processo de *generalização*. Inversamente, o *exemplo ilustrativo* funciona segundo um processo de *especificação* de um discurso geral, que aborda uma categoria de casos ou de indivíduos. O argumentador parte de um discurso teórico para ilustrar, a partir de um indivíduo ou de um caso concreto, uma aplicação teórica.

> *Um pássaro migrador é um pássaro que... Assim, a andorinha...*

A ilustração funciona como um processo explicativo. A regra é posta, sua validade não está em questão. O exemplo consiste em uma "ilustração" pedagógica:

> [...] a ilustração tem a função de reforçar a adesão a uma regra conhecida e aceita, fornecendo casos particulares que esclareçem o enunciado geral, mostram o interesse deste através da variedade das aplicações possíveis, aumentam-lhe a presença na consciência. (Perelman e Olbrechts-Tyteca, 1999 [1958]: 407)

Mas a técnica do exemplo ilustrativo não é unicamente pedagógica: ela é o meio pelo qual uma argumentação *a priori* se junta ao mundo real. O exemplo ilustrativo mostra que a teoria não sofrerá perda de credibilidade devido ao exemplo escolhido (ver adiante). Além disso, se o exemplo escolhido é (apresentado como) generalizante em relação ao fenômeno considerado, ele permite que se poupe o trabalho extenuante e perigoso de verificação baseada em um grande número de casos.

## REFUTAÇÃO PELO CONTRAEXEMPLO (ARG. *IN CONTRARIUM*)

Um exemplo não permite estabelecer uma lei geral, mas é o bastante para refutar uma generalização. A argumentação pelo contraexemplo constitui o procedimento padrão de refutação das proposições gerais *Todos os A são B*: refuta-se essa afirmação mostrando-se um A que não é B. Essa estratégia é perfeitamente operatória na língua ordinária, ver **Contrários**.

(L.F.B.F.)

# ▪ *Exemplum*

## O GÊNERO PREDICATIVO

Os gêneros retóricos clássicos, o *deliberativo*, o *judiciário* e o *epidítico*, trataram, todos, da vida civil. A retórica religiosa cristã se desenvolveu através de um gênero novo, a *predicação*, em que a persuasão é posta a serviço da fé religiosa.

O termo *predicação* está associado ao verbo *pregar* e ao substantivo *pregador*, não se deixando contaminar pelas orientações pejorativas às vezes associadas a essas duas palavras no uso contemporâneo. É homônimo da palavra *predicação* utilizada na gramática e na lógica para designar a operação pela qual se associa um *predicado* (um grupo verbal) a um sujeito.

A *predicação* é um gênero argumentativo que cabe plenamente na definição que Perelman e Olbrechts-Tyteca propõem da argumentação, isto é, "provocar ou aumentar a adesão dos espíritos às teses que se lhes apresentam ao assentimento" (1999 [1958]: 4). Nesse sentido, as "teses" são aqui crenças que são manifestações de fé do ponto de vista do predicador. Se o auditório é composto por fiéis, pela predicação o pastor assegura a fidelização permanente desse público e *aumenta* a adesão de suas almas à crença a partir da qual se faz a pregação. Se o auditório é composto por descrentes, pela predicação o missionário *provoca* a adesão da alma deles a essas mesmas crenças. Se o auditório é composto por hereges em posição de força, a retórica deve dar lugar à dialética.

A fé católica se constitui a partir de dados das *Sagradas Escrituras*, comentadas pelas autoridades da Igreja, os santos padres. O teor desses escritos é articulado e aplicado nos sermões por meio de diversas técnicas oratórias, que são afirmadas em uma tensão às vezes polêmica entre apelo dialético à razão e entusiasmo retórico da fé, ver **Fé**.

## O *EXEMPLUM*

O *exemplum* (plur. *exempla*) é um instrumento de predicação que se desenvolveu particularmente pelas ordens mendicantes, dominicanas e franciscanas, a partir do início do século XIII. Estruturalmente, o *exemplum* é uma forma de narrativa, que explora os recursos da fábula. O gênero é legitimado pelo exemplo de Cristo que pregou por parábolas. Os *exempla* apresentam modelos de ação, a seguir ou a evitar.

O *exemplum* é "uma narrativa breve dada como verídica e destinada a ser inserida num discurso (em geral um sermão) para convencer um auditório a partir de uma lição edificante" (Brémond et al. 1982: 37-38). Brémond distingue duas formas de *exempla*:

- *exemplum* metafórico: "a narrativa não se atém a uma amostra da regra, mas a um fato que possa ilustrá-la":

  O porco-espinho, dizem, quando entra num jardim, se abastece de maçãs que ele fixa em seus espinhos. Mas quando o jardineiro chega, e ele quer fugir, sua carga o impede, e é assim que ele é pego com suas maçãs. [...] É isso que acontece ao infeliz pecador que é pego pela morte com a carga de seus pecados. (Romans, 2003: 116)

- *exemplum* metonímico, quando o fato é dado como verossímil. Há então uma certa identidade de *status* entre os heróis da anedota e os destinatários da exortação. Apresenta-se aos ricos a parábola do mau rico; aos lógicos, um de seus colegas atormentado no inferno por seus pecados, isto é, seus sofismas.

O *exemplum* seguinte trata do destino das almas após a morte e, particularmente, do purgatório. Trata-se de uma "denúncia cristã da vã erudição pagã" (Boureau, ver infra: 94), e um apelo à conversão dos lógicos a uma vida religiosa.

Terceira razão, para nossa instrução: a fim de que saibamos que uma grande pena é infligida depois desta vida aos pecadores, que se diz que aconteceu o seguinte em Paris, segundo PEDRO CANTOR. O mestre Silo pediu com insistência a um de seus alunos, de quem cuidara durante sua doença, que voltasse a encontrá-lo depois da morte para lhe contar em que situação estava. Alguns dias depois, ele lhe apareceu com uma capa de pergaminho em cujo exterior estavam escritos muitos sofismas e cujo interior era

*| Exemplum*

todo forrado de chamas. À pergunta do mestre sobre quem ele era, respondeu: "Sou aquele que prometeu voltar para encontrá-lo". Interrogado sobre o estado em que se encontrava, ele disse: "Esta capa me pesa e me esmaga mais do que se tivesse sobre mim uma torre, e me foi dada para usar por causa da glória que eu conseguia fazendo sofismas. As chamas de fogo com que é forrada são as delicadas e variadas peles que eu vestia e agora essas chamas me torturam e queimam". Mas como o mestre julgasse essa pena fácil de suportar, o defunto pediu que estendesse a mão para ver se podia suportar sua pena. Quando estendeu a mão, caiu sobre ela uma gota do suor do morto, a qual perfurou a mão do mestre como uma flecha, fazendo-o ficar admirado com o que sentiu. O outro lhe disse: "Assim estou por inteiro". O mestre, assustado com a severidade do castigo, resolveu abandonar o mundo e entrar para um mosteiro. No dia seguinte, quando estava com seus alunos, ele compôs estes versos:

> *O coaxar é para as rãs,*
> *o grasnar, para os corvos,*
> *as futilidades, para os fúteis,*
> *Eu vou para onde a morte não me meta medo*

(Trecho de Jacques de Voragine, *La légende dorée* (redigido por volta de 1260), texto apresentado por Alain Boureau, *Prêcher d'exemples. Récits de prédicateurs au Moyen Âge*, J.-C. Schmitt ed., Paris, Stock, 1985 : 7]).

A prática do *exemplum* ultrapassa o domínio estritamente religioso: o "dente de ouro" de Fontenelle constitui um *exemplum* metonímico que ilustra o procedimento falacioso que consiste em encontrar a causa de um fato que não existe, ver **Causalidade (II)**.

(L.F.B.F.)

# ▪ Explicação

Em *Epistemologia*, a explicação é definida por suas características conceituais, dependendo das áreas científicas envolvidas.

Na língua corrente, as palavras *explicar* e *explicação* remetem a planos, a tipos de discursos e de interações extremamente diversos. Pela análise das *accounts* (justificações, explicações), a Etnometodologia se propõe a compreender a inteligibilidade das ações e das interações cotidianas.

A *Linguística Textual* faz da sequência explicativa um dos tipos de sequências de base (Adam, 1996: 33), geralmente em oposição à narração, à descrição e à argumentação. As relações entre tipos são complexas: a argumentação justificativa (*vs.* deliberativa) explica uma decisão a partir das boas razões apresentadas.

## ESTRUTURA CONCEITUAL DO DISCURSO EXPLICATIVO

Do ponto de vista conceitual, o discurso explicativo se ocupa em caracterizar a relação entre fenômeno a explicar (*explanandum*) e fenômeno que explica (*explanans*).

A explicação é uma abdução, ver **Abdução**.

Podem-se fazer as seguintes distinções, no que concerne à *explicação*: causal, funcional e intencional. Vejamos:

- A explicação *causal* é a que permite a predição e a ação:
  Arco-íris: fenômeno meteorológico luminoso [...] que é produzido pela refração, pela reflexão e pela dispersão das radiações coloridas que compõem a luz branca (do Sol) por gotas de água. (*PR*, art. *Arc-en-ciel*)
- A explicação *funcional*:
  – *Por que o coração bate?*
  – *Para fazer circular o sangue.*

  – *Por que a religião?*
  – *Para assegurar a coesão social.*

  – *Por que as laranjas possuem gomos e o chocolate, quadrados?*
  – *Para serem melhor repartidos entre as crianças.*
- A explicação *intencional*: *Ele matou para roubar.* Ver **Motivos velados e motivos declarados**.

A estrutura conceitual do discurso explicativo em ciências depende estritamente das definições e das operações que regulam o domínio considerado: explica-se *em História, em Linguística, em Física, em Matemática*. Além disso, a explicação depende da pessoa a quem nos dirigimos: a explicação dada ao aluno iniciante não é idêntica àquela dirigida a um colega.

## EXPLICAÇÕES ORDINÁRIAS

*Explicar: a palavra e seus usos* – os actantes do verbo *explicar* são locutores humanos (L1, L2...), que, por meio de seus discursos remetem a um discurso explicativo (*explanans*) (S) ou ao fenômeno a explicar (*explanandum*) (M). Há várias formas de manifestação desse tipo de explicação:

- A explicação é designada como uma sequência interacional relativa concernente a um conflito entre L1 e L2 a respeito de M: *Vamos lá, vamos colocar os pingos nos ii, vamos deixar bem explicado tudo isso!* Essa interação pode, inclusive, ser violenta.
- Trata-se de uma sequência interacional conceitual em que L1 explica M a L2.
- Trata-se de uma sequência monológica conceitual com apagamento dos traços da enunciação, em que S explica M (S se explica para M).
  O todo se combina: L1 afirma a L2 que S explica M.

No uso ordinário, a palavra *explicação* designa segmentos de discursos ou sequências interativas que se sucedem a questões de natureza extremamente diversas, produzidas por alguém:

- que não *entendeu* alguma coisa:
  *Explique-me o sentido dessa palavra*: pedido de definição, de paráfrase, de tradução ou de interpretação;
  *Explique-me o que aconteceu*: pedido de relato;
  *Explique-me por que a lua muda de forma*: pedido de explicação teórica.
- ou que não sabe *como fazer*:
  *Explique-me como isso funciona*: pedido para produzir uma nota explicativa, um manual de instruções, uma demonstração prática. A estrutura da explicação fornecida será tão diversa quanto o tipo de atividade em questão.

A questão da unicidade do conceito de explicação se coloca, pois, assim como a dos discursos explicativos e da atividade interacional chamada *explicação*. A necessidade de explicação nasce de um bloqueio, no sentimento de surpresa (novidade, anomalia). Vale como explicação tudo o que faz desaparecer essa surpresa.

*Em Etnometodologia* – a Etnometodologia (Garfinkel, 1967) reserva uma importância central à análise das explicações (*to account*, "explicar-se, explicar que, (se) justificar, oferecer razões") nas interações ordinárias, em dois níveis. De um lado, no nível da explicação *explícita* [*overt explanation*] "pela qual os atores sociais compreendem o que eles estão fazendo em termos de razões, de motivos ou de causas" (Heritage, 1987: 26). Por outro lado, em um segundo nível, *implícito*, esse mesmo gênero de *accounts*, de explicações, está "inscrito na ação e na interação social" (1967: 26) nas quais se assegura em fluxo contínuo *a inteligibilidade mútua* das ações, sobre a base de um conjunto de *scripts* de ações, de expectativas sociais ou de normas morais práticas. Essas explicações são ditas *situadas* na medida em que elas fazem intervir considerações provenientes de contextos particulares.

Do ponto de vista da *análise conversacional*, as explicações ou justificações "abertas" intervêm em particular como *reparações*, quando um primeiro turno de fala é seguido de uma sequência não preferida, por exemplo, quando um convite é recusado, e a recusa é acompanhada de uma justificação (*eu não poderei vir, tenho de trabalhar*). Esse gênero de explicação ou de boa razão é exigido por uma norma social, como podemos ver muitas vezes na interposição de um turno conflituoso de fala (*Poxa! Por quê?*) quando uma explicação não é fornecida (Pomerantz, 1984).

*Sequência explicativa* – dizemos frequentemente que a sequência explicativa se inicia por uma questão do tipo *Por que as coisas são assim?*, quando se tenta compreender mais a fundo por que as coisas são como são. Nesse caso, definimos a explicação de maneira geral como uma atividade cognitiva, linguageira, interacional, desencadeada pelo sentimento ou expressão de uma dúvida, de uma ignorância, de um problema no curso normal da ação, ou de um simples mal-estar intelectual, de uma "perturbação mental" (Wittgenstein, 1990 [1974]: 33). A explicação é esse discurso ou essa interação que satisfazem uma necessidade cognitiva, respondem a uma dúvida e produzem um sentimento de *compreensão* e de *intercompreensão*.

O processo interacional de explicação de teor cognitivo pode ser esquematizado como uma sucessão de estados, em que o sucesso do ato de explicação é condicionado por uma demanda e uma ratificação oriundas do leigo.

(i) L1 tem uma dúvida, uma inquietação, um bloqueio... a respeito de M;
(ii) L1 pede uma explicação para L2;
(iii) L2 fornece a explicação;
(iv) L1 ratifica essa explicação.

Segundo esse esquema, a explicação é um ato de discurso subordinado a um ato principal, que é o pedido de explicação. No contexto escolar, é possível que a explicação seja produzida diretamente, sem se seguir necessariamente por um pedido explícito de explicação.

EXPLICAÇÃO E ARGUMENTAÇÃO

A explicação está no mesmo nível da argumentação justificativa, ver **Justificação e deliberação**. Explicação e argumentação são igualmente desencadeadas pela dúvida, e trata-se nos dois casos de uma relação entre dois discursos. A argumentação monológica liga um *argumento* e uma *conclusão*; a explicação, um *explanans* e um *explanandum*.

Numa exposição argumentativa, o argumento é esperado, e a dúvida está de certa forma consubstanciada na conclusão. Não obstante, na busca do argumento, é o inverso que ocorre, como na explicação, em que o *explanandum* é que é mostrado e o *explanans* que se deve encontrar. As mesmas leis de passagem podem assegurar essas conexões. As relações causais são elaboradas tanto na explicação como na argumentação (por exemplo, na argumentação pelas consequências, quando dizemos: *Vamos vender o haxixe na farmácia, isso arruinará os traficantes*). As relações funcionais servem para justificar ações (*Vou inventar uma nova religião, isso criará laço social*); e os motivos constituem-se igualmente em boas razões (*Vou me livrar dele para ficar com sua herança*). Além disso, sequências argumentativas podem aparecer no processo de explicação, quando surge um conflito entre explicações.

A oposição argumentação/explicação pode ganhar contornos argumentativos. A interação explicativa supõe uma repartição desigual dos papéis de *leigo* em posição baixa, em contraposição à posição do *especialista*, em posição alta. Em situação de argumentação, os papéis argumentativos de *proponente* e de *oponente* são igualitários ("explicar a alguém" *vs.* "argumentar com ou contra alguém"). A pergunta *Por quê?* pode introduzir o questionamento de uma opinião, de um comportamento, de um pedido de explicação. Tal questionamento inicia, portanto, uma *situação argumentativa* em que os participantes discutem de igual para igual. No entanto, o destinatário da questão pode reformatar essa situação como uma *situação explicativa* em que as relações de lugar são assimétricas, o que lhe permite se estabelecer em posição alta: *Está bem, eu vou te explicar, então!* A mudança de enquadramento, quando passamos de um destinatário leigo a um destinatário especialista, é acompanhada de uma passagem da explicação à argumentação.

(L.F.B.F.)

# ▪ Expressão

O termo *expressão* é utilizado na teoria aristotélica das falácias em quatro acepções bem distintas. As duas primeiras vêm da *Retórica*, as duas últimas das *Refutações sofísticas*.

PSEUDODEDUÇÃO

Um discurso é dito *falacioso pela expressão* quando ele tem uma forma demonstrativa sem ter nada de demonstrativo, podendo tomar essa forma, por exemplo, graças à presença de um conectivo conclusivo, "A *portanto* B". Se não há nenhuma relação entre os segmentos A e B ligados por esse conectivo, temos um entimema aparente, isto é, falacioso pela forma da expressão. Enuncia-se uma conclusão "sem, no entanto, ter-se operada uma verdadeira dedução" (Aristóteles, *Ret.*, II, 24, 1401a1), sem que haja uma real argumentação. Há abundantes exemplos desse tipo na obra *Cândido* de Voltaire, assim como em dissertações carregadas de conectivos, uma vez que o aluno acredita que, ao usá-los, conseguirá produzir uma boa argumentação.

> [Após o terremoto que arruinou Lisboa]
>
> Alguns cidadãos por eles socorridos deram-lhes o melhor jantar possível em tamanho desastre; é verdade que a refeição estava triste; os convivas regavam o pão com as lágrimas. Mas Pangloss consolou-os, garantindo-lhes que as coisas não podiam ser diferente: "Pois, disse ele, tudo isso é o que há de melhor, pois, se há um vulcão em Lisboa, não poderia estar noutro lugar; pois é impossível que as coisas não estejam onde estão; pois tudo está bem. (Voltaire, 2003 [1759]: 21-22)

O rótulo "dedução incompleta", às vezes utilizado para designar essa falácia, não deve ser confundido com a enumeração incompleta, que torna inválida uma argumentação do tipo caso a caso, ver **Caso a caso**.

## HOMONÍMIA

Falamos igualmente de falácia de expressão para designar o paralogismo por homonímia, ver **Homonímia**.

## PARALOGISMOS RELATIVOS À LINGUAGEM

Nas *Refutações sofísticas*, a categoria dos paralogismos ditos "de expressão" é um termo abrangente, que agrupa os seis paralogismos "ligados à linguagem": 1. Homonímia, 2. Anfibologia, 3 e 4. Composição e Divisão, 5. Prosódia, 6. Expressão, ver **Falacioso (III)**.

## EXPRESSÃO FALACIOSA [*MISLEADING EXPRESSION*]

Nas *Refutações sofísticas*, a falácia de forma da expressão é também chamada falácia de "forma do discurso" (Aristóteles, *R.S.*, nota do tradutor). Encontramos ainda a denominação de "figura do discurso", numa designação que corre o risco de levar a graves confusões. A falácia da forma da expressão corresponde exatamente aos fenômenos que a Filosofia analítica discute sob o título de *misleading expressions*, "expressões falaciosas".*
Por exemplo, Ryle considera que um enunciado como *Jones detesta a ideia de ir ao hospital* sugere que há um objeto no mundo que é a referência da expressão "ideia de ir ao hospital", isto é, que induz à crença na existência "das 'ideias', 'concepções', 'pensamentos' ou 'juízos'" (Ryle, 1932: 14). Não obstante, Ryle considera que essas entidades são seres

---

\* N.T.: O autor faz uma espécie de paráfrase do trecho. A versão aludida por Plantin é: "Em *Refutações sofísticas*, Aristóteles apresenta a categoria dos paralogismos que têm a ver com a linguagem empregada (*d'expression*), um termo genérico que engloba os seis paralogismos citados pelo filósofo: a homonímia (equivocação), a ambiguidade, a combinação, a divisão, a prosódia e a figura de linguagem" (2012: 549).

artificiais, e o enunciado deve ser reescrito sob a forma que corresponde à sua realidade semântico-ontológica, *Jones fica angustiado [feels distressed] quando pensa no que vai acontecer com ele se for ao hospital*, e que não conteria nenhuma referência a entidades falaciosas como "a ideia de ir ao hospital" (1932: 14).

As expressões falaciosas são palavras ou expressões que engendram problemas inexistentes, ou expressões superficialmente análogas, mas cuja estrutura semântica é muito diferente, por exemplo:

- Segundo a análise de Austin (1990 [1962)], enunciados *descritivos* e enunciados *performativos* têm a mesma estrutura gramatical de superfície, enquanto suas formas de significação são muito diferentes: os primeiros remetem a estados do mundo, enquanto os últimos produzem a realidade que eles designam, ver **Interpretação**.

- Os enunciados *O caminho é pedregoso e inclinado* e *A bandeira é vermelha e preta* são sintaticamente análogos, mas podemos inferir do primeiro que *o caminho é pedregoso* e que *o caminho é inclinado*, enquanto não podemos inferir do segundo que *a bandeira é vermelha* e que *a bandeira é preta*. As falácias de composição e divisão podem ser consideradas como um caso particular de expressão falaciosa pela forma da expressão, ver **Composição e divisão**.

- Pela similitude das formas linguísticas, podemos ser levados a atribuir a uma palavra uma categoria que não é a sua. Por exemplo, *sofrer* e *correr* são verbos basicamente intransitivos; poderíamos, então, pensar que *sofrer* exprime uma ação, como *correr*. A argumentação fundamentada sobre os derivados ou palavras derivadas pode igualmente ser criticada como falácia de expressão, ver **Derivados ou palavras derivadas**. As falácias substanciais correspondem aos tais "falsos conceitos", ver **Falacioso (II)**.

(L.F.B.F.)

## ▪ Falácias como pecados da língua

Na época contemporânea, a teoria das falácias reivindica uma exigência de verdade e de racionalidade e mostra certa desconfiança com relação à fala, veiculadora de erros e de enganos, ver **Falácias; Crítica – Racionalidades – Racionalização; Avaliação e avaliador; Normas**. Outras culturas criticavam a fala por outras razões. Em uma obra rica de ensinamentos em que se apresenta a história dos *pecados da língua* na Idade Média, Casagrande e Vecchio (1991) mostram a relação da fala com o *pecado*. Não se trata ali de estabelecer as normas de um discurso *racional*, mas de um discurso sem pecado, *impecável*, quando não "santo". O problema acabou tomando outros rumos: o que era declarado *pecaminoso* em nome da religião passa a ser considerado como *falacioso*, *sofístico* ou *paralógico* em nome da racionalidade. Quer se trate de *pecado* ou de *falácia*, de buscar a salvação ou de se comportar racionalmente, trata-se sempre de normatizar os comportamentos verbais, de incitar o domínio da língua ou da pluma. Associar a teoria das falácias aos pecados da língua não é cometer o pecado da *derisio*. Essa associação permite, ao contrário, mostrar o enraizamento antropológico da *crítica do discurso*.

Casagrande e Vecchio sintetizam os dados dos diferentes tratados medievais em uma lista de 14 pecados. Essa lista pode ser largamente interpretada em termos de comportamentos argumentativos interacionais falaciosos. O nome latino dos pecados figura entre parênteses. Esses pecados-falácias tendem a regular a interação, em um contexto religioso, em que a dissimetria dos lugares e a valorização da autoridade ocupam um lugar central, ver **Polidez argumentativa**.

**1. Mentira (*mendacium*)** – a mentira, enquanto fala que diz o falso a alguém que não tem os meios de chegar à verdade, corresponde a uma violação do princípio de cooperação no sistema de Grice e a um pecado no sistema de normas teológicas, ver **Princípio de cooperação; Manipulação**.

**2. Perjúrio e falso testemunho** – em retórica, o juramento e o testemunho, instrumentos maiores de manifestação da verdade, são considerados provas não técnicas, ver

**Provas não técnicas.** Correspondem a eles os pecados de perjúrio (*perjurium*) e de falso testemunho (*falsum testimonium*).

### 3. Seis pecados de interação

#### Contra os desacordos

A rivalidade, o conflito (*contentio*), a especulação, a discussão (*disputatio*) são os nomes que designam a atividade mesma de "discutir", de argumentar, e que é, portanto, considerada como pecadora por sua essência. Trata-se do pecado dos monges intelectuais, sem dúvida o de Abelardo. A passagem do pecaminoso ao falacioso é explícita na *Lógica de Port-Royal* (ver **Falacioso (IV)**) em que se condena o amor exagerado pela controvérsia, pelo "espírito de contradição", como sofisma de amor-próprio (nº 6 e 7), traço fundamental do caráter dos "contraditores" (Arnauld e Nicole, 2016 [1662]: 446), ver **Falacioso (IV)**. O exercício do debate é submetido a um imperativo moral: a contradição deve ser autêntica, e não "maligna e invejosa" (p. 447) – ou, para passar à patologia judiciária, querelante.

Discernimos em seguida duas famílias de pecados relacionados a posicionamentos interacionais. De um lado, os pecados "para com o outro", isto é, o interlocutor com quem discutimos (3.2); e, de outro lado, os pecados cometidos "para consigo mesmo", enquanto locutor (3.3). Nos dois casos, trata-se de banir tratamentos ilegítimos dos parceiros da interação, ver **Polidez argumentativa**.

#### Três tipos de pecados para com o interlocutor

*Tratamento negativo inapropriado*: proposições ofensivas (*contumelia*) ou maledicência (*detractio*). Esses dois pecados correspondem globalmente à falácia *ad personam*. Poderíamos ainda associar essa falácia à *derisio*, enquanto ridicularização do outro, ver ***Ad personam***.

*Tratamento negativo com aparência de positivo*: é o mecanismo da refutação pela evidência por meio da ironia (*ironia*). Essa intenção de ferir o outro é abordada apenas tangencialmente nas teorias contemporâneas da ironia, ver **Ironia**.

*Tratamento positivo inapropriado*: galanteio, bajulação (*adulatio*) e mesmo o simples elogio (*laudatio*). Esses dois pecados envolvem mecanismos interativos que são encontrados na falácia de autoridade *ad verecundiam*, em que o locutor se humilha desnecessariamente diante de seu parceiro. Por meio da *adulatio* e da *laudatio*, busca-se adular alguém. A lógica, a religião, a polidez confirmam isso, ver ***Ad verecundiam***.

#### Dois tipos de pecados contra si mesmo

*Tratamento positivo inapropriado* ou, em outros termos, a jactância (*iactantia*). Esse pecado estigmatiza um tratamento supervalorizado da imagem de si projetada na discussão. Na teoria da polidez, a *iactantia* peca contra a modéstia. Na teoria da argumentação, é uma falácia de *ethos* superdimensionada, ver ***Ethos***.

*Tratamento negativo inapropriado*: o pecado daquele que se cala (*taciturnitas*) relaciona-se à família de falácias de modéstia (*verecundia*), na qual o "respeito humano" inibe que se diga o que se pensa, ver **Modéstia**.

### 4. Um sofisma de insubmissão, o murmúrio

Aquele que se queixa, que resmunga contra a autoridade, comete o pecado do *murmúrio* (*murmur*). Paralelamente, aquele que recusa em se curvar à força de um melhor argumento, quando não tem grande coisa a lhe opor exceto sua íntima convicção ou seu íntimo sentimento da justiça, se torna culpado de falácia, ver **Dissenso**; **Regras**. A insubmissão é irracional-ilegal-pecaminosa.

### 5. O pecado da eloquência

A eloquência, vista como abundância de palavras, amplificação, reiteração, intensificação, é a mãe de todas as falácias, ver **Verborragia**. A mesma avaliação deve se aplicar tanto à fala vazia (*vaniloquium*) como à tagarelice (*multiloquium*).

**6. Restam alguns pecados que é difícil associar à problemática das falácias**, talvez porque eles estabelecem diretamente a relação com o sagrado: a proibição das falas obscenas (*turpiloquium*); a blasfêmia (*blasphemia*) e a maldição (*maledictum*). Todos esses pecados têm, entretanto, uma dimensão *ad personam*.

A teoria dos pecados da língua é uma teoria crítica do discurso que leva em conta:

- os problemas "não técnicos" da mentira ou da atestação da verdade;
- o espírito da discussão;
- os posicionamentos interacionais dos participantes.

### 7. As "regras do diabo"

A lista de falácias-pecados não menciona as violações de regras lógicas, como a afirmação do consequente (confusão das condições necessárias e suficientes). Poderíamos, nesse caso, supor que tal reflexão se fazia porque o domínio lógico escapa por natureza à norma religiosa. No entanto, encontramos, na tradição muçulmana, reflexões da mesma ordem aplicada aos *paralogismos*, que Al-Ghazali considera como "regras do diabo" (*Bal.*: 171; *Dég.*; tanto quanto se pode avaliar a partir de uma tradução problemática). Um *exemplum* medieval também coloca no inferno o lógico, equiparado ao sofista, ver **Exemplum**.

(L.F.B.F.)

## ▪ Falacioso (I): As palavras: *falacioso*, *falácia*; ing. *fallacy*

#### O TERMO LATINO *FALLACIA*

Etimologicamente, o substantivo *falácia* e o adjetivo *falacioso* vêm do latim *fallacia*, que designa uma "enganação", uma "artimanha", podendo chegar até ao "sortilégio". Essas manobras podem ser consideradas como enganações verbais expressadas pelo adjetivo *fallaciloquus*, "que engana pelas falas, astucioso" (Gaffiot [1934], art. *Fallaciloquus*). O verbo correspondente *fallo*, *fallere* significa "enganar alguém" e, em alguns contextos, "decepcionar as expectativas de alguém, trair a palavra dada ao inimigo, não cumprir suas promessas" (art. *Fallo*). Essas acepções mostram que etimologicamente as *falácias* não provêm do domínio lógico, ou do erro, mas do domínio das interações.

## FALACIOSO, FALÁCIA

Em francês, o adjetivo *falacioso* se aplica tanto a discursos quanto a ações não linguísticas: em Psicologia podemos falar de um paciente que apresenta "uma identificação falaciosa" para assinalar o caráter ilusório e pernicioso de um traço de personalidade. Tal adjetivo é derivado de uma base substantiva falácia (fr. *fallace*) – que estava "ainda em uso na época clássica" (Rey, 1998, art. *Falacioso*) – e que traduzia o latim *fallacia*, remetendo aos 13 paralogismos das *Refutações sofísticas* de Aristóteles. Dupleix o utiliza assim em sua *Lógica* (1984 [1607]):

> Depois de ter tratado dos erros, surpresas e falácias (fr. *fallaces*) que provêm simplesmente das palavras: resta discorrer sobre aqueles que vêm das próprias coisas, os quais são em número de sete [segue a enumeração dos paralogismos fora da linguagem]. (1984: 351)

Mas a palavra *falácia* (fr. *fallace*) não está ali sendo empregada em seu uso corrente. Em realidade, tal vocábulo define o paralogismo como um "silogismo enganador e capcioso" (1984: 337) e utiliza geralmente as palavras *surpresa* e *erro* para designá-lo.

A palavra *falácia* (fr. *fallace*) é ainda encontrada no dicionário Littré, com a definição "Ação de enganar com alguma má intenção" (Littré, art. *Fallace*) com exemplos de Régnier, Froissart e Marot. Esse uso se distancia do emprego contemporâneo; todavia, Lacan, ao recorrer aos termos *fallace/phallace*, parece mostrar que essa acepção de *falácia* ainda encontra uso no meio psicanalítico.

## O INGLÊS *FALLACY*

O vocábulo inglês *fallacy* (pl. *fallacies*) é muito mais usual que as palavras francesas *sofisma* ou *paralogismo* e apresenta ao menos duas significações:

- por um lado, apresenta o sentido muito geral de "crença equivocada, ideia falsa" ["*a wrong belief: a false or mistaken idea* Webster, art. *Fallacy*];
- por outro lado, tal termo designa uma argumentação ou um raciocínio "inválido", "cuja conclusão não decorre das premissas", e que pode então ser "enganador" ["*misleading or deceptive*", Webster, art. *Fallacy*].

O conceito *falácia\** é teorizado no âmbito do estudo das condições de validade das argumentações, ver **Falacioso (II)**. Por ser um termo do dia a dia, *fallacy* pode ser mais

---

\*  N.T.: Aqui o autor emprega o termo *fallacie*, variante que não está registrada nem no dicionário *Crisco* nem no *Larousse* eletrônicos. Nesses dicionários, encontramos apenas a variante *fallace* (há ainda o adjetivo *fallacieux*, "falacioso"). E também discute o vocábulo *fallacie*, o qual será apresentado na seção seguinte como um anglicismo. Para efeitos de tradução, apenas usaremos o termo *falácia*, uma vez que essa discussão da variação do vocábulo em francês como um anglicismo não nos interessa, pois o autor está apenas discutindo variantes do termo em francês, para um público leitor que fala francês.

difícil de enquadrar em uma definição mais sistemática. Afinal, o que diferencia o estudo das falácias do estudo da simples enganação, de gafes, do descuido e do erro, isso se apenas consideramos alguns termos que lhe são próximos?

### TRADUZIR *FALLACY*: "PARALOGISMO", "FALÁCIA"

Conforme o contexto, os termos *paralogismo, sofisma, argumento falacioso* e, inclusive, *falácia* podem ser utilizados para traduzir a palavra inglesa *fallacy*.

- *Paralogismo* possui um uso técnico preciso e restrito, que designa um silogismo formalmente inválido. O substantivo *paralogismo* e sobretudo o adjetivo *paralógico* podem, portanto, traduzir o inglês *fallacy, fallacious*, nessas acepções precisas. Mas esses termos são de uso pouco corrente e pouco intuitivo fora desse domínio especializado, ver **Paralogismo**.
- *Sofisma* remete a um discurso propositalmente enganador, por meio de paralogismo ou outra manobra. Não obstante, quando falamos de *paralogismo*, nem sempre nos referimos a uma intenção deliberada de enganar, ver **Sofisma**.
- *Falácia/falacioso* corresponde ao inglês *fallacy/fallacious*, e ao francês *fallacie* (neologismo)/*fallacieux*.*

(L.F.B.)

## ▪ Falacioso (II): Definições, teorias e listas

### HAMBLIN, *FALLACIES*, 1970

Hamblin refundou a teoria das falácias numa obra de 1970, intitulada *Fallacies*. Como Perelman deu fôlego novo à antiga Retórica, ou Retórica argumentativa, a partir da *Retórica*, Hamblin reativou a outra origem aristotélica da argumentação como teoria crítica a partir do conjunto reunido nos *Tópicos: refutações sofísticas*. A obra de Hamblin, não traduzida em francês, permanece pouco comentada na literatura francófona. As teorias da *argumentação na língua* ou da *Lógica natural* não abordam a questão crítica. A *Nova retórica* propõe uma instância crítica ideal, o auditório universal, numa perspectiva diferente daquela desenvolvida nas teorias das falácias.

Na esteira de Hamblin, o estudo da argumentação desenvolveu-se como uma crítica do discurso argumentativo, das argumentações falaciosas, *fallacies* em inglês. O termo figura nos títulos de numerosas obras de crítica metodológica. De uma maneira geral, a teoria das falácias é a teoria dos raciocínios ruins, dos raciocínios capciosos e falaciosos.

---

* N.T.: Em português brasileiro, não faz diferença o emprego de *fallace* ou *fallacie*, porque, para nós, falantes do português do Brasil, não há uma variação relativa ao vocábulo *falácia*. Nesse sentido, empregaremos a tradução *falácia* tanto para substituir *fallace* quanto *fallacie*, indiferentemente. Este subitem foi totalmente reescrito pelo autor para esta versão em português do *Dictionnaire*.

Seu grande interesse é fundar, a partir de uma crítica dos vícios do discurso e do raciocínio, uma crítica do discurso argumentativo.

## O CONCEITO "FALÁCIA"

Encontramos nas *Fallacies* (Hamblin) as notas seguintes, a propósito da palavra inglesa *fallacy*. Vamos perceber que essas definições conceituais correspondem à definição lexicográfica, ver **Falacioso (I)**.

*Fallacy_1* – notamos assim o sentido cotidiano de "crença equivocada", que é afastado por Hamblin: "uma *fallacie* é uma argumentação falaciosa [...]. Numa de suas acepções correntes, a palavra *fallacy* não significa nada além de "crença equivocada" [*false belief*]" (1970: 224). O adjetivo *falacioso* pode ter esse mesmo sentido:

...*uso falacioso que se faz da noção de identidade.*

Hamblin acrescenta que algumas dessas falácias "receberam nomes específicos, então não se trata absolutamente de falácias no sentido lógico, mas simplesmente de crenças equivocadas" (1970: 224) (ver adiante). Nesse último sentido, a palavra corresponde a um "falso conceito"; mas ele é enganador, ver **Expressão**.

*Fallacy_2* – nesse segundo sentido, a palavra *fallacy* designa uma *falsificação argumentativa*, para retomar um título de Fearnside e Holther, *Fallacies: the Counterfeit of Argument* (1959, apud Hamblin, 1970: 2): "Segundo praticamente todas as definições desde Aristóteles até nossos dias, uma argumentação falaciosa é uma argumentação que parece válida, mas que não o é" (1970: 12). Essa definição recebida apresenta alguns problemas.

- O primeiro problema é o significado de *parece válida*: "Por causa de sua aparência psicológica, a palavra *parece* foi frequentemente negligenciada pelos lógicos, confortados em sua crença de que o estudo das falácias não lhes concerne" (1970: 253). Desde Frege, os lógicos formalistas, com efeito, "despsicologizaram" a lógica, quando ela se axiomatizou e deixou de ser uma teoria do pensamento, ver **Lógica (I)**. A partir de seu ponto de vista, a verdade é única, e, se o erro é múltiplo, é precisamente porque ela está ligada à psicologia. Não há uma teoria lógica do erro. Nesse sentido, um *fallacious argument* é um argumento ou argumentação que parecem válidos a um leitor negligente ou mal-informado. E, nesse caso, o problema é inteiramente do leitor.
- Em segundo lugar, na definição citada anteriormente, por *fallacious argument* Hamblin designa uma *argumentação falaciosa*, uma vez que ele fala de validade. No entanto, em inglês a palavra *argument* pode igualmente designar *um argumento*. Uma *fallacy_1* é uma "crença equivocada" que pode evidentemente servir de premissa a uma argumentação. Como a argumentação ordinária solicita a verdade dos argumentos, uma argumentação baseada sobre uma premissa falsa é legitimamente dita falaciosa. Trata-se, nesse caso, de uma autêntica *fallacy_2*. Dito de outro modo, desse *argumento* falacioso (*fallacious argument_1*, crença equivocada) deriva uma *argumentação* falaciosa [*fallacious argument_2*]. "Ter a aparência de ser verdadeiro ou válido", "ter a aparência

honesta, sólida, admissível, crível", é uma propriedade dos argumentos e argumentações. Não há tantas diferenças entre essas duas acepções sem que se possa rejeitar uma sem rejeitar a outra. Como a argumentação, a falácia é um fenômeno unitário, tão substancial quanto formal.

A distinção lexical/conceitual entre falácia de substância (*fallacies_1*) e de forma (*fallacies_2*) é retomada na teoria da argumentação, por exemplo, no texto seguinte:

> [...] às vezes chamados as *fallacies* de postulados [*assumptions*], princípios, maneiras de ver as coisas. Nesse sentido, filósofos falaram de falácia naturalista [*naturalistic fallacy*], de falácia genética [*genetic fallacy*], de falácia antropomórfica [*pathetic fallacy*], de falácia de reificação das noções [*fallacy of misplaced concreteness*], de falácia de descritivismo [*descriptive fallacy*], de falácia de intencionalidade [*intentional fallacy*], de falácia de emoções [*affective fallacy*] e de muitas outras. Fora da Filosofia, ouvimos também pessoas brilhantes [*sophisticated people*] que utilizam a palavra *fallacy* para designar coisas que não são nem argumentos nem substitutos de argumentos. Por exemplo, o sinólogo Philip Kuhn fala de um "*hardware fallacy*": trata-se, segundo ele, da crença equivocada, corrente entre os intelectuais chineses, de que a China poderia importar a ciência e a tecnologia ocidentais sem importar ao mesmo tempo os valores ocidentais (isto é, decadentes). (Fogelin e Duggan, 1987: 255-256)

A distinção forma/substância não é fácil de sustentar: por exemplo, a *falácia genética*, citada aqui como exemplo de "maneira de ver as coisas", isto é, de uma definição substancial das falácias (*fallacies_1*), designa efetivamente uma forma de argumentação (*fallacy_2*) que avalia os seres e as coisas em função de sua origem, e que, aliás, Hamblin admite em sua lista de falácias autênticas.

### LISTAS DE FALÁCIAS

No capítulo intitulado "O tratamento padrão", Hamblin propõe quatro listas:

- A lista de Aristóteles nas *Refutações sofísticas*, ver **Falacioso (III)**.
- As *falácias* ou *argumentos ad-*, isto é, uma lista de falácias modernas, designadas por expressões latinas nesse formato, ver ***Ab-, ad-, ex-*: Nomes latinos dos argumentos**.
- Os paralogismos silogísticos, ver **Lógica Clássica (III); Paralogismos**.
- Falácias de método científico [*Fallacies of scientific method*]. Sob esse título, Hamblin propõe os seis casos seguintes (p. 46):

(i) *Pseudo-simplicidade* [*simplism or pseudo-simplicity*]: "A explicação mais simples é necessariamente a melhor".

(ii) *Linearidade estrita* [*exclusive linearity*]. Supõe que uma série de fatores se ordena segundo uma progressão estritamente linear. A falácia de linearidade negligencia a existência de limites e de rupturas no desenvolvimento dos fenômenos. Trata-se de uma falácia de extrapolação: por exemplo, a condutividade de um metal ou de uma solução decresce regularmente e depois cai brutalmente ao se aproximar do zero absoluto.

(iii) *Falácia genética* [*genetic fallacy*]. Uma ideia ou uma prática são condenadas com base em sua origem ou em sua proveniência: *O grupo dos Malvados diz a mesma coisa que você*.

(iv) *Indução inválida* [*invalid induction*], ver **Indução; Exemplo**.

(v) *Estatísticas insuficientes* [*insufficient statistics*]: crítica do uso laxista das estatísticas.

(vi) *Generalização apressada* [*hasty generalisation*], que pode corresponder à falácia de acidente ou de indução, ver **Acidente; Indução.**

Fogelin (ver anteriormente) acrescenta:

- O apelo ao natural ou *falácia naturalista* (Moore, 1980 [1903]: 46) [*appeal to nature, naturalistic fallacy*]. Moore define essa falácia de valorização do natural da seguinte maneira: "sustentar [*to argue*] que alguma coisa é "boa" [*good*] *porque* é natural ou "ruim" [*bad*] *porque* não é natural é certamente falacioso; e, no entanto, tais argumentos são muito frequentes".* Essa observação equivale a dizer que a palavra *natural* tem uma orientação argumentativa positiva para muitas pessoas, mas não para o grupo com o qual o autor se identifica. A falácia que apela para o natural é acompanhada de uma gama de falácias recíprocas, nomeadas de acordo com todos os termos que se opõem a "natural", segundo os diferentes contextos: falácias de valorização do *artificial*, do *cultural* etc., ver **Orientação; Força das coisas.**
- A *falácia descritivista* [*descriptive fallacy*] é uma forma de falácia da expressão, ver **Expressão.**
- *Falácia de reificação das noções*: Whitehead introduziu essa expressão [*fallacy of misplaced concreteness*] no domínio da Filosofia das ciências, para designar o erro que consiste em esquecer a distinção entre o *modelo* e a *realidade* e, mais geralmente, entre as palavras e as coisas.
- A *falácia da intencionalidade* [*intentional fallacy*] é, sobretudo, invocada na análise literária, para condenar as interpretações de uma obra baseadas nas supostas intenções do autor. Notamos que, inversamente, no domínio do direito, a argumentação fundamentada nas intenções do legislador é reconhecida como válida, ver **Intenção do legislador.**
- A falácia da emoção [*affective fallacy*], ver **Emoção; Pathos.**

Essa visão do que venha a ser considerado falacioso faz da linguagem científica a norma da linguagem cotidiana e representa a argumentação cotidiana como uma derivação mais frágil da argumentação científica.

## LÓGICA NÃO FORMAL E PRAGMADIALÉTICA

Na esteira de Hamblin, a partir dos anos 1970, a literatura sobre as falácias encontrou muitos outros caminhos, com os trabalhos em Lógica informal e em Pragmadialética. De um

---

* N. T.: Acreditamos que o autor fez uma paráfrase entre aspas, o que não é incomum ao longo deste livro. Por isso, apresentamos a tradução da parte mencionada, na íntegra: "tem-se cometido a falácia naturalística tão comumente com respeito à bondade quanto em relação à beleza, sendo que o uso desta falácia introduziu tantos erros na Estética quantos foram introduzidos na Ética. Mais comumente tem-se até suposto que o belo pode ser *definido* como sendo aquilo que produz certos efeitos em nossos sentimentos; e as conclusões que dali seguem, isto é, que os julgamentos concernentes ao gosto são meramente *subjetivos* – que exatamente a mesma coisa pode, conforme as circunstâncias, ser tanto bela como não bela – têm sido tiradas com muita frequência" (Moore, 1980 [1903]: 46).

modo geral, esses trabalhos evidenciaram a necessidade de se considerar de forma sistemática as condições pragmáticas nas quais se exerce o raciocínio linguageiro do dia a dia.

Woods e Walton representam uma primeira geração pós-Hamblin. Esses autores se interrogaram sobre as condições lógicas e pragmáticas de validade de argumentações à primeira vista falaciosas (Woods e Walton, 1989, 1992).

As abordagens dialéticas desenvolvidas a partir de Hamblin se interessam pela forma e pela estrutura dos sistemas de regras que podem servir de norma à argumentação (Eemeren e Grootendorst, 1992). A teoria pragmadialética é um sistema desse tipo e pode ser interpretada da seguinte maneira: *se quiser fazer avançar uma discussão no sentido da resolução racional de sua contenda, você vai preferir seguir esse procedimento, evitando possíveis manobras contraprodutivas, isto é, falaciosas.* Para alcançar tal objetivo, a teoria pragmadialética propõe um sistema de dez regras (ver **Regras**), cuja observação é uma condição para o sucesso da troca argumentativa.

> Toda violação de uma ou mais regras, cometida por uma ou outra parte, qualquer que seja o momento da discussão, constitui uma ameaça potencial para a resolução da diferença de opinião e deve, consequentemente, ser considerada como um movimento [*a move*] incorreto na discussão. Na abordagem pragmadialética, tal movimento incorreto na discussão constitui uma falácia. Uma falácia [*fallacy*] é assim definida como um ato de linguagem que traz prejuízo ou que frustra [*frustrate*] os esforços empreendidos para resolver uma diferença de opinião; o uso do termo falácia [*fallacy*] está assim sistematicamente ligado às regras para a discussão crítica. (Eemeren e Grootendorst, 1995: s/n)

Querer resolver racionalmente uma contenda é a manifestação de uma vontade específica, legítima, o que não é evidentemente pré-requisito para que se empreenda uma argumentação. Podemos inclusive argumentar não para resolver racionalmente uma contenda (como prevê a perspectiva pragmadialética), mas para tirar algum proveito de uma situação específica ou para não ouvir mais falar desse assunto, ou para trazer a verdade à tona, de acordo com nossos interesses, nossas emoções. Podemos ainda argumentar simplesmente por estarmos interessados em reforçar nosso ego ou para passar o tempo... Podemos igualmente não estar interessados em resolver um conflito de opinião, mas tão-somente em aprofundá-lo. Nesse sentido, muitas vezes é muito mais interessante provocar o surgimento de uma questão argumentativa, buscando o aprofundamento de perspectivas antagônicas, do que simplesmente tentar fazê-la desaparecer, resolvendo-a.

## CRÍTICA ÀS CRÍTICAS SOBRE AS FALÁCIAS

A argumentação linguageira se desenvolve em contextos em que a questão da verdade é suspensa e assim permanecerá provavelmente ao final do debate, ver **Argumentação (V)**. Nesse contexto, há as decisões que devem ser tomadas com urgência, quando não necessariamente dispomos de todas as informações necessárias, e, mesmo se as tivéssemos, a decisão não decorreria desse processo mecanicamente. Os argumentos alcançam domínios de saber diferentes, eles são fortemente heterogêneos. Há argumentos *interessantes* que contêm *uma parte de verdade*, verdade que raramente faz parte integral de um mesmo campo. É, portanto, impossível fazer intervir "a verdade" como um ideal regulador único em todas as situações argumentativas. Por outro lado, um locutor pode apresentar um argumento fraco, e até duvidoso, a título exploratório, sublinhando explicitamente seu caráter incerto. E não haverá nada de falacioso ali.

*Atomismo discursivo* – a redução da análise da argumentação à busca de um inventário de argumentos e à sua validação/invalidação eventual supõe uma primeira operação de recorte de uma breve passagem discursiva na qual o analista acredita desvelar tal argumento ou tal paralogismo. Mas a operação de base, a delimitação do fragmento discursivo que talvez julgaremos falacioso deve ela mesma ser tecnicamente justificada, ver **Baliza argumentativa**; **Marcador**. O argumento encontra-se, em verdade, delimitado pela questão argumentativa que lhe deu origem, incluídas aí as réplicas dos adversários, ver **Estase**; **Questão**. O meio argumentativo no qual o argumento está inserido deve ser considerado a partir do próprio argumento ali encontrado.

*Exclusão do avaliador* – quem carrega o diagnóstico de *fallacy*? Em princípio, o lógico, ou o quase lógico, que se supõe ocupar a função "meta" de avaliador, de maneira neutra e objetiva, como se ele não tivesse interesse pela questão argumentativa/substancial que determina as argumentações, mas somente um interesse pela correção do que se argumenta, avaliada em função de regras *a priori* e externas ao debate. Programas completos de ensino são constituídos a partir desse pressuposto. Não obstante, essa posição é insustentável no caso da argumentação que trata de questões concretas [*actual, practical argument*], como ressalta Hamblin (1970: 244), ver **Normas**; **Regras**; **Avaliação**. Os avaliadores não estão "fora do jogo", eles são participantes como os outros.

*Eliminação da língua natural* – todos esses elementos – exclusão do árbitro, atomismo, reducionismo – encontram-se no conselho prático com o qual se encerra o artigo da *Encyclopedia of Philosophy* sobre as *falácias*:

> Um dos instrumentos mais eficazes contra as falácias é proceder-se a uma condensação pela qual extraímos a substância da argumentação de uma massa verborrágica [*a mass of verbiage*]. Mas essa técnica possui também seus perigos: ela pode conduzir a uma simplificação excessiva, em outros termos, pode conduzir ao paralogismo *a dicto secundum quid*, que omite certos traços pertinentes da argumentação examinada. Quando nós suspeitamos de uma *fallacy*, devemos antes de tudo pôr em evidência precisamente a argumentação; e, em geral, a melhor maneira de fazê-lo é extrair inicialmente as características principais, depois considerar todos os detalhes e todas as restrições pertinentes. (Mackie, 1967: 179)

A esse respeito todo mundo está perfeitamente de acordo, restando apenas os detalhes de como colocar isso em prática.

As argumentações comuns ocorrem em língua natural, a qual é acusada de descaracterizar a lógica, acrescentando a ela uma *verborragia* insignificante, ver **Verborragia**. A língua natural é a transmissora do erro e da camuflagem da retórica de interesses outros que o interesse pela verdade. Com a análise dos argumentos e com a eliminação das *falácias*, espera-se superar essa descaracterização gerada pela língua natural. A fada argumentação deve se despojar dos ouropéis linguageiros da bruxa retórica. Ao que se pode objetar que a língua natural é para a argumentação natural aquilo que a resistência do ar é para o voo da pomba:

Ao sulcar livremente o ar, cuja resistência sente, a leve pomba poderia crer que no vácuo melhor ainda conseguiria desferir o seu voo. (Kant, 2002 [1781]: 48)

A língua natural não é um *obstáculo*, mas a *condição* da argumentação cotidiana.

*O diagnóstico de falácia deve ser justificado* – de uma maneira geral, o conceito de *falácia* é um conceito crítico que deve ele mesmo ser criticado –, o que não significa invalidado, ver **Regras; Normas; Avaliação**. Dizer que uma argumentação é falaciosa é uma afirmação diagnóstica que deve se sustentar em boas razões, sob o risco de ser ela mesma considerada falaciosa. A crítica da argumentação não escapa à própria argumentação.

(L.F.B.F.)

# ▪ Falacioso (III): Aristóteles

Os estudos de argumentação tomam por base duas fontes aristotélicas. Por um lado, as teorias retóricas e dialéticas, expostas na *Retórica* e nos *Tópicos*, e, de outro lado, a análise crítica dos encadeamentos falaciosos (paralogismos, entimemas aparentes) nos *Analíticos anteriores*, na *Retórica* e essencialmente nas *Refutações sofísticas*. Nessa última obra temos o "tratamento padrão das *falácias*" cuja história Hamblin retraçou (*Fallacies*, 1970).

As definições apresentadas nas *Refutações sofísticas* são retomadas por todas as obras que tratam de argumentações falaciosas. O título *Refutações sofísticas* é ambíguo: inicialmente, conforme a tradicional brincadeira, não se trata "de uma descrição adequada do conteúdo da obra", isto é, de um conjunto de refutações (abordando determinadas teses) que seriam sofísticas, mas de "refutações dos sofistas, refutações das argumentações dos sofistas". O objeto da obra é a análise das refutações tais como as praticam os sofistas, isto é, "como os sofistas refutam". Aristóteles distingue aí duas classes de paralogismos, os paralogismos *ligados à linguagem* e os paralogismos *exteriores à linguagem*.* Por *linguagem* é preciso entender linguagem utilizada no raciocínio, o discurso controlado do raciocínio dialético, ver **Dialética**.

A *Retórica* enumera dez "lugares dos entimemas aparentes" (Aristóteles, *Ret.*, II, 24, 1400b35-01a5),** sem retomar a distinção "ligado ou não ligado" à linguagem; pode-se ver aí "paralogismos resultantes dos procedimentos de raciocínio" (*Ret.* Dufour, II, 24, notas 1 a 1401b1; trad. Dufour: 127).

OS PARALOGISMOS DAS *REFUTAÇÕES SOFÍSTICAS*

*Seis paralogismos ligados à linguagem empregada* [*in dictione*] – "as formas de produzir uma ilusão que depende da linguagem são em número de seis: a *homonímia*

---

\* N.T.: Em *Refutações sofísticas*, Aristóteles, ao falar de tipos de refutações e sofismas, fala em "linguagem empregada" e em "que não tem vínculo com a linguagem" (Aristóteles, 2005: 549).

\*\* N.T.: Na tradução para o português, temos "o uso dos entimemas aparentes" (Aristóteles, 2012: 161).

(equivocação), a *ambiguidade,*\* a *combinação*, a *divisão*, a *prosódia* e a *figura de linguagem*" (Aristóteles, *R. S.*, 165b, 20-30).

Essa terminologia pode parecer obscura, mas o sentido ali almejado é perfeitamente claro. Trata-se de elaborar, pelo viés de uma *crítica da linguagem e do discurso*, um programa de "gramática para a argumentação" cujo objetivo é favorecer a produção de textos popperianos, abertos, compreensíveis e criticáveis.

*Sete paralogismos independentes do discurso* [*extra dictionem*] – os paralogismos ditos, de maneira puramente negativa, "exteriores à linguagem" correspondem, de fato, a erros de método e de raciocínio:

> Quanto às falácias que não se reportam à linguagem, há sete tipos: [1] as ligadas ao acidente; [2] aquelas nas quais uma expressão é empregada absolutamente ou não absolutamente, mas qualificada do prisma do modo, ou lugar, ou tempo ou relação; [3] as ligadas à ignorância da natureza da refutação; [4] as ligadas ao consequente; [5] as ligadas à suposição do ponto original a ser demonstrado; [6] as que asseveram que aquilo que não é uma causa é uma causa; e [7] o tornar várias questões uma só. (Aristóteles, *R. S.*, 166b, 20-30)

*Quadro dos paralogismos (ou entimemas) aparentes* – apresenta a lista dos paralogismos das *Refutações sofísticas*. A primeira coluna os nomeia de acordo com a obra de Aristóteles (*R. S.*), remetendo-os ao nome em latim e em inglês do paralogismo considerado. Esses artigos levam em conta as reflexões sobre os paralogismos contidos originalmente na *Retórica*.

**Seis paralogismos *ligados à linguagem empregada***
(*R. S.*, 165b-167a)
(lat. *in dictione*; ing. *dependant on language*; *verbal fallacies*)

1. Homonímia — lat. *æquivocatio* – ing. *ambiguity, equivocation, homonymy*
ver **Homonímia**

2. Anfibologia — lat. *amphibolia* – ing. *amphiboly*
ver **Ambiguidade**

3. Composição — lat. *fallacia compositionis* – ing. *composition of words*
ver **Composição e divisão**

4. Divisão — lat. *fallacia divisionis* – ing. *division of words*
ver **Composição e divisão**

5. Prosódia — lat. *fallacia accentis*; *prosodia*; *sicut accentus* – ing. *wrong accent*
ver **Paronímia**

6. Forma do discurso — lat. *fallacia figuræ dictionis* – ing. *form of expression*; *misleading expression*
ver **Expressão**

---

\* N.T.: *Ambiguidade* também tem sido traduzido como sinônimo de "Anfibologia".

**Sete paralogismos** *que não se reportam à linguagem*
(R. S., 166b-168b)
(lat. *extra dictionem*; ing. *outside of language*)

1. Acidente — lat. *fallacia accidentis* – ing. *accident*
ver **Acidente; Definição; Categorização**

2. Quando uma expressão empregada particularmente é tomada como empregada em absoluto e inversamente — lat. *a dicto secundum quid ad dictum simpliciter* – ing. *the use of words absolutely or in a certain respect*
ver **Circunstâncias;** *Distinguo*

3. Não se definiu o que é a prova nem a refutação — lat. *ignoratio elenchi*
ing. *misconception of refutation; evading the question; red herring*
ver **Questão; Pertinência**

4. Petição de princípio — lat. *petitio principii*;
ing. *assumption of the original point; begging the question*
ver **Círculo vicioso**

5. Em razão da consequência — lat. *fallacia consequentis* – ing. *consequent*
ver **Afirmação do consequente; Causa**

6. Toma-se como causa o que não é a causa — lat. *non causa pro causa* – ing. *non cause as cause*
ver **Causalidade**

7. Reúnem-se várias questões em uma só — lat. *fallacia quæstionis multiplicis* – ing. *many questions; complex question*
ver **Pergunta capciosa**

*Primeira coluna:* os paralogismos das *Refutações sofísticas* na tradução de Tricot.
*Segunda coluna:* termo latino ainda usual – termo inglês – verbete correspondente.

## FALÁCIAS, JOGO DIALÉTICO E INFERÊNCIAS

Na terminologia contemporânea, chamamos *fallacy* uma inferência inválida. Não obstante, de acordo com Hintikka, a noção de *falácia*, no sentido aristotélico, remete justamente a algo inválido, mas não a uma inferência inválida. Nesse sentido, por *inferência*, podemos entender aqui *argumentação*:

> Proponho chamar *falácia das falácias* [*fallacy of fallacies*] o erro segundo o qual uma falácia seria uma inferência inválida [*mistaken inference*], e espero que, uma vez reconhecida, ela colocará um ponto final na literatura tradicional sobre as pretensas falácias. (Hintikka, 1987: 211)

Dito de outro modo, não podemos definir uma falácia simplesmente como "uma argumentação falaciosa".

Hintikka considera que originalmente uma falácia é *um movimento que não respeita uma das regras do jogo dialético*. A noção constitui "uma parte integrante da teoria e da prática dos jogos interrogativos [*interrogative games*]. As falácias aristotélicas são essencialmente erros nos jogos interrogativos [*questioning games*] e, acessoriamente, pode-se tratar de erro em um raciocínio dedutivo ou, mais comumente, lógico" (Hintikka, 1987: 211). É nessa acepção que a teoria pragmadialética retomou o termo *falácia*.

As falácias *ligadas ao discurso* examinam as condições de boa formação de uma proposição, que lhe permitirão figurar como premissa numa inferência silogística correta. A falácia de *acidente* é o produto de um erro na metodologia da definição; *a ignorância da refutação* traduz uma má concepção do que está em jogo na discussão e do problema; a falácia de *várias questões* é igualmente um "golpe proibido" no jogo dialético, no qual se deve apresentar cada problema de uma vez e evitar deixar implícitas as concordâncias. Esses diferentes casos manifestam claramente a natureza não inferencial das falácias e, nos dois últimos casos, suas relações com contextos de discussão regidos por regras.

(L.F.B.F.)

# ▪ Falacioso (IV): Port-Royal, Bacon, Locke

### ARNAULD E NICOLE, *A LÓGICA OU A ARTE DE PENSAR*, 2016 [1662]*

As listas de falácias pululam na literatura moderna e contemporânea. As listas dos *sofismas* e dos *falsos raciocínios* propostas por Arnauld e Nicole em *A lógica ou a arte de pensar* (2016 [1662]) são um exemplo de resgate e atualização moderna da lista aristotélica. O capítulo XIX da *Lógica* (Arnauld e Nicole, 2016: 406) é intitulado "Das diversas maneiras de raciocinar mal, às quais chamamos sofismas" e retoma os paralogismos aristotélicos. O capítulo XX (p. 438), que trata "Dos maus raciocínios que se cometem na vida civil e nos discursos quotidianos", discute, ao mesmo tempo, a irrupção das noções ali abordadas e seu reflexo antropológico e moral.**

#### OS SOFISMAS ARISTOTÉLICOS

A lista "das diversas maneiras de raciocinar mal, às quais chamamos sofismas" funde os dois tipos de falácias, dentro e fora do discurso (Arnaud e Nicole, 2016 [1662]: 406):

> (i) "Provar uma coisa diferente daquilo que está em questão" (ignorância da questão) (p. 407)
> (ii) "Supor como verdadeiro aquilo que está em questão" (petição de princípio) (p. 409)
> (iii) "Tomar por causa aquilo que não é causa" (falsa causa) (p. 414)
> (iv) "Enumeração imperfeita" (p. 423)

---

* N.T.: Encontramos a versão em português europeu (*A lógica ou a arte de pensar*, tradução, apresentação e notas de Nuno Fonseca. Lisboa: Fundação Calouste Gulbenkian, 2016), cuja transcrição manteremos como na versão do tradutor português.
** N. T.: O autor diz que manterá a ortografia de uma tradução de 1965, feita por Clair e Girbal. No entanto, como aquela tradução é fiel ao texto original de Arnauld e Nicole, isto é, à ortografia do francês do século XVII, foi-nos impossível traduzir respeitando a ortografia do português do século XVII. Nesse sentido, os excertos da tradução de Clair e Girbal da obra de Arnauld e Nicole transcritos à frente serão adaptados para o português brasileiro contemporâneo. Buscamos manter o sentido da mensagem, na tradução aqui apresentada, e não a tradução literal.

(v) "Julgar alguma coisa por aquilo que lhe convém apenas por acidente" (p. 428)
(vi) "Passar do sentido dividido ao sentido composto, ou do sentido composto ao sentido dividido" (p. 430)
(vii) "Passar daquilo que é verdadeiro sob um certo aspecto ao que é simplesmente verdadeiro" (p. 431)
(viii) "Abusar da ambiguidade das palavras, o que pode ser feito de diversas maneiras" (p. 433)
(ix) "Tirar uma conclusão geral de uma indução defeituosa" (p. 435)

Esses sofismas podem ser relacionados com os tipos aristotélicos correspondentes. *As falácias ligadas à linguagem empregada* são reagrupadas sob as rubricas (vi), *composição e divisão*, e (viii), que remete aos fenômenos de homonímia, anfibologia, prosódia ou acento, forma do discurso. Quanto às falácias *que não se reportam à linguagem*, a lista não menciona a falácia das questões múltiplas; a falácia "em razão da consequência" é sem dúvida fundida com a causa, acrescentando-se ali dois novos tipos, falácia de *enumeração imperfeita* (Arnaud e Nicole, 2016 [1662]: 423) e falácia de *indução defeituosa* (*ibid.*: 435), ver **Falacioso (III)**.

## UMA ABORDAGEM ANTROPOLÓGICA E MORAL DAS FALÁCIAS

A lista "Dos maus raciocínios que se cometem na vida civil e nos discursos quotidianos" (Arnaud e Nicole, 2016 [1662]: 438) não corresponde mais a uma preocupação lógica ou científica, e não tem nenhuma relação com os exercícios dialéticos. Essa lista marca uma orientação específica, a de uma moral, e até de uma ascese do debate, não sendo difícil extrair daí regras para a discussão com vistas à verdade.

Na sequência, os nove sofismas "do amor-próprio, do interesse e da paixão" (p. 439) são designados por uma expressão extraída de sua definição.

(1) "Tomar o nosso interesse como critério para acreditar numa coisa" (Arnaud e Nicole, 2016 [1662]: 441) – a primeira das causas que determinam a crença é o espírito de pertencimento "a uma mesma nação, profissão ou instituto... um país... uma ordem" (p. 440-441). As crenças de um indivíduo são determinadas não pelo verdadeiro em si, mas por sua posição social. Ele as toma emprestadas do grupo no qual ele encontra "seu interesse" e alicerça sua identidade.

(2) "[As] ilusões do coração" – "De modo que, embora [os homens] não façam no seu espírito este raciocínio formal – 'Eu amo-o, logo, é o homem mais capaz do mundo; Eu odeio-o, logo, é um homem inane' – fazem-no, de alguma forma, no seu coração. E é por isso que podemos denominar este tipo de desvarios como sofismas ou ilusões do coração, que consistem em transportar as nossas paixões para os objetos dessas paixões e em julgar que eles são aquilo que queremos ou desejamos que sejam" (Arnaud e Nicole, 2016 [1662]: 442). Esse sofisma corresponde às falácias de amor e de ódio (*ad amicitiam, ad amorem, ad odium*), é uma forma de argumentação patética, ver **Patético**.

(3) "[As pessoas] querendo arrebatar tudo pela autoridade" – essas pessoas são as que "decidem tudo por um princípio bastante geral e cômodo que consiste em terem sempre razão e conhecerem sempre a verdade. Pelo que não lhes é difícil concluir que

aqueles que não partilham as suas opiniões estão sempre enganados. Com efeito, a conclusão é necessária" (Arnaud e Nicole, 2016 [1662]: 443). A pretensão à verdade da pessoa autoritária lhe traz uma certeza imediata (tanto no domínio profano quanto no domínio sagrado), ao passo que seria necessária uma argumentação, ver **Autoridade**.

(4) "O homem capaz" – de acordo com o silogismo do homem capaz: "Se isso fosse o caso eu não seria um homem capaz; ora eu sou um homem capaz; logo isso não é o caso" (Arnaud e Nicole, 2016 [1662]: 443). Tal sofisma é uma especificação do precedente: "Foi a razão principal que levou a rejeitar, durante muito tempo, certos remédios bastante úteis e experiências muito certas, porque aqueles que ainda não estavam informados a seu respeito achavam que teriam estado, portanto, enganados até então. 'O quê? Se o sangue', dizem, 'tivesse um movimento circulatório no corpo; se o alimento não fosse transportado para o fígado pelas veias mesaraicas; se a artéria venosa transportasse o sangue até ao coração e se o sangue subisse pela veia cava descendente [...] eu teria ignorado coisas importantes na anatomia e na física. Logo, isso não pode ser assim'" (p. 443-444). O *orgulho* conduz à rejeição da descoberta, que deveria ter tornado *humildes* todos os orgulhosos que não a fizeram e que poderiam tê-la feito. É, ao pé da letra, a falácia do orgulho, *ad superbiam*.

(5) "Aqueles que têm razão e os que não a têm falam quase a mesma língua" – tudo está no *quase*, "Quase não há litigantes que não se acusem mutuamente por prolongarem os processos ou por encobrirem a verdade com habilidades artificiosas. E, portanto, aqueles que têm razão e os que não a têm falam quase a mesma língua e fazem as mesmas queixas, atribuindo uns aos outros os mesmos defeitos" (Arnaud e Nicole, 2016 [1662]: 444-445). Dessa constatação há uma recomendação dirigida a "pessoas sensatas e ponderadas" (p. 445) e que podemos incluir em uma *primeira regra*: "[que busca estabelecer] a verdade pelas armas que lhes são próprias" (p. 446), antes de passar à metadiscussão crítica sobre a forma de enfrentar seus oponentes.

(6) "Esta disposição maligna e invejosa" – "Foi um outro que não eu quem disse isso; logo, isso é falso. Não fui eu quem fez esse livro; logo, ele é mau. É a origem do espírito de contradição, tão comum entre os homens, que leva estes, quando ouvem ou leem alguma coisa de outra pessoa, a menosprezarem as razões que poderiam persuadi-los e a tomarem em conta apenas as que eles creem poder opor-lhes" (Arnaud e Nicole, 2016 [1662]: 446). Dessa constatação advém uma nova recomendação acerca do modo de se comportar diante de seus oponentes, donde se extrai uma *segunda regra*: "suscitar o menos possível a sua inveja e o seu ciúme, ao falar de nós próprios" e "esconder-se por entre a multidão", isto é, "para não serem notados, de modo a que não vejam nos seus discursos senão a verdade que propõem" (p. 447).

(7) "Da contradição maliciosa e invejosa", "do espírito de litigância" – "Portanto, a menos que nos tenhamos acostumado, mediante um longo exercício, a despojarmo-nos completamente, será muito difícil não perdermos de vista a verdade nas disputas, pois não há atividade que mais inflame as paixões" (Arnaud e Nicole, 2016 [1662]: 453). Donde a recomendação dirigida aos contendores, numa *terceira regra*: "cuidando ainda de nos controlarmos de tal modo que possamos vê-los a perderem-se, sem que nos percamos nós próprios e sem nos afastarmos do fim que nos devemos propor, que é o esclarecimento da verdade que está em questão" (Arnaud e Nicole, 2016 [1662]: 455); estaremos atentos

e teremos o cuidado de "não cairmos nestes defeitos em primeiro lugar" (p. 455). Essa prática é denunciada não como violação de um princípio lógico, mas como uma pequena comédia de costumes na qual é encenado um diálogo de surdos (p. 270-271). Esse tipo de distanciamento em relação ao vício que se denuncia está mais ligado a um jogo de cena do que à lógica.

(8) "Os complacentes" – "Pois, da mesma forma que os contraditores tomam por verdadeiro o contrário do que lhes dizem, os complacentes parecem tomam por verdadeiro tudo o que lhes dizem. E este costume corrompe, desde logo, os seus discursos e, depois, o seu espírito" (Arnaud e Nicole, 2016 [1662]: 455). Esse sofisma da aceitação sem exame, ao menos de recusa à tomada de posição, corresponde exatamente à falácia *ad verecundiam* de Locke, o qual culpa aqueles que "reconhecendo bastante bem quanto estes humores litigantes são incômodos e desagradáveis, tomam o caminho contrário, que é o de nada contradizer, mas antes *louvar e aprovar tudo de forma indiferente*" na contenda (p. 455; destaque nosso), ver **Modéstia**.

(9) "Compromisso com uma determinada opinião, à qual nos ligámos por considerações diferentes da verdade" – o apego ao sentimento "faz com que não se considere mais se as razões de que nos servimos são verdadeiras ou falsas, mas antes se podem servir ou não para persuadir os outros daquilo que defendemos. Empregamos todo o tipo de argumentos, bons e maus, de modo a que os haja para toda a gente, e chegamos, por vezes, ao ponto de dizer coisas que sabemos bem serem absolutamente falsas, desde que elas sirvam para o fim que nos propusemos" (Arnaud e Nicole, 2016 [1662]: 457). É, em suma, o que já dizia o sofisma (i), com o detalhe de que não somente a justificativa do pré-julgamento substitui a argumentação do verdadeiro, mas que essas causas consideradas boas são defendidas como maus argumentos. Aliás, o locutor pode estar plenamente consciente disso.

Para concluir esta seção, a Lógica formula uma nova recomendação, que corresponde a uma espécie de *regra preliminar*: "não ter outra finalidade senão a da descoberta da verdade e examinar com muito cuidado os raciocínios, de tal modo que o compromisso não nos possa enganar (Arnaud e Nicole, 2016 [1662]: 460); certamente, mas é precisamente o que dirão de si mesmos os contendores. Com essa recomendação, podemos ver até onde pode ir a denúncia dos sofismas.

### BACON, *NOVUM ORGANUM*,* 1620

Hamblin considera que o *New Organon* de Francis Bacon marca uma virada psicológica no estudo das falácias (Hamblin 1970: 146; ver Walton, 1999). Bacon rompe a ligação das falácias com a Lógica e com a Dialética para reorientar o seu estudo rumo ao campo das ciências empíricas e do desenvolvimento do saber. Considerando-se o saber construído a partir da observação e da indução, as falácias passam a ser vistas como

---

\* N.T.: O título da tradução em português é *Novum organum: verdadeiras indicações acerca da interpretação da natureza*, tradução de Jose Aluysio Reis de Andrade. São Paulo: Abril Cultural, 1973.

deformações da percepção, às quais ele atribui quatro origens ou "ídolos" (*idoles*). O termo grego de onde é tirado ídolo significa "simulacro, fantasma" (Bailly [1901], art. *Eidolon*); literalmente, uma falácia é um *simulacro*, um *fantasma de argumento*.

- *Os ídolos do grupo* [*idols of the tribe*], isto é, da humanidade inteira, correspondem às deformações que o espírito humano impõe, por sua estrutura, à realidade. O espírito não é uma tábula rasa, mas um espelho deformador. Eis as falácias de subjetividade, ver **Fundamento**.
- *Os ídolos da caverna* [*idols of the den*] são o produto da educação e da história de cada indivíduo, isto é, dos preconceitos ou das falsas evidências, ver **Evidência**.
- *Os ídolos da praça pública* [*idols of the market-place*] são as próprias palavras, sujeitas à ambiguidade e que revestem o pensamento de falsas aparências. Esses mitos submergem o entendimento, engendram mundos imaginários e impulsionam controvérsias vãs; eles são "uma maravilhosa obstrução do espírito", ver **Falacioso (III)**.
- *Os mitos do teatro* [*idols of the theater*] correspondem às representações equivocadas veiculadas pelos sistemas filosóficos, isto é, a encenação de mundos imaginários (Bacon [1620], § 39-44: 17-20).

Essa enumeração trata, ao mesmo tempo, de inferências falaciosas e de falácias substanciais.

### LOCKE, *ENSAIO ACERCA DO ENTENDIMENTO HUMANO*, 1690

Locke redefine a noção de *falácia* sem considerar toda a problemática aristotélica e reconhece somente como válidos os argumentos sobre o fundamento (*ad judicium*), isto é, as "provas extraídas de fundações ou de probabilidades de conhecimento":

> I. [*ad verecundiam*] recorre a opiniões de homens cuja habilidade, erudição, eminência, poder ou causa deu-lhes renome e estabeleceu para eles reputação de autoridade na estima comum. Diante do homem que desfruta de uma certa dignidade, considera-se violação de modéstia que se derrogue dessa atribuição e se questione sua autoridade. Considera-se censurável, por excesso de orgulho, recusar-se a ceder prontamente à determinação de autores consagrados que outros recebem com respeito e submissão; e considera-se insolência que o homem apresente e adira à sua própria opinião na contracorrente da Antiguidade, ou que faça pender a balança contra um douto erudito ou um outro autor reputado. Quem protege os seus dogmas com essas autoridades pensa que é lícito acusar de impudência qualquer um que se erga contra eles. Esse argumento chama-se *ad verecundiam*. II. [*ad ignorantiam*] exigir que o adversário admita o que alegam como prova, ou que então apresente uma prova melhor. III [*ad hominem*] pressionar o adversário com consequências extraídas de seus próprios princípios ou concessões. (Locke, 2012 [1690/1972]: 573-575)

Ver ***Ad Hominem***; **Modéstia**; **Ignorância**; **Fundamento**.

(L.F.B.F.)

## ▪ Falsa causa ► Causalidade (II)

## ▪ Falsa pista

A estratégia da falsa pista é a de desvio, de evitamento de uma questão. Ela corresponde ao *red herring fallacy* em inglês. O *red herring* é o arenque defumado, que se torna mais ou menos vermelho ao longo do preparo. Dizem que ele era utilizado pelos fugitivos para lançar os cães a uma falsa pista. A expressão, muito usual em inglês, é utilizada no sentido figurado para designar alguma coisa que permite "distrair a atenção da questão fundamental" (*OED*, art. *Red Herring*). Um *red herring* é um distrator que faz desviar a discussão em direção a outras pistas, ver **Pertinência**.

(L.F.B.F.)

## ▪ Fé, arg.

❖ O argumento da fé ou o apelo à fé é frequentemente designado por seu nome latino, argumento *ad fidem*, do latim *fides*, "fé".

Certos teólogos opõem a fé à razão e à argumentação. Diz São Ambrósio, citado por Tomás de Aquino: "Deixa os argumentos quando se procura a fé" (Santo Tomás de Aquino, 2016: 32 [*Suma*, Part. 1, Quest. 1, Art. 8 *Cette doctrine argumente-t-elle?*]). As verdades reveladas têm primazia sobre todas as outras formas de verdade; tentar demonstrar uma verdade revelada seria degradá-la. Além disso, para um religioso, os argumentos baseados na *fé* não devem ser confundidos com os argumentos fundamentados na *autoridade*. A primeira é de origem divina; a segunda, humana. Saber se a tradição religiosa é de origem humana ou divina é uma questão que divide os teólogos.

Mas a primazia da fé não invalida a necessidade de argumentação. Tomás de Aquino distingue três tipos de situações, conforme nos dirijamos a cristãos, hereges ou descrentes.

- *Face a um público cristão*, a argumentação é útil em dois casos, de um lado para pôr em relação duas situações de fé, das quais se mostra que uma é logicamente dedutível da outra (se se acredita na *ressurreição de Cristo*, deve-se acreditar na *ressurreição dos mortos*); e, por outro lado, para estender o domínio da fé a verdades secundárias, derivadas das verdades primeiras. A argumentação permite a manifestação dessas verdades secundárias.
- *Face aos hereges* que estão de acordo sobre um ponto do dogma, e a argumentação permite mostrar que eles devem também aceitar os outros pontos. Encontramos o primeiro dos casos precedentes. Nesses dois casos, a argumentação sobre a fé é baseada em argumentos postulados como verdadeiros porque extraídos das verdades reveladas.
- *Face aos descrentes*, a argumentação é essencialmente *ad hominem*; mostra-se pela argumentação que as crenças deles são contraditórias (Trottman, 1999: 148-151).

Vemos que o doutor Angelique não excluía do campo da argumentação as situações de desacordo profundo, ver **Desacordo**.

(L.F.B.F.)

# ▪ Figura

O termo figura é utilizado na retórica, na silogística e na teoria das falácias.

### FIGURAS DO SILOGISMO

*As figuras do silogismo* correspondem às diferentes formas do silogismo, em função da posição do termo médio nas premissas, ver **Lógica Clássica (III)**.

### FALÁCIA DE FIGURA DO DISCURSO

A falácia de expressão enganadora [*misleading expression*] é às vezes designada como falácia de *figura do discurso*, ver **Expressão**.

### FIGURAS DE RETÓRICA

As figuras de retórica são variações na maneira de significar "que dão ao discurso mais graça e vivacidade, brilho e energia" (Littré, art. *Figure*).

Certas figuras de retórica correspondem a tipos de argumentos bem identificados: é o caso, por exemplo, das figuras ditas de *anominação* e de *interpretação*, ver **Nome próprio**; **Interpretação**.

A *metáfora* e a *metonímia* são consideradas como as "figuras rainhas" da retórica. A *metáfora* tem uma função argumentativa clara, ver **Metáfora**; e há uma correspondência entre os mecanismos de *metonímia* e aqueles que legitimam a passagem de um argumento a uma conclusão, ver **Metonímia**.

Outros tipos de figuras desempenham um papel na construção de formas argumentativas. Por exemplo, uma figura de disposição sintática, como o *paralelismo*, pode desempenhar o papel de marcador de analogia ou de antítese, ver **Analogia**; **Antítese**.

As *figuras de oposição* podem ser consideradas argumentativas, na medida em que elas correspondem a diversos aspectos que caracterizam o confronto do discurso/contra-discurso, ver **Oposição**.

Sem pretender vincular todas as figuras ao surgimento de uma situação argumentativa, podemos observar que a definição clássica-racionalista da argumentação se alicerça na ideia de que argumentar é tentar fazer admitir um discurso (a conclusão) por meio de boas razões (argumentos). Nesse sentido, fazer admitir é, antes de mais nada, fazer *parafrasear* e fazer *repetir*; e para fazer repetir é preciso facilitar a memorização. Desse modo, podemos empregar para isso *figuras de sons*.

Os dicionários de Retórica incluem verbetes que provêm do campo da argumentação, mesmo se eles se interessam sobretudo pela retórica literária. Em *Gradus: les procédés littéraires – Dictionnaire* de Dupriez (1984), encontramos, por exemplo, os verbetes *argumentação, argumento, dedução, entimema, epiquirema, exemplo, indução, refutação, paralogismo, premissa, raciocínio, sofisma...* assim como diversos tipos de argumentos. Esses conceitos não provêm especificamente do domínio literário, mas constituem conceitos de base do campo da argumentação.

(L.F.B.F.)

## ▪ Força

O termo *força* é utilizado na teoria da argumentação em três sentidos diferentes.

1. **Argumento pela força**, ver **Ameaça.**
2. **Força das coisas**, ver **Força das coisas.**
3. **Força de um argumento**

Falamos de argumento mais ou menos forte, seja em absoluto, seja relativamente a outro argumento. A noção gradual de *força de um argumento* se opõe à noção binária de argumentação *válida* ou *não válida*. Essa força é avaliada em função de diferentes critérios.

*Força inerente a certos tipos de argumentos* – podemos considerar que os argumentos de certo tipo são por natureza mais fortes que outros. A força de um argumento é então determinada sobre a base de uma ontologia: assim um realista moral estima que um argumento que tome por base *a natureza das coisas* é mais forte que um *argumento pragmático*; um espírito pragmático pensará o inverso, ver **Definição**; **Pragmática.**

*Força e eficácia* – visando à persuasão, o argumento mais forte será aquele que, de forma mais rápida e eficaz, atinge o seu objetivo, isto é, persuadir. Nesse contexto, o grau de força de um argumento será mensurado, por exemplo, por meio de um estudo de impacto com o público visado, ver **Persuasão.**

*Força de um argumento e aceitação por um tipo de auditório* – a *Nova retórica* define a força do argumento em função da amplitude e da qualidade dos auditórios que o acolhem, ver **Orador – Auditório.**

*Força e reforço linguístico dos argumentos* – na teoria da argumentação na língua, a força de um argumento não é determinada nem por sua qualidade intrínseca, nem por sua aceitação ou sua aceitabilidade extrínseca por um auditório. Naquela perspectiva teórica, a força de um argumento é atribuída pelo locutor.

Os argumentos orientados para uma determinada conclusão pertencem à mesma classe argumentativa e possuem todos, nesse sentido, certa força que impulsiona para essa conclusão. No seio da mesma classe argumentativa, o locutor pode hierarquizar os argumentos, atribuir mais força a tal argumento em relação a outro. Essa diferença é marcada por meio de morfemas argumentativos e de modalizadores realizantes ou desrealizantes. As transformações dos agenciamentos dos argumentos, conforme sua força relativa sobre as escalas argumentativas, são regidas pelas leis do discurso, ver **Escala argumentativa**; **Leis do discurso**; **Morfema argumentativo.**

(L.F.B.F.)

# ▪ Força das coisas, arg.

A argumentação pela *força, peso ou natureza das coisas*, ou pelas *restrições exteriores*, aplica ao mundo social e político os mecanismos da argumentação pela causa tal como ela vale para o mundo físico. A argumentação pela força apresenta, por exemplo, uma decisão como causada pelo contexto: *nós não temos escolha / nenhuma outra política é possível / o que se passa no mundo nos constrange a agir assim*:

> Ninguém pode duvidar da extrema importância que terá a resposta do país. Para a Argélia, o direito reconhecido a suas populações de decidir o seu futuro marcará o início de uma vida inteiramente nova. Alguns podem lamentar que ações preventivas, costumes, receios tenham impedido a assimilação pura e simples dos muçulmanos, em tempos passados, supondo-se que ela fosse possível. Mas o fato de que eles constituem oito nonos da população e que essa proporção não para de crescer em favor deles, e ainda a evolução desencadeada nas pessoas e nas coisas pelos acontecimentos, e principalmente pela insurreição, e enfim o que se passou e o que se passa no universo, tornam quiméricas essas considerações e supérfluas essas lamentações. (Discurso de Charles de Gaulle transmitido por rádio e televisão em 20 de dezembro de 1960. Disponível em: http://fresques.ina.fr/de-gaulle/fiche-media/Gaulle00063/allocution-du-20-decembre-1960.html. Acesso em: 20 set. 2013)

A essa argumentação, pelo peso/força das coisas, se opõe a argumentação *voluntarista*, que nega precisamente esse determinismo: *onde houver uma vontade, haverá um caminho*. Lemos na Convocação do dia 18 de junho, pelo mesmo De Gaulle:

> É fato que nós fomos, nós fomos acachapados pela força mecânica, terrestre e aérea do inimigo.
>
> Em quantidade infinitamente maior do que o número deles, são os tanques, os aviões, a tática dos alemães que nos fazem recuar. São os tanques, os aviões, a tática dos alemães que surpreenderam nossos chefes a ponto de conduzi-los até aí onde eles estão hoje.
>
> Mas a última palavra está dita? A esperança deve desaparecer? A derrota é definitiva? Não!
>
> [...]
>
> O que quer que aconteça, a chama da resistência francesa não deve se apagar e não se apagará. (Charles de Gaulle, Texto da convocação de 18 de junho de 1940. Disponível em: http://www.charles-de-gaulle.org/pages/l-homme/dossiers-thematiques/1940-1944-la-seconde-guerre-mondiale/l-appel-du-18-juin/documents/l-appel-du-18-juin-1940.php. Acesso em: 20 set. 2013)

As grandes decisões políticas combinam as duas formas de argumentação.

*Argumento naturalista* – em direito, o argumento naturalista remete à hipótese de um legislador impotente por ser impossível legislar em certos domínios. Tal argumento aplica-se ao caso de um juiz que renuncia a fazer aplicar a lei, em certas ocasiões, ver **Tópica jurídica**.

O argumento naturalista é igualmente explorado no domínio da lei religiosa. Lutero dele lança mão quando preconiza a respeito da proibição do casamento dos padres na Igreja Católica Romana:

> O papa não tem poder de pronunciar essa proibição, não mais do que ele tem para proibir o beber, o comer e as questões naturais ou para proibir de engordar. Assim ninguém é obrigado a observar essas prescrições. (Lutero [1520]: 158)

*A priori, o argumento naturalista* não tem muita coisa a ver com a *falácia naturalista*, que valoriza sistematicamente o natural, ver **Falacioso (II)**. Poderíamos, entretanto, aproximá-los, na medida em que a acusação de falácia naturalista poderia servir para refutar o argumento da *força das coisas*.

(L.F.B.F.)

# ▪ Fórum argumentativo

Certas questões argumentativas resolvem-se num tempo relativamente curto (*Quem vai tirar o lixo?*); outras não podem ser resolvidas no plano privado e são levadas a instituições especializadas e regulamentadas. Podemos designar como espaços ou *fóruns argumentativos** os locais mais ou menos dedicados e institucionalizados onde são organizados debates em torno de questões argumentativas em função das normas e dos usos de uma cultura. As questões levadas a esses ambientes especializados seguem regras e rituais específicos que incluem, por exemplo, formas do uso da palavra, ver **Regras**.

Veja-se a discussão sobre a legalização de drogas na França. Essa questão pode ser suscitada em lugares tão diversos como um vagão do metrô, a mesa de jantar, o bar da esquina, espaços públicos, a sala do partido onde se elabora a posição oficial, a Assembleia Nacional, tribunais etc.; alguns destes ambientes são especializados em gestão de conflitos e têm poder de decisão; outros não, visando mais à amplificação do debate do que ao seu desfecho.

A questão crucial do ônus da prova está ligada não apenas às opiniões gerais (a *doxa*) no momento da discussão, como também ao lugar onde ocorre a discussão, ver **Ônus da prova**.

O conceito de *espaço* ou de *fórum argumentativo*, com suas regras institucionais, deve ser levado em consideração na análise social da argumentação. Essa abordagem situada permite ultrapassar uma visão idealizada da argumentação como exercício estritamente submetido às leis da razão dialética, que regram as trocas verbais muitas vezes artificiais, ver **Papéis argumentativos**.

O texto a seguir foi extraído de um discurso pronunciado por Alfredo Cristiani em 2002, presidente de El Salvador entre 1989 e 1994. Sob seu mandato assinalaram-se os Acordos de Paz de Chapultepec, que puseram fim, em 1992, à guerra civil entre a extrema direita e a guerrilha marxista, que durava desde 1980. O seu discurso de 2002 foi pronunciado por ocasião do décimo aniversário da assinatura destes acordos.

> Não podemos entender a importância do que se passou em El Salvador se nos limitamos ao passado recente. A crise que varreu a nação salvadorenha na última década não veio do nada, nem foi resultado de vontades isoladas. Essa dolorosa e trágica crise tem antigas e profundas raízes sociais, políticas, econômicas e culturais. No passado, uma das falhas perniciosas da nossa forma de vida nacional foi *a falta ou insuficiência de espaços e mecanismos necessários para permitir a livre troca de ideias*, o desenvolvimento

---

\* N.T.: A versão em espanhol deste dicionário traduziu o termo original *sites argumentatifs* por *espacio argumentativo*; já a versão em inglês o traduziu por *argumentative forum*. Vamos acompanhar a versão do inglês, que representa com mais clareza a própria ideia do verbete original.

natural dos diferentes projetos políticos que decorrem da liberdade de pensar e de agir, em suma, a ausência de um quadro real de vida democrática. (Discurso de Alfredo Cristiani na cerimónia de assinatura dos Acordos de Paz. Disponível em: http://www. elsalvador.com/noticias/especiales/acuerdosdepaz2002/nota18.html. Acesso em: 20 set. 2013 [itálico nosso])

Os fóruns argumentativos institucionais produzem as suas próprias regras, o que dá sentido à expressão "racionalidade local".

A interação dialética socrática, orientada pelo único objetivo da procura da verdade, desenvolve-se num fórum argumentativo peculiar, longe de espaços públicos comuns e institucionais, como tribunais e assembleias, os preferidos dos sofistas:

> Fedro: – Mas onde preferes sentar para a leitura? [do discurso de Lísias]
> Sócrates: – Desviemo-nos aqui, seguindo pelas margens do Ilisso e, tão logo um lugar nos pareça tranquilo, sentamos.
> Fedro: – E vê que oportuno: calho estar descalço, como tu sempre vais. De modo que será fácil e nada desconfortável irmos pela água – muito pelo contrário! – nesta época do ano e nesta hora do dia!
> Sócrates: – Vai na frente e escolhe também um lugar para nos sentarmos.
> Fedro: – Vês aquele plátano alto?
> Sócrates: – Como não?
> Fedro: – Ali há uma sombra, brisa moderada e relva para sentar, ou mesmo deitar se quisermos.
> Sócrates: – Vamos, então.
> Fedro: – Diga-me, Sócrates, não teria sido por aqui, conforme se conta, que Bóreas raptou Orítia?
> Sócrates: – É o que dizem.
> Fedro: – Neste ponto? A água parece tão pura e transparente! Convidativa, por assim dizer, e mesmo apropriada para meninas brincarem às suas margens. (Platão, *Fed.*, 228b-229c)

(R.A.L.M.G.)

# ▪ Fundamento, arg.

❖ Argumento *ad rem*, lat. *res*, "realidade, coisa; ponto de discussão, questão". Ing. *argument addressed to the thing; to the point; dealing with the matter at hand.*

Os argumentos sobre o fundamento, relativas ao cerne da questão [*sur le fond*] são relativos aos fatos *pertinentes, centrais* para a questão tratada, opondo-se aos argumentos *periféricos*. Numa perspectiva normativa, esse tipo de argumento é o que de fato será mobilizado numa discussão, pois é o que melhor representa a questão em debate, mas isso não significa que esses argumentos sejam automaticamente validados. Aliás, a força e o valor desses argumentos é, em si, objeto de debate. Por exemplo, uma parte pode apresentar um *precedente*, o que diz respeito à questão central em discussão. No entanto, esse precedente pode ser criticado e rejeitado, e, nesse caso, o argumento empregado é declarado não válido para aquela discussão.

O critério de pertinência é ele mesmo um objeto do debate. É uma das funções de um terceiro produzir e estabelecer os critérios de pertinência que podem eventualmente ir de encontro à opinião das partes que participam da discussão, ver **Pertinência**.

*Os argumentos periféricos* exploram indícios acidentalmente associados à ação (ver **Indício**; **Circunstâncias**) ou operam um *tropo* argumentativo, por exemplo, da qualidade da pessoa à da ação, ver **Ethos**; **Pessoa**. Os *argumentos periféricos* não são *provas indiretas*; a prova indireta corresponde a um raciocínio pelo absurdo, ver **Absurdo**.

## ARGUMENTO SOBRE O FUNDAMENTO, ÚNICA FORMA VÁLIDA DE ARGUMENTAÇÃO?

❖ Os argumentos acerca do cerne da questão sobre o fundamento são às vezes designados *argumentos ad judicium*, do latim *iudicium*, "faculdade de julgar, tribunal, sentença"; ing. 1. *argument appealing to the judgment*; 2. *to common sense*.

Nos *Ensaios acerca do entendimento humano* (1690), Locke distingue quatro tipos de argumentos

que os homens geralmente usam quando raciocinam para outros e tentam obter seu assentimento, ou pelo menos impressioná-los e silenciar sua oposição. (Locke, 2012 [1690/1972]: 754)

Os três primeiros tipos de argumento, o argumento *ad ignorantiam*, o argumento *ad hominem* e o argumento *ad verecundiam* são declarados falaciosos (p. 573-574), ver **Tipologias (II)**; **Ignorância**; *Ad Hominem*; **Modéstia**. Só é considerado como válido o argumento *ad judicium*, ou o argumento sobre o fundamento, sobre a essência das coisas. Esse argumento

o *quarto* argumento é usar provas extraídas de fundações ou de probabilidades de conhecimento. Esse argumento chama-se *ad judicium*. Dos quatro, é o único verdadeiramente instrutivo e que nos direciona até o conhecimento. (Locke, 2012 [1690/1972]: 755)

E essa é a definição de referência para o argumento *ad judicium*.

Essas poucas linhas que Locke consagra à questão da validade dos argumentos fazem claramente emergir a ruptura entre, de um lado, o pensamento retórico da argumentação, orientado para a compreensão e a prática dos discursos que engajam a vida da comunidade, e, de outro lado, a ambição moderna de uma argumentação que calca seus procedimentos e seus critérios no método científico – o que significa fazer do método argumentativo o nome do método científico aplicado às questões sociais e aos projetos humanos. Nesse novo quadro, a autoridade do discurso, para ser legítima, deve vir unicamente de seu conteúdo, de sua relação com as coisas (*ad rem*). As argumentações ditas pela ignorância, de modéstia (*ad verecundiam*) ou *ad hominem* são, para Locke, argumentações periféricas, ligadas às circunstâncias do dizer. Elas têm como ponto em comum levar em conta a situação de fala e os conhecimentos do locutor na argumentação, o que ele ignora, o que ele ousa ou não ousa dizer, ou a coerência de suas crenças. A argumentação assim concebida expulsa o locutor e seu sistema de conhecimento sempre relativo. Ela está no extremo oposto do que Grize chama de lógica do sujeito.

*Ad judicium, uma designação homonímica* – o rótulo *ad judicium* ilustra bem a confusão que reina no sistema de designação das formas de argumento.

(i) Fazendo sem dúvida referência a Locke, Whately considera que o rótulo *ad judicium* designa "muito provavelmente a mesma coisa" que o argumento *ad rem* (Whately [1832]: 170), ou seja, o argumento sobre o fundamento. Nesse sentido, *ad judicium* e *ad rem* seriam, pois, duplicações terminológicas, o que não é de todo mal.

(ii) Mas existe outra definição totalmente diferente de *ad judicium*. Um dicionário de teologia o define, com efeito, como: "uma argumentação que faz apelo ao senso comum [*common sense*] e à opinião geral [*judgment of people*] para validar uma posição" (Disponível em: http://carm.org/dictionary-argumentum-ad-judicium. Acesso em: 20 set. 2013).

(iii) Enfim, Bentham utiliza esse rótulo *ad judicium* para designar falácias de confusão (Bentham [1824]), ver **Tipologias (III)**.

## O ARGUMENTO À PROPÓSITO (*AD ORATIONEM*)

❖ Lat. *oratio*, "proposição, fala".

A designação, pouco frequente, *ad orationem* é utilizada para denominar um argumento que leva em conta o que foi realmente dito, nos próprios termos que foram empregados num contexto específico:

Ele responde *ad orationem*, e não *ad hominem*.

O argumento se dirige "ao discurso, ao argumento, à demanda". Trata-se de um argumento que vai direto ao ponto, à *proposta*, no sentido de tratar efetivamente da *questão* em discussão, sem rodeios. Ele corresponde a uma argumentação legítima (ver **Pertinência**) e pertence à família dos argumentos sobre a fundamentação das coisas. Se tomada ao pé da letra, essa designação poderia corresponder ao argumento *ad litteram*, ver **Sentido estrito**.

## *LOGOS* E ARGUMENTOS SOBRE O FUNDAMENTO

Uma sequência de derivações e de associações falaciosas poderia levar-nos a pensar que os argumentos ligados ao *logos* são argumentos *lógicos*, e, por consequência, *objetivos*, o que levaria a uma argumentação sobre o fundamento e que se opõe aos argumentos etóticos e patêmicos, os quais manifestam um caráter *subjetivo*. Nesse sentido, em uma questão científica, o fundamento das coisas diz respeito, com efeito, aos objetos, de toda natureza, tratados pelo cálculo com a exclusão das considerações pessoais.

Os argumentos etóticos e patêmicos também remetem a um *logos*, no sentido de um "discurso". E isso acontece na linguagem cotidiana, a qual, por um lado, e como sabemos, leva em conta as idiossincrasias pessoais. Por outro lado, os argumentos sobre o fundamento não são unicamente aqueles que tratam dos objetos, mas aqueles que se reportam à questão em discussão, ver **Pertinência**. É essa questão que determina qual é "o ponto central" do debate. Os argumentos sobre o fundamento podem ser relacionados a todas as dimensões do discurso, tanto aos objetos em debate como às pessoas e a suas emoções, na medida em que tenham a ver com a discussão.

Nesse sentido, e a título de exemplo, trazer à tona as possíveis condenações precedentes de uma pessoa é possível. Não à toa, a descrição do estado de choque emocional no qual foi encontrada a vítima faz parte dos dados do processo. Considerando que um argumento não é necessariamente válido simplesmente porque ele aborda em cheio o tema em discussão, isto é, o seu objeto, trazer à tona questões pessoais, além de pertinente, pode até ser indispensável, a depender do contexto, ver **Polidez**.

O problema é estabelecer uma distinção entre aquilo que, nas pessoas, provém de uma abordagem *sobre o fundamento*, e aquilo que provém de uma abordagem *periférica* da questão em discussão. Em outras palavras, é preciso considerar quais são os aspectos da pessoa que são pertinentes discutir para o tratamento do problema – traços da pessoa *em questão* – e quais são aqueles para os quais os traços pessoais não devem ser aventados ao longo da discussão. O problema é particularmente complicado quando as pessoas em questão são os próprios atores envolvidos numa argumentação.

(L.F.B.F.)

## ▪ Generalidade da lei, arg.

❖ Lat. *a generali sensu*, lat. *generalis*, "geral", *sensus*, "pensamento, ideia"; argumento da generalidade da lei. Ing *arg. from generality of rule of law*.

O argumento da generalidade da lei dispõe que a lei não admite interpretações muito subjetivas: "não devemos fazer distinção quando a lei não o faz" (segundo provérbio latino: *ubi lex non distinguit, non nobis est ditinguere*).*

Em termos gerais, se a regra prevê que *o uso do telefone celular é proibido durante a aula*, então sua aplicação é geral. Desculpas que tentem restringir seu alcance – dizendo que a regra vale, sobretudo, *para os grupos de alunos menores*, ou que não vale quando se trata de *administrar sua conta bancária*, ou que vale apenas *para aqueles que têm uma boa nota* – não são aceitáveis. A regra não admite exceção.

(P.R.G.)

## ▪ Generalização apressada ▶ Indução, arg.

## ▪ Gênero, arg.

*Gênero* pode ser entendido:

1. no sentido da teoria do gênero (*gender*);
2. no sentido da teoria das categorias.

#### O GÊNERO COMO *GENDER*

*Gênero* é entendido aqui no sentido admitido nos *gender studies*, os quais estudam "as relações e as correlações entre o sexo psicológico e o gênero sexual" (Wikipedia, art. *Gender studies*. Acesso em: 20 set. 2013

---

* N.T.: "Onde a lei não distingue, não pode o intérprete distinguir". Disponível em: https://www.jusbrasil.com.br/topicos/1253671/ubi-lex-non-distinguit-nec-nos-distinguere-debemus. Acesso em: 26 abr. 2019.

Poderíamos chamar *argumento do gênero* a argumentação que fundamenta uma conclusão sobre um argumento que especifica o gênero da pessoa considerada: *Então, brinque de boneca, você é uma menina!* Essa argumentação é simplesmente uma especificação no caso da categoria *"gender"* da argumentação por categorização, ou a definição, ver **Classificação**; **Categorização**. Não importa qual argumentação fundada na categoria X pode, dessa maneira, se chamar "argumento de X". Poderíamos, por exemplo, chamar "argumento do comerciante" o argumento que consiste em dizer *É um comerciante, ele só sabe barganhar*, em função de um antigo estereótipo pejorativo que liga um pequeno comerciante ao ato de barganhar, "de intelecto limitado, comum, sem gosto artístico" (*TLFi*, art. *Épicier*).

### O GÊNERO COMO CATEGORIA

❖ O argumento do gênero é, às vezes, designado por seu nome latino: argumento *ejusdem generis*,* de *genus*, "gênero", e *idem*, "idêntico".

O argumento do gênero corresponde a uma argumentação por definição, por categoria. Ele transfere a um indivíduo as propriedades e deveres ligados à categoria a qual pertence, ver **Classificação**; **Categorização**; **Definição**; **Regra de Justiça**; *A pari*.

*Cláusula de gênero* – a cláusula geral "...e as coisas do mesmo gênero" permite estender a outros seres o alcance de uma disposição relativa a alguns deles explicitamente enumerados. O texto e a forma: *Esta disposição concerne os a, os b, os c, e todos os seres do mesmo gênero*; por exemplo, *...os carros, as motos, e todos os meios de transporte.*

Considere-se um ser *x* que não figura na enumeração. Se é possível pressupor que *x* pertence à categoria definida pela enumeração, então a cláusula *E todos os seres do mesmo gênero* assente estender a *x* a disposição que se refere aos *a*, aos *b* e aos *c*. Ela mostra que os elementos citados (os *a*, os *b* e os *c*) estão ali não somente por si mesmos, mas também como protótipos sobre os quais é construída a categoria, ver **Analogia (III)**.

A *cláusula de gênero* permite a aplicação da regra de justiça das argumentações *a pari* e *a contrario*, ver **Regra de justiça**; *A pari*; *A contrario*.

Todo ser humano tem capacidade para gozar os direitos e as liberdades estabelecidos nesta Declaração, sem distinção de qualquer espécie, seja de raça, cor, sexo, idioma, religião, opinião política ou de outra natureza, origem nacional ou social, riqueza, nascimento, ou qualquer outra condição. (*Declaração Universal dos Direitos Humanos*, art. II, §1. Unic / Rio de Janeiro, 2009)**

A existência de uma perspectiva de ampliação do sentido estende-se ao gênero:

*Deve-se pagar o imposto sobre as galinhas, sobre os gansos e sobre outros animais de capoeira.* Conclusão: *Portanto, sobre os patos e os coelhos.*

---

\* N.T.: "Da mesma espécie". Disponível em: https://pt.wikipedia.org/wiki/Interpreta%C3%A7%C3%A3o_da_lei. Acesso em: 26 abr. 2019.

\*\* N.T.: Disponível em: https://nacoesunidas.org/wp-content/uploads/2018/10/DUDH.pdf. Acesso em: 26 abr. 2019.

As galinhas e os gansos são mencionados somente como exemplo prototípico da categoria "animais de capoeira". Podemos discutir se um pavão é um animal de capoeira. *A contrario*, a não ampliação do sentido limita a aplicação da medida aos seres explicitamente citados:

> *Deve-se pagar o imposto sobre as galinhas e os gansos.*
> Conclusão: *Portanto, não será paga em relação aos patos.*

a menos que se evoque a intenção do legislador. A partícula *etc.* abre a lista sobre novos indivíduos, mas não oferece categorização clara.

Essa cláusula extensiva não é limitada ao âmbito jurídico:

> *Churrasqueira fixa de cimento* – Atenção! Não utilizar álcool, gasolina *ou outro líquido análogo* para acender ou reativar o fogo. (Aviso colado sobre uma churrasqueira)

Ver **Tópica jurídica**.

(P.R.G.)

## ▪ Genético ► Intenção do legislador, arg.; Falacioso (II)

| Histórico

- **Histórico** ▶ Intenção do legislador, arg.

- **Homem de palha** ▶ Representação do discurso

- **Homonímia (fal.)**

A falácia de homonímia é uma falácia de ambiguidade, ligada ao discurso, ver **Falacioso (III)**.

Dois signos são homônimos quando têm o mesmo significante, mas significados totalmente diferentes. Em francês, o significante *bac* corresponde a três palavras homônimas (1. Recipiente; 2. Barco; 3. *Baccalauréat*)\* e a diversos acrônimos em francês (*BAC*, Brigada AntiCriminal). Distingue-se da *homografia* (mesma grafia, som diferente (*gosto* – verbo *vs.* substantivo; *força* – verbo *vs.* substantivo) e da *homofonia* (mesmo som, grafia diferente: *sessão/seção*; *houve/ouve*).\*\*

*Paralogismo e sofisma de homonímia* – na teoria do raciocínio silogístico, um silogismo falacioso por homonímia não é composto de três, mas de quatro termos, sendo um deles tomado em dois sentidos diferentes, ver **Paralogismos silogísticos**.

O diálogo de Platão, *Eutidemo*, traz um exemplo da prática sofística utilizando a homonímia. Eutidemo, o sofista, personagem epônimo desse diálogo, apresenta sucessivamente propostas contraditórias: "os aprendizes eram os sábios"/"são os ignorantes que são os aprendizes" (Platão, *Eut.*, V, 275c-276c).

O público e, particularmente, o jovem Clínias, ficaram espantados com tal resposta. O sofisma não é destinado a persuadir por mentiras, mas a desestabilizar certezas inocentes: por esse choque salutar, o público toma consciência da opacidade e da forma

---

\* N.T.: Exame final ao qual os estudantes da escola secundária francesa (Liceu) devem se submeter e cujo sucesso é necessário para o ingresso no ensino superior. Equivale ao Enem do Brasil.
\*\* N.T.: Adaptamos todos os exemplos para o português. No original: "*couvent* ('maison d'une communauté religieuse'; et *couvent*, 3ᵉ personne du pluriel du verbe *couver*)".

própria da linguagem, ver **Persuasão**; **Sofisma**. Como explica Sócrates, "a mesma palavra [é aplicada] para pessoas que se encontram nas condições opostas de conhecer e não conhecer" (Platão, *Eut.*, V, 275c-276c): o mestre ensina *ao* aluno ao passo que o aluno aprende *com* o mestre.* Em francês, *louer* é lexicalmente homônimo de *louer* (*louvar*), *louange* (*louvor*) e *louer* (*alugar*), *location* (*locação*). Sintaticamente é como *apprendre*, segundo a distribuição dos actantes locatário L e proprietário P: L *loue à* P (L *aluga a* P) como P *loue de* L (P *aluga de* L). Nesse idioma temos, ainda, os casos de être *l'hôte de* (*ser hóspede de/em*; *hospedar alguém*) e *apprendre* (*ensinar*; *aprender*) que funcionam da mesma forma.**

*Deslizamentos homonímicos* – a linguagem científica condena a homonímia e reivindica que se utilizem apenas termos definidos de modo unívoco e estável em seu significado e sua sintaxe. No raciocínio natural, o sentido dos termos se constrói e se recompõe ao longo do discurso, ver **Objeto de discurso**; **Demonstração e argumentação**; **Paralogismos silogísticos**.

De modo geral, lidamos com uma questão de homonímia quando um termo mudou de sentido de uma etapa a outra do raciocínio e, de modo mais abrangente, da discussão, qualquer que seja a forma dessa mudança de sentido, por homonímia ou porque o termo foi usado em seu sentido próprio e depois naquele figurado. Assim, a discussão sobre o *crédito a ser concedido a uma pessoa* pode oscilar entre a fixação do *montante de um empréstimo* e a *confiança* nessa pessoa. Em alemão, se diz, às vezes, que a discussão econômica da *dívida financeira* é ligada à discussão da *culpa moral*, sendo que o mesmo significante em alemão, *Schuld*, tem ambos significados.

A estratégia de *distinguo* permite refutar um discurso que joga com a homonímia, ver **Distinguo**.

(P.R.G.)

---

\* N.T.: No original há um jogo de palavras a partir da homonímia *apprendre*, que significa, em francês, *ensinar* e *aprender*; "le maître apprend à l'élève alors que l'élève apprend *du* maître".

\*\* N.T.: Em francês teríamos: L *apprend à* P (L ensina P), P *apprend à* L (P aprende de/com L); L *est l'hôte de* P (L hospeda P), P *est l'hôte de* L (P é hóspede de L).

## ▪ Ignorância, arg.

❖ Lat. argumento *ad ignorantiam*; ingl. *arg from ignorance*.

### ARGUMENTAÇÃO POR IGNORÂNCIA E LEGITIMIDADE DA DÚVIDA

A argumentação por ignorância é definida por Locke (1690) como uma das quatro formas fundamentais de argumentação:

> O *segundo* argumento dos homens para controlar os outros e forçá-los a submeterem-se ao seu próprio juízo e a aceitarem sua opinião é exigir que o adversário admita o que alegam como prova, ou que então apresente uma prova melhor. Esse argumento é conhecido pelo nome de *ad ignorantiam*. (Locke, 2012 [1690]: 755, ver **Tipologias (II): Modernas**)

Essa estratégia foi declarada falaciosa por Locke.

A situação na qual L1 se apoia na ignorância de L2 é esquematizada no diálogo seguinte:

L1_1: – *C, em razão de A.*

L2_1: – *Não admito que A seja uma prova de C. Trata-se de um argumento ruim.*

L1_2: – *Você teria alguma razão que lhe permitisse concluir alguma coisa diferente de C? Conhece um melhor argumento para C?*

L2_2: – *Não.*

L1_3: – *Então você é obrigado a admitir a prova que apresentei e a minha conclusão.*

(i) No primeiro turno, L1_1 apresenta uma argumentação;
(ii) No segundo turno, L2_1 recusa-se a ratificá-la;
(iii) No terceiro turno, L1_2 pede para L2 expor as razões de sua dúvida. Ele está perfeitamente em seu direito de fazê-lo, em virtude do princípio conversacional segundo o qual uma sequência não preferida deve ser acompanhada de argumentos. L2 poderia responder:

- apresentando objeções ou recusando a argumentação de L1_1;
- construindo um contradiscurso, com uma "prova melhor".

Como o texto não informa qual a conclusão, podemos, assim, supor os dois casos a seguir:

- concluir alguma coisa diferente de C;
- apresentar "uma prova melhor" para C.

(iv) No quarto turno, L2_2 mostra-se incapaz de apresentar um argumento.

(v) No quinto turno, por conseguinte, L1 poderia:

- admitir a recusa de ratificação, mantendo sua argumentação: Está certo, não é um ótimo argumento. Mesmo assim é interessante e, também, o único que temos;
- exigir que L2 aceite sua argumentação: é o que constitui, segundo Locke, uma falácia de argumentação por ignorância: *como você não tem nada a dizer contra minha argumentação, deve admitir minha conclusão.*

L1 quer impor sua conclusão por duas razões: por um lado, por seu próprio argumento; por outro, pela incapacidade de L2 em apresentar outra conclusão. Se Locke considera que a pretensão de L1 na etapa (v) é falaciosa, é por considerar como legítimo que L2 não admita uma conclusão, apesar de argumentada, mesmo que, de fato, L2 não apresente nenhum argumento. Locke legitima aqui a recusa de se submeter à argumentação de outrem, ainda que plausível, mesmo que essa recusa não tenha qualquer fundamento, senão pela íntima convicção.

Sobre essa análise, Leibniz observa que "[o argumento *ad ignorantiam*] é bom nos casos de presunção, quando é razoável manter uma opinião até que se demonstre o contrário" (1999 [1765]: 499); *presunção* tem aqui o sentido de "ônus da prova". A pretensão de L1 é, talvez, excessiva e falaciosa, no entanto sua conclusão é aceitável até que um argumento irrefutável se apresente.

A argumentação por ignorância é um raciocínio "melhor que nada", "na falta de alternativa", que assume um tom diferente quando se trata não mais de verdade e de conhecimento, mas de decisão e ação, possivelmente urgente:

L1_1:  – *De minha parte proponho*
  1) *que assumamos tal e tal disposição;*
  2) *que exploremos tal e tal hipótese;*
  *Agora, é com você*
L2:  [silêncio]
L1_2:  – *Você não diz nada? Quem cala consente:*
  1) *Na ausência de contradição, minha posição está aprovada.*
  2) *Na ausência de outra hipótese, a minha será aprovada como hipótese de trabalho.*

É difícil encontrar alguma coisa a ser dita em relação às conclusões de L1. Ele não disse que sua proposta era a única válida, nem que sua hipótese deveria ser tida como verdadeira.

## IGNORÂNCIA E TERCEIRO EXCLUÍDO

O argumento por ignorância é igualmente definido, sem qualquer consideração sobre a qualidade do argumento, como uma aplicação ilegítima do terceiro excluído:

*P é verdadeiro já que você é incapaz de provar que ele é falso.*

Não se trata aqui de um argumento. Se considerarmos que "não se provou que não P" é equivalente a "não (não P)", conclui-se P pela aplicação do princípio do terceiro excluído. Mas os dois *"não"* não são da mesma natureza: "não-P não está provado" não quer dizer que "não P é falso". Há ali uma confusão entre o que é verdadeiro (no sentido filosófico, alético) e o que é cognoscível (ordem do epistêmico), ver **Absurdo**.

### IGNORÂNCIA, ÔNUS DA PROVA, PRINCÍPIO DE PRECAUÇÃO

*Sou inocente, visto que você é incapaz de provar que eu sou culpado.*
*Você é culpado, visto que é incapaz de provar sua inocência.*

Admitir P como verdadeiro na ausência de uma prova não P é uma decisão que cabe à instituição habilitada discutir e decidir no domínio implicado. No âmbito judicial, *a presunção de inocência* faz o ônus da prova recair sobre a acusação e beneficia o acusado por sua suposta ignorância. No debate sobre a toxicidade de novos produtos, em que se trata também de administrar conhecimentos técnicos insuficientes, a *presunção de inocuidade* seria:

*É possível que o produto tenha efeitos tóxicos, porém não está provado.*
*Portanto, ele não tem efeitos tóxicos.*

O princípio da precaução, na forma radical inversa do ônus da prova, seria:

*Não está provado que o produto tenha efeitos tóxicos, porém é possível.*
*Portanto, tomem-se precauções.*

Para refutar o princípio de precaução, pode-se maximizá-lo: *Todo produto é presumivelmente tóxico até que se tenha provado sua inocuidade.* Em seu enunciado oficial, isso consiste em uma demanda de vigilância das provas:

Artigo 5 – Quando a produção de um dano puder afetar de modo grave e irreversível o meio-ambiente, ainda que incerto o estado de conhecimentos científicos, as autoridades públicas devem garantir, por meio da aplicação do princípio de precaução e no âmbito de suas atribuições, a implementação de procedimentos de avaliação dos riscos e a adoção de medidas provisórias e proporcionadas, a fim de evitar a produção do dano. (Carta do meio-ambiente, 2004. Disponível em: http://www.legifrance.gouv.fr/Droit-francais/Constitution/Charte-de-l-environnement-de-2004]. Acesso em: 20 set. 2013)

### ARGUMENTO DO SILÊNCIO, VER SILÊNCIO.

(P.R.G.)

## ▪ Ignorância da refutação, *ignoratio elenchi* ▸ Pertinência

## ▪ Imitação, paradigma, modelo

*Os paradigmas e os "grandes análogos"* – no raciocínio político, certos acontecimentos desempenham o papel de *paradigmas*: Munique e a derrota diplomática das democracias frente à vontade expansionista nazista, a Segunda Guerra Mundial, o genocídio dos judeus, dos ciganos e dos homossexuais são grandes analogias que servem de *antimodelos* para pensar todos os conflitos atuais. Para os americanos, o Vietnã é a grande analogia, evocada quando se trata de opor-se a possíveis intervenções militares no exterior. Os paradigmas servem de "modelos", permitindo compreender os novos acontecimentos; eles funcionam, nesse sentido, com base no princípio do *precedente*, ver **Precedente**; **Exemplo**.

Um fato que venha a se tornar um "grande marco" tem na antonomásia (figura pela qual um membro da categoria é designado pelo nome do paradigma dessa categoria) um recurso que evoca importantes figuras históricas, tais como um *Daladier* ou um *Chamberlain*, que é uma pessoa que se rende diante de um ditador ao invés de combatê-lo, como se comportaram Edouard Daladier e Neville Chamberlain, em Munique, perante Hitler.

Nesse sentido, o *modelo*, pessoa ou evento, cria uma categoria análoga, ver **Categorização**; **Analogia (III)**.

*Dar o exemplo* – para levar alguém a fazer alguma coisa, pode-se adotar um procedimento argumentativo, quer dizer, expor-lhe discursivamente todas as boas razões de fazê-lo. É possível ainda argumentar pelo modelo, apresentando um exemplo de pessoas importantes (reais ou imaginárias) que tenham feito algo que queremos que alguém faça (variante da argumentação de autoridade), ver **Exemplum**. Assim, opera-se um deslocamento metonímico da ação para o autor da ação.

Igualmente, é possível dar o exemplo e agir como gostaríamos que os outros agissem conosco. Não se trata mais de *dizer*, mas de *mostrar*, de se tornar a própria norma. Dessa maneira, podemos falar de argumentação pelo exemplo apenas de modo metafórico, como se fala de argumentação pela força, no sentido de "força física". A argumentação pelo *exemplo dado* joga com o mecanismo não verbal da vida em sociedade (identificação social, empatia etc.). A sedução é igualmente uma força que impulsiona uma pessoa a se alinhar com um modelo e a se distanciar de um contramodelo. A argumentação etótica é apenas outra forma de argumentação pelo exemplo, impulsionando o auditório a se identificar com um modelo particular, o próprio orador, ver **Ethos**.

A estratégia do exemplo que almeja o "fazer fazer", isto é, levar alguém a fazer algo, pode ser utilizada sempre que se buscar modificar um comportamento, como comer adequadamente, falar de modo correto, levar uma vida que lhe garanta recompensa na outra vida. Ao longo desse processo, pode haver persuasão (transformação de sistemas de comportamento), porém nem tudo que persuade é argumentativo, ver **Você também!**.

O modelo funciona como um díptico *a contrario*, com um *contramodelo* ou um *antimodelo* que representa tudo o que não se pode fazer; uma autoridade negativa, ver **Autoridade**.

(P.R.G.)

# ▪ Indicador ▶ Marcador

# ▪ Indício

❖ Na retórica, a palavra grega *semeion* é traduzida por "indício" e por "signo" [*signe*].

Um *indício* é um dado perceptual direto, com alguma conexão entre fatos, mas de forma pouco clara: se vejo fumaça (indício), posso inferir que há fogo em virtude do princípio "não há fumaça sem fogo". O indício é um fato certo quando nos deixamos levar pelos sentidos, pois "na qualidade do que é certo consideramos, primeiramente, o que é percebido pelos sentidos, assim, o que vemos, ouvimos, tais como os indícios" (Quintiliano, *Inst.*, V, 10, 12). O indício é irrefutável em si mesmo. Emprega-se, às vezes, a palavra *sinal* [*signe*] no sentido de *indício*.

## SILOGISMOS POR INDÍCIOS

A argumentação fundamentada num indício apresenta a forma de um silogismo. A força probatória de um indício é variável, ver **Entimema**.

- O indício *conclusivo* (*tekmerion*) está necessariamente ligado ao fenômeno, portanto, tem peso de prova. Ele faz parte do silogismo válido, cuja conclusão é certa:
  Lei (maior): *Toda mulher que produz leite deu à luz* (se L, então E).
  Sinal (menor): *Esta mulher está produzindo leite.*
  Conclusão: *Esta mulher deu à luz.*
- O indício é *provável* ou contingente (*semeion*) se ligado a vários estados de coisas; o silogismo associado não é válido:
  Lei (maior): *As mulheres que deram à luz são pálidas* (se E, então P).
  Sinal (menor): *Esta mulher está pálida.*
  Conclusão: *Esta mulher deu à luz.*

Nesse segundo exemplo, vemos que uma condição necessária é tida por suficiente: pode-se ser pálido por natureza ou por simplesmente estar-se doente. O indício naquele exemplo não traz uma prova, somente um elemento de prova (judiciária).

## ARGUMENTAÇÃO INDICIÁRIA

Do ponto de vista da realidade material objetiva, o indício faz parte do fenômeno: o estado do céu hoje ajuda a prever o tempo que fará amanhã. A teoria dos indícios faz parte da rotina médica: um *sintoma* é um indício; o rubor é um indício (sinal, sintoma) de febre; a flacidez da pele é um indício (sinal) da idade. A existência de indícios convergentes justifica uma acusação ou um diagnóstico, ver **Circunstâncias**. Os indícios podem se tornar premissas de uma conclusão. Uma parte do corpo pode estar *vermelha* simplesmente porque ela foi friccionada; *quente* devido a uma exposição ao sol; *dolorida* ou *inchada* por ter sofrido um choque. Porém, se ela está, *ao mesmo tempo*, vermelha, dolorida, quente e inchada (*rubor, dor, calor, intumescência*), é porque há inflamação.

O raciocínio indiciário é como o do militar que observa os atos e movimentos do inimigo para adivinhar suas intenções.

Roland Dorgelès teve "[o] singular privilégio de batizar uma guerra": ele foi o primeiro a chamar "guerra de araque" [*drôle guerre*, em francês] o no campo de batalha entre 3 de setembro de 1939, data da declaração de guerra, e 10 de maio de 1940, data da invasão da Bélgica, dos Países-Baixos, de Luxemburgo e da França pela Alemanha nazista. Sua obra, *La drôle de guerre*, é constituída de uma série de reportagens feitas no campo de batalha durante esse período. Em abril de 1940, ele está na Alsácia, em um posto de observação:

- Lá de cima, dominamos as linhas inimigas como de uma varanda. [...] O sargento, que não tira os olhos deles, conhece agora seus hábitos, sabe de onde vêm e aonde vão.
- Ali – mostra ele apontando – eles estão cavando uma trincheira. Olhe a terra remexida... A casa cinza, eles certamente a pavimentaram de concreto. Tá vendo a entrada? E as telhas espalhadas? Eles estão trabalhando nisso. Esta manhã, contei sessenta deles que voltavam do canteiro de obras. Com lâmpadas, portanto, estão cavando por baixo. Do amanhecer à noite, nossas sentinelas permanecem inclinados sobre a luneta. (Dorgelès, 1957: 9 e 194)

Toda arte de Sherlock Holmes reside na observação, na interpretação e na combinação de indícios. O indício é um traço de ação que deixa inferir o *modus operandi*. Se os estilhaços de vidro vindos da janela estão sobre gavetas arrancadas dos armários e jogadas pelo quarto, quer dizer que, *a princípio*, saquearam o quarto e depois quebraram as janelas do lado de fora, para fazerem crer que entraram pela janela – ao passo que entraram pela porta. O culpado tinha, então, a chave. Quais são as pessoas que têm essa chave?

A exploração dos indícios com o objetivo da reconstrução do cenário de um crime, do desenrolar de uma batalha, a reconstrução de um esqueleto ou do traçado de uma cidade está na base das profissões de detetive, historiador, paleontólogo e arqueólogo (Ginzburg, 1999). As condições que permitem inferir a existência de um indício definem as técnicas argumentativas a serem utilizadas por essas diferentes profissões.

(P.R.G.)

## ▪ Indução

A *indução* é um dos três modos clássicos de inferência, ver **Dedução; Analogia**. A indução vai do particular ao geral, generalizando todos os casos de constatação feitos sobre um número restrito deles. Se tal caso é único, então se trata de um exemplo, ver **Exemplo**.

Mergulho a mão no saco e tiro dele um grão de aveia.
Mergulho uma 2ª vez a mão no saco e tiro dele um 2º grão de aveia.
...Mergulho uma 294ª vez a mão no saco e tiro dele um 294º grão de aveia.
*Para concluir, com certeza, seria preciso examinar grão a grão todo o volume restante; mas isso tomaria muito tempo. Procedo a um julgamento entre o grau de certeza esperado e a duração da tarefa, utilizando a indução, decido ganhar tempo e concluo:*
Trata-se de um saco de aveia.

A indução advém da analogia por categoria: "O exame da similaridade é proveitoso tanto para os argumentos indutivos quanto para os silogismos hipotéticos, bem como para a formulação de definições. Sua utilidade para o raciocínio indutivo se explica porque sustentamos que é pela indução dos particulares, com base nas similaridades, que inferimos o universal" (Aristóteles, *Top.*, I. 18, 10). Os grãos retirados são "análogos" no sentido em que, mesmo se forem mais ou menos parecidos, eles pertencem todos à mesma categoria "ser um grão de aveia", ver **Analogia (III)**.

## INDUÇÃO COMPLETA E INCOMPLETA

*Indução completa* – a indução é dita *completa* quando se faz a inspeção de cada caso, ver **Caso a caso**. Ela permite atribuir uma propriedade constatada empiricamente a cada um de seus membros. Por exemplo, um vilarejo H composto de três famílias, X, Y, Z:

> A família X tem um banheiro.
> A família Y tem um banheiro.
> A família Z tem um banheiro.
> Conclusão: *As casas dos habitantes de H têm, todas, um banheiro.*

As instalações examinadas são análogas quanto aos critérios definidores de um banheiro: um cômodo isolado com um lavabo e uma ducha. A indução completa procede *por extensão*, isto é, por exame exaustivo de cada caso. Nem sempre é possível realizar a indução, seja por razões materiais (tempo), seja porque não se tem acesso a todos os membros de uma categoria.

*Indução da parte representativa do todo* – a indução permite inferir, por *intensão*, uma proposta que trata do todo, a partir da constatação de que, se ele é verdadeiro para uma parte, pode ser verdadeiro para *qualquer outra* ou *representativa*. Se a parte examinada é qualquer uma e pouco expressiva, então os riscos de erro são grandes. Não obstante, o risco de erro se reduz se a parte é representativa. Sendo E uma amostra representativa da população P:

> x% de E votou no partido A.
> y% de E votou no partido B.
> ...(*idem* para cada partido)...
> Conclusão:
> *x% de P votou no partido A.*
> *y% de P votou no partido B.*
> ...(*idem* para cada partido)...

Dependendo da representatividade da amostra, se as pessoas tiverem ou não dado respostas inventadas, a conclusão varia do quase certo ao vagamente provável, ver **Todo e parte**.

*Indução a partir de um traço essencial* – a generalização sobre uma propriedade acidental de um ser é aleatória, mas sobre uma propriedade essencial ela é certa:

> *Isto é um passaporte sildávio normal.*
> *Esse passaporte menciona o pertencimento religioso.*
> *Então, os passaportes sildávios mencionam o pertencimento religioso.*

Ver **Exemplo**; **Ectese**.

*Refutação de uma indução* – refuta-se uma conclusão obtida por indução mostrando que ela procede de uma *generalização apressada*, que repousa sobre o exame de um número insuficiente de casos. Uma maneira de comprovar isso é apresentar exemplares da coleção que não possuem a mesma característica.

## RACIOCÍNIO POR RECORRÊNCIA

Na matemática, o raciocínio por recorrência constitui uma forma de indução que permite concluir de modo exato (Vax, 1982, art. *Induction mathématique* ou *raisonnement par récurrence*). O raciocínio por recorrência é praticado em áreas como a aritmética, na qual pode ser definida uma relação de sucessão. Mostra-se que a propriedade vale para I; depois, se vale para um indivíduo qualquer < i >, vale para seu sucessor < i + i >. Conclui-se que ela vale para todos os indivíduos daquele conjunto.

## INDUÇÃO COMO MÉTODO POSITIVO DA HISTÓRIA LITERÁRIA

A argumentação por indução consiste em estabelecer uma lei ou uma tendência geral sobre um grande número de exemplos. Este procedimento é típico da ciência positivista da literatura e das ideias.

§ 2 Difusão da irreligião na nobreza e no clero
Essa difusão é considerada na alta nobreza. As testemunhas gerais são abundantes: "O ateísmo, diz Lamothe-Langon, era universalmente difundido no que se chamava de alta sociedade; crer em Deus tornava algo ridículo, e era preciso se resguardar contra isso". As memórias de Ségur, aquelas de Vaublanc, da marquesa de Tour du Pin, confirmam Lamothe-Langon. Mme d'Hénin, a princesa de Poix, a duquesa de Biron, a princesa de Bouillon, dentre muitos oficiais, era-se, se não ateu, no mínimo deísta. A maior parte dos salões são "filosóficos" e os filósofos são os seus melhores ornamentos. Não somente no espaço deles ou delas que fazem da filosofia profissão, mas também nas casas de grandes senhores: Holbach, Mme Helvétius, Mme Necker, Fanny de Beauharnais (onde se veem Mably, Mercier, Cloots, Boissy d'Anglas) dentre outros notórios. No círculo da duquesa d'Enville, encontram-se Turgot, Adam Smith, Arthur Young, Diderot, Condorcet; no círculo do conde de Castellane, d'Alembert, Condorcet, Raynal. Nos salões da duquesa de Choiseul, da mulher do marechal de Luxembourg, da duquesa de Grammont, da Mme de Montesson, da condessa de Tessé, da condessa de Ségur (sua mãe), Ségur reencontra ou ouve discutir Rousseau, Helvétius, Duclos, Voltaire, Diderot, Marmontel, Raynal, Mably. O hotel de La Rochefoucauld é o ponto de encontro de grandes senhores mais ou menos céticos e liberais: Choiseul, Rohan, Maurepas, Beauvau, Castries, Chauvelin, Chabot que ali se misturam a Turgot, d'Alembert, Barthélémy, Condorcet, Caraccioli, Guibert. Seria preciso enumerar muitos outros: os salões da duquesa d'Aiguillon, "muito encantada pela filosofia moderna, isto é, pelo materialismo e pelo ateísmo", da Mme de Beauvau, do duque de Lévis, de Mme de Vernage, do conde de Choiseul-Gouffier, do visconde de Noailles, do duque de Nivernais, do príncipe de Conti etc. (Mornet, 1933: 270-271)

A afirmação a ser justificada é: "a difusão da irreligião era considerável na alta nobreza". Ela é sustentada por um testemunho explícito, acompanhado por três outros simplesmente evocados. É seguida por uma afirmação de mesma ordem, "a maior parte dos salões são filosóficos, e os filósofos são belos ornamentos deles", sustentada por vinte e oito nomes de filósofos.

A solidez do princípio afirmado depende do número de casos citados. E o pequeno número de assinaturas autoriza o ceticismo:

> Talvez não se tenha notado deveras o quanto é derrisoriamente pequeno o número desses exemplos tirados da história sobre os quais assenta-se uma "lei" que pretende valer para toda evolução, passado e futuro, da humanidade. Esse (Vico) declara que a História é uma sequência de alternâncias entre um período de progresso e um período de regressão; ele dá *dois* exemplos disso. Aquele (Saint-Simon) diz que ela é uma sucessão de oscilações entre uma época orgânica e uma época crítica, e apresenta *dois* exemplos. Um terceiro (Marx), afirma que a história é uma sequência de regimes econômicos, dos quais cada um elimina seu predecessor pela violência, e oferece apenas *um* exemplo desse caso! (Benda, 1975: 224-225 – grifo nosso)

Observa-se que o princípio geral afirmado por Benda ("o número desses exemplos tirados da história sobre os quais se assenta uma 'lei' que pretende valer para toda evolução, passado e futuro, da humanidade é derrisoriamente pequeno") é, ele mesmo, baseado em apenas *três* exemplos.

(P.R.G.)

# ▪ Inferência

A noção de *inferência* é uma *noção primitiva*, definida como "a derivação de uma proposição (a conclusão) a partir de um conjunto de outras proposições (as premissas)" (Brody, 1967: 66-67). Ela permite estabelecer uma verdade nova sobre uma base de verdades já conhecidas ou admitidas. Distinguem-se duas formas de inferência, a inferência imediata e a inferência propriamente dita.

- *A inferência propriamente dita* parte de várias proposições. A Lógica tradicional distingue a inferência dedutiva ou *dedução* e a inferência indutiva ou *indução*; e trata de forma periférica a questão da *analogia*, à qual ela reconhece simplesmente um valor heurístico, ver **Dedução**; **Indução**; **Analogia**.
- No caso da *inferência imediata*, a conclusão é derivada a partir de uma proposição apenas, ver **Lógica (II)**.

### INFERÊNCIA DEDUTIVA E INFERÊNCIA INDUTIVA

Tradicionalmente opõe-se a dedução à indução a partir de dois critérios.

*A orientação particular/geral* – a dedução e indução são consideradas como dois processos complementares. A indução vai do menos geral ao mais geral:

> *Este sildávio é ruivo, então os silvávios são ruivos.*

enquanto a dedução iria do mais geral ao menos geral:

> *Os homens são mortais; portanto, Sócrates é mortal.*

Porém, a dedução silogística pode ser generalizante:

*Todos os cavalos são mamíferos,*
*todos os mamíferos são vertebrados,*
*então, todo os cavalos são vertebrados.*

*O grau de exatidão* – considera-se, às vezes, que a dedução conclui de modo exato, e a indução, de modo provável, e que, por conseguinte, a dedução sozinha pode levar a um saber científico substancial (admitindo-se ciência no sentido aristotélico do termo).

## INFERÊNCIA PRAGMÁTICA

A noção de inferência pragmática é usada para fazer compreender a interpretação dos enunciados no discurso. No diálogo:

L1:     – *Quem você encontrou no jantar?*

L2:     – *Paulo, Pedro e Ginette.*

A partir da resposta de L2, L1 infere que L2 não encontrou nenhum outro conhecido comum. Esta inferência se baseia em uma lei de passagem, que corresponde à máxima de quantidade (lei de exaustividade). Se esta lei não foi respeitada, se Bruno, pessoa bem conhecida de L1, encontrou L2 no jantar, então L2 mentiu por omissão, ver **Princípio de cooperação**.

## INFERÊNCIA IMEDIATA, VER LÓGICA (II).

## INFERÊNCIA ANALÍTICA

Um *enunciado analítico* é um enunciado verdadeiro "por definição", isto é, em função de seu sentido: "um solteiro é uma pessoa adulta não casada". Enquanto a inferência imediata *lógica* procede de qualificadores ou *palavras vazias*, a inferência imediata analítica opera a partir do sentido próprio das *palavras plenas* do enunciado de base:

*Ele é solteiro; portanto, não é casado.*

Em argumentações como *É nosso dever, portanto devemos fazê-lo*, a proposição introduzida por *portanto, devemos fazê-lo* é tirada analiticamente do argumento é *nosso dever*. Se aqui podemos falar em conclusão, então é de "conclusão imediata" que estamos a tratar. De modo mais abrangente, a inferência analítica é uma inferência na qual a conclusão está inscrita no argumento; a argumentação desenvolve os conteúdos semânticos do argumento. Assim, a partir de *Pedro parou de fumar*, posso deduzir que, no passado, Pedro fumava: *se você diz que Pedro parou de fumar, você afirma que Pedro fumava antes.*

*Você fala do nascimento dos deuses, portanto, afirma que, em uma certa época, os deuses não existiam.*

O *nascimento* é definido como o "ponto de partida da existência" [*TLFi*, art. *Naissance* (nascimento)]. A conclusão não reproduz diretamente a definição da palavra, ela é obtida ao fim de uma etapa suplementar, desenvolvendo o sentido de "ponto de partida". Por esse motivo, a conclusão pode permanecer imperceptível; não estamos mais no âmbito da inferência imediata, mas naquele da *consequência lógica*, explorando, em várias etapas, os vários recursos da linguagem.

A transição do argumento à conclusão pode assentar-se sobre uma lei física ou social, ou sobre a ligação semântica de seus predicados. No discurso, esses dois tipos se encadeiam sem problema:

> *Você fala do nascimento dos deuses. Afirma, portanto, que, em certa época, os deuses não existiam. Você nega a existência dos deuses, o que é punido pela lei. Logo, você deve receber a punição prevista pela lei, assim como a recebem, aliás, por igual razão (*a pari*), aqueles que falam da morte dos deuses.*

É a intervenção de uma lei social, externa ao discurso e à língua, que permite efetuar a passagem de "negar a existência dos deuses" a "receber uma punição". Às vezes, os dois tipos de lei se misturam:

> *Você é um ímpio, a impiedade é punida com a morte, você deve morrer.*

É difícil dizer em que medida o sentido próprio da palavra ímpio integrou sua lei de passagem "a impiedade é punida com a morte". Há, de todo modo, uma forte ligação com a realidade social: se desejo reformar a legislação, minha revolta não é uma revolta semântica, ver **Causalidade (I)**; **Definição**; **Diagrama de Toulmin**; *Topos*.

### INFERÊNCIA E ARGUMENTAÇÃO

Na *Retórica* de Aristóteles, *o entimema* corresponde ao modo de inferência dedutiva, e *o exemplo*, à inferência indutiva, ver **Entimema**; **Exemplo**; **Tipologia (I)**. Na argumentação, considera-se que a inferência, do dado à conclusão, assenta-se sobre uma lei de passagem, ou *topos*, ver **Diagrama de Toulmin**; *Topos*.

A *teoria da argumentação na língua* estabelece uma oposição fundamental entre o ato de argumentar e o ato de inferir. Por ato *de argumentar* o locutor estrutura previamente o percurso que dará a seu próprio discurso, intentando "arregimentar" a fala de seu interlocutor, limitando-a a tais sequências previstas. O locutor, assim, traça uma *sequência ideal* ao seu próprio discurso. O ato *de inferir* apoia-se sobre um enunciado, para que dele sejam calculadas as consequências indiferentes à sequência ideal (Ducrot, 1980: 7-10).

- Sequência ideal:
  *Dessa vez Pedro quase chegou na hora: sequência ideal: Desculpe-o!*
- Sequência inferida:
  *Se ele quase chegou na hora dessa vez, ele mais uma vez chegou atrasado: Punição em dobro!*

Acerca do enunciado *Pedro não leu todos os romances de Balzac*, a sequência ideal é:

> (a) *ele não poderá dar as informações que você procura.*

ao passo que em *Ele leu alguns romances de Balzac*, a sequência ideal é:

> (b) *ele poderá, talvez, lhe dar a informação que você procura.*

Porém, os interlocutores aos quais se pergunta a quem eles se dirigiriam para terem a informação, àquele que não leu todos os romances ou àquele que leu alguns deles, eles escolheriam *aquele que não leu todos eles* (Ducrot, 1980: 7-11).

Há vários cálculos inferenciais possíveis: se dissermos que ele não leu *todos*, é porque ele leu, ao menos, *muitos* deles; a negação ali (*não* leu todos) sugere que existe uma tênue possibilidade de ele ter lido *todos* os romances.

(P.R.G.)

# ▪ Intenção do legislador, arg.

### INTENÇÃO DO LEGISLADOR

No Direito, a argumentação subscrita pela *intenção do legislador* (ou *argumento teleológico*), admite como argumento não a *letra* da lei, mas a *intenção* do legislador: em que tipo de situação ele se encontra, qual tipo de problema ele considera e qual solução ele entende trazer para o caso. Esta forma de argumentação é reconhecida como válida, ver **Tópica jurídica**.

### ARGUMENTO HISTÓRICO; ARGUMENTO GENÉTICO; ARGUMENTO PSICOLÓGICO

Interpretar a lei baseado na "intenção" é possível se houver informações consistentes sobre as motivações para a criação de determinada lei: fala-se, desse modo, de argumento histórico ou argumento genético. Tal histórico é conhecido pelos trabalhos preparatórios, pelas exposições de fundamentos da lei, pelos debates que levaram à sua aprovação etc. Quando a lei se ampara em lei precedente, o argumento histórico supõe que o legislador é conservador e que os textos novos se inscrevem na tradição jurídica (presunção de continuidade do direito).

A intenção do legislador pode, igualmente, basear-se no espírito da lei (e não na letra): nesse caso, teremos um *argumento psicológico* (Tarello, apud Perelman, 1979: 58).*

### PRINCÍPIOS GERAIS DE INTERPRETAÇÃO

Esses diferentes tipos de argumentação jurídica, isto é, com base na letra ou com base no espírito, funcionam para todas as normas. Reconhecemos a validade de uma argumentação amparada não na letra, mas na intenção de quem elaborou a lei. Essas diferentes perspectivas (letra *versus* espírito) têm correspondentes fora do âmbito jurídico. Por exemplo, em filosofia ou literatura, é possível legitimar a interpretação de um texto baseando-se

---

\* N.T.: Eis, na íntegra, o que Perelman (1998:79) fala sobre o *argumento psicológico*: "O argumento psicológico consiste na investigação da vontade do legislador concreto, recorrendo ao exame dos trabalhos preparatórios [...] reconstruindo a intenção do legislador, pensando no problema concreto que ele devia resolver, nos princípios a que se refere, nas emendas feitas ao projeto primitivo. Esta argumentação permite, de modo mais particular, refutar uma interpretação da lei que poderia ter parecido plausível na ausência de tais indicações".

na intenção do autor, sendo esta fundamentada em *trabalhos preparatórios* e em dados *históricos* (notas, manuscritos; declarações do autor sobre a obra) ou em dados *psicológicos* (o espírito da obra ou do autor tal como os compreende aquele que os interpreta).

## FALÁCIA DE INTENCIONALIDADE

O argumento de intenção pode ser considerado falacioso, particularmente em análise literária, ver **Falacioso (II)**.

(P.R.G.)

# ▪ Interação, diálogo

As abordagens tradicionais da argumentação são do tipo *enunciativo*. As abordagens *interacionais* da argumentação, ligadas ao desenvolvimento dos estudos de interações verbais (em francês Kerbrat-Orecchioni, 1990, 1992, 1994; Vion, 1992; Traverso, 2000), apareceram a partir dos anos 1980, nos Estados Unidos (Cox e Willard, 1982; Jacobs e Jackson, 1982; Eemeren et al., 1987). Há o enunciativo e o interacional na argumentação e é inútil opor esses dois aspectos; a atividade argumentativa é irredutivelmente biface, ver **Argumentação (I)**.

## INTERAÇÃO, DIÁLOGO, DIÁLOGO ARGUMENTATIVO

A conversação, o diálogo e a interação supõem o face a face, a linguagem oral, a presença física dos interlocutores e o encadeamento contínuo de turnos de fala relativamente breves sobre um tema qualquer.

O *diálogo* é orientado para um tema específico e pressupõe geralmente uma divergência, um conflito. Ele é praticado, a princípio, entre humanos e, por extensão, entre humanos e animais superiores, entre humanos e máquinas. Não é necessariamente o que acontece na situação de *interação*: as partículas interagem, elas não dialogam. Fala-se de interações *verbais* ou *não verbais*, porém, dificilmente, de um *diálogo não verbal*, apenas de *aspectos não verbais de um diálogo*. Podemos não dialogar, mas não podemos não interagir.

A noção de *diálogo* permite supor a proeminência do linguageiro em uma situação supostamente igualitária. Já a noção de *interação* leva em conta as desigualdades de posicionamento dos participantes, evidenciando a coordenação entre linguagem e outras formas de ação (colaborativas ou competitivas) conduzidas por eles, num ambiente material complexo, que inclui manipulação de objetos. Fala-se *de interações* de trabalho, e não de *diálogos* de trabalho. O diálogo no trabalho faz pensar em discussões sociais que não têm a ver com o trabalho em si. Nesse sentido, as *conversações* no trabalho excluem o trabalho. As noções de *diálogo argumentativo* e de *interação argumentativa* são distintas. O diálogo é um caso particular de interação.

A perspectiva interacional abriu o campo da argumentação a situações de trabalho e de aquisição de conhecimentos científicos e, assim, o levou a problematizar o exercício da argumentação ao longo de atividades práticas materiais e que impõem a manipulação de objetos e de saberes.

*No uso corrente*, a palavra *diálogo* tem uma orientação positiva quase prescritiva: o diálogo é *bom*, é *preciso* dialogar. Os filósofos do diálogo têm um ar humanista característico; as personalidades abertas ao diálogo se opõem aos *fundamentalistas, fechados* ao diálogo. Entre duas partes, *dialogar* significa concentrar-se e, praticamente, "negociar"; *romper o diálogo* abre um espaço à violência. Nesse sentido, como testemunha o título da obra de Tannen, *The Argument Culture: Moving from Debate to Dialogue* (1998), é possível opor o *debate* acalorado – *argument*, em inglês – ao *diálogo* e perceber um progresso na transição de um para o outro.

*As abordagens formais da argumentação ligadas ao diálogo* aparecem com as lógicas dialógicas da segunda metade do século XX. Elas correspondem às lógicas dialéticas do tipo aristotélico, ver **Dialética; Lógicas do diálogo**.

## DIALOGAL E DIALÓGICO

A partir da palavra *diálogo* são formados dois adjetivos, *dialogal* e *dialógico*:

- o adjetivo *dialogal* remete ao *diálogo* autêntico, cotidiano ou natural, entre dois ou vários participantes, em uma situação face a face;
- o adjetivo *dialógico* é utilizado para designar um conjunto de fenômenos correspondendo à encenação enunciativa, na fala de um único locutor, de uma situação de diálogo. O locutor associa os conteúdos semânticos a fontes que constituem uma gama de vozes com as quais esse locutor pode ou não se identificar.

O dialogismo não é reservado ao discurso monogerido. Em uma conversação, é comum que um turno de fala, necessariamente dialogal, seja também dialógico. Num diálogo entre L0 e L1 pode acontecer que o interlocutor real L1 (plano dialogal) não corresponda ao interlocutor L'1 construído nos diversos turnos de L0. Esse hiato se manifesta, dessa maneira, por diversos ajustes e negociações entre os parceiros (Kerbrat-Orecchioni, 2000b).

Pode-se utilizar a palavra *dialogal* para se referir, ao mesmo tempo, ao dialogal propriamente dito e ao dialógico (polifônico e intertextual), a fim de evidenciar um aspecto fundamental da argumentação, o de articular dois discursos contraditórios.

*Polifonia e intertextualidade* – os conceitos de polifonia e intertextualidade permitem estender a concepção dialogada de argumentação ao discurso monolocutor. Na teoria da *polifonia*, a "deliberação íntima" é vista como um espaço dialógico, no qual uma proposição é atribuída a uma "voz", em relação à qual o locutor se situa. Esse diálogo interior está livre das idiossincrasias de uma interação face a face, mas permanece um discurso biface, articulando argumentações e contra-argumentações. Na versão de Ducrot (ver **Papéis argumentativos**), o "locutor polifônico" é uma espécie de "diretor de teatro" que escolhe o papel a ser interpretado pelos atores. Nessa perspectiva, a noção de *intertextualidade* reduz o papel do locutor, que representa mera instância de reformulação de um discurso que já existe alhures. No caso da argumentação, essas relações de intertextualidade são especificamente levadas em conta através da noção de *repertório* argumentativo [*script argumentatif*], ver **Repertório argumentativo**.

Para as teorias que colocam em primeiro plano as relações discurso/contradiscurso, as noções de polifonia e de intertextualidade são aplicadas à pesquisa de *corpus* constituída pelo estudo de uma questão argumentativa particular.

*Diálogo, debate, conselho* – o *conselho* (uma forma de *consulta*) se nutre de uma questão tratada entre um ou vários *conselheiros* e um *aconselhado*. No conselho, o conceito de mediador (ou terceiro) passa para o primeiro plano, ver **Papéis argumentativos**. A situação é marcada pela *dúvida compartilhada* e a *confiança*, em oposição à *certeza* e ao *antagonismo* que caracterizam a interação polêmica. Contrariamente ao debate, no conselho não há igualdade de princípio dos parceiros em relação à questão: os dois parceiros não têm o mesmo poder de decisão sobre a questão debatida, suas implicações nessa questão não são da mesma natureza. O caráter *privado* do conselho se distancia igualmente do debate e o aproxima do diálogo.

### FORMATOS DA FALA ARGUMENTATIVA

A fala argumentativa se manifesta na oralidade e na escrita, em diversos formatos. O léxico mobilizado propõe uma primeira abordagem dessas formas:

- formas colaborativas de interações significativamente argumentativas, como *deliberar, trocar, se interrogar, consultar, discutir, resolver um conflito...*
- atos de fala violentos em interações significativamente argumentativas e violentas, como *insurgir-se, protestar, contestar, indignar-se...*
- interações violentas com potencial argumentativo muito variável, dentre os quais a interação polêmica, violenta e significativamente argumentativa: *polemizar, criar controvérsia, disputar, querelar, bater boca, envolver-se em uma discussão doméstica, uma altercação, um desacordo, brigar, discutir, censurar, ralhar, lutar, explicar-se, ter uma desavença, ter problemas, ter um litígio contra alguém...* Esses termos tendem a se especializar de acordo com as áreas (ter problemas com a justiça, ter um litígio contra um vizinho...), de acordo com a natureza dos envolvidos: as crianças brigam, mas não discutem (discutir não é para a idade deles). Nesse sentido as criança explicam-se, mas não têm altercações, que são reservadas aos adultos (preferencialmente entre adultos desconhecidos uns dos outros?); os cônjuges protagonizam disputas domésticas (geralmente os casais fazem "ceninhas"), já os demais membros de uma família brigam; o bate-boca é mais associado às relações entre vizinhos(as) (o que, levado ao tribunal, se tornaria litígio); a discussão relaciona-se às relações de trabalho hierarquizadas, enquanto censurar e lutar, aos contextos de democratização. No que concerne à agressividade linguageira, os locutores podem, dessa maneira, operar distinções refinadas de acordo as características dos oponentes, a quantidade de envolvidos, o contexto e o grau de institucionalização da desavença, ver **Dissenso**.

(P.R.G.)

## ▪ Interpretação, arg.

A noção de interpretação remete:

- Ao processo geral de compreensão, ver **Interpretação, exegese, hermenêutica**.
- Em retórica argumentativa, fala-se de interpretação para designar:

(i) uma forma de questão argumentativa

(ii) uma figura de repetição

(iii) um *topos* da família do *topos* motivos velados e motivos declarados, ver **Motivos velados e motivos declarados**.

## QUESTÃO DE INTERPRETAÇÃO

Na teoria das estases, a interpretação corresponde a um tipo de "questão", *o estado de causa legal*. No contexto judiciário, ou, de modo mais abrangente, todas as vezes que o debate se apoia em uma regra normativa, coloca-se uma questão de interpretação quando as duas partes dissidentes fundamentam suas conclusões em leituras diferentes da lei, uma das partes apoiando-se, por exemplo, sobre a *letra* do regulamento, e outra sobre sua *essência, o espírito da lei*, ver **Estase**; **Questão**; **Categorização**; **Definição**.

## FIGURA DE REPETIÇÃO

Como figura de repetição, a interpretação consiste em retomar, no mesmo enunciado, um primeiro termo por um segundo, quase-sinônimo (*Her.*, IV, 38: 177).* Assim, temos a sequência < Termo_1, Termo_2 >, no qual o Termo_2 "interpreta", isto é, explica, esclarece por uma reformulação, o Termo_1. O Termo_2 é, por exemplo, uma tradução do primeiro em uma linguagem mais comum:

> *Encontramos Agaricus bisporus, cogumelo de Paris.*

A interpretação pode abranger uma expressão toda, tornando mais preciso o seu sentido, sem alteração da orientação argumentativa:

> *O presidente anunciou uma política de controle de despesas, uma política de Estado moderada.*

Na fala de um oponente, a interpretação pode modificar a orientação argumentativa do Termo_1:

> *O presidente anunciou uma política de controle de despesas, isto é, uma política de austeridade.*

Tal mudança é marcada pela introdução de um conectivo de reformulação (poderíamos dizer, de interpretação): *em outras palavras, isto é, ou seja, isto quer dizer que...*

## A REFUTAÇÃO PELA INTERPRETAÇÃO

O *Tratado da argumentação* classifica a *interpretatio* dentre as figuras de escolha e apresenta um exemplo emprestado de Sêneca, dito o Velho (ou o Orador [*Rhéteur*]).

---

\* N.T.: O autor não faz citação direta. Restabelecemos o trecho ao qual ele se refere: "a interpretação não reitera a mesma palavra com a repetição, mas substitui a que foi usada por outra de igual valor" ([Cícero], *Her.*, IV, 38: 177).

Sêneca, o Velho, é autor de uma coletânea de *Controvérsias*, um conjunto de casos judiciais mais ou menos imaginários, tratados por diferentes oradores de sua época (século I), no contexto de uma espécie de concurso de eloquência judiciária.

Perelman e Olbrechts-Tyteca admitem como exemplo o primeiro caso desta coletânea (1999 [1958]). O assunto foi proposto a cerca de vinte oradores especialistas que deveriam discorrer sobre uma história engenhosa de um filho que *alimentou seu tio apesar da proibição de seu pai*; depois, a roda da fortuna girou e o pai se encontra em dificuldade. O filho, dessa vez, *alimentou o pai apesar da proibição do tio*. O filho encontra-se, dessa maneira, fustigado sucessivamente pelo pai e pelo tio. No excerto a seguir, ele se justifica diante de seu pai por ter alimentado seu tio; seus advogados falam em seu nome.

> FUSCUS ARELLIEUS PAI [...] Apesar da tua proibição, eu pensava que querias teu irmão alimentado. Você me proibiu apenas superficialmente, pela expressão em seu rosto, ou assim eu acreditava. CESTIUS [o advogado] falava com brio. Ele não se contentou em mencionar: pensei que tu o quiseste e o quisesse ainda hoje. CESTIUS falava, de um modo belo, todas as razões pelas quais ele devia querer isso. Por que, então, me privas desse direito? [i.e., por que me condenas?] Penso que te ofendeste por uma boa ação que tu mesmo querias ter praticado. (Valentin, 1618: 16)

As intervenções dos dois advogados são coorientadas. O primeiro, Fuscus Arellius, alega uma ordem dada a contragosto ou uma má interpretação da ordem; o segundo, Cestius, vai mais longe, atribui ao pai a intenção contrária a suas palavras. Na teoria das estases, esta situação diz respeito à *qualificação* do ato: *e ainda mais, no fundo, o senhor quis que eu o desobedecesse. O senhor deveria, ao invés, me felicitar*, ver **Estase**.

Perelman e Olbrechts-Tyteca veem nessas intervenções uma "figura argumentativa" (1999, [1958]: 192). Trata-se de acionar um *topos* da família dos álibis privados e públicos. O jogo aqui inclui a substituição do querer privado (real), pelo querer publicamente afirmado, conforme os valores sociais, ver **Motivos velados e motivos declarados**.

A discussão desse exemplo coloca em jogo a análise da declaração pública como ato performativo. A interpretação é um instrumento de refutação e de proibição que, de modo interessante, se opõe a uma acusação baseada numa análise performativa da declaração pública proferida.

*Austin e a honra de Hipólito* – Austin ilustra sua descoberta da performatividade com um exemplo tirado de *Hipólito* de Eurípedes. O juramento é válido desde que a língua tenha *dito* o que pôde *pensar* a inteligência, uma simples atriz coadjuvante:

> Mas temos a tendência a pensar que a seriedade das palavras advém do seu proferimento como (um mero) sinal externo e visível, seja por conveniência ou outro motivo, seja para fins de informação, de um ato interior ou espiritual. Disto falta pouco para que acreditemos ou que admitamos sem o perceber que, para muitos propósitos, o proferimento exteriorizado é a descrição *verdadeira* ou *falsa* da ocorrência de um ato interno. A expressão clássica desta ideia encontra-se no Hipólito (v. 612), onde Hipólito diz [...], isto é, "minha língua jurou, mas meu coração (ou mente, ou um outro ator nos bastidores) não o faz". Assim, "Prometo..." me constrange – registra meu vínculo a "grilhões espirituais".
>
> É gratificante observar, no mesmo exemplo, como o excesso de profundidade, de solenidade, abre o caminho da imoralidade. (Austin, 1990 [1970]: 27)

A réplica citada é tirada de *Hipólito* de Eurípedes (I, 612).* Estamos num contexto argumentativo, como é frequentemente o caso do drama clássico. Fedra ama o casto Hipólito, o qual não se dá conta de nada. A fim de tentar "ajeitar" as questões de sua senhora, a ama conta a ele do amor de Fedra. Como resposta, Hipólito a oprime com injúrias, grita, pode-se ouvi-lo através da porta (verso 575), mas indistintamente (verso 585). Em seguida, ele "sai do palácio" e tem como testemunhas os deuses elementares "Oh Mãe-Terra, e tu, raio do sol! que infames discursos tocaram meus ouvidos!". A ama lhe pede para se "calar".** Então ele lembra a ela seu juramento:

> HIPÓLITO: Ó terra mãe, ó raio de Sol, que ignóbeis palavras ouvi!
> AMA: Cala-te, filho, antes que ouçam teus gritos! [...]
> AMA: Esta conversa não é para todos ouvirem, meu filho.
> HIPÓLITO: No entanto, aquilo que é belo é melhor dizê-lo a todos.
> AMA: Ó, filho, não desprezes um juramento.
> HIPÓLITO: A minha língua jurou, mas não o meu espírito. (Eurípides, *Hip.* I, 612)

Hipólito resguardará sua honra deixando de agir conforme seu argumento; ele manterá seu juramento não dizendo nada a Teseu: "É minha piedade que te salva, mulher. Se eu não tivesse sido surpreendido sem defesa pelos juramentos sagrados, não me teria jamais contido de tudo contar a meu pai" (verso 656). Toda força da afirmação é, assim, mantida, mas por razões religiosas, e não por aquelas de Austin. São as leis dos deuses, e não aquelas da linguagem que Hipólito respeita.

O juramento de Hipólito não fala de questões internas, mas de "consciência", que não é necessariamente um *backstage artist* qualquer para Hipólito. De todo modo, o essencial é externo: o juramento de Hipólito não tem nada de comum, é um juramento muito especial, catafórico, que em nada revela do que seria dito. O juramento preliminar, de conteúdo vazio, tem forma de juramentos condicionais explícitos ou subentendidos: *prometo salvo se isso vai contra minha honra, minha moral, meus interesses, ou qualquer coisa do tipo*. Ora, a ama propôs a Hipólito "horrores" (verso 604) que o macularam (verso 653).*** O que fazer? Vemos desenhar-se naquela situação uma estase: se calar e deixar o vício impune ou falar e trair seu juramento imprudente?

Hipólito e a ama, o filho e o pai do drama de Sêneca estão engajados em interações argumentativas. Na situação de estase na qual se encontram, a semântica, a pragmática e a moralidade dialogam e argumentam. De fato, é extraordinário ver Austin tachar o discurso de Hipólito de imoralidade, ao passo que Hipólito viola seu juramento porque ele quer salvar sua moralidade.

---

\* N.T.: O autor traz excertos esparsos da obra *Hipólito* de Eurípedes, muitas vezes parafraseadas, em sentenças que não seguem a linearidade do texto original. Consultamos a edição traduzida por Bernardina de Sousa Oliveira, lançada pela editora da Universidade de Brasília, 1997. Os excertos consultados estão nas páginas 47-48.

\*\* N.T.: Eis a tradução integral, sem inserções e/ou pequenos retalhos de excertos: "Voltando-se para a ama: – Assim, tu vieste, ó, ser desprezível, com o inviolável leito de meu pai propor-me a união. Uma água viva me purificará desta mancha, lavando-me os ouvidos. Como poderei eu ser perverso, se, só por ouvir tais palavras, me julgo impuro? Note bem: é a minha piedade que te salva, mulher. Se, incauto, eu não tivesse sido preso por sagrados juramentos, não deixaria de tudo isto revelar a meu pai." (versos 655 a 658)

\*\*\* N. T.: Eis o trecho que Plantin comenta/parafraseia/recorta: "Assim me afastarei de casa, enquanto Teseu estiver ausente do país, e a minha boca manter-se-á em silêncio. Observarei, de volta com meu pai, de que maneira o olharão, tu e a tua senhora".

*A refutação por interpretação* – em Sêneca, o filho reconhece os fatos e declara-se inocente da desobediência, sustentando que a ordem expressa não refletia a vontade real do pai. Temos exatamente o caso da oposição cara a Austin entre o que diz a língua e o que se passa no espírito. A questão ali é a validade da proibição formulada pelo pai.

- Para o advogado do filho, como para o filho, uma condição de boa formação do ato de proibir é *ter intenção* de proibir. Eles consideram que, para ser válido, o enunciado *proíbo P* deve denotar um conteúdo que é "a vontade de não P". Na ausência deste conteúdo, a interdição está mal formulada.
- Para o pai e para Austin, a interdição é válida, pois ele *pronunciou a afirmação*. Nesse sentido é apenas o *dizer* que *faz*, que torna válido o ato. O filho é culpado de um duplo pecado austiniano, falácia analítica e pecado moral.

Entretanto, a análise do pai austiniano é contestável. É necessário levar em conta as condições pragmáticas da enunciação e, principalmente, a noção de polifonia. A situação é análoga à da ironia. O *locutor irônico* diz o que é manifestamente falso e o diz por uma voz que não é a sua. O *receptor irônico* escuta algo falso, inacreditável, estúpido, dito por alguém cuja fala geralmente é levada a sério, o que o compele a uma interpretação estranha do que foi dito, ver **Ironia**. O mesmo acontece no presente caso, em que devemos nos colocar na posição de *recepção*: o filho escuta seu pai proferir uma proibição em uma voz na qual ele não reconhece como a do pai. Ele deve resolver esse *paradoxo*, portanto, interpretar: esta ordem vai, evidentemente, contra a natureza (segundo o *topos* do amor que o pai deve ao tio – seu irmão ou cunhado); entretanto, ele captou os indícios permitindo-lhe inferir que tal ordem não era dada pela voz do pai, mas pela voz social; e, por conseguinte, ele, o filho, se absteve. Cada uma dessas vozes corresponde a um tipo de lei, lei moral e lei social da linguagem, não havendo motivo para pensar que a lei social da linguagem seja superior à lei moral.

Decidir que essa interpretação é "a boa" é tomar partido do filho contra o pai. Decidir que a interpretação de Austin é a boa, é tomar partido do pai contra o filho. Nos dois casos, posicionar-se por uma ou outra análise é se posicionar por uma ou outra das partes.

(P.R.G.)

# ▪ Interpretação, exegese, hermenêutica

### DA ARTE DE COMPREENDER

Hermenêutica, exegese e interpretação são *artes de compreender* dados textuais complexos como – por ordem alfabética – o Alcorão, a Bíblia, o código penal, a *Ilíada*, o *Manifesto do partido comunista*, o Talmude, os Upanixades... (Boeckh, [1886]: 133; Gadamer, [1967]: 277, 280). Esses textos, que requerem uma *exegese*, estão historicamente distantes, herméticos, obscuros, profundos ou misteriosos. Seu sentido não é imediatamente acessível ao leitor contemporâneo. Trata-se de estabelecer o melhor sentido possível a fim de preservá-lo e transmiti-lo corretamente. Para aquele que crê, uma interpretação correta é de vital importância.

A *hermenêutica* é uma abordagem filosófica de interpretação definida como o compartilhamento de uma forma de vida, uma busca de empatia pelo texto original, considerando-se as idiossincrasias da língua e da cultura na qual o texto foi produzido. A explicação *hermenêutica* se opõe, desse modo, à explicação *física*, buscada pelas ciências da natureza, em que "explicar" tem o sentido de "subsumir algo a uma lei física".

A Psicanálise e a Linguística mostraram que atos e falas cotidianas demandam, igualmente, submissão a uma interpretação.

*Palavras e conceitos* – a linguagem teórica é complicada pela morfologia do léxico, que não se coaduna com língua do dia a dia. Que diferença é preciso fazer entre *hermenêutica*, *exegese* e *interpretação*? As três séries lexicais desses conceitos têm um termo que designa o agente (*exegeta, hermeneuta, intérprete*). Duas delas têm um processual-resultante (*interpretação, exegese*), que serve, também, juntamente com a *hermenêutica*, para designar um campo de investigação. Uma apenas comporta um verbo, *interpretar*, e esse verbo é comum às três séries, impondo-lhes seu sentido.

| Substantivo | Adjetivo | | Substantivo agente | Verbo |
|---|---|---|---|---|
| campo | processual-resultante | | | |
| *exegese* | *exegese* | *exegético* | *exegeta* | * |
| *interpretação* | *interpretação* | *interpretativo* | *intérprete* | *interpretar* |
| *hermenêutica* | | *hermenêutico* | *hermeneuta* | * |

*No sentido filológico e histórico*, a exegese é uma atividade crítica que tem por objeto um texto da tradição adotado pelas suas condições materiais de produção: condições linguísticas (gramática, léxico), condições retóricas (gênero), contexto histórico e institucional, gênese da obra em suas relações com a vida e o meio do autor. De modo ideal, a exegese estabelece um estado do texto, extrai dele os sentidos, contribuindo, assim, para decidir entre as interpretações em conflito ou permitindo articular um nível de interpretações possíveis. Fazer a exegese é, para a atividade crítica, estabelecer algo como "o sentido literal", ou a essência da significação de textos pertencentes à tradição para fixar, dessa maneira, as *condições* de toda interpretação. Em sentido mais abrangente, a exegese repagina a interpretação. Trata-se, num e noutro caso, de sobrepujar a distância estabelecida principalmente pela história, entre a versão original e a releitura atual, entre o texto e seus leitores.

A exegese *filológica* visa dizer o sentido do texto; a exegese *interpretativa* (a interpretação, a hermenêutica) busca, além disso, reformular tal sentido para torná-lo mais acessível a um leitor atual. O movimento de exegese filológica visa permitir certa projeção do leitor no passado; o da exegese interpretativa visa ao estabelecimento (ou a produção de) um sentido atual. E ali se situa o vínculo entre hermenêutica e retórica da predicação religiosa.

A *exegese* visa à compreensão do sentido em um texto, o sentido do texto. A interpretação e o comentário levam para fora do texto o seu sentido. Contrariamente à exegese, a interpretação pode ser alegórica. A interpretação filológica é exotérica, a hermenêutica pode ser esotérica.

## RETÓRICA E HERMENÊUTICA

A função hermenêutica é tornar inteligível a uma pessoa o pensamento de outra através de sua expressão discursiva. Nesse sentido, a retórica, "arte de persuadir", é o outro lado da moeda da hermenêutica, "arte de compreender": uma se exerce do locutor/escritor ao ouvinte/leitor, aquele se esforçando em *persuadir* este; a outra se exerce do leitor/auditor para o locutor/escritor, aquele se esforçando em *compreender* este. A retórica está ligada à fala imediata, levando em consideração crenças do leitor com as quais é preciso estar em sintonia. Tudo obedece ao "princípio do menor esforço para o ouvinte". A hermenêutica está ligada à fala distante, à leitura: é o leitor que se adapta ao sentido da fala, em um mergulho no texto. Juntas, a retórica e a hermenêutica fundam uma competência comunicativa. Trata-se de compreender e de se fazer compreender. A recusa da retórica em nome da exigência intelectual pura tem como consequência a transferência ao leitor do ônus da compreensão, o que torna necessária uma forma de hermenêutica.

## INTERPRETAÇÃO E ARGUMENTAÇÃO

O processo interpretativo parte de um enunciado ou de uma família de enunciados para extrair dele o "sentido", que pode se expressar apenas sob a forma de um segundo enunciado. A relação de interpretação liga, assim, dois *discursos*, e a ligação entre enunciado *interpretado* e enunciado *interpretante* se dá segundo as mesmas regras das regras tópicas, ver **Tópica**. No caso da argumentação geral, o enunciado-argumento surge a partir de uma busca na realidade, a partir de um conhecimento de mundo disponível, tornando-se, a partir dessa busca, concreto ao fim do processo de invenção.

No caso da interpretação, o dado, o enunciado-argumento, é o enunciado que deve ser interpretado, sob sua forma precisa no texto. Com esse enunciado em mira, a mecânica linguageira é a mesma. Se se considera a relação "argumento – conclusão", em sua forma mais geral, diremos que a conclusão é o que o locutor tem em vista, quando ele enuncia o argumento. Nesse caso, o *sentido* do argumento é a *conclusão*. Se consideramos tal formulação, a relação argumentativa não é diferente da relação interpretativa: a conclusão é o que dá sentido ao enunciado. Somente a identificação da conclusão caracteriza uma autêntica compreensão do enunciado. Isso deixa patente que o sentido não está em um enunciado isolado; o sentido, para ser pleno, precisará sempre do enunciado seguinte, mais à frente, ver **Orientação**.

A interpretação é legítima na medida em que se baseia em princípios que correspondem a leis de passagem admitidas na comunidade interpretativa envolvida, comunidade de juristas ou de teólogos, por exemplo:

> O rabino considerava o Pentateuco como um texto unificado, de origem divina, cujas partes são todas consistentes. Consequentemente, era possível descobrir um sentido mais profundo e permitir uma aplicação mais completa da lei adotando-se certos princípios de aplicação (*middot*, "medida", "norma"). (*Enciclopédia judaica*, art. *Hermenêutica*)

Os mesmos princípios valem para a interpretação jurídico-religiosa muçulmana (Khallâf, [1942]) ou para a interpretação jurídica. As formas argumentativas utilizadas no

Direito (ver **Tópica jurídica**) regem a interpretação de todos os textos aos quais se atribui, por qualquer motivo, um caráter sistemático no sentido definido anteriormente, porque eles são a expressão do espírito legal-racional, do pensamento divino ou do gênio de uma pessoa.

Este postulado da sólida coerência, ou mesmo perfeita coerência, fundamenta as interpretações estruturalistas dos textos literários, assim como fundamenta a interpretação dos textos jurídicos. Assim, o argumento *genético* estabelece o sentido de um texto por derivações justificadas pelos "trabalhos preparatórios" que são os manuscritos, ou as "intenções" do escritor, que podem ser compreendidas por meio de suas correspondências, por exemplo, ver **Intenção do legislador**.

Nos textos sagrados, o recurso a argumentações que apelam a dados genéticos é um dos aspectos do trabalho filológico sobre o texto. Isso pode não ser visto favoravelmente pelos verdadeiros fiéis, pois o recurso a este argumento supõe que se atribua ao texto uma origem não divina ou, ao menos em parte, humana.

(P.R.G.)

## ▪ Ironia

A ironia é uma estratégia de destruição do discurso, que ridiculariza um discurso para se destacar, apoiando-se em uma evidência contextualmente irrefutável.

O ponto de partida da ironia estabelece-se a partir de um discurso D0 hegemônico. Um discurso hegemônico é um discurso considerado como verdadeiro em um grupo, com o poder de orientar ou de legitimar ações do grupo e em uma relação conflituosa com um discurso minoritário. Em uma situação S0, o participante L1, o futuro ironizado, alvo da ironia de L2, apresentou certo discurso D0, com o qual L1 não concordava. Este discurso foi constituído como discurso micro-hegemônico. Aquele que fará a ironia [*ironiste*] submete-se sem estar convencido.

L1_1 (aquele que será ironizado):   – *E se fôssemos passear até o cume?*

L2_1 (aquele que ironizará):   – *Hmm... Parece que há passagens difíceis.*

L1_2:   – *Sem problema, eu conheço o caminho, é fácil.*

L2_2:   – *Ah, então, está bem...*

Em uma situação posterior a S1, aquele que ironizará, retomará elementos do primeiro discurso (L1_2) ao mesmo tempo em que as circunstâncias tornam esse discurso insustentável. Nesse sentido, quando eles estão perdidos no pico, aquele que ironizará diz:

L2_x:   – *Sem problema, eu conheço o caminho, é fácil!*

Este último enunciado é peculiar:

- ao pé da letra, descontextualizado, as circunstâncias tornam o enunciado absurdo e sem sentido, visto que pessoas encontram-se em situação de apuro;
- se a discussão original foi esquecida, esse enunciado é interpretado como uma antífrase;

- se ela ainda está na memória dos participantes, então a ironia se faz presente ali: L2_x repete a afirmação de L1_2, tornada manifestamente falsa devido às circunstâncias atuais. A mecânica é do tipo *ad hominem*, na qual se opõe o que o adversário diz ao que todo mundo pode constatar, ver **Ad hominem**. Na medida em que os fatos são evidentes, L1 se encontra acusado não somente por dizer algo falso, mas por proferir absurdos. A ironia é malvada.

*Destruição ou eliminação irônica e refutação popperiana* – pode-se opor a refutação irônica e a refutação ao modo de Popper, conforme o quadro:

| Refutação popperiana | Eliminação pela ironia |
|---|---|
| L1 diz D0 | L1 diz D0 em S0 |
| O refutador L2 cita D0, atribuindo essa fala a L1. | Aquele que ironizará L2 diz D em S1:<br>– D retoma D0<br>– A atribuição de D0 a L1 não é explícita: ou tal atribuição é apresentada pela memória discursiva; ou ela adquire significado indiretamente em D. |
| O refutador falsifica D0 por argumentos explícitos e conclusivos. | A evidência contextual destrói D = D0.<br>Tal evidência é tal que (L2 estima que) não precisa ser explicitada. |

*A ironia argumentativa pode ser desfeita* – Ducrot utiliza o exemplo seguinte, constituído de um enunciado e de uma descrição da situação de enunciação. Por comodidade os diferentes estágios foram enumerados:

(1) Anunciei-lhes, ontem, que Pedro viria me ver hoje, e (2) vocês se recusaram a acreditar. Posso hoje (3), mostrando-lhes Pedro efetivamente presente, lhes dizer de modo irônico: (4) "vocês veem, Pedro não veio me ver". (Ducrot, 1987 [1984]: 224)

*Vocês* produziu uma sequência não preferida. Houve, assim, um debate entre os protagonistas em S0. Aquele que faria a ironia (no futuro) perdeu o debate. A evidência da presença de Pedro é dada pelo *Eu*, o que acaba sendo melhor do que um argumento conclusivo ou como uma "verdadeira prova", supostamente para "calar o bico" e dar uma boa lição em *Vocês*.

Mas o fato não serve como comprovação. Não há razão para concluir a análise nesse ponto. A ironia é, sobretudo, estudada admitindo como objeto a enunciação irônica, ao passo que é um fenômeno sequencial, conhecendo duas saídas, uma na qual a ironia é bem-sucedida, outra em que ela não o é [*heureuse/non heureuse*]. O *Eu* constata que Pedro está efetivamente presente, mas isso não prova que ele tenha vindo vê-lo; *vocês* pode atuar para replicar:

– *Não, Pedro não veio te ver. Ele veio ver sua irmã.*

Essa inversão é obtida pela aplicação do *topos* de substituição das intenções, ver **Motivos velados e motivos declarados**. No fim da sequência, a ironia foi refutada.

*A ironia não marcada no discurso* – nos anos 1979-1980, a cidade de Zurique conheceu um movimento de protesto dos jovens, que marcou época. Müller é o sobrenome dos dois responsáveis pelo movimento, Hans e Anna Müller.

Dois programas de TV provocaram um grande choque no público suíço [*sic*] alemânico. O primeiro foi uma programação do tipo debate que, devido à grande confusão entre os membros do movimento, foi interrompida. O segundo, apelidado "Show dos Müller" mostrou dois militantes da *Bewigig* (movimento) vestidos como burgueses zuriquenhos sustentando o discurso de seus adversários (aumentar a repressão, fechar o centro autônomo etc.). A imprensa sensacionalista e certos indivíduos orquestraram uma verdadeira campanha de difamação depois do choque do segundo programa. Assinalamos, a propósito, que o termo "müllern" entrou no vocabulário do movimento com um sentido próximo de "escandalizar os burgueses". Colocar em evidência situações paradoxais foi uma das especialidades dos movimentos, ao mesmo tempo intocáveis e cientes de que era preciso "esquentar a mídia", segundo a expressão de McLuhan. (Béroud, 1982: 28, nota 62 – programa de televisão (em suíço-alemão) está disponível em: http://www.srf.ch/player/video?id=05f18417-ec5b-4b94-a4bf-293312e56afe. Acesso em: 20 set. 2013)

O discurso irônico D consiste na simples retomada "com um ar sério" do discurso ironizado D0 por seus oponentes; D e D0 se sobrepõem perfeitamente. O discurso ironizado D0 é o discurso burguês, não somente por seu conteúdo, seus modos de enunciação e seus códigos de vestimenta, mas também por sua prática de argumentação submetida às normas burguesas de calma e de cortesia, temperada por um contradiscurso ritual. É toda a prática da discussão argumentativa contraditória, quase popperiana, que é rejeitada pelas práticas de ruptura dos Müller.

Com seu apelo à evidência, a ironia situa-se no outro extremo da argumentação. A ironia continua, assim, a funcionar em situações dramáticas em que a argumentação é vã ou impossível. As notas seguintes foram escritas sob o regime ditatorial da Tchecoslováquia anterior a 1989:

> Nos meios intelectuais, a atitude em relação à propaganda oficial se traduz frequentemente pelo mesmo desprezo condescendente que se tem por um bêbado resmungão ou pelas peripécias de um pichador descontrolado. Como nossos intelectuais gostam, particularmente, das sutilezas de certo humor absurdo, pode-lhes acontecer de ler, por prazer, o editorial de *Rude Pravo* (*) ou os discursos políticos que ali se imprimem. Porém, é raro encontrar alguém que leve isso a sério. (Fidelius, 1984: 16)
>
> (*) *Rude Pravo* era um jornal do Partido comunista da Tchecoslováquia, na época do poder comunista.

(P.R.G.)

## ▪ Justiça, regra de –

Perelman e Olbrechts-Tyteca (1999 [1963]: 248) introduzem a *regra de justiça* como um princípio argumentativo fundamental: "Todos os seres de uma mesma categoria devem ser tratados do mesmo modo [...] a aplicação de um tratamento idêntico a seres ou situações que são integrados numa mesma categoria". Essa regra fundamenta as reivindicações:

> *trabalho igual, salário igual*
> *rendimento igual, salário igual*

As áreas de aplicação são numerosas:

> a cada um conforme a ordem de chegada (alocação de preços)
> a cada um conforme o sorteio (serviço militar; loteria)
> a cada um conforme seu tamanho (uniformes)
> a cada um conforme seus ganhos (impostos)

A regra da justiça pode ainda servir à injustiça:

> a cada um conforme seu sexo
> a cada um conforme sua cor da pele

> O general Baclay também era um belo postal. Mas uma mulher dos diabos, muito justa à sua maneira. Fuzilava do mesmo modo mulher e homem, todos os ladrões, quer tivessem roubado uma agulha ou um boi. Um ladrão é um ladrão e a mulher fuzilava-os a todos. Era equitativo. (Kourouma, 2004 [2000]: 68)

As regras citadas por Perelman têm duas características:

- Elas tratam de categorias universais "ter berço", "ter necessidades", "ter mérito". Admite-se que alguém pode merecer um castigo, e não merecer e ter um mérito negativo. *Cada um será reconhecido de acordo com sua produção científica* não é uma regra de justiça universal, porque só é válida para um subgrupo de humanos, pois se trata de uma regra local, no sentido de que cada um receberá de acordo com o que produziu.
- Nessas categorias, definimos uma métrica que permite a hierarquização dos indivíduos com os quais se relacionam. Essa relação de ordem permite

argumentar (definir) julgamentos como "X tem tanto, mais mérito que Y". Essas categorias ordenadas correspondem a escalas, ver **Escala argumentativa**. A medida é fácil de definir nos casos em que se mensuram idade ou volume de borracha coletado; medidas relativas a sexo e produção científica já são mais complicadas, mais ainda quando se trata de necessidade, de mérito e de berço. É a existência desse tipo de mensuração que torna a regra de justiça mais complexa que *a pari*, ver *A pari*.

- Além disso, a regra de justiça é supostamente aplicada de forma linear a todos os membros de um grupo, mas as regras concretas incluem especificidades diversas, como limites, limiares e princípios de nivelamento. Para o imposto, a regra "cada um é taxado de acordo com seu ganho" se aplica a partir de certo montante, não linearmente.

A regra de justiça gera dois tipos de problemas:

- conflitos de pertencimento: definição de uma categoria (*quem é o matemático?*) e conflito de categorização: o indivíduo X faz mesmo parte do time? (*ele é realmente matemático?*).
- conflitos de hierarquia: definição de uma medida (os critérios de excelência em matemática) e conflito de hierarquização do indivíduo na categoria (*como avaliar o trabalho de nosso colega X?*).

Em virtude do princípio "que favorece/desfavorece", a regra de justiça cria obrigatoriamente inúmeros sentimentos de injustiça. Se os bens são divididos segundo os *méritos*, esses não são segundo o *berço* nem segundo as *necessidades*. Ela pode ser dita "de justiça" na medida em que se opõe à arbitrariedade do princípio "a cada um segundo minha vontade". Trata-se, no fim das contas, de uma regra de *exclusão do arbitrário*, não da *injustiça*.

A regra da justiça é dita "justa" somente porque a categoria e a relação de ordem foram definidas abstraindo casos concretos a serem julgados: É *justo porque a regra existia antes do seu caso*. Essa "justiça" é formalmente justa, na medida em que permite a aplicação do "silogismo jurídico".

(P.R.G.)

## ▪ Justificação e deliberação

*Delibera-se* sobre uma questão argumentativa cuja resposta não conhecemos, e *justifica-se* uma resposta já dada a uma questão argumentativa. A deliberação se faz na dúvida; a justificação, a partir de uma decisão já tomada. A diferença justificação/deliberação é estabelecida a partir da maneira como se constrói uma conclusão:

- do argumento à conclusão; os argumentos determinam a conclusão: a decisão ainda será tomada. Desse modo, eu preciso deliberar no sentido de construir a conclusão:
  Questão: *Devo pedir demissão?*

[Deliberação: peso os prós e os contras]
A resposta enuncia a conclusão: *Vou me demitir*.
- da conclusão ao argumento; a conclusão determina os argumentos – *eu pedi demissão*:
Questão: *Por que você se demitiu? Justifique sua decisão!*

A resposta enuncia a justificativa, ou seja, o argumento: *Consenti muitos sacrifícios*. A deliberação explicita um *portanto*, a justificação, um *porquê*.

No caso da *deliberação*, há uma verdadeira incerteza sobre a conclusão, que é construída ao longo do processo argumentativo cognitivo e interacional. No caso da *justificação*, ela já contém a conclusão. A dúvida e o contradiscurso são funcionais na deliberação, enquanto a justificação os apaga. Os mecanismos de argumentação valem para a justificação e para a deliberação. Eu delibero, eu chego a uma conclusão. Se me pedem para justificá-la... eu emprego os mesmos argumentos, que eram *deliberativos* e se tornam *justificativos*: *explica-se* a decisão tomada, ver **Explicação**. É possível que os argumentos que pesaram na deliberação não sejam evocados na justificação, ver **Motivos velados e motivos declarados**.

A *disposição* textual (monologal) *justificativa* expõe primeiramente a conclusão, depois os argumentos que a justificam, refutando aqueles que a ela se opõem. A disposição textual (monologal) *deliberativa* parte dos dados, dos argumentos, e constrói a conclusão. O júri delibera, o julgamento justifica a decisão. A deliberação é da ordem do processo de *descoberta*, a justificação advém da *exposição dos resultados*. Ambas abordagens são argumentativas.

As situações de deliberação e de justificação puras representam casos limítrofes: não sei *realmente* o que vou concluir e fazer; *estou certo* de ter tomado a decisão acertada. Um mesmo argumentador pode oscilar de uma postura (*footing*) deliberativa a uma postura justificativa, por exemplo, se, ao longo da justificação, ele questiona a decisão que tomou. Se pressupomos que toda argumentação apresentada como deliberativa é, de fato, orientada para uma decisão tomada inconscientemente, então tudo é justificação. Porém, a organização institucional dos debates reintroduz a deliberação. O debate pode perfeitamente ser deliberativo enquanto cada uma das partes traz posições e conclusões firmemente estabelecidas e devidamente justificadas. O choque de justificações produz a deliberação.

A demanda da justificação (*deve-se justificar caso perguntem*) corresponde à demanda da deliberação (*deve-se pesar os prós e contras*). Tais demandas iniciam processos potencialmente infinitos.

(P.R.G.)

- **Leis de passagem** ▶ Diagrama de Toulmin; *Topos*

- **Leis do discurso**

Ducrot propôs quatro leis* que regem o funcionamento da negação e da relação do argumento com a conclusão, no discurso ordinário, ver **Escala argumentativa**.

### LEI DO REBAIXAMENTO

"Em numerosos casos, a negação (descritiva) é equivalente a 'menos que'" (Ducrot, 1981 [1973]):** *não faz frio* significa "está fresco, o tempo está agradável" e não "está gelado".

O enunciado *não está frio, está gelado* faz intervir uma forma de negação especial, refutando um enunciado anterior, ver **Negação**.

### LEI DA FRAQUEZA OU DEBILIDADE

> Uma lei do discurso que chamamos *Lei da fraqueza ou debilidade* significa que se uma frase *p* é fundamentalmente um argumento para *r*, e se, além disso, quando algumas condições (em particular contextuais) estão reunidas, e tal frase aparece como um argumento fraco (para *r*), então ela se torna então um argumento para *não r*. (Anscombre e Ducrot, 1983: 66)
> 
> *Ele é um excelente caçador: ele até matou uma pomba no ano passado.*

O fato de desencadear um argumento fraco para uma conclusão e de se contentar com ele é interpretado pela lei da exaustividade [*exhaustivité*] de Grice como um

---

\* N.T.: Sobre as leis argumentativas de Ducrot, temos as *Lei da negação, Lei da inversão, Lei do rebaixamento, Lei da fraqueza/debilidade*. A tradução para o português dos nomes dessas leis é flutuante.

\*\* N.T.: Há a versão em português da obra *La preuve et le dire* (1973), traduzida como *Provar e dizer: linguagem e lógica*. No entanto, nesta parte, apesar de inserir excertos entre aspas, Plantin faz uma espécie de paráfrase dos exemplos citados por Ducrot, com inserções autorais nem sempre seguindo a linearidade do original. Apesar de uma busca detalhada, não localizamos na tradução os trechos equivalentes e, por isso, não indicamos números de páginas da versão traduzida.

movimento não apenas fraco, mas o melhor possível, o que não impede a sua rejeição. Não se trata então de uma transformação imediata, no sentido lógico, ver **Lógica (II)**.

LEI DA NEGAÇÃO

Na teoria da argumentação na língua, a lei da negação se coloca como uma regularidade que "se *p* é um argumento para *r*, *não p* é um argumento para *não r*" (Ducrot, 1981 [1973; 1980]).* Se *O clima está agradável* é um argumento para *vamos passear*, então *O clima não está bom* é um argumento para *fiquemos em casa* (*não vamos passear*).

Essa lei da negação corresponde ao *topos* dos contrários. Num sistema lógico em que nada é ambíguo ou subentendido, a lei da negação corresponde a um paralogismo de implicação, o paralogismo de negação do antecedente, ver **Contrários**.

O exemplo seguinte combina a lei da fraqueza e a lei da negação. Um argumento fraco para uma conclusão se torna um argumento forte para a conclusão oposta. Depois da segunda guerra do Iraque, iniciada em 2003, Saddam Hussein, antigo presidente da República do Iraque, foi julgado e executado em 2006. Alguns comentadores estimaram que o processo não havia transcorrido regularmente e falaram de um julgamento: "tão maquiado que até a Human Rights Watch, a maior unidade da indústria americana dos direitos humanos, teve de condená-lo como uma farsa total" (Tariq Ali, 2007).

Podemos compreender que, segundo o autor, a associação Human Righs Watch geralmente aprova decisões de interesse dos Estados Unidos. Em tempos normais, o fato de que eles aprovem uma decisão é um argumento fraco para a conclusão *a sentença é justa*. No caso presente, o fato de que até a associação tenha condenado a decisão (como outras pessoas ou associações, mais inclinadas a criticar os Estados Unidos) é um argumento forte para a conclusão *a sentença é injusta*.

Simetricamente uma refutação fraca de *r* reforça *r*. Esta estratégia entra no quadro geral dos paradoxos da argumentação, ver **Paradoxos da argumentação e da refutação**.

---

\* N.T.: Uma vez mais, não nos foi possível encontrar exatamente os excertos citados por Plantin, visto que ele reelabora alguns exemplos, mesmo alguns que estão entre aspas. Ou simplesmente tais excertos não foram encontrados nas obras citadas, apesar de nossos esforços em tentar localizá-los.

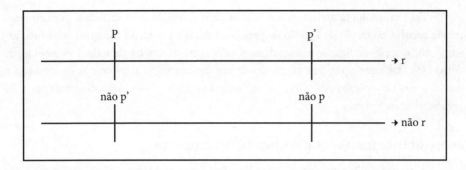

**LEI DA INVERSÃO**

"*P'* é, para mim, mais forte que *p* em relação a *r*, se, de meu ponto de vista, contentar-se com *p* como prova de *r*, implica contentar-se também com *p'*, mas não o inverso" (Ducrot, 1981 [1973]: 181; 1980: 27).

- *Pedro tem o ensino médio* e *Pedro tem mestrado* são dois argumentos para *Pedro é uma pessoa qualificada*.
- *Pedro tem mestrado* é um argumento mais forte do que *Pedro tem ensino médio* para essa conclusão, ao menos em circunstâncias normais, ver **Morfema argumentativo**:

*Pedro tem o ensino médio e até mestrado.*

Por outro lado, se dizemos *Pedro tem mestrado e até ensino médio*, o raciocínio ali é incompreensível. Podemos até dizer *Ele escreveu uma dissertação e tem inclusive um diploma de ensino médio*, mas num tom irônico acerca do valor dos diplomas de mestrado e de ensino médio, ver ***A fortiori***. Se quisermos argumentar contra Pedro, para mostrar que é insuficientemente qualificado, diremos:

*Pedro não tem mestrado, nem tampouco o diploma de ensino médio.*

O argumento mais *fraco* para a qualificação é *ele tem o diploma de ensino médio*; sua negação, *ele não tem o diploma de ensino médio*, é o argumento mais forte para sua falta de qualificação.

As escalas argumentativas lidas ao contrário correspondem ao argumento *a fortiori*: *Ele não tem ensino médio, a fortiori ele não tem graduação*.

(M.H.C.P.)

## ▪ Ligação, arg.

A argumentação dita por ligação é definida como uma argumentação na qual a conclusão se baseia em várias proposições cuja combinação produz um argumento, sustentando a conclusão. Dizemos, igualmente, que a conclusão é sustentada por um conjunto de premissas interdependentes; ou que estas proposições somente são *suficientes* para a conclusão *se elas são tomadas conjuntamente*.

Tal terminologia arrisca-se a misturar duas questões bem distintas: por um lado, aquela relativa ao modo de ligação de proposições cujo conjunto constitui um único argumento, a noção de ligação sendo, desse modo, constitutiva daquela do *argumento*; por outro lado, há aquela relativa ao modo de combinação dos argumentos de maneira a produzir uma conclusão definitiva. A noção da ligação é, então, constitutiva daquela do *argumento conclusivo*.

## PROPOSIÇÕES LIGADAS QUE PRODUZEM ARGUMENTOS

A expressão "argumentação por ligação" é entendida aqui como *argumentação baseada em premissas ligadas*. Como se fala de premissa [maior, menor, ver **Lógica Clássica (III)**] apenas na perspectiva de uma conclusão, a expressão "premissas ligadas" é um pleonasmo, mas é difícil não o cometer. Com efeito, são *proposições* que são ligadas, de modo a constituir *premissas*, e essa combinação constitui um *argumento* que sustenta uma conclusão.

O silogismo clássico tem uma estrutura ligada: Dizer *Todos os membros desta Sociedade têm mais de 30 anos* é um argumento para *Pedro tem mais de 30 anos* somente se a combinamos com a proposição *Pedro é membro desta Sociedade*. Paralelamente, segundo o diagrama de Toulmin, todo dado [*data*] só tem valor de argumento na medida em que ele se apoia em uma lei de passagem [*warrant*]. Desse modo, este diagrama apresenta uma estrutura ligada, ver **Diagrama de Toulmin**. Esquematização da argumentação ligada:

Premissa_1
Premissa_2 ———— Argumento → Conclusão

Nos termos do diagrama de Toulmin:

Dado
Lei da passagem ———— Argumento → Conclusão

## CONVERGÊNCIA E LIGAÇÃO

*Argumentação de premissas ligadas e argumentação convergente*, ver **Convergência** – as noções de *ligação* e de *convergência* não descrevem fenômenos do mesmo nível; vários *argumentos* convergem para a mesma *conclusão* e vários *enunciados* estão ligados de modo a constituir um *argumento* (para certa conclusão).

Como todas as argumentações convergentes são constituídas de vários argumentos, segue-se que todas as argumentações convergentes também constituem, em outro nível, premissas ligadas, como mostra o diagrama completo de argumentação convergente:

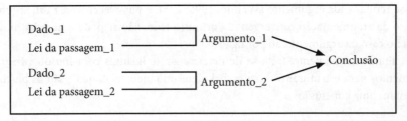

*Argumentos ligados que produzem uma conclusão* – o *efeito de ligação* coloca em jogo, igualmente, argumentos que fazem parte de uma argumentação convergente cuja força não é meramente a resultante do acúmulo das forças de cada argumento em particular. As argumentações *indiciais*, se combinadas a indícios *necessários* em um conjunto *necessário e suficiente*, bem como os argumentos *caso a caso* quando são *exaustivos*, são imantados por um efeito de ligação, atribuindo ao todo uma força superior à simples adição de cada uma das partes, ver **Indício; Caso a caso**.

*Argumentos convergentes ou argumentação por ligação?* – para responder a essa questão, considere-se uma conclusão sustentada por um conjunto de premissas, admita-se uma premissa particular, observe-se o que acontece, se ela é falsa ou suprimida (Bassham, 2003):

- Se o que restar fornece uma argumentação, tem-se, então, uma argumentação convergente:

(1)  *Pedro é inteligente, fala bem, será um excelente negociante.*
(2)  *Pedro é inteligente, será um excelente negociante.*
(3)  *Pedro fala bem, será um excelente negociante.*

Todas estas argumentações são admissíveis; *Pedro é inteligente* e *Pedro fala bem* são coorientadas para a mesma conclusão.

- Se o que fica não constitui mais uma argumentação, tem-se uma *argumentação por ligação*:

(1)  *Choveu e fez frio, deve ter geado.*
(2)  *Choveu, será que teve geada?!*
(3)  *Fez frio, deve ter tido geada?!*

A primeira argumentação é admissível; as outras não, salvo consideração do contexto, isto é, com a inclusão de novas premissas.

A utilidade e a exequibilidade da distinção convergência/ligação foi questionada (Goddu, 2007). Walton considera que o interesse em fazer tal distinção é da ordem da *refutação*: no caso da argumentação por ligação, basta mostrar que uma das premissas é falsa ou inadmissível; no caso das argumentações convergentes, para refutar a conclusão, deve-se refutar cada argumento (Walton, 1996: 175). É possível *conceder* um argumento no caso da argumentação convergente. Por outro lado, não se pode renunciar uma premissa no caso da argumentação por ligação.

Fundamentalmente, trata-se de determinar se lidamos com *um* ou *vários* bons argumentos para estruturar o fluxo verbal, determinando-se ali quais são os blocos que sustentam uma conclusão.

(P.R.G.)

## ▪ Linha argumentativa ▶ Repertório argumentativo

## ▪ Lógica (I): Arte de pensar, ramo das matemáticas

### DEFINIÇÕES

*A perspectiva aristotélica* – Aristóteles não utiliza o termo *lógica* em seus escritos lógicos reunidos nos *Analíticos anteriores* e *Analíticos posteriores*: "o comportamento analítico demonstrativo (raciocínio, discurso) corresponderia à acepção atual do termo *lógica*" (Kotarbinski, 1964: 5). Os *Analíticos posteriores* definem o que é o *saber científico*: o que chamamos de saber é conhecer por meio da demonstração.

Por demonstração entendo o silogismo científico, e por [silogismo] científico aquele em virtude do qual compreendemos alguma coisa pelo mero fato de apreendê-la. Ora se o conhecimento é o que estamos supondo que seja, o conhecimento demonstrativo tem que proceder de premissas que sejam verdadeiras, primárias, imediatas, melhor conhecidas e anteriores à conclusão e que sejam a causa desta (Aristóteles, *A. P.* I, 2, 15-25).

Em nota à tradução da obra de Aristóteles, Tricot aponta que "*silogismo* é o gênero, *científico* (produtor de ciência), a diferença específica que separa a demonstração dos silogismos *dialéticos e retóricos*" (nota 3). O silogismo científico produz o *categórico*; o silogismo dialético, o *provável*; e o silogismo retórico, o *persuasivo*. É nesse quadro que se compreende a posição da persuasão na retórica de Aristóteles, ver **Persuasão**.

A teoria lógica de Aristóteles é fundada em uma teoria do sentido e da verdade, uma teoria das relações entre as quatro formas de uma proposição geral e de uma teoria do silogismo, ver **Lógica clássica (II)**; **Lógica clássica (III)**.

*Lógica neotomista* – Tomás de Aquino retoma a definição aristotélica e define a Lógica como "arte que nos faz proceder com ordem, facilmente e sem erro, no ato mesmo da razão" (citado e traduzido para o francês por Tricot, 1928: 16). Essa definição é fundamental para a tradição neotomista, principalmente por Maritain que a sintetiza definindo Lógica como: "a arte QUE DIRIGE O ATO MESMO DA RAZÃO" (Maritain, 1923: 1; maiúsculas no texto), definição retomada por Chenique nos *Éléments de logique classique* [Elementos de lógica clássica] (1975).

*Lógica e raciocínio* – em uma perspectiva próxima, o objeto da lógica pode ser deslocado da razão ao *raciocínio*: a "Lógica formal" é, dessa maneira, definida como "uma ciência que determina *as formas corretas* (ou válidas) de *raciocínio*" (Dopp, 1970 [1967]: 5; itálicos no original).

*Lógica e inferência* – os lógicos matemáticos definem a Lógica como "a disciplina que trata da inferência correta" (Vax, 1982, art. *Lógica*): "A Lógica trata dos princípios da inferência válida" (Kneale e Kneale, 1962 [1962]: 1); ou, de modo mais geral, formas válidas da dedução: "a Lógica tem a função importante de dizer o que segue a que" (Kleene, 1967: II).

*A lógica é uma ciência* – "Como toda ciência, a Lógica tem como tarefa perseguir a verdade" (Quine, 1973: II). Os estoicos foram os primeiros a definirem a lógica não à maneira de Aristóteles, como um *organon*, um *instrumento* (a serviço das ciências), mas como uma ciência.

A época contemporânea viu a multiplicação de formalismos lógicos ditos "não clássicos". Esses formalismos lógicos são, às vezes, inspirados por certos fenômenos da linguagem comum não levados em conta pela lógica clássica, como tempo, modalidade e outros aspectos que os formalismos lógicos contemporâneos se propõem a formalizar.

## LÓGICA CLÁSSICA

A Lógica dita *clássica* (ou Lógica *tradicional*, segundo Prior, 1967) é, por natureza, uma Lógica *formal*: é um dos méritos revolucionários de Aristóteles ter introduzido o uso sistemático das variáveis. Essa Lógica clássica é constituída por um conjunto de teses que sintetizam proposições de origem aristotélica, estoica ou medieval. A Lógica clássica compreende duas partes:

- A lógica das *proposições analisadas* ou cálculo dos predicados, que corresponde à teoria do silogismo.
- A lógica das *proposições não analisadas* ou *cálculo das proposições*, que se interessa pela construção, com o auxílio de conectivos lógicos, de *proposições complexas* a partir de proposições elas mesmas simples ou complexas, bem como pela determinação das *fórmulas válidas* (ou tautologias).

A Lógica clássica é fundada em certo número de princípios que ela considera como "leis do pensamento" e do discurso racional:

- O *princípio de não contradição* < não (P e não P) > e sua consequência, o princípio do terceiro excluído. Uma teoria consistente é uma teoria que não contém contradição, ver **Não contradição**.
- O *princípio de identidade* < a = a > e sua consequência prática, a indiscernibilidade e a intersubstituibilidade dos idênticos.

Os lógicos contemporâneos não consideram mais os princípios como leis do pensamento, mas como axiomas, dentre outros.

## LÓGICA: ARTE DE PENSAR, RAMO DAS MATEMÁTICAS

### A TEORIA DAS TRÊS OPERAÇÕES DO ESPÍRITO

De Aristóteles até o fim do século XIX, a Lógica clássica foi considerada como *a arte de pensar corretamente*, isto é, de combinar as proposições de maneira a transmitir à conclusão a verdade das premissas em um universo de sentido partilhado. Determinando os esquemas de raciocínio válidos, a Lógica clássica fornece a teoria do discurso racional. Trata-se de uma teoria da argumentação científica, em que a ciência é considerada como a ciência aristotélica.

- como *processo mental*, a argumentação é definida no contexto de uma teoria das três "operações do espírito": a apreensão, o julgamento e o raciocínio:
    - pela *apreensão*, o espírito tenta apreender um conceito, depois o delimita (*homem, certos homens...*);
    - pelo *julgamento*, o espírito afirma ou nega alguma coisa ligada ao referido conceito, para chegar a uma *proposição* (*o homem é mortal*). Esse julgamento é *verdadeiro* ou *falso*.
    - pelo *raciocínio*, o espírito coordena proposições, de modo a encadear as verdades e progredir do conhecido ao desconhecido.
- *sobre o plano discursivo*, essas operações cognitivas correspondem respectivamente:
    - à fixação linguageira do conceito, por meio de um termo. Ali também é levada em conta a questão da *referência*;
    - à construção do enunciado, por uma *predicação* feita a partir de tal conceito;
    - ao encadeamento das proposições ou *argumentações*, pelas quais são produzidas proposições novas (as conclusões), a partir de proposições já conhecidas (as premissas).

A *argumentação* no plano discursivo corresponde, assim, ao *raciocínio* no plano cognitivo. As regras da argumentação *correta* são dadas pela teoria do silogismo. A teoria dos discursos *falaciosos* (raciocínios viciosos, falácias, paralogismos, sofismas) é a contrapartida daquela.

Essa visão da Lógica como teoria do raciocínio discursivo foi desestabilizada na época moderna pela emergência do *raciocínio experimental*, fundado na observação, medida, previsão e experimentação regulada pelo cálculo matemático; e, na época contemporânea, pela integração da Lógica ao domínio da *Matemática*.

### ARTE DE RACIOCINAR E O MÉTODO CIENTÍFICO

O desenvolvimento das ciências naturais e do método experimental fizeram com que a Lógica sozinha não pudesse mais reivindicar ser o "método" científico. Essa evolução começou na Renascença e pode ser vista em Ramus (Ong, 1958), para quem julgamento, lógica e método devem ser pensados fora da retórica, em um plano que chamaríamos epistêmico ou cognitivo. A mutação aparece quando se compara a *Lógica ou a arte de pensar* contendo, além das regras comuns, várias observações adequadas para formar um juízo, de Arnauld e Nicole (2016 [1662]), à *Traité de l'art de raisonner* [*Arte de pensar*] (1796) de Condillac. Nesta última obra, "a arte do raciocínio", inteiramente geometrizada, está situada fora de toda lógica linguageira – assim, da analogia é conservada apenas a proporção (1796: 130), isto é, o que dela é matematizável. As regras do método não são mais as do silogismo, mas aquelas da ciência amparada na observação, no cálculo e na experiência.

## Matematização da Lógica

A Lógica é por natureza *formal*: ela se interessa não pelo conteúdo (pela substância, pelo objeto particular...) dos raciocínios ou das inferências, mas pela sua *forma*. Ela foi formalizada por meio de axiomas e por um raciocínio estritamente matemático na época contemporânea. A publicação da *Begriffschrift* por Frege,* em 1879, marcou o ponto de partida do qual a Lógica não pôde mais ser vista como uma "arte de pensar", mas como uma "arte de calcular", um ramo das matemáticas.

No início do século XX, a Lógica clássica sentiu o "crepúsculo das evidências":

> Passa-se *da* lógica às lógicas que se construirão à vontade. E, por sua vez, esta pluralidade de lógicas retira seu privilégio da lógica clássica, que não é mais que um sistema dentre outros, e, como esses, simples arquitetura formal cuja validade depende apenas de sua coerência interna. (Blanché, 1970: 70-72)

Ao se tornar um exercício axiomático, a Lógica renunciou a sua função crítica e reflexiva. Ela abandona o campo do discurso argumentado e da troca dialética. Nessa época, a Lógica torna-se a disciplina formalizada contra a qual devia se opor, nos anos de 1950 e 1970, as lógicas ditas *natural, não formal, substancial*... De fato, a Lógica clássica é uma lógica *natural,* lógica da linguagem e do espírito, que se exerce em uma perspectiva de descrição e articulação dos seres essenciais. Tal lógica compõe o mundo do qual o indivíduo pode ter um conhecimento potencialmente total e a-histórico [*an-historique*].

## O neotomismo

A problemática da argumentação lógica como método de pensamento foi mantida em Teologia, como parte importante do currículo filosófico neotomista. Em 1879, (mesma data da publicação da *Begriffschrift* de Frege), o papa Léon XIII publica a encíclica *Aeterni Patris*, que estabeleceu Tomás de Aquino e sua interpretação do aristotelismo como um tipo de filosofia oficial da Igreja católica, promovendo, assim, uma visão da lógica como fundamento do pensamento no momento preciso em que tal orientação era cientificamente ultrapassada.

---

\* N.T.: A Editora do PPGFIL-UFRRJ e o NuLFiC anunciam a publicação da tradução do primeiro livro de Gottlob Frege intitulado *Begriffschrift* (Conceitografia). Neste livro, Frege apresenta uma das primeiras axiomatizações da lógica proposicional e da lógica de predicados de primeira ordem. Implicitamente, Frege também estabelece um sistema de lógica de segunda ordem. Além disso, na parte 3 do livro, ele prova teoremas aritméticos importantes como, por exemplo, um princípio geral de indução (fórmula 81). Muitos autores sustentam que a Conceitografia iniciou a agora conhecida Lógica matemática moderna.

Certamente existe um elo entre esta decisão e o fato de que se podem encontrar trabalhos importantes acerca da Lógica tradicional, assim como interessantes considerações sobre os tipos de argumentos e sobre os sofismas em manuais filosóficos de inspiração neotomista para a educação religiosa em um nível superior. Importantes tratados, como *A ordem dos conceitos: lógica menor* de Jacques Maritain (1977 [1923]), testemunham o interesse pela Lógica enquanto filosofia da cognição natural neotomista, bem como uma recusa pelas concepções formalistas da Lógica.

## LÓGICAS PRAGMÁTICAS E CÁLCULOS ARGUMENTATIVOS

As lógicas clássicas têm um elo essencial com certas formas do discurso em língua natural; elas são, à sua maneira, teorias da argumentação. As lógicas pragmáticas – não formal, substancial, natural – evidenciam um movimento de crítica aos formalismos "axiomatizados" e de consideração das condições "ecológicas" da argumentação: argumenta-se em língua natural, em um contexto.

Em oposição à lógica formal (lógica tratada como um ramo das matemáticas) e sem considerar a tradição da retórica argumentativa, Toulmin situa sua pesquisa sobre a argumentação sob ângulo da prática lógica (Toulmin, 2001 [1958]: 9), mobilizando: "argumentos substanciais" (p. 179), dependentes da área considerada "campo-dependentes" (p. 21), cujo modelo é a prática jurídica (p. 10) e o objetivo primeiro é "justificativo" (p. 8). É nesta perspectiva que deve ser situado o célebre diagrama de argumentação como constelação de enunciados sistematicamente ligados e do qual o discurso constrói sua coerência, ver **Diagrama de Toulmin**.

Diferentemente de outras teorias da argumentação, talvez em oposição à recusa da Lógica pela *Nova retórica*, a *Lógica não formal* (*informal logic*) e a *Lógica natural* conservaram a palavra *lógica* em seus títulos, ver **Argumentação (VI)**.

Essas lógicas pragmáticas devem trabalhar com a linguagem comum e com a subjetividade. Nesse sentido, a ciência demanda uma linguagem *unívoca*, *explícita* e *não redundante* que permita o cálculo e que seja adequada à expressão dos conhecimentos. A linguagem natural trabalha com o *impreciso* (principalmente na definição), a *dependência contextual*, o *implícito*, o *ambíguo* e o *polissêmico*, o *redundante* e a *elipse*. Tais características permitem o dinamismo e a adaptabilidade da linguagem natural às circunstâncias da vida comum e as possibilidades de seu uso estratégico.

Entretanto, essa constatação não implica nenhuma recusa da lógica: a prática do discurso ordinário supõe uma *competência inferencial lógica e silogística*, como supõe uma *competência de cálculo aritmético* (*É preciso duas horas para chegar ao refúgio; a noite cai em uma hora. Chegaremos quando já for noite*) ou uma *competência geométrica*. Até certo ponto, é possível produzir boas *demonstrações* nos discursos do dia a dia.

(P.R.G.)

# ▪ Lógica clássica (II): Termo – Proposição – Quadrado lógico

## TERMO

*Termos* – a Lógica distingue os termos *categoremáticos* e *sincategoremáticos*. Esta distinção às vezes é retomada pela gramática para opor as palavras conhecidas como *plenas* (verbos, substantivos, adjetivos, advérbio) às palavras conhecidas como *vazias* (palavras de ligação, partículas discursivas).

Os termos *sincategoremáticos* não têm significação própria; os conectivos lógicos < & > (*e*), *ou* < V > (*ou*), < ⇥ > (*se... então...*) são termos sincategoremáticos. Eles não têm valor de verdade e seu sentido limita-se à sua função, que é construir proposições complexas combinando proposições que são elas mesmas simples ou complexas.

Os termos *categoremáticos* funcionam como *nomes de indivíduo* ou *conceitos* (predicados). Empregada sem qualquer precisão, a palavra *termo* refere-se a um termo categoremático.

*Indivíduos e sintagmas referenciais* – do ponto de vista linguageiro, os indivíduos (seres, objetos, acontecimentos...) são designados por *termos* ou *sintagmas nominais referenciais*, que são:

- os *nomes próprios* (*Pedro*), ligados de maneira estável a indivíduos;
- os *pronomes* (*este*). A ancoragem referencial de pronomes como *o outro, o primeiro, o seguinte* ocorre tanto em estratégias de demonstração como em elementos de descrição definida recuperáveis no contexto.
- as *expressões definidas* (*o homem de chapéu verde*). O substantivo comum, cabeça da descrição definida, pode contar, entre seus determinantes, adjetivos, complementos preposicionais e relativos: *o homem sentado, o homem de barba branca, o homem que parece observar outro lugar*.

Indivíduos recebem a notação "a", "b"... Um indivíduo qualquer recebe a notação "x" "y", ou simplesmente um espaço vazio do tipo "–".

*Predicados* – a teoria actancial faz do *verbo* o núcleo da frase, ao qual se ligam seus *actantes*, ou complementos essenciais, sujeito, complemento/objeto direto, complemento/objeto indireto. Essa visão da frase pode se expressar igualmente numa esquematização inspirada na teoria das funções: a *função* corresponde ao verbo; ela pode ter vários *argumentos* (no sentido de "lugares", ver **Argumento**), correspondendo aos *actantes* da teoria gramatical.

Os enunciados podem assim ser simplesmente esquematizados segundo a valência (o número de complementos) de seu núcleo, o verbo:

> *dormir* é um predicado com um lugar (um argumento/unário): *Paulo dorme*
> *dormir* corresponde à notação "– *dorme*" ou "x *dorme*"
> *comer* é um predicado com dois lugares (dois argumentos/binário): *Paulo come a maçã*
> *comer* tem a notação "– *come* – "; "x *come* y"
> *dar* é um predicado com três lugares (três argumentos/ternário): *Paulo deu a maçã à dama de negro*
> *dar* nota-se como "– *dá* – à – "; ou "x *dá* y a z".

Em um predicado com muitos argumentos, um ou vários lugares/argumentos vazios podem ser ocupados por um sintagma referencial. O esquema actancial designa-se, então, como *parcialmente saturado*, o que produz um novo predicado, por exemplo, ou *"Paulo dá –"*, *"– dá –* a João", *"Pedro dá –* a João".

Um mesmo objeto pode estar ligado a uma infinidade de predicados. O mesmo objeto pode satisfazer o predicado *"– é um automóvel"*; *"– é um meio de transporte"*; *"– é um objeto que podemos comprar"*; *"– é um fator de poluição"*... O discurso pode criar de novo, incessantemente, em função dos interesses dos locutores, predicados como *"– foi usado em 10 de junho de 1999"*; *"– é um automóvel disponível para o próximo sábado"*.

## PROPOSIÇÃO, PROPOSIÇÃO ANALISADA

Em Lógica, uma proposição é um julgamento que toma por valor de verdade o *verdadeiro* (representado por V) ou o *falso* (F), abstração feita de seu sentido e de suas condições de emprego. Uma proposição, na Lógica clássica, é tão-somente um modo de dizer o verdadeiro ou o falso.

Uma proposição é considerada *inanalisada* [inanalysée] se não dispomos de nenhuma informação sobre sua estrutura interna. Registra-se uma proposição inanalisada como A, B, C...

Uma proposição é considerada *analisada* se temos informações de sua estrutura interna. Sua estrutura de base é formada de um predicado P, considerando um sujeito S, "S é P".

- o sujeito se refere aos elementos de um universo de referência;
- o predicado diz alguma coisa desses seres;
- a proposição afirma ou nega que o predicado convém ao sujeito. Ela é considerada *categórica* (sem condição nem alternativa).

*Qualidade e quantidade de uma proposição* – falamos da *qualidade* de uma proposição para remeter a suas duas dimensões, *afirmativa* ou *negativa*.

A *quantidade* da proposição varia segundo o fato de o sujeito referir-se a um ser, a alguns seres ou a todos os seres. A quantidade é expressa pelos quantificadores. As palavras determinantes como *todos* (*todos os P, todo P, os P*) ou alguns (*certos P, alguns P...*) portam indicações de quantidade. Distinguimos, assim, as proposições:

> universais: *todos os poetas*
> particulares: *alguns poetas*

*Particular* não significa "individual". Na forma tradicional, a Lógica não trata de proposições que predicam alguma coisa de um indivíduo particular, como *Pedro* ou *este poeta*.

Combinando *quantidade* e *qualidade*, distinguimos quatro formas de proposições. Tradicionalmente as *afirmativas* são designadas pelas letras A e I (as duas primeiras vogais do verbo latino AffIrmo, *eu afirmo*) e as *negativas* pelas letras E e O (nEgO), *eu nego*):

| A | universal afirmativa | Todos os S são P. |
|---|---|---|
| E | universal negativa | Nenhum S é P. |
| I | particular afirmativa | Alguns S são P. |
| O | particular negativa | Alguns S não são P. |

*Proposição inversa* – a expressão *inversa* de uma proposição é obtida pela permutação do sujeito e do predicado: a proposição inversa tem por sujeito o predicado da proposição original e por predicado o sujeito da proposição original. A qualidade (afirmativa ou negativa) da proposição é mantida. A *universal negativa* E e sua proposição inversa são equivalentes (elas têm a mesma condição de verdade):

Nenhum P é Q ↔ nenhum Q é P.

O mesmo acontece com *a particular afirmativa* e sua proposição inversa:

Alguns P são Q ↔ alguns Q são P.

Ver Proposição inversa.

*Distribuição de um termo* – considera-se um termo *distribuído* se ele diz alguma coisa de todos os indivíduos do conjunto de referência. Caso contrário, ele não é considerado distribuído.

Os termos precedidos do quantificador *todos* são distribuídos. Os termos quantificados por *certos, alguns, muitos, quase todos...* não são distribuídos. Por exemplo, numa proposição afirmativa universal A, *Todos os atenienses são poetas*:

- o termo sujeito *ateniense* é distribuído;
- o termo *poeta* é *não distribuído*: a proposição A diz apenas que *alguns poetas são atenienses*.

A noção de distribuição é utilizada para o estabelecimento de regras de avaliação do silogismo, ver **Paralogismos**.

*A pressuposição de existência* – certas expressões têm a forma de um termo, mas não se referem a nada, como *o unicórnio* ou *o atual rei da França*. Entretanto, P sendo um predicado qualquer, não desejamos dizer de seres que não existem que < todos são P >, < nenhum é P >, nem que < alguns são P >, ou < não são P >. Pressupomos, então, que o universo de referência do termo sujeito não é vazio, ver **Pressuposição**.

## QUADRADO LÓGICO E INFERÊNCIA IMEDIATA

Uma *inferência imediata* é uma inferência que incide sobre o conteúdo quantificador de apenas uma proposição: os dois termos dessa premissa única encontram-se na conclusão e apenas a quantidade da proposição muda. Podemos discutir o fato de se tratar ou não de um raciocínio. A inferência imediata é uma *inferência*, não é uma *reformulação*, que supõe a identidade de sentido de dois enunciados:

Alguns a são b, portanto *alguns* b são a (conversão, ver adiante).
Todos os a são b, portanto *alguns* b são a (subalternação, ver adiante).

No primeiro caso, a inferência imediata corresponde a uma equivalência, mas não no segundo.

O quadrado lógico expressa um conjunto de *inferências imediatas* entre as proposições analisada da forma sujeito – o predicado em função de sua *qualidade*, afirmativa ou negativa, e da *quantidade* de seu sujeito (A, E, I, O, ver anteriormente).

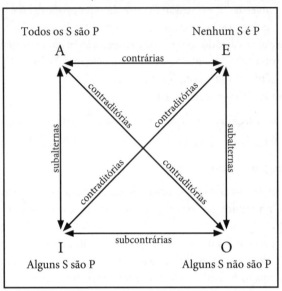

Essas quatro proposições são ligadas pelas seguintes relações.

- *Relação de contrariedade*, entre a universal afirmativa A e a universal negativa E. A e E não são simultaneamente verdadeiras, mas podem ser simultaneamente falsas. Em termos de inferência imediata, da verdade de uma podemos inferir imediatamente a falsidade da outra.
- *Relação de subcontrariedade*, entre a particular afirmativa I e a particular negativa O. Ao menos uma das duas proposições I e O é verdadeira. Elas podem ser simultaneamente verdadeiras e não podem ser simultaneamente falsas. Em termos de inferência imediata, da falsidade de uma podemos inferir imediatamente a verdade da outra.
- Relação de contradição, entre:
  A universal negativa E e a particular afirmativa I;
  A universal afirmativa A e a particular negativa O.

E e I não podem ser simultaneamente verdadeiras nem simultaneamente falsas (apenas uma delas é verdadeira). O mesmo ocorre com A e O. Em termos de inferência imediata, da verdade de uma podemos inferir imediatamente a falsidade da outra e inversamente.

- Relação de subalternação entre:
  A e I, a universal afirmativa e a particular afirmativa;
  E e O, a universal negativa e a particular negativa.

Uma proposição é *subalterna* de outra, que é sua *superalterna*, se e somente se:

- se a superalterna é verdadeira, a subalterna é verdadeira – inferência imediata:
  Todo S é P, portanto alguns S são P.
- e se a subalterna é falsa, sua superalterna é falsa – inferência imediata:
  É falso que alguns S são P, portanto é falso que todo S é P.

A subalterna pode ser verdadeira e a superalterna, falsa.

Além disso, as proposições E e I são *conversíveis*: a proposição de partida tem as mesmas condições de verdade que a proposição obtida na permuta de sujeito e predicado:

| E: nenhum S é P | se e somente se | nenhum P é S |
| I: alguns S são P | se e somente se | alguns P são S |

### INFERÊNCIA IMEDIATA, QUANTIFICADORES E TERMOS

A inferência imediata é uma inferência efetuada a partir de apenas uma premissa. Os dois termos da premissa única se encontram na conclusão (exemplos anteriores). No caso do silogismo, a inferência faz-se a partir de duas premissas e de três termos; o termo médio funcionando como um "mediador", um intermediário, entre o termo maior e o termo menor. No caso da inferência imediata, não há "mediação" por um termo médio, ela acontece "i-mediatamente".

A argumentação por definição atribui a um indivíduo designado por um termo as propriedades que formam a definição desse termo. Trata-se, de certo modo, de uma inferência semântica imediata sobre o sentido de palavras plenas, ver **Definição**; **Inferência**. As inferências imediatas, na lógica das proposições, efetuam-se não a partir das palavras plenas, mas a partir de quantificadores. Elas funcionam como reflexos semânticos no discurso ordinário, ligando enunciados naturais, de modo perfeitamente conforme à intuição semântica ordinária. Essa operação, que frequentemente passa despercebida por causa de sua evidência, faz parte da competência argumentativa elementar.

(M.H.C.P.)

## ▪ Lógica clássica (III): Silogismo

A teoria do silogismo está na base da metafísica e da teoria aristotélica, que se fundamenta nas três operações do espírito: produção do conceito (teoria do *termo*), do julgamento (teoria da *proposição*) e da inferência (teoria do *silogismo*), ver **Lógica (I)**.

> O silogismo é um discurso argumentativo no qual, uma vez formuladas certas coisas, alguma coisa distinta destas coisas resulta necessariamente através delas pura e simplesmente. (Aristóteles, *Top.* I, 1, 25)

O silogismo clássico é um discurso composto de três proposições: as "coisas estabelecidas" são as *premissas* do silogismo, "a coisa diferente que dela resulta necessariamente", a *conclusão*. Falamos de silogismo quando o discurso faz intervir duas premissas; e de *inferência imediata* se a premissa é única, ver **Lógica Clássica (II)**.

A *lógica de proposições* analisada tem por objeto o estudo de condições de validade do silogismo. Um silogismo *válido* é um silogismo tal que, se suas premissas são verdadeiras, sua conclusão é necessariamente verdadeira. Nesse sentido, é impossível que suas premissas sejam verdadeiras e sua conclusão falsa.

## TERMOS DO SILOGISMO

O silogismo articula três termos, conhecidos como *termo maior T, termo menor t* e *termo médio M*:

- O termo maior < T > é o termo *predicado* da *conclusão*. A premissa em que se encontra o termo maior T é considerada premissa maior.
- O termo menor < t > é o termo *sujeito da conclusão*. A premissa em que se encontra o termo menor t é considerada premissa menor.
- O termo médio < M > tem como função permitir a conexão do termo maior e do termo menor, ele desaparece na conclusão, que tem a forma < t é T >.

## FIGURAS DO SILOGISMO

A forma do silogismo depende da posição de sujeito ou predicado do termo médio na maior e na menor. Há quatro possibilidades, que constituem as quatros "figuras" do silogismo. Por exemplo, um silogismo em que o termo médio é sujeito na maior e predicado na menor é um silogismo da primeira figura:

| | | |
|---|---|---|
| Maior | M – T | *homem – racional* |
| Menor | t – M | *cavalo – homem* |
| Conclusão | t – T | *cavalo – racional* |

## FORMAS DO SILOGISMO

A forma do silogismo depende da quantidade das três proposições que constituem o silogismo. Cada proposição pode ser universal ou particular, afirmativa ou negativa, ou seja, há quatro possibilidades. A configuração é a seguinte: temos quatro possibilidades para a maior; cada uma dessas quatro possibilidades combina-se com uma menor que admite igualmente quatro possibilidades, o mesmo ocorre para a conclusão, ou seja, ao todo 4 x 4 x 4 = 64 formas. Além disso, cada uma dessas formas admite as quatro figuras, ou seja, 256 possibilidades.

Por exemplo, a primeira figura do silogismo corresponde ao caso em que, a partir de duas premissas universais, obtemos uma conclusão universal. Essa dedução corresponde ao modo válido:

| | | | |
|---|---|---|---|
| Maior | M – T | Todos os M são T | *Todos os homens são racionais* |
| Menor | t – M | Todos o t são M | *Todos os gregos são homens* |
| Conclusão | t – T | Todos os t são T | *Todos os gregos são racionais* |

Essa forma de silogismo é conhecida pelo nome *BArbArA*, em que a vogal A marca que se trata de uma universal na maior, na menor e na conclusão.

## EXEMPLO: AS FORMAS CONCLUSIVAS DA PRIMEIRA FIGURA

As deduções silogísticas são claramente expostas na linguagem da teoria dos conjuntos. Dois conjuntos (não vazios) podem ser disjuntos (interseção vazia, sem elementos em comum); podem ter alguns elementos em comum (uma interseção); todos os elementos de um podem igualmente pertencer a um outro (um está incluso no outro). Leremos M como "conjunto M", o mesmo para P e S. A primeira figura admite quatro modos conclusivos.

(i) silogismo na forma A – A – A:

A      todo M é P,

A      todo S é M,

A      portanto todo S é P

*M está incluso no conjunto P e S está incluso no conjunto M, portanto o conjunto S está incluso no conjunto P.*

(ii) silogismo na forma A – I – I:

A      todo M é P,

I      algum S é M,

I      portanto algum S é P.

*M está incluso em P; ora alguns S estão inclusos em M; portanto alguns S estão inclusos em P.*

(iii) silogismo na forma E – A – E:

E      nenhum M é P,

A      ora todo S é M,

E      portanto nenhum S é P.

*M e P não apresentam nenhum elemento comum; ora S está incluso em M; portanto S e P não têm nenhum elemento comum.*

(iv) silogismo na forma E – I – O:

E      nenhum M é P,

I      ora algum S é M,

O      portanto nenhum S é P.

*Nenhum M é P; ora alguns S são M; portanto alguns S não são P.*

**AVALIAÇÃO DOS SILOGISMOS, VER PARALOGISMOS.**

**SILOGISMOS FORMADOS POR PREMISSA(S) COM SUJEITO(S) CONCRETO(S)**

As definições precedentes correspondem ao silogismo *categórico* tradicional (aristotélico). Falamos também de silogismo quando as premissas apresentam um *sujeito concreto*.

*Duas premissas com sujeito concreto* – um sujeito concreto é um sujeito que designa um indivíduo único, por meio de expressões como *isto, este ser, Pedro, o N que* –. Exemplo de silogismo com sujeito concreto:

> Este objeto é P;
> este mesmo objeto é não Q;
> portanto alguns P são não Q (= todos os P não são Q; = todos os P são Q é falso).

Esse tipo de silogismo serve para refutar as proposições universais do tipo *os cisnes são brancos*: "Isto é um cisne; isto é negro; ora, aplicado a um mesmo sujeito, '*ser negro*' e '*ser branco*' são predicados contrários; portanto é falso que todos os cisnes sejam brancos", ver **Contrários**.

*Uma premissa tem sujeito concreto, outra tem sujeito geral* – os silogismos que operam na instância de uma universal são exemplos de tais silogismos. Eles permitem atribuir a um indivíduo as propriedades da classe à qual ele pertence: "os *x* são *B*; isto é um *x*; isto é um *B*", ver **Diagrama de Toulmin.**

**FORMAS SILOGÍSTICAS COM MAIS DE DUAS PREMISSAS**

Por extensão, falamos às vezes de silogismo para designar argumentações baseadas em vários argumentos, quer sejam ligados, quer convergentes, quer ainda tenham a forma de um epiquirema, ver **Convergência – Ligação – Série; Epiquirema**.

Falamos igualmente de silogismo num sentido amplo para designar um encadeamento de proposições, no qual a forma sintática e o modo de encadeamento imitam mais ou menos aqueles de um silogismo e convergem para uma conclusão afirmada categoricamente. O sentido não tem então mais nada a ver com a silogística, ver **Expressão.**

O famoso silogismo *Tudo que é raro é caro, um cavalo barato é uma coisa rara, portanto um cavalo barato é caro* é construído sobre duas premissas contraditórias, portanto é normal que a conclusão seja absurda.

(M.H.C.P.)

# ▪ Lógica clássica (IV): Conectivos e cálculo de proposições

A validade de alguns raciocínios pode ser estudada sem que levemos em conta a estrutura interna das proposições que os compõem. A lógica das proposições não analisadas utiliza proposições como P, Q..., combinadas por meio de *conectivos*. Ela define uma sintaxe lógica, isto é, as regras de construção, com a ajuda de conectivos lógicos, de *proposições complexas* bem formadas, a partir de proposições simples ou de proposições complexas, elas mesmas bem formadas. A lógica das proposições determina, ainda, entre essas fórmulas, aquelas que são *fórmulas válidas* (leis lógicas; tautologias).

# CONECTIVO LÓGICO E TABELA DE VERDADE

Chamamos de *functor* ou *operador* lógico:

- os conectivos *unários*, que incidem sobre uma proposição;
- os conectivos *binários* que juntam duas proposições.

Um conectivo lógico é definido pela tabela de verdade à qual está associado.

*A tabela de verdade de um conectivo binário* < P conectivo Q > é uma tabela com três colunas e cinco linhas. As letras P, Q... são utilizadas para indicar as proposições; as letras V e F para indicar os valores de verdade: verdadeiro (V) ou falso (F).

- Colunas:
  - ▫ a primeira coluna corresponde aos valores verdade da proposição P,
  - ▫ a segunda, aos valores verdade da proposição Q,
  - ▫ a terceira, àquele da proposição complexa formada pelo conectivo, isso é: < P conecta Q >.
- *Linhas*: Quando P é V, Q pode ser V ou F; da mesma forma quando P é F. As quatro linhas correspondem, portanto, a essas quatro possibilidades.
- a primeira linha menciona todas as proposições a serem levadas em conta, P, Q e < P conecta Q >.
- a segunda linha corresponde ao caso em que P é verdadeiro e Q verdadeiro etc.

*A tabela de verdade de um conectivo unário* < conecta P > é uma tabela de três linhas e duas colunas. Há 4 possibilidades de conectivos unários. O conectivo < ¬ >, lê-se "não", é o único utilizado comumente. Sua tabela de verdade é a seguinte:

| P | ¬P |
|---|----|
| V | F  |
| F | V  |

A primeira linha diz que se P é verdadeiro, ¬P é falso; a segunda diz que se P é falso, ¬P é verdadeiro. Esta tabela expressa o princípio do terceiro excluído.

*Os conectivos binários* incidem sobre duas proposições. Teoricamente há 16 conectivos binários, os quais utilizamos:

~ conectivo de equivalência das proposições
→ conectivo implicativo, implicação, lê-se "se – então –"
& conectivo conjuntivo, conjunção, lê-se "e"
V conectivo disjuntivo, disjunção, lê-se "ou"
W conectivo disjuntivo exclusivo, disjunção exclusiva, lê-se "ou exclusivo"

Os conectivos lógicos emprestam seus significados orais às conjunções de coordenação e de subordinação.

## EQUIVALÊNCIA < ~ >

A equivalência < P ~ Q >, lê-se "P é equivalente a Q", é verdadeira se e somente se as proposições têm os mesmos valores de verdade. Isso se expressa na tabela de verdade seguinte:

| P | Q | P ~ Q |
|---|---|-------|
| V | V | V |
| V | F | F |
| F | V | F |
| F | F | V |

Em Lógica, todas as proposições verdadeiras são equivalentes entre elas, todas as proposições falsas são equivalentes entre elas, qualquer que seja sua significação. Estamos bem distantes da equivalência linguística, da paráfrase e da reformulação, que buscam a preservação do sentido.

## CONJUNÇÃO < & >

A conjunção < P & Q >, lê-se "P e Q", é verdadeira se e somente se P é verdadeiro e Q é verdadeiro. Isso se expressa na tabela de verdade seguinte:

| P | Q | P & Q |
|---|---|-------|
| V | V | V |
| V | F | F |
| F | V | F |
| F | F | F |

O conectivo lógico < & > impõe somente que as proposições que ele liga sejam verdadeiras. Ora, esta propriedade é comum a muitos termos, como: *e, mas, ou, entretanto...* e a todos os concessivos:

> As circunstâncias que tornam verdadeiros os enunciados são sempre as mesmas, isto é, saber a verdade simultânea de dois componentes, ao se utilizar *e, mas* ou *ainda que.* A utilização de uma dessas palavras e não de outra pode modificar o caráter natural da expressão e também fornecer incidentalmente um indício sobre o que se passa no espírito do locutor. Ela permanece, no entanto, incapaz de fazer a diferença entre a verdade e a falsidade da composição. A diferença de significação entre *e, mas* e *ainda que* é retórica, e não lógica. A notação lógica, estranha às distinções retóricas, expressa a conjunção de maneira uniforme. (Quine, 1950: 55-56)

Em outros termos, a teoria lógica não dispõe de conceitos adequados para tratar de fenômenos de orientação argumentativa. Aliás, disso ela não tem qualquer obrigação nesse sentido. Quanto à estratégia argumentativa de Quine, ela consiste em se livrar do problema reduzindo-o e delegando-o à retórica, vista como uma grande lata de lixo de problemas não resolvidos.

A conjunção *e*, longe de ser uma palavra "vazia", sensível apenas às condições de verdade, impõe a seu contexto condições semânticas sutis, por exemplo, a sensibilidade à sucessão temporal. Se < P & Q > é verdadeiro, então < Q & P > também o é. Não obstante, os enunciados seguintes não contêm as mesmas *informações*. Nesse sentido, não se trata mais de retórica, qualquer que seja o sentido que se dê a essa palavra:

> *Eles se casaram e tiveram muitos filhos.*
> *Eles tiveram muitos filhos e se casaram.*

Poderíamos considerar que, sob algumas condições em que *e* incide sobre acontecimentos, sua análise lógica introduz uma terceira proposição: *e os acontecimentos se sucederam nessa ordem.* Além disso, o uso da conjunção *e* obedece a coerções dos termos coordenados, ver **Composição e divisão**.

## DISJUNÇÃO INCLUSIVA < V > E EXCLUSIVA < W >

A disjunção inclusiva < P V Q > é falsa se e somente se P e Q são simultaneamente falsos. Em todos os outros casos, ela é verdadeira. Isso se expressa na tabela de verdade seguinte:

| P | Q | P V Q |
|---|---|---|
| V | V | V |
| V | F | V |
| F | V | V |
| F | F | F |

A *disjunção exclusiva* < P W Q > é verdadeira se e somente se *apenas* uma das duas proposições que ela reúne é verdadeira. Em todos os outros casos, ela é falsa. Isso se expressa na tabela de verdade seguinte:

| P | Q | P W Q |
|---|---|---|
| V | V | F |
| V | F | V |
| F | V | V |
| F | F | F |

## IMPLICAÇÃO LÓGICA < → >

O conectivo implicativo < → > permite formar, a partir de duas expressões bem formadas P e Q, uma nova expressão bem formada < P → Q >. P é o *antecedente* da implicação e Q é o *consequente*. A tabela de verdade de implicação lógica é a seguinte:

| P | Q | P → Q | | |
|---|---|---|---|---|
| V | V | V | (1) O verdadeiro implica o verdadeiro | |
| V | F | F | (2) O verdadeiro não implica o falso | |
| F | V | V | (3) O falso implica o verdadeiro | O falso implica qualquer |
| F | F | V | (4) O falso implica o falso | proposição |

A implicação < P → Q > é falsa se e somente se P é verdadeiro e Q é falso (linha 2). Em outros termos: < P → Q > é verdadeiro se e somente se < não P & não Q > é verdadeiro, isto é, *não é verdadeiro que o antecedente P seja verdadeiro e o consequente Q falso.*

A linha (3) afirma a verdade da implicação *Se a lua é um queijo macio* (proposição falsa)*, então Napoleão morreu em Santa Helena* (proposição verdadeira). Esse paradoxo aparente é devido ao fato de que, como os outros conectivos lógicos, o conectivo < → > é indiferente ao *sentido* das proposições que conecta. Tal conectivo leva em consideração apenas seus *valores de verdade*. A *implicação estrita* de Lewis tenta apagar este paradoxo, exigindo que para que < P → Q > seja verdadeira, é preciso que Q seja dedutível de P. A implicação estrita introduz então condições semânticas, além dos valores de verdade. É isso que explica que a palavra "implicação" seja por vezes tomada no sentido de "inferência dedutiva".

Os sistemas de "dedução natural" são definidos em Lógica (Vax, 1982, art. *Deduction*). Eles não têm nada a ver com a Lógica natural de Grize.

A implicação assim definida é chamada implicação *material* e não tem nada a ver com a Lógica substancial [*substantial*] de Toulmin.

Do ponto de vista epistêmico, isto é, se consideramos implicações entre proposições semanticamente ligadas, particularmente do ponto de vista causal (portanto, temporal) ou por simples sucessão temporal, sempre suscetível de ser interpretada como causal, as leis da implicação expressam as noções de condições necessária e suficiente:

A → B
A é uma condição suficiente para B,
B é uma condição necessária de A.

Dizer que, se chove, a estrada fica molhada, é dizer que é *suficiente* que chova para que a estrada fique molhada, e que, *necessariamente*, a estrada fica molhada quando chove.

## LEIS LÓGICAS

Com a ajuda de conectivos, e de proposições simples ou complexas, podemos construir expressões proposicionais complexas, por exemplo < (P & Q) → R >. A verdade da expressão complexa é função unicamente da verdade de seus componentes. O método das tabelas de verdade pode ser utilizado para avaliar essas expressões. Algumas dentre elas são sempre verdadeiras e correspondem às *leis lógicas*. Algumas leis lógicas receberam denominações particulares como as que seguem.

### LEIS DE DE MORGAN

Os conectivos binários fazem parte das equivalências chamadas leis de De Morgan, considerados como leis do pensamento. Por exemplo, os conectivos < & > e < V > constituem as seguintes equivalências:

Não (P V Q) (negação de uma disjunção inclusiva) = (não P) & (não Q) (conjunção de negação de seus componentes)

Não (P&Q) (negação de uma conjunção) = (não P) V (não Q) (disjunção de negação de seus componentes)

A argumentação do tipo caso a caso utiliza a disjunção inclusiva, ver **Caso a caso**.

*Silogismo hipotético (ou silogismo condicional)* – É uma lei lógica segundo a qual "se a implicação é verdadeira e o antecedente verdadeiro, então o consequente é verdadeiro". Essa lei representa-se assim:

$[(P \rightarrow Q) \& P] \rightarrow Q$

Podemos também escrevê-la sob a forma de uma dedução em três etapas. Ali falaremos, então, em silogismo hipotético:

P → Q *Se chove, o chão fica molhado.*
P *Chove.*
Então Q *O chão fica molhado.*

Em contrapartida, a expressão seguinte não é uma lei lógica; ela corresponde à falácia de afirmação do consequente:

$[(P \rightarrow Q) \& Q] \rightarrow P$

Como no caso dos silogismos não válidos, falar aqui de "paralogismo" não interessa. Trata-se simplesmente de um erro de cálculo, ver **Paralogismos**.

*O silogismo conjuntivo* é um silogismo cujo termo maior nega uma conjunção. Ele tem a forma < não (P & Q) >. O menor afirma uma das duas proposições. A conclusão exclui o outro (figura conhecida como *ponendo-tollens*).

Temos, nesse sentido, a seguinte representação da implicação:

$[não (P \& Q) \& P] \rightarrow não Q$

sob forma de dedução:

Não (P & Q)  *Pedro não estava em Londres e em Bordeaux ontem às 18h30.*

P  *Pedro estava em Bordeaux ontem às 18h30.*

Portanto não Q  *Portanto ele não estava em Londres ontem às 18h30.*

Se o suspeito afirma que ele estava em Londres, mas ele foi visto em Bordeaux, então ele está mentindo.

*O silogismo disjuntivo* é um silogismo em que a premissa maior é a negação de uma disjunção (W, *ou* exclusivo):

$[(P \, W \, Q) \& P] \rightarrow não Q$

Sob a forma de dedução:

P W Q *Um candidato deve ser admitido ou reprovado.*
não P *Este candidato não foi admitido.*
portanto Q *Portanto ele foi reprovado.*

Se eu não encontro meu nome na lista dos aprovados, é porque fui reprovado.

Todas essas deduções são comuns na linguagem do dia a dia, e as evidências de tais deduções fazem com que passem despercebidas. O erro seria não as levar em consideração sob o pretexto de que, desde que essas argumentações são válidas, elas não são argumentações, ver **Provável, verossímil, verdadeiro.**

### TRADUZIR PARA AVALIAR

A linguagem da Lógica é uma linguagem matemática autônoma. Ela pode ser construída a partir de sugestões da linguagem do dia a dia, que ela supera e esquece. Isso significa que podemos procurar comparar como as expressões lógicas correspondem a determinada expressão do discurso natural, ou, de modo geral, atermo-nos a comparar idiossincrasias da linguagem lógica e da linguagem do dia a dia, a fim de destacar as coincidências e as propriedades originais dos sistemas em confrontação e, de certo modo, compreendê-los por meio de tal contraste (Quine [1962]). Em francês, este movimento foi inaugurado por Ducrot (1966). A tradição de estudo de "conectivos lógicos e conectivos linguísticos" se interessa pelas diferenças de comportamento entre conectivos lógicos e conectivos linguageiros. Isso se explicitou, pela primeira vez, acerca do caso do *e*, não como um problema gramatical, mas como um problema lógico, no âmbito da teoria das falácias, ver **Composição e divisão.**

Esse método é acompanhado de exercícios que podem ser puramente formais, mas também receber "aplicações na linguagem usual" para "a análise de argumentos", incluídos aí como "argumentos incompletos" (Kleene [1967]: 67-80). Esses exercícios levam à avaliação de raciocínios como o seguinte:

> Pagarei pela instalação da TV (P) somente se ela funcionar (M). Ora, sua instalação não funciona (não M). Portanto eu não pagarei (não P). (p. 67)

Se definirmos a competência lógica como uma capacidade de se abstrair do dado linguageiro bruto para dele extrair formas gerais e examinar suas propriedades, é claro que o exercício de argumentação e o exercício de lógica são uma só e mesma coisa: essa competência lógica faz parte da competência argumentativa, como as competências do domínio da Aritmética, da Geometria, da Física etc.

(M.H.C.P.)

## ▪ Lógicas do diálogo

Na segunda metade do século XX, foram construídos diferentes sistemas com o objetivo de representar formalmente o diálogo argumentativo:

- Lorenzen e a "Escola de Erlangen" propuseram uma *Lógica dialógica* (*dialogische Logik, dialog logic*);
- Barth e Martens desenvolveram uma Dialética formal (*formal dialectic*);
- Hintikka se interessou pela construção de um tipo de diálogo específico, o diálogo de pesquisa da informação (*information-seeking dialogs*);
- Walton trata, de modo geral, de *jogos dialógicos* (*dialog games*);
- ao lado de uma exposição e de uma crítica do que chamou de "tratamento padrão de falácias", Hamblin (1970) propôs uma *Dialética formal* (*formal dialectics*).

A Lógica dialógica de Lorenzen e da escola de Erlangen são referências fundamentais para a corrente pragmadialética. Dois aspectos desses trabalhos podem ser destacados: de um lado uma contribuição à Lógica formal, de outro a extensão desse modelo à definição do diálogo racional.

*A contribuição lógica* consiste num método de definição de conectivos lógicos não mais pelo método tradicional de tabelas de verdade, mas por meio de movimentos permitidos ou proibidos num "jogo dialógico". Consideremos, por exemplo, o conectivo < & >, "e", que pode ser definido pelo método das tabelas de verdade, ver **Lógica Clássica (IV)**. O método dos jogos dialógicos o define da seguinte forma:

> *Proponente*: P & Q
> *Oponente*: Ataca P
> *Proponente*: Defende P

Se o proponente defende P com sucesso, ele ganha (desta vez). Se não, o jogo acaba, ele perde a partida (se P é falso, então a conjunção < P & Q > é falsa).

Se o proponente ganha de P, o jogo pode continuar: o oponente pode atacar Q.

> *Proponente*: P & Q
> *Oponente*: Ataca Q
> *Proponente*: Defende Q

Se o proponente defende Q com sucesso, ele ganha esta segunda vez e a partida. Dito de outra forma, < P & Q > é verdadeiro. Senão, o jogo acaba, e ele perdeu a partida; < P & Q > é falso.

*Da Lógica dialógica à Pragmadialética* – a Lógica dialógica utiliza três formas de regras (Eemeren et al., 1996: 258):

- Regras de abertura (*Starting rule*): o proponente começa afirmando uma tese.
- Regras gerais sobre as jogadas permitidas e proibidas no diálogo (ver anteriormente).
- Regras de encerramento, determinando quem ganhou (*Winning rule*).

A Pragmadialética apresenta analogias com este sistema:

- Regras de abertura (*Starting rule):* "Regra 1. *Liberdade* – As partes não devem opor obstáculo à livre expressão de pontos de vista ou impedir que eles sejam questionados" (Eemeren, Grootendorst e Snoeck Henkemans, 2002: 182-183).
- Regras de encerramento, determinando quem ganhou (*Winning rule*): "Regra 9. Encerramento – Se um ponto de vista não foi defendido de modo conclusivo, aquele que o promoveu deve retirá-lo. Se um ponto de vista foi defendido de modo conclusivo, a outra parte deve se dar por satisfeita e retirar as dúvidas que tinha em relação àquele ponto de vista" (p. 182-183).
- Todas as outras regras têm por objetivo assegurar o bom desenvolvimento de um diálogo argumentativo em língua ordinária, visando a eliminar as diferenças de opinião.

Uma contribuição à teoria da racionalidade – em sua obra intitulada *Logische Propädeutik; Vorschule des vernunftigen Redens* [Propedêutica lógica: Preliminar ao discurso racional]), 1967, Kamlah e Lorenzen apresentam como objetivo fornecer "os elementos e regras de todo discurso racional" ([*the building blocks and rules for all rational discourse*], apud Eemeren et al., 1996: 248). Na mesma perspectiva, "se quisermos evitar que os participantes de uma discussão ou de uma conversação não se lancem em um interminável diálogo de surdos [*speaking at cross purposes in interminable monologues*] suas práticas linguageiras devem observar certas normas e regras". O objetivo da empreitada é, então, a construção de uma "ortolinguagem" [*ortholangage*] (p. 253), definindo o comportamento dialogal racional capaz de solucionar as controvérsias interindividuais. Tais enfoques interacionais, que começam a se desenvolver na mesma época, ajudam a compreender o jogo dialogal.

(M.H.C.P.)

## ▪ Lugar-comum

No vocabulário geral, a expressão *lugar-comum* é sinônimo de *clichê*. Ambos os termos têm a mesma orientação depreciativa. Tal expressão também é utilizada como equivalente ao *topos*:

1. Na teoria da argumentação, a expressão *lugar-comum* corresponde ao latim *locus communis*, que se traduz do grego *topos*. Frequentemente reduzida a *lugar* (*locus*, pl. *loci*), ela é utilizada, particularmente, em textos antigos ou modernos, no sentido de "*topos* inferencial".
2. Na análise literária, um *lugar-comum* é um "*topos* substancial", no sentido empregado por Curtius (1948).

Ver **Topos**.

(P.R.G.)

- **Maioria** ▶ *Ad populum*; Consenso

- **Manipulação**

A PALAVRA E SEUS DOMÍNIOS

Na forma "$N_0$ *manipula* N1", *manipular* tem duas significações:

1. manipular_1: N1 designa algo não humano (*manipular sacos de cimento*); uma parte do corpo (*massagear*: "manipular as vértebras") ou o próprio corpo (*meu corpo será manipulado por um massagista das 10h às 11h*).
2. manipular_2: N1 designa uma pessoa que pode fazer suas próprias escolhas. Nesse segundo caso, que é recente (Rey [1992], art. *Manipular*), *manipular* é instrumentalizar: "considerar uma pessoa como um objeto, um instrumento".

Os dois sentidos estão ligados, suas famílias derivacionais são idênticas (*manipulador, manipulação, manipulatório*).

Falamos de manipulação, no segundo sentido, nas seguintes áreas:

- Em Psicologia, na vida cotidiana, diz-se: *uma pessoa manipuladora*".
- Na área militar: a propaganda *branca* é destinada à opinião pública do próprio país; ela pode ser mentirosa. A propaganda *negra* dissimula sua origem e sua intenção real, apresentando-se como oriunda de uma fonte amiga, embora seja proveniente do inimigo. Esse tipo de propaganda advém da área da desinformação e da *intox*.*
- No campo da ação comercial e das técnicas de marketing, para levar as pessoas a comprar qualquer coisa, apelando a diferentes estratégias para *envolver* e *conquistar* o cliente, ver **Argumentação por etapas**.
- Nos domínios político, ideológico e religioso.

---

\* N.T.: Aqui a ideia é de intoxicação (*intox*) do outro por meio de ideias, no sentido de enganação.

Nesses diferentes domínios, a questão da manipulação se entrelaça com a da argumentação.

## "FAZER FAZER": DA COLABORAÇÃO À MANIPULAÇÃO

A manipulação é um recurso que pode ser acionado em situações em que uma pessoa M busca um objetivo Φ; para alcançar este objetivo, M tem necessidade de que outra pessoa, N, pense ou aja de certa maneira.

### NEGOCIAÇÃO COM OBJETIVO CLARO

(i) M acredita que Φ é do interesse de N; N está de acordo

N tem uma representação positiva de Φ; ele acredita que Φ é importante, agradável, de seu interesse; ele busca Φ espontaneamente, por razões independentes. Segue-se que M tem necessidade de N e N tem necessidade de M: M e N cooperam acerca de Φ.

Eventualmente, se o engajamento de N é menos evidente, numa abordagem aberta, M persuade N, por meio de argumentos, a se associar a ele para realizar Φ. N sabe que M tem a intenção de levá-lo a fazer Φ, e eles conversam abertamente sobre isso.

(ii) Fazer Φ não é realmente do interesse de N

Fazer Φ é mais ou menos entediante para N. Espontaneamente, N não intervirá nem colaborará com M para alcançar Φ. M pode então agir sobre a vontade de N ou sobre suas representações.

(a) Ação sobre a vontade de fazer

Nessa situação, M pode tentar persuadir N a fazer Φ. M ameaça N (*ad baculum*), suborna-o (*ad crumenam*), suscita-lhe piedade (*ad misericordiam*), encanta-o, sedu-lo (*ad amicitiam*), ver **Ameaça**; **Emoção.**

N tem uma representação preferencialmente negativa de Φ. Mas esses argumentos, se se trata de argumentos, transformam a vontade de agir de N e finalmente N passa a querer fazer Φ, ainda que Φ não lhe agrade. Ele faz Φ *mesmo assim, mesmo se, a contragosto*: é *bom porque te dá prazer*. Podemos discutir para saber se houve manipulação da vontade de N.

(b) Ação sobre as representações da ação a executar

M modifica Φ de modo que Φ pareça agradável a N e, ainda, de modo que Φ pareça do interesse de N. Nesse caso reencontramos a primeira possibilidade: N quer fazer Φ porque agora aquilo lhe parece bom.

No caso (a), N fará um trabalho que sabe ser perigoso. Não obstante, ainda que seja perigoso, sabe que será bem pago. No caso (b), N fará um trabalho cuja periculosidade não está clara. M pode combinar as duas estratégias: *você pode fazer isso para mim, nem é tão perigoso*. Nesse segundo caso, não há necessariamente manipulação. M apresentou abertamente a N seu objetivo: fazê-lo fazer Φ. N se deixou convencer, talvez por meio de bons argumentos utilizados por M. Pode mesmo ser que o trabalho não seja assim tão perigoso, e será bem pago.

Na situação descrita no parágrafo anterior, não há claramente manipulação, a não ser que M saiba que o trabalho é perigoso e que ele tenha conscientemente representado mal ou dissimulado o perigo para N. A mentira é a base da manipulação.

(iii) Fazer Φ é contra os interesses e valores de N.

Realizar Φ é claramente contrário aos interesses de N. Em circunstâncias normais, N se oporia espontaneamente a M a respeito de Φ. Para M resta, contudo, a possibilidade de:

- persuadir N a *querer fazer* qualquer coisa contrária a seus interesses ou a seus valores, por exemplo, suicidar-se, sacrificar-se, mesmo que não tenha desejo de morrer, em nome de um interesse ou de um valor superiores: *Deus, o Partido, a Nação, te pedem; Você deve sacrificar as crianças para fazer triunfar nossa causa*;
- persuadir N de que a ação que M tenta convencê-lo a realizar é boa, e que N o faz em seu próprio interesse. M inspira em N o desejo de sacrifício, mesmo que N não tenha especialmente desejo de morrer (*além de tudo, você irá ao Paraíso*).

As argumentações pelas quais M persuadiu N a concordar em realizar Φ são consideradas manipulatórias porque não respeitam uma hierarquia de valores que consideramos naturais. Há manipulação, porque, por meio de discursos condenáveis, persuadimos N a fazer qualquer coisa que ninguém, em sangue frio, em seu bom senso, em condições normais, faria. A problemática da manipulação está no mesmo patamar da lavagem cerebral.

## NEGOCIAÇÃO COM OBJETIVO DISSIMULADO

Nos casos precedentes, N é mais ou menos consciente daquilo que ele está em vias de fazer. A mentira acerca das reais intenções de M, a ocultação do objetivo real Φ, que é substituído por um objetivo secundário ao qual tentamos fazer N aderir, são os elementos essenciais da manipulação "profunda".

Os próprios interesses de N, ou a crença que ele tem de seus próprios interesses, levam-no a buscar objetivos diametralmente opostos à realização de Φ. Nesse sentido, M e N têm objetivos antagônicos. M deve então dissimular seu objetivo de realizar Φ. Nesse caso, M apresenta um falso objetivo, isto é, um objetivo ardiloso (Φ_ardiloso) como:

(1) Φ_ ardiloso é positivo para N: N pensa que é de seu interesse fazer Φ.
(2) Φ_ ardiloso conduz fatalmente a Φ_ escondido.
(3) N ignora (2).

N realiza o objetivo-ardiloso, M realiza seu objetivo.

N sofre um prejuízo.
N compreende (ou não) que foi manipulado.

Não há necessariamente comunicação verbal entre M e N no decorrer desse processo.

O conceito de *nobre mentira** foi introduzido por Sócrates, na obra *República* de Platão (III, 414 b-c), e é ali apresentado como um instrumento de governo indispensável na Cidade ideal. Um exemplo disso é a situação em que os pais colocavam açúcar no óleo de fígado de bacalhau que administravam às crianças; ou a tática que Calvino atribui aos monges que queriam levar o povo à salvação a qualquer custo, porque *o fim justifica os meios*. Trata-se da multiplicação de relíquias da verdadeira cruz:

---

* N.T.: Tradução do conceito proposta pelo próprio Plantin; no original, *pieux mensonge*.

> Como poderíamos dizer outra coisa, a não ser que tudo aquilo foi distorcido para abusar do povo simples? E, de fato, os falsos devotos, tanto os padres como os monges, confessaram que foi assim, chamando-as de fraudes piedosas [*pias fraudes*], quer dizer, fraudes honestas para comover o povo e levá-lo à devoção. (Calvin, 1995 [1543]: 199)

Um caso limite é aquele em que o manipulador dissimula simplesmente seu objetivo ao longo de toda essa costura interacional com o interlocutor. Vendemos uma enorme enciclopédia a pessoas seduzidas por essa compra, mas elas mal sabem ler; para elas este tipo de livro não tem qualquer utilidade e, pior, elas não têm meios de pagar (Lorenzo-Basson, 2004). Há manipulação porque o vendedor consegue fazer parecer uma conversa comum ($\Phi$_ardiloso) todo o seu projeto de venda ($\Phi$) de um produto do qual o comprador, mantido na ignorância, não se servirá.

## MANIPULAÇÃO E PRÁTICA DO PODER

A manipulação está ligada a uma visão de poder e de ação: o poder se exerce pela força e pela mentira ou pela razão e pela argumentação? Sobre a necessidade da mentira de Estado, Lenin se junta a Churchill e reencontra Rumsfeld:

> Devo confessar que aquilo que consideramos os meios bem educados na Europa ocidental e na América são incapazes de compreender quer a situação atual, quer a relação real das forças. Esses meios devem ser considerados surdo-mudos.
> Dizer a verdade é um preconceito burguês mesquinho, enquanto a mentira é sempre justificada pelos objetivos a serem alcançados. (Volkoff, 2004: 35)

Foi Churchill que introduziu este tema:

> Em tempos de guerra, a verdade é tão preciosa que é preciso sempre protegê-la com um guarda-costas contra mentiras. [*In wartime, truth is so precious that she should always be attended by a bodyguard of lies*]
> A verdade é irrefutável [*incontrovertible*], a ignorância pode dela zombar, o pânico pode detestá-la, a maldade pode destrui-la, mas ela está lá. (Disponível em: http://quotations.about.com/cs/winstonchurchill/a/ bls_churchill.htm. Acesso em: 20 set. 2013)

A corrente neoconservadora americana reativou aquela noção de "mentira nobre" [*noble mensonge*], isto é, a necessidade de um guarda-costas contra mentiras [*bodyguards of lies*] (Donald Rumsfeld, US Department of Defense Briefing, 25 set. 2001), construindo uma verdade que não é nem adequação ao real, nem o melhor acordo humanamente realizável, mas uma "verdade estratégica [*strategic truth*]", imposta como necessária por uma "fraude piedosa [*pious fraud*]" aos cidadãos. Na Argentina do período entre as duas guerras, alguns desenvolveram a noção de "fraude patriótica" [*fraude patriótico*] nas eleições, adaptando aos tempos modernos as práticas que Calvino atribui aos monges medievais.

## ARGUMENTAÇÃO E MANIPULAÇÃO

*Significar não é manipular* – no quadro da lógica natural, o estudo das esquematizações é o estudo do processo discursivo de construção do sentido pelo qual o locutor constrói, "organiza" (Grize, 1990: 35) uma significação de forma resumida, coerente, estável. Em todos os casos, essa significação não é a realidade, mas uma nova perspectiva [*éclairage*] da realidade, ver **Esquematização**. Nesse sentido, todas as perspectivas da realidade construídas no discurso podem ser consideradas "manipuladoras", tanto no sentido 1, do material discursivo, quanto no sentido 2, isto é, em relação aos interlocutores. A visão manipuladora no sentido 2 deriva de uma dramatização do processo de significação, que não corresponde ao sentido ordinário do termo "manipulação", o qual supõe a mentira deliberada.

*Argumentação e propaganda* – um fio muito tênue separa o estudo da argumentação, tal como definida no *Tratado da argumentação*, daquele da propaganda política, tal como definida por Domenach: no primeiro caso, trata-se de "provocar ou aumentar a adesão dos espíritos às teses que se lhes apresentam ao assentimento" por meio de procedimentos discursivos (Perelman e Olbrechts-Tyteca, 1999 [1958]: 4); no segundo caso, de "criar, transformar ou confirmar certas opiniões" (Domenach, 1955 [1950]: 10) por meio de procedimentos plurissemióticos (imagem, música, participação em movimentos de massa). Essa diferença é talvez aquela que se estende da *ratio-propagande* a *senso-propagande* de Tchakhotine (1939: 152).* A primeira age "por persuasão, por raciocínio", e a segunda, "por sugestão" (p. 152).

*Manipulação e mentira* – a mentira e o ocultamento de intenções, em todos os casos, inclinam a argumentação em direção à manipulação. O discurso manipulatório é fundamentalmente enganoso e mentiroso: mentira *referencial*, porque apresentamos como verdadeiras informações que não o são; objetivos que, no fim das contas, não são o objetivo verdadeiro; *construções discursivas* enganadoras, isto é, que apresentam como inevitáveis encadeamentos que não o são; mentiras sobre a *identidade do locutor*, que não é aquilo que diz ser; mentiras *emocionais* carregadas de falsas representações. Ali a *mentira* estende-se sempre como ação (dizer o falso) e como omissão (omitir-se de dizer a verdade).

A denúncia do discurso manipulatório é uma denúncia da mentira, contudo a mentira não é lida no discurso, pois ali não há marca de mentira. É por isso que, como diz Hamblin, "o lógico não é um juiz nem uma corte de apelação, e um tal juiz ou uma tal corte não existem" ([*The logician*] *is not a judge or a court of appeal, and there is no such judge or court*]) (1970: 244). A denúncia só pode ser feita em nome de uma visão da realidade. Em outros termos, ela é assunto para os próprios *participantes informados,* ver **Avaliação e avaliador.**

(M.H.C.P.)

## ▪ Mapa argumentativo ▶ Repertório argumentativo

---

\* N.T.: Encontramos a tradução da obra citada, mas não localizamos exatamente os vocábulos entres aspas. Eis a referência: Serguei Tchakhotine, *A violação das massas pela propaganda política.* Tradução de Miguel Arraes. Revisão e atualização de Nélson Jahr Garcia. Edição eletrônica: Ed. Ridendo Castigat Mores. Disponível em: http://www.ebooksbrasil.org/eLibris/violacao.html. Acesso em: 25 abr. 2019.

# ▪ Marcador de argumento, marcador de conclusão

## QUADRO TERMINOLÓGICO

A terminologia dos conectivos e marcadores de estruturação discursiva ou argumentativa é fecunda. Esquematicamente, o quadro da discussão é o seguinte:

*Baliza argumentativa* – distinguimos *três níveis de sinalização* (baliza) pertinentes para a análise argumentativa: (i) delimitação da *sequência argumentativa*; (ii) no interior da sequência, identificação dos *argumentos*, da *conclusão* e dos *princípios gerais* que os ligam (leis de passagem); (iii) depois disso, determinação do *tipo de argumento* que deriva dessa argumentação particular, ver **Baliza argumentativa**. Todos os fenômenos linguageiros relativos a essas operações merecem o nome de *marcadores de estruturação argumentativa*. A expressão remete mais frequentemente ao nível intermediário, aquele da estrutura argumento-conclusão, em que operam especialmente os *conectivos*.

*Partículas discursivas e conectivos* – os conectivos estão ligados à categoria das *partículas discursivas*. Em gramática da frase e do discurso, falamos de partícula discursiva para remeter a um conjunto de termos compostos essencialmente de conjunções, preposições, alguns advérbios, interjeições..., seja sob a forma de palavras, seja sob a forma de locuções. Algumas partículas discursivas são particularmente ligadas à oralidade: *hum, bem, bom, enfim...*

Os *conectivos lógicos* são estritamente definidos por suas tabelas de verdade, ver **Lógica clássica (IV)**. Os *conectivos discursivos* são palavras de ligação que ligam dois termos ou duas proposições simples ou complexas para formar um novo termo ou uma nova proposição; *e, mas, além disso, embora...* são conectivos discursivos que têm as mesmas condições de verdade que o < & > lógico, ver **Lógica clássica (IV)**.

Os conectivos assumem diversas funcionalidades, mas apenas alguns têm valor argumentativo. Outros têm funções conectivas essencialmente não argumentativas, ainda que possam figurar em contextos argumentativos. Por exemplo, os conectivos *enumerativos*, ou conectivos de lista, *primeiramente, em segundo lugar, em seguida, em quarto lugar, e finalmente* podem servir para enumerar tanto pontos de agenda como uma sucessão de argumentos. O efeito de lista pode ele mesmo ser argumentativo.

Os *conectivos com função argumentativa*, abreviadamente *conectivos argumentativos*, contribuem para marcar, retomar e delimitar o segmento do discurso *argumento* e o segmento do discurso *conclusão*, no interior da *sequência argumentativa*. Os conectivos (funcionalmente) argumentativos são plurifuncionais; são *marcadores de argumento ou de conclusão* apenas em alguns de seus empregos.

*Marcadores de argumento ou de conclusão* – outras palavras, não apenas as partículas e outras construções com partículas, podem exercer o papel de marcadores de estruturação argumentativa: "A; o que me permite concluir que B": "disto, podemos concluir aquilo" têm a mesma estrutura argumentativa que "A portanto B" (ver adiante).

Em suma, os conectivos são partículas de ligação plurifuncionais: podem marcar a estruturação argumento-conclusão, a qual pode ser igualmente marcada por verbos conectivos e por outros tipos de construção.

## CONECTIVOS FUNCIONALMENTE ARGUMENTATIVOS

Enquanto a observação diagnóstica das práticas linguageiras é, em princípio, tudo para as teorias retóricas antigas da argumentação, essas teorias não se ocupam especialmente das palavras de ligação que estruturam as passagens argumentativas. As teorias modernas também não: Perelman e Olbrechts-Tyteca ([1958]) não falam delas, nem Lausberf ([1960]) em sua recriação monumental do sistema clássico. Por outro lado, essas palavras estão bem presentes no diagrama de Toulmin ([1958]). A *warrant* (lei de passagem) é introduzida por *since*, "desde que"; o *backing* (suporte/apoio), por *on account of*, "dado que"; o *claim* (conclusão), por *so*, "portanto"; o *rebuttal* (o contradiscurso), por *unless*, "a menos que", ver **Diagrama de Toulmin**. Mas Toulmin não foi além dessa marcação. É a teoria da argumentação na língua de Anscombre e Ducrot (1983) que introduziu a temática das *palavras do discurso*, da qual fazem parte os conectivos como um componente central da teoria da argumentação (Ducrot et al., 1980).

Falar de marca não implica necessariamente que adotemos um ponto de vista positivista segundo o qual uma marca seria necessariamente um lexema unifuncional. No uso, as partículas são polifuncionais. Elas não são argumentativas em todos os momentos; não podemos deduzir do fato de encontrarmos um *porque* [*parce que*] ou um *portanto* [*donc*] que estamos perante uma estrutura argumentativa, e não é porque introduzimos um *portanto* que produzimos uma argumentação, ver **Expressão.** A discussão do valor argumentativo de uma partícula deve estar relacionada à *sequência argumentativa*, ela mesma, independentemente definida, isto é, enquanto organizada por uma questão argumentativa que articula discurso e contradiscurso, o que não impede a prática chamada *ars subtilior* de reconstrução de argumentações profundas.

Segue-se que o caráter argumentativo das partículas é secundário, derivado do contexto, e não primitivo. O fato de aparecerem nos contextos argumentativos ativa sua função argumentativa. As partículas que têm empregos argumentativos devem ser consideradas:

- com suas características sintáticas próprias;
- em sua polifuncionalidade idiossincrática, tal como descrita pelo léxico e pela gramática;
- na sua polifuncionalidade enquanto partículas argumentativas: uma partícula como *mas* pode marcar um argumento, uma conclusão, uma contradição ou uma dissociação argumentativa.

*Portanto* e *mas* são casos centrais de partículas com função argumentativa.

### O CONECTIVO "PORTANTO"

*Portanto* teria uma interpretação inequívoca se pudéssemos considerar princípios como "se há um *portanto*, a proposição que segue é necessariamente uma conclusão; se há um *porque* a proposição que segue é necessariamente um argumento para uma conclusão". No entanto, essas partículas são polifuncionais. Isso quer dizer que há alguns *portanto* e alguns *porque* não argumentativos, e há argumentações sem *portanto* nem *porque*.

Essas partículas restringem as possibilidades de interpretação evocando uma possível estrutura argumentativa; elas não são avisos dirigidos a um destinatário sonolento para despertá-lo de seu torpor interpretativo. Em outras palavras, se o interpretante espera ser alertado por um *portanto* ou por um *porque* para se dar conta de que se está diante de uma situação argumentativa, há ali um sério problema de competência argumentativa; e se o locutor pensa que argumentar é colocar em todo canto *portanto* e *porque*, os quais "darão ao interlocutor a ordem para interpretar como uma argumentação" o conjunto de palavras que lhe propomos, há fortes possibilidades de que este interlocutor se rebelará rapidamente. Aristóteles já havia tratado dessa estratégia e a considerava falaciosa com razão, ver **Expressão.**

O peso desses indicadores no trabalho de produção e interpretação argumentativa é meramente uma possibilidade. *Portanto* pode ser marcador de conclusão e também de muitas outras coisas: pode, por exemplo, marcar a retomada de um tema já introduzido numa interação e que tinha sido momentaneamente abandonado ao longo de uma conversação, por exemplo. Nesse sentido, o *portanto* de retomada, não argumentativo, pode se encontrar um pouco por toda parte e especialmente em contextos argumentativos, o que piora o problema. O exemplo seguinte é extraído de um debate acalorado sobre a atribuição da nacionalidade francesa aos emigrantes que vivem na França:

> eu acho que :: todas essas pessoas – e depois também as pessoas que vieram portanto durante os trinta gloriosos anos, deve-se a elas, ao menos, certa forma de respeito. (Dados extraídos do *corpus* "Debate sobre a imigração – TP de estudantes", Base Clapi. Disponível em: http://clapi.univ-lyon2.fr/V3_Feuilleter.php ?num_corpus=35. Acesso em: 30 set. 2013)

Ninguém jamais duvidou que "essas pessoas" tenham "vindo durante os trinta gloriosos".\* O raciocínio aqui é que "*desde que* elas vieram durante os trinta gloriosos elas têm, *portanto*, direito ao respeito como trabalhadores". Em realidade, *portanto* menciona um enunciado que é, funcionalmente, não uma conclusão, mas um componente de um discurso-argumento.

A intervenção seguinte é feita por um administrador de imóvel durante uma conciliação com sua locatária (representado anonimamente aqui por LOC). O administrador recapitula sua posição: ele pede 80 F (12 €) de aumento. O *portanto* que aparece aí é particularmente interessante, pois acompanha aquilo que é uma conclusão (*por tais e tais razões, eu peço portanto 80 F de aumento*), mas esta conclusão é evocada, ela não é extraída daquilo que a precede. Trata-se de um *portanto* não argumentativo; ali temos um *portanto* de retomada e desenvolvimento, marcando não o fato de que se vá apresentar efetivamente uma conclusão, mas, tão-somente, que aquilo que vai ser dito é uma mera retomada de uma ideia já conhecida e aceita por todos os interactantes:\*\*

---

\*  N.T.: "Trinta gloriosos" são os 30 anos que se seguiram ao final da Segunda Guerra Mundial e que constituíram um período de forte crescimento econômico na maioria dos países desenvolvidos – notadamente os países membros da OCDE.

\*\*  N.T.: No original o trecho está transcrito da seguinte forma: "Moi j'avais d=mandé madame LOC doit s'en rappeler' j'avais d=mandé si v=voulez' ◊ euh: donc euh: quatre vingt francs si v=voulez' pour arriver à mille trente, par mois, c=qui m=paraissait très raisonnable, *FORT* très raisonnable' ◊ vu l'appartement' et vu son emplacement' ◊ vous savez qu'un $F_3$ disons tout d=même au deuxième étage' ◊ relativement confortable' je parle pas des façades qui vont être à faire ça c=t aut- chose' on va les faire c=tte année, p=tet=pas c=tte année' mais l'année prochaine, *VITE* bon, ◊ et bien j=demandais mille trente francs, comme dernier' pour éviter' le lapsus' qui avait été commis' par ma s=crétaire".

| 378 |

Eu tinha pedido a senhora LOC deve se lembrar disso que eu tinha pedido se queria (...) ... ahn: portanto ahn: oitenta francos se que-queria para chegar a mil e trinta, por mês, o que me parecia bem razoável, MUITO bem razoável'... em vista do apartamento e em vista de sua localização... os senhores sabem que um $F_3$ digamos claramente no segundo andar... relativamente confortável não falo das fachadas que vão ser construídas isso é outra coisa vamos fazê-las neste ano,........ não este ano mas no próximo ano, LOGO bem,... e realmente eu pedia mil e trinta francos, como última demanda para evitar o lapso que tinha sido cometido por minha secretária. (*Corpus* "Negociação de locações – comissão de conciliação", Base Clapi. Disponível em: http://clapi.univ-lyon2.fr/V3_Feuilleter.php?num_ corpus=13. Acesso em: 29 set. 2013)

## O CONECTIVO "MAS"

A teoria da argumentação na língua propôs uma abordagem argumentativa dos conectivos linguísticos que foi um marco importante. O caso de *mas*, particularmente estimulante, exerceu o papel de protótipo, e sua análise ainda é atual (Carel, 2011). O contexto escolhido para analisar esta conjunção é esquematizado por "E1 *mas* E2": *o restaurante é bom, mas caro*. As observações básicas são as seguintes: E1 e E2 são verdadeiros (o restaurante é bom; ele é caro) e *mas* remete a uma oposição. Essa oposição não ocorre entre os predicados "ser bom" e "ser caro": sabemos que "tudo que é bom é caro". Temos ainda a tendência a pensar que todos os restaurantes *caros* são necessariamente *bons*. A oposição se dá entre as *conclusões* tiradas dessas proposições, consideradas como *argumentos*: se o restaurante é bom, vamos lá; se ele é caro, não vamos lá, e a decisão final é a última proposição anunciada, isto é, E2 (*não vamos lá*). Nesse sentido, *mas* articula dois argumentos orientados em direção a conclusões contraditórias, pois mantém apenas a conclusão derivada do segundo argumento.

O sentido *de mas* é "instrucional"; os conectivos são "transmissores de ordem" para a interpretação de discursos nos quais eles figuram. Eles dão ao receptor a instrução de inferir, de reconstruir a partir do contexto à esquerda E1 uma proposição C oposta a qualquer coisa que apareça no contexto direito E2. Cabe ao receptor reconstruir uma oposição argumentativa no contexto pertinente, texto ou interação conversacional. Um enunciado como *E é assim que o comissário Valentin trancafiou toda a banda* pode finalizar um romance; o lado esquerdo desse "é *assim que –*" corresponde se não a todo o romance, ao menos ao romance desde o início da investigação do comissário Valentin. A inferência é a mesma no que se refere ao conectivo *mas*, que articula não proposições, mas conteúdos semântico-pragmáticos, entidades determináveis somente em contexto. Em outros termos, essa concepção instrucional produz não apenas sentido componencialmente derivado, mas *interpretações*. Essa descrição toma por base a noção de *orientação*, que é um marco para toda teoria da argumentação, ver **Orientação.**

No quadro da argumentação dialogal, a formação de conclusões derivadas de E1 e E2 é determinada pela questão argumentativa. Um *mas* argumentativo é produzido num contexto especial de uma questão como *Por que não experimentar este restaurante?*. Se a questão fosse *Qual restaurante representa o melhor investimento para nós?*, a interpretação seria totalmente diferente: *Este restaurante tem uma excelente rentabilidade financeira, mas é caro para comprar*, portanto não o compraremos. É a questão argumentativa que estrutura o contexto, cria o campo de pertinência e guia a interpretação. A questão argumentativa só é implícita em razão do modo de construção dos dados, que apoia geralmente a análise de *mas* em um par de enunciados e considera que levar em conta um contexto mais amplo deve interferir, a título de ilustração, apenas na análise de caso. Trata-se, nesse sentido, de uma decisão que incide sobre o equilíbrio das hipóteses internas/hipóteses externas da teoria.

O conectivo *mas* não é sistematicamente argumentativo. De modo geral, numa família de empregos, *mas* funciona como inversor de orientação, quer esta orientação seja narrativa, argumentativa ou descritiva.

*Mas* inversor de orientação narrativa e descritiva – *mas* pode introduzir um novo mundo narrativo:

> 27 de agosto: esta sexta-feira, eu me lembrei que o pagamento da taxa anual de meu veículo ia vencer. Como eu não sou como aquelas que esperam o último minuto para fazer a renovação, eu me decidi e entrei no escritório. Um funcionário estava lá e parecia me aguardar, ou quase. Em alguns minutos, via internet, tudo estava resolvido. Eis que estou tranquila até o próximo ano. *Mas durante aquele tempo...*
> Ele andava, e enquanto andava, incansavelmente, a cabeça levantada, embalado por seu ritmo regular, ele sonhava com o próximo ano, com suas novas aulas, com sua paixão pela educação e pela filosofia, com a esperança que representa os jovens de seu país. (Disponível em: http://impassesud.joueb.com/news/mali-pendant-ce-temps-la-lui-il-marchait. Acesso em: 28 jul. 2010, sem itálicos no original)

O *mas* mais célebre da literatura francesa talvez seja aquele de *Madame Bovary*, o qual marca uma ruptura da isotopia narrativo-descritiva – Emma se vê numa pintura – seguida do atordoamento da transição do mundo do sonho ao mundo da realidade prosaica (sublinhamos o *mas*):

> No galope de quatro cavalos, ela era levada numa viagem de oito dias para outro país, de onde não voltariam mais. Caminhavam a esmo, de braços enlaçados, sem falar. Por vezes, do alto de uma montanha, viam de repente uma cidade esplêndida com suas cúpulas, pontes, navios, florestas em torno e catedrais de mármore branco, em cujos campanários agudos havia ninhos de cegonhas. Caminhavam devagar sobre as lajes do calçamento e viam por terra os ramalhetes de flores oferecidos por mulheres vestidas de vermelho. Ouviam soar os sinos e relinchar os cavalos, com o murmúrio das guitarras e o marulhar das fontes, cuja frescura, evolando-se, refrescava frutas arrumadas em pirâmides ao pé de estátuas pálidas que sorriam junto aos repuxos. Depois chegavam, à noite, a uma vila de pescadores, onde redes escuras secavam ao vento, ao longo da barranca e das cabanas. Ali permaneceriam juntos; morariam numa casa baixa de alvenaria, à sombra de uma palmeira, no fundo do golfo, à beira-mar. Passeariam de gôndola, balançar-se-iam na rede, e sua existência seria fácil e larga como suas roupas de seda, morna e estrelada como as noites doces que eles contemplariam.
> Entretanto, na imensidão daquele futuro que ela sonhava, nada de particular aparecia. Os dias, todos magníficos, assemelhavam-se uns aos outros como ondas, e seu sonho vogava no horizonte, infinito, harmonioso, azulado e cheio de sol. *Mas* a menina tossia em seu berço ou então Bovary roncava mais fortemente e Emma não adormecia senão pela manhã, quando a aurora clareava a janela e o jovem Justin, já de pé, abria as portas da farmácia. (Flaubert, 1997 [1856]: 131)

Esses dois *mas* vistos nos exemplos precedentes nada têm de argumentativos. Eles marcam a fronteira textual onde se produz uma transição de isotopias.

*Mas* inversor de orientação argumentativa – quando o contexto é claramente argumentativo, *mas* torna-se inversor de orientação argumentativa, com subfunções diferenciadas. As sequências não preferidas exigem justificativas:

L1:     – *Mais um pouco de sopa de beterraba?*
L2_1:   – *Está muito saborosa, mas para mim já é o suficiente.*
L2_2:   – *Está muito saborosa, mas já me servi duas vezes.*

*Está muito saboros*a seria orientado em direção a uma resposta-conclusão positiva se levasse ao seguinte desfecho: *Eu aceito mais um pouco.* Não obstante, na ilustração anterior, o *mas* introduz, em L2_1, a resposta-conclusão oposta; e em L2_2, um argumento para a resposta-conclusão oposta. O fato de apresentar um argumento, e não a conclusão, poderia ser interpretado como uma estratégia de uma formulação polida mais suave.

*Mas* indicador de contradição não resolvida – *mas* pode articular dois argumentos de orientações opostas. Nesse sentido, a contradição seria resolvida no sentido do segundo argumento: *Este restaurante é bom, mas caro. Então não iremos lá.* Pode também articular argumentos antiorientados sem que o enunciado global resolva a contradição:

L1:     – *Como estamos em relação à proposta de passeio?*
L2:     – *Alguns querem ir ao bosque, mas os outros à praia.*

O encadeamento com então/portanto não é possível ali: *Alguns querem ir ao bosque, mas os outros à praia. Então iremos à praia.* Podemos apenas encadear com alguma coisa como: não sabemos o que fazer; será necessário conversarmos sobre isso na reunião desta noite.

*Mas* indicador de dissociação argumentativa, ver **Dissociação**:

L1:     – *Vocês não queriam uma reforma?*
L2:     – *Não queremos uma simples reforma, mas uma verdadeira reforma.*

A noção de dissociação argumentativa foi introduzida por Perelman e Olbrechts-Tyteca, que a definem como a cisão de uma noção elementar, operada pelo argumentador para escapar a uma contradição (1999 [1958]).

*Mas* tem ainda outros empregos:

- *Mas* intensivo: *Besta, mas é besta!*;
- *Mas* de retificação: *Em Viena, o Danúbio não é (e não mesmo) azul, mas cinza poluído*;
- *Mas* de tomada da palavra:

L1:     – *Pedro mais uma vez não conseguiu se formar.*
L2:     – Mas *é exatamente como eu!*

- *Mas* em locução invariável.*

---

\* N.T.: No original o autor apresenta a locução *"N'en pouvoir mais"*, que, traduzida para o português, seria algo como *Não poder fazer mais nada.* Trata-se de uma expressão muito antiga do francês.

## PREDICADOS CONECTIVOS E OUTRAS CONSTRUÇÕES
## QUE INDICAM UM ARGUMENTO OU A CONCLUSÃO

*Então/portanto* argumentativo é parafraseável por um conjunto de construções que assegura a conexão do argumento à conclusão:

{Contexto Esquerdo}
*então, donde, isso leva a, tudo isso prova bem que, podemos (então) concluir disso que...*
Conclusão

A conclusão pode aparecer coordenada ao argumento, mas também como o complemento de um predicado conectivo. Nesse caso, correríamos o risco de limitar indevidamente a marcação de estruturação argumentativa ao emprego de "pequenas palavras". Em realidade, numerosas construções podem exercer este papel, o qual sofre a interferência, complexa, de termos anafóricos, verbos, substantivos.

*Predicados conectivos* – alguns verbos predicam uma conclusão de um argumento ou um argumento de uma conclusão. Apenas esses predicados conectivos são indiscutivelmente "conectivos argumentativos" e marcadores de função argumentativa. Encontramos as duas situações (a palavra *argumento* é tomada no sentido empregado na teoria da argumentação, e não como empregado homonimamente na teoria da predicação, isto é, como "argumento de um predicado", ver **Argumento**):

(i) a conclusão é predicada pelo argumento (predicado de conclusão):
Sujeito (Argumento) – Pred (Conclusão)
- *de* Arg *eu* **V** (*que*) Concl: **V** = *concluir, extrair, deduzir...*;
- Arg *permite* **V** *que* Concl: **V** = *induzir, deduzir, demonstrar...*;
- Arg **V** Concl: **V** = *provar, demonstrar, provocar o efeito, defender, sustentar, apoiar, corroborar, sugerir, ir no sentido de, motivar, legitimar, implicar, assegurar, fundar (estabelecer), permitir crer (dizer, pensar...).*

(ii) o argumento é predicado de uma conclusão (predicado do argumento):
Sujeito (Conclusão) – Pred (Argumento)
- Concl **V** *de* Arg: **V** = *se seguir a, decorrer de, resultar em...*

O verbo *argumentar* não é um predicado conectivo, mas um simples verbo de atividade da fala. D sendo um discurso descritivo de um estado de coisas, não dizemos "D argumenta a favor de tal conclusão" no sentido de "D defende tal conclusão".

*Construções que marcam uma argumentação* – todos os termos plenos que se circunscrevem ao domínio da argumentação podem servir de indicadores de estruturação e de função argumentativa. Essa classe de indicadores nominais corresponde ao conjunto do léxico ordinário da argumentação: *(contra)argumento, (contra)conclusão (ponto de vista...), premissa, objeção, refutação,...*

- *é/eis aqui minha conclusão, uma consequência, uma objeção séria, um argumento que deve ser levado em consideração...*

- *o discurso D1* (Argumento) *é dado como uma boa razão para admitir, para fazer... é enunciado, dito em favor de, com o objetivo de, na intenção de fazer aceitar, fazer, dizer, ressentir... D2* (Conclusão)
- *a conclusão, a premissa, a objeção segundo a qual...; ao encontro desse ponto de vista...*

A teoria da argumentação na língua tem estudado particularmente as construções:

*se dizemos* E1, *é na perspectiva de* E2
*a razão pela qual enunciamos* E1 *é* E2
*o sentido de* E1 *é* E2
E1, *quer dizer* E2

A negligência desse conjunto de construções é particularmente prejudicial ao ensino da argumentação.

Em resumo, se podemos dizer com razoável certeza que *construamos a escola aqui, os terrenos são menos caros* é uma argumentação completa, isso ocorre porque podemos parafrasear a sentença anterior, de modo satisfatório, como segue:

*Uma boa razão para construir aqui é que os terrenos aqui são menos caros.*
*O fato de que os terrenos sejam menos caros aqui legitima a decisão de construir aqui a escola.*

(M.H.C.P.)

# ▪ Medida proporcional, arg.

❖ Este argumento ganha duas designações em latim:

◻ argumento *ad modum*, lat. *modus*, "medida";

◻ argumento *ad temperentiam*, lat. *temperentia*, "justa medida, justa proporção".

Ingl. *arg. of gradualism.*

O argumento da medida proporcional justifica uma disposição afirmando que ela é *proporcional, gradual, bem dosada.* Ela é invocada *a contrario* no comunicado recorrente:

*(A associação, o sindicato, o governo...) X condena o uso desproporcional da força.*

Imaginemos uma situação problemática, descrita de um lado como obra de alguns agitadores fora da lei, e do outro como uma sublevação popular. Os primeiros decidem organizar um grande desfile militar para impressionar o adversário. O argumento da medida proporcional permite cálculos que colocam em xeque esta estratégia psicológica:

A exibição de força, longe de intimidar o inimigo, fortalece-o. (Miquel, 1993: 190)

A conclusão é fundamentada no *topos*: "não atiramos com canhões contra moscas". Reencontramos este paradoxo no caso de uma refutação forte contra uma posição declarada frágil, ver **Paradoxos da argumentação e da refutação**.

A medida *proporcional* é uma forma de argumento sobre a medida *justa*, que pode igualmente ser definida como a medida *intermediária*, ver **Meio-termo**.

(M.H.C.P.)

## ▪ Meio-termo, arg.

O argumento do meio-termo justifica uma medida mostrando que essa não se coaduna com nenhuma das partes em competição. Ele permite a seu utilizador se situar na posição de terceiro, ver **Papéis argumentativos**.

> *As organizações patronais me atacam, os sindicatos operários também, então, minha política é de centro.*
> *Fique longe dos extremos.*

> O cristianismo instituiu na arquitetura, como nas outras artes, as verdadeiras proporções. Os nossos templos, maiores que os de Atenas, e menos agigantados que os de Menfis, estão naquela ilustrada mediania onde imperam o belo e o bom gosto por excelência. (Chateaubriand, 1964 [1877]: 194-195)

A posição intermediária é valorizada: "a virtude está no meio" (lat. *in medio jacet virtus*):

> *Nem temerário, nem covarde, simplesmente corajoso.*

O argumento do *meio-termo* é combatido pelo argumento da *situação excepcional* que demanda medidas radicais.

(P.R.G.)

## ▪ Metáfora, analogia, modelo

Do ponto de vista de uma teoria antirretórica da argumentação, a metáfora é exageradamente falaciosa. Do ponto de vista retórico, ela foi valorizada como uma comparação condensada cuja compreensão é delegada ao auditório. Como a analogia, a metáfora argumentativa transfere a linguagem do domínio *Recurso* (metafórico) para o domínio *Problema* (metaforizado). Não obstante, enquanto a analogia mantém separados os dois domínios, a metáfora argumentativa busca identificá-los.

### METÁFORA FALACIOSA

Se definirmos a metáfora como uma figura, e as figuras como ornamentos, então a metáfora é falaciosa em todas as suas dimensões. O seguinte enunciado metafórico é falso: *O eleitor é um carneirinho*\* (Charles de Gaulle). O eleitor não é *um carneirinho*, é um *ser humano* (erro de categorização, *category mistake*). Ali temos uma falácia de ambiguidade, pois introduz vários níveis de sentido que distraem a atenção, ver **Falsa Pista**; **Pertinência**. A metáfora surge, cria uma *surpresa*, introduz então a emoção (*ad passiones*); ela diverte o povo (*ad populum*), faz de seu ator um comediante (*ad ludicrum*), ver **Falacioso, figura**; **Retórica falaciosa**.

A metáfora é banida da linguagem de apresentação de resultados científicos, ao menos da gênese desses resultados. Ela só pode ser discutida se apresentada sob a forma de uma comparação (Ortony, 1979: 191).

---

\* N.T.: A tradução literal do vocábulo *veau* seria "bezerro". Contudo, pelo sentido a que Plantin se refere no texto para caracterizar este eleitor, optamos pelo termo *carneirinho*, respeitando o próprio sentido atribuído à expressão em língua portuguesa.

## METÁFORA E COOPERAÇÃO INTERPRETATIVA

Pela metáfora, o locutor solicita abertamente a cooperação interpretativa do destinatário, deixando-lhe alguma coisa para fazer. Ao criar um vínculo de cooperação, a metáfora impele acordos prévios. Essa explicação funcional da metáfora é idêntica àquela que damos do entimema como silogismo conciso, restabelecido no processo de coconstrução que conecta o orador e seu auditório. Nos dois casos, a função argumentativa dessa condensação é a ativação do parceiro, ver **Entimema**.

Essa análise supõe que a linguagem argumentativa não metafórica é menos complexa que a linguagem metafórica, até transparente, e que sua interpretação não necessita de cooperação ou necessita de uma cooperação menor.

## COMO A ANALOGIA, A METÁFORA OPERA UMA TRANSFERÊNCIA DE LINGUAGEM

A metáfora encontra sem dificuldade uma solução ao enigma da metáfora:

> A metáfora é o trabalho do sonho da linguagem, e, como todo trabalho de sonho, sua interpretação nos fala tanto sobre o intérprete quanto sobre seu autor. A interpretação dos sonhos requer uma cooperação entre o sonhador e o que está desperto [*waker*], mesmo quando se trata da mesma pessoa; e o ato de interpretação é ele mesmo um produto da imaginação. Da mesma forma, a compreensão de uma metáfora é uma tarefa tão criativa quanto a sua própria compreensão, com poucas regras a seguir. (Davidson, 1978: 136)

O trabalho do sonho é o processo pelo qual o conteúdo latente de um sonho é recoberto por seu conteúdo manifesto, por deslocamento, distorção, condensação e simbolismo. É difícil resistir à metáfora "metáfora/trabalho do sonho" mesmo que ali se incorra na falácia *ad obscurum per obscurius*, isto é, que ela pretenda esclarecer o obscuro (a metáfora) pelo mais obscuro (o trabalho do sonho).

A metáfora é um modelo (Black, 1962), e um modelo imperialista, que conduz a uma identidade total:

> *Deveríamos aplicar à economia relacionada aos jogos de azar as regras que aplicamos aos jogadores no cassino: nós os proibimos de entrar nas salas de jogo.*
> *Já que a economia é um cassino, é preciso...*

Dizer que *o eleitor é um carneirinho* significa que "o eleitor é indeciso, fraco e manipulável como um carneirinho". O carneirinho aqui é a representação desses defeitos. A metáfora é aberta: se o eleitor é categorizado como um carneiro, podemos fazê-lo adotar comportamentos diretamente contrários a seus interesses, por exemplo, conduzindo-o a um abatedouro mais ou menos metafórico. A força argumentativa da metáfora se deve não apenas ao fato de que, como a analogia estrutural, ela introduz o modelo da situação alvo, no sentido de conduzir a analogia a uma *identificação*. É nesse sentido que ela produz um efeito de *reestruturação do real*. Os seres transformam-se, mudam de categorias e, recategorizando radicalmente os objetos, a metáfora permite aplicar-lhes todos os traços da nova categoria.

Uma linguagem é anexada ao domínio *Recurso*, ver **Analogia (IV)**. Por exemplo, ao domínio do corpo é anexada uma linguagem que, ainda que não seja completa e coerente, ao menos é usada de forma corrente e compreensível quando falamos dos fluxos de matérias orgânicas, da fisiologia, da saúde e da doença, da vida e da morte. Por meio dessa linguagem, a intuição acerca do corpo é bem compreendida, mesmo em outro domínio, como a sociedade, a qual é um domínio mal conhecido, mal compreendido, sem uma linguagem coerente, funcionalmente eficaz. A analogia-metáfora projeta a linguagem do domínio *Recurso* (o corpo humano) sobre o domínio *Problema* (a sociedade). Nessa operação o alvo pode então ser falado e compreendido, numa linguagem em que confiamos. Com apenas um golpe, pela metáfora, a sociedade passa a ser reconhecida. A analogia é um convite para observarmos o Problema através da luneta do Recurso. A metaforização permite prescindirmos da luneta.

> O povo tinha se afastado dos senadores, para se libertar dos impostos e do serviço militar, e inúteis esforços foram empreendidos para que essa situação se resolvesse. "Um dia – disse Agrippa (\*), deputado – os membros do corpo humano, vendo que o estômago estava ocioso, resolveram se separar [do estômago] e decidiram não mais atribuir ao último sua função inicial. Mas essa conspiração fê-los logo perceber o que tinham provocado. Compreenderam, então, que o estômago distribuía a cada um deles o alimento que tinha recebido, e se voltaram agradecidos para ele. Assim o senado e o povo, que são como um só corpo, perecem com a desunião e precisam viver vigorosamente em concórdia". Este apólogo uniu novamente o povo, que criou tribunos para defender sua liberdade contra o orgulho dos nobres. (Sextus Aurelius Victor, 1816: 80)
>
> (\*) Menenius Agrippa Lanatus foi cônsul em 513 a.C.

A analogia-comparação confronta dois domínios bem distintos da realidade, associando-os sem confundi-los. A metáfora afirma a identidade do domínio investigado e do domínio Recurso. Ela faz a fusão dos domínios. Isso ocorre porque a reconstrução da analogia subjacente à metáfora trai a metáfora, separando novamente os domínios que a ela assimila.

A argumentação por meio da metáfora funde seres ou situações sob uma mesma identidade, produzindo um mundo novo de correspondências. *Pedro é um leão*: nunca estamos tão longe do mundo hipercoerente a que o Renascimento aspirava e no qual tudo está em tudo, ver **Analogia (I)**.

## O SALTO DA ANALOGIA À IDENTIDADE?

Definimos às vezes a analogia como uma identidade parcial, ver **Analogia (III)**. A questão da identidade profunda, subjacente a diferenças imediatamente discerníveis, exerce um papel essencial na analogia.

> *Os congères\* são como as dunas.*
> *Os congères são como telhas onduladas.*

A estrutura sintática desses dois enunciados é idêntica. O segundo permite ao interlocutor visualizar o aspecto dos bancos de neve perpendiculares à estrada e se aproximar

---

\*   N.T.: Um *congère* é um galicismo que designa um montículo de neve resultante da ação do vento. A formação depende não só da neve que se acumula no solo depois de cair, mas também da temperatura e do tipo dos flocos de neve, já que uma neve muito densa ou muito compacta será mais difícil de ser levada pelo vento.

do sentido da palavra *congère*, a qual traz o traço /ondulação/. A primeira é mais profunda, pois abre caminho para uma teoria, introduzindo uma analogia de proporção:

neve: *congère* :: areia : duna

O esquema sugere que a analogia pode ser explicada pela ação do vento, respectivamente, sobre as partículas de neve e sobre os grãos de areia. Estamos assim diante de um modelo físico-matemático que abrange os dois fenômenos. A partir de dois fenômenos bem distintos de início (podemos saber o que é uma duna sem saber o que é um *congère*), acabamos chegando a uma identificação: representam um mesmo ser real, físico-matemático.

O estabelecimento de uma analogia pode também ser considerado como a primeira etapa em direção a uma identidade profunda. Essa dinâmica, ou esses deslizamentos da *analogia explicativa* para *a identidade*, está no centro de uma classe de discussões em torno da analogia, que se inscrevem perfeitamente no quadro de uma visão da metáfora não apenas como modelo, mas como essência autêntica do fenômeno metaforizado-analogizado.

### UM EXEMPLO: "SOCIEDADE" DE TOUPEIRAS, SOCIEDADE DE HOMENS – METÁFORA OU IDENTIDADE?

As toupeiras* são pequenos mamíferos insetívoros, que vivem em "grupos" ou em "comunidades" (a diferença é pertinente) onde manifestam comportamentos que podem evocar aqueles que observamos entre os insetos sociais, como as formigas ou as abelhas. No entanto, esse tipo de comportamento não havia jamais sido observado entre os mamíferos; as toupeiras seriam assim os primeiros mamíferos entre os quais poderíamos observar este "comportamento social".

Mas, falando de "comportamento social" ou de "comunidade", utilizamos um léxico simples analógico-metafórico, uma metáfora pedagógica, explicativa, ou nos comprometemos com uma problemática de identificação dessas estruturas de comportamento animal com estruturas que existem nas sociedades humanas? Sugerimos, como no caso das dunas e dos *congères*, que os dois fenômenos têm os mesmos fundamentos biológicos em coocorrência? Somos toupeiras um pouco aperfeiçoadas? Em outros termos, estamos em vias de uma explicação genética, sociobiológica, das sociedades humanas? Passamos sub-repticiamente da analogia à identificação?

Por meio de uma estratégia de "metáfora deslizante [*métaphore glissante*]", chegamos a reverter as relações Alvo/Recurso. É agora que o antigo Alvo (as toupeiras) vai modelizar o Recurso (a sociedade humana).

Para denunciar esta assimilação, o opositor efetua um levantamento escrupuloso dos termos originários do domínio Recurso, o léxico social humano:

---

\* N.T.: Segundo informa o autor, os textos e informações que seguem foram extraídos de S. Braude e E. Lacey, "Une monarchie révolutionnaire: la société des rats-taupes", em *La Recherche* de julho-agosto 1989. Reação de Gilles Le Pape, na *La Recherche* de outubro de 1992; seguida, nesse mesmo número, de uma resposta dos autores. Pela descrição, o autor parece referir-se a um tipo específico de toupeira, o "rato-toupeira-pelado" ou "rato-toupeiro-nu". Como no Brasil é mais comum adjetivar-se pejorativamente alguém de "toupeira", e não de "rato-toupeira-pelado", optamos por traduzir simplesmente o nome *rat-toupe* por "toupeira".

A expressão "divisão do trabalho" é utilizada quatro vezes; a palavra "tarefa' também aparece quatro vezes; a expressão "encarregado de" se encontra também quatro vezes; e "eles se ocupam de", uma vez; os termos "cooperação" e "subalterno" são utilizados uma vez. Trata-se três vezes do "*status* sexual" para designar o estado reprodutivo ou não dos animais. (Le Pape, 1992)

Na resposta a essa crítica, os autores do artigo colocam limites à identificação dos dois domínios:

> G. Le Pape defende também que nossa linguagem introduz comparações abusivas entre as características comportamentais comuns às toupeiras e aos insetos sociais. Essa afirmação nos surpreende, principalmente quando ele escreve "[...] as semelhanças [entre ratos-toupeira-pelados e insetos sociais] são tratadas como homologias verdadeiras". Nosso artigo é claro sobre este ponto: acreditamos que os comportamentos das toupeiras peladas e dos insetos eussociais têm pontos comuns impressionantes. No entanto, não vemos em que a linguagem utilizada para descrever essas semelhanças sugere que uma origem comum desses diferentes animais constituiria sua base evolutiva. (Braude e Lacey, 1992)

O risco que se correu neste processo foi o esquecimento da analogia. E, nesse sentido, "a analogia é mais traiçoeira quando não é percebida. Tornando-se invisível, ela se confunde com a ordem das coisas" (Gadoffre, 1980: 6).

(M.H.C.P.)

## ▪ Metonímia e sinédoque

Tradicionalmente, distinguimos uma retórica dos *tropos*, que seria uma retórica simultaneamente semântica e ornamental, e uma retórica dos *topoi*, que seria uma retórica argumentativa. Os mecanismos linguísticos em jogo nos dois casos são, porém, os mesmos. Um tropo é definido como "[uma figura por meio da qual] atribuímos a uma palavra uma significação que não é precisamente a significação própria dessa palavra" (Dumarsais [1730]: 69). Paralelamente, a definição de argumentação poderia ser reformulada como uma "figura" por meio da qual *acreditamos que um enunciado (a conclusão) tenha o mesmo valor que atribuímos a um outro (o argumento)*.

As figuras sinédoque e metonímia se prestam a um mesmo enfoque. No caso da metonímia, existe um signo $S/C_1$ (de significante S e de conteúdo $C_1$). Este significante S pode servir para designar um conteúdo $C_0$, em relação "de contiguidade" com $C_1$, existindo ou não um significado $S_1$ que designe ordinariamente $C_0$ (dito de outra forma, quer se trate de figura ou catacrese). Em função da natureza da relação existente entre os conteúdos $C_0$ e $C_1$, distinguimos tradicionalmente diferentes tipos de metonímias: metonímia de causa, de efeito, de conteúdo, de nome do lugar onde se fabrica o objeto etc. Os mecanismos que permitem encadear argumentativamente os enunciados não são diferentes dos mecanismos que permitem designá-los metonimicamente. A lei de passagem argumentativa corresponde ao implícito da designação. É ela que serve para designar a figura. Podemos constatar isso nos exemplos seguintes:

- *A metonímia do efeito* é baseada em uma relação causal ($C_0$ causa de $C_1$), o significante S designando o efeito $C_1$ é definido como a causa $C_0$. Na *argumentação pelas consequências*, transferimos à causa o julgamento de valor trazido pelas consequências, ver **Causa; Pragmático**.

- À *metonímia que designa a obra pelo nome do autor* corresponde a argumentação que atribui à obra o julgamento já atribuído a seu autor (*O autor deste livro apoiou o antigo ditador*). Os mecanismos dessa transferência foram estudados do ponto de vista argumentativo em Perelman (1952), ver [A] **Pessoa na argumentação**.
- Às *sinédoques parte-todo e todo-parte* correspondem as argumentações da parte para o todo e do todo para a parte. Em *encontrar um teto, teto* remete a "habitação". Da mesma forma, a argumentação *o teto está em mau estado, a casa não deve estar bem conservada* transfere para o todo o predicado da parte, ver **Todo e parte; Composição e divisão**.
- A *antonomásia* se relaciona à analogia, ver **Analogia**.
- A *sinédoque* de gênero permite designar pelo nome do gênero uma das espécies que lhe são subordinadas (*o animal* por *o leão*). Da mesma forma, a argumentação pelo gênero atribui à espécie os predicados do gênero: *este ser é um animal, portanto é mortal*. Reencontramos sob esta argumentação elíptica toda a problemática do silogismo articulado àquela de uma categorização dos seres naturais sob a forma de uma arborescência, ver **Classificação; Categorização**.

A argumentação seguinte foi realizada em defesa de Paul Touvier, chefe da Milícia em Lyon durante a ocupação de França (Segunda Guerra Mundial) até à Liberação (1945). Trata-se do excerto de uma carta redigida por R. P. Blaise Arminjon, S. J., ao presidente da República, Georges Pompidou, em 5 de dezembro de 1970, a fim de apoiar o recurso a favor de Paul Touvier.

> Como compreender que possa ser um "criminoso", um "mau francês", aquele cuja conduta ao longo de vinte e cinco anos e a educação que deu às suas crianças são até aqui admiráveis? Reconhecemos uma árvore por seus frutos. (Rémond et al., 1992: 164 e 372)

Uma análise ao modo de Toulmin pode ser aí aplicada. Nesse sentido, a lei de passagem é fornecida pelo *topos* bíblico "reconhecemos uma árvore por seus frutos". Mas é necessário falar ali de lei de passagem? Poderíamos muito bem descrever a transferência de valores por um mecanismo de metonímia. Falar da "conduta de Touvier há vinte e cinco anos" é designar metonimicamente Touvier. Dizer que esta conduta é "admirável" é dizer metonimicamente que Touvier é *admirável*. Da mesma forma, uma avaliação positiva que incida sobre o ato ("a educação que Touvier deu às suas crianças é admirável") transfere-se metonimicamente para o autor do ato, o pai, necessariamente também admirável. Expressamos o mesmo fenômeno falando de *lei de passagem que explora a causalidade* ou de *metonímia da causa*.

(M.H.C.P.)

# ■ Modéstia, arg.

❖ Utilizamos a referência latina: argumento *ad verecundiam*, lat. *verecundia* "modéstia".

O argumento da modéstia é invocado por aquele que se inclina diante da autoridade e do prestígio de alguém que se considera ser superior a si mesmo; é, tipicamente, um processo de submissão ao *ethos* de outrem. Esse argumento é, portanto, simétrico ao de autoridade, razão pela qual se traduz, por vezes, o argumento *ad verecundiam* por argumento de autoridade (ing. *appeal to, argument from authority*). O *ethos* explora a pessoa e suas emoções. Para o locutor que argumenta, não se trata de dividir com os outros uma forma de prazer pessoal, como pode ser o caso em literatura, mas de manter os outros sob controle, a fim de orientá-los para uma decisão.

Locke propôs uma crítica radical desse uso do *ethos* sob o nome de argumento *ad verecundiam*. Nesse sentido, esse argumento consiste em:

> [...] citar as opiniões das pessoas que, por sua inteligência, por seu conhecimento, pela eminência de sua posição, pelo seu poder, ou por qualquer outra razão, fizeram um nome e estabeleceram sua reputação na estima comum, com uma espécie de autoridade. Quando os homens são elevados a alguma dignidade, acredita-se que não é apropriado que outros os contradigam no que quer que seja, e que a modéstia é ferida ao questionar a autoridade daqueles que já estão em posse dela. Quando um homem não se entrega prontamente a decisões de autores aclamados que outros aceitam com submissão e respeito, ele pode ser censurado como sendo vaidoso demais; e considera-se como efeito de uma grande insolência que um homem ouse estabelecer um sentimento especial e defendê-lo contra a torrente da antiguidade, ou colocá-lo em oposição àquele de um sábio doutor, ou de algum escritor famoso. É por isso que aquele que pode basear suas opiniões numa tal autoridade acredita estar, por isso, no direito de reivindicar a vitória, e está pronto a acusar de imprudência qualquer um que ousar atacá-las. É isso que se pode chamar, na minha opinião, de um argumento *ad verecundiam*. (Locke, 2012 [1690]: 754-755)

*Autoridade ou pusilanimidade? Ad verecundiam ou a modéstia mal utilizada* – a situação encenada é a de uma interação em que um dos parceiros "cita" uma opinião que goza de certa autoridade. Revela-se dos elementos contidos nesta definição que a autoridade à qual se deve opor-se é a do *ethos de reputação*, atribuído pela estima comum: as características que conferem autoridade a uma opinião são de tipo social ("classe, poder, dignidade"), ou intelectual ("saber, autor aprovado, sábio doutor, famoso escritor"), ver ***Ethos*** (II); a autoridade religiosa não é mencionada. É notável que Locke não censure a expressão das opiniões autorizadas em um primeiro turno de fala, mas vise somente à ausência de um segundo turno crítico, contradizendo o precedente, ou relatando um sentimento particular diferente.

A falácia *ad verecundiam* corresponde a uma censura desse segundo turno de fala por uma instância interna, a *modéstia*, o sentimento de sua própria insuficiência. Essa censura é uma reação preventiva a uma possível ameaça, que poderia vir de um terceiro turno de fala, e que poderia impor silêncio à objeção feita à autoridade. Esse terceiro turno, em si, não lida com a essência da objeção feita no segundo turno (por um argumento que Locke chama de *ad judicium*). Ali a discussão acerca da opinião crítica é substituída por uma avaliação negativa da pessoa que a sustenta (argumento *ad personam*): "ferir a modéstia, vaidade, insolência, impudência", a qual constitui uma manobra de intimidação. O problema não está, portanto, localizado no primeiro turno, mas no terceiro, que torna impossível a discussão da autoridade. Como o rótulo de argumento de *modéstia* prediz, a falácia é cometida seja por aquele que se envolve na manobra de intimidação e rejeita a objeção feita no segundo turno de fala, ao fazer uso de um argumento sobre a pessoa, seja por aquele que interiorizou um sentimento de sua insuficiência e que não apresenta a objeção por medo das consequências de uma eventual ofensa. E, nesse caso, estamos numa situação que descreve com mais precisão uma falácia não de autoridade, mas de *pusilanimidade.* Em outros termos, *verecundia* é a vergonha ou a falsa vergonha que impede que se diga, em alto e bom som, o que se pensa.

O problema da autoridade é assim reestruturado como o da *interação autoritária*, ou seja, do diálogo no qual se lança mão de uma autoridade, no primeiro turno de fala por citação, e no terceiro, ao se impor silêncio em nome da autoridade, considerando-se, portanto, que a autoridade citada dá àquele que cita o poder de encerrar a discussão. Esse uso da autoridade é diretamente contrário àquele que é feito em um jogo dialético. O problema reside menos na citação da autoridade do que na possibilidade de contradizê-la. A modéstia, o respeito às faces, às regras de polidez, a natural preferência pelo acordo, característica de uma interação, atuam, nesse contexto, todos, como inibidores intelectuais. Tudo isso define, de alguma forma, uma situação "antidialética", ver **Dialética.**

A autoridade é aceita como um fato. Não obstante, o problema é a possibilidade de questioná-la. Isso porque, a autoridade somente é falaciosa se pretende prescindir do diálogo, se pretende fazer calar e não responder a um eventual contradiscurso. Conclui-se disso que o que é falacioso é, no fim das contas, o próprio diálogo. É impossível afirmar se um enunciado como *O Mestre disse!* é ou não falacioso. Tudo depende de sua posição no diálogo. Caso se trate de um enunciado de abertura, ali o discurso não é falacioso. Caso se trate de um enunciado de fechamento de interação – *magister locutus est*, e o sentido seria de "Cale-se!", então, nesse caso, teríamos um enunciado falacioso.

(R.S.)

## ▪ Morfema argumentativo

A noção de morfema argumentativo foi desenvolvida por Anscombre e Ducrot, na teoria da argumentação na língua. Um morfema (uma expressão) é dito argumentativo se sua introdução em um enunciado não modifica em nada o valor referencial, factual, desse enunciado, mas modifica seu valor argumentativo, isto é, *as conclusões às* quais é possível chegar a partir desse enunciado (suas sequências discursivas possíveis, os enunciados possíveis de serem encadeados sobre esse enunciado), ver **Orientação.**

A noção foi aplicada à descrição linguística de palavras "vazias" ou "operadores argumentativos" como *pouco/um pouco*, assim como a palavras "plenas" como a dupla *"gentil/servil"*.

### OPOSIÇÃO DE ADJETIVOS ANTIORIENTADOS

Segundo a tese ducrotiana, é impossível opor adjetivos como *gentil* e *servil*, tendo por base os conteúdos semânticos referenciais dessas palavras. A diferença entre um ato gentil e um ato servil pode ser indiscernível, quer seja na realidade dos comportamentos das pessoas ou em suas intenções. Essa diferença se encontra nas conclusões para as quais esses termos orientam: se dizemos *Pedro é gentil*, estamos afirmando algo positivo acerca de Pedro. Se dizemos *Pedro é servil*, estamos desqualificando Pedro. Os dois adjetivos [*serviable, servile*] são *antiorientados*. Se a função para a qual Pedro é designado deve ser exercida junto a uma pessoa particularmente preocupada com deferência, então *Pedro é servil* atua como uma recomendação irônica. Essas oposições de orientação estão relacionadas com as estratégias de paradiástole, quando se destacam contrastes entre dois termos, ver **Orientação (II)**. Esses contrastes são considerados como a expressão do viés linguageiro pelas teorias normativas de inspiração lógica, ver **Viés linguageiro**.

### OPERADORES ARGUMENTATIVOS ADVERBIAIS

*Até* – o morfema *até* tem diferentes tipos de emprego. Por exemplo, no enunciado *eu vou até o centro da cidade de metrô*, *até* não é argumentativo, ele serve para especificar um local. Em *Léo tem até um mestrado*, *até* é um morfema argumentativo.

Seja um enunciado da forma <p, *até* p'>, então: "existe um certo r determinando uma escala argumentativa em que p' é superior a p" (Ducrot, 1981 [1973]: 181). Essa conclusão r é reconstruível a partir do contexto.

O enunciado *Ele tem o bac\* e uma licenciatura* coordena dois argumentos "ter o bac" e "ter uma licenciatura" igualmente orientados para uma certa conclusão, por exemplo, "ele é capaz de ajudar um candidato ao bac". O enunciado *Ele tem um bac e até uma licenciatura* também, mas este último enunciado atribui ao argumento "ter uma licenciatura" uma força superior àquela do argumento "ter o bac" para esta mesma conclusão. A noção de escala argumentativa permite representar essa hierarquia, situando p' acima (aqui, à direita) de p, ver **Escala argumentativa**:

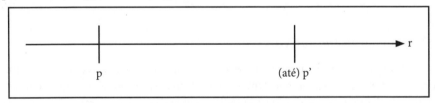

A posição relativa de p e aquela de p' na escala dependem do locutor de < p, *até* p' > :

*Nós fizemos uma excelente refeição, havia até macarrão com queijo.*

Para a maioria dos gastrônomos, o macarrão com queijo não constitui um ingrediente essencial de uma boa refeição, mas, para muitas crianças, esse é o caso.

*Demais* – a teoria das escalas é regida por um princípio < quanto mais (argumento), mais (conclusão) >: quanto mais se está alto na escala, mais se está próximo da conclusão. Mas esse princípio conduz a um paradoxo:

---

\* N.T.: *Bac* é a abreviação de *baccalauréat*, o diploma equivalente ao do ensino médio brasileiro.

*Quando a água está a vinte e dois graus, você pode tomar banho; quando ela está a vinte e cinco, é melhor; a trinta, ainda melhor. Quanto mais a água estiver quente, melhor.*

*Demais* inverte, às vezes, a orientação argumentativa

L1:   – *É barato, compre-o.*

L2:   – *(Justamente) está barato demais.*

E às vezes a reforça:

L1:   – *É caro, caro demais, eu não vou comprar.*

Esses fenômenos receberam um tratamento na teoria dos blocos semânticos (Carel, 1995).

*Quase/mal* – O morfema *quase* é paradoxal: "*quase* P" pressupõe < não P > e argumenta como < P >. Se Leo chegou quase na hora, ele não chegou na hora. Mas se pode dizer:

*Desculpe-o, ele chegou quase na hora, ele não deve ser punido.*

Dito de outra forma, *quase na hora* argumenta como *na hora*. A orientação argumentativa de um enunciado em *quase* pode ser recusada por um superior inflexível, que rejeita o enquadramento positivo que pretendemos impor-lhe; ele aplica o *topos* da letra da lei, da norma, ver **Sentido estrito**; **Inferência**:

*Você reconhece então que ele não chegou na hora. Punição mantida.*

Essa coorientação de < P > e < *quase* P > não vale sempre para certos predicados que marcam a ultrapassagem de um limiar. Se o cenário é aquele do transporte de um doente grave, o enfermeiro pode dizer ao motorista da ambulância: *vá rápido, ele está quase morto.* Já na situação seguinte, não há a mesma intenção de cuidados: *vá rápido, ele está morto.* Se o cenário é aquele de um assassinato com complicações de execução, o assassino pode dizer a seu cúmplice, *anda rápido, ele está quase morto, e você ainda não conseguiu acabar com ele.*

A permuta *quase/mal* inverte a orientação argumentativa dos enunciados nos quais estes morfemas tomam parte:

*Você está quase curado, você pode, sim, vir à nossa festa.*
*Eu mal estou curado, não poderei ir à festa de vocês.*

O argumento do sentido estrito apaga as idiossincrasias de uso entre *quase/mal*, ver **Sentido estrito**.

*Pouco/um pouco* – esses dois advérbios dão aos predicados que eles modalizam orientações argumentativas opostas, isto é, podem orientar para conclusões diferentes:

*Pedro comeu um pouco, ele está melhorando.*
*Pedro comeu pouco, seu estado não é bom.*

*Pedro comeu um pouco* orienta para a conclusão "ele comeu"; enquanto *Pedro comeu pouco* orienta para a conclusão "ele não comeu". A substituição de um morfema ali (*pouco/*

*um pouco*) não tem a ver necessariamente com a quantidade de comida (*um pouco* seria mais que *pouco*), mas com orientação dada às diferentes conclusões a que se pode chegar. Em realidade, a quantidade de comida é fundamentalmente a mesma nos dois casos.

## MODALIZADORES REALIZANTES E DESREALIZANTES

Os modalizadores *realizantes* e *desrealizantes* são definidos em relação com a força e a orientação argumentativa do predicado a que estão integrados. Nesse sentido:

> Uma palavra lexical Y é dita *desrealizante* (MD) [modalizador] em relação a um predicado X se, e somente se, o sintagma XY de um lado não é sentido como contraditório e, de outro, tem uma orientação argumentativa inversa ou uma força argumentativa inferior àquela de X. (Ducrot, 1995: 147)

Consideremos os enunciados (p. 148-150):

*É um parente, e um parente próximo inclusive.*
*É um parente, mas distante.*

*Próximo* é um modalizador *realizante*: *é um parente próximo* está orientado como "é um parente", e conduz a conclusões como "eles se conhecem bem". Na escala argumentativa determinada por esses dois enunciados, o primeiro tem uma força superior ao segundo, o que está marcado pelo emprego possível do *inclusive*.

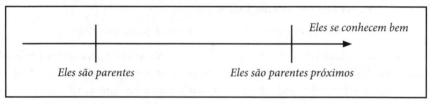

*Distante* é um modalizador desrealizante (é um *parente distante*) e está:

- orientado para "eles não mantêm contato", isto é, segundo uma orientação oposta àquela de "é um parente".

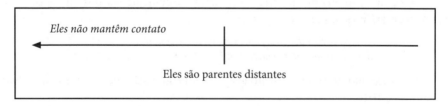

- orientado para "eles mantêm contato", como "é um parente, mas distante", mas com uma força menor:

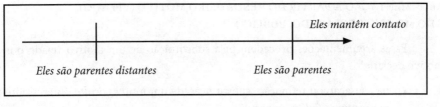

(R.S.)

## ▪ Motivos velados e motivos declarados

A vontade, os desejos, os motivos anunciados ou não anunciados, as razões de agir de alguém são interpretadas como *causas* cujas ações são *efeitos* ou *consequências*. Reciprocamente, as ações são avaliadas e interpretadas em função de seus motivos velados e motivos declarados, ver **Causalidade (I)**.

### AS NOÇÕES

*Motivo declarado* – um motivo declarado é uma "(boa) razão invocada": perguntar *por qual motivo* é perguntar por qual razão. *Motivar uma decisão é justificá-la*; quer dizer, acompanhá-la de motivos – boas razões que levaram a tomá-la. A *motivação*, como processo, é o ato pelo qual são tomadas essas decisões e, como produto, o conjunto dos motivos invocados. A família lexical:

*motivo* (S); (ele) *motiva* (V); *motivado* (Part/Adj); *motivação* (S deverbal)

é semanticamente homogênea em torno dessa significação que se relaciona à ideia de argumentação como *justificação*, ver **Justificação e deliberação**.

A família lexical:

(ele) *motiva* (V); *motivado* (Part/Adj); *motivador* (Adj); *motivação* (S deverbal)

é formada a partir de um sentido diferente de *motivar*, isto é, "suscitar em alguém um grande desejo de fazer alguma coisa".

*Motivo velado* – o substantivo *velado* tem o sentido *passivo* de "que podemos mover, que se move" e, no domínio psíquico, o sentido *ativo* de "quem pode colocar em movimento": um motivo velado é um determinante da ação.

Atribuímos ao motivo velado um papel causal no domínio psíquico. Na Psicologia clássica, os motivos essenciais são da ordem da satisfação dos desejos elementares. Por oposição ao motivo declarado, o motivo velado é preferivelmente inconfessável ou inconsciente e não pode servir para motivar *declaradamente* uma decisão. Um motivo oculto é próximo daquilo que não se declara publicamente. O par motivo *velado* e motivo *declarado* constitui, assim, uma dupla tópica: acusamos por motivos que foram declarados; refutamos substituindo os motivos declarados por motivações veladas.

## ARGUMENTAÇÃO A PARTIR DO VERDADEIRO MOTIVO (VELADO) E DO MOTIVO DECLARADO, PÚBLICO

Essas argumentações procedem pela substituição de um motivo velado por um motivo declarado:

- na acusação ou refutação, substituição de um motivo *oculto*, interessado, por um motivo *público*, nobre;
- na defesa, substituição de um motivo *louvável* por um motivo *condenável*, ver **Interpretação**.

*Motivo publicamente mostrado e motivo inconfesso* – a argumentação que prioriza a existência de um motivo oculto permite refutar o motivo público, oficial, honroso, nobre que é apresentado para justificar uma ação, substituindo-o pelo motivo real, particular, interessado, inconfessável, potencialmente culpado. Trata-se de uma estratégia de desvelamento das *verdadeiras intenções*:

L1:  – *Faremos a guerra para estabelecer a democracia.*

L2:  – *Vocês fazem a guerra para se apropriar do petróleo.*

L1 justifica a guerra, L2 não vai forçosamente contra a guerra, ele pode simplesmente introduzir um argumento de *realpolitik*, que suscita uma outra questão.

L1:  – *Militando pelos "Restaurantes do Coração",\* eu luto por uma causa nobre.*

L2:  – *Sua luta é meramente para se autopromover.*

O funcionamento desse *topos* assenta-se sobre uma hierarquização das motivações da ação humana; um motivo nobre é preferido socialmente, mas acreditamos mais no motivo com interesses.

O *topos* n.19 da *Retórica* de Aristóteles, sobre os motivos possíveis e os motivos reais (*Ret.*, II, 23, 1399b15-35), é ilustrado pelo exemplo "a muitos a divindade, não por benevolência, concede grandes venturas, mas para que as desgraças que recebam sejam mais visíveis". A situação é esquematizável como uma reinterpretação negativa de um ato anteriormente avaliado positivamente: "ela o seduziu não por amor, mas por *ódio*, /cupidez/ para fazê-lo sofrer mais quando o abandonasse". É o princípio do *jantar dos tolos*: "eles o convidam não pela amizade, mas para zombar dele". Esse *topos* é particularmente eficaz por destruir o sentimento de gratidão, ver **Emoção**.

*Motivo louvável e motivo condenável* – diferentemente do caso precedente, é possível se livrar de uma acusação substituindo um motivo *honroso* por um motivo condenável:

> *Eu a desacordei para salvá-la do afogamento, não para lhe fazer mal.*

---

\*  N.T.: *Restos du Cœur* (Restaurantes do Coração) é uma instituição francesa voltada para a caridade, cuja principal atividade é distribuir alimentos e refeições quentes para os necessitados.

Esta argumentação corresponde ao *topos* n. 23 da *Retórica* de Aristóteles: "outro tópico relacionado com homens e fatos que foram ou parecem suspeitos consiste em explicar a causa do que é estranho, pois há uma razão para que assim pareça. Por exemplo: tendo uma mulher caído em cima do próprio filho, à força de tantos abraços, julgou-se que estava fazendo amor com o menino; explicada a causa, desfez-se a suspeita" (Aristóteles, *Ret.* II, 23, 1400 a 20-30). A ação é reinterpretada segundo uma estratégia de reposicionamento estásico: "você deve me felicitar e não me ofender", ver **Orientação**.

## ARGUMENTAÇÃO SOBRE A EXISTÊNCIA DE MOTIVOS VELADOS

A argumentação sobre a existência de motivos velados leva a crer na existência de uma ação, isto é, a crença de que algo de fato ocorreu. Esse tipo de argumento sobre as motivações da ação humana corresponde ao *topos* n. 20 da *Retórica* de Aristóteles: "examinar as razões que aconselham a fazer uma coisa e desaconselham a fazer a mesma coisa" (*Ret.* II, 23, 1399b15-25). Ele serve à acusação:

> *Isso era vantajoso para ele, ele desejava fazê-lo e, quando a ocasião se apresentou, ele o fez.*

e também à defesa:

L1:     – *Você fez aquilo!*

L2:     – *Eu não tinha nenhuma razão para fazê-lo; tinha até razões para não o fazer.*

(M.H.C.P.)

## ▪ Não contradição

O *princípio da não contradição* (dizemos, às vezes, com o mesmo sentido, *princípio da contradição*) impede que se façam afirmações contraditórias.

Em outros termos:

- a conjunção < P e não P > exprime uma contradição e, por isso, é necessariamente falsa;
- a disjunção < P ou não P > é necessariamente verdadeira.

Uma das duas proposições < P > e < não P > é obrigatoriamente verdadeira; as duas não podem ser verdadeiras simultaneamente. A mesma coisa não pode ser e não ser. Esse princípio é considerado pela Lógica clássica como uma *lei do pensamento*, e como um *axioma* por certas lógicas contemporâneas. Um sistema lógico que respeita o princípio de não contradição não contém antinomias, ele é considerado *consistente*.

A aplicação do princípio de não contradição supõe que as afirmações que julgamos serem contraditórias são suscetíveis de serem verdadeiras ou falsas, e não "mais ou menos verdadeiras, (logo) mais ou menos falsas".

A afirmação do paradoxo, por exemplo, sob a forma de um *oximoro*, permite resistir à ocorrência de contradição: *Ó, ferimento sem cicatriz!*.

Numerosas formas argumentativas apelam para esse princípio: um discurso argumentativo correto deve ser não contraditório. Por sua vez, um discurso que admite a contradição infringe as fronteiras da racionalidade, ver **Ad hominem**; **Dialética**; **Contradição**; **Coerência**.

> O *Discurso sobre o plano quinquenal* de Stalin apresenta uma ardente apologia do contraditório enquanto "valor vital" e "instrumento de combate". Uma das grandes forças de Lênin [...] era sua aptidão a nunca se sentir prisioneiro daquilo que havia pregado anteriormente como verdade. [...] A famosa palavra de Mussolini "Desconfiemos da armadilha mortal da coerência" poderia ser assinada por todos aqueles que pretendem atuar em território em que os acontecimentos podem ser imprevisíveis. (Benda, 1975: 78-79)

(R.S.)

# ▪ Naturalista, arg. ► Força das coisas, arg.

# ▪ Negação

Distingue-se a negação de frase e a negação de palavra.

### NEGAÇÃO DE PALAVRA

A negação de palavra forma uma palavra derivada por adjunção à palavra base de um prefixo negativo. Palavra de base e palavra derivada estão em oposição (antônimos morfológicos), mas a natureza precisa dessa oposição é idiossincrática. Não é possível anexar ao prefixo uma regra que permita deduzir o sentido da palavra derivada daquele da palavra de base:

> *a-*: moral *vs.* amoral
> *des-*: fazer *vs.* desfazer; herdar/deserdar
> *im-*: possível *vs.* impossível; mas: (uma pessoa) impossível *vs.* \*possível
> *não*: convencional *vs.* não convencional

Quando o sentido do derivado se autonomiza, estamos lidando com uma negação descritiva (ver adiante).

*A argumentação por palavras derivadas* explora as variações de sentido que intervêm entre a palavra de base e sua derivada, como é o caso das derivadas por prefixação negativa, ver **Derivados ou Palavras derivadas**.

### NEGAÇÃO DE FRASE

No quadro da teoria da argumentação na língua, Ducrot distingue três tipos de funcionamento da "negação" (Ducrot, 1977 [1972]: 31). Parte-se do princípio de que o enunciado negativo E1 < *não* $E^0$ > deve se compreender como uma rejeição de $E^0$.

(i) $E^0$ *é um enunciado atestado*, produzido anteriormente por outro participante da mesma ação linguística. A negação o rejeita radicalmente (negação total). Ducrot fala de "negação conflitual metalinguística". A negação *rejeita* (negação total), *corrige* (negação parcial), *refuta, retifica, repara, retorque, disside...* o enunciado $E^0$. Exemplos (segundo Ducrot, s.d.):

- Rejeição de um enunciado:

L0:     – *A próxima eleição presidencial acontecerá em dois anos.*

L1:     – *Não, ela acontecerá no ano que vem.*

- Invalidação de um pressuposto:

L0:     – *Pedro parou de fumar.*

L1:     – *Pedro nunca fumou.*

- Retificação de um grau:

L0:     – *As crianças de Pedro são grandes.*

L1:     – *Elas não são grandes, elas são bem pequenas/imensas.*

- Correção de um problema de estrutura linguística qualquer:

L0:     – *Olhe os cavalo.*

L1:     – *Não é "os cavalo", é "os cavalos".*

- Correção de uma inadequação contextual, aqui institucional:

O aluno ao professor:     – *Poxa, são 16 horas* (fim da aula, com um tom choroso e reivindicativo).

O professor ao aluno:     – *Não, não são 16 horas* (dito com o mesmo tom), *são 16 horas* (dito com um tom positivo).

No caso de *corpus* de textos ou de interações argumentativas, a regra prática para a análise de um enunciado negativo E1 < *não* $E^0$ > é pesquisar se existe, no contexto anterior, um enunciado orientado $E^0$ tal que E1 retifica, refuta etc. $E^0$. Em seguida, deve-se definir, para cada caso, em que consiste a retificação, em vista da questão argumentativa que estrutura a troca. Nesse sentido, $E^0$ pode se encontrar na "memória curta" ou "longa" da interação. Em se tratando de uma formação argumentativa complexa, isto é, de uma questão debatida em diversos lugares e em vários gêneros, pode ser necessário percorrer uma distância discursiva relativamente grande para recuperar $E^0$.

(ii) *É possível que $E^0$ não seja recuperável no contexto.* O locutor de E1 pode, por exemplo, antecipar uma objeção que nunca lhe foi feita, mas que poderia ser feita, ver **Prolepse**. Nesse caso, seguindo-se a versão original e robusta da polifonia ducrotiana, poderíamos afirmar que o enunciado negativo faz ouvir duas vozes, a do retificador e a do retificado, o locutor tomando, como anteriormente, a posição do retificador. Ducrot fala, nesse caso, de "negação conflitual polêmica".

Os dois usos da negação, segundo $E^0$ seja ou não recuperável em contexto, estão em perfeita harmonia: se não recuperamos o enunciado $E^0$ no contexto imediato, somos tentados pela análise polifônica, em termos de vozes. Resta, portanto, uma dúvida sobre o alcance preciso da retificação. Poderíamos, nesse caso, falar de negação *dialogal vs. dialógica*.

(iii) *Negação descritiva.* Ducrot também considera o caso de uma "negação descritiva", que escaparia da análise polifônica: "certos empregos de uma frase sintaticamente negativa não têm nenhum caráter conflitual ou opositivo. Utiliza-se a negação sem prestar atenção a seu caráter negativo, sem, portanto, introduzir nela nenhuma função de contestação ou de dúvida. Assim, para sinalizar que hoje o tempo está perfeitamente bonito, eu posso tanto recorrer a uma frase negativa (*não há nenhuma nuvem no céu*) quanto a uma frase positiva (*o céu está totalmente aberto*). Essa análise poderia corresponder aos enunciados de polaridade negativa a partir dos quais fica impossível recuperar um enunciado positivo subjacente:

> *Você não mexeria o dedo mindinho para me ajudar.*

Ela é igualmente verificada nas palavras de prefixo negativo sem termo positivo em contrapartida (ver anteriormente).

## DENEGAÇÃO

O caráter dialógico da negação é sistematicamente explorado em psicanálise, para a qual o enunciado negativo é considerado como um enunciado negociado entre consciente e inconsciente:

> A maneira pela qual nossos pacientes apresentam as ideias que vêm a suas mentes durante o trabalho analítico nos dá a ocasião de fazer algumas observações interessantes. "Você vai pensar agora que eu quero dizer alguma coisa de ofensivo, mas, realmente, eu não tenho essa intenção". Nós compreendemos que essa é a recusa, por projeção, de uma ideia que acaba de surgir. Ou: "Você pergunta quem pode ser esta pessoa no sonho. Certamente não é minha mãe". Nós retificamos: então é justamente sua mãe. Nós tomamos a liberdade de, no momento da interpretação, fazer abstração da negação e extrair o puro conteúdo da ideia. É como se o paciente tivesse dito: "É certamente minha mãe que me vem à mente em relação a essa pessoa, mas eu não tenho vontade de admitir essa ideia".
>
> Um conteúdo de representação ou de pensamento reprimido pode, assim, indicar um caminho à consciência, à condição de que possa ser negado. A denegação é uma forma de tomar conhecimento do recalcado. Trata-se, na verdade, já de uma emergência do recalque, mas, com certeza, não é a aceitação do recalcado. Vemos como a função intelectual se separa aqui do processo afetivo. (Freud, 1925)

A denegação é um ato de fala pelo qual "[negamos] formalmente, [recusamo-nos a] admitir como verdadeiro (um fato, uma declaração, propósitos etc.). Denegar um crime, denegar uma dívida" (*TLFi*, art. *Dénier*). Aquele que denega um *crime* não nega *que tenha existido o crime*, ele nega *ser o seu autor*; ele denega a acusação. Aquele que denega *uma dívida*, nega que exista uma dívida, ou que seja ele que tenha contraído essa dívida. Uma denegação é a rejeição de uma acusação. No caso evocado por Freud, trata-se mesmo de uma denegação, na medida em que a verdade recalcada (*era minha mãe*) tem algo de inconfessável, ao menos do ponto de vista de Freud.

## ESTRATÉGIAS ARGUMENTATIVAS QUE UTILIZAM DIVERSAS FORMAS DE NEGAÇÃO

Na medida em que se faz da relação "discurso *vs.* contradiscurso" a estrutura de base da argumentação, a negação entra em jogo na própria definição do campo da argumentação.

Ver **Contrário e contraditório**; **Contrários**; **Destruição do discurso**; **Objeção**; **Refutação**; **Contra-argumentação**.

(R.S.)

# ▪ Negação do antecedente ▸ Dedução

# ▪ Nome próprio, arg.

O *topos* do nome próprio corresponde ao *topos* n° 28 da *Retórica* de Aristóteles: "Outro tópico obtém-se do nome. Por exemplo, como diz Sófocles: Claramente levas o nome de ferro" (*Ret.*, II, 23, 1400b18). Ali se especifica que se trata de um jogo entre o nome próprio grego Sidero e o substantivo "ferro, instrumento de ferro": "É alguém inflexível, ele se chama Aceiro".*

Em retórica, o *topos* do nome próprio corresponde à figura de *anominação* [*annomination*]. Diferentemente da alcunha, que descreve um traço da pessoa, muitas vezes de forma caricatural, o nome próprio não é motivado, ele não significa seu portador. Não obstante, quando o nome próprio de uma pessoa é homônimo de um nome de coisa, o argumento do nome próprio atribui à pessoa as características da coisa homônima. Ele funciona como um indício pelo qual se é possível deduzirem verdades prováveis sobre a pessoa:

> *Não é por acaso que ele se chama Sr. Soturno.*

Do fato de que o adversário se chama *Soturno*, deduzimos que ele tem a alma lúgubre, taciturna, e suspeita-se que ele tenha intenções obscuras. Se ele der algum passo em falso, arcará com o ônus da prova devido ao nome que carrega.

> *Tu és Pedro, e sobre esta pedra edificarei a minha igreja.*
> *Dr. Garotinho, pediatra.*

O fato de se chamar *Pedro*, o que remete a "pedra", portanto, é uma razão para construir alguma coisa de que Pedro seja o fundamento. Na medida em que alguém se chama *Garotinho*, deduz-se que haja uma relação essencial com as crianças e que seja, portanto, normal que ele se torne pediatra, professor num jardim de infância... ou ainda que se trate de alguém com caráter *infantilizado*: o nome próprio é aqui um *aptônimo* [*aptonyme*], que reforça a adequação da pessoa à sua profissão ou confirma a atribuição de um traço de caráter.

> *Searle*, SARL (Derrida)**

---

\* N.T.: No original: "C'est quelqu'un d'inflexible, il s'appelle Dacier". Ali *Dacier* é um jogo de palavras que significa "algo feito de aço": *De + aço* (*De + acier = D'acier*). Traduzimos por *Aceiro*, o qual, segundo Dicionário do Houaiss, significa "que tem as propriedades do aço; 4 fig. que é forte; resistente".

\*\* N.T.: Derrida, no seu livro *Limited Inc* (Northwestern University Press, 1988), ao se referir a John R. Searle como Sarl (em português, um acrônimo para "Sociedade Anônima de Responsabilidade Limitada"), associa o trabalho de Searle como um tipo de negócio.

O fato de ter um nome pronunciável como a sigla SARL é um indício do caráter comercial dos negócios da pessoa que carrega o nome.

A remotivação do nome próprio, cujo portador é considerado como a coisa significada pelo nome comum homônimo, leva a pessoa ao estatuto da coisa, o que pode ser (ou não) lisonjeiro.

Ver **Etimologia**, **Homonímia**, **Paronímia**.

(R.S.)

# ▪ Normas

A palavra *norma* tem duas acepções principais.

(i) A norma ligada ao campo da Estatística:

> Na França, a idade média da primeira relação sexual é aos 16,8 anos. 27% dos jovens têm uma atividade sexual antes dos 16 anos. Em uma vida, os franceses têm, em média, 16,7 parceiros. Apenas 10% ficarão contentes com o mesmo parceiro toda a vida. Em média, nossos contemporâneos fazem sexo 121 vezes por ano. (Disponível em: http://www.uniondesfamilles.org/sexualite_en_chiffres.htm. Acesso em: 20 set. 2013)

(ii) A norma como imperativo

Sua descrição comporta uma injunção, isto é, uma obrigação, que se expressa por uma regra cujo conteúdo pertence a instituição ou domínio particular:

- domínio moral e legal: *Não matarás*;
- domínio da vida civil: *Só fale quando lhe dirigirem a palavra*;
- domínio do bom linguageiro: *Você não deve dizer "nós fala", você deve dizer "nós falamos"*;
- domínio do comportamento racional: *Não empregue enunciados ambíguos*;
- domínio do código de trânsito: *Você dirigirá de forma correta e será responsável por seu veículo* etc.

As diferentes teorias da argumentação têm relações muito diversas com as normas; apenas algumas estabelecem prescrições.

- Teorias no domínio da argumentação, como a teoria da *argumentação na língua* ou a *Lógica natural* não têm compromisso com normas morais, nem com normas que prescrevam algum tipo de verdade ou de racionalidade. Quando a teoria da argumentação na língua fala de norma, é de *norma linguística* que se trata, a qual se expressa em termos de aceitabilidade ou de não aceitabilidade dos enunciados e dos encadeamentos de enunciados. As regras são as formas estruturais da língua.
- A *retórica argumentativa*, definida em latim como *ars bene dicendi*, corresponde ao mesmo tempo a uma retórica *arte do bem dizer* e *arte de dizer o bem*. O discurso não tem norma autônoma, sua norma é externalizada sob a forma de uma *moral do discurso*. Trata-se de uma norma difusa, adaptável a cada época e que seria, portanto, difícil de sintetizar em um pacote específico de regras.

- A *Nova retórica* toma por norma a qualidade do auditório, em particular o auditório universal, ver **Orador – Auditório**. A norma não é estabelecida por um sistema de regras, mas por uma instância ideal, o auditório universal.
- Como forma de argumentação natural, a *Lógica clássica* utiliza como norma as regras do silogismo, ver **Paralogismos silogísticos.**
- A *Pragmadialética* propõe um sistema de regras que estabelecem normas em instância argumentativa, ver **Regras; Avaliação e avaliador.**

(R.S.)

## ▪ Novidade ▶ Progresso, arg.

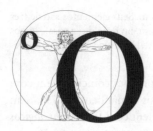

## ▪ Objeção

Do ponto de vista dos *conteúdos*, a objeção pode ser definida como a expressão de uma oposição argumentativa do tipo da refutação. Não obstante, e ao contrário da refutação, a objeção se estabelece pontualmente, de forma menos radical: refutar é *abater*, objetar é somente *fazer obstáculo pontual*. Nesse sentido, a objeção e a refutação têm estatutos *interacionais* diferentes.

- Por um lado, objetar é apresentar um argumento que não vai na direção da conclusão do interlocutor, por exemplo, destacando uma consequência negativa de sua proposição: *mas, se construímos a nova escola aqui, os alunos terão deslocamentos muito longos*. Aquele que objeta se situa na problemática do outro discurso, o qual ele admite como hipótese de trabalho.
- Por outro lado, enquanto aquele que refuta pretende *pôr termo ao debate*, aquele que objeta *mantém o diálogo aberto*; este último expõe seu argumento em busca de resposta, apresentando-se ele mesmo como tolerante a uma eventual rejeição do ponto de vista de seus argumentos.

O *ethos* e os estados emocionais exibidos durante essas duas operações não são os mesmos: à refutação são associadas a agressividade e a indisposição para o diálogo; à objeção, a predisposição à negociação, o diálogo e a abertura ao debate.

Quando um locutor propõe um discurso e faz alusão a um possível contradiscurso, ele designa esse contradiscurso não como uma refutação, mas como uma objeção: *Poderíamos objetar que, apesar de...* (retomada do contradiscurso), ver **Refutação**; **Concessão**; **Prolepse**.

(R.S.)

## ▪ Objeto de discurso

A noção de *objeto de discurso* é derivada do conceito de *esquematização* e de *feixe de objeto*, oriundos da Lógica natural, ver **Esquematização**.

O *feixe* de um objeto é definido como o que tem "relação com" o objeto considerado (Grize, 1990: 78), um

[...] conjunto de aspectos normalmente atrelados ao objeto. Seus elementos são de três espécies: propriedades, relações e esquemas de ação. Assim, no feixe de "a rosa", temos propriedades como "ser vermelha" [...], relações como [...] "ser mais bela que", esquemas de ação como "murchar" [...]. (p. 78-79)

O feixe do objeto é definido no nível nocional e não procura coincidir nem com categorias linguísticas tais como aquelas que se atêm a traços semânticos (p. 79), nem com os elementos *lexicográficos* utilizados nos dicionários, nem com traços *ontológicos* que pretendem discernir o ser do objeto (diferenciando as características essenciais das acidentais (ver **Categorização**), nem com elementos associados ao objeto por princípios cuja base seria, no fim das contas, *psicológica*.

A noção de feixe não é construída por métodos que tenham a ver com um ou outro desses domínios e métodos. Os elementos que compõem o feixe de um objeto não são conhecidos *a priori*; eles são estabelecidos a partir do exame dos "textos efetivamente produzidos" (p. 80). Assim, a partir de um texto de La Mettrie, consideramos emergir como pertencente ao mesmo feixe que o objeto "corpo" "{corpo, movimento do sangue, as fibras do cérebro, os músculos}" (p. 78).

Essa noção é central para a discussão do estatuto discursivo dos objetos. Um objeto *de discurso* (autogerido ou interativo) é um ser, uma propriedade, um fato, um evento... considerado a partir da maneira como o discurso o produz e o transforma. O estudo dos objetos de discurso coloca em primeiro plano a deformabilidade das noções: modo de introdução, evolução própria, evolução de seus domínios. Ele recorta o estudo dos paradigmas designativos (Mortureux, 1993), dos paradigmas e das cadeias correferenciais ou anafóricas; dos mecanismos de isotopia, de coesão e de coerência temática. Esse estudo (dos objetos de discurso) retoma observações essenciais da retórica sobre as mudanças de significação. A importância da noção de objeto de discurso deve-se à ruptura que este estudo inaugura em relação à tradição lógica que repousa sobre a estabilidade dos objetos e que considera como falaciosas todas as variações que porventura sejam introduzidas em um discurso, ver **Falacioso**; **Ambiguidade**.

O discurso pode mobilizar um grande número de objetos e levanta, portanto, a questão dos limites de seu estudo. A noção de argumentação que pressupõe a existência de discursos em confronto introduz um critério de pertinência argumentativa que limita os *objetos de discurso* a serem levados em conta: os objetos argumentativos são aqueles sobre os quais existe oposição. Da mesma forma que as afirmações não contraditórias valem por afirmações verdadeiras, os objetos de discurso não confrontados ou "pacíficos" valem por objetos reais. O estudo da argumentação é contrastivo. Nesse sentido, a argumentação trata, primeiramente, de objetos construídos pelo discurso em oposição a uma questão argumentiva.

(R.S.)

## ▪ Ontológico, arg. ▸ *A priori, A posteriori*, arg.

## ▪ Ônus da prova

❖ Utiliza-se, muitas vezes, a expressão latina *onus probandi*, lat. *ônus*, "ônus, fardo"; *probandi*, de *probare*, "tornar crível, fazer aceitar, provar". Ing. *burden of proof*.

O ônus da prova tem um papel fundamental na argumentação. É um princípio conservador, como o princípio da inércia na Física: *Eu continuo a fazer a mesma coisa, a menos que você me dê um bom motivo para mudar.* John Stuart Mill lembra a história dos habitantes de Locres que ilustra bem o peso do ônus da prova imposto por uma sociedade conservadora:

> Quem apresenta verdade nova, de acordo com essa doutrina, deveria ficar, como ficava na legislação dos lócrios* quem quer que apresentasse nova lei, com uma corda em volta do pescoço, que se apertaria imediatamente se a assembleia pública não adotasse de pronto, ao ouvir-lhe as razões, a proposição. Quem defende essa forma de tratamento aos benfeitores não se pode supor empreste grande valor ao benefício; e acredito que essa maneira de encarar o assunto se restringe à sorte de indivíduos que pensam serem de desejar novas verdades, uma vez, mas atualmente já as temos em número suficiente. (Mill, 1963 [1859]: 32-33)

Este princípio define o papel do proponente, que é o de apresentar provas contra quem acusa, ou seja, arcar com o ônus da prova. Este princípio também fornece uma definição da *doxa*: um *endoxon* (uma proposição da *doxa*), mais do que uma crença "provável" é uma crença sobre a qual não pesa nenhum ônus da prova, e que é, por conseguinte, considerada como "normal".

No Direito, a atribuição do ônus da prova determina legalmente quem deve provar o que, possibilitando a impetração de recursos.

Numerosas estratégias de debate buscam *inverter o ônus da prova*, de atribuí-la ao adversário, deixando então de ser uma característica prévia ao debate para tornar-se o próprio objeto do debate. A definição do ônus da prova apresenta-se, no final das contas, como uma convenção aceita pelos participantes, numa troca dialética no sentido histórico do termo, ou como uma prerrogativa institucional, imposta aos participantes pelo terceiro.

O ônus da prova tem maior peso sobre a inovação, isto é, sobre aquele que contesta uma afirmação já admitida e também sobre aquele que apresenta uma nova proposta. Num e noutro caso, devem fornecer boas razões. Quando Descartes passa a duvidar de todas as suas crenças, ele justifica essa operação radical pela hipótese da Faculdade de Questionamento [*Malin Génie*] (Descartes [1641]), ver **Regras**.

Poderíamos também questionar se, em certas circunstâncias, o ônus da prova não está invertido: *É novo, acaba de ser lançado!* é um argumento em favor do produto de que se fala. Precisa-se de boas razões para *não* seguir a moda.

*Ônus da prova e iniciativa* – Hamblin considera que o ônus da prova, como num jogo de linguagem, cabe ao jogador que tem a iniciativa do primeiro lance. Esta definição pode ser transposta para as interações plurilocutores fortemente argumentativas, em que se constata que a primeira fala é geralmente dada à pessoa que faz a proposta que será discutida. Assim, num debate sobre a legalização das drogas, o animador dirige a primeira pergunta a um *defensor*, e não a um oponente à legalização.

O ônus da prova é relativo a uma questão e a uma afirmação. Se o oponente avança uma contraproposição, ele deve sustentar normalmente o ônus da prova sobre o ponto lançado em discussão.

---

* N.T.: o autor refere-se ao código dos lócrios, atribuído a Zaleuco em mais ou menos 600 a.C.

O ônus da prova pode variar de acordo com o grupo ou o local em que se situa o debate. Se a *doxa* do grupo é que nenhuma proibição deve incidir sobre o consumo da droga, então, nesse grupo, é o defensor da proibição que deve apresentar as provas.

(A.M.S.C.)

## ▪ Oponente ► Papéis argumentativos

## ▪ Oposição (figuras)

A retórica das figuras propõe um conjunto vasto de noções que indicam oposição de discursos, aí incluído o "contradiscurso", basilar em uma situação argumentativa, a qual pressupõe a divergência de pontos de vista para o estabelecimento da argumentação. As figuras seguintes remetem, sob diversos rótulos, tanto à confrontação dialogal como também à sua representação no discurso monologado:

Anominação – ver **Paronímia**
Adínaton* – ver **Exagero**
Antanáclase – ver **Orientação (II)**
Antecipação** – ver **Prolepse**
Antimetábole – ver **Orientação (II)**
Antiperístase*** – ver **Orientação (II)**
Antítese – ver **Antítese**
Apodioxe**** – ver **Desprezo**
Asteísmo***** – ver **Paronímia**
Contrários – ver **Contrários**
Dilema – ver **Dilema**
*Distinguo* – ver ***Distinguo***
Dubitação****** – ver **Questão argumentativa**

---

\*  N.T.: No original, *adynaton*. Termo de tradução incerta, pois não dicionarizada em português.

\*\*  N.T.: No dicionário Michaelis, *antecipação* significa: "RET. Capacidade de refutar antecipadamente possíveis e futuras objeções".

\*\*\*  N.T.: Apesar de na versão original termos *antiparastase*, a tradução direta em português seria *antiparástase*, que, segundo o Dicionário Michaelis, significa: "RET. Recurso de oratória que consiste em apresentar como louvável o ato imputado ao réu". Não obstante, no mesmo dicionário temos o termo *antiperístase*, que significa: "aumento de intensidade de uma sensação pelo contraste com a sensação contrária anteriormente experimentada". Como neste conjunto de vocábulos o autor pretende destacar termos que tragam alguma ideia de oposição, acreditamos que a melhor tradução ali é *antiperístase*, e não *antiparástase*.

\*\*\*\*  N.T.: No dicionário Michaelis, *apodioxe* significa: "RET. Rejeição de um argumento por ser absurdo, sem que se recorra à discussão".

\*\*\*\*\*  N.T.: No dicionário Michaelis, *asteísmo* significa: "RET. Expressão graciosa, levemente irônica, pela qual se disfarça o louvor ou a lisonja sob aparência de censura e afronta".

\*\*\*\*\*\*  N.T.: No dicionário Michaelis, *dubitação* significa: "RET. Figura de linguagem em que o orador finge duvidar do que vai dizer, a fim de prevenir as objeções".

Enantiose – ver **Desacordo conversacional**
Epítrope – ver **Epítrope**
Eufemismo – ver **Exagero**
Hipóbole – ver **Prolepse**
Interrogação – ver **Questão argumentativa; Assunto em questão; Questão**
Ironia – ver **Ironia**
Oximoro – ver **Não contradição**
Metátese – ver **Prolepse**
Paradiástole – ver **Orientação (II)**
Pré-ocupação (*préoccupation*) – ver **Prolepse**
*Procatalepsis** – ver **Prolepse**
Prolepse – ver **Prolepse**
Subjeção** – ver **Questão argumentativa**

Essa lista, certamente redundante e não exaustiva, é proposta em ordem alfabética. Cada um desses termos não aparece necessariamente em todas as tipologias das figuras, e se um termo aparece em uma tipologia, ele pode estar situado em posições muito diferentes, em função dos princípios de classificação adotados. Ademais, em cada tipologia "cada categoria de figura é definida por sua marca dominante, embora apresente traços secundários não negligenciáveis" (Bonhomme, 1998: 14), que estarão talvez em destaque em outra tipologia.

Cada uma das classificações tem sua lógica e cada uma dessas lógicas tem seus limites. A mesma observação se aplica ao reagrupamento seguinte, que se propõe a ordenar as figuras da contradição dialógica, remetendo-as aos momentos-chave do desenvolvimento da situação argumentativa. Esse procedimento permite também evocar, por atração, outras figuras possíveis, principalmente aquelas ligadas ao aspecto monológico da questão argumentativa. Elencam-se ainda algumas figuras que aparecem no processo de encerramento de uma argumentação.

*Abrir uma situação argumentativa*, ver **Emergência da argumentação**.

*Apropriar-se da questão, para tratá-la monologicamente* por figuras de comunicação, interrogação (*interrogatio*), subjeção (*subjectio*), dubitação (*dubitatio*), ver **Questão.**

*Invalidar o discurso oposto* – nas figuras de *invalidação do discurso*, o argumento apresentado ou a posição construída pelo interlocutor não são entendidos em sua orientação original, nem, *a fortiori*, retomados no discurso do locutor. O discurso contrário ou contrariante é rejeitado por avaliações que visam a:

- *destruí-lo*, alegando-se um defeito linguageiro, ver **Destruição do discurso**;

---

\* N.T.: Não encontramos vocábulo equivalente em língua portuguesa. Tanto a versão em inglês quanto a versão em espanhol do *Dictionnaire* mantiveram o termo no original.
\*\* N.T.: No dicionário Michaelis, subjeção significa: "RET. Figura pela qual o orador, interrogando o adversário, deduz a sua resposta e lhe replica antecipadamente".

| Oposição (figuras)

- ridicularizá-lo:
  - ◻ pelo desprezo (*apodioxe*), ver **Desprezo**.
  - ◻ pelo exagero absurdo (*adínaton*), ver **Exagero**.
  - ◻ pela ironia, ver **Ironia**.

*Desorientar o discurso oposto* – uma série de figuras de desestabilização visa menos a reorientar que a *desorientar* o discurso contrário. Utilizam-se as palavras do oponente para fazê-las dizer o contrário do que elas dizem: *teu discurso, tuas palavras te refutam – antanáclase, antimetábole*, ver **Orientação**.

*Conceder, refutar* – é extremamente difícil para um argumento penetrar o discurso do outro. Não basta que um argumento seja dito, que um ponto de vista seja expresso, é preciso ainda que ele seja compreendido e retomado, ainda que para ser refutado ou deformado. Esses atos, por mais negativos que eles pareçam ser, marcam, na verdade, a emergência da *colaboração* argumentativa. As formas seguintes integram elementos do discurso do outro:

- integração parcial, ver *Distinguo*; **Dissociação**.
- integração para fins de refutação, após retomada e reformatação: *antecipação* (*prolepse, hipóbole*), *metátese*, ver **Refutação, epítrope**.
- refutação fraca e que corresponde, na prática, a uma confirmação, ver **Refutação; Paradoxos da argumentação e da refutação; Prolepse**.

O discurso do oponente efetivamente *informa* o discurso do locutor. Essa antecipação é garantida por mecanismos de assimilação, os quais podem ir da citação direta à evocação polifônica. No mínimo, há recorte e montagem do discurso citado. Em todos os casos, o locutor tira as palavras da boca do oponente, fagocita seu discurso. É uma maneira de esvaziar a palavra do outro da força etótica advinda de seu enunciador. Essa configuração corresponde ao tratamento antecipado do contradiscurso: *Eu sei o que você vai me dizer, tudo isso já foi dito, seus argumentos são conhecidos*. Essa manobra tem por primeiro efeito o de redefinir o que, em um diálogo, apresenta-se como uma possível *refutação* a uma simples *objeção*, ver **Objeção**.

Esse conjunto de figuras pode ser posto em relação sistemática com diversas facetas do desenvolvimento das situações argumentativas. Elas correspondem a momentos estratégicos da argumentação dialogada e são claras manifestações de uma argumentação que opera por confronto direto de pontos de vista em competição, antes mesmo da aparição dos argumentos.

Do ponto de vista das teorias críticas, que promovem a arregimentação das argumentações sob critérios éticos ou racionais, consideraremos que todas essas manobras são provavelmente falaciosas, o que só reforça a premente necessidade de situá-las e de descrevê-las: antes de julgar, é preciso compreender.

(R.S.)

# ▪ Orador – Auditório

## OS COMPONENTES DO DISCURSO RETÓRICO

*Orador* e *auditório* são os termos consagrados para designar o produtor e o receptor do discurso retórico. A noção de auditório é correlativa à de orador. Ela corresponde ao *formato de recepção* do discurso retórico argumentativo clássico, ver **Retórica argumentativa**.

A perspectiva retórica se situa em um *espaço público institucional* (assembleia deliberativa, tribunal), às vezes ligada a um *ritual* (epidítico). O *orador* fala sobre um assunto que tem a ver com as *atribuições* dessa instituição e o *papel* que ela lhe concede. O *auditório* corresponde ao conjunto dos participantes visados. Nos domínios político e judiciário, o auditório é definido como o conjunto de pessoas que têm um poder de decisão sobre o problema apresentado pelo orador, ver **Papéis argumentativos**. O auditório e o *público* eventual são os participantes oficiais, mas somente o auditório é visado. O público pode ter opiniões, mas ele não toma decisões. O auditório é *heterogêneo*, e os discursos a ele dirigidos têm seus apoiadores.

O *discurso* surge em um momento preciso de um cenário discursivo e corresponde a um *turno de fala* em uma interação *institucionalizada*, na qual a estrutura de troca pode ser codificada em detalhe. A alternância dos turnos de fala segue regras (ver **Regras**), e a estrutura da troca é localmente assimétrica. O orador tem o maior volume de fala, por isso sua presença é predominante. Não obstante, outros locutores, com pontos de vista antagônicos, podem fazer parte do cenário.

O *orador e o auditório* são funcionalmente definidos por seus *caracteres*, ver *Ethos*; *Pathos*.

A visada retórica argumentativa tem a ver, assim, com o que Goffman (1987: 147), em sua análise das situações de fala, chama de "monólogo de palco" [*monologue d'estrade*] e que constitui um tipo de hipergênero, reunindo discursos políticos, esquetes cômicos, conferências, recitações, leituras poéticas...

## PERSUADIR O AUDITÓRIO

A retórica argumentativa não fala de interlocutor, mas de auditório: o auditório ouve; supõe-se que ele escuta, mas não fala, nem retorque. Na teoria retórica, esse mutismo é constitutivo da noção de público decididor. Ao menos em situação face a face, o público real dispõe de alguns meios de retroação, o que lhe permite influenciar o orador, encorajá-lo ou desestabilizá-lo, como mostrou Goffman (1987: 133-186), a tal ponto que os políticos julgam mais prudente que eles próprios determinem a composição de sua plateia nos programas de televisão.

O orador constitui fundamentalmente seu auditório pela demanda que este lhe faz: *tire-me uma dúvida*. Ele se estima capaz de sanar essa dúvida com a ajuda da verdade, da representação e da tese que ele [o orador] irá sustentar. Ele se mostra como homem de bem (*vir bonus*) que conhece o verdadeiro, que se mostra sincero e como aquele apto a conduzir as almas, ver *Ethos*. O auditório retórico é, em consequência, ao mesmo tempo humilhado e magnificado. Ele é humilhado, porque é definido por sua ignorância e suas insuficiências. Sua representação das coisas e sua opinião são consideradas seja como errôneas, seja como inexistentes, seja ainda como fracas e instáveis. O orador se dirige aos indecisos, deixando de lado os oponentes inflexíveis e que têm um sólido e próprio ponto de vista.

No entanto, ao menos no quadro da *Nova retórica*, o auditório é também magnificado em instância crítica, no longo caminho que o conduz ao universal. Ele [o auditório] é, portanto, colocado em posição alta ou baixa, mas jamais em posição de igualdade de parceria. Por isso, é preciso considerar não mais um, mas dois discursos, isto é, duas posições em confronto. Mais do que *partilhar*, ali se quer *fazer partilhar*, nessa relação do orador com o auditório.

#### AUDITÓRIO PARTICULAR E AUDITÓRIO UNIVERSAL

Perelman e Olbrechts-Tyteca expandiram a noção de auditório para fazê-lo englobar a comunicação escrita: "Todo discurso se dirige a um auditório, sendo muito frequente esquecer que se dá o mesmo com todo escrito" (1999 [1958]: 7). É principalmente este auditório ampliado que interessa à *Nova retórica*, o que explica a expansão de sentido do termo *auditório* que, na visão desses autores, não se restringe à troca oral face a face, um dos pilares da Retórica clássica, ver **Retórica argumentativa**.

A *Nova retórica* define dois tipos de auditório, o *auditório universal*, "constituído pela humanidade inteira, ou pelo menos por todos os homens adultos e normais" (Perelman e Olbrechts-Tyteca, 1999 [1958]: 33-34), e os *auditórios particulares*. Essa oposição corresponde à distinção efetuada entre *persuadir* e *convencer*, além de apresentar valor normativo. Para os autores, a norma da argumentação é constituída pela hierarquia dos auditórios que a aceitam. Essa posição distingue fortemente a perspectiva da Nova retórica das teorias padrão acerca das falácias, para as quais a norma é dada pelas leis lógicas ou por um sistema de regras que definem a racionalidade, ver **Persuadir e convencer**; **Normas**; **Regras**; **Avaliação e avaliador**; *Topos*.

(R.S.)

## ▪ Organização racional ▸Argumento – Conclusão

## ▪ Orientação (I): Uma teoria do sentido argumentativo

#### UMA TEORIA DO SENTIDO

A teoria das orientações argumentativas foi desenvolvida a partir da ideia de "escala argumentativa" (Ducrot, 1972) até a versão da chamada teoria da "argumentação na língua" (Anscombre e Ducrot, 1983; Ducrot, 1988; Anscombre, 1995a, 1995b).

A *orientação argumentativa* (ou o *valor* argumentativo) de um enunciado E1 pode ser definida com base no enunciado E2, suscetível de suceder-lhe em um discurso gramaticalmente bem formado, isto é, "o conjunto das possibilidades ou das impossibilidades de continuação discursiva determinadas por seu emprego" (Ducrot, 1988: 51). A teoria da argumentação na língua é construída sobre esta observação linguística fundamental: independentemente de seu conteúdo informacional, não é qualquer sequência que pode suceder a um enunciado. Essa ideia pode se exprimir na perspectiva puramente sintática das restrições de seleções, cuja teoria é feita no nível da frase. Tomando o emprego não metafórico do enunciado *Totó late*, temos que *Totó* é um cachorro, já que o verbo *latir* carrega consigo uma relação de seleção, determinando a classe de seres que ele admite como sujeito. Nesse sentido, um enunciado delimita o termo que o acompanhará. Do mesmo modo, mas no nível do discurso, E1 é portador de uma restrição de seleção sobre a classe de enunciados E2 que podem lhe suceder.

A teoria da argumentação na língua é uma teoria semântica. Ela rejeita as concepções da significação como adequação ao real, quer elas sejam de inspiração lógica (teoria das condições de verdade) ou analógica (teorias dos protótipos), em proveito de uma concepção quase espacial do sentido como *direção*: o que o enunciado E1 (assim como o locutor enquanto tal) *quer dizer* é a conclusão E2 para a qual esse enunciado é orientado.

A noção de orientação argumentativa permite definir a noção de *aliança argumentativa* em diálogo: no quadro de uma mesma questão, dois atores são aliados se suas intervenções são coorientadas.

Da mesma maneira, "o valor argumentativo de uma palavra é, por definição, a orientação que esta palavra dá ao discurso" (Ducrot, 1988: 51). A orientação argumentativa de um termo direciona o sentido deste termo. Assim, a significação linguística da palavra *inteligente* não deve ser buscada em seu valor descritivo de uma capacidade que mediria o coeficiente intelectual da pessoa concernida, mas na *orientação* que seu uso em um enunciado impõe ao discurso subsequente. Isso acontece em *Pedro é inteligente* [E1]*, ele poderá resolver esse problema* [E2], formando uma sequência coerente. Já o enunciado *\*Pedro é inteligente* [E1]*, ele não poderá resolver esse problema* [neg-E2], seria considerado incoerente, pois o enunciado E2 destoa da sequência (incoerente) que se estabeleceu em relação a E1.

A relação argumento E1 → conclusão E2 é reinterpretada em uma perspectiva enunciativa em que é a conclusão que dá o sentido do argumento (em um discurso ideal monológico). Compreender o que significa o enunciado *O dia está lindo* não é referi-lo a um estado do mundo, mas às intenções do locutor, isto é, *vamos à praia*. O sentido de E1 é E2. O sentido aqui é definido como a *causa final* do enunciado. A teoria da argumentação na língua reatualiza, assim, uma terminologia antiga, na qual designava-se a conclusão de um silogismo como sua *intenção*. Isso dá conta do fato de que um conectivo de reformulação do tipo *quer dizer* possa introduzir uma conclusão:

L1:     – *Este restaurante é caro.*

L2:     – *Quer dizer que você não quer que a gente vá lá?*

Disso decorre que, se o mesmo segmento S é seguido, em uma primeira ocorrência, do segmento Sa e, em uma segunda ocorrência, do segmento Sb, contraditório, incompatível com Sa, logo S *não tem a mesma significação* nestas duas ocorrências. Visto que se pode tanto dizer *Está quente* (S), *fiquemos em casa* (Sa) quanto *Está quente* (S), *vamos passear* (Sb), então "não se trata do mesmo calor nos dois casos" (Ducrot, 1988: 55). Trata-se de uma nova definição de homonímia. Por considerações análogas, Anscombre conclui que existem dois verbos *comprar*, correspondendo ao sentido de "quanto mais caro, mais eu compro" e "quanto menos caro, mais eu compro" (Anscombre, 1995: 45).

Inversamente, pode-se pensar que se deve estabelecer uma forma de equivalência entre enunciados orientados para a mesma conclusão: se o mesmo segmento S é precedido, em uma primeira ocorrência, do segmento Sa e, em uma segunda ocorrência, do segmento Sb, diferente de Sa, então Sa e Sb têm a mesma significação: *Está quente* (Sa), *fiquemos em casa* (S), em contraposição a *Eu tenho trabalho* (Sb), *fiquemos em casa* (S)". Ali temos uma nova definição equivalente a uma mesma conclusão.

Enfim, "se o segmento S1 só tem sentido a partir do segmento S2, então a sequência S1 + S2 constitui um único enunciado" (Ducrot, 1988: 51). Poder-se-ia dizer, sem dúvida, *um só signo*, S1 tornando-se uma espécie de significante de S2. Essa conclusão traz a ordem do discurso de volta para a do enunciado, ou até mesmo para a do signo.

Essa teoria desenvolveu suas análises em três direções principais: as *expressões argumentativas*; os *conectivos argumentativos*; os *topoi*, ver **Morfema argumentativo**; **Baliza argumentativa**; **Marcador de argumento, marcador de conclusão**.

## ORIENTAÇÃO E LEI DE PASSAGEM: ARGUMENTAÇÃO NA PERSPECTIVA DE DUCROT E DE TOULMIN

A teoria da argumentação na língua fundamenta uma argumentação a partir da capacidade dos enunciados-argumentos de selecionar, sobre bases estritamente linguísticas, suas sequências, ou seja, as conclusões que eles (os enunciados-argumentos) determinam. Nisso, essa teoria se opõe às teorias e às práticas antigas ou neoclássicas da argumentação, do mesmo modo que uma teoria *semântica* da língua se opõe a teorias e técnicas da *planificação discursiva*, que operam em função de dados referenciais e de princípios não exclusivamente linguageiros. Para as teorias clássicas, o discurso argumentativo é suscetível de ser avaliado e de ser declarado válido ou falacioso. Para a teoria semântica, a ideia de uma avaliação crítica das argumentações só tem sentido no plano gramatical, no qual se limitam a constatar se tal sequência é ou não é gramaticalmente admissível. Nessa teoria, a força da restrição argumentativa é inteiramente uma questão de linguagem. Ela não é diferente daquela da coerência do discurso. Nesse sentido, rejeitar um argumento é quebrar o fio do discurso ideal. E essa posição redefine a noção de argumentação, sobre a qual Anscombre teoriza de uma maneira bastante própria. Em seus escritos, o autor fala em argumentação em "nosso sentido" (1995b: 16).

É a questão da *orientação argumentativa* o ponto essencial sobre o qual se opõem o ponto de vista "semântico", ducrotiano, e o que o próprio Ducrot chama de visão "tradicional ou ingênua" da argumentação (Ducrot, 1988: 72-76). Nesse sentido, a visão dita tradicional corresponderia justamente àquela representada pelo diagrama ou modelo de Toulmin:

- ela distingue dois enunciados, dois segmentos linguísticos, o argumento e a conclusão;

- cada um desses enunciados, assumindo uma significação autônoma, designa fatos distintos; eles são, portanto, avaliáveis de forma independente um do outro. O enunciado-argumento remete a um fato F1, e o enunciado-conclusão remete a um fato diferente, F2. O ponto essencial é que F1 e F2 são fatos bem definidos, constatáveis independentemente um do outro.
- existe uma relação de implicação, uma lei física, extralinguística, que une esses dois fatos (Ducrot, 1988: 75).

Essa concepção pode se esquematizar como se segue. As flechas pontilhadas que vão do plano do discurso para o plano da realidade materializam o processo de significação.

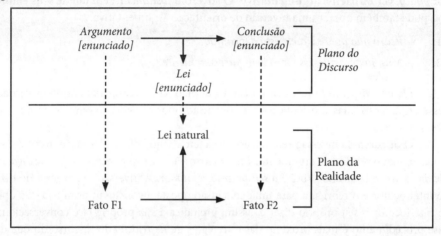

Essa concepção é dita "ingênua" na medida em que postula que a linguagem é um *médium* transparente e inerte, puro reflexo da realidade, o que não é o caso da linguagem natural (Récanati, 1979). Essas condições são realizadas apenas por linguagens controladas, como a linguagem da ciência, em relação com uma realidade que elas constroem e designam.

De forma oposta a essa visão, a teoria da argumentação na língua enfatiza as restrições interenunciados de origem propriamente linguageira. Essas restrições são particularmente visíveis sobre os encadeamentos imediatamente analíticos, como em *esta proposição é absurda, então é preciso rejeitá-la*. Pelo próprio sentido das palavras, dizer que uma proposição é *absurda* é dizer que é *preciso rejeitá-la*. Não obstante, essa conclusão aparente é uma pseudoconclusão, porque apenas exprime o *definiens* da palavra *absurdo*.

> A. – [Falando-se de uma manifestação da atividade humana: fala, julgamento, crença, comportamento, ação]. Que é manifestamente e imediatamente sentido como contrário à razão no sentido comum; em alguns momentos, quase sinônimo de impossível no sentido de "que não pode ou não deveria existir". (*TLFi*, art. *Absurde*).

A linguagem não é inerte. A invocação de um real "absurdo" (como visto no enunciado *esta proposição é absurda*) para sustentar a conclusão é *preciso rejeitá-la* é, com efeito, uma ingenuidade, que ignora a existência da dinâmica própria à linguagem. Para a teoria da argumentação na língua, a linguagem comete sistematicamente a falácia de petição de princípio.

(R.S.)

# ▪ Orientação (II): inversão da orientação argumentativa

### INVERSÃO DA ORIENTAÇÃO

A orientação argumentativa de um enunciado (ver **Orientação I**) pode ser invertida pela substituição de um morfema por outro, por exemplo, substituindo-se *um pouco* por *pouco*, ver **Morfema argumentativo**. O advérbio *justamente*, em um de seus empregos, pode também operar uma inversão de orientação argumentativa:

L1:    – *Pedro não quer sair, ele está deprimido.*

L2:    – *Mas, justamente, isso fará bem para sua mente.*

*Ele está deprimido* justifica a decisão de não sair; *justamente* admite a verdade desse argumento, mas o orienta para a conclusão oposta: *Pedro deveria sobretudo sair* (Ducrot, 1982).

O discurso da inversão retoma, ao pé da letra, o que diz o adversário, para, em seguida, mudar o sentido do argumento: *Teu discurso não diz o que você quer que ele diga. Ele diz, inclusive, o contrário. Você é o seu próprio refutador.* A inversão se apropria do dizer do interlocutor e o reorienta para uma conclusão oposta à conclusão primitiva. Ela opõe ao interlocutor o seu próprio dizer e, assim, prejudica a sua própria face conversacional. Esse procedimento é mais próximo das estratégias de *destruição* do discurso do que das estratégias de *refutação* orientadas para o conteúdo, ver **Destruição do discurso**; **Objeção**; **Refutação**. A retórica clássica recuperou numerosos fenômenos de retorsão, como a *ironia*:

> *Tudo é possível com a SNCF, este é o melhor slogan que você encontrou* – dito por uma viajante após um atraso de duas horas.

O *slogan* é orientado para a seguinte mensagem: *A SNCF é incrivelmente eficiente.* Não obstante, no exemplo apresentado, as circunstâncias mostram que *A SCNF é incrivelmente ineficiente*, ver **Ironia**.

Algumas dessas estratégias são designadas por meio de outros recursos:

- Reversão operada em um termo: *antanáclase*;
- Reversão operada em uma expressão: *antimetábole*;
- Reversão de qualificação de um ato: *antiperístase*;
- Reversão por substituição de um termo ou de uma descrição de uma realidade: *paradiástole*.

### TÉCNICAS DE INVERSÃO

*Antanáclase* – a antanáclase é um fenômeno de repetição de um termo (ou de uma expressão) polissêmica ou homonímica. Em sua segunda ocorrência, o termo tem um sentido e uma orientação diferentes daquele da primeira. Em outros termos, o significante So pode ter as significações Sa e Sb; So tem o sentido Sa com a orientação Oa em sua primeira ocorrência, e o sentido Sb com a orientação Ob, na segunda.

A retomada do significante So deve acontecer em uma mesma unidade discursiva, enunciado, passagem ou troca. Ela pode ser efetuada seja por um mesmo locutor em um mesmo discurso, seja por um segundo locutor em uma intervenção reativa.

- Em uma mesma intervenção, a antanáclase introduz certa confusão, já que se emprega a mesma palavra para designar coisas diferentes. Em um silogismo, a antanáclase introduz, na verdade, dois termos sob o abrigo de um mesmo significante So, produzindo, assim, um silogismo não a três, mas a quatro termos, isto é, um paralogismo, ver **Paralogismos silogísticos**.
- Na interação, os dois sentidos do termo são atualizados nos dois turnos de fala consecutivos e, nessa relação, o segundo termo invalida o primeiro. A antanáclase é uma forma de retorsão irônica ecoante e agressiva:

L1:  – *Senhor, um pouco de tolerância!* (tolerância virtude)

L2:  – *A tolerância, existem casas para isso!* (tolerância vício)

L1:  – *Nós não pudemos lhe reservar um hotel, neste momento acontece uma grande feira em Lyon.*

L2:  – *Eu tenho a impressão de que Lyon é uma feira constante.*

No segundo exemplo, o segundo termo da antanáclase reorienta o que foi dito como uma desculpa para a reprovação: *você é incapaz de se organizar*. A retomada, por L2, das palavras pronunciadas por L1 ridiculariza o discurso de L1. Esse recurso de retomada do que fora dito autoriza manobras desse tipo, ver **Derivados ou palavras derivadas**. Aquele que acha seu trabalho *alienante* é um *alienado*, ou, na versão de Thierry Maulnier:

> O policial ideológico do coletivismo pode dizer mais ou menos a mesma coisa ao oponente: "Para quem vem protestar contra a alienação, em nossa sociedade, nós temos asilos de alienados. (Maulnier, 1976: 9-10)

A reorientação operada por antanáclase difere daquela por meio da qual opera o advérbio *justamente*, o qual redireciona um ponto de vista para uma conclusão oposta. No caso precedente, ao se empregar o advérbio *justamente*, a situação poderia ter se passado da seguinte forma: *Justamente, se é a feira, foi anunciada há bastante tempo e você deveria ter tomado as devidas precauções.* A antanáclase não leva a sério a informação, ela desorienta o discurso, ver **Orientação**.

*Antimetábole* – como a antanáclase, a antimetábole é uma técnica de desorientação do discurso do adversário. Esse discurso é retomado e reestruturado sintaticamente de modo a fazê-lo mudar a orientação ou a lhe dar uma orientação oposta à sua orientação inicial. Para tanto, o locutor se apoia sobre um sintagma retirado do discurso de seu oponente, reestrutura-o sintaticamente para lhe dar uma orientação diferente ou oposta.

Dupriez cita os mecanismos de permutação determinante/determinado. Ele mostra que no discurso *A vida das palavras* poderá haver uma destruição de sentido se se mudar a ordem dos termos: *As palavras da vida* (Dupriez, 1984: 53-54).

> *Nós não vivemos numa época de mudança, nós vivemos uma mudança de época. Esses efeitos de anúncio se reduzirão rapidamente a anúncios sem efeito.*

Ver **Refutação; Prolepse; Destruição do discurso.**

*Antiperístase* – a palavra remete à teoria das *estases*. Um locutor faz uma acusação; o acusado reconhece o fato que lhe é imputado, mas não aceita a avaliação que o acusador faz de seu ato:

L1:  – *Você o matou!*

L2:  – *Foi para aliviar seus sofrimentos.*

O primeiro enunciado é acusatório (*você merece uma pesada condenação!*); o segundo introduz um argumento que inverte essa orientação e traz o seguinte sentido: *o que eu fiz é um ato de coragem*, ver **Estase; Motivos velados e motivos declarados.**

Essa forma de contra-argumentação dá a um mesmo fato duas orientações opostas. Em uma antanáclase, há uma falsa aceitação e uma reversão implícita. Na antiperístase, a reversão de orientação é explícita.

*Paradiástole* – o termo *paradiástole* é um decalque de uma palavra grega que exprime as ideias de expansão e de distinção. No monólogo, a paradiástole "[estabelece] um sistema de nuances ou de distinções precisas, em geral desenvolvidas a partir de paralelismos de frase" (Molinié, 1992, art. *Paradiastole*). Encontramos a mesma ideia no termo latino *distinguo*, o qual designa uma figura do mesmo tipo. Os exemplos de paradiástole são dados sob a forma de enunciados, com sutilezas de definição de um mesmo conceito ou de distinção de conceitos entre duas palavras frequentemente próximas e que, do ponto de vista do locutor, devem ser distintas: *A tristeza não é a depressão.*

No diálogo, a paradiástole é uma figura de contradição, no que diz respeito à linguagem utilizada pelo locutor. A distinção é operada entre duas palavras consideradas sinônimas. *Consternação* e *tristeza* são sinônimos muito próximos (*DES*, art. *Chagrin*, art. *Tristesse*), mas se podem opor essas palavras sobre bases mais ou menos fundamentadas:

> *A tristeza não é a consternação; um espírito consternado não é um espírito triste, e podemos estar consternados por uma causa precisa, ao passo que podemos ser/estar tristes sem saber por quê.*

Ela pode ser uma estratégia de mudança de orientação argumentativa:

L1:  – *Estou deprimido, devo ir a um psicólogo.*

L2:  – *Não, você não está deprimido, você está triste, e a tristeza não se cura com medicina.*

A língua lexicalizou sob a forma de dois termos, *gentil* e *servil*, as designações antiorientadas aplicadas a uma mesma forma de comportamento, ver **Morfema argumentativo.** O discurso produz sem cessar pares antiorientados que têm exatamente o mesmo funcionamento argumentativo:

e a pessoa amante da pessoa amada faz sempre o louvor [...]
a que é faladora tem os encantos do humor; e o que a muda tem é um louvável pudor
(Molière [1973]: 95, apud Douay,1993)

A oposição está entre o *ser* da pessoa (a que fala sem parar, uma tagarela) e o que *diz* seu amante sobre ela (*ela é de agradável humor*). Vemos neste exemplo que essa situação se generaliza no discurso, no qual a paradiástole não opera estritamente entre dois termos, mas entre dois discursos. Ali há tradução de um ponto de vista em um outro.

L1: — *Ele é corajoso.*

L2: — *Eu não diria isso. Ele sabe enfrentar o perigo, ok, mas me parece que para ser verdadeiramente corajoso é preciso também ter um sistema de valores...*

A adequação de um termo a seu objeto é contestada em um discurso mais ou menos amplo. Sob sua forma mais radical, tem-se uma oposição termo a termo:

L1: — *Ele é corajoso.*

L2: — *Eu não chamo isso de coragem, mas de inconsciência.*

(R.S.)

## ▪ Papéis argumentativos: Proponente, oponente e terceiro

Numa troca argumentativa, os participantes ocupam papéis, sendo alguns gerais e outros específicos à situação argumentativa.

### PAPÉIS NÃO ESPECIFICAMENTE LIGADOS À ARGUMENTAÇÃO

#### PAPÉIS LIGADOS AO QUADRO PARTICIPATIVO

A noção de quadro participativo permite definir a configuração de uma interação. É composto por duas instâncias complexas entre as quais circula a palavra, o *formato de produção* e o *formato de recepção* (Goffman [1981]; Kerbrat-Orecchioni, 1990, cap. 2). Em argumentação, a noção de quadro participativo é indispensável para a análise de todas as formas de interações argumentativas, desde o discurso às interações argumentativas quotidianas. É pertinente para a análise do *ethos* e da estrutura polifônica do texto argumentativo.

Sistema de Goffman – Goffman [1981] distingue formato de recepção e formato de produção.*

- Formato de recepção (p. 141-142).
- Participantes ratificados [*ratified participants*], *selecionados* ou *não selecionados*, mas suscetíveis de o serem em outro turno de fala.
- Participantes não ratificados [*bystanders*]: intrusos [*overhearers*] e espiões [*eavesdroppers*], que invadem as trocas entre os participantes ratificados, sem que esses tenham consciência. Diferentemente do intruso, o espião age intencionalmente.

---

\* N.T.: Há flutuação na tradução para o português dos termos técnicos ligados à perspectiva goffmaniana. Por isso manteremos os termos originais em inglês entre colchetes, da mesma forma como Plantin faz na versão original do *Dictionnaire*.

- Formato de produção: pode ser descrito com a ajuda de quatro elementos do discurso: Animador [*Animator*], Autor [*Author*], Figura [*Figure*] e Responsável [*Principal*] (p. 153-154; 173).
- *Animador* [*Animator*]: a máquina falante. Corresponde a certas funções do sujeito falante de Ducrot (ver adiante).
- *Autor* [*Author*] escolhe os pensamentos expressos e as palavras para codificá--las. Quem cita é o animador das palavras, o qual as retoma sem delas ser o autor (Schiffrin, 1990: 242).
- *Figura* [*Figure*]: corresponde à imagem de si no discurso, ao *ethos*, ver **Ethos**.
- *Responsável* [*Principal*]: "no sentido jurídico do termo... uma pessoa que age sob certa identidade, num certo papel social" (Goffman, 1987: 154). "O mesmo indivíduo pode mudar muito rapidamente o papel social em que atua enquanto mantém a sua qualidade de animador ou autor" (p. 154).

"Em suma, o *Animador* [*Animator*] produz o discurso, o *Autor* [*Author*] cria o discurso, a *Figura* [*Figure*] é representada no discurso e o *Responsável* [*Principal*] assume o discurso" (Schiffrin, 1990: 241).

*Sistema de Ducrot* – no quadro de uma Linguística da Enunciação, Ducrot opõe os seres que entram na instância de produção do discurso, *sujeito falante, locutor, enunciador*, aos seres que compõem a instância de recepção, *ouvinte, alocutário e destinatário*.*

- *Sujeito falante/ouvinte*: o sujeito falante é o "ser empírico" a que correspondem todas as determinações externas da fala: "o processo psicológico, e mesmo fisiológico, que está na origem do enunciado, [...] as intenções, os processos cognitivos que tornaram [os enunciados] possíveis" (Ducrot, 1980: 34). No âmbito da recepção, ao sujeito falante corresponde(m) o(s), ouvinte(s), "pessoas que, simplesmente, compreendem o discurso, [ou mesmo] que o escutam" (p. 35).
- *Locutor/alocutário*: "um enunciado apresenta-se como produzido por um locutor, designado em francês, salvo no discurso relatado em estilo direto, pelo pronome *eu* e pelas diferentes marcas da primeira pessoa [...] o *alocutário*, com marcas de segunda pessoa" (p. 35).
- *Enunciador/destinatário*: "chamarei, arbitrariamente, *enunciador* e *destinatário* respetivamente à pessoa a quem é atribuída a responsabilidade de um ato ilocucionário e aquela a quem este ato supostamente se dirige" (p. 38).

## PAPÉIS LIGADOS A DIFERENTES TIPOS E GÊNEROS DISCURSIVOS

A consideração dos tipos discursivos introduz novos papéis: *narrador* e *narratário* para a narração; *especialista* e *leigo* para a explicação; *proponente, oponente* e *terceiro* para a argumentação (ver adiante).

---

* N.T.: No original, temos, respectivamente: *sujet parlant, locuteur, énonciateur, auditeur, allocutaire, destinataire*.

Os gêneros interacionais trazem também o seu lote de papéis profissionais ou ocupacionais: *vendedor* e *cliente* para as interações de comércio; *professor* e *alunos* para as interações didáticas; *médico* e *paciente* para as interações terapêuticas etc.

## PAPÉIS INTERACIONAIS E SOCIAIS

Os papéis linguareiros combinam-se com um conjunto de "papéis sociais", entre os quais podemos distinguir (segundo Rocheblave-Spenlé [1962]):

- os papéis da sociedade global: pessoa honesta, cavalheiro, pessoa elegante, "tipo chique", "chato"...;
- os papéis "biossociais": idade, sexo, cor da pele...;
- os papéis de classe social: burguês, aristocrata...;
- os papéis profissionais: engenheiro, padeiro, professor...;
- os papéis de associação: sindicatos, partidos políticos, desportos, religiões...;
- os papéis familiares: marido, esposa, criança, pai, tio...;
- os papéis dos pequenos grupos: papel do líder e papeis de outros membros de um grupo (o provocador, o mediador, o contestador, o isolado, o próprio líder...);
- os papéis pessoais: todos os modelos pessoais apresentados pela imprensa, rádio, cinema (o artista, a estrela...).

A noção de papel sociointeracional é tão indispensável e complexa como, num outro domínio, a de gênero de discurso ou de interações. A personificação deste papel por uma pessoa constitui um elemento do seu *ethos*, ver **Ethos**.

## ACTANTES DA ARGUMENTAÇÃO: PROPONENTE, OPONENTE E TERCEIRO

A situação de argumentação é definida como uma situação tripolar, ou seja, com três actantes: *proponente, oponente* e *terceiro*. A cada um destes polos corresponde uma modalidade discursiva específica, discurso de *proposição* (sustentado pelo proponente), discurso de *oposição* (sustentado pelo oponente) e discurso de *dúvida* ou de questionamento, definidor da posição do *terceiro*.

## PROPONENTE E OPONENTE

Os termos *proponente* e *oponente* foram definidos na teoria dialética, a qual concebe a argumentação como um jogo entre esses dois parceiros, ver **Dialética**. Numa perspectiva interativa, a argumentação torna-se dialética assim que o terceiro é eliminado e é atribuído um papel a cada ator (*você é o proponente, eu sou o oponente*) ao qual se deve ater durante toda a "parte de dialética" (Brunschwig, 1967). A eliminação do terceiro coincide com a expulsão da retórica e com a constituição de um sistema de normas objetivo-racionais; de forma mais ou menos figurada, poderíamos dizer que o terceiro foi substituído pela Razão ou pela Natureza, ou seja, pelas regras da busca do Verdadeiro.

Na concepção retórica da argumentação, o jogo argumentativo é definido, em primeiro lugar, como uma interação entre o proponente, o orador e um auditório a convencer, sendo o público uma representação do terceiro, reduzido ao silêncio. Oponente e contradiscurso não estão ausentes, mas em último plano.

## TERCEIRO

Focar a questão argumentativa entre os componentes da interação argumentativa concebe trazer para o primeiro plano o papel do terceiro. Essa figura coloca em evidência o embate entre discurso e contradiscurso. Ela assume, se não a estabilidade, pelo menos a gestão da questão argumentativa. Na sua forma prototípica, a situação argumentativa surge como uma situação de interação entre discursos do proponente e contradiscursos do oponente, mediados por um discurso terceiro, numa situação *trilogal*, no debate público. As situações argumentativas reconhecidas como fundamentais, o debate político e a confrontação no tribunal, são *trilogais*. A palavra argumentativa é sistematicamente pluriendereçada, não sendo o destinatário apenas, ou forçosamente, o interlocutor-adversário, mas, num dos casos, o juiz e, no outro, o público e o seu voto.

O terceiro pode ser fraco e indeciso, mas também aquele que recusa o seu assentimento tanto a uma como a outra das teses que lhe são apresentadas, mantendo a dúvida em aberto para se pronunciar "com conhecimento da causa". Nesse sentido, o juiz representa uma figura prototípica do terceiro. Encontram-se igualmente nessa posição os atores que consideram que as forças argumentativas em embate se equilibram ou, mais sutilmente, que, mesmo que uma possa prevalecer, a outra não pode ser desconsiderada. No limite, o terceiro conduz à figura do cético metodológico, que não exclui absolutamente nenhuma visão das coisas.

A simples consciência do papel do terceiro e da questão argumentativa como elemento chave da troca dá aos atuantes a liberdade de discordância mútua. Nesse sentido, ficarão à vontade para se posicionarem – *Não!*, *Sim!*, *Claro que sim!* –, sem serem tachados de *manipuladores* ou de estarem agindo de *má-fé*.

A atribuição dos papéis de proponente e de oponente aos atores, supondo que eles se devem ater estritamente a esses papéis, é uma ficção. Numa interação autêntica, os papéis argumentativos correspondem não a papéis permanentes, mas a posições [*footing*] no sentido atribuído por Goffman (1987, cap. 3) na medida em que são instáveis. Num mesmo turno de fala, um ator pode exercer ao mesmo tempo o papel argumentativo de terceiro e o papel de proponente relativamente a uma mesma questão (afirmar uma posição apesar de manifestar algumas dúvidas a seu respeito), ou incarnar o papel de proponente acerca de uma questão e de oponente em outra.

## ACTANTES E ATORES

*Os actantes* da argumentação são o proponente, o oponente e o terceiro. Os *atores* da situação argumentativa são os indivíduos concretos envolvidos na comunicação.

Os atores podem ocupar sucessivamente cada uma das posições argumentativas (ou *papéis de atuação*) de acordo com todos os trajetos possíveis. Um ator pode abandonar o seu discurso de oposição e optar por um de dúvida, ou seja, passar da posição de oponente à de terceiro. Pode mesmo acontecer, com parceiros que se convençam mutuamente, de haver troca de papéis, o que significa que a questão não está definitivamente resolvida.

A mesma posição de um actante argumentativo pode ser ocupada simultaneamente por vários atores, ou seja, por vários indivíduos que produzem intervenções coorientadas: falar-se-á, então, de *aliança argumentativa* ou de *coargumentação* nesses casos. O estudo da argumentação interessa-se tanto pelos fenômenos de coenunciação (intervenções coorientadas) como de antienunciação (intervenções antiorientadas).

A distinção actantes/atores permite retomar o famoso *slogan* tão surpreendentemente popular *A argumentação é a guerra*, bem como associá-la à família de metáforas belicosas (Lakoff e Johnson, 1980). A oposição entre discursos – entre actantes – não se confunde necessariamente com eventuais colaborações ou oposições entre pessoas – entre atores. A situação de argumentação só é conflitual quando os *atores* se identificam com os seus *papéis* argumentativos. No caso mais evidente, o da deliberação interior, o mesmo ator pode percorrer pacificamente todos os papéis actanciais. Se um grupo examina uma questão de interesse comum, é muito provável que os seus membros examinem as diferentes facetas do problema, ou seja, as diferentes respostas possíveis e os argumentos que as sustentam. No decurso deste processo, eles ocupam de forma metódica as diferentes posições actanciais, mesmo que não haja identificação nítida a uma dessas posições e sem que apareçam necessariamente antagonismos entre atores. A polemicidade não é inerente à situação argumentativa.

(R.A.L.M.G.)

# ▪ Paradiástole ▸ Orientação (II): Inversão de orientação argumentativa

# ▪ Paradoxos da argumentação e da refutação

ARGUMENTAR POR P ENFRAQUECE P

Qualquer argumentação pode ser alvo do *discurso geral contra a argumentação*, que se sobrepõe ao discurso contra o debate, ver **Debate**: As pessoas não aceitam ficar na dúvida, não aceitam não se engajar, não saber, não ter uma opinião; argumenta-se a favor ou contra tudo. A satisfação de argumentar é legitimamente posta em suspeição: os teólogos medievais faziam da contenda argumentativa um pecado (*contumelia*, ver **Falácias como pecados da língua**). Ali a querulência era uma doença; a mania de ter sempre razão era uma indicação da vontade de poder. Atenhamo-nos, sobretudo, a descrever e a narrar honestamente.

Além disso, o conhecimento *indireto*, por inferência, característico da argumentação, era frequentemente considerado como inferior ao conhecimento *direto*, expresso em uma afirmação simples, como por exemplo acontecia com o conhecimento por revelação, ver **Evidência**. Newman formulou essa ideia de maneira enfática primeiramente na epígrafe de seu *Ensaio a favor de uma gramática do assentimento* (2005 [1975]), pela boca de

Santo Ambrósio: "Não foi por meio da dialética que ele suplicou ao Senhor para salvar o seu povo", e, depois:

> Muitos homens viverão e morrerão por um dogma: ninguém será mártir por uma conclusão [...] Para a maioria dos homens, a discussão torna a questão presente apenas mais duvidosa e, em grau considerável, menos tocante. (Newman, 2005 [1975]: 117-118)

É por isso que Tomás de Aquino, ao discutir a questão *Deve-se discutir sobre fé com infiéis?*, apresenta a objeção: "Conduz-se uma discussão com argumentos. Mas um argumento 'apresenta razões que fazem crer em coisas duvidosas'. Como as verdades da fé são certezas, elas não devem ser colocadas em dúvida. Não há, portanto, necessidade de discuti-las publicamente".\*

Se há argumentação, é porque há *questão*, *debate* e, logo, *contradiscurso* atestado ou possível. Se há argumentação, então há uma *dúvida* lançada à mesa. O fato de argumentarmos explica a existência de um paradoxo da argumentação: contestar uma posição é, ao mesmo tempo, aceitar que a sua seja colocada em dúvida e legitimar a posição que se ataca. Isso explica que o primeiro momento do processo de legitimação de uma posição nova seja o de *produzir um debate* sobre o tema e, para tanto, o de *encontrar os que sustentarão pontos de vistas antagônicos.*

## COLOCAR EM DEBATE UMA QUESTÃO LEGITIMA AS RESPOSTAS QUE LHE SÃO DADAS

É preciso organizar um debate científico e público sobre a questão das câmaras de gás? É o que deseja o revisionista Roger Garaudy: a organização de um debate legitimaria as diversas posições tomadas nesse debate.

> **Roger Garaudy ainda "duvida" da existência de câmaras de gás.** Mais adiante no livro, Roger Garaudy evoca Shoah, o filme de Claude Lanzmann, que ele considera um "fiasco". "Você fala de 'Shoah business', você diz que esse filme traz apenas testemunhos sem demonstração. É uma maneira de dizer que as câmaras de gás não existiam", sugere o presidente. "Certamente não", protesta Roger Garaudy. "Enquanto um debate científico e público não for organizado sobre a questão, a dúvida será permitida". (*Le Monde*, 11-12 jan. 1998: 7)

Aqui, Garaudy reivindica a posição de terceiro. Ele pode até dizer que o presidente comete um sofisma de argumentação sobre a ignorância (dizer que não se provou P, não é o mesmo que dizer não P). A refutação não pode se ater ao discursivo local, mas deve levar em conta os saberes contextuais. Aqui a afirmação é falsa, porque o trabalho histórico e científico está feito, estamos exatamente na situação da in-debatilbilidade aristotélica.

---

\* N.T.: Não encontramos exatamente o trecho citado na versão traduzida para o português, mas localizamos uma passagem equivalente, que aqui transcrevemos: "assentando a fé na verdade infalível, e sendo impossível demonstrar o contrário da verdade, claro está que as razões dirigidas contra a fé não são demonstráveis, senão argumentos refutáveis" (São Tomás de Aquino, *Sum.*, 2, Quest. 10, Art. 7).

## REFUTAR P REFORÇA P; MAS NÃO O FAZER, REFORÇA-O AINDA MAIS

Vale mais ser criticado do que ignorado. Estar na origem de uma polêmica é frequentemente considerado como uma posição ideal. Se procurar contraditores é uma estratégia argumentativa que propicia certa legitimidade a um ponto de vista, reciprocamente, valida-se um discurso apontando ali alguma contradição: o ato de se opor, apresentando um *discurso contra*, engendra uma questão lá onde uma dúvida não existia, e essa questão, por retroação, legitima os discursos que respondem a ela. O proponente está numa posição vulnerável por ter de sustentar o ônus da prova, mas se mostra vigoroso porque trouxe à tona uma questão. P. Vidal-Naquet descreveu essa armadilha argumentativa no caso do discurso negacionista:

> Hesitei por muito tempo antes [...] de escrever essas páginas sobre o pretenso revisionismo, sobre uma obra a respeito da qual os editores dizem ser\* rir: "Devemos levar a sério e responder aos argumentos de Faurisson." As razões para não falar eram múltiplas, mas de valor desigual. [...] Finalmente, responder não seria dar crédito à ideia de que existia efetivamente um debate e fazer publicidade para um homem que adora ver seu nome nas manchetes? [...] Na realidade, a última objeção é a mais grave. [...] É também verdade que tentar debater seria admitir o argumento inadmissível das duas "escolas históricas", a "revisionista" e a "exterminacionista". Haveria, como ousa anunciar um panfleto de outubro de 1980 [...] os "partidários da existência das 'câmaras de gás' homicidas" e os outros, assim como há os adeptos da cronologia alta ou da cronologia baixa dos tiranos de Corinto. [...] No dia em que Robert Faurisson, universitário devidamente habilitado, que lecionava numa grande universidade, pôde exprimir-se no *Le Monde*, expondo-se a ser imediatamente refutado, a questão deixou de ser marginal para tornar-se central, e os que não conheciam diretamente os acontecimentos em questão, principalmente os jovens, acreditaram ter o direito de perguntar se estavam querendo esconder-lhes algo. Donde a decisão de *Les Temps modernes* e de *Esprit* de responder. Responder como, se a discussão é impossível? Como se procede com um sofista, ou seja, com um homem que parece com aquele que diz a verdade e cujos argumentos devem ser completamente desmontados para desmascarar as mentiras. (Vidal-Naquet, 1988 [1987]: 13-15)

## REFUTAR DE FORMA INCONSISTENTE UMA POSIÇÃO REFORÇA-A

A lei de fraqueza diz que um argumento inconsistente pode reforçar a tese oposta, ver **Leis do discurso**. Simetricamente, uma refutação fraca de uma tese reforça esta mesma tese.

### Gérard Chauvy se apresenta à justiça por difamação contra Raymond e Lucie Aubrac

Ele havia citado uma dissertação de Klaus Barbie descrevendo-os como resistentes "arrependidos".
Gérard Chauvy, que diz ter tido conhecimento da dissertação de Klaus Barbie em 1991, foi o primeiro a assegurar a estas sessenta páginas que circulavam ocultamente uma difusão pública, reproduzindo-as em sua totalidade nos anexos de seu livro. Será ele adepto dessas teses, como alega a parte civil? *Os questionamentos que essa dissertação parece lhe inspirar não seriam, no fim das contas, uma manobra para dar-lhe credibilidade?* Em todo caso, esse documento está no centro do debate. (*Le Monde*, 7 fev. 1998: 10 – grifo no original)

---

\* N.T.: Há um problema de revisão na tradução da obra publicada em português. O correto seria "dizem sem rir".

REFUTAR CATEGORICAMENTE UMA POSIÇÃO REFORÇA-A

Em 2001, Elisabeth Tessier, mulher muito simpática e astróloga de renome, defendeu na Sorbonne uma tese de doutorado em Sociologia intitulada *Situação epistemológica da astrologia através da ambivalência fascinação-rejeição nas sociedades pós-modernas.* Essa tese foi recebida com bastante indignação por um vasto público de universitários; quatro prêmios Nobel, professores no Collège de France, intervieram para recusar qualquer validade científica e acusá-la de tomar partido do irracional e das pseudociências. De um lado, o campo das *autoridades*, dos *grandes professores*; de outro, uma *frágil mulher*: a situação apresentada nos leva a perceber que aquela situação "os incomoda", e a armadilha da refutação *demasiado forte* demonstrada pelos ganhadores do Nobel acaba por se voltar contra eles, devido, justamente, ao vigor retumbante de sua investida contra a tese apresentada. Foi o próprio prestígio dos refutadores que ajudou a reforçar a tese refutada, ao menos aos olhos daqueles que argumentam pelos indícios externos.

Há um aspecto desproporcional ali, na forma como se refutou uma tese. Se alguém exagerada e categoricamente se defende de ter posto os dedos no pote de geleia, a própria virulência de sua defesa torna-o suspeito de tê-lo feito, ver **Medida proporcional**.

(R.S.)

# ▪ Paralogismos silogísticos

A noção de *paralogismo* (o adjetivo *paralógico* existe, mas é pouco usado) surge no quadro da Lógica clássica. Os *paralogismos silogísticos* ou paralogismos propriamente ditos são silogismos *não válidos*, não concludentes. Esses paralogismos de dedução são "argumentações que têm a forma de um silogismo tradicional e que violam uma ou outra das regras bem conhecidas do silogismo" (Hamblin, 1970: 44), ver **Lógica clássica (II) e (III); Falacioso**.

### REGRAS DO SILOGISMO VÁLIDO

A Lógica tradicional estabeleceu as regras seguintes, que permitem eliminar os silogismos que apresentem conclusões inválidas.

(i) Um silogismo compreende três termos;

(ii) A partir de duas premissas negativas, não se pode concluir nada:
Nenhum M é P
Nenhum S é M
*Não há conclusão*

(iii) Se uma premissa é negativa, a conclusão deve ser negativa:
Nenhum M é P          *A premissa maior é negativa*
Alguns S são M
Logo Alguns S não são P   *A conclusão é negativa*

Esse silogismo respeita a regra (iii) e as outras regras do silogismo (ver v), por isso a sua conclusão é válida.

(iv) Em um silogismo válido, o termo médio deve ser distribuído ao menos uma vez:

Nenhum M é P          *M é universal*
Todo S é M
*Logo* Nenhum S é P   *A conclusão é válida*

Esse silogismo respeita a regra (iv) e as outras regras do silogismo; sua conclusão é válida.

(v) Se uma premissa é particular, a conclusão é particular:

Nenhum M é P
Alguns S são M            *A premissa menor é particular*
*Logo* Alguns S não são P   *A conclusão é particular*

Esse silogismo respeita a regra (v) e as outras regras do silogismo (ver iii). Sua conclusão é, portanto, válida.

## PARALOGISMOS

Um paralogismo é um silogismo que não respeita *uma ou várias* das regras precedentes. Dos 256 tipos de silogismo, 19 são válidos; há, portanto, 237 maneiras de ser falacioso por meio de um silogismo. Pouco importa se um silogismo é completo, isto é, se apresenta uma conclusão e todas as premissas. Ter a aparência de um silogismo já é suficiente para que se elabore um raciocínio falacioso. O termo *paralogismo* designa nada mais do que um erro de cálculo silogístico.

As formas de paralogismo silogísticos são as seguintes:

A primeira forma corresponde ao paralogismo de homonímia; as outras correspondem a repartições inadequadas de qualidade e de quantidade.

(1)   Paralogismo dos quatro termos.

(2)   Paralogismo de conclusão a partir de duas premissas negativas.

(3)   Paralogismo de conclusão positiva a partir de uma premissa negativa.

(4)   Paralogismo do termo médio não distribuído.

(5)   Paralogismo de conclusão universal a partir de uma maior particular.

(6)   Paralogismo de conclusão universal a partir de uma menor particular.

Exemplos:

- O paralogismo seguinte compreende *quatro termos*:
  *Os metais são corpos simples*
  *O bronze é um metal*

  ***

  *\* logo, o bronze é um corpo simples*

O bronze não é um corpo simples, mas uma mistura. Na premissa menor, a palavra *metal* é dita do bronze porque ele tem uma "familiaridade" com os metais propriamente ditos e, como o ferro, pode ser derretido e moldado. Na premissa maior, *metal* é empregado com seu sentido próprio. Temos, portanto, palavras homônimas e, ali, o silogismo se faz em quatro termos, ver **Homonímia**.

- O paralogismo seguinte conclui a partir de *duas premissas negativas*:

Alguns B não são C  *Alguns ricos não são arrogantes*
Nenhum A é B  *Nenhum poeta é rico*

* Logo, Nenhum A é C  * *Nenhum poeta é arrogante*

- O paralogismo seguinte conclui universalmente a partir de uma maior particular.

Todos os A são B  *Todos os homens são mortais*
Nenhum C é A  *Nenhum cachorro é homem*

* Logo, Nenhum C é B  * *Nenhum cachorro é mortal*

Na premissa maior (*todos os homens são mortais*), o termo maior, *mortal*, não é distribuído. Tal premissa não diz nada acerca de todos os mortais, mas somente de alguns mortais que "são homens". Não obstante, a conclusão *Nenhum cachorro é mortal* afirma alguma característica de todos os mortais: "nenhum é cachorro". O termo maior é distribuído na conclusão, e não na premissa maior. A conclusão afirma, portanto, mais do que a premissa, o que é impossível.

## AVALIAÇÃO COM AUXÍLIO DAS REGRAS DO SILOGISMO

O método tradicional de avaliação dos silogismos utiliza um sistema de regras do tipo precedente. O rastreamento se faz em torno dos seguintes elementos:

- verificar o número de termos, de proposições;
- identificar o termo médio, o termo menor, o termo maior;
- determinar a quantidade e a qualidade das premissas e da conclusão;
- identificar as distribuições dos termos;
- verificar a organização da distribuição dos termos: verificar se o termo médio foi distribuído ao menos uma vez. Se o termo maior ou o termo menor é distribuído na conclusão. Verificar, ainda, se ele o é também nas premissas etc.

Esse método, laborioso, é baseado na noção pouco intuitiva de quantidade de predicados. Tal noção desvia a atenção do analista da compreensão da estrutura e da articulação do silogismo, focando basicamente no que ali se afirma, aplicando de forma fragmentada um sistema de regras. E assim se desenvolve, muito provavelmente, a capacidade para aplicação de um algoritmo, mesmo que estejamos bem longe de um aprendizado do pensamento aplicado às questões da vida quotidiana.

## AVALIAÇÃO COM AUXÍLIO DOS DIAGRAMAS DE VENN

As avaliações se fazem de maneira mais significativa com a ajuda da técnica dos diagramas de Venn. Três círculos secantes representam os três conjuntos correspondentes aos três termos.

A afirmação de cada premissa é transportada para os círculos correspondentes. Se uma premissa afirma que um conjunto (concretizado por um círculo ou porção de círculo) não contém *nenhum* elemento, o círculo ou esta porção de círculo é hachurado. Se uma premissa afirma que um conjunto contém *um ou alguns elementos*, coloca-se um x no círculo ou na porção de círculo concernente. Em resumo, uma porção de círculo estará, portanto, ou hachurada, ou provida de um x, ou branca. Se ela estiver branca, é que nada se pode afirmar sobre o círculo concernente.

Após transposição das premissas para o diagrama, podemos confrontar o resultado com o que afirma a conclusão. "Vê-se" sobre o diagrama se o silogismo é válido ou não.

Consideremos o silogismo:
*Alguns ricos não são arrogantes*
*Nenhum poeta é rico*
_____

\* *Nenhum poeta é arrogante*

O silogismo é avaliado da seguinte forma. Sejam os três círculos secantes, representando respectivamente o conjunto dos ricos (R), o conjunto dos poetas (P) e o conjunto dos arrogantes (A).

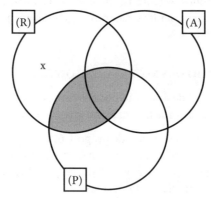

- *Certos ricos não são arrogantes*: considera-se o círculo dos ricos e o dos arrogantes, e coloca-se um x fora de sua intersecção: há alguém nesta zona.
- *Nenhum poeta é rico*: considera-se o círculo dos poetas e o dos ricos, e hachura-se sua intersecção: não há ninguém nesta zona.
- Olha-se, enfim, o círculo dos poetas e o dos arrogantes. A conclusão afirma que a intersecção do círculo dos poetas com o dos arrogantes é hachurada. Ora, vê-se que este não é o caso, pois ela é, em parte, branca. Esse silogismo é um paralogismo.

Consideremos o silogismo:

Nenhum M é P
*ou* Todo S é M
_____

*logo* Nenhum S é P

Os três círculos secantes, representando respectivamente o conjunto dos M, o conjunto S e o conjunto P:

- *Nenhum M é P*: a intersecção dos círculos M e P é hachurada (vazia).

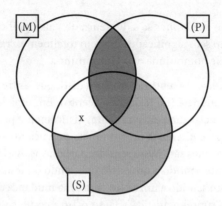

- *Todo S é M*: a parte fora da intersecção dos círculos S e P é hachurada (vazia).
- Olha-se o círculo dos S e o dos P: vê-se que a interseção é hachurada (vazia). É o que diz a conclusão *Nenhum S é P*. Esse silogismo é válido.

## PARALOGISMO DE PERMUTAÇÃO DE QUANTIFICADOR

Por generalização, chama-se *paralogismos* todos os erros que nascem de uma má aplicação das regras da Lógica formal. Por exemplo, os erros de permutação dos quantificadores levam a paralogismos de quantificação, como o paralogismo sofístico *Todos os seres humanos têm uma mãe; logo eles têm a mesma mãe*:

> Para todo ser humano H, existe um ser humano M, tal que M é a mãe de H.
> \* logo: Existe um ser humano M *para todo ser humano* H, M é a mãe de H.

É possível que a passagem seguinte contenha um paralogismo como este, que se complica ainda mais devido a uma falácia da verborragia, ver **Verborragia**.

> E todos os gênios da ciência, Copérnico, Kepler, Galileu, Descartes, Leibniz, Buler, Clarke, Cauchy, falam como [Newton]. Eles viveram todos em uma verdadeira adoração à harmonia dos mundos e da mão todo-poderosa que os jogou no espaço e que os sustenta. E essa convicção não é por impulsos, como ocorre aos poetas, é por números, teoremas de geometria que lhes dão a base necessária. E seu raciocínio é tão simples que as crianças conseguiriam acompanhar. Veja, de fato: eles estabelecem,

primeiramente, que a matéria é essencialmente inerte; que, por conseguinte, se um elemento material está em movimento, é que um outro o atrai; porque todo movimento da matéria é necessariamente um movimento harmônico. Logo, dizem eles, uma vez que existe no céu um movimento imenso, que transporta nos infinitos desertos bilhões de sóis de um peso que esmaga a imaginação, é porque há um motor todo-poderoso. Eles estabelecem, em segundo lugar, que este movimento dos céus supõe como resolvidos os problemas de cálculo que demandaram trinta anos de estudos. (Abbé [Abade] Ém. Bougaud, 1883, t. I)

(R.S.)

## ▪ Paronímia

Duas palavras são *parônimas* se a diferença de seus significantes (fonética ou gráfica) é mínima, enquanto seus significados diferem totalmente: *crise/crime*.* A paronímia é uma forma ampliada de homonímia, ver **Homomímia**.

*Falácia da pronúncia* – a teoria aristotélica distingue, entre as falácias de ambiguidade, uma falácia da pronúncia (ou falácia do acento). Em uma língua na qual o acento (ou a forma de se pronunciar uma palavra) é linguisticamente pertinente (pronúncia ou acento gráfico na escrita), a diferença de pronúncia provoca uma mudança na significação da palavra. Os dois termos são, nesse sentido, parônimos. Assim como a falácia de *homonímia*, que passa de um sentido a um outro mantendo o mesmo significante, a falácia *da pronúncia* passa de um sentido a um outro com uma mudança de significação *mínima, mas crucial*, de ordem "supralinguística". Tudo ocorre como se essa diferença entre os significantes fosse muito tênue para discriminar as variações de significação.

*Paronímia e desorientação do discurso* – no diálogo, a retomada de um termo utilizado no discurso do adversário, opondo-lhe um termo paronímico, muda a orientação desse discurso: *não é uma mera crise de consciência, é um crime de consciência*,** ver **Orientação (II)**. Em um discurso monolocutor, *a paronímia* é um fenômeno de coocorrência (em um mesmo ato de linguagem ou em uma mesma sequência discursiva) de dois termos paronímicos, a fim de aproximar significações. A retórica utiliza as rotulagens *paronomásia, adnominação (adnominatio), asteísmo* para designar fenômenos do mesmo tipo.

De um modo geral, temos *um caso de paronímia* quando o discurso desliza mais ou menos sutilmente do tema da *crise* de consciência àquele do *crime* de consciência.

Esse exemplo ilustra bem a importância de considerações gramaticais e filológicas presentes em toda discussão das falácias ligadas ao discurso. O trabalho crítico visa

---

\* N.T.: No original, *prise* e *crise*. Ver justificativa completa desta opção de tradução na nota seguinte.

\*\* N.T.: No original, "ce n'est pas une *prise* de conscience, c'est une *crise* de conscience". A tradução livre é algo do tipo "não é uma *tomada* de consciência, é uma *crise* de consciência". Não obstante, em português "tomada" de consciência e "crise" de consciência não são termos parônimos (*tomada/crise*), ao passo que, em francês, *prise/crise* o são. Não há, como se pode ver, condições de reproduzir os mesmos exemplos de paronímia, o que explica, portanto, a tradução de *prise de conscience/crise de conscience* por *crime de consciência/crise de consciência*. Trata-se de mera aproximação para que o leitor possa compreender o tipo de exemplo do original.

a estabilizar as significações dos termos do discurso e a considerar "o que foi realmente dito", para trabalhar com um texto exato.

*Paronímia e interpretação: não variar de um iota (i)* – como no caso da ambiguidade sintática, a questão da paronímia pode parecer derivar de um erro ou de um jogo de palavras. Quando se trata de texto religioso, a diferença pode levar à separação entre uma ortodoxia de uma heterodoxia. Na ocasião do Concílio de Niceia (325), aquilo que viria a ser a ortodoxia católica sustentava que havia *identidade* de substância entre o Pai e o Filho (*homoousios*). Os arianos sustentavam que existiria uma *similitude* de substância entre o Pai e o Filho (*homoiousios*). Ali é o iota (letra i) que marca a diferença, classificando estes últimos como hereges.

(R.S.)

## ▪ Patético, arg.

Fala-se de argumento *patético* em diferentes sentidos, ligados de diferentes maneiras ao *pathos* e às emoções.

*Apelo às emoções* – fala-se, às vezes, de argumentos *patéticos* para designar o conjunto dos argumentos ligados ao *pathos*, os quais se opõem aos argumentos "lógicos" (ligados ao *logos*) e aos argumentos etóticos (ligados ao *ethos*). Não obstante, é difícil falar de discurso patético para um discurso de cólera, ver **Emoções**; *Pathos*.

*Argumento inútil* – um participante de uma discussão pode falar de um argumento patético para designar um argumento que considere inútil/idiota: *Eu acho este argumento patético*, ver **Desprezo**.

*Argumento patético* – a argumentação patética tem a forma de uma argumentação de consequências positivas ou negativas. Nesse caso, a conclusão de consequências negativas é dita absurda – e, por isso, rejeitada – simplesmente porque a conclusão não conviria àquele que argumentou. Ou, por outro lado, a conclusão é tida como positiva simplesmente porque agrada àquele que argumenta:

> Eu desejo P, logo P.
> Eu temo P, logo não P.
>
> *Não é possível, isso teria consequências gravíssimas: A Sildávia não pode suspender seus pagamentos. É impossível. Porque ninguém sabe o que poderia acontecer. E porque nós provavelmente não saberemos como gerenciar tal situação.*
>
> *Não é possível que chova domingo, nosso piquenique iria por água abaixo!*
>
> *Tal poluição é impensável, teríamos milhares de vítimas.*
>
> *Se essa crítica fosse válida, o que seria dos estudos de argumentação?*

Nos exemplos anteriores, vemos que algo é declarado certo, mas tal ideia gera inquietações.

A argumentação patética aplica ao domínio do conhecimento uma forma de argumentação perfeitamente válida no domínio da ação prática:

Eu desejo P, logo eu faço P, eu ajo de modo que P ocorra.
Eu temo P, logo eu evito P, eu ajo de modo que P não ocorra.

*Falácia patética* – a *pathetic fallacy*, *falácia antropomórfica* ou de *personificação*, atribui aos não humanos ou não viventes sentimentos humanos ou de seres viventes. A expressão foi forjada por Ruskin.

Assim, por exemplo, em Alton Locke:
[*They rowed her in across the rolling foam / The cruel, crawling foam*]
*Eles a levaram através da espuma rodopiante.*
*A espuma cruel e corpulenta.*

A espuma do mar não é *cruel*, e ela não *é corpulenta*. Atribui-se a ela esses traços características de um ser vivente quando se está em um estado de espírito no qual a razão está desequilibrada [*unhinged*] pelo pesar. Todos os sentimentos violentos têm o mesmo efeito. Eles produzem em nós uma distorção [*a falseness*] das impressões que recebemos das coisas exteriores, as quais eu chamaria, de maneira geral, *falácia patética* [*pathetic fallacy*] (Ruskin [1856]: 160)

(R.S.)

# ▪ *Pathos*, da prova à falácia

❖ A palavra *pathos* é um decalque de uma palavra grega que significa "o que sentimos por oposição ao que fazemos" (Bailly [1901], art. *Pathos*). Em latim, *pathos* é, às vezes, traduzida por *dolor*. Esse termo tem o sentido primeiro de "dor", mas Cícero o utiliza para designar a classe de emoções que constitui o *pathos* e a eloquência patêmica (Gaffiot [1934], art. *Dolor*).

Na configuração retórica clássica, o *pathos* é um *tipo de prova* retórica, complementar das outras duas provas retóricas, isto é, o *logos* e o *ethos*. O vocábulo *prova* significa aqui "meio de persuasão", quiçá de pressão e de ação sobre o auditório, ver **Provas**. A palavra *pathos* é um termo que cobre um conjunto de emoções sociolinguageiras que o orador explora, para orientar seu auditório para as conclusões e a para a ação que ele preconiza.

### *ETHOS* E *PATHOS*, DUAS FORMAS DE AFETO?

A apresentação tríplice *ethos-logos-pathos* separa cada um dos componentes, em particular, o *ethos* e *pathos*. Não obstante, Quintiliano compreende *pathos* e *ethos* como dois tipos de sentimentos:

O *pathos* e o *ethos* são às vezes da mesma natureza, assim que aquele que tenha conteúdo mais amplo e este, mais restrito, como "amor" (*amor*) é *pathos* e "afeição" (*caritas*) é *ethos*. (Quintiliano, *Inst.*, VI, 2, 12)

8. Contudo, as emoções, conforme nos foi ensinado desde a Antiguidade, são de duas espécies: uma que os gregos denominam *pathos*, que nós traduzimos correta e adequadamente por *adfectus*, "emoção", e a outra, *ethos*, para a qual, segundo realmente penso, a língua romana não tem correspondente; denominam-se *mores*, "costumes", de onde também se diz *ethiké*, *moralis*, "moral", aquela parte da filosofia. 9. [...] os [escritores]

mais prudentes preferiram compreender o significado do termo a traduzi-lo. Por isso, afirmaram que pathos indica as emoções fortes e ethos, as brandas e contidas; no primeiro, há as comoções violentas e no segundo, as suaves; em suma, essas impõem, aquelas convencem; essas levam à perturbação, aquelas induzem à benevolência. 10. Alguns autores acrescentam que ethos é permanente, e pathos é passageiro. (Quintiliano, *Inst.*, VI, 2, 8-10)

O quadro seguinte recapitula as principais dimensões segundo as quais a Retórica opõe *ethos* e *pathos*.

| *ethos* | | *pathos* |
|---|---|---|
| manifestado no *orador* | → | manifestado no *auditório* |
| originado no *caráter* | → | originado na *ocasião* |
| torna o orador *simpático* | → | provoca uma *perturbação* |
| inclina o auditório à *benevolência* | → | leva a uma *decisão* |
| a eloquência do *conciliare* é *afável, agradável* | → | a eloquência do *movere* é *violenta* |
| *agrada* | → | *emociona* |
| afeto *doce*, calmo e comedido | → | afetos *veementes* |
| *afeição*, simpatia | → | *amor*, cólera, ódio, temor, inveja, *piedade* |
| *tímico* – estado contínuo | → | *fásico* – estado momentâneo |
| *persuade* | → | *ordena* |
| momento do discurso: *exórdio* | → | momento do discurso: *conclusão* |
| tipo de discurso: *comédia* | → | tipo de discurso: *tragédia* |
| tipos de causa: *éticas* (*morais*) | → | tipos de causa: *patéticas* |
| satisfação *moral* | → | satisfação *estética* |

## *PATHOS*: UM FEIXE DE EMOÇÕES

Aristóteles distingue na *Retórica* uma dúzia de emoções de base que se desenrolam em pares:

> ira/calma
> amizade/inimizade
> temor/confiança
> vergonha/desvergonha
> piedade/indignação
> inveja/emulação (Aristóteles, *Ret.*, II, 1-11)

Observou-se que essa enumeração não cobre o conjunto das emoções políticas e judiciárias:

> Aristóteles negligencia como não pertinente para seu propósito certo número de emoções que um tratamento mais geral e autônomo das emoções consideraria certamente como muito importantes. Assim, o *pesar*, o *orgulho* (de seu nome, de suas posses, de suas realizações), o *amor* (*erótico*), a *alegria*, o *desejo ardente* de rever um ente amado

ou ausente ([*yearning*], grego *pothos*)... A mesma coisa vale para o *arrependimento*, este que se poderia pensar ser particularmente importante para o orador antigo, sobretudo no contexto judiciário. (Cooper, 1996: 251)

Encontram-se a *alegria, a saudade do que agradou*, e o *apetite* em *Ética a Nicômaco*, a qual propõe uma lista do mesmo gênero:

> Por paixões quero dizer desejo, ira, medo, confiança, inveja, júbilo, amor, ódio, sauda-de, ciúme, compaixão e geralmente aqueles sentimentos que são acompanhados por prazer e dor. (Aristóteles, *E. N.*, II, 5)

Os teóricos latinos propõem listas abertas de mesma inspiração:

> Os sentimentos que nos levam a fazer nascer na alma dos juízes, ou de nosso auditório qualquer que ele seja, são a *afeição*, o ódio, a cólera, a *inveja*, a *piedade*, a *esperança*, a *alegria*, o *descontentamento*. (Cícero, *De or.*, II, LI, 206)

Quintiliano enxuga um pouco a lista: "o *pathos* trata quase exclusivamente da ira, do ódio, do medo, da inveja e da compaixão" (*Inst.* VI, 2, 20-21). A lista de Cícero compreende cinco emoções negativas (ódio, *cólera, inveja, temor, descontentamento*) e três emoções positivas (*afeição, esperança, alegria*). Pode-se admitir que as emoções negativas representam o par positivo/negativo, com exceção da *vergonha* e da *prestatividade* aristotélicas, as quais não possuem correspondentes diretos em Cícero. Reciprocamente, a *alegria*, emoção positiva em Cícero, não tem correspondente evidente na lista da *Retórica*. Mas é o mesmo domínio que é visado. Essas listas de emoções que compõem o *pathos* dão uma impressão de familiaridade que parecerá suspeita ao filólogo. A vergonha, a cólera gregas e latinas, são também as nossas? Independente disso, o *pathos* é ainda assim um conjunto *de emoções*, ver **Emoções**.

## A EMOÇÃO, DA PROVA À FALÁCIA

Do ponto de vista da teoria padrão das falácias, os afetos são considerados como os poluentes maiores do comportamento discursivo racional; o discurso argumentativo para ser válido deveria ser "não emocional". O *pathos*, componente essencial da argumentação retórica, é, consequentemente, o alvo típico dessa crítica. As "paixões" compõem uma família de *falácias*, os sofismas *ad passiones* (ing. *affective fallacy*), os quais é preciso identificar para eliminá-los. É um ponto de articulação e de oposição essencial da argumentação *retórica* à argumentação *lógico-epistêmica*. Temos, portanto, duas atitudes prescritivas em relação às emoções: a retórica as instrumentaliza, a teoria das *falácias* as rejeita. A teoria das *falácias* busca colocar um ponto final na peleja entre Lógica e Retórica, esta última dando primazia às emoções nos discursos sociopolíticos e judiciários.

*Argumentos ad passiones* – existe *argumentum ad passiones*, apelo às emoções, tanto a emoções negativas (o medo, o ódio) quanto a emoções positivas, como o entusiasmo, todas as vezes que o analista considerar que "a emoção substitui o raciocínio". A classe dos sofismas *ad passiones* é uma criação moderna. A *Logick* de Watts (1725) menciona-a:

> Para concluir, acrescento que, quando um argumento é retirado de um tema [*Topic*] suscetível de levar o orador a aderir às inclinações e às paixões do auditório em vez de

tentar convencê-lo, trata-se de um *argumentum ad passiones*, um apelo às paixões [*an adress to the passions*]; e, se isso se passa em público, é um apelo ao povo [*an appeal to the people*]. (Watts, 1725, apud Hamblin, 1970: 164)

Ocorre que, em uma situação argumentativa, a emoção, que é uma falácia, será sempre a emoção do outro: *Eu raciocino; já você perde as estribeiras*. É uma estratégia extremamente frequente, particularmente na polêmica sobre temas científicos e políticos (Doury, 2000). A acusação de emoção serve a um participante para refutar seu adversário. É um caso exemplar de argumento *ad fallaciam*, ver **Falácias como pecados da língua**; **Avaliação e avaliador**.

Esses sofismas passionais não figuram na lista aristotélica, ver **Falacioso (III): Aristóteles**. A forma de designação "argumento *ad* + nome latino" é amplamente utilizada na época moderna para designar as "falácias de emoção", quando ainda se encontram traços desse uso. Constata-se isso na lista de argumentos falaciosos em *ad*, proposta por Hamblin. Os termos dessa lista que fazem clara e diretamente referência aos afetos foram destacados. Deixamos o termo inglês como a tradução do latim:

> O argumento *ad hominem*, o arg. *ad verecundiam*, o arg. *ad misericordiam*, e os argumentos *ad ignorantiam, populum, baculum, passiones, superstitionem, imaginationem, invidiam* (inveja [*envy*]), *crumenam* (bolsa/carteira [*purse*]/porte-monnaie), *quietem* (tranquilidade, conservadorismo [*repose, conservatism*]), *metum* (medo [*fear*]), *fidem* (fé [*faith*]), *socordiam* (estupidez [*weak-mindness*]), *superbiam* (orgulho [*pride*]), *odium* (ódio [*hatred*]), *amicitiam* (amizade [*friendship*]), *ludicrum* (teatralismo [*dramatics*]), *captandum vulgus* (ligado à idéia de argumento *ad populum* [*playing to the gallery*]), *fulmen* (trovão [*thunderbolt*]), *vertiginem* (vertigem [*dizziness*]) e *a carcere* (prisão [*from prison*]). Temos vontade de acrescentar *ad nauseam* – mas isso também já foi dito. (Hamblin, 1970: 41)

Essa lista não contém unicamente argumentos emocionais: por exemplo, o apelo à ignorância (*ad ignorantiam*) é um argumento de natureza epistêmica, não emocional; outros designam formas diversas de apelo à subjetividade. Mas a maioria das formas mencionadas que fazem intervir interesses ou colocam em jogo a pessoa tem um conteúdo emocional evidente, mesmo se os tipos de manobras argumentativas designadas por essas diferentes rotulagens sejam, às vezes, pouco claras, e as definições propostas, raras e elípticas. Ademais, o sentido da expressão em contexto parece, por vezes, muito distante do sentido da expressão latina.

Fala-se de "*argumento ad* + (*nome da emoção*)", no entanto, para inspirar a confiança ou para comover, a melhor estratégia não é necessariamente se limitar a dizer que somos uma pessoa de confiança ou que estamos comovidos, é preferível estruturar emocionalmente seu dizer e agir igualmente em outros registros semióticos não verbais. A noção de *argumento* evoca, senão uma forma proposicional, pelo menos um segmento de discurso bem delimitado. Tendo em vista que a emoção tem tendência a se espalhar por todo o discurso, será frequentemente mais claro falar de *apelo* a tal ou tal emoção, mais do que de "*argumento* + (*nome da emoção*)", por exemplo de *apelo à piedade* em vez de *argumento da piedade*.

Globalmente, encontra-se na literatura uma dúzia de falácias que fazem apelo às emoções, principalmente falácias em *ad*:

o medo, designado quer diretamente (*ad metum*), quer metonimicamente pelo instrumento da ameaça (*ad baculum, a carcere, ad fulmen, ad crumenam*)

o temor, o temor respeitoso (*ad reverentiam*)

a afeição, o amor, a amizade (*ad amicitiam*)

a felicidade, a alegria, o riso (*ad captandum ulgus, ad ludicrum, ad ridiculum*)

o brio, a vaidade, o orgulho (*ad superbiam*)

a calma, a preguiça, a tranquilidade (*ad quietem*)

a inveja (*ad invidiam*)

o sentimento popular (*ad populum*)

a indignação, a cólera, o ódio (*ad odium, ad personam*)

a modéstia (*ad verecundiam*)

a piedade (*ad misericordiam*)

Como o autoriza a rotulagem genérica *ad passiones*, essa lista de falácias de emoção poderia ser estendida para todas as emoções. Pode-se encontrar, a propósito, a *confiança* (o *temor*), o *desprezo*, a *vergonha*, o *pesar*, o *entusiasmo*... É preciso salientar que ela mistura as emoções de base *vícios* (*orgulho, inveja, raiva, preguiça*) e *virtudes* (*piedade, modéstia, amizade*).

Concluindo, se retomamos a lista de emoções enumeradas como componentes do *pathos* no parágrafo precedente e a lista de emoções estigmatizadas como falácias, constamos que elas se sobrepõem amplamente: as *provas passionais* da Retórica se tornaram sofismas *ad passiones* da teoria crítica moderna da argumentação.

*Quatro falácias de emoção: ad hominem, ad baculum, ad populum, ad ignorantiam* – todas as emoções podem intervir na palavra argumentativa quotidiana, mas nem todas receberam a mesma atenção. As principais reflexões giram em torno das quatro falácias em *ad*, ainda que o papel do afeto não seja o mesmo nessas diferentes formas (ver esses verbetes). O caso mais claramente emocional é o da piedade.

Os argumentos sobre a pessoa, *ad hominem* e *ad personam* – a falácia *ad personam* é evocada em relação com as emoções de *desprezo* do outro, de *cólera* em relação a ele, ou mesmo de ódio, ver **Ad hominem**; **Ataque pessoal**.

A argumentação dita pela força (*ad baculum*) – as diversas formas de ameaça remetem ao *medo*, ao *temor*. A ameaça se opõe à emoção positiva que é a *esperança* produzida pela promessa de recompensa, ver **Ameaça**; **Punições e recompensas**.

O apelo aos sentimentos populares na *argumentação populista* – a esse discurso corresponde uma gama complexa de movimentos emocionais positivos ou negativos: *o populista diverte* o público, *entusiasma*-o, *agrada*-o, *envergonha*-o, faz apelo ao seu *orgulho*, sua *vaidade*, incita ao ódio etc., ver **Ad populum**; **Consenso**; **Riso e seriedade**; **Ironia**.

O discurso de apelo à piedade (*ad misericordiam*) pode servir de exemplo fundamental de construção argumentativa da emoção. Esse discurso concede ao seu alvo, com efeito, boas razões que devem precisamente produzir nele um *movimento de piedade*, um autêntico episódio emocional.

## A EMOÇÃO, SUPLEMENTO QUE PERMITE PASSAR DA ARGUMENTAÇÃO À AÇÃO?

O domínio da argumentação se constrói sobre a rejeição das provas que a Retórica considera como as mais fortes, as provas etóticas e patêmicas. Essa visão não emocional [*an*-émotionnelle] da argumentação corresponde a uma teoria clássica e popular do funcionamento do espírito humano, a qual opõe a *razão à emoção*, a *compreensão à vontade*, a *contemplação* e a *ação* (e, em consequência, *convencer* a *persuadir, linguagem vernacular* a *linguagem cotidiana*), de que a passagem seguinte é uma síntese:

> Até aqui tratamos das provas da verdade, a qual restringe o entendimento que as conhece; e, por isso, são eficazes para persuadir os homens habituados a seguir a razão; mas elas são incapazes de obrigar a vontade a segui-las, uma vez que, como Medeia, segundo Ovídio, "eu via e eu aprovava o melhor, mas eu fazia o pior". Isso é proveniente do mau uso das paixões da alma, e é por isso que nós devemos delas tratar, na medida em que produzem a persuasão, e isso à maneira popular [*popularmente*], e não com toda essa sutileza possível caso dela tratássemos filosoficamente. (Mayans y Siscar, 1786: 144)

A questão da ação é um problema para as teorias da argumentação. Ela encontra uma solução simples, repercutindo a dissociação "razão/paixão" sobre o par "convicção/ação". Duas funções são atribuídas às "paixões": elas *fazem obstáculo* ao conhecimento (evidente, formal), o ocultam e, assim fazendo, permitem a *passagem aos atos*. O caráter enigmático dessa função de *execução* atribuída à emoção merece ser destacado, porque a ela se atribuem igualmente ações *de má qualidade*. Nesse sentido, seria possível dizer da mesma forma que ela *inibe* a ação (ver citação adiante). Se aproximamos as duas linhas de pensamento, elas conduzem a um paradoxo: *a emoção permite a passagem à ação, a qual, por outro lado, ela deteriora*. A única razão clara para ver nela um estimulante da ação parece ser um argumento etimológico: *emocionar*, isto é, *ex-movere*, colocar "em movimento", "fora de si". A emoção daria o empurrãozinho que falta ali para colocar tudo em movimento.

A *Nova retórica* deixa as emoções de lado, substituindo-as pelos valores:

> Há que notar que as paixões, enquanto obstáculo, não devem ser confundidas com as paixões que servem de apoio a uma argumentação positiva e que habitualmente serão classificadas por meio de um termo *menos pejorativo*, como valor, por exemplo. (Perelman e Olbrechts-Tyteca, 1999 [1958]: 539; grifo nosso).

Por essa hábil dissociação, livramo-nos das emoções enquanto tais, que continuam pejorativamente marcadas como *obstáculos* da razão ou da fé, mas conservando seu potencial dinâmico, transferido aos valores. Assim sendo, por definição, *argumenta-se sem se emocionar*.

## RACIONALIDADE ALEXITÍMICA?

Pode-se opor Retórica e argumentação, no que concerne aos afetos. Se existe uma argumentação *na* Retórica (*inventio*), há também uma argumentação que se constrói *contra* a Retórica, contra a palavra que liga o mundo irredutivelmente aos indivíduos, contra a ação sobre o mundo e com o outro, orientada pelos desejos e interesses dos participantes. Em relação aos preceitos retóricos sempre *ofensivos*, as regras crítico-argumentativas

*Pathos*, da prova à falácia

são *defensivas*. A Retórica é sobretudo orientada para a *produção*; já a argumentação dialogada é orientada para a *recepção crítica* do discurso.

A "teoria padrão" das falácias considera que as emoções desvirtuam o discurso e constituem obstáculo à aquisição da verdade e à ação racional que dela decorre. Essa concepção do discurso argumentativo faz eco a uma teoria psicológica das emoções como problema, como disfuncionamento, que encontramos em Perelman (ver anteriormente). À questão: "A emoção é uma desordem da conduta ou, ao contrário, uma reação organizada?", Fraisse e Piaget respondem que "a emoção" corresponde a "baixa do nível de adaptação", a uma "diminuição do nível de execução" (Fraisse e Piaget, 1969 [1968]: 102):

> Nós entramos em cólera quando substituímos por palavras e gestos violentos os esforços para encontrar uma solução para as dificuldades que se apresentam (resolver um conflito, vencer um obstáculo). Mas uma reação emotiva como a cólera tem uma organização e traços que reencontramos de cólera em cólera. É também uma resposta adaptada à situação (bater em um objeto ou pessoa que resiste a você), mas o nível dessa resposta é inferior ao que poderia ou deveria ter, levando-se em conta as normas de uma cultura dada.

A emoção desencadeia comportamentos de má qualidade, logo, raciocínios de má qualidade. Na interação, isso seria forçosamente manipulador: o candidato chora para fazer esquecer suas deficiências, formatando magicamente a situação de exame em uma situação mais humana.

Mas a Psicologia contemporânea das emoções vê as coisas de maneira mais complexa. Os psicólogos definiram *alexitimia* [alexithymie] ou "não emotividade" [anémotivité] (Cosnier, 1994: 139) como um problema do discurso. A palavra é composta de *a-lexis-thymos*, "falta de palavras para a emoção", e se aplica a uma linguagem da qual toda expressão dos sentimentos e das emoções é banida (Cosnier, 1994: 160):

> *Alexitimia*: termo proposto por Sifneos para designar pacientes predispostos a ataques psicossomáticos e caracterizados por: 1) incapacidade de exprimir verbalmente seus afetos; 2) pobreza da vida imaginária; 3) tendência a recorrer à ação; 4) tendência a se apegar ao aspecto material e objetivo dos acontecimentos, das situações e das relações.

O discurso sem emoção é reduzido à expressão do pensamento operatório, o qual é um:

> [...] modo de funcionamento mental organizado sobre os aspectos puramente factuais da vida cotidiana. Os discursos que permitem identificá-lo são marcados pela objetividade e ignoram toda fantasia, expressão emocional ou avaliação subjetiva. (p. 141)

Por outras vias, o recalque do neurótico pode conduzir ao mesmo resultado.

Em uma perspectiva neurobiológica, Damasio se opõe àqueles que pensam ser possível representar o tratamento "[dos dilemas] que enfrentamos todos os dias" (Damasio, 1996 [1994/2001]: 203) por uma teoria da "razão nobre" (p. 204), deixando de lado as emoções: "a estratégia fria defendida por Kant, entre outros, tem muito mais a ver com a maneira como os doentes com lesões pré-frontais tomam as suas decisões do que com a maneira como as pessoas normais tomam decisões" (p. 204).

A argumentação pretende ter alguma coisa a dizer sobre o tratamento linguageiro dos problemas cotidianos. Seria uma pena que ela tomasse por discurso ideal um discurso semelhante, em todos os aspectos, àquele do neurótico, do alexitímico ou do que sofreu algum acidente cerebral.

A exclusão do *ethos* e do *pathos* corre o risco, precisamente, de transformar a argumentação em disciplina operatória, alexitímica. O tratamento da questão das emoções através do seu controle individual, interacional, social, institucional requer a implementação de problemáticas que permitam um olhar que vá além da mera censura *a priori*, ver **Emoções**.

(R.S.)

# ▪ Pergunta capciosa

❖ Lat. *fallacia quaestionis multiplicis*; Ing. *loaded questions, many questions*.

O problema das perguntas capciosas (diz-se também *perguntas múltiplas*) é examinado por Aristóteles no quadro da troca dialética, em que as perguntas consideradas capciosas ou múltiplas são consideradas como uma manobra discursiva falaciosa, ver **falacioso (III)**. Uma pergunta é dita capciosa se, ao formulá-la, "não se percebe que são mais de uma, e uma resposta é dada como se houvesse apenas uma questão" (Aristóteles, *R.S.*, 167b35).

As perguntas capciosas são questões que impõem pressuposições ao interlocutor, ver **Pressuposição**:

L1: – *O senhor deveria se perguntar a respeito das razões do fracasso de sua política.*
L2: – *Mas a minha política não fracassou!*

L2 rejeita o pressuposto inserto na fala de L1, isto é: "sua política fracassou", ver **Pressuposição**.

Numa perspectiva perelmaniana, a questão dos pressupostos deveria ser resolvida a partir de acordos prévios, ver **Condições de discussão**.

A imposição de um pressuposto é contrária ao princípio lógico que pretende que cada sentença traga apenas uma afirmação. Isso se aproxima das regras do jogo dialético, que pretende que cada proposição seja objeto de uma aceitação ou de uma recusa explícita. Nesse sentido, L1 só poderia assim fazer a L2 a pergunta <*Por que P?*> se L1 e L2 estivessem de acordo sobre a existência de P. A rejeição às perguntas capciosas corresponde a uma vontade de reformular a linguagem comum para dela extrair uma linguagem adequada à argumentação dialética. De forma estrita, essa linguagem bem-feita (ortolíngua) recusa-se a admitir enunciados que tenham vários níveis de significação.

O problema é que, na língua comum, todos os enunciados são mais ou menos capciosos ou múltiplos, uma vez que é sempre possível extrair pressupostos e, de uma maneira geral, subentendidos para imputá-los ao interlocutor. Um bom e simples exemplo é uma discussão entre um cliente e seu gerente de banco que lhe propusera um crédito com juros pouco vantajosos.

L1_1: – *Fui ao banco na rua em frente à minha casa e eles imediatamente me propuseram um empréstimo com juros bem menores.*

L2: – *É porque eles querem tê-lo como cliente.*

L1_2: – *E vocês não querem me manter como cliente?*

L1_2 imputa a L2, ou reconstrói a partir de sua intervenção, um subentendido que L2 recusa imediatamente. O gerente do banco, não obstante, tenta argumentar que a justificativa do cliente é contestável.

(R.B.W.S.P.)

## ▪ Persuadir, convencer

A oposição entre *persuadir* a *convencer* é uma discussão em destaque no *Tratado da argumentação* (1958).

### AS PALAVRAS

*Em grego*, a palavra *pistis* é empregada para designar uma prova retórica e, diferentemente da palavra *prova*, *pistis* pertence a uma família de termos que exprimem a ideia de "confiança em outrem, o que dá fé, prova" (Bailly [1901], art. *Pistis*). A família lexical de termos gregos que se traduz por *persuadir*, *persuasão* associa o sentido de "persuadir, seduzir, enganar alguém", ao sentido de "obedecer a alguém" (art. *Peitho*). A essa família pertence também o nome próprio *Peithô*, nome da companheira de Afrodite e que se confunde com a própria Afrodite, deusa da beleza, da sedução e da persuasão.

O termo *pistis* é sincrético, pois abrange o domínio da prova, da sedução, da submissão e da persuasão. Nesse sentido, dizer que "a prova retórica persuade" é um pleonasmo.

*Em latim*, o verbo *suadere* significa "aconselhar"; o adjetivo correspondente, *suadus*, significa "convidativo, insinuante, persuasivo" (Gaffiot [1934], art. *Suadeo*). *Persuadere* é formado por *suadere* e pelo prefixo aspectual *per-* que indica o fim do processo. Ele tem o sentido de "I. Decidir fazer alguma coisa [...] II. Persuadir, convencer" (art. *Persuadeo*).

*Convincere* é composto de *con (cum-)* + *vincere*, "vencer", "vencer perfeitamente" (art. *Convinco*). O prefixo *cum-* apresenta, nesta palavra, o sentido de algo concluído, como o *per-* de *persuadere*. Ele tem como primeiro sentido "confundir um adversário". O mesmo sentido se encontra na expressão "convencer X de uma mentira", em que *convencer* vem seguido de um objeto direto, que se refere a um ser humano X, e de um grupo nominal "*de* + substantivo" designando algo como condenável, que X afirma não ter cometido.

*Persuadere* e *convincere* indicam, ambos, o cumprimento de algo, mas com diferentes nuances: para *persuadere* vai-se até a *ação*; para *convincere*, até a *irrefutabilidade*. Em inglês *to convince* restringe-se a situações nas quais as crenças mudam sem que haja passagem à ação; já o verbo *to persuade* é associado a situações nas quais uma ação é empreendida. Não obstante, na prática, os dois termos são usados como sinônimos.

## A OPOSIÇÃO ENTRE *PERSUADIR* E *CONVENCER*

Enquanto os tradutores dos grandes textos da Retórica clássica empregam indiferentemente *persuadir* e *convencer*, a teoria neoclássica da argumentação de Perelman e Olbrechts-Tyteca situa esses dois verbos em campos opostos, baseando-se em tipos específicos de auditórios:

> Propomo-nos chamar *persuasiva* a uma argumentação que pretende valer só para um auditório particular e chamar *convincente* àquela que deveria obter a adesão de todo ser racional. (Perelman e Olbrecths-Tyteca, 1999 [1958]: 33-34)

Trata-se de uma definição estipulativa (ver **Definição**), de caráter normativo:

> É, portanto, a natureza do auditório ao qual alguns argumentos podem ser submetidos com sucesso que determina em ampla medida tanto o aspecto que assumirão as argumentações quanto o caráter, o alcance que lhes serão atribuídos. Como imaginaremos os auditórios aos quais é atribuído o papel normativo que permite decidir da natureza convincente de uma argumentação? Encontramos três espécies de auditórios, considerados privilegiados a esse respeito, tanto na prática corrente como no pensamento filosófico. O primeiro, constituído pela humanidade inteira, ou pelo menos por todos os homens adultos e normais, que chamaremos de auditório *universal*; o segundo formado, no diálogo, unicamente pelo *interlocutor* a quem se dirige; o terceiro, enfim, constituído pelo *próprio sujeito*, quando ele delibera ou figura as razões de seus atos. (p. 33-34, ver **Persuasão**)

## A OPOSIÇÃO LEXICAL ENTRE *PERSUASÃO* E *CONVICÇÃO*

Os verbos persuadir e convencer pertencem a um campo semântico que inclui catequizar, aconselhar, converter, deixar uma marca, excitar, exortar, inculcar, influenciar, insinuar, inspirar, convidar, pregar, sugerir... (*DES*, art. *Persuader; Convaincre*). Essa base lexical é uma fonte rica de orientações e de oposições semânticas cujo estudo poderia contribuir para a reflexão sobre a diversidade dos efeitos do discurso.

Em francês (e em português contemporâneo), as famílias de derivação de *persuadir* e *convencer* são homólogas:

| V | Part. Pres./Adj. (ativo) | Part. pass. /Adj. (passivo) | Subst. (-ão) |
|---|---|---|---|
| *persuadir* | *persuasivo* | *persuadido* | *persuasão* |
| *convencer* | *convincente* | *convencido* | *convicção* |

No entanto, existe uma oposição aspectual entre os termos *persuasão/convicção*: "a convicção é o resultado do processo de persuasão" e tal oposição se manisfesta nos pares seguintes:

| **a persuasão** | **a convicção** |
|---|---|
| *o processo de persuasão* | *\*o processo de convicção* |
| *a autopersuasão* | *\*a autoconvicção* |
| *\*é a minha persuasão* | *é a minha convicção* |
| *\*uma, a, as persuasõe(s) de Pedro* | *uma, a, as convicçõe(s) de Pedro* |

O roteiro do ato de *persuasão* que produz novas *convicções* é o seguinte:

(i) Um orador desenvolve diante de um auditório um discurso (pretendendo ser) persuasivo, defendendo a posição P, no quadro de uma questão Q.

*Caso o orador consiga o seu intento,*

(ii) A ficou *convencido* ou *persuadido* de P

A passa a ter novas *convicções* (*persuasões*).

O *Tratado* problematiza a oposição conceitual entre os verbos *persuadir* e *convencer*, sem se restringir aos substantivos *persuasão* e *convicção*. E isso ocorre porque tais substantivos não se opõem como crença/saber, mas a partir de uma base aspectual de um outro tipo. Há limitações estritamente lexicais na construção da linguagem conceitual.

(R.B.W.S.P.)

## ▪ Persuasão

### A PERSUASÃO COMO A ESSÊNCIA DA RETÓRICA

Desde Isócrates e Aristotéles, a palavra retórica argumentativa é definida pela sua função de *persuadir*: "Entendamos por retórica a capacidade de descobrir o que é adequado a cada caso com o fim de persuadir" (Aristóteles, *Ret.*, I, 2, 1355b26). Essa definição é retomada por Cícero: "Crassus: Assim aprendi que o primeiro dever do orador é o de se esforçar para persuadir" (*De Or.* I, XXXI, 138), e se estende até Perelman e Olbrechts-Tyteca, que incluem em sua discussão teórica "a adesão dos espíritos às teses que se lhes apresentam ao assentimento" (1999 [1958]: 4), antes mesmo de elaborarem a noção de adesão por meio da oposição estabelecida entre *persuadir* e *convencer*, ver **Argumentação (I)**; **Assentimento**; **Persuadir, convencer**.

Segundo essas definições clássicas, a Retórica se interessa fundamentalmente pelo discurso estruturado pela *intenção* (ilocutória) *de persuadir*, isto é, de comunicar, explicar, legitimar e compartilhar o ponto de vista que se apresenta e as palavras que o dizem. A *persuasão* (perlocutória) resulta da realização total ou parcial de tais intenções.

A tradição retórica associa o discurso de persuasão à verossimilhança e o opõe, às vezes, ao discurso de verdade, ver **Provável, verossímil, verdadeiro**.

### UMA RETÓRICA SEM PERSUASÃO: *ARS BENE DICENDI*

O capítulo 15 do livro II da *Instituição oratória* de Quintiliano é consagrado ao questionamento da definição de *retórica* com relação à persuasão: "a definição mais comum é que a retórica seja o grande poder de convencer" (*Inst.*, II, 15, 3), cuja paternidade é atribuída a Isócrates. Todas as definições que associam retórica à persuasão são ali rejeitadas.

- *Retórica* entendida como poder de persuadir:

  Em verdade, convencem ainda o dinheiro, a elegância, a autoridade e a dignidade do orador; por fim, também a própria aparência sem palavras, por meio da qual seja a recordação dos méritos de qualquer um, seja certo semblante infeliz, seja a beleza da configuração, dita a sentença. (Quintiliano, *Inst.*, II, 15, 6)

- A Retórica é vista como subordinada à persuasão, o "poder de persuadir pela palavra": "pois há quem pela palavra convença ou induza para aquilo que também outros querem, como as meretrizes, os bajuladores e os corruptores" (p. 6).

Finalmente, Quintiliano retoma, à sua maneira, a definição de retórica atribuída aos estoicos e a Crisipo: "A definição que caracteriza da melhor maneira possível sua substância é que a retórica é a ciência de discursar bem" [*rhetoricen esse bene dicendi scientiam*]" (p. 6). Sua finalidade é de "pensar e de falar como convém" (p. 6).

Essa oposição entre retórica *comunicativa* da *persuasão* e retórica *introvertida* do *bem dizer* foi chamada de outras formas: primária/secundária (*primary/secondary rhetoric*, Kennedy, 1999); extrínseca/intrínseca (*extrinsischen/intrinsischen rhetoric*, Kienpointner, 2003). Pode-se igualmente falar de *retórica da enunciação, introvertida*, centrada no locutor e seu foro íntimo, orientada para o rigor do pensamento e a precisão do discurso. A *retórica da interação, extrovertida*, tem como foco o interlocutor. Ela é comunicacional e, às vezes, eloquente. Tal distinção não corresponde à estabelecida, nos anos 1960, entre uma *retórica restrita* que se opunha a uma *retórica geral*. Além do mais, ela não tem nada a ver com a retórica que oporia uma *retórica dos argumentos* a uma *retórica das figuras*, ver **Figura**; **Argumentação (VI)**.

A retórica enunciativa é uma retórica cujas dimensões comunicacional e interacional, portanto persuasivas, são enfraquecidas, mas nem por isso deixa de ser uma retórica argumentativa. La Bruyère exprimiu o sentimento profundo de tal retórica e que renunciou tanto a eloquência quanto a persuasão:

> Procuremos somente pensar e falar com acerto, sem querer sujeitar os outros ao nosso gosto e aos nossos sentimentos. Tal empresa seria excessiva. (La Bruyère, 1956 [1951]: 9)

## DA PERSUASÃO À AÇÃO

Como um complemento indispensável à definição de base da argumentação, embora frequentemente negligenciada, uma vez que não é, sem dúvida, facilmente articulável à noção de auditório universal, o *Tratado da argumentação* estende a reflexão sobre a persuasão até a ideia de ação. Em outros termos, e segundo os preceitos daquela obra, a argumentação é que produziria a "disposição para a ação":

> O objetivo de toda argumentação, como dissemos, é provocar ou aumentar a adesão dos espíritos às teses que se apresentam ao seu assentimento: uma argumentação eficaz é a que consegue aumentar essa intensidade de adesão, de forma que se desencadeie nos ouvintes a ação pretendida (ação positiva ou abstenção) ou, pelo menos, crie neles uma disposição para a ação, que se manifestará no momento oportuno. (Perelman e Olbrechts-Tyteca, 1999 [1958]: 50)

Tal posição é reafirmada um pouco mais adiante: "apenas a argumentação, [...] permite compreender nossas decisões [...] ela se propõe a provocar uma ação" (p. 53).

O ponto final do processo argumentativo não é, portanto, a persuasão vista como um simples estado mental, uma "adesão do espírito". O último critério da persuasão completa é a *ação* concluída. E, nesse caso, a emoção tem um papel essencial nessa passagem ao ato. A adesão, após um certo limite, poderia desencadear a ação. E aqui temos uma situação intricada, em que procuramos associar argumentação, persuasão tradicional, emoções e valor para construir uma resposta para o problema da ação, ver **Emoções**; *Pathos*.

### PERSUASÃO, IDENTIFICAÇÃO, AUTOPERSUASÃO?

A noção de identificação é fundamental na teoria da argumentação na língua. Num primeiro momento, o locutor coloca em cena certo número de enunciadores, fontes dos pontos de vista evocados no enunciado. Num segundo momento, ele se identifica com certo enunciador em detrimento de outros, estando tal identificação sempre marcada na estrutura gramatical. Entretanto, esse conceito de identificação é totalmente contrário ao do conceito psicológico de identificação, discutido no bojo da problemática da persuasão.

Burke ressaltou que a persuasão pressupõe uma identificação:

> Quando você está com os atenienses, é fácil elogiá-los, mas não quando você está com os lacedemônios: talvez seja este o caso mais simples de persuasão. Você persuade alguém simplesmente por falar a sua língua, pela palavra, pelo gesto, pela tonalidade, pela disposição, pela imagem, pela atitude, pelas ideias, identificando suas maneiras de conviver entre os seus [*identifying your ways with his*]. (Burke, 1950: 55)

De acordo com a *doxa* retórica, o orador que quer persuadir um auditório deve compartilhar acordos prévios com esse mesmo auditório, ver **Condições de discussão**. Essa negociação dos acordos só pode ser feita por meio de um diálogo argumentativo, prévio ao diálogo argumentativo visado, o que nos leva a um paradoxo: para chegar a um acordo, deve-se já estar de acordo. Sob o risco de regressão ao infinito, o orador não pode se limitar a *se colocar em acordo com*, mas *estar já de acordo* com o seu auditório. Para isso ele precisa ter mais informações sobre o auditório visado, do qual ele constrói uma imagem. É justamente isso o que prevê a teoria dos *èthè* dos auditórios, ver *Ethos* (**IV**). O discurso do orador refrata esse trabalho sobre o auditório de três formas, em função do tipo de auditório e em correspondência com uma forma de acordo implícito ou explícito, a depender da relação estabelecida entre orador e auditório. Por um lado, isso se dá através de provas *etóticas*, quando o orador se apresenta, constrói-se discursivamente em função de seu auditório. Em seguida, através de provas *lógicas*, quando o orador escolhe e esquematiza seus objetos e seus julgamentos em função daqueles que o auditório pode admitir (ele argumenta *ex concessis*); e, ainda, se apresenta por meio de provas *patêmicas*, quando o orador se coloca em empatia com o seu auditório.

Como consequência, para obter a identificação de seu auditório com a sua própria pessoa, o orador deve, primeiramente, *identificar*-se com ele. Ao final desse processo de identificação, pode-se perguntar, afinal de contas, quem absorveu quem, quem persuadiu quem? A retórica *extrovertida*, retórica da persuasão, está ameaçada pelo solipsismo da identificação; ela exprime tão somente uma introversão de grupo. O estranho termo "comunhão", proposto pelo *Tratado* de Perelman e Olbrechts-Tyteca, caracteriza bem o resultado final de tal processo.

# QUEM ESTUDA A PERSUASÃO?

A argumentação retórica não pode ser definida simplesmente por seu objetivo, que seria o processo de persuasão, pela simples razão de que a persuasão é um processo reivindicado por muitas outras disciplinas: ela é o objeto das ciências e da Filosofia da Cognição, da Neuropsicologia, aí incluídos os estudos de "programação neurolinguística". A célebre obra de Vance Packard, *A nova técnica de convencer*,\* mas pouco praticada no âmbito da Retórica, foi originalmente publicada em 1957, um ano antes do *Tratado da argumentação*. No rastro desse trabalho, mas com métodos e saberes mais sofisticados, projetou-se o neuromarketing, que se interessa muito pela questão da persuasão. Vale lembrar que a análise da persuasão é também um dos objetos de pesquisa da Psicologia Social. Essa disciplina conta, dentre os seus objetos fundamentais, com o estudo teórico e experimental das influências sociais: a persuasão, as convicções, a sugestão, a influência, a incitação..., a formação e as manifestações das atitudes, das representações, das transformações e das maneiras de agir dos indivíduos ou dos grupos. O mundo inteiro, os acontecimentos materiais, aí incluídas as descobertas científicas, as inovações técnicas e o fluxo da linguagem, que os acompanham ou os constituem, produzem e retificam as representações, os pensamentos, as falas e as ações dos indivíduos e dos grupos.

Os grandes estudos clássicos de Psicologia Social sobre a persuasão, publicados no século passado, quase não mencionam, por exemplo, a Retórica, nem tampouco a argumentação. Por exemplo, não se encontra a palavra *retórica* nem a palavra *argumentação* numa seleção de textos sobre a psicologia da persuasão, intitulado *La persuasion* (Yzerbit e Corneille, 1994). A problemática da persuasão pode ser legitimamente invocada a respeito do discurso, mas o estudo do processo de persuasão, incluindo-se nesse as facetas da linguagem, não pode ser conduzido unicamente no âmbito dos estudos retóricos (Chabrol e Radu, 2008).

## PERSUASÃO GERAL

Da mesma forma que a retórica não pode ser definida pela persuasão, ela não pode, tampouco, ser definida como o estudo dos gêneros linguageiros persuasivos, na medida em que a função persuasiva não está ligada a um gênero, mas coexiste com o exercício da linguagem.

A função persuasiva é um aspecto que os diferentes modelos das funções da linguagem classificam como uma função sobre o destinatário (função de *evocação* [*appel*], Bühler [1933], ou função *conativa*, Jakobson [1963]). De uma maneira mais específica, Benveniste opõe a *história* (a narrativa) ao *discurso* e faz da *intenção de influenciar* uma característica de todo o discurso:

> Por contraste, situamos de antemão o plano do *discurso*. É preciso entender discurso na sua mais ampla extensão: toda enunciação que suponha um locutor e um ouvinte e, no

---

\* N.T.: No original: V. Packard, [1957]/1958, *La persuasion clandestine*, trad. Ing. [*The Hidden persuaders*], prefácio de M. Bleustein-Blanchet, Paris, Calmann-Lévy. Em português temos a tradução *A nova técnica de convencer*, trad. Aydano Arruda. São Paulo: Ibrasa, 1959.

primeiro, a intenção de influenciar, de algum modo, o outro. E em primeiro lugar a diversidade dos discursos orais de qualquer natureza e de qualquer nível, da conversa trivial à oração mais ornamentada. E é também a massa dos escritos que reproduzem discursos orais ou que lhes tomam emprestados a construção e os fins. (Benveniste, 1995 [1959]: 267)

Nietzche, em suas lições sobre a retórica, generaliza a força da retórica para fazer dela a "essência da linguagem":

A força [*Kraft*] que Aristóteles chama de retórica, que é a força para perceber e fazer valer, para cada coisa, o que é eficaz e impressiona, essa força é ao mesmo tempo a essência da linguagem: esta se refere, tão pouco quanto a retórica, à verdade, à essência das coisas. Ela não pretende instruir (*belehren*), mas transmitir a outrem [*auf Andere übertragen*] uma emoção e uma apreensão subjetiva. (Nietzche [1971]: III)

Tais tendências à generalização da retórica a qualquer discurso são, aliás, compatíveis com as definições clássicas da retórica como técnica capaz de desenvolver as capacidades naturais dos indivíduos.

## PERSUASÃO E "COLONIZAÇÃO DAS MENTES"

Qualquer reflexão sobre a persuasão retórica de uma forma ou de outra acaba deixando subentendido que a persuasão é inerentemente boa, ainda que não raro as pessoas façam mau uso de suas habilidades persuasivas. Um ato com o objetivo de persuadir tem sempre uma avaliação positiva, e aquele que tenta persuadir é colocado em uma posição elevada, o "homem de bem", que visa ao universal, o aristocrata da palavra. Já o auditório acaba ficando em posição subalterna, sem substância, visto como uma massa incapaz de raciocinar (vide a definição dita "retórica" do entimema) ou de decidir por si mesmo; que é preciso guiar e que se deixa, manipular, ver **Orador – Auditório**.

No plano político e religioso, a persuasão tem o nome de *propaganda*; propagandistas e pregadores pretendem também ser "homens de bem", ávidos por persuadirem. Já na época do *Tratado*, Domenach atribuía à propaganda a função de "criar, transformar ou confirmar certas opiniões" (1955 [1950]: 10), como o fazia a *Nova retórica*, e contava dentre seus instrumentos não apenas com os textos escritos e com a fala, mas também com a imagem e com todos os tipos de manifestações espetaculares que exigissem do alvo uma ação coletiva ritual.

Persuadir é *converter* ou "colonizar as mentes", segundo a expressão de M. Mead (Dascal, 2009), para salvá-los de qualquer mal e orientá-los para alguma coisa boa, acerca da qual eles não foram persuadidos nem convencidos. Não apenas os juízes e os tribunais, mas também as ditaduras e os fundamentalismos jamais deixaram de atuar enquanto instrumentos de persuasão, ver **Consenso – Dissenso**.

## ARGUMENTAR NUMA ESTRUTURA DE TROCA

A teoria da persuasão retórica é discutida no âmbito de uma interação *sem* estrutura de troca, o que explicaria o papel essencialmente passivo atribuído ao auditório.

*A argumentação dialética: reduzir a diversidade de posições* – a Pragmadialética parte não de uma opinião a ser transmitida, mas de uma diferença de opinião, que concede a cada opinião a mesma dignidade de princípio, cujo objetivo final é reduzir uma diferença. A argumentação dialética "toma por objeto a resolução das divergências de opiniões por meio do discurso argumentativo" (Eemeren e Grootendorst, 1991: 4), permitindo ao máximo, em sua regra n. 1, o espaço para o debate e para a controvérsia. Para aqueles autores, "as partes não devem criar obstáculos à livre expressão dos pontos de vista ou aos seus questionamentos" (Eemeren, Grootendorst e Snoeck Henkemans, 2002: 182-183). Nesse sentido, o debate, na perspectiva da Pragmadialética, será encerrado através do consenso, pela eliminação da dúvida ou do ponto de vista questionado. Essa resolução se faz pela eliminação do que é falso: "se um ponto de vista não tiver sido defendido de maneira conclusiva, aquele que o defendeu deve retirá-lo. Se um ponto de vista foi defendido de modo conclusivo, a outra parte deve retirar as dúvidas que havia interposto" (p. 182-283). Chega-se, assim, a um consenso, seja sobre a opinião do proponente, seja sobre o fato de que uma opinião não pode ser mantida.

*As teorias argumentativas da interação* tomam um rumo diferente, no sentido de se orientarem para situações de coconstrução das conclusões. Nesse sentido, e sob tal perspectiva, a tese proposta para o consentimento do auditório pode sair completamente transformada deste encontro de coconstrução de conclusões. O consenso pode ser obtido pela fusão dos pontos de vista primitivos ou pela coconstrução de um terceiro. Em suma, os interactantes comportam-se como dialéticos evolucionistas hegelianos, que agem a partir da síntese das posições em presença, e não como dialéticos aristotélicos, que avançam por eliminação do falso, ver **Orador – Auditório; Dialética**.

Dessa perspectiva advém uma definição estritamente linguageira da persuasão: persuadir é *enquadrar*, isto é, é tentar inscrever a reação do interlocutor na *sequência ideal*, traçada pela intervenção de um locutor. Essa sequência ideal tem por característica maior respeitar os pressupostos e, sem dúvida, um grande número de subentendidos, além de trazer propostas novas sobre o tema em discussão. Por conseguinte, ser persuadido é *ratificar* o discurso ao qual somos expostos, *respeitar o enquadramento* imposto e produzir intervenções argumentativamente *coorientadas* em consonância com aquele que foi bem-sucedido na empreitada da persuasão.

(R.B.W.S.P.)

# ▪ Pertinência

❖ Lat. *ignoratio elenchi*. A palavra grega *élenkhos* significa: "1. Argumento para refutar [...] 2. Prova em geral" (Bailly [1901], art. *Élenkhos*). O substantivo latino *elenchus* é usado para traduzir as diversas significações gregas. Na literatura anglo-saxã, *elenchus*, às vezes, tem o sentido de "debate", a partir de uma nova acepção derivada de um sentido emprestado do grego. O título latino da obra de Aristóteles *Refutações sofísticas* é *De Sophisticis elenchi* (Hamblin, 1970: 305).

### UMA FALÁCIA DE MÉTODO

A falácia considerada "ignorância de refutação" (*ignoratio elenchi*) é uma falácia independente do discurso, **Falacioso (III)**. Trata-se de uma falácia metodológica, que ocorre "porque nenhuma definição foi dada do que seja um silogismo ou do que seja uma refutação e porque há alguma falha na definição de um e de outra" (Aristóteles, *R. S.*, 167a20).

Essa falácia foi ainda definida, primeiramente, considerando-se o jogo dialético, no qual um participante, o proponente (ou o respondente), afirma uma proposição e seu parceiro, o oponente (ou o questionador), deve conduzi-lo a se contradizer, portanto, a refutar a tese que ele havia aceitado no início do jogo, ver **Dialética**. O jogo é, então, definido a partir de propostas contraditórias, sendo apenas uma das proposições válidas. O oponente deve se conformar às regras do método, a fim de refutar realmente (e não aparentemente) a afirmação inicial, ver **Dialética**.

No caso geral de uma questão argumentativa, a argumentação deve respeitar dois princípios de pertinência: por um lado, o argumento deve ser pertinente para a conclusão; por outro, a conclusão deve ser pertinente enquanto resposta à questão, ver **Questão**.

## PERTINÊNCIA INTERNA

Na dialética, um proponente afirma P. Ao fim da troca, o oponente construiu uma cadeia de proposições, ao final da qual ele chega à proposição não P. Aparentemente, então, ele refutou seu adversário e ganhou a partida.

Mas o proponente afirma que a demonstração não P não é válida, uma vez que os argumentos levantados não servem de base a tal conclusão. Nesse sentido, o oponente não conseguiu *demonstrar* não P. Dito de outra forma, a conclusão é pertinente para o debate, mas os argumentos não o são para a conclusão.

No caso geral, a irrelevância do argumento para a conclusão aponta para todo o programa de crítica do discurso falacioso.

## PERTINÊNCIA EXTERNA

Sempre, numa troca dialética, tendo o proponente afirmado P, o oponente constrói uma cadeia de proposições ao fim da qual ele chega à proposta Q, que ele afirma ser a proposição contraditória de P, ou seja, < Q = não P >. O proponente reconhece ou não a validade da argumentação desenvolvida pelo oponente, mas ele afirma que a proposição Q não é a contraditória de P, e que, consequentemente, ela não foi refutada. Os argumentos são talvez pertinentes para a conclusão, contudo a conclusão não refuta a tese em questão.

A intervenção sem pertinência externa é vista como uma fuga à questão, podendo ser acusada de querer envolver o adversário em uma falsa pista, ver **Falsa pista**. A acusação de paralogismo reforça-se, então, com uma suspeita de sofisma.

As críticas sobre a pertinência interna e sobre a pertinência externa são cumulativas. Elas invalidam um discurso, asseverando que esse tipo de discurso encadeia mal as proposições ou que suas conclusões nada têm a ver com o problema, ou os dois.

## A QUESTÃO NÃO É PERTINENTE PARA O "VERDADEIRO DEBATE"

O quadro dialético é binário. Nesse sentido, o que o outro disse expressa-se por uma proposição simples e explícita e, também, é o que contará para a refutação, isto é, a afirmação da tese contraditória. Se a questão é "P ou não P", então dizer que a conclusão do oponente não refuta a proposição apresentada significa dizer que ela não é pertinente para o debate.

Em uma discussão comum, um estudante contesta (quer "refutar") a nota que lhe foi atribuída: *Se o senhor mantiver a sua nota, eu não passo no exame. Será que o senhor pode acrescentar três pontos?*. Ali as consequências da nota ruim não são pertinentes para a determinação efetiva da nota. Nessa situação ilustrativa, a conclusão do aluno foge à pergunta oficial "qual nota deve receber o aluno a partir da atividade executada por ele?", ao menos segundo o regime científico clássico. As consequências da má nota para o aluno não têm nada a ver com a questão original nem com a nota em si, atribuída pelo professor. Ali o aluno tenta argumentar visando as consequências de sua nota, não o processo de constatação da nota, matematicamente.

As coisas podem ser mais complicadas. Quando o proponente refuta a refutação que lhe é oposta dizendo *aquilo com que o senhor está em desacordo não tem nada a ver com o que estou dizendo*, tudo isso pode ser difícil de delimitar, podendo, inclusive, ser reformulado e reinterpretado indefinidamente, ver **Representação do discurso**. Por outro lado, mesmo quando a proposição e a refutação propostas são fixas (feitas por escrito, por exemplo), a ligação entre as duas não tem necessariamente a clareza da contradição binária. Por exemplo, deve-se refutar alguém que argumenta a favor de uma proibição de especulação sobre matérias-primas, afirmando-se ser indispensável, para as empresas, comprá-las antecipadamente, uma vez que elas precisam se proteger contra a flutuação do mercado?

Enfim, no âmbito de uma argumentação cotidiana, o próprio tema da discussão pode ser controverso: nenhum dos participantes é o dono da pergunta, do problema, isto é, nem o proponente, nem o oponente, os quais podem tentar invalidar a resposta do adversário como não pertinente:

L1:     – *Não é disso que estamos falando!*

L2:     – *Essa é a minha resposta aos problemas que realmente devem ser discutidos. O senhor não faz as perguntas certas.*

À *refutação* por (acusação de) falta de pertinência da conclusão pode-se muito bem responder por uma *contrarrefutação*, alegando-se o emprego da falácia de questão *mal colocada*, ou mal orientada, não pertinente para o "verdadeiro debate". Em todos os debates sociopolíticos minimamente sérios, a questão em discussão pode até ser negociável. Nesse sentido, aquele que atua como terceiro participante, isto é, o juiz, por exemplo, tem como função assumir e estabilizar o debate. Ele é o único habilitado a decidir o que é ou não pertinente com relação à questão em disputa. De modo geral, o terceiro participante tem por função assumir e estabilizar de alguma forma a questão.

(R.B.W.S.P.)

# ▪ [A] Pessoa na argumentação

A problemática da pessoa é central em Retórica e remete à problemática do *ethos* e do *pathos*. Nesse sentido, o argumentante deve produzir a imagem de uma pessoa competente, correta, solidária e que é sensível, ou seja, que não tem problemas em se emocionar – como na teoria da argumentação crítica, na qual ela mobiliza a problemática da *autoridade*.

A pessoa é fundamental na *Lógica natural*, a qual tem o objetivo de construir uma lógica dos sujeitos. A pessoa tem grande importância também para as *lógicas padrão*, que renunciam ao postulado de um argumentador abstrato que dispõe de uma informação segura e completa, para substituí-lo por um locutor *situado*, suscetível de revisar e melhorar os conhecimentos *a partir* dos quais ele argumenta *enquanto* argumenta.

Sobre a questão do tratamento da pessoa, podemos opor uma retórica *ofensiva* a uma argumentação *defensiva*. Abordando a questão da pessoa sob o ângulo de sua capacidade de influência, a retórica se situa em uma perspectiva *ofensiva*. A questão do *ethos* liga-se a uma manobra estratégica pela qual o orador lança sua pessoa na batalha. De modo oposto, as teorias críticas da argumentação adotam uma posição *defensiva*. Se postulamos que somente são válidos os argumentos sobre as coisas em si mesmas, a influência etótica não é nada mais que uma tentativa de intimidação do oponente e de inibição da crítica. O receptor deve, portanto, liberar-se metodicamente dessa influência se ele quiser ter algumas chances de pensar e falar de maneira justa. As teorias críticas da argumentação focalizam a discussão sobre o objeto do debate, protegem as pessoas e delas se protegem, mantendo-as longe da causa quando elas não têm nada a ver com isso. Em seguida, essas teorias tratam separadamente dos aspectos *carisma* e *competência* da pessoa do locutor.

### FORMAS ESPECÍFICAS DAS ARGUMENTAÇÕES QUE IMPLICAM AS PESSOAS

- *A identidade da pessoa retórica* é construída segundo as coordenadas fornecidas pelo lugar da pessoa, ver **Pessoa tópica**.
- *Argumentação etótica* – a Retórica propõe uma abordagem global, multidimensional, da pessoa, à qual correspondem duas construções diferentes operadas pelo orador: seu caráter próprio, tradicionalmente chamado *ethos*, e o caráter do auditório. A construção do *ethos* próprio consiste em um esforço na busca de inserção em um sistema de valores do auditório. Esse trabalho de integração com o auditório pode culminar tanto nos sete dons do espírito católico como nas três virtudes democráticas aristotélicas, ver **Ethos**.
- *Argumentos patêmicos* – a pessoa é portadora de *afetos* correlacionados a seus pontos de vista. Ela os faz circular e os explora em uma situação de fala ordinária e, mais especialmente, nas situações argumentativas, ver **Pathos**; **Emoções**.
- *Falácia de modéstia* – de um ponto de vista normativo, a submissão ao *ethos carismático* é analisada como falácia de modéstia *ad verecundiam*, ver **Modéstia**.
- *Argumento de autoridade* – o *ethos* de *especialista* é explicitado discursivamente como *argumento de autoridade*. Na medida em que satisfaz a condição de proposicionalidade, o argumento de autoridade é acessível à refutação. A autoridade de especialista é citada, atribuível, muito diferente da autoridade *mostrada*, implícita, difícil de contestar do *ethos* carismático. Ela é legitimada como prova periférica, por padrão, e as competências que ela mobiliza podem ser avaliadas na base de critérios precisos. As fontes de autoridade são

numerosas e diversas. O foco central é, num primeiro momento, *a autoridade das normas* legais e regulamentares, apoiadas no monopólio da violência legal. Certas argumentações validam uma conclusão, atribuindo-a a um grupo numericamente importante. Trata-se do argumento do grande número, *ad numerum*. Também é possível que se atribua uma conclusão a uma pessoa ou a um grupo prestigioso por sua riqueza, sua pobreza, sua posição histórica etc., ver **Autoridade; Consenso – Dissenso**.

- *Argumentações orientadas para a refutação da pessoa: ad hominem, ad personam* – um conjunto de argumentações sobre a pessoa é orientado para a refutação. Para refutar a verdade de uma asserção, basta mostrar que a pessoa que apresenta uma determinada tese *se contradiz* (*ad hominem*). Apela-se para as *características negativas* das pessoas que sustentam esta asserção, seja numa situação particular, seja em geral (*ad personam*), quer essas características tenham ou não ligação com a questão em debate, ver **Pessoa tópica**; *Ad hominem*; **Ataque pessoal**.

- *Argumentações que visam às crenças do público-alvo* – nesse tipo de argumentação, conclui-se a partir de proposições admitidas pelo interlocutor, às vezes a título de concessão. Ali todo o trabalho com a argumentação limita-se a um exercício de reorganização e de expansão das crenças às quais adere o auditório (alvo). Visa-se ainda às informações que o auditório possui (*ex concessis, ex datis*), ver **Audiório**; **Crenças do auditório**; *Ex datis*.

- *Argumentações pelas consequências inadmissíveis* – esse tipo de argumentação faz intervir uma *avaliação das consequências* em função dos interesses das pessoas, ver **Absurdo**; **Consequência**; **Pragmático**; **Patético**.

- *Argumentações que se baseiam em um corpo específico, homogêneo e estável de representações*, como o apelo à fé (*ad fidem*). Às vezes, essas representações são invalidadas categoricamente pelo analista: apelo à superstição (*ad superstitionem*), à imaginação (*ad imaginationem*), à tolice ou à preguiça intelectual (*ad socordiam*). Essas quatro últimas formas são às vezes associadas às falácias de emoção (*ad passiones*), o que é estranho, a menos que se qualifiquem como emocionais todas as tolices e crenças que não admitimos, ver **Consenso**; **Fé**. Algumas dessas formas são designadas por rotulagens orientadas, ver **Tipos e tipologias dos argumentos**.

- *Argumentações baseadas na falta de conhecimento* de uma pessoa particular (*ad ignorantiam*) ou mesmo da humanidade (*ad vertiginem*), ver **Ignorância**; **Vertigem**.

## PREMISSAS UNIVERSAIS OU LOCAIS

Para as teorias críticas, a consideração da pessoa na argumentação está na origem de formas radicalmente falaciosas (falácias de emoção, falácia de carisma, falácia *ad personam*); apenas é aceita, sob condições de exame, a argumentação baseada na autoridade do *expert*. Essas falácias são abundantemente designadas por rotulagens da forma "falácia *ou* argumento *ad-*", todas modernas. Não há falácias da pessoa nas tipologias antigas, ver **Falacioso**; **Tipologias (I)**.

Um subgrupo bem específico dessas falácias concentra-se nos saberes e sistemas de representação próprios às pessoas que se pretende convencer ou que se pretende refutar. Do ponto de vista epistêmico, a pessoa é definida como uma fonte de crenças fundadas em um estoque de conhecimentos forçosamente limitado. Essa limitação é considerada como falaciosa na medida em que se opõe à "prova [*evidence*] objetiva tradicionalmente invocada em argumentação". Ao comentar Whately sobre as falácias *ad hominem, ad verecundiam, ad populum* et *ad ignorantiam*, Walton nota que Whately reúne essas quatro falácias em *ad* e as opõe ao *argumentum ad rem* (argumento que visa à coisa em si, ver **Fundamento**). Essa oposição se baseia no fato de que tais argumentos

> [...] contêm um elemento "pessoal", isto é, que são, de certa maneira, dependentes de sua origem [*source-based*], visam a uma fonte ou uma pessoa (um participante da argumentação) mais do que a coisa em si. Eles têm um caráter subjetivo, o qual se opõe à prova [*evidence*] objetiva tradicionalmente invocada na argumentação. (Walton, 1992: 6)

Essas formas de argumentação tomam por premissas as representações específicas de uma pessoa ou de um grupo. Do ponto de vista de uma filosofia que admite apenas premissas verdadeiras (colocando à parte o caso do raciocínio pelo absurdo), essas argumentações são, então, falaciosas por seu "localismo", uma vez que contêm traços da presença do locutor ou dos interlocutores na argumentação.

Em contraste, esse localismo de premissas argumentativas é definidor da argumentação como *lógica de sujeitos*. Tal localismo não é mais visto como uma limitação potencialmente manipulatória, mas como marca do fato de que a argumentação, uma vez que trata do conhecimento, tem relação irredutível não com a verdade absoluta, mas com um processo revisável de construção de conhecimento ou de decisões humanas, por hipóteses e discussão crítica em uma comunidade estruturada, ver **Esquematização; Argumentação (V)**.

(R.S.)

## ▪ Pessoa tópica: Os lugares-comuns da pessoa

A tópica substancial da pessoa é constituída pelo conjunto de parâmetros (*topoi* [sing. *topos*], ou *lugares*) que permitem atribuir uma identidade sociorretórica a um indivíduo particular. Trata-se de uma subtópica da tópica substancial universal que permite falar de qualquer acontecimento: "quem fez o que, onde, como e por quê...", ver **Tópica substancial**. Não se trata de uma teoria científica (psicológica, filosófica...) da pessoa, mas de um inventário que permite reunir, a propósito de um indivíduo, as ideias admitidas, plausíveis, prováveis (*endoxa*, ver **Dialética**) atreladas a seus caracteres mais gerais. Tendo assim descrito a pessoa, poderemos aplicar-lhe os *topoi* inferenciais ligados a cada um dos traços que a caracterizam e que fornecerão as premissas de uma argumentação por definição, ver **Definição**.

Quintiliano enumera da seguinte maneira as facetas que permitem construir discursivamente a pessoa pública.

a) "a origem familiar, já que ordinariamente as pessoas creem ser semelhantes a seus pais e antepassados; e às vezes daí decorrem os motivos para viverem honesta ou imoralmente" – (*Inst.*, V, 10, 24). A investigação sobre a família permitirá, por exemplo, recolher informações do tipo: "seu pai é de boa família" ou "seu pai foi condenado". As informações recolhidas sob esse *topos* fornecem os argumentos que permitem, por exemplo, a aplicação da regra "tal pai, tal filho", a qual serve de base para inferências como:

> O pai foi condenado, logo o filho tem uma "hereditariedade carregada".
> Ele cometeu um erro, mas seu pai é de boa família, boa índole, ele não saberia mentir, ele merece, portanto, uma segunda chance.

O *topos* "A pai avaro, filho pródigo" se opõe ao precedente: se o pai tem um vício, o estereótipo sociolinguístico não atribui ao filho *a virtude* correspondente, mas ou o mesmo *vício* ou o *vício* oposto.

b) "A nação", "a pátria" (p. 24; 25): esse tipo de traço permitirá aplicar à pessoa os estereótipos de nacionalidade: "Se ele é espanhol, ele é orgulhoso"; "Se ele é britânico, ele é fleumático". Essas conclusões "ele é orgulhoso, ele é fleumático" servirão em seguida como premissas para outras conclusões desejadas.

c) "o sexo, fazendo com que creias ser o latrocínio mais fácil para o homem e o envenenamento, mais para a mulher" (p. 25). Esse *topos* orienta a ação do investigador: em caso de envenenamento, ele procurará, sobretudo, a mulher.

d) "A idade", a qual pode ser uma circunstância atenuante; "a constituição física, pois dela se deduz com frequência argumentos relacionados com a libido, com o vigor da insolência e vice-versa" (p. 25). Em outras palavras, "ele é bonito, é um devasso" é mais verossímil do que "ele é bonito, leva uma vida de santo". Se A é mais forte que B, então "A é mais agressivo que B" é mais verossímil e, em consequência, se A e B se enfrentarem, "Foi A quem atacou B". Em outros termos, A suporta o ônus da prova. Essas inferências têm estreita relação com o paradoxo do verossímil: "Foi B que atacou A, porque ele sabia que as verossimilhanças (as aparências) eram contra A".

e) "a fortuna" [...] "a diferença da condição social já que há grande distância quando se trata de um famoso ou de um desconhecido, de um magistrado ou de uma pessoa comum, de um livre ou de escravo, de casado ou solteiro, pai de filhos ou viúvo" (p. 26). Sob essa rubrica, vêm juntos os papéis sociais e os lugares-comuns que lhes são associados. Se é possível dizer que fulano é um *camponês do Danúbio*, será possível aplicar-lhe o *topos* da pessoa que diz necessariamente a verdade, ver **Riqueza e pobreza**.

f) "as tendências de espírito, efetivamente, a avareza, a ira, a misericórdia, a crueldade, o rigor e outras assemelhadas com frequência aumentam ou diminuem a confiança" (p. 27). É um caso de uma conclusão elaborada a partir de uma interpretação acerca da mera (pre)disposição de caráter: "o assassinato foi cometido de maneira particularmente cruel. Pedro é cruel, logo o assassino é ele", ver **Circunstâncias**.

g) "o modo de vida", "com luxo é sóbrio ou excessivo; também as ocupações, pois um camponês, um advogado, um comerciante, um soldado, um marinheiro, um médico praticam ações muito diferentes" (p. 27). Situam-se sob essa rubrica todas as características que dizem respeito ao *ethos* profissional.

Os seguintes cinco lugares-comuns se relacionam essencialmente aos *topoi* dos motivos velados e dos motivos declarados, ver **Motivo velado e motivo declarado**.

i) "o que cada um ambiciona, se aspira a ser visto como rico ou eloquente, como justo ou poderoso" (p. 27);

ii) "os atos e as palavras do passado, pois por esses do passado se costumam avaliar os do presente" (p. 28), ver **Precedente**;

iii) "Há quem acrescente a esses a emoção [...] a ira e o medo" (p. 28), ver **Emoções**.

iv) "os projetos" (p. 29);

v) "o nome" (p. 30), ver **Nome próprio**.

Em resumo, a tópica substancial permite desenhar retratos como o seguinte:

> *Um homem de trinta anos, francês, bretão, aparência esportiva, de boa família, que jamais terminou seus estudos, muito amável com seus vizinhos, levando uma vida correta, empregado em uma farmácia, sem grande ambição...*

Esse retrato é um estoque de premissas. O raciocínio tópico, que parte da informação "Pedro é um X", toma por princípio de caracterização o estereótipo "os X são assim" e conclui que "Pedro é assim".

A tópica substancial reúne, assim, uma quinzena de títulos de capítulo que definem o que é uma pessoa e quem é tal pessoa. Ela permite considerar rapidamente os "predicáveis" mais gerais de um indivíduo, (re)construindo sua identidade retórico-social. Trata-se de um repositório de lembranças que permite coletar e organizar as informações sobre um indivíduo qualquer envolvido numa situação determinada (suspeito, testemunha, postulante), como também sobre um público ou, enfim, sobre si mesmo.

*A literatura de "caracteres"*. Essa tópica tem um funcionamento argumentativo e um funcionamento estético-cognitivo. Ela está ligada à questão da identidade sociolinguageira da pessoa e confrontada a uma problemática da identidade como o próprio ser, núcleo psicológico da pessoa. Ela fornece uma técnica de construção do *retrato*, estabelecendo, assim, um elo entre argumentação e literatura, a literatura dos "caracteres". Nesse sentido, em primeiro lugar, pensa-se em Teofrasto, mas, de uma maneira geral, essa questão está diretamente relacionada à literatura dos *retratos* e dos *costumes*. Passamos do *ethos* à *etopeia*. Não estamos mais no domínio da autoficção, mas no da ficção pura e simplesmente. Esse *ethos* ficcional articula o *ethos* em ação e em palavras: descrevemos as ações do avaro e reproduzimos seu discurso. O retrato descontextualizado é um prolegômeno ao exercício da argumentação em situação. Passamos, assim, das categorias argumentativas aos gêneros literários: "o *ethos* está mais próximo da comédia, e o *pathos*, da tragédia" – (Quintiliano, *Inst.*, VI, 2, 20).

(R.S.)

■ **Petição de princípio,** *petitio principii* ► **Círculo vicioso**

■ **Polemicidade** ► **Debate; Pressuposição; Papéis argumentativos**

# ▪ Polidez argumentativa

A *polidez linguística* tem uma função de regulação da relação interpessoal:

> Dizem respeito à polidez todos os aspectos do discurso: 1. que são regidos por regras; 2. que intervêm no nível da relação interpessoal; 3. *e que têm por função preservar o caráter harmonioso de tal relação* (no pior dos casos, buscando neutralizar os conflitos potenciais; no melhor, fazendo com que cada participante mantenha uma postura de urbanidade em relação ao outro, a melhor possível). (Kerbrat-Orecchioni, 1992: 159, 163, sublinhado no original)

Em geral, a conversação é regida por um princípio de preferência para o acordo, ver **Acordo**. A teoria interacionista da polidez (Brown e Levinson, 1978; Kerbrat-Orecchioni, 1992) define o indivíduo por suas *faces e seus territórios*. A intervenção polida respeita as regras de *polidez positiva* e regras de *polidez negativa* com relação a *si* e com relação ao *outro*. Tal sistema é transformado em situação argumentativa quando a preferência pelo acordo é preterida para a "preferência para o desacordo" (Bilmes, 1991). Nesse tipo de situação, as diferenças entre interactantes são maximizadas (em vez de minimizadas, como acontece na situação normal em que se dá preferência para o acordo entre interactantes). Esse foco e valorização do desacordo de certa forma afeta os componentes do sistema de polidez linguística.

(i) Princípios de polidez em relação ao alocutário – a polidez negativa busca evitar as ações ameaçadoras, e os princípios de polidez positiva recomendam que sejam produzidos atos positivos junto aos territórios ou à face do alocutário (Kerbrat-Orecchioni 1992: 184). Numa situação argumentativa, pode-se perceber a inversão de tais princípios. As regras da polidez positiva não são aplicadas, e as da polidez negativa são invertidas.

Por exemplo, a regra "Evite invadir o espaço pessoal [do interlocutor]" (p. 184) corresponde ao princípio da não agressão, segundo o qual não se deve "violar o território do outro". Em uma situação argumentativa, e em caso de interação conflituosa, há forçosamente formas de agressão e de conflito, com invasões e contrainvasões territoriais. Uma das regras de polidez recomenda "[se abster] de ser grosseiro [com o interlocutor] ao dar-lhe informações; [abster-se de] fazer críticas bastante ácidas, refutações muito radicais ou reprimendas muito violentas" (p. 184), enquanto em uma situação argumentativa a refutação radical é buscada em vez de evitada, e o questionamento negativo do adversário é uma estratégia padrão. Se porventura houver, na situação argumentativa, o elogio ao adversário, muito provavelmente será uma estratégia para que ele reoriente seu ponto de vista, na interação em curso, ver **Contra-argumentação**.

A interdição aos ataques pessoais advém das regras de polidez que visam a proteger o interlocutor de investidas violentas contra a sua pessoa e que fugiriam ao que está em jogo no debate, ver **Ataque pessoal**.

(ii) *Princípios de polidez orientados para o locutor* – aqui também temos dois princípios, um negativo e outro positivo:

- Princípios de proteção do território do locutor:
  > *Salvaguarde, na medida do possível, seu território (resista às incursões invasoras demais,... não se deixe afundar na lama, não permita que sua imagem seja injustamente degradada, responda às críticas, aos ataques e aos insultos).*

em que temos medidas de proteção da própria face do locutor. Não obstante, "salvo circunstância excepcional, a sustentação em causa própria (*pro domo*) é proscrita na nossa sociedade, que julga severamente as manifestações excessivamente insolentes de autossatisfação" (p. 182-183).

Numa situação argumentativa, os princípios que jogam a favor do locutor são vigorosamente aplicados no que concerne à proteção da própria face. Aquele que argumenta não hesita em fazer elogios de sua própria pessoa (face positiva) tanto quanto de seu território, isto é, do seu ponto de vista, numa interação argumentativa. Essa valorização parece perfeitamente natural, quando aplicada aos objetos "em questão", que constituem o que está em jogo na interação, tanto quanto a pessoa e seus bens. A situação argumentativa não segue à risca as regras da polidez, no que se refere aos objetos e às pessoas em conflito. Talvez essa seja mesmo uma característica fundamental da situação argumentativa.

- Princípios de moderação na valorização de si: "se você tiver de fazer elogios a você mesmo, ao menos o faça de modo atenuado, por meio de lítotes" (p. 184); e você pode até fustigar ligeiramente seu próprio território e praticar uma leve autocrítica (p. 154). Esse princípio pede que se aceite transigir, fazer concessões e todas as coisas que o argumentador pode ou não escolher fazer em uma interação argumentativa, independentemente de se falar de polidez ou de impolidez.

Podemos supor, a partir do que dissemos, que em uma situação argumentativa os protagonistas lançam mão de uma espécie de *antissistema de polidez*, espelho do sistema da polidez. Não obstante, falar de "sistema da impolidez" poderia fazer-nos crer que todas essas intervenções, numa interação argumentativa, são simplesmente impolidas, o que não é o caso, sobretudo porque nesse tipo de intervenção o "tom" empregado pode, por si, já ser alvo de polêmica.

A redefinição do sistema da polidez vale estritamente para os aspectos da pessoa, de suas faces e seus territórios, que estão envolvidos no conflito argumentativo. Fora desse contexto, isto é, de interação argumentativa, as regras de polidez seguem seu curso normal. Sendo assim, é possível que, no jogo da interação argumentativa, um argumentador valorize a sua face e seus territórios, rebaixando a face e o território de seu oponente. Aliás, nesse tipo de situação argumentativa, o argumentador será polido ou impolido como bem lhe aprouver.

(R.B.W.S.P.)

## ▪ Polissilogismo ▶ Sorites

## ▪ Pragmático, arg.

O argumento pragmático corresponde ao *topos* de número 13 da *Retórica* de Aristóteles: "Outro tópico retira-se, já que na maior parte dos casos acontece que a uma mesma coisa se segue um bem e um mal, das consequências: aconselhar ou desaconselhar, acusar ou defender-se, louvar ou censurar" (*Ret.*, II, 23, 1399a10). Ou seja, como se pode sempre atribuir a uma medida, política ou qualquer outra, efeitos positivos e efeitos negativos, seja ela em discussão ou já em aplicação, pode-se sempre recomendá-la realçando seus efeitos positivos ou criticá-la, mostrando seus efeitos negativos.

O argumento pragmático pressupõe uma série de operações argumentativas:

(i) uma *argumentação pela causa*: a partir de um comportamento ou de uma medida dada, apoiando-se em uma lei (pretensa) causal, prediz-se que ela terá mecanicamente certo efeito;

(ii) um *julgamento de valor*, positivo ou negativo, como consequência;

(iii) enfim, tomando-se por argumento a consequência de um fato, há uma *retomada da causa*, para recomendá-la, caso o julgamento de valor que lhe diz respeito tenha sido positivo; ou, em sentido inverso, retoma-se a causa para rechaçá-la, se as consequências forem tomadas por negativas.

Nesta última operação, que caracteriza este tipo de argumento, a argumentação pragmática é, às vezes, considerada como *argumentação pelas consequências*, mas ela é muito diferente da argumentação diagnóstica, a qual reconstrói uma causa a partir de uma consequência. Aqui não é a causa, mas a *avaliação da causa* que é reconstruída a partir da *avaliação da consequência*, ver **Consequência**.

No domínio científico, a argumentação pela causa parte de um fato atestado (*você fuma*), apoiando-se sobre uma lei estatística causal (*fumar aumenta os riscos de câncer*) *para deduzir a consequência* (*você aumenta o seu risco de câncer*). Como ninguém gosta de ter câncer, o julgamento negativo retroage sobre a causa (*eu paro de fumar*). Em domínio sociopolítico, a dedução causal necessária ao estágio (i) da argumentação pragmática reduz-se a uma sequência de elementos correlatos de maneira vagamente plausível, isto é, a uma *narrativa causal*, e, mais frequentemente, a uma simples afirmação: "isto terá como consequência aquilo", ver **Metonímia**.

> *Refutação do argumento pragmático* – o argumento pragmático é refutado pelo argumento sobre os *efeitos perversos*:
>
> *Nouvel Observateur* – Anne Coppel, no livro que publica com Christian Bachmann, *Le dragon domestique* [O Dragão doméstico], você toma partido pela legalização das drogas. Você não teme se passar por alguém de má índole?*
>
> Anne Coppel (A.C.) – Mais do que legalização, preferimos falar de domesticação, uma vez que ela pressupõe uma estratégia progressiva [...]. Ela não suprimirá o problema da droga. Mas é uma solução mais racional, que eliminará as máfias, reduzirá a delinquência, reduzirá também toda a fabulação que gira em torno do mundo das drogas e faz parte do seu marketing.
>
> Jean-Paul Jean (J.-P.J.) – Creio que a legalização produziria tamanha curiosidade que as consequências não se podem, de forma alguma, prever. Quanto mais um produto está presente no mercado, mais aparecerão consumidores potenciais. Chegar-se-á a um ponto em que muito mais gente se drogará. (*Le Nouvel Observateur*, 12-18 out. 1989, ver **Declive escorregadio**)

---

\* N.T.: No original: *suppôt de Satan*.

A.C. argumenta pelos *efeitos positivos* que provocará, segundo ela, a legalização das drogas. J.-P.J. refuta o ponto de vista da entrevistada apontando os *efeitos perversos* da mesma ação. Tais efeitos são chamados de *perversos* porque a pessoa que propõe a medida não o faz por plena convicção, mas, ainda assim, o seu adversário pode acabar por considerar tal medida. Na passagem acima, J.-P.J. não acusa A.C. de propor a descriminalização das drogas *para que* "muito mais gente se drogue". Às vezes, ficamos à margem da questão:

L1: – *Esta política tornará os laboratórios impossíveis de ser geridos e conduzirá à sua explosão!*

L2: – *É justamente o objetivo pretendido.*

Esse caso deriva da regra número 6 de Hedge, segundo a qual "não se deve imputar a uma pessoa as consequências de sua tese" – caso de J.-P.J. –, "a menos que ela não as reivindique expressamente" – caso do locutor L2. Nesse sentido, dizer a alguém que a política (por esse alguém) proposta *levará* o país à ruína e ao caos é uma argumentação pelas consequências. E dizer a esse mesmo alguém que tal política será empreendida *para conduzir* o país à ruína e ao caos é acusá-lo de complô, ver **Normas**; **Regras**; **Avaliação e avaliador**. A acusação de proposição de ações secretas [*un agenda caché*] remete ainda ao *topos* do desvendamento das verdadeiras intenções, ver **Motivos velados e motivos declarados**.

(R.B.W.S.P.)

# ▪ Precedente, arg.

O argumento do precedente corresponde ao *topos* número II de Aristóteles. A conclusão tem como base "um juízo (*ek kriseôs*) sobre um caso idêntico, igual ou contrário" (Aristóteles, *Ret.*, II, 23, 1398b 15-25). Por "julgamento", deve-se compreender não apenas o julgamento de um tribunal, mas qualquer forma de avaliação ou de decisão tomada no passado. E se a causa não tiver sido decidida no tribunal, ela pode advir por meio de *fábulas*, de *parábolas*, ou por meio dos *exemplos*, ver **Ab exemplo**; **Exemplo**. Os provérbios e os versos célebres funcionam como autoridades em muitas situações (Lausberg [1960], § 426).

Os julgamentos são baseados em outras sentenças proferidas no passado, concernentes a casos "do mesmo tipo". A importância dada ao precedente é uma exigência para a atribuição de coerência entre as decisões tomadas. Esse é um caso particular de aplicação do princípio da não contradição. Com base nessa precaução, protegemo-nos, assim, contra qualquer acusação *ad hominem* dirigida a uma instituição, ver **Ad hominem**.

A aplicação do princípio do precedente faz-se segundo as etapas seguintes:

(i) um problema: está-se em presença de um caso $P_1$ a respeito do qual uma decisão deve ser tomada;

(ii) uma pesquisa de problemas e de casos semelhantes;

(iii) uma operação de *categorização*: este caso é análogo a um caso anterior $P_o$; ele entra na mesma categoria que $P_o$, ver **Analogia (III)**; **Categorização**;

(iv) a decisão, o julgamento, a avaliação... E foi decidido a partir do caso $P_o$;

(v) atribuição de um julgamento análogo sobre o caso $P_1$, aplicando-se a regra de justiça. Por "análogo", compreende-se o mesmo julgamento, um julgamento proporcional ou, mais simplesmente, um julgamento coerente com E, ver **Regra de justiça**.

O recurso ao precedente pode ser bloqueado no segundo estágio, quando se podem questionar divergências basilares entre o caso $P_1$ e o caso precedente $P_o$.

O apelo ao precedente é um economizador de energia: o problema do julgamento a ser elaborado é resolvido automaticamente assim que se estabelece a analogia do fato atual problemático com um fato já julgado. Trata-se de um princípio conservador.

(R.B.W.S.P.)

# ▪ Pressuposição

Um enunciado com pressuposto é um enunciado elementar que contém vários julgamentos, com estatutos semânticos e discursivos diferentes. A noção de pressuposição pode ser abordada como um problema lógico ou um problema de linguagem.

## UM PROBLEMA LÓGICO

O problema da pressuposição foi, primeiramente, tratado pela lógica. A lógica das proposições analisadas postula que proposições como "todos os A são B" são suscetíveis de apresentar dois valores de verdade, o verdadeiro e o falso. O problema surge quando não existe nem A nem B. Nesse sentido, a proposição "todos os A são B", então, seria verdadeira ou falsa? Do ponto de vista da técnica lógica, basta acrescentar as premissas "existem As", "existem Bs" e tudo estaria resolvido.

Imaginemos o enunciado *O rei da França é calvo*, proferido em 2012. Não seria ali possível lhe atribuir um valor de verdade, uma vez que, em 2012, na França, não existe rei (Russell, 1905).

Tal enunciado aparentemente monoproposicional traduzir-se-á em linguagem lógica por uma conjunção de proposições, isto é, de três julgamentos, tendo cada um seu valor de verdade:

> *Há um rei na França*
> e/&
> *Só existe um*
> e/&
> *ele é calvo.*

Se o enunciado é afirmado em 2012, a primeira proposição é falsa, sendo assim a conjunção de proposições lógicas representando o enunciado *o rei da França é calvo* é simplesmente falsa. Reprova-se a esta análise o fato de não se levar em conta o sentimento linguístico do locutor comum. No entanto, essa objeção não é pertinente sob o ponto de vista da lógica, para a qual o problema técnico está resolvido.

## UM PROBLEMA LINGUAGEIRO

A pressuposição é definida como um elemento do conteúdo semântico do enunciado que resiste à negação e à interrogação. O enunciado *Pedro parou de fumar*, *pressupõe* que "anteriormente, Pedro fumava" e diz que "agora, Pedro não fuma mais". O enunciado da frase negativa *Pedro não parou de fumar* e o enunciado da frase interrogativa *Pedro parou de fumar?* compartilham do mesmo pressuposto "anteriormente, Pedro fumava". A negação remete ao que foi posto ("Pedro fuma agora"), assim como à pergunta ("Pedro fuma agora?").

*Na teoria da argumentação na língua*, Ducrot redefine a noção de pressuposição como um ato ilocutório que transforma as possibilidades de fala do interlocutor. Essa definição tem a ver com os mecanismos dos acordos no diálogo. O fenômeno da preferência pelo acordo foi claramente identificado por Ducrot no estudo do diálogo como se faz na abordagem pragmática enunciativa. Na análise que virou do avesso nossa visão acerca da noção de pressuposição, Ducrot comenta o efeito "polêmico" que produz a recusa para o interlocutor de respeitar os pressupostos introduzidos pelo locutor (Ducrot 1972: 69-101), ou seja, de maneira geral, a recusa de inscrever sua fala na perspectiva aberta pelo locutor durante o turno precedente. Essa ideia de que um enunciado determina (orienta para) uma "sequência ideal"* é a base do que se tornará a teoria da argumentação na língua.

Ducrot não postula um princípio de acordo pacificador que determinaria as relações de interlocução (o que também não é o caso na teoria das interações). Ducrot ressalta ainda que o acordo é imposto: não se trata de *Nós estamos de acordo, é maravilhoso!* Mas, sim, *Você concorda comigo, não concorda?* Nesse sentido, o ato de pressupor é feito de maneira a não permitir o desacordo. Desse modo, ao introduzir um pressuposto ao seu enunciado, o locutor realiza

> [...] o ato com valor jurídico, e, portanto, ilocucional [...] [que] transforma imediatamente as possibilidades de fala do interlocutor. [...] Trata-se [...] de uma transformação institucional, jurídica: o que é modificado, no ouvinte, e seu direito de falar. (Ducrot, 1977 [1972]: 101)

O pressuposto tem a intenção de impor "um quadro ideológico" (p. 107) ao diálogo ulterior, isto é, canalizar, forçar a fala do outro. A natureza violenta de tal imposição é proporcional à que é necessário implementar para rejeitá-la. O questionamento de um pressuposto é

> [...] será sempre sentida como agressiva, e contribuirá largamente para personalizar o debate, para transformá-lo em disputa [...]. Atacar os pressupostos do adversário [...] significa atacar o próprio adversário. (Ducrot, 1977 [1972]: 102)

A rejeição do pressuposto é agressiva e essa polemicidade se inscreve na língua. Trata-se de um caso particular de recusa do interlocutor em inscrever sua fala no quadro de formatação operado pelo locutor, isto é, de resistência à persuasão, ver **Pergunta capciosa**; **Condições de discussão**; **Persuasão**.

(R.B.W.S.P.)

---

\* N.T.: Na versão em português, temos a tradução *composição possível* (1977: 127), mas optamos por manter a nossa tradução.

# ▪ Princípio de cooperação

Segundo H. P. Grice, a inteligibilidade da conversação é regida por

> [...] um princípio geral que se supõe que os participantes respeitem (*ceteris paribus*) e que se enuncia assim: "faça que sua contribuição à conversação seja tal que ela seja esperada, no estágio em que ela é produzida e em função do objetivo comum ou da orientação da troca da qual você participa. (Grice, 1975: 45)

Esse princípio, chamado "princípio de cooperação", desdobra-se em quatro formas, "quantidade, qualidade, relação e maneira" (p. 45). O princípio de cooperação age sobre a gestão da própria ação conversacional, sobre as maneiras de "conversar em conjunto".

Podem-se aproximar esses quatro imperativos daqueles que são prescritos para uma argumentação normativa, ver **Regras**.

- O princípio de *quantidade* recomenda que seja fornecida exatamente a quantidade de informações necessárias, nem mais nem menos.
- O princípio de *qualidade* preconiza que a informação seja verdadeira, o que se pode aproximar da exigência de *accuracy*, mencionada na regra pragmadialética número 8. O império da verdade é ainda afirmado pelas regras de Hedge "para uma controvérsia honrosa".
- O princípio de *relação*, "*be relevant*", recai sobre a pertinência da intervenção. Está ligado à relação da intervenção com o tema do diálogo. Grice reconhece a dificuldade que se tem para identificar o que é pertinente numa troca entre interactantes. A regra pragmadialética número 4 refere-se a essa mesma exigência, ver **Pertinência**.
- O princípio da *maneira* corresponde ao imperativo "*be perspicuous*", "seja claro". Encontra-se, ali, a recusa da falta de clareza de expressão; a ambiguidade (a primeira das falácias aristotélicas); a "*unnecessary prolixity*", que corresponde à falácia da verborragia, condenada pela amplificação retórica, ver **Verborragia**.

Grice afirma que seus princípios exprimem o caráter *racional* dos preceitos que regem uma conversação; "uma das minhas posições explícitas é considerar a fala [*talk*] como um caso particular, um gênero do comportamento intencional [*purposive*], autenticamente [*indeed*] racional" (1975: 47), tanto quanto sua característica *razoável*: trata-se não somente de "qualquer coisa com a qual nos conformamos DE FATO, mas também de alguma coisa que é RAZOÁVEL [*reasonable*] fazer e que não devemos abandonar" (p. 47; maiúsculas no texto original).

Em situação argumentativa, a noção de cooperação é uma questão estratégica redefinida pelos participantes, que não necessariamente estão dispostos a cooperar com sua própria refutação, ver **Diagrama de Toulmin**. As regras específicas, que buscam assegurar uma discussão honrosa ou racional, são, no fim das contas, uma imposição de cooperação entre os participantes, ver **Regras**.

Os enunciados que violam os princípios de Grice não são eliminados como "falácias", mas compreendidos como atos de linguagem indiretos. Em outros termos, não se trata de apontar como "falácia!" algo que simplesmente não esteja conforme as regras conversacionais, quaisquer que sejam elas, mas sim de se perguntar o que tal asserção *quer dizer*, tentando compreender por que as regras ali não foram respeitadas e *por quais boas razões* não o foram. Analisar falácias sob uma perspectiva pragmática pressupõe levar em consideração as condições contextuais da troca em exame.

Em certos contextos estratégicos, que não são os considerados por Grice, os locutores estão mais ou menos liberados de suas obrigações de cooperação, ver **Polidez argumentativa**. Não há nada de escandaloso ou de falacioso nisso, na medida em que os interactantes estejam conscientes de estarem em um contexto intencionalmente opaco.

(R.B.W.S.P.)

## ▪ Progresso, arg.

Por definição, "o progresso avança" e o argumento do progresso valoriza aquilo que vem depois, o posterior, como sendo o melhor. Nesse sentido, se $F_2$ vem *depois* de $F_1$, então $F_2$ é *preferível* a $F_1$, ver **Sizígia**.

O argumento do progresso refuta os apelos aos antigos e todas as formas de autoridade que eles representam. É um poderoso instrumento de crítica das práticas antepassadas, as quais são consideradas como ultrapassadas pelo simples fato de que vieram *antes*. As práticas contemporâneas que as reivindicam e lhes dão continuidade são consideradas *retrógradas*. Para condenar uma certa prática, por exemplo, a tourada, num primeiro momento, comparam-na e categorizam-na em relação a outras práticas (*queimar gatos, organizar brigas de galos, pregar as corujas sobre as portas dos celeiros ou das granjas, utilizar ratos como alvo para o jogo de dardos*). Em um segundo momento, ordenam-se temporalmente tais categorias, constatando-se que as práticas mais antigas caíram em desuso para, em seguida, concluir que a *marcha da história* condena igualmente as touradas:

> Não se queimam mais os ratos nos átrios das catedrais, as brigas de animais foram proibidas em 1833, não se pregam mais as corujas, e os ratos não são mais crucificados como alvos no jogo de dardos. O que quer que digam os defensores das touradas, essa prática que leva à morte está com os dias contados. (*Le Monde*, 21-22 set. 1986)

O argumento do progresso alimenta a eterna querela dos antigos e dos modernos. Sob sua forma radical, este argumento afirma a absoluta superioridade dos modernos sobre os antigos, tanto nas artes e instituições como nas ciências. Poder-se-ia dizer que tal superioridade seria a do indivíduo moderno sobre seus ancestrais. Relativizando, diríamos que o argumento do progresso é compatível com a superioridade individual dos antigos: *Somos anões sobre os ombros dos gigantes* – assim nós não somos maiores, mas mais altos, nós vemos mais longe do que os próprios gigantes. Não obstante, podemos contra-argumentar, afirmando que os piolhos sobre a cabeça dos gigantes não veem mais longe do que os gigantes.

O argumento do progresso se opõe ao da *decadência*, que atribui aos antigos todas as virtudes.

Argumento da novidade

❖ A designação *ad novitatem* é às vezes, empregada para nomear o argumento da novidade, no primeiro sentido (ver adiante). A palavra latina *novitas* significa "novidade"; condição de um homem que, o primeiro de sua família, alcança as "honras", o *status* de senador (Gaffiot [1934], art. *Novitas*); ele se opõe a *nobilitas*. Sua orientação argumentativa pode ser positiva (*novitas* opõe-se a *nobilitas* decadente), ou negativa: o *homo novus*, vindo de lugar nenhum, é considerado sob suspeição.

*Orientação contemporânea* – na sua interpretação contemporânea, o argumento da novidade está ligado ao argumento do progresso. Nesse sentido, o argumento do progresso considera que "o que acaba de sair" é "o melhor" e que o que é *"déjà vu"* está ultrapassado. Ali há a valorização da *inovação* em relação ao *conservadorismo*, e o *novo* (o *sangue novo*) é preferível em detrimento daquilo que é julgado como *gasto, usado*. Tal forma de compreensão subentende a seguinte lógica:

> *Seja o primeiro a adotar.*

Nesse sentido, um *manual que acabe de ser editado* é forçosamente superior aos seus precedentes, e o *homem novo* já entra em cena como um salvador.

*Orientação tradicional* – ao valorizar aquilo que é mais recente, o que não tem precedente, o argumento do progresso inverte a visão tradicional positiva atribuída ao antigo. Com efeito, tradicionalmente, e sobretudo na área religiosa, alguém dizer de uma ideia ou de uma doutrina que era uma novidade era condená-la como herética: "a novidade era vista como o sinal de algum erro, e a *novitas*, tanto quanto a *pertinacia*, era indício de heresia" (Le Brun, 2011, § I). A *pertinacia* é a insistência no erro. Julgar algo como "uma novidade" sofre assim *uma inversão de sua orientação argumentativa*.

(R.B.W.S.P.)

# ▪ Prolepse

Assim que intervém no espaço argumentativo aberto por uma questão, o locutor pode escolher apresentar seus argumentos e suas conclusões em contraposição a um discurso que ele rejeita já de início, mesmo antes que esse discurso seja apresentado efetivamente. Nesse sentido, o locutor antecipa os argumentos de seu oponente, presentes apenas polifonicamente na arena argumentativa ou evoca objeções que lhe foram dirigidas por um oponente real, mas em outra ocasião. Esse contradiscurso não foi efetivamente apresentado, mas meramente "reconstruído" pelo locutor. Nos dois casos, ele coloca (e retira) as palavras na boca do oponente, usando uma estratégia de fagocitagem das objeções ou da refutação que ele, o locutor, presume que serão apresentadas pelo oponente: *Eu sei (melhor que você) o que você vai me dizer*. A prolepse reformula o contradiscurso com um grau indeterminado de distorção, segundo seja citado ao pé da letra ou vagamente evocado, esboçando um simulacro de objeção que pode ser considerado um espantalho que se autorrefuta, ver **Contra-argumentação**.

O grau de rejeição do contradiscurso é ele próprio variável: ele pode ser radicalmente rejeitado como absurdo (*trata-se de arruinar todos os pequenos poupadores? Não, muito pelo contrário, e por muitas razões..*) ou mantido, categoricamente. Nesse sentido, a dupla modalizador-refutação do modelo ou diagrama de Toulmin pode ser considerada também como um tipo de prolepse, ver **Diagrama de Toulmin**.

Os enunciados circunstanciais concessivo-refutativos e os enunciados coordenados por *mas* são desse tipo. Não obstante, a estrutura proléptica cobre esquemas discursivos mais amplos cuja configuração corresponde à exposição de dois discursos antiorientados, com a identificação do locutor com um dos enunciadores. A argumentação proléptica representa o desenvolvimento máximo da argumentação monologal, ver **Destruição do discurso; Concessão; Refutação**.

A retórica usa vários termos para descrever tal situação. A *antecipação* designa uma estrutura refutativa, composta por uma *prolepse*, que evoca a posição de um oponente real ou fictício, seguida por uma hipóbole, que refuta esta posição (Molinié, 1992, art. *Antéoccupation*), ou que exprime a posição efetivamente sustentada pelo locutor. Lausberg ([1963], § 855) menciona, com o mesmo sentido, o termo *pré-ocupação*, em que *pré-* é um prefixo com o sentido de *ante-*, "por antecipação". Traz ainda o mesmo sentido de prolepse a *procatalepsis*\* e a metátese. Essa última como configuração discursiva pela qual o locutor "lembra aos ouvintes os fatos passados, apresenta-lhes os fatos que virão, prevê as objeções" (Larousse do século XX, apud Dupriez, 1984: 290). O termo *metátese* designa ainda o deslocamento de uma letra ou de um som no interior de uma palavra, ver **Concessão**.

(R.B.W.S.P.)

# ▪ Proponente ▶ Papéis argumentativos

# ▪ Proporção

❖ Em grego, a palavra *analogia* significa "proporcionalidade", como o latim *proportio*.

A noção de *proporção* é definida como uma analogia que incide não sobre indivíduos, mas sobre, ao menos, duas ligações.

Uma *ligação é* uma relação entre dois termos a/b, c/d/ e/f, 3/5, 2/3, 3/4... A analogia de proporção coloca assim em jogo ao menos quatro termos. Ela é assim anotada:

a/b ~ c/d
2/3 = 14/21

Em *Matemática*, a analogia corresponde às noções de proporção e de similitude. As relações em jogo não são "análogas", mas de igualdade estrita.

Em *Aritmética*, a *proporção* corresponde à equação de primeiro grau com uma variável de valor desconhecido, isto é, à "regra de três":

---

\* N.T.: Não encontramos vocábulo equivalente em língua portuguesa. Tanto a versão em inglês quanto a versão em espanhol do *Dictionnaire* mantiveram o termo no original.

a/b = c/x em que ax = bc; e x = bc/a

Em *Geometria*, fala-se de *similitude*. Duas figuras semelhantes têm a mesma forma e dimensões diferentes. Dois triângulos semelhantes têm seus ângulos iguais e seus lados proporcionais.

De forma geral, a analogia de *proporção* afirma que dois pares de seres estão ligados pelo mesmo tipo de relação:

> escama: peixe ~ pena: pássaro
> luva: mão ~ sapato: pé
> chefe: grupo ~ comandante: navio

A argumentação lança mão da analogia de proporção, que atua por meio de mecanismos de paralelismo:

> (*Já que*) *a todo comandante é necessário um navio, a todo grupo é necessário um chefe!*

A analogia de proporção encontra, eventualmente, em seu caminho, a autorrefutação irônica:

> *Uma mulher sem homem é como um peixe sem bicicleta.* (atribuída ao MLF,* retomado por Pierre Desproges etc.)

Ver **Analogia**.

(R.B.W.S.P.)

# ▪ Proposição

1. No sentido gramatical, a proposição corresponde a um segmento de discurso, uma oração, organizado em torno de um verbo conjugado em um modo finito, tendo um sujeito próprio.
2. Em Lógica, uma proposição é um julgamento do qual se pode dizer que ele é ou verdadeiro ou falso, ver **Lógica Clássica (II)**.
3. Em teoria da argumentação, a proposta é especificamente o ato característico do papel do proponente. Os dois sentidos precedentes são igualmente usados no domínio da argumentação, ver **Argumento – Conclusão; Papéis argumentativos**.

(R.B.W.S.P.)

# ▪ Proposição inversa

Em Lógica, duas proposições são *inversas* [*converses*], isto é, estabelecem uma relação de conversão, se elas permutam seus sujeitos e seus predicados. Nessa relação proposicional as duas proposições são assim formadas:

---

* N.T.: MLF = Mouvement de Libération des Femmes, organização feminista muito atuante na França nos anos de 1970.

< A + predicado + B > e < B + [mesmo predicado] A >
*João come o leão/O leão come João*

A proposição inversa de uma proposição verdadeira não é necessariamente verdadeira, ver **Lógica Clássica (II)**.

Em gramática, o mecanismo de conversão pode aplicar-se a diversos tipos de estruturas não necessariamente proposicionais, por exemplo:

< N1 de N2 > e < N2 de N1 >

Ou, ainda, pode aplicar-se ao grupo por inteiro < Adj. + Subst. >: *Mais vale um fim catastrófico do que uma catástrofe sem fim.* Essa conversão (de adjetivo para substantivo) corresponde à figura *antimetábole*, ver **Orientação**.

Podemos desafiar radicalmente uma afirmação apoiando a afirmação inversa, ver **Causalidade (II)**; **Analogia**:

L1:     A *é a causa de* B; A *é como* B; A *imita* B.

L2:     *Não, é* B *que é a causa de* A! *É* B *que é como* A. *É* B *que imita* A.

Da mesma forma, uma estratégia radical de defesa consiste na conversão do papel de acusador para o de acusado: *O culpado é quem me acusa!*, ver **Reciprocidade; Estase**.

A réplica pueril *...é quem me diz!* (*... est celui qui m'accuse!*), de forma bastante coloquial, não deixa de ser um processo de conversão:

L1:     *Foi você quem pegou a laranja!*

L2:     *Não, foi você! Ladrão é quem me diz.*

O fato de L1 acusar L2 é usado por L2 como argumento para acusar L1.

(E.L.P. e R.D.M.)

# ▪ Prosódia ► Paronímia

# ▪ Prova e artes da prova

**A PROVA**

*Provar* deriva do latim *probare*, "fazer uma tentativa, provar, verificar". Esse valor etimológico encontra-se nos derivados de *provar*, *prova*, *probatório*, *provação*, os quais, assim como o vocábulo *prova*, evocam a sanção de uma experiência concreta. Como na argumentação, a demonstração e a prova não se analisam da mesma maneira, havendo ali idiossincrasias, segundo as áreas.

As provas se diferenciam em função do tipo de confronto (real ou possível) e do tipo de linguagem (linguagem de tal ciência ou linguagem comum). O estabelecimento de grandes classes de provas é uma das tarefas dos epistemólogos.

Fala-se de *demonstração* e de *prova* em Matemática e em ciências. Fala-se igualmente de provas (especulativas) em Teologia (prova considerada ontológica da existência de Deus, em razão dos graus de perfeição dos seres) ou em Filosofia (prova da existência do mundo exterior).

Nas ciências, os modelos teóricos preditivos podem receber uma validação empírica. Nesse sentido, quando um experimento científico predito é atestado, considera-se que os cientistas receberam uma *confirmação* ou uma *prova experimental*, a partir de uma explicação apresentada.

Em Direito, como na vida ordinária, *apresenta-se a prova* de um fato ou da legitimidade de uma ação.

## HETEROGENEIDADE DO DISCURSO DA PROVA

Em todas as áreas, o discurso da prova é funcionalmente heterogêneo e, por essa razão, cumpre uma série de funções:

- função *alética*: estabelece a verdade de um fato ou de uma relação, sejam eles incertos ou contestados;
- função *explicativa*: apresenta um fato ou um conjunto de fatos, integrando-os num discurso histórico, demonstrativo ou narrativo coerente;
- função *epistêmica*: institui uma crença, justificada, o que lhe permite o aumento ou mesmo estabilização de conhecimentos;
- função *estética*: relativamente evidente, e, se possível, elegante;
- função *retórica*: convence;
- função *psicológica*: elimina a dúvida e inspira confiança;
- função *dialética*: elimina a contestação e encerra o debate. Ali a prova obtida pela demonstração não é contestada facilmente;
- função *social*: deve *tranquilizar a sociedade*, sobretudo em questões judiciárias; a rejeição de evidências é um grande problema que a sociedade global contemporânea enfrenta;
- função *profissional*: funda um *consenso legítimo* na comunidade competente, a qual define a problemática e precisa o tipo de prova a ser empregada.

A prova não pode de jeito algum ser caracterizada como um bloco de evidências que se poderia opor ao argumento.

## A PROVA ENTRE FATO E DISCURSO

A prova se constrói numa linguagem, natural ou formal, e se materializa no discurso. Segundo a concepção formal, a *prova formal* ofertada pela demonstração hipotético-dedutiva constitui a prova por excelência. Seu correspondente em língua comum seria a argumentação pela definição essencialista usada em Filosofia e em Teologia. Nas outras áreas de atividades, o discurso probatório necessita de um "suplemento de realidade". Ali nos orientamos a partir da *prova como fato*. Nesse sentido, a prova é, naquele domínio, construída por uma série de manipulações e de investigações cuja designação remete a realidades concretas: reúnem-se "elementos de prova" e "meios de prova", onde é necessário "mostrar-se capaz de provar algo" e também "apresentar provas", "trazer as provas". É nesta relação com o real que a prova se diferencia da demonstração.

A prova como *fato* nega o discurso que lhe serve de sustentação. Ela supõe a evidência não discursiva das realidades materiais (dados para serem vistos e tocados) e realidades intelectuais, claras, distintas e necessárias. A prova de que eu não assassinei Pedro é que ele está aí, bem vivo diante de vocês; ou, como diz Grize, "o fato é o melhor dos argumentos" (1990: 44). Porém o fato é apresentado num discurso, e a cruel experiência de Semmelweis ensinou-nos definitivamente que a existência de fatos constatados e correlatos não cria a sua aceitação (Plantin, 1995: cap. 7).

As abordagens da argumentação enquanto *técnica discursiva, orientação do discurso, esquematização* ou *diagrama discursivo, diálogo* ou *interação* ancoram o estudo da argumentação no das práticas linguageiras comuns, eventualmente enquadradas por sistemas de normas cuja função é de fazer progredir as práticas. A argumentação é, assim, nitidamente distinta das pesquisas em Epistemologia ou em metodologia científica e não se confunde com as teorias ou a Filosofia da prova, da demonstração, da explicação ou da justificação em Lógica, em Matemática ou em ciências, ver **Demonstração e argumentação**.

*O lobo e o cordeiro* – a fábula de La Fontaine "O lobo e o cordeiro" (2002, I, X) ilustra, ao mesmo tempo, o funcionamento comum do discurso da prova, mostrando de que modo a prova não é determinante das ações:

> Onde a lei não existe, ao que parece,
> a razão do mais forte prevalece.

É isso que vamos mostrar a seguir.

> Situação:
> Na água limpa de um regato,
> matava a sede um Cordeiro,
> quando, saindo do mato,
> veio um Lobo carniceiro.

> Tinha a barriga vazia,
> não comera o dia inteiro.
> – Como tu ousas sujar
> a água que estou bebendo?
> – rosnou o Lobo, a antegozar
> o almoço. – Fica sabendo
> que caro vais me pagar!

O delito do cordeiro é pressuposto pelo lobo (*Como tu ousas sujar a água que estou bebendo?*). O pedido de explicação sobre os motivos (*Como tu ousas*) parece deixar ao cordeiro uma possibilidade de justificativa, mas ela é imediatamente seguida por uma condenação (*caro vais me pagar!*). Essa fala do lobo é um tanto quanto misteriosa: por que ele iria dar satisfação ao cordeiro? Ele poderia simplesmente deliciar-se com o alimento que estava à procura e que enfim encontrara. Ele poderia simplesmente devorar o cordeiro com a mesma facilidade com que o cordeiro estava bebendo a água. O cordeiro, então, responde, constatando a evidência de sua justificativa, **Evidência**:

> – Senhor – falou o Cordeiro –
> encareço à Vossa Alteza
> que me desculpeis, mas acho
> que vos enganais: bebendo,
> quase dez braças abaixo
> de vós, nesta correnteza,
> não posso sujar-vos a água.

A conclusão apresentada pelo cordeiro é rigorosa, uma vez que as leis da física são tais que o córrego não volta jamais à fonte. Mas quem disse que "concluir" significa "impossível de contradizer"? Vejamos o desenrolar da fábula:

> – Não importa. Guardo mágoa
> de ti, que ano passado
> me destrataste, fingindo!

Este ataque do lobo, seguido por uma terceira investida, é imediatamente contradito pelo cordeiro, de maneira categórica e conclusiva:

> – Mas eu nem tinha nascido.
> – Pois então foi teu irmão.
> – Não tenho irmão, Excelência.

Mas o último argumento do lobo é irrefutável, e não deixa mais o cordeiro falar:

> – Chega de argumentação.
> Estou perdendo a paciência!
> – Não vos zangueis, desculpai!
> – Não foi teu irmão? Foi teu pai
> ou senão foi teu avô –
> disse o Lobo carniceiro.
> E o Cordeiro devorou.

E conclui-se que as boas razões não determinam o curso da história:

> Onde a lei não existe, ao que parece,
> a razão do mais forte prevalece.

## ARTES DA PROVA

*Argumentar, provar, demonstrar*: um campo léxico-semântico – a linguagem comum propõe os termos seguintes para designar a família de noções e de atividades inferenciais que constituem o que se pode chamar as *artes da prova*:

| Substantivo | Verbo | Adj. em -*ável* | S. deverbal | S. agente | Adjetivo |
|---|---|---|---|---|---|
| | demonstrar | (in) demonstrável | demonstração | ≠ demonstrador | demonstrativo |
| argumento | argumentar | *argumentável | argumentação | argumentador | argumentativo |
| prova | provar | (im)provável | provação | ≠ provador | probatório |
| a/uma razão | raciocinar | razoável | raciocínio | ≠ raciocinador | |

Os termos que compõem o microcampo das artes da prova articulam-se segundo múltiplas dimensões.

- Somente *argumentar* produziu um substantivo agente, *argumentador*. Falamos de *demonstrador* não no universo da argumentação, mas para nos referir aos indefectíveis manuais de aparelhos eletrodomésticos. Já o termo *provador* é utilizado quando se refere "*àquele* que prova", função legada aos *advogados*. *Argumentar* indica um envolvimento subjetivo no mecanismo de construção da prova.

- *Provar* só admite os derivados *provação* e (sustentação) *probatória*, na área do direito. Nesse sentido, um processo e o resultado da ação \*probatória em ciência só podem ser designados como uma *demonstração*, o que contribui para tornar mais fluida a distinção teórica que se pode tentar estabelecer entre os conceitos de *prova* e de *demonstração*.

- *Demonstrar* e *provar* admitem orações substantivas em *que*, deixando patente que uma afirmação é verdadeira: *Pedro provou/demonstrou que Paulo era o verdadeiro culpado*. Já o vocábulo *argumentar* não apresenta a verdade de seu complemento nem o resultado do processo:

  *Pedro [*argumenta??] sustenta que Paulo é o verdadeiro culpado.*
  *Pedro argumenta no sentido de uma retomada das relações diplomáticas.*

Parece que a relação de *argumento* à *prova* é uma distinção aspectual, ou seja, a que vai do não completo ao completo: *argumentar* não é mais uma forma fraca de *provar*, assim como *procurar* não é uma forma fraca de achar.

- *Prova*, *argumento* e *demonstração* podem, contudo, funcionar em coorientação, como quase-sinônimos, em muitos contextos: o advogado fornece uma bela *demonstração* por meio da qual ele apresenta *provas* decisivas e *argumentos* convincentes. Esse uso mobiliza tanto argumentos quanto provas, a prova sendo a apoteose do argumento. A prova atua ali como "argumento implacável" (*a knock-down argument* – Hamblin, 1970: 249). A prova é a intenção, a visada ou o sentido do argumento.

- Marcadores de posição. Esses termos, que se poderiam considerar como quase-sinônimos, podem, no debate, aparecer claramente como marcadores de posições argumentativas. Na área judiciária, o juiz ouve as *declarações e os argumentos* dos advogados das partes. Naquele contexto, cada uma das partes apresenta (o que ela considera como) *provas*, rejeitando as alegações apresentadas por seu adversário, tachando-as como *argúcias*. Nesse caso, não se trata mais de termos sinônimos, mas de antônimos antiorientados. A diferença entre *a prova*, *o argumento* e *a argúcia* torna-se uma simples questão de ponto de vista. O valor probatório confunde-se com a apreciação positiva que eu atribuo à minha argumentação e que eu recuso ao meu adversário. De modo geral, uma objeção polida acaba sendo entendida como um simples *argumento*. E, seguindo-se essa lógica, um *argumento* seria visto, então, como um "atenuador lexical" da *prova* e seu uso manifestaria uma distância, um engajamento mínimo do locutor com o seu discurso.

A distinção *demonstração/prova/argumento* parece, antes de mais nada, sensível à presença ou à ausência do contradiscurso. Isso pode explicar o fato de encontrarmos o termo *argumento* nas duas extremidades da atividade científica: no ensino e na discussão das controvérsias mais acirradas sobre questões diversas, em que os discursos teórica e tecnicamente mais bem fundamentados ganham o *status* de argumentos, pelo simples fato de estarem inseridos num contexto em que há desacordo.

## UNIDADE DAS ARTES DA PROVA

As artes da prova – argumentação, demonstração e prova – compartilham as características seguintes, mesmo no campo científico:

- *Uma interrogação.* Parte-se de um problema, de uma possibilidade, de uma incerteza, de uma dúvida dizendo respeito a uma proposição.
- *Uma intenção.* Trata-se de discursos intencionais: ninguém encadeia proposições sem uma visada, seja ela demonstrativa ou argumentativa.
- *Uma linguagem e um discurso.* Quer se trate de provar, de argumentar, de demonstrar, de justificar, de explicar, todas essas atividades supõem um suporte semiótico, uma linguagem e uma combinação linear de enunciados. Acontece provavelmente o mesmo com o raciocínio, ainda que o termo chame atenção para os aspectos cognitivos do processo.
- *Uma inferência.* A noção de inferência é uma noção primitiva, definida por meio de termos que lhe são sinônimos (derivação de uma proposição a partir de outra). Percebe-se o que ela é por oposição: o procedimento inferencial opõe-se ao procedimento intuitivo pelo qual uma proposição é afirmada "imediatamente" sobre a base de sua percepção direta. No caso da inferência, o verdadeiro é *afirmado indiretamente,* por meio dos dados e premissas, expressos pelos enunciados e apoiados em princípios cuja natureza depende da área concernida, ver **Inferência; Conhecimento imediato e conhecimento por inferência**.
- *Instituições e comunidades de praticantes,* isto é, o conjunto dos locutores num caso; grupos restritos de peritos em outro.
- Argumentação e demonstração em ciências fazem-se *em referência a alguma coisa, isto é, sob a coerção de um mundo exterior.* Pode-se, com certeza, sempre, dizer qualquer coisa, mas, às vezes, a realidade diz *não.* A realidade contribui para a determinação da validade. O procedimento de modelização, a prática da prova e da argumentação supõem a experiência, a referência aos seres e aos acontecimentos.

## ARGUMENTAÇÃO E DEMONSTRAÇÃO: ANTAGONISMO OU ALIANÇA?

As abordagens neorretóricas opõem a argumentação à demonstração, esta última restringindo-se a uma disciplina particular, a lógica formal, considerada como um produto. Costuma-se distinguir a demonstração como *produto,* isto é, a demonstração monológica, impecavelmente exposta nos manuais, e a demonstração como *processo*, tal como construída empiricamente, em situações que podem dar lugar ao diálogo. Caso se compare a demonstração e a prova (vistos como produtos estanques, advindos de uma situação monologal) à argumentação, poderemos constatar que elas se opõem pela qualidade das premissas, pelo modo de contextualização e de referência aos objetos, o modo de inferência, o uso do cálculo e a relação com a observação e a experiência. Elas se diferenciam igualmente pela natureza do seu suporte semiótico, linguagem natural ou linguagem formal (apoiada na linguagem natural). O discurso científico diferencia-se ainda do discurso natural pela ausência de modalidades enunciativas e interlocutivas, pela evitação da sinonímia, pela eliminação da homonímia e da polissemia, do significado instável e de qualquer deslizamento de significação figurativa. Consequentemente, constata-se uma verdadeira ruptura entre demonstração e argumentação (Duval, 1992-1993, 1995).

A importância dada ao papel da incerteza e da possibilidade de revisão na construção da demonstração corresponde a uma "política" análoga à proposta por Quine para construir sua lógica formal: "esta política inspira-se no desejo de trabalhar diretamente com a linguagem usual até o momento em que há um ganho decisivo em abandoná-la" (1972: 20-21). *Mutatis mutandis*, acontece algo parecido quando nos referimos aos processos argumentativos em relação à demonstração, isto é, a aprendizagem elementar da demonstração busca apoio nos processos argumentativos, mas esses podem muito bem da demonstração se distanciarem, desde que haja um ganho a se obter ali. Nesse fogo-cruzado, interpenetram-se a argumentação (dialogal) e a demonstração (monologal no seu produto e dialogal em seus modos de construção).

Pode-se falar, nesse sentido, de uma *construção argumentativa da demonstração*, através de uma série de rupturas que se situam em níveis diferentes. Termos, objetos, regras e modalidades de experiência são cada vez mais bem definidos. Os elementos redundantes e as percepções não pertinentes são expulsas do contexto. O discurso torna-se cada vez mais impessoal, isto é, as vozes se fundem ou são eliminadas. A linguagem natural é transformada e substituída, parcial ou totalmente, por uma língua formal, inspirada no cálculo. A comunidade de interlocutores qualificados intervém de maneira cada vez mais organizada... etc. Ao término de tais metamorfoses, o argumentativo tornou-se demonstrativo, permitindo a construção de saberes (Nonnon, 1996; Baker, 1996; De Vries, Lund e Baker 2002; Buty e Plantin 2009).

Por exemplo, a argumentação, que parte da língua natural, está sistematicamente atrelada à ambiguidade. Isso porque, se nos detivermos à etimologia, podemos dizer que a ambiguidade define a situação argumentativa, uma vez que o verbo latino *ambigere* significa "debater, estar em controvérsia, em processo". Mas isso não significa que a linguagem argumentativa esteja, em sua essência, condenada à ambiguidade. A desambiguização faz parte do programa crítico da argumentação, que trata tal questão (a desambiguização) tanto como uma crítica meta-argumentativa (via teoria das falácias), quanto como um trabalho de distinção (*distinguo*) operado pelos próprios participantes, caso se prefira uma definição imanente da crítica. Enquanto a univocidade é colocada como condição do fazer científico, no trabalho argumentativo ela é coadjuvante, aparecendo como uma das últimas etapas do processo de construção argumentativa, ver **Ambiguidade**; **Homonímia**.

Os contextos de aprendizado ilustram perfeitamente tal situação. As humanidades são prisioneiras de uma concepção de argumentação baseada em discursos logocentrados, nos quais tudo (e o contrário de tudo) pode ser dito. A partir de tal concepção, construiu-se um antagonismo confortável com "a demonstração lógica", espectro cômodo, mas insuficiente. O reposicionamento da argumentação como atividade complexa, combinatória de provas heterogêneas, situada em um meio material eventualmente sofisticado, permite afastar-se um pouco desta visão "logocêntrica" tradicional. A discussão entre dois mecânicos sobre a melhor maneira de consertar um motor, ou de dois alunos sobre a forma dos raios que saem de uma lente, é também prototípica do que constitui uma situação argumentativa, de um conflito de opiniões, em que a linguagem só deve satisfação a ela mesma.

(R.B.W.S.P.)

## ▪ Provas "não técnicas"

As provas "não técnicas" opõem-se às provas "técnicas", ver **Provas "técnicas" e "não técnicas"**; **Provas "técnicas"**. As provas "não técnicas"\* são os elementos materiais, factuais, levados ao conhecimento de um tribunal. [De fato, a testemunha, a investigação e pontos semelhantes] "se relacionam com a própria coisa que está em julgamento" (Quintiliano, *Inst.,* V, II, 44) e definem a estrutura da causa submetida ao tribunal. Podem ser objeto de um tratamento retórico secundário, mas sua constituição escapa ao trabalho do retor. A existência ou não de um contrato é um fato.

Aristóteles considera que se deve englobar no território do não técnico, por exemplo, "provas como testemunhos, confissões sob tortura, documentos escritos e outras semelhantes" (*Ret.* I, 2, 1355b35). Contudo, a lista das provas "não técnicas" varia um pouco. Quintiliano considera como provas "não técnicas": "os boatos, dados obtidos sob tortura, documentos públicos, juramentos, testemunhos, em que consiste a maior parte das discussões forenses" (*Inst.,* V). Os precedentes, os boatos e os juramentos também estão presentes na lista de Aristóteles. A questão da ligação da autoridade às provas "não técnicas" é também discutida. Tal lista compreende os elementos seguintes:

*Documentos, escritos* – os elementos materiais (arma do crime, roupa da vítima, assim como os documentos escritos (contratos); todos os elementos materiais ligados a um processo não constituem prova da mesma forma.

*Precedente* – como elemento de técnica jurídica, trata-se de um dado de tradição judiciária, ver **Precedente**.

*Rumores* – a opinião pública é uma forma de autoridade, talvez ligada à possibilidade de recurso ao povo por meio do argumento *ad populum*, ver **Autoridade**; *Ad populum*.

*Testemunho* – entram nesse grupo não somente as testemunhas dos fatos, mas também as autoridades e os autores antigos, os oráculos, os provérbios, as opiniões de pessoas importantes, ver **Autoridade**; **Testemunho**.

---

\*    N.T.: A versão original traz ali *provas técnicas*, quando, na verdade, se refere a *provas não técnicas*. A retificação é por nossa conta.

*Juramento* – a validade do testemunho do cidadão é garantida pelo juramento, e a do escravo, pela tortura.

*Torturas* – a consideração dos "relatórios" de declaração obtidos sob tortura é chocante e nos lembra que as democracias e repúblicas antigas haviam se habituado com a escravidão e a tortura. A *Retórica a Herênio* mostra friamente como se deve tratar os discursos para valorizar ou destruir dados, em um tribunal:

> Falaremos a favor do testemunho sob tortura quando demonstrarmos que, para descobrir a verdade, nossos antepassados já interrogavam aplicando tormentos e suplícios, e que a dor extremada coage os homens a dizer tudo que sabem [...] Contra o testemunho sob tortura, falaremos primeiro que os nossos antepassados teriam empregado a tortura apenas em situações em que houvesse certeza, quando pudessem reconhecer o testemunho verdadeiro e desconsiderar o falso, por exemplo, quando se queria saber em que lugar algo foi colocado, ou qualquer coisa que pudesse ser vista ou comprovada por vestígios, ou pudesse ser percebida por meio de um indício semelhante. Finalmente diremos que não se deve acreditar na dor, porque uns resistem a ela mais que outros, porque uns são mais engenhosos ao recordar, porque amiúde podem saber ou suspeitar o que o inquiridor deseja ouvir, porque sabem que falando terá fim a dor. ([Cícero] *Her.*, II, 10)

Poder-se-ia alongar a lista de provas consideradas "não técnicas". Por exemplo, o *milagre* constituía uma forma de persuasão não técnica, em outra época e cultura. Durante a primeira Idade Média, o *ordálio*, ou julgamento de Deus, era também uma forma de supor que a verdade saltaria aos olhos de forma não técnica: se o acusado atravessasse um braseiro e dali saísse vivo, era inocente; se ele morresse, é porque era culpado e, por isso, teria realmente merecido a morte.

Na nossa época, deve-se juntar à lista de provas apresentadas pela polícia científica, por exemplo, os testes de DNA.

*Preeminência das provas "não técnicas"* – nos casos correntes, os fatos, os documentos, as testemunhas, ou seja, as provas materiais, permitem decidir o litígio: "quando uma das partes dispunha de provas não técnicas a questão estava clara para os juízes, não era necessário argumentar muito" (Vidal, 2000). A prova factual é, evidentemente, essencial na área judiciária, e é claro que a linguagem aí tem um papel importante na apresentação dos fatos. Mas, quando num processo não se dispõe de nenhum elemento de prova factual, deve-se, então, recorrer, já que não temos outro jeito, às provas advindas da "técnica" retórica.

A prova dita "não técnica", assim, é primordial na área judiciária. A prova considerada "técnica" só vem no primeiro plano em casos muito especiais, em que houvesse a falta de qualquer documento legal, de qualquer indício material ou de qualquer testemunho. É essa situação excepcional que aparece na história anedótica, em que Tísias se opõe a Córax. Córax aceita ensinar as suas técnicas retóricas a Tísias e ser pago em função dos resultados obtidos por seu aluno. Se Tísias ganhar seu primeiro processo, então pagará a seu mestre; se ele perder, ele não lhe deverá nada. Após haver terminado seus estudos, Tísias intenta um processo contra seu mestre, em que alega nada lhe dever. Efetivamente, neste primeiro processo, Tísias pode ganhar ou perder. Na primeira hipótese, se ele ganha, segundo o veredito dos juízes, ele não deve nada a seu mestre. Na segunda, se ele perde, segundo a convenção particular feita com seu mestre, ele não lhe deverá nada. Nos dois casos, ganhando ou perdendo seu primeiro processo, Tísias não deverá nenhum centavo a Córax. O que responde Córax? Ele constrói seu contradiscurso, utilizando, palavra por palavra, o diagrama da argumentação de Tísias, porém invertendo-o. Na primeira hipótese, então, Tísias ganha o processo e, segundo o trato feito com seu mestre, Córax, Tísias deve pagar a ele. Segunda hipótese, Tísias perde o processo e, segundo a lei, Tísias deve pagar pelo ensinamento obtido. Nos dois casos, Tísias deve pagar. Diz-se que os juízes expulsaram os causídicos a golpes de bastão; e isso nos parece bastante compreensível.

A prova puramente retórica, operando numa linguagem apartada do mundo, é uma prova construída pela simples falta de algo mais eficaz. Esse caso especial não deve ser considerado como prototípico do uso argumentativo da linguagem. Serve, no entanto, para ilustrar um modo de funcionamento da argumentação, que, em geral, opera com elementos da realidade e códigos que não dão muito espaço para o uso desmesurado da linguagem.

(R.B.W.S.P.)

# ▪ Provas "técnicas" e "não técnicas"

### AS PROVAS POR MEIO DO DISCURSO E PELOS OUTROS

A retórica argumentativa distingue entre provas "técnicas", isto é, oriundas da *técnica retórica*, para as quais o discurso representa um papel essencial, e as provas "não técnicas", não vindas da retórica.

> Das provas de persuasão, umas são próprias da arte retórica e outras não. Chamo provas inartísticas a todas as que não são produzidas por nós, já existem antes: provas como testemunhos, confissões sob tortura, documentos escritos e outras semelhantes; e provas artísticas, todas as que se podem preparar pelo método e por nós próprios. De sorte que é necessário utilizar as primeiras, mas inventar as segundas. (Aristóteles, *Ret.*, I, 2, 1355b35)

Encontra-se também a terminologia provas *com* ou *sem arte*, provas *artificiais e não artificiais*. Essa terminologia provém do latim *genus artificiale* e *genus inartificiale* (Lausberg, 2004 [1960], § 351-426), *arte* sendo o equivalente de *técnica*.

No quadro do sistema aristotélico das provas retóricas, a distinção entre argumentos técnicos e não técnicos é estabelecida com relação à situação judiciária. Trata-se de distinguir entre, por um lado, o que é constitutivo dos fatos apresentados ao tribunal, o "dado", independente do discurso (*o não técnico*), e, por outro lado, o que é "produzido" discursivamente e que diz respeito à fala e à competência profissional do retor (*a técnica*).

Essa distinção "técnico/não técnico" é feita com os meios de persuasão ligados ao *logos*, mas ela pode ser estendida aos meios de persuasão pelo *ethos* e o *pathos*. O *ethos técnico* é produzido pelo discurso e corresponde à *imagem de si* construída no discurso (Amossy, 1999), e o *ethos não técnico* corresponde à *reputação*. O *pathos técnico* corresponde à comunicação *emotiva*, e o *pathos não técnico*, à comunicação *emocional*, ver **Emoções**.

Na prática, a oposição entre provas "não técnicas" e "técnicas" recobre a que existe entre, por um lado, as *provas*, no sentido contemporâneo comum do termo (provas "não técnicas") e, por outro lado, diferentes meios de pressão inerentes ao exercício da expressão face a face (provas "técnicas").

Essas questões podem parecer muito distantes, mas não são. O que está em jogo é algo maior, uma vez que se trata de definir o objeto do estudo do discurso argumentativo: tal objeto de estudo deve se preocupar somente com o discurso e, sendo assim, só haverá interesse pelas manifestações de fenômenos da língua, ou deve esse objeto levar em conta também o contexto, no mundo, pequeno ou grande, no qual uma ação está sempre inserida?

### HETEROGENEIDADE DAS PROVAS ARGUMENTATIVAS

A oposição entre esses dois tipos de provas ("técnicas" e "não técnicas") nem sempre é operacional, pelas razões seguintes:

- Um meio de argumentação tão importante como o *apelo à autoridade* foi considerado tanto como técnico quanto como não técnico, ver **Autoridade.**
- Tal diferença se baseia em uma terminologia pouco evidente e, ainda, contraintuitiva, incompatível com o uso contemporâneo do termo *técnico*.
- Essa diferença terminológica também despreza o fato de que todos esses elementos considerados "não técnicos", por mais probatórios que pareçam ser, pedem um tratamento discursivo "para confirmar seus argumentos e refutar os que lhes fossem colocados em contrário" (Quintiliano, *Inst.*, 2, 2). Nesse sentido, os dados coletados receberão do discurso determinada orientação argumentativa, assim como os testemunhos.
- Os estudos de casos concretos exigem que se leve em conta os dois tipos de provas, isto é, técnicas e não técnicas.
- Tal dicotomia torna, *a priori*, impossível o trabalho sobre a argumentação em ciências, produzindo assim um corte arbitrário entre dois tipos de racionalidades.

Por essas razões, e a fim de ressaltar algumas dificuldades, os termos "técnico" e "não técnico", usados no sentido que têm na teoria retórica tradicional, foram sistematicamente colocados entre aspas.

(R.B.W.S.P.)

## ▪ Provas "técnicas": *Ethos – Logos – Pathos*

As teorias *lógico-normativas* da argumentação focalizam os objetos do debate: definições e categorizações, contexto dos fatos, indícios, causas e analogias.

A construção e a gestão estratégica das pessoas e de suas emoções são essenciais na orientação global do discurso retórico no que se refere à persuasão e à ação. Na sua versão mais completa, a retórica apresenta-se como uma técnica do discurso que tem por objetivo desencadear uma ação: fazer pensar, fazer dizer, fazer sentir e, finalmente, fazer fazer. É a ação realizada que indica de fato que a persuasão foi bem-sucedida, indo além de um simples estado mental, de uma "adesão do espírito", ver **Persuasão**. Não se pode dizer que o juiz retórico foi persuadido, se ele não se pronunciar em favor da parte que o convenceu. Diz-se que um parlamentar respondeu a alguém que havia decidido convencê-lo: *O senhor pode até mudar a minha opinião, mas o senhor não mudará o meu voto* – essa brincadeira exemplifica bem a diferença entre os determinantes da representação e do ato.

Para atingir esses objetivos – não somente fazer crer, mas também orientar a vontade e determinar a ação – a técnica retórica explora três tipos de meios ou de instrumentos, que chamamos às vezes de "provas" (*pistis*). São definidas como "técnicas" as provas ou meios de persuasão retóricos (*logos, ethos, pathos*). Consideram-se "não técnicas" as provas externas ao discurso. Os exemplos que marcam tal distinção estão estreitamente ligados à área judiciária, ver **Provas "técnicas" e "não técnicas"**; **Provas "técnicas"**.

Aristóteles distingue três tipos de provas discursivas "próprias da arte retórica" [*techniques*] (inerentes ao discurso): umas residem no caráter (*ethos*) do orador; outras na disposição do auditório (*pathos*); outras, enfim, no próprio discurso, quando ele é demonstrativo ou parece sê-lo (*logos*) (*Ret.*, I, 2, 1356aI).

As provas lógicas são discursivas; as provas etóticas e patêmicas são paradiscursivas. Nessa série, a palavra *prova* (argumento, *pistis*) deve ser interpretada como "instrumento de influência", de persuasão, de ação sobre o auditório. Uma série de provas etóticas (ver **Ethos**), patêmicas e lógicas levam à definição de *prova retórica* como qualquer estímulo, verbal ou não verbal, capaz de induzir a uma crença, ver **Persuasão**.

Cícero apresenta três objetivos para o orador: provar, agradar, emocionar (*probare, conciliare, movere*) (*De Or.*, II, XXVII, 115). *Provar* se relaciona com *logos*; *conciliare* traduz-se por "agradar" e liga-se ao *ethos*; *emocionar*, ao *pathos*.

O catecismo retórico ensina-nos, então, que a persuasão total é obtida pela conjunção de três "operações discursivas": o discurso deve, primeiramente, ensinar, através do *logos*, isto é *informar* (contar, narrar) e *argumentar*. Tal ensinamento segue a via intelectual para alcançar a persuasão, isto é, o caminho da prova e da dedução. Mas a informação e a argumentação, por si sós, são, por um lado, ameaçadas pelo *desinteresse* e pela *indiferença*, sendo necessário, assim, oferecer ao auditório indícios mínimos de verdade. Nesse sentido, entra em cena o *ethos* (*Você não entende nada, mas você pode confiar em mim...*). Por outro lado, *logos* e *ethos* não bastam para desencadear a "passagem ao ato", por isso o recurso ao *pathos*. Não basta constatar o bem, deve-se ainda desejá-lo. Os estímulos emocionais [*stimuli émotionnels*] quase físicos, que constituem o *pathos*, são os determinantes da vontade, ver **Emoções**; ***Pathos***; **Persuasão**.

Por oposição às provas *objetivas* do *logos*, falamos, às vezes, de provas *subjetivas* para designar os meios de pressão e de orientação etóticas e patêmicas. Somente as provas lógicas merecem o nome de provas, pois, por um lado, elas respondem à condição de se tornarem proposições (exprimem-se numa proposição examinável, independentemente da conclusão que ela sustenta) e, por outro lado, elas tratam os objetos como centrais. *Ethos* e *pathos* são, nesse sentido, abordagens periféricas à questão.

## PRIMADO DO *ETHOS*

Os textos clássicos insistem na superioridade das provas subjetivas em detrimento das provas objetivas. Aristóteles afirma o primado do caráter (*ethos*), que, segundo ele, "é o principal meio de persuasão" (Aristóteles, *Ret.*, I, 2, 1356a10) e ainda adverte contra o emprego do *pathos*: "está errado perverter o juiz incitando-o à ira, ao ódio ou à compaixão. Tal procedimento equivaleria a falsear a regra que se pretende utilizar" (Aristóteles, *Ret.*, I, 2, 1356a10).

E, naquele contexto, o juiz é "a regra". Nesse sentido, a rejeição ao *pathos* tem como base não considerações morais, mas um imperativo cognitivo. Assim, deturpar a regra é fazer mal não somente aos outros, mas, em primeiro lugar, a si mesmo. O erro precede o engodo, ver **Ethos**.

## PRIMADO DO *PATHOS*

Enquanto Aristóteles afirma o primado do *ethos*, Cícero e Quintiliano aproximam *ethos* e *pathos*, para afirmar a supremacia prática do *pathos*. Uma afirmação contundente de tal superioridade encontra-se em Cícero, na boca do orador Antônio:

> Eu estava apressado para chegar a um tópico mais essencial: Nada é, efetivamente, mais importante para o orador, Catulus, do que ganhar a simpatia daquele que o escuta, sobretudo de excitar nele certas emoções que façam com que ele, ao invés de seguir o julgamento e a razão, ceda à torrente da paixão e à perturbação de sua alma. Os homens, em suas decisões, obedecem à raiva ou ao amor; ao desejo ou à cólera; à esperança ou ao temor, ao erro, enfim, a seus nervos frementes, bem mais frequentemente do que à verdade, à jurisprudência, às regras do Direito, às formas estabelecidas, ao texto da lei. (Cícero, *De Or.*, II, XLII, 178)

No mesmo sentido é o pensamento de Quintiliano:

> De fato, os argumentos geralmente nascem da causa; em favor da melhor parte, os argumentos são sempre muitos, de modo que quem por eles vence apenas fica sabendo que o advogado não falhou. Onde, porém, o mérito precisa ser incutido no espírito dos juízes e a mente deve ser conduzida pelo próprio exame da verdade, ali reside o trabalho característico do orador. Isso o litigante não ensina, isso não se encontra nos livros escolares da retórica forense. [...] as provas certamente conseguem que os juízes considerem nossa causa como a melhor; as emoções fazem com que também a queiram como melhor; no entanto, fazem com que também acreditem no que querem. (Quintiliano, *Inst,* VI, 2, 4-5)

A questão do impacto da emoção sobre o julgamento nada mais é do que a relação entre as provas lógicas, o *ethos* e o *pathos*. Enquanto os argumentos lógicos agem sobre a *representação*, o *pathos* conduz à *vontade* (no limite, contra as representações) e é o que faz dele alguma coisa de sagrado, um pouco sobre-humano, um pouco demoníaco. Essa arquitetura das "provas" e de sua ação é totalmente dependente de uma teoria clássica do funcionamento do espírito humano, que opõe a razão à emoção, a verdade e a representação à ação e à vontade.

## MAGIA DA PALAVRA

Ficaríamos escandalizados acerca do caráter cínico, imoral e manipulador da persuasão, caso falássemos abertamente acerca dela. Isso pode se manifestar, por exemplo, por meio de *slogans* publicitários, os quais exaltam os poderes do retor e, eventualmente, faz subir as mensalidades pagas pelos alunos. Por outro lado, como destaca Romilly a propósito de Górgias, transferem-se à fala retórica patêmica as virtudes aparentemente reconhecidas à fala mágica: "O que mais se pode dizer, exceto que, por meios que parecem irracionais, as palavras envolvam e afetem o ouvinte, mesmo contra a sua vontade?" (Romilly, 1988: 102),\* ou, como diz Sócrates, a arte dos fazedores de discurso "constitui a arte do encantador" (Platão, *Eut.*, XVII, 289c-290c). A palavra não somente permite a mentira e o engodo, mas seria capaz de alterar a própria percepção das coisas. E convém, sem dúvida, manter o senso de humor:

> Plutarco cita a palavra de um adversário de Péricles a quem se perguntava quem, ele ou Péricles, era mais forte na luta. Sua resposta foi: "Quando eu o derrubei numa luta, ele argumentou que não caiu, e ele ganhou, ao persuadir todos os presentes" (Péricles, 8). (Romilly, 1988: 119)

Péricles, vencido, dirige seu discurso persuasivo ao *público*, e não àquele que o derrubara, isto é, seu *vencedor*, e que o mantinha firmemente preso ao chão. A situação argumentativa é realmente tripolar.

(R.B.W.S.P.)

# ▪ Provável, verossímil, verdadeiro

## O PREDICADO "__ É VERDADEIRO" E A VERDADE

O predicado "ser verdade" pode ser considerado uma representação justa da realidade. Nesse sentido, a verdade é "a adequação da coisa com o intelecto" (São Tomás de Aquino, *Sum.*, Parte I, Quest. 16, Art. I). Há ainda a indagação "Se a verdade existe somente no intelecto, ou, antes, nas coisas". Pode-se dizer de um enunciado ou da proposição lógica bem-formada que o fundamenta, segundo a célebre definição de Tarsky, que "'a neve é branca' é verdadeira se e somente se a neve for branca" (Tarsky [1935]), tomando por exemplo um enunciado que Aristóteles apresenta como indiscutível (não problematizável; *Top.*, 105a), ver **Condições de discussão**.

Se admitimos que em linguagem comum *verdadeiro* e *falso* podem ser ditos de um enunciado que descreve um acontecimento, esse enunciado remete ao acontecimento por meio de uma descrição que constitui a própria significação do enunciado. Tal significação

---

\* N.T.: Existe a tradução em português desta obra (Jacqueline de Romilly, *Os grandes sofistas da Atenas de Péricles*. Tradução de Osório Silva Barbosa Sobrinho. São Paulo: Octavo, 2017), mas, infelizmente, não conseguimos um exemplar, apesar de nossos esforços em tentar adquirir o livro em plataformas de vendas (novos e usados) e na biblioteca consultada.

*| Provável, verossímil, verdadeiro*

é uma construção linguística. A linguagem comum não é transparente. O enunciado verdadeiro é tributário do sistema linguístico que o constitui e das coerções do discurso no qual ele se insere.

No campo da argumentação, o verdadeiro é uma propriedade que o argumentador se esforça de anexar aos seus argumentos, apresentando-os como consensuais ou como resultado de evidência sensível ou intelectual. A verdade não é uma condição necessária nem suficiente do consenso. Ela não leva ao consenso, e o consenso pode se realizar a partir de um erro, ver **Argumento – Conclusão**.

A argumentação é, às vezes, depreciada por sua suposta limitação para dizer e transmitir a verdade. É necessário distinguir *argumentação de saber* e *argumentação de ação*. Na primeira, a questão é a da transmissão do verdadeiro à conclusão. Na segunda, trata-se de derivar uma proposição de ação a partir do verdadeiro, do possível e de um conjunto de valores ou de preferências.

Sob o ponto de vista da argumentação dialogada, o verdadeiro é uma propriedade atribuída a um enunciado que sobreviveu ao exame crítico, conduzido, em circunstâncias adequadas, por grupos específicos e competentes. Esse exame acontece num contexto social particular, a partir de dados cuja qualidade e exaustividade devem ser avaliadas. Essa avaliação pode ser revisada e refeita caso novos dados se apresentem no contexto em análise, ver **Argumentação (V)**.

## A DRAMATIZAÇÃO PLATÔNICA:
## A PERSUASÃO DO PLAUSÍVEL CONTRA A AFIRMAÇÃO DO VERDADEIRO

A questão do provável e do verossímil aparece na retórica argumentativa, sob duas concepções, seja como *ilusão da verdade*, seja como *aproximação da verdade*.

Em *Fedro* de Platão, Sócrates propõe uma definição da Retórica como "arte na condução de almas":

> Sócrates: – Ora, não seria a Retórica como um todo uma espécie de arte na condução de almas [*psykhagôgia*] por meio de discursos – não apenas nos tribunais e muitos outros colegiados públicos, mas também nos privados –, e a mesma, tanto a respeito de assuntos pequenos como grandes? (Platão, *Fed.*, 261a)

Essa *psicagogia* ("arte de conduzir as almas"), sem dúvida desprovida de sua função religiosa de evocação das almas dos mortos, mas não de suas conotações mágicas, indica já de início a tentativa de *influenciar* atribuída a quem pretende exercer a persuasão retórica. É essa mesma necessidade de alma, da alma dos outros, que motiva o proselitismo religioso.

Mas *como* e, sobretudo, para *onde* vão ser conduzidas as almas? Sócrates dramatiza o problema da verdade, radicalizando a oposição do verossímil-persuasivo com o verdadeiro:

> Sócrates: – Pois nos tribunais ninguém tem nenhum interesse pela verdade em relação a isso [= sobre a verdade da justiça e a bondade dos homens], mas somente pelo que é plausível. E este é o provável, para o qual se deve voltar quem quer falar com arte. (Platão, *Fed.*, 272d-e)

E a boa maneira de conduzir as almas é enviá-las a um tempo futuro, quando, enfim, se conhecerá o ser de todas as coisas e a verdade:

> Antes que alguém saiba a verdade a respeito de cada coisa que fala ou escreve e torne-se capaz de definir em si mesma toda e qualquer coisa, e, uma vez definida, que saiba cortá-la novamente segundo formas até alcançar o indivisível, e, tendo chegado do mesmo modo a discernir a natureza da alma, descobrindo a forma de discurso adequada a cada natureza, componha e ordene assim o discurso, oferecendo à alma variegada discurso variegado e em tudo harmonizado a ela e discurso simples à alma simples, antes disso, ele não será capaz de manejar com arte o gênero dos discursos e à altura do que concede a natureza, nem em vista de ensinar, nem em vista de persuadir alguém, como o argumento anterior inteiro deixou claro para nós. (Platão, *Fed.*, 277b)

O verossímil é "similar ao verdadeiro". Mas para dizer que P é verossímil, isto é, semelhante ao acontecimento ou à afirmação E, é necessário conhecer E. A posição de Sócrates é forte no que ela tem como base: a impossibilidade de dizer de maneira sensata:

> A parece-se com B,
> Pedro se parece com Paulo,
> Minha narrativa se parece com o que realmente aconteceu.

se não se conhece B, não se sabe quem é Paulo, ou o que realmente se passou. Assim que se encontra a verdade, poder-se-á falar em verdade e viver na verdade. A retórica adaptada a esta situação não será mais uma retórica da persuasão, mas uma pedagogia da verdade. Segundo Perelman, "quando Platão sonha, em *Fedro*, com uma retórica que, ela sim, seria digna do filósofo, o que ele preconiza é uma técnica que poderia convencer os próprios deuses" (Platão, *Fed.* 273c, apud Perelman e Olbrechts-Tyteca, 1999 [1958]: 8).

Na passagem citada, não se trata realmente de convencer os deuses, mas, preferencialmente, de livrar os homens sensatos dos outros homens:

> E quem tem bom senso deve se esforçar não em vista de falar e agir junto a homens, mas de ser capaz de falar o que é do agrado dos deuses e de agir de maneira agradável o máximo que está em seu poder. (Platão, *Fed.*, 273e)

Sócrates assim impôs um *pathos da verdade inacessível*, tendo por corolário que o discurso retórico se constrói sempre sobre o *verossímil*, isto é, como o símile-verdadeiro, *contra* a *verdade*. No fundo, atribui-se à retórica argumentativa a função de persuasão um pouco como um estigma que marca sua incapacidade congênita para atingir ou até aproximar-se da Verdade, do Ser e dos Deuses. O verossímil não tem relação com o verdadeiro. *Viver na persuasão* é viver na crença e na opinião; viver *na caverna* e não *na verdade*. Essa visão aparentemente desenraizada da argumentação retórica, ou seja, linguageira, está ancorada na crítica antidemocrática e antissocial que Sócrates dirige aos discursos institucionais políticos e judiciários nos quais são tratados os problemas da cidade.

## A DESDRAMATIZAÇÃO ARISTOTÉLICA:
## O VEROSSÍMIL ORIENTADO PARA O VERDADEIRO

A busca socrática da verdade desenvolve-se nesta atmosfera de radicalidade trágica. Aristóteles desdramatizou radicalmente o conjunto da problemática, sustentando que não há *oposição*, mas *continuidade* entre opinião e verdade, e isso por pelo menos quatro razões. De início, apresenta um feixe com três razões:

> Pois é próprio de uma mesma faculdade discernir o verdadeiro e o verossímil, já que os homens têm uma natural inclinação para a verdade e a maior parte das vezes alcançam-na. E, por isso, ser capaz de discernir sobre o plausível é ser igualmente capaz de discernir sobre a verdade. (Aristóteles, *Ret*. I, 1355a)

Em quarto lugar, a retórica falsificadora não funciona, "mas a retórica é útil porque a verdade e a justiça são por natureza mais fortes que os seus contrários" (I, 1355a.); e, por acréscimo, é possível estabelecer um controle ético sobre a palavra: "não se deve persuadir o que é imoral" (I, 1355a).

O verossímil é assim definido não como o falso usando a máscara do verdadeiro, mas como uma orientação positiva para a verdade, um primeiro passo para a verdade, exprimindo-se sob a forma de *endoxon*, que deve ser examinado pela crítica, isto é, trabalhado argumentativamente em discursos antiorientados. Consequentemente, a persuasão é simplesmente um estágio do indivíduo em seu percurso para a verdade, um primeiro passo em direção a uma verdade construída, gradual e que pode ser melhorada.

## A ARGUMENTAÇÃO ENTRECRUZA-SE SOMENTE COM O VEROSSÍMIL?

Para Aristóteles, os meios de prova retórica, o entimema e o exemplo, opõem-se aos meios de prova científicos, o silogismo e a indução. A dialética trata das premissas prováveis ou admitidas através de regras de mesma natureza, os *topoi*, ver **Dialética; Tipologias; Lógica; [A] Pessoa na argumentação**. Os três regimes discursivos (científico, dialético, retórico) opõem-se pela qualidade de suas premissas e de suas regras de inferência, ver **Provas e artes da prova**.

Um discurso, seja ele científico, dialético ou retórico, poder ser constituído por uma argumentação isolada, nada se opõe a isso, ou, geralmente, por uma concatenação de argumentações. É o caso do discurso retórico, da interação dialética, como das diferentes atividades discursivas tomadas como objeto no *Tratado*: "jornais [...] discursos [de políticos] [...] arrazoados [de advogados] [...] sentenças [juízes] [...] tratados [dos filósofos]" (Perelman e Olbrechts-Tyteca, 1999 [1958]: 11). Além disso, segundo Perelman e Olbrechts-Tyteca, "o campo da argumentação é o do verossímil, do plausível, do provável, na medida em que este último escapa às certezas do cálculo" (p. 1). Ao se definir a argumentação nesses moldes, teremos as seguintes possibilidades: ou consideramos que os diferentes gêneros de discurso mencionados não contêm nenhum elemento silogístico ou científico-demonstrativo, ou nos limitamos a levar em conta basicamente o que de verossímil há nesses discursos. A primeira posição é difícil de sustentar, pois, mesmo em matérias jornalísticas, dois mais dois, às vezes, equivalem a quatro. Já o segundo caso corresponde bem ao uso dos exemplos no *Tratado*. Porém, caso desejemos analisar as argumentações em sua integralidade linguística e sua coerência, devemos encarar a mistura de gêneros, tanto no âmbito retórico quanto no lógico-científico.

(R.B.W.S.P.)

**▪ Pseudo-simplicidade ▶ Falacioso (II): Definições, teorias e listas**

**▪ Psicológico ▶ Intenção do legislador, arg.**

**▪ Punições e recompensas**

O filósofo chinês Han-Fei propõe uma teoria do poder que propõe o uso dos "dois manípulos" (Han-Fei, *Tao*), que equivaleriam a dois interesses materiais que motivam as ações humanas, as *punições* e as *recompensas*. Tal perspectiva não necessariamente apresenta compromisso com a racionalidade ou valores sociais como a justiça, por exemplo. A gestão das ações humanas explora dois movimentos psíquicos antagônicos, o *medo* e o *sofrimento* gerados por um castigo; o *desejo* e a *alegria* proporcionados por uma recompensa. Os atos argumentativos por excelência seriam assim a *promessa* (de recompensa) e a *ameaça* (de punições) – se se admite que argumentar é persuadir a fazer isso, ou dissuadir de fazer aquilo, ver **Autoridade; Pragmático**.

A locução *manejar a cenoura e a vara*\* remete essas duas formas antagônicas de apelo ao interesse financeiro. Nesse sentido, o argumento dito *ad baculum* (argumento do porrete/vara) bem que poderia ser chamado de *ad baculum carotamque*. Não obstante, há um interesse maior pelo argumento *ad baculum*, mesmo se o argumento da *cenoura* pareça mais aceitável ou mais racional. Pode-se igualmente chamar de *"argumento da carteira [portefeuille]"* ao argumento da cenoura e da vara utilizado por aquele que impõe suas decisões por meio de ameaças de sanções financeiras (*fazer doer no bolso*) e/ou recompensas: *Trabalhe mais se não será despedido* (ameaça); *Trabalhe mais, você ganhará mais* (recompensa). Em outros termos, trata-se de *Faça, porque se não...* ou de *Faça, porque compensa*.

O argumento do porta-moedas também é designado sob seu nome latino, *ad crumenam* (lat. *crumena*, "bolsa"; ing. *argument to the purse*). Sterne o menciona de brincadeira, em *Tristram Shandy*, no momento em que introduz o tema do dinheiro na discussão:

> Então, acrescentou meu pai, fazendo uso do argumento *ad crumenam* – aposto vinte guinéus contra uma só coroa [...] que esse mesmo Stevinus era alguma espécie de engenheiro – ou escreveu algo direta ou indiretamente relacionado com a ciência das fortificações. (Sterne, 2022 [1975]: 162)

Em geral, a ideia de recompensas e punições sugere o que se considera que todas as mulheres e todos os homens supostamente desejam, isto é, *honos, uoluptas, pecunia*: a glória, o poder, o prazer, o dinheiro, ver **Valor**.

(A.M.S.C.)

---

\* N.T.: Esta expressão (*manier la carotte et le bâton*) é uma tradução de um uso idiomático da palavra *carotte* ("cenoura", em francês). No dicionário *Trésor de la langue française informatisé* (Disponível em: http://www.atilf.fr/tlfi. Acesso em: 19 set. 2019), encontramos menção à oposição *cenoura vs. vara* entre os itens "empregos metafóricos ou figurados", classificando o uso de *carotte* como um neologismo, explicando que é uma referência à história de que um asno indeciso que avança se lhe oferecem uma cenoura, em oposição à vara, meio autoritário de obter o mesmo resultado.

- **"Quase lógico", arg.**

A noção de argumento quase lógico é introduzida por Perelman e Olbrechts-Tyteca, correspondendo à primeira das três categorias de "processos de ligação" (1999, [1958]: 215), ver **Dissociação**. Compreendem-se os argumentos quase lógicos:

> [...] aproximando-os do pensamento formal, de natureza lógica ou matemática. Mas um argumento quase lógico difere de uma dedução formal pelo fato de pressupor sempre uma adesão a teses de natureza não formal, as únicas que permitem a aplicação do argumento. (Perelman, 1992 [1977]: 69)

Ali, seis formas são mais precisamente analisadas, três formas advindas da Lógica e três da Matemática:

> Analisaremos, entre os argumentos quase lógicos, em primeiro lugar os que apelam para estruturas lógicas – contradição, identidade total ou parcial, transitividade –; em segundo, os que apelam para relações matemáticas – relação da parte com o todo, do menor com o maior, relação de frequência. Muitas outras relações poderiam, evidentemente, ser examinadas. (Perelman e Olbrechts-Tyteca, 1999 [1976]: 220)

Em particular, Perelman e Olbrechts-Tyteca consideram que as definições "quando não fazem parte de um sistema formal e pretendem, não obstante, identificar o *definiens* com o *definiendum*, serão consideradas, por nós, argumentação quase lógica" (1999, [1958]: 238), constituindo-se "o próprio padrão da argumentação quase lógica" (p. 243).

A designação *quase lógico* é sintomática da atitude dos autores do *Tratado* em relação à "lógica" que, por um lado, eles rejeitam, mas que, por outro lado, levam em conta para definirem a argumentação em geral e esse tipo de argumento, em particular. Percebemos que, no *Tratado*, essa categoria inclui todas as estratégias argumentativas que colocam em jogo fenômenos da linguagem como a negação, as escalas, os estereótipos usados em definições. É o sistema da língua que é considerado como quase lógico, ver **Definição**; **Categorização**; **Reciprocidade**; **Relações**; **Composição e divisão**; **Proporção**.

*Argumentos quase lógicos e argumentos falaciosos* – os argumentos advindos desta categoria são definidos por uma característica comum:

[os argumentos quase lógicos] pretendem certa força de convicção, na medida em que se apresentam como comparáveis a raciocínios formais, lógicos ou matemáticos. No entanto, quem os submete à análise logo percebe as diferenças entre essas argumentações e as demonstrações formais, pois apenas um esforço de redução ou de precisão, de natureza não formal, permite dar a tais argumentos uma aparência demonstrativa; é por essa razão que os qualificamos de quase lógicos. (Perelman e Olbrechts-Tyteca, 1999 [1958]: 219)

Segundo a definição tradicional, uma falácia é uma argumentação que se parece com uma argumentação válida, mas que não o é. E aqui percebemos uma similaridade com a expressão do *Tratado*: os argumentos quase lógicos "apresentam-se como comparáveis" aos raciocínios formais, mesmo que não o sejam, ver **Falácias**; **Lógica**; **Tipologias (III)**.

(R.B.W.S.P.)

# ▪ Questão

A teoria da argumentação emprega a noção de questão em quatro acepções.

1. Uma questão *enviesada ou capciosa* é uma questão com uma pressuposição e corresponde à falácia de questões múltiplas, ver **Pergunta capciosa**.
2. Uma *questão tópica* é um elemento de uma tópica substancial, ver **Tópica substancial**.
3. A *questão argumentativa* materializa o confronto discursivo em torno do qual se configura uma situação argumentativa, ver **Questão argumentativa**.
4. Uma *questão retórica*, no sentido tradicional do termo, corresponde a uma das estratégias de monologização [*monologisation*] da questão argumentativa, ver **Questão argumentativa**.

(R.B.W.S.P.)

# ▪ Questão Argumentativa

A noção de "questão argumentativa" tem sua origem na noção de estase, desenvolvida no campo da interação judiciária, teorizada pela argumentação retórica, ver **Estase**.

De uma maneira geral, uma questão argumentativa é produzida no momento em que os discursos (escritos ou orais) se desenvolvem acerca de um mesmo tema, a partir de uma *divergência* dos pontos de vista dos locutores envolvidos na discussão da questão mesma, no processo colaborativo de coconstrução do discurso e da realidade. Essa divergência produz uma *questão*, um problema, um ponto controverso. Esse questionamento ou *problematização* de um tema discursivo é uma condição necessária para o desenvolvimento de uma argumentação. A existência de uma *questão* está na origem de paradoxos da argumentação, ver **Paradoxos da argumentação e da refutação**.

## PROPOR, OPOR-SE, DUVIDAR: A QUESTÃO

O exemplo seguinte, construído em torno da questão recorrente "deve-se legalizar as drogas?", permite mostrar esquematicamente como se distribuem os papéis argumentativos em função da pergunta, sobre os três atos argumentativos fundamentais, isto é, propor, opor-se e duvidar, ver **Papéis argumentativos**.

*Propor* – na França de 2012, *o comércio, a posse e o consumo de drogas é proibido*. Esse enunciado corresponde, em princípio, à "opinião dominante", ou seja, à *doxa*, e, em todo caso, ao que diz a lei. Não obstante, existe outro discurso orientado para uma proposta oposta a essa proibição, cuja formulação geral é:

P:      *– Legalizemos o consumo de certos produtos, por exemplo, o haxixe!*

O locutor P está no papel argumentativo de *proponente*. Os locutores alinhados com esta posição são seus *aliados* neste papel de atuação.

*Opor-se* – outros locutores se opõem à proposição:

O:      *– É absurdo!*

O locutor O está no papel argumentativo de *oponente*. Os locutores dispostos a manter este tipo de discurso de rejeição em relação à proposição são seus aliados nesse papel.

*Duvidar e interrogar-se: a questão argumentativa* – alguns locutores podem não se alinhar com nenhum dos discursos anteriores. Eles ocupam, então, a posição argumentativa de *terceiros*, sintetizando assim o confronto em uma *questão argumentativa*:

T:      *– Já não sabemos mais o que fazer. É mesmo necessário proibir certas drogas?*

Uma *questão argumentativa* é assim engendrada pela contradição discurso/contradiscurso, a partir do qual podemos pensar no seguinte esquema:

Proposição *vs.* Oposição → Questão argumentativa (QA)

## A CONCLUSÃO COMO RESPOSTA À QUESTÃO ARGUMENTATIVA

*Repositório de argumentos* [*bonnes raisons*] – o proponente deve assumir o ônus da prova e, por isso, apresentar argumentos a favor do ponto de vista que ele defende:

Questão argumentativa:      *– Deve-se legalizar o uso do haxixe?*

Argumento do proponente:      *– O haxixe não é mais perigoso do que o álcool ou do que os ansiolíticos. No entanto, o álcool não é objeto de nenhuma proibição legal, e os ansiolíticos são receitados por médicos.*

Conclusão:      *– Legalizemos o haxixe!*

A sintagmática do discurso argumentativo é, assim, a seguinte:

Questão argumentativa → *Argumento* → [*Conclusão* = Resposta à questão argumentativa]

Quanto ao oponente, ele deve mostrar que o discurso do proponente não pode ser sustentado. Por um lado, o oponente refuta os argumentos do proponente (ele destrói o seu discurso), contra-argumentando em favor de outra posição:

| Questão argumentativa: | – *Deve-se legalizar o uso do haxixe?* |
|---|---|
| Refutação pelo oponente: | – *Não! O álcool faz parte da nossa cultura, não o haxixe. E se você começar por legalizar o haxixe, você terá que legalizar dentro em breve todo tipo de droga!* (ver **Declive escorregadio**) |
| Conclusão: | – *Rejeitemos a proposição de legalização do haxixe!* |

Pelo que vimos no exemplo anterior, a *doxa* "evidente" é justificada. O discurso do oponente esquematiza-se segundo os mesmos princípios que os do proponente, mas enquanto o proponente apresenta uma argumentação deliberativa, projetiva, o oponente apresenta uma justificativa favorável à manutenção do *status quo*, ver **Justificação e deliberação**.

## A SITUAÇÃO ARGUMENTATIVA

Numa situação argumentativa bem estabelecida, proponentes e oponentes são igualmente conduzidos a apresentar argumentos a seus pontos de vista favoráveis e a refutar os discursos dos oponentes. Tal situação pode ser assim esquematizada:

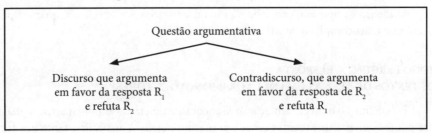

A argumentação é vista como um modo de construção de respostas a uma questão que recebe respostas incompatíveis e, portanto, está na origem de um conflito discursivo.

Todos os atos semióticos produzidos nesta situação são orientados para esta resposta-conclusão: temos ali um fato de coerência argumentativa.

A questão argumentativa é, por natureza, aberta, o que quer dizer que certa validade é reconhecida às intervenções *pro* e *contra* que se estabelecem a partir da simples existência de tal questão. E mais, mesmo que a questão possa ser encerrada, sempre haverá a possibilidade de uma contestação se interpor a outra, e a outra, o que permitirá ao debate em torno da questão argumentativa ser retomado. Em outras palavras, uma resposta estará vinculada à questão argumentativa e ao contradiscurso que a produziu. Impor ao jogo argumentativo que se limite a um perdedor ou um ganhador subtrairia a legitimidade da dúvida na troca de pontos de vista e tornaria a argumentação não revisável, ver **Regras**; **Argumentação (V)**.

*Uma dupla coerção* – a argumentação se constrói sob uma dupla coerção: ela é orientada por uma questão e é, ao mesmo tempo, submetida à pressão de um contradiscurso. Fenômenos macrodiscursivos caracterizam tal situação:

- bipolarização dos discursos: atração de locutores terceiros que se identificam com um dos pontos de vista em confronto, normalizam sua linguagem e alinham essa linguagem a um ou outro dos discursos a que se contrapõem (o do proponente ou o do oponente). Passa a haver uma exclusão natural do discurso oposto (*nós vs. eles*).
- fenômenos de fixação [*figement*] – semantização argumentativa dos discursos em confronto, produção de antinomias, tendência à estereotipação, repositório de argumentos em argumentários, ver **Repertório**.
- surgimento de mecanismos de resistência à refutação: apresentação dos argumentos sob forma de enunciados autoargumentados que reproduzem a analiticidade, ver **Argumentação (IV)**.

*Questão e pertinência* – a questão argumentativa funciona como princípio de pertinência para as contribuições argumentativas: pertinência dos argumentos para a conclusão, pertinência da conclusão como resposta à questão. A questão argumentativa pode ser, ela própria, objeto de debate, ver **Pertinência**; **Refutação**.

*Ônus da prova* – essa representação estabelece uma simetria entre discurso e contradiscurso. Tal simetria pode ser rompida, a depender de qual dos lados em confronto terá o encargo do ônus da prova, ver **Ônus da prova**.

*Mudança de opinião* – ao cabo de uma discussão, vê-se surgir um quarto tipo de ato, talvez o mais complexo: mudar de opinião, retratar-se.

## O JOGO PERGUNTA/RESPOSTA
## NOS TEXTOS DE APENAS UM LOCUTOR [MONOLOCUTORES]

Esta definição da argumentação, que ancora a enunciação argumentativa no diálogo entre pontos de vista divergentes sobre um mesmo objeto, é operatória tanto nos textos monologais quanto nos textos interacionais. Nos textos argumentativos *monolocutores monológicos*, a fala do oponente é apagada. É necessário, então, constituir, em torno da questão argumentativa, *corpora* que reunirão as diversas intervenções que darão vida à questão suscitada. Nos textos *monolocutores dialógicos*, a fala do outro é reconstruída no próprio discurso. O locutor pode se encarregar, sob várias modalidades polifônicas, do conjunto dos dados discursivos situacionais, inclusive da pergunta.

Encarregando-se sozinho do jogo pergunta-resposta, o enunciador transforma o diálogo em monólogo. Essa fagocitagem da fala dos outros, oponentes ou terceiros, permite ao enunciador avançar (ver ***Ethos***), redistribuindo ao seu bel-prazer os papéis argumentativos de proponente, de oponente e de terceiro. Os interlocutores que preferem o acordo (aceitam inscrever-se na sequência ideal proposta) são constrangidos a assumir seja o discurso da pergunta, seja o da resposta ou os dois.

O produto desta estratégia é analisado como figura pela Retórica, que aí vê uma tática de camuflagem sob um véu interrogativo e que pode se revestir de três formas: a *interrogação* [*interrogatio*]; a *sujeição* [*subjectio*, lat. *subjectio*, "ação de colocar sob, diante de" (Gaffiot [1934], art. *Subjectio*), aqui com o sentido de "sujeição ao auditório/submeter ao auditório" – Lausberg [1960], § 766-779); a *dubitação* [lat. *dubitatio*, "dúvida"].

Essas três formas correspondem a três *ethos* diferentes: a figura daquele que sabe, o mestre ou o déspota (*interrogatio*); aquela do pesquisador que procura e acha (*subjectio*); a do que duvida, que procura o caminho e se interroga (*dubitatio*). Essa operação acaba resgatando os papéis de atuação ou argumentativos, que envolvem interlocutores, terceiros e oponentes

*Questão resolvida pela evidência (interrogatio)* – é o caso da pergunta dita retórica (*interrogatio*). O locutor toma posse da pergunta e a "desambiguiza", no sentido argumentativo do termo, impondo-lhe uma resposta única. O locutor assume a posição daquele que tem a resposta da questão argumentativa. O interlocutor é colocado na posição de terceiro, em função da evidência da resposta. O oponente é colocado em posição inferior, de aluno ou do sujeito desafiado, por uma forma de raciocínio pela ignorância. O objetivo da estratégia da *interrogatio* é mostrar que "está tudo bem, não há uma questão de fato a ser respondida".

*Questão respondida de maneira justificada (subjectio)* – a questão é apresentada como precisando mais de um esclarecimento do que de uma argumentação, como mais explicativa do que argumentativa, ver **Explicação**. As outras respostas e o contradiscurso eventuais não representam ameaças ou passam quase despercebidos. O locutor toma o lugar daquele que apresentou a questão e a responde objetivamente. O interlocutor coloca-se em posição de assumir tanto a questão quanto as respostas avançadas, segundo uma lógica de coconstrução pedagógica.

*Questão aberta (dubitatio)* – o locutor toma então o lugar do terceiro, do leigo que duvida. Por uma forma de inversão de papéis, o interlocutor é colocado na posição de auxiliar ou de conselheiro (Lausberg [1960], § 766).

Em todos esses casos, não se trata de fazer ouvir a fala do interlocutor para destruí-la (ver **Destruição do discurso**), mas de resguardá-la para geri-la ou para dela se apropriar, via reposicionamento da questão.

(R.B.W.S.P.)

# Raciocínios em dois termos

## TRANSDUÇÃO

A noção de *raciocínio transdutivo* foi elaborada por Piaget ([1924]: 185), na perspectiva de uma análise do desenvolvimento da inteligência das crianças. O raciocínio transdutivo é caracterizado como um modo de pensamento pré-lógico e intuitivo das crianças.

Trata-se de um raciocínio que passa diretamente de um indivíduo ou de um fato particular a um indivíduo ou outro fato particular, não tendo uma lei geral como intermediária. Segundo Grize, "a criança pequena que diz 'Não é de tarde porque não houve sesta' baseia-se em sua experiência cotidiana que faz da sesta um referencial para a tarde"; ela procede por transdução (1996: 107). No entanto, não há nenhuma lei geral subjacente à forma "quem diz tarde diz sesta", "só será de tarde se tiver havido a sesta". Pode-se compreender que tal raciocínio transdutivo é produto de uma associação por condicionamento "sesta = tarde", o que tem como resultado, pela aplicação do *topos* dos contrários: "sem sesta = sem tarde". Tudo se passa como se "fazer a sesta" fosse um traço essencial definitivo de "ser de tarde".

Grize lembra que provavelmente os adultos usam também tal tipo de raciocínio: "quando dizemos que nós paramos no semáforo porque ele estava vermelho, [...] não pensamos em uma lei geral do tipo: 'qualquer semáforo vermelho implica parada' (p. 107). Neste último caso, com efeito, o enunciado tem a forma de um bloco semântico" (Carel, 2011): "resposta *porque* estímulo". No entanto, o adulto não aplica a negação exatamente como faria uma criança, isto é: "não é um sinal vermelho, porque não parei", o que seria uma negação da realidade. Há até uma anedota segundo a qual um motorista profundamente imbuído de respeito pela lei de tráfego rodoviário se recusou a acreditar que tinha colidido de frente com outro veículo porque ele estava dirigindo por uma via em sentido proibido.

## RACIOCÍNIO EM DOIS TERMOS

Numa perspectiva muito diferente, Gardet e Anawati falam de um "raciocínio de dois termos" característico "[de] um ritmo de pensamento propriamente semítico que o gênio do árabe soube utilizar com raro júbilo" (Gardet e Anawati [1967]: 89) e que parece ser da mesma natureza do raciocínio transdutivo.

> A lógica "dialética", conatural ao gênio árabe, organiza-se segundo modos de raciocínio de dois termos que procedem do singular ao singular, por afirmação ou negação, sem meio termo universal. Deve-se então dizer, como fizemos, às vezes, que este último, não perfeitamente decifrado, não é menos explícito no espírito que raciocina? Não cremos. Sem dúvida, podemos "traduzir" em silogismo de três termos um raciocínio de dois termos [...]. Mas, no mecanismo lógico do pensamento, é a análise atenta, por oposição, similitude ou inclusão, dos dois termos do raciocínio que fornecerá à "prova" valor de convicção. O meio termo universal não está de forma alguma presente no espírito, nem mesmo sob um modo implícito. Não se trata de estabelecer uma prova discursiva, mas de promover uma evidência de certeza. (Bouamrane e Gardet, 1984: 75)

Nesta tradição, o teólogo lógico al-Sumnânî distinguiu cinco procedimentos racionais, cinco tipos de argumentos, que se enquadravam no raciocínio de dois termos: trata-se, nesses cinco procedimentos, "de constatações, seguidas de um movimento do espírito que atua seja por eliminação, seja por analogia de um semelhante com o seu contrário ou de um semelhante com o seu semelhante. Trata-se sempre de passar do fato "presente", do "testemunho" (*shâhid*), ao ausente (*gha'ib*). Nenhuma pesquisa abstrativa de um princípio universal" (Gardet e Anawati [1948]: 365-367).

(R.B.W.S.P.)

## ▪ Racionalidade – Racionalização ► Crítica – Racionalidades – Racionalização

## ▪ Reciprocidade, arg.

A relação de reciprocidade é definida a partir de um conjunto de atos que ligam duas pessoas numa relação em que se A faz qualquer coisa a B, então B faz a mesma coisa a A. É uma espécie de "efeito bumerangue" [*retour d'ascenseur*].

*Em Matemática*, a relação de *reciprocidade* corresponde a uma relação de *simetria*: uma relação é simétrica quando todos os pares de elementos < a, b >, temos simultaneamente < aRb > e < bRa >. A relação "ser amigo de" é simétrica, ver **Relações**.

> *Pedro é o amigo de Paulo = Paulo é o amigo de Pedro = Pedro e Paulo são amigos*

Os indivíduos Pedro e Paulo são iguais para esta relação. O princípio de reciprocidade age como uma obrigação:

> *Se você me convida para jantar, devo convidá-lo também.*

*Reciprocidade como lei de talião*: "olho por olho, dente por dente": "se o seu amante, decepcionado, te desfigurou com ácido, o tribunal lhe concede o direito de fazer o mesmo". A lei de talião é uma regra de "justiça" segundo a qual se A causou um mal a B, é legítimo para B causar o mesmo mal a A. A dissuasão nuclear, que pressupõe a certeza da destruição recíproca, atualiza a lei de talião. Esta forma corresponde a um caso particular do argumento "Você também!" [*tu quoque*], ver **Você também!**

A reciprocidade como princípio moral natural enuncia-se pelos *topoi*:

> *Faça aos outros o que deseja que façam a você. Não faça aquilo que não gostaria que lhe fizessem.*

que se manifestam nas argumentações:

> *Sou educado com você, portanto, seja educado comigo.*

O locutor define-se a si mesmo e define o seu parceiro como membros de uma mesma categoria, que devem ser tratados da mesma maneira, ver **Regra de justiça**.

*A reciprocidade como princípio jurídico* permite aos estados afirmar a sua igualdade nas suas relações e, eventualmente, justificar uma medida de retaliação: se um país A exige um visto aos cidadãos do país B, é justo que o país B exija igualmente uma visto para os cidadãos do país A.

(R.A.L.M.G.)

## ▪ Redundância jurídica, arg.

❖ Arg. *ab inutilitate* (*legis*); lat. *utilitas*, "utilidade, interesse"; *lex*, "lei"; argumento de redundância jurídica. Ing. *arg. from superfluity*.

O argumento de redundância jurídica permeia a lógica jurídica. Este argumento invalida argumentações que levariam a considerar que duas leis são redundantes, logo uma delas é desnecessária. É um princípio de economia.

Este argumento pressupõe que o código é bem-feito e que nenhum dos seus elementos parafraseia outro. Em outras palavras, a interpretação de uma lei que constata a redundância de outra lei deve ser rejeitada: "a interpretação I do excerto A faz do excerto B uma reformulação do excerto A, o qual se torna, então, redundante, inútil. Desse modo, é preciso preferir outra interpretação do excerto A". É uma forma de argumentação pelo absurdo (consequências indesejáveis).

O argumento de redundância jurídica se aplica aos casos em que a aplicação de uma lei leva mecanicamente ou pressupõe uma base consistente de leis sobre determinado aspecto jurídico. Toda nova lei sobre tal aspecto jurídico é, assim, excessiva, redundante: se *o estabelecimento é proibido aos menores*, não é necessário especificar que é proibido aos menores consumir álcool neste estabelecimento. Seria redundante legislar ainda mais sobre esse ponto. Porém, se *é proibido aos menores consumir* álcool *no estabelecimento*, é porque lhes é permitido frequentar o local; senão a lei que proíbe o consumo de álcool seria inútil.

Suponhamos que o regulamento proíba os candidatos de votar questões que lhes digam respeito. Eles podem participar das sessões de discussão sobre tais questões? É preciso especificar em um artigo do regulamento que sua presença na assembleia é autorizada?

- Argumentação por redundância do regulamento: sim, eles podem participar. Não, não é preciso estabelecer uma nova regra especificando que eles podem participar. Com efeito, para votar é necessário fazer parte da assembleia. Se lhes é proibido votar, é porque eles fazem parte da assembleia. Se eles não fizessem parte da assembleia, então, de nada serviria proibi-los de votar. A especificação é, portanto, excessiva, redundante.

- Argumento "o que fica subentendido, é melhor dizer explicitamente": as pessoas envolvidas não votam, mas participam das sessões de discussão sobre as questões que lhes concernem; o novo regulamento é mais claro à custa de uma pequena redundância.

*Princípio da economia e textos sagrados* – Este princípio de economia vale para textos sagrados. Consideremos o problema de aplicação do *topos* dos contrários à seguinte prescrição: *Não faça isso em tais e tais condições*. Numa interpretação corriqueira, conclui-se que: *Fora dessas condições, você pode fazê-lo*. Levando a discussão ao caso do Alcorão, temos que, em certos trechos, constata-se que, às vezes, o texto menciona explicitamente o caso contrário (Alcorão, 4-23), segundo o esquema:

*Não faça isso em tais e tais condições. Fora dessas condições, faça.*

Enquanto, em outros momentos, o caso contrário não é explicitado:

*Não faça isso em tais e tais condições!*

Neste segundo caso, pode-se "completar" a sentença pelo *topos* dos contrários? Se nos permitirmos acrescentar ao texto *Fora dessas condições, faça!*, como se faz nas situações comuns, torna-se inútil a especificação literal trazida pelo primeiro caso. Se é postulado que o texto sagrado é perfeito, no qual nada é excessivo ou supérfluo, então não se tem o direito de concluir o que quer que seja sobre o que convém fazer ou não fazer quando as condições tais e tais não estão estabelecidas.

(P.R.G.)

## ▪ Refutação

O objetivo da refutação, na sua forma radical, é a destruição do discurso atacado: todos os elementos que caracterizam um ponto de vista podem ser utilizados ou manipulados com a finalidade de apresentá-lo como insustentável, ver **Destruição do discurso**.

A refutação exerce-se no quadro geral da rejeição motivada de um discurso, ver **Crítica**; é um ato reativo, podendo ir da refutação argumentada até à simples denegação de uma afirmação ou de uma imputação.

Do ponto de vista do uso, *refutar* tende a designar todas as formas explícitas de rejeição de uma posição, com a exceção das proposições de ação: *refutam-se* teses, opiniões que pretendem ser verdadeiras, mas *rejeitamos*, mais do que *refutamos* (?) um projeto; as acusações podem ser *refutadas* ou *abandonadas*.

Do ponto de vista científico, uma proposição é refutada se se provar que ela é falsa (o cálculo de que resulta contém um erro; afirma algo que é contraditório com os fatos...). Do ponto de vista do diálogo comum, uma proposição é refutada se, após ter sido discutida, for abandonada pelo adversário, explícita ou implicitamente, deixando de estar em questão na interação.

A refutação só pode ser tratada no diálogo. O discurso monogerido apenas conhece a concessão: não há subordinadas refutativas, e as subordinadas *concessivas* conduzem a refutação à objeção.

## REFUTAÇÃO QUE NÃO DIZ RESPEITO AO ASSUNTO EM DEBATE

*Declarar o discurso infra-argumentativo* – o discurso do adversário é declarado indigno de uma refutação, ver **Desprezo**.

*Focar-se no adversário* – a desqualificação pode incidir no próprio adversário (contradição nos dizeres, ou nos atos e dizeres do adversário), ou mesmo acontecer através de um ataque pessoal, sem relação com o tema da discussão, ver **Pessoa**; ***Ad hominem***; **Ataque pessoal**.

*Refutação de um discurso organizado* – a refutação supõe, se não a retomada palavra por palavra do discurso a refutar, pelo menos uma conexão com esse discurso através da uma encenação no discurso de refutação. Nos gêneros argumentativos social ou cientificamente codificados, a refutação incide, em princípio, num segmento essencial extraído do discurso, no qual é expressa uma posição passível de ser isolada. Nos diálogos comuns, para facilitar a sua refutação, o oponente pode proceder a várias organizações diafônicas do discurso a que se opõe através da redução ou do exagero, tendendo para o absurdo, para a organização intensiva, o que torna o discurso oponente fácil de refutar:

L1:     – *Este jardim está malcuidado.*

L2:     – *Escute, apesar de tudo não está uma selva!*

Ver Representação do discurso.

*Mudança de orientação argumentativa* – o encadeamento que rejeita os pressupostos desorienta o discurso e o seu locutor, ver **Orientação**; **Pressuposição**.

## REFUTAÇÃO PROPOSICIONAL

O modelo argumentativo proposicional distingue componentes diferentes que podem, cada um deles, ser alvo do ato de refutação, ver **Argumentação (III)**.

*Rejeição do argumento* – o argumento em favor de uma conclusão pode ser rejeitado de três formas.

- O argumento é declarado *falso*:

L1:     – *Pedro chegará certamente na terça-feira, ele vem para o aniversário de Paulo.*

L2:     – *O aniversário é segunda-feira.*

- O argumento pode ser admitido como tal, reconhecido pertinente para a conclusão, mas demasiado *fraco*, de má qualidade:

L1:    – *O presidente falou, a bolsa vai subir.*

L2:    – *Eis uma excelente razão!*

- O argumento pode ser rejeitado porque *carece de pertinência* para a conclusão, ver **Pertinência**:

L1:    – *Ele é muito inteligente, leu tudo de Proust em três meses.*

L2:    – *A inteligência nada tem a ver com a velocidade da leitura.*

A rejeição do argumento pode implicar a abertura de uma nova questão argumentativa (subdebate), incidindo, desta feita, sobre o antigo argumento. Em teoria é possível que quem rejeite o argumento mantenha a conclusão, encontrando-nos então no notável caso daquele que recusa o *mau* argumento para uma conclusão que considera *boa*. Na maior parte dos casos, a destruição do argumento acarreta a destruição da conclusão.

*Rejeição da lei de passagem* – a lei de passagem invocada, implicitamente ou não, é declarada falsa:

L1:    – *Pedro é nativo das ilhas Malvinas, logo é argentino.*

L2:    – *As ilhas Malvinas são território britânico.*

O advérbio *justamente* (*não*) substitui um *topos* por outro (Ducrot et al. 1982*)*, ver **Orientação.**

L1:    – *Esta noite vamos comer macarrão!*

L2:    – *De novo! Já comemos no almoço.*

L1:    – *Justamente, é preciso acabar de comê-lo. Não devemos desperdiçar os alimentos.*

*Rejeição da conclusão* – a conclusão pode ser rejeitada mesmo quando uma certa validade é reconhecida ao argumento; é o regime da concessão:

L1:    – *Temos de legalizar o consumo do haxixe, pois os seus impostos permitirão preencher o déficit da segurança social.*

L2:    – *Isso aumentará seguramente a coleta fiscal, mas também aumentará o número de drogados e abrirá caminho às drogas pesadas. Devemos manter a interdição.*

A contra-argumentação estabelece uma contraconclusão deixando intacta a argumentação à qual se opõe, ver **Contra-argumentação**.

## REFUTAÇÃO FRACA QUE PROTEGE A AFIRMAÇÃO

Através da generalização da lei da fraqueza, uma refutação fraca contribui para a preeminência da posição atacada, ver **Leis do discurso**. As situações a que este princípio se aplica entram em vários esquemas interpretativos que apelam a que se tenha em conta a integralidade do *corpus* produzido pela questão argumentativa.

(i) *A refutação fraca incide sobre uma exposição mal construída da posição atacada.* Conclui-se geralmente, isso sem considerar aquele que refuta, que a refutação não vale grande coisa e que o problema permanece intacto.

(ii) *A refutação fraca incide sobre uma exposição notável da posição atacada.* Conclui-se que a posição atacada sai reforçada dessa tentativa de refutação. O cálculo interpretativo incide no fato do refutador ser competente e as suas competências serem reconhecidas.

- *A refutação fraca é padrão.* As outras informações sobre quem refuta ainda reforça a posição criticada. Calcula-se, com efeito, que "uma vez que nem ele próprio encontra outra coisa para dizer, é certamente a outra posição que é a boa". Como se supõe que a refutação dada é a melhor possível (segundo as máximas de Grice), e uma vez que ela é fraca ou mesmo ridícula, conclui-se que é bem possível que a posição atacada seja justa, mesmo que esta derivação seja *ad ignorantiam*, ver **Contra-argumentação; Ignorância**.

- *A refutação fraca é estranha.* Contém erros manifestos que alertam o leitor vigilante; há um contraste entre a elegância da exposição da posição atacada e o caráter sumário da refutação que lhe opomos; a refutação não está no estilo argumentativo habitual do autor. Por exemplo, um teólogo expõe de um modo dialético, e com detalhes, uma posição condenada pelas autoridades oficiais da sua religião e refuta-a apenas com argumentos tirados de diversas autoridades (que o leitor sebe que para ele são duvidosas). Não haveria ali um movimento estratégico do teólogo? O discurso *foi refutado* inicialmente para melhor ser *afirmado*, servindo então a negação para *dar cobertura* ao autor. Este caso de vias indiretas foi teorizado por Strauss (1953): se, nas circunstâncias históricas, sociais, religiosas... particulares, um interdito atinge o discurso, é, contudo, possível dar voz a esse discurso na condição de o fazer por meio da sua refutação, servindo então a negação para proteger o locutor relativamente às autoridades ditas tirânicas.

Essa estratégia de *confirmação*, poderíamos mesmo dizer *de argumentação pela refutação fraca*, é uma posição perigosa, a não ser que o regime considerado como *tirânico* não seja outro que a própria *democracia*. As autoridades não são forçosamente imbecis e podem desmascarar as falsas intenções do refutador, cuja refutação e as *negações* serão interpretadas como *denegações* de uma crença que se dirá ser efetivamente a sua: *de onde te vem esta proficiência sobre as posições heterodoxas e esta imbecilidade sobre a ortodoxia?* Essa estratégia (no sentido exato do termo *estratégia*, pois repousa na opacidade das intenções) pressupõe um duplo jogo argumentativo, transparecendo as intenções reais apenas ao *leitor atento* e permanecendo dissimuladas para o *leitor apressado*, que aprecia a refutação fraca porque pode compreendê-la e repetir, ver **Estratégia**.

REFUTAÇÃO E CONTRADISCURSO

De uma forma geral, a cada tipo de argumento corresponde um *discurso contra*: contra um testemunho; contra uma argumentação fundada numa autoridade; contra uma definição; contra uma indução; contra uma afirmação de qualidade etc. O esquema do *discurso contra* pode ser explorado sob a forma de uma refutação, de uma objeção ou de uma concessão. Fornece, assim, a ossatura de uma posição crítica.

Os *discursos contra* podem igualmente visar o próprio tipo argumentativo: mobiliza-se então um discurso geral "contra a autoridade", "contra a analogia" etc., que rejeita *a priori* todas as formas de autoridade, de analogia etc.

A noção de refutação define-se num nível muito geral. A noção de *contradiscurso* especifica a refutação em função da estrutura própria de cada um dos argumentos; flanqueia o "tipo" com um "contratipo" que é parte integrante da forma do argumento considerado e deve, a esse título, figurar na sua definição. Exemplos: **Analogia**; **Testemunho**; **Autoridade**; **Indução**; **Causalidade**.

(R.A.L.M.G.)

# ▪ Regras

No quadro da argumentação intervêm três conceitos de regras.

- *Regras que exprimem regularidades observáveis*: "Em geral [*as a rule*] os segundos turnos não preferidos são marcados por [estes e aqueles traços]" (*SIL*, art. *Dispreferred second part*).
- Regras como expressão de normas (no sentido imperativo).
- *Regras como formas de bem-fazer*: como se comportar para bem-fazer algo, desde a receita do creme inglês até os procedimentos de lançamento de um foguete: como se comportar para convencer uma pessoa a comprar algo, a resolver rápida e racionalmente um diferendo.

As argumentações, sejam em diálogo ou em monólogo, podem avaliar-se com base em sistemas de regras muito diferentes.

REGRAS GERAIS DA INTERAÇÃO

*Regras da interação* – a interação argumentativa em língua natural obedece aos diferentes sistemas de regras propostos para a interação em geral, por exemplo, a regra de justificação das sequências não preferidas.

*Princípio de cooperação* – o princípio de cooperação exprime não só aquilo que os participantes fazem efetivamente (regularidade *observacional*), mas também aquilo que é razoável que façam (regularidade *racional*), ver **Princípio de cooperação**.

*Princípio da polidez* – os princípios da polidez linguística regulam a relação em função dos conceitos de face e de território. Na conversação ordinária, estas regras jogam *contra* o desenvolvimento das argumentações nas trocas conversacionais: neste tipo de interação face a face, a preocupação de não entrar em conflito faz com que o desenvolvimento da contradição seja evitado.

*Pecados da língua* – podemos encontrar na Bíblia e nas tradições que dela se reclamam um conjunto de mandamentos que visam ao controle do discurso. A violação de qualquer dessas regras é caracterizada como um *pecado da língua*, cuja história foi elaborada por Casagrande e Vecchio (1991), ver **Falácias como pecados da língua**.

### REGRAS QUE INCIDEM MAIS ESPECIFICAMENTE NA PALAVRA ARGUMENTATIVA

*Regras e regulamentações ligadas ao fórum, ao espaço de discussão argumentativa* – cada um desses fóruns ou espaços de discussão produz a sua regulamentação e a ela se deve submeter quem intervém nesse lugar, ver **Fórum argumentativo**. A regulamentação é elaborada sob uma forma *sui generis* e é aplicada pelas autoridades competentes do próprio espaço ou fórum.

De um modo geral, para os *lugares de palavra*, as regras determinam os temas que serão tratados, as pessoas qualificadas para intervir e os procedimentos que conduzem a uma decisão legítima, *do ponto de vista desse lugar*. Tais normas regem os direitos à palavra, à qualidade da palavra, bem como a sucessão de turnos de fala; podem, por exemplo, interditar e reprimir as sobreposições de fala e as interrupções. As regras do espaço contribuem para definir a racionalidade do espaço como racionalidade *local*.

Regras da controvérsia honorável – Levi Hedge, no seu *Elements of Logik, or a Summary of General Principles and Different modes of Reasoning*, propõe um conjunto de sete regras da controvérsia honorável [*rules for honorable controversy*] (1838: 159-162). Estas regras são as seguintes.

*Regra 1.* Os termos nos quais é formulada a questão a debater, o ponto preciso em questão, devem ser definidos de forma suficientemente clara para que não haja nenhuma incompreensão a seu respeito.

*Regra 2.* As partes em presença devem considerar que estão em pé de igualdade no que diz respeito ao tema debatido. Cada um deve considerar que possui tanto talento, conhecimento e está animado do mesmo desejo de verdade quanto o outro; e que, por conseguinte, é possível que esteja enganado e o seu adversário tenha razão.

*Regra 3.* Todo o uso de expressões desprovidas de sentido ou de pertinência relativamente ao tema do debate deve ser estritamente evitado.

*Regra 4.* Não se deve permitir nenhuma consideração relativa à pessoa do adversário.

*Regra 5.* Ninguém tem o direito de acusar o seu adversário de ter segundas intenções [*indirect motives*].

*Regra 6.* Não se deve imputar a uma pessoa as consequências da sua tese, a não ser que ela as reivindique expressamente [*The consequences of any doctrine are not to be charged on him who maintains it, unless he expressly avows them*].

*Regra 7.* Como a finalidade proclamada de toda a controvérsia é a verdade, e não a vitória, todas as provas produzidas por cada uma das partes devem ser examinadas com objetividade e sinceridade [*fairness and candor*]. Toda tentativa de montar uma armadilha [*ensnare*] ao adversário por meio de artifícios sofísticos [*by the arts of sophistry*] ou de enfraquecer a força do seu raciocínio pelo humor, pelo trocadilho ou ridicularizando-o [*by wit, caviling, or ridicule*] é uma violação das regras da controvérsia honorável. (Hedge, 1838: 159-162)

Algumas dessas regras são familiares. A regra 5 corresponde à acusação de motivo oculto: *você apoia esta proposição, não porque a aprove, mas para agradar à diretora*, ver **Motivos velados e motivos declarados**. A regra 6 é curiosa e remete para o problema da agenda oculta e até mesmo para o complô, ver **Pragmático**.

Este sistema introduz o socialmente correto [*honorable*] numa situação em que os participantes se arriscam a não aplicar espontaneamente as regras da cooperação e da polidez. Encontramos, assim, a problemática retórica do *prépon* e do *aptum* (Lausberg, 2004 [1960], § 1055-1062), ver **Princípio de cooperação**. Por trás da imposição de cooperação encontramos aqui o controle social: no sistema apresentado a seguir, as regras operam em função de um racional comunicacional, na sequência de Grice (§3). O sistema de pecados da língua (§4) não se vale nem do socialmente correto nem do racional, mas do religioso, ver **Falácias como pecados da língua**.

## REGRAS PRAGMADIALÉTICAS E FALÁCIAS

Essas regras estão orientadas para a resolução de diferenças de opinião. Uma falácia é definida como uma violação de uma das regras da racionalidade crítica.

*Regra 1. Liberdade* – as partes não devem criar obstáculos à livre expressão de pontos de vista ou o seu questionamento.

*Regra 2. Ônus da prova* – quem propõe um ponto de vista fica obrigado a defendê-lo se a outra parte assim o solicitar.

*Regra 3. Ponto de vista* – quando se ataca um ponto de vista, este ataque deve incidir sobre o ponto de vista tal como foi proposto pela outra parte.

*Regra 4. Pertinência* – as teses de cada parte só podem ser defendidas com argumentos relacionados com as teses.

*Regra 5. Premissas implícitas* – não se deve negar uma premissa que ficou implícita ou apresentar falsamente como uma premissa algo que foi deixado implícito pela outra parte.

*Regra 6. Ponto de partida* – não se deve apresentar falsamente uma premissa como ponto de partida aceito, nem negar uma premissa que represente um ponto de partida aceito.

*Regra 7. Esquema do argumento* [*argument scheme*] – não se deve considerar que um ponto de vista foi defendido de uma forma conclusiva se a defesa não tiver sido efetuada através de um esquema de argumentação apropriado [*an appropriate argumentation scheme*] e corretamente aplicado.

*Regra 8. Validade* – só devem ser utilizados na argumentação argumentos que sejam logicamente válidos ou que se possam validar através da explicitação de uma ou mais premissas implícitas.

*Regra 9. Regra do fechamento* – se um ponto de vista não é defendido de uma forma conclusiva, quem o propôs deve retirá-lo. Se um ponto de vista foi defendido de forma conclusiva, a outra parte deve retirar as dúvidas lançadas sobre esse ponto de vista.

*Regra 10. Uso* – não devem ser feitas formulações insuficientemente claras ou confusamente ambíguas [*insufficiently clear or confusingly ambiguous*], e as formulações da outra parte devem ser interpretadas de forma tão prudente e exata [*carefully and accurately*] quanto possível. (Eemeren, Grootendorst e Snoeck Henkemans, 2002: 182-183)

Esta versão de base do sistema de regras pragmadialéticas inspira-se nas propostas da escola de Erlangen relativamente à definição de uma "ortolinguagem" racional, ver **Lógicas do diálogo**. Num espírito griceano, elas introduzem ou impõem a cooperação quando esta poderia não ser espontaneamente praticada pelos participantes, ver **Cooperação**. O jogo assenta-se na noção de *standpoint*, isto é, ponto de vista. Corresponde, assim, a um tratamento dialético da diferença de pontos de vista, com um proponente a afirmar um ponto de vista ao mesmo tempo em que responde aos ataques de um oponente que os coloca em dúvida. A regra 9 lembra a finalidade do jogo: gerir a diferença de opinião, eliminando ou a opinião insustentável, ou a dúvida sobre a opinião bem justificada.

Este sistema de regras presta contas do modo como os locutores validam a apresentação de seus pontos de vista (Eemeren, Garssen e Meuffels, 2009). É igualmente possível destacar regras implícitas a que os locutores recorrem nas suas avaliações a partir da observação das suas práticas (Doury, 2003, 2006).

SOBRE A QUESTÃO DAS REGRAS, ver **Falácias como pecados da língua**; **Argumentação (II)**; **Argumentação (V)**; **Tranquilidade**; **Paradoxos da argumentação e da refutação**; **Dialética**; **Ônus da prova**; **Evidência**; **Representação do discurso**; **Ignorância da refutação**; **Papéis argumentativos**.

(R.A.L.M.G.)

# ▪ Relações, arg

Uma relação é um predicado $R$ de dois lugares que liga dois objetos, *a* e *b, simbolicamente representados por* < aRb >, ver **Lógica (II)**. Três propriedades gerais permitem caracterizar as relações: a simetria, a reflexividade e a transitividade.

- Simetria ou reciprocidade: a relação que liga *a* a *b* liga *b* a *a*?
- Reflexividade: a relação liga *a* a si mesmo?
- Transitividade: se a relação liga *a* a *b* e *b* a *c*, liga *a* a *c*?

As inferências fundadas nestas propriedades fazem parte das evidências despercebidas da argumentação quotidiana. Eles são por vezes chamadas "quase lógicas", ver **Quase lógico**.

### SIMETRIA OU RECIPROCIDADE

Uma relação é simétrica se ligar simultaneamente *a* a *b* e *b* a *a*; dito de outro modo, temos simultaneamente < aRb > e < bRa >.

Se *a* ama *b*, *b* não ama necessariamente *a*. A relação *amar* não é simétrica. *Reencontrar* é uma relação simétrica. A argumentação seguinte não é nem mais nem menos lógica do que qualquer outra; não pode ser recusada a não ser que se acuse Pedro de mentira:

> *Se Pedro (confessou ter reencontrado) reencontrou Paulo no bar, Paulo reencontrou forçosamente Pedro. Paulo comete um erro em negar a evidência.*

A exigência de simetria é outra forma da regra de justiça, ver **Regra de justiça**; **Reciprocidade**.

# REFLEXIVIDADE

Uma relação é reflexiva se ligar *a* a si mesmo. Dito de outro modo: < aRa >.

*Ser contemporâneo* é uma relação reflexiva: *a* é estritamente contemporâneo de si mesmo. A relação causal não é reflexiva para o comum dos mortais: apenas Deus é *causa sui*, a sua própria causa – ainda que seja possível ser filho das suas obras.

A relação de reflexividade pode ser explorada *ad hominem*. O princípio "a verdadeira caridade começa por si próprio" traduz a reflexividade da relação "praticar a caridade". Da mesma forma, pode utilizar-se o *amor dos outros* para incitar o *amor de si*:

Tu, que amas a Terra inteira, farias bem em amar-te a ti próprio!

e podemos contestar a competência de um conselheiro incitando-o a fazer uso reflexivo dos seus próprios conselhos. A argumentação *ad hominem* explora assim uma forma de reflexividade:

*Você me dá conselhos, mas você, que age de qualquer maneira, comece a aconselhar a si mesmo!*

# TRANSITIVIDADE

Uma relação é transitiva se, ao ligar *a* a *b* e *b* a *c* ligar também *a* a *c*. Dito de outro modo, se < aRb e bRc > então isso implica < aRc >.

Se *a* ama *b* e *b* ama *c*, então *a* não ama necessariamente *c*, não sendo a relação *amar* transitiva. A relação *ser pai de* não é transitiva, mas *ser antepassado de* é transitiva numa mesma linhagem: se *a* é um antepassado de *b* e *b* é um antepassado de *c*, então *a* é um antepassado de *c*.

As inferências fundadas na transitividade de um predicado fazem parte dos automatismos argumentativos explorados na argumentação quotidiana; são mobilizáveis sempre que posicionamos pelo menos três objetos numa escala graduada:

*Se a* é maior, mais velho, mais rico… do que *b*
e *b* maior, mais velho, mais rico… do que *c*,
*então a* é maior, mais velho, mais rico… do que *c*.

(R.A.L.M.G.)

# ▪ Repertório argumentativo

Enquanto as questões permanecerem abertas elas admitirão novos argumentos, contra-argumentos e refutações. Tais conjuntos estabilizam-se em *argumentários* e em *repertórios* argumentativos, à disposição dos atores que agem como proponentes ou oponentes.

## ARGUMENTÁRIO E LINHA ARGUMENTATIVA

O recente termo *argumentário* é utilizado para designar as argumentações propostas por uma das partes: "o argumentário de um partido político, argumentário de venda…" (Rey [1992], art. *Argument*, o qual nota que o termo *argumentário* é recente, 1960).

A expressão *linha argumentativa* pode ser utilizada para designar:

- um discurso que desenvolve uma série de argumentos coorientados, constituindo um argumentário, ver **Argumentário**.
- o conjunto de discursos coargumentados por diferentes locutores no decurso de um debate; os locutores aliados situam-se numa mesma *linha argumentativa*.

## REPERTÓRIO

O *repertório* argumentativo está diretamente relacionado à existência de uma questão e se constitui pelo conjunto de argumentos e refutações comumente mobilizados pelas partes que tomam partido em um debate. O repertório corresponde, nesse sentido, à reunião dos argumentários de ambos os lados.

O repertório argumentativo corresponde ao *histórico da questão argumentativa*. É suscetível de ser atualizado um número indeterminado de vezes, em contextos diversos. Preexiste e informa os discursos argumentativos concretos dos quais constitui um elemento determinante, mas não o único. Cataloga os argumentos sobre o mérito da questão, independentemente das circunstâncias específicas de um encontro particular. Pode, todavia, incluir características genéricas dos intervenientes num debate e considerações sobre as condições nas quais ele decorre.

O argumento *a segurança social está em crise* faz parte do argumentário anti-imigração; a sua refutação, *falta-lhe generosidade/sejamos generosos*, deriva do argumentário pró-imigração. Já um argumento *ad hominem* do tipo *me surpreende você, que usa diamantes, vir falar da crise da seguridade social!* não caberia no repertório, sobretudo se a pessoa não usa de fato diamantes.

*Repertório e invenção* – a noção de repertório modifica em muito a ideia difundida segundo a qual os argumentos são "inventados". Podem até ser, em certos casos, mas não o são no domínio da argumentação sociopolítica, em Filosofia e em todas as disciplinas onde existe um "estado da questão".* Nesses domínios, os argumentos não serão encontrados, mas *herdados* e estão prontos para serem empregados. O trabalho do locutor consiste em tomar conhecimento do repertório que corresponde à questão com a qual é confrontado e depois se posicionar, ou seja, colocar em palavras, atualizar e amplificar o argumentário com que se identifica e assume. Dito de outra maneira, o locutor conhecerá o repertório. Este fato tem repercussões na concepção da atividade argumentativa e valoriza a informação preliminar à discussão, bem como as capacidades de expressão e de estilo de quem argumenta.

*Mapa argumentativo* [*carte argumentative*] – o repertório argumentativo pode ser representado na forma de um *mapa argumentativo*. Podemos encontrar em http://web.stanford.edu/~rhorn/a/topic/phil/artclISSAFigure1.pdf (Acesso em 29 setembro de 2013) um mapa que representa uma parte do repertório argumentativo relativo à questão *Os computadores podem pensar?*.

(R.A.L.M.G.)

---

\* N.T.: A ideia de *état* equivale a "histórico". Tem o mesmo sentido de "estado" na expressão *estado da arte*.

# ▪ Repetição

❖ A prova por repetição é por vezes designada metonimicamente por efeito, designada com o seu nome latino arg. *ad nauseam*, do latim *nausea*, "enjoativo, repugnante". Ing. *proof by assertion*.

1. A repetição pode incidir sobre qualquer *segmento significante*, desde uma palavra ao discurso inteiro. Pode, em particular, retomar uma argumentação completa: os *argumentários* propõem esquemas ou diagramas discursivos que devem ser repetidos em todos os graus de reformulação, ver **Repertório argumentativo**.
2. *A repetição com intenção argumentativa* incide numa única afirmação, apresentada como exprimindo uma evidência imediata necessariamente verdadeira. Os argumentos não ficam subentendidos, mas são cuidadosamente evitados e é isso que confere a força específica à repetição, ver **Evidência**. Não se pode falar de argumento por repetição a não ser definindo a argumentação pela persuasão.

Do ponto de vista da avaliação dos argumentos, esta forma de repetição é considerada uma falácia, aliás, como a falácia por excelência, uma vez que impõe a aceitação de um enunciado não apenas *sem* justificação, mas *contra* toda justificação, ver **Afirmação do consequente**.

A força da repetição para fazer admitir uma afirmação foi destacada pelo sociólogo Gustave Le Bon:

> [...] a afirmação só adquire verdadeira influência se for constantemente repetida e, o mais possível, nos mesmos termos. Napoleão dizia que só existe uma figura séria de retórica: a repetição. Aquilo que se afirma acaba, mediante a repetição, por penetrar nos espíritos e ser aceito como uma verdade demonstrada [...]. Assim se explica a força espantosa da publicidade. Depois de lermos ou ouvirmos cem vezes que o melhor chocolate é o chocolate da marca X, imaginamos que isso nos foi demonstrado frequentemente e acabamos por estar convencidos de que isso é verdade. (Le Bon, 1980 [1895]: 64)

Esta última observação mostra que a repetição produz uma ilusão de legitimação pela autoridade do maior número, ver **Consenso – Dissenso**.

(R.A.L.M.G.)

# ▪ Representação do discurso

O discurso argumentativo, ao construir ou justificar uma posição, encontra discursos que o refutam, que contra-argumentam justificando ou construindo outra posição. Cada um desses discursos funciona como contradiscurso do outro. Podem fazer referência um ao outro de acordo com uma gama de possibilidades.

(i) A *citação explícita referenciada* fixa o alvo da refutação, tornando preciso o que foi dito, quando e por quem. Esta forma de citação é característica do regime popperiano de refutação e destaca ao pé da letra o que foi dito. O texto citado pode ser utilizado para vários fins por quem o cita, os quais não se limitam certamente à citação de autoridade. Todavia, o citado pode recusar-se a se reconhecer na citação, acusando quem o citou de empregar a falácia da omissão de elementos pertinentes (ver **Circunstâncias**) no que concerne, por exemplo, ao recorte realizado ou à posição da citação no texto.

Neste primeiro caso existe um texto na origem. Nos seguintes, a existência de tal texto é problemática.

(ii) A *citação indireta* da posição mencionada é apresentada por quem o cita como uma reformulação que parafraseia o dizer original ou o reformula para o tornar mais claro. Aquele que é citado pode retorquir que a reformulação é tendenciosa ou caricatural, ou seja, que ela contém uma reinterpretação da sua posição, fazendo-o dizer o que ele nunca disse, ver **Orientação**.

(iii) A *alusão* ao discurso oposto deixa uma marca que torna possível identificá-lo sem que se possa designar com precisão o autor visado. O caráter vago da alusão protege-a da refutação.

(iv) A *citação por antecipação* corresponde ao mecanismo da prolepse, ver **Prolepse**.

A discrepância entre o que foi citado e o que motivou a citação está na base da falácia do homem de palha ou do espantalho.

### ESPANTALHO E HOMEM DE PALHA

A refutação popperiana deve incidir sobre "aquilo que o outro verdadeiramente disse". Este requisito tem um significado claro no caso de declarações do tipo científico, escritas e referenciadas. Mesmo neste caso, o que o outro verdadeiramente disse deve ser *contextualizado*, sob o risco de se incorrer na falácia da omissão de circunstâncias pertinentes. Por outro lado, não se pode afirmar com clareza se o que se diz que alguém disse de fato foi efetivamente dito.

Dito de outro modo, na maior parte dos casos, aquilo que o outro verdadeiramente disse não é uma condição, mas a finalidade da argumentação. A falácia conhecida como *strawman fallacy* é uma acusação de representação defeituosa do discurso contrário. A expressão é uma metáfora a partir do substantivo *strawman*, que designa:

1. Um homem de palha, uma pessoa que serve de cobertura a uma operação duvidosa.
2. Um argumento fraco ou um pseudoargumento que antecipamos porque é mais fácil de refutar [*A weak or sham argument set up to be easily refuted*] (Webster, art. *Strawman*).
3. Um espantalho.

No sentido 1, a estratégia do *homem de palha* corresponde a uma posição que mascara a posição real do locutor; esta posição é antecipada para colocar o público e os oponentes no encalço de uma pista falsa, ver **Falsa pista**; **Pertinência**.

No sentido 2, a estratégia do *pseudoargumento* pode corresponder a uma "proposição que o autor" sabe que será refutada, mas que, ainda assim, ele crê que permitirá lançar a discussão e clarificar as posições. No caso da *epítrope*, estamos perante uma *strawman concession*, uma pseudoconcessão, ver **Epítrope**. Também pode ser uma estratégia dialógica de *prolepse*, em que se antecipa um argumento facilmente refutável, atribuindo-o ao oponente.

No sentido 3, a *estratégia do espantalho* corresponde a uma reformulação não apenas tendenciosa, mas deformada, caricatural e mesmo autorrefutativa, evidentemente insustentável, do discurso do outro.

(R.A.L.M.G.)

# ▪ Respeito, arg.

❖ Argumento *ad reverentiam*, lat. *reverentia*, "medo respeitoso"; ing. *argument from respect*.

O respeito é um sentimento projetado pela autoridade, seja ela qual for. Se a pessoa P é *dotada* ou *investida* de uma autoridade A, então P tem, neste papel, *direito ao respeito* e o dever de *fazer respeitar a autoridade* A. Na correspondência que o cidadão comum tem com uma forma maior de autoridade, a do Estado, ele deve garantir a *dedicação respeitosa dos seus sentimentos*. A autoridade é exercida sobre pessoas que a ela se devem submeter; temos de nos *inclinar*, se não mesmo nos *curvar*, perante a autoridade, ou seja, fazer o que ela exige sem reclamar. A autoridade exige sujeitos *respeitadores* e até mesmo *humildes*, ver **Autoridade;** **Modéstia; Falácias como pecados da língua.** *O argumento do respeito* é invocado por uma pessoa ou instituição que se estima portadora de uma ordem e de uma autoridade e que acha que as suas prerrogativas não estão sendo respeitadas.

O problema surge quando a pretensão de autoridade não é reconhecida por todos como legítima. É o caso, em algumas sociedades, das autoridades religiosas. Ali o *direito ao respeito* é reivindicado por todas as crenças em geral, e pelas suas próprias em particular. O desrespeito corresponde a uma *provocação*, uma *profanação*, um escândalo, que *fere gravemente* o devoto, *tocando-lhe no coração*. Corresponde ainda a um *insulto*, uma *afronta*, relativamente à qual é fundamental clamar por justiça perante as autoridades civis.

Uma obra fotográfica do artista americano Andres Serrano intitulada *Immersion Piss Christ*, colocando na cena um crucifixo mergulhado na urina do artista, foi vandalizada no dia 17 de abril de 2011, nos locais da coleção de arte contemporânea Yvon Lambert, em Avignon. Depois desta ação, o arcebispo de Avignon emitiu uma declaração protestando contra a exposição deste trabalho. O argumento do respeito é invocado na seguinte passagem:

> Não têm as autoridades locais a missão de garantir o respeito pela fé dos fiéis de qualquer religião? Ora, uma obra como essa é uma profanação que, na véspera da Sexta-feira Santa, em que recordamos Cristo, que deu a vida por nós morrendo na cruz, nos toca no âmago do nosso coração.

Este argumento é amplificado a seguir (com destaque nosso):

> – A *odiosa profanação* de um Cristo na cruz (título)
> – Pode a arte ser de tão mau gosto que não tenha outra razão que não a de servir de *insulto*? [...]
> – Diante do lado *odioso* desse clichê que *zomba* da imagem de Cristo na cruz, coração de nossa fé cristã, devo reagir. Qualquer *ataque* à nossa fé *nos fere*, todo fiel é *atingido* no mais íntimo de sua fé.

– Dada a gravidade de tal *afronta* [...]

– Para mim, bispo, como para todo cristão e todo devoto, isto é uma *provocação*, uma *profanação* que *nos atinge no próprio coração da nossa fé!* [...]

– A coleção Lambert não percebeu que exibiu uma fotografia que feriu gravemente todos aqueles para quem a Cruz de Cristo é o coração de sua fé? Ou quis *provocar* os religiosos, desprezando o que para eles está no coração de suas vidas [...]

– Uma *grave profanação*, um *escândalo* que afeta a fé desses devotos.

[fotos] que causam dano à fé dos cristãos.

– Comportamentos que nos *ferem* no coração de nossa fé [...]

("L'odieuse profanation d'un Christ en croix", *Infocatho*, 14-17 abr. 2011. Disponível em: http://infocatho.cef.fr/fichiers_html/archives/deuxmil11sem/semaine15/210nx151europeb.html. Acesso em: 20 set. 2013)

(R.A.L.M.G.)

# ▪ Retórica argumentativa

A retórica argumentativa parte de uma competência natural, a competência da palavra em geral, e trabalha-a orientando-a para as práticas linguageiras institucionais. Combina capacidades enunciativas e interacionais.

### O DISCURSO RETÓRICO OU O JOGO RETÓRICO

O discurso retórico, ou jogo retórico (ingl. *public address*), corresponde ao discurso na sua acepção tradicional, ou seja, "aquilo que, dito em público, trata de um tema com certo método, numa certa extensão" (Littré, art. *Discours*). Essa noção de discurso como *public address*, discurso retórico, nada tem a ver com o *discurso* tal como foi definido por Foucault (1969, 1971). Este sentido do termo *discurso* não figura entre as seis acepções compiladas por Maingueneau no quadro da *análise do discurso* (1976: 11-12).

O *discurso retórico* é um discurso que tem as seguintes características principais, ver **Orador – Auditório**.

- É um discurso *oral*, que trata de uma *questão social*, concreta, de interesse geral;
- é pronunciado por um *orador*, numa situação em que supostamente *urge* decidir algo;
- dirige-se a um auditório dubitativo e que tem poder de *decisão* sobre a questão tratada;
- é o discurso de um único locutor, isto é, *monolocutiva*, relativamente longo, *planificado*, composto por um conjunto de atos de discurso que procuram construir uma *representação* com vista à ação;
- *procura impor-se* num contexto de *competição discursiva* entre diferentes discursos oponentes que apresentam propostas incompatíveis. O endereçamento retórico é prenunciado num espaço de discursos contraditórios, no qual todas as intervenções são recebidas e interpretadas umas em função das outras; mesmo que orador tente fazer desaparecer todas as marcas de contradiscurso,

o seu discurso é, todavia, estruturado de forma "oblíqua", indireta [*en creux*], pelos seus contradiscursos.

A *retórica argumentativa* descreveu, codificou e estimulou este gênero de práticas comunicacionais; práticas que datam da Grécia e Roma antigas. As suas condições de exercício foram transformadas pelo mundo do rádio e da televisão e, ainda, da comunicação digital, não obstante o seu objeto teórico, a circulação da palavra num grupo com poder de decisão no qual circulam discursos contraditórios, permanece bem definido, ver **Argumentação (III); Persuasão**.

## O "CATECISMO"

A retórica argumentativa constituiu, sob diversas formas, a coluna vertebral do ensino no mundo ocidental pelo menos até à época moderna. Na Idade Média, a retórica é uma das três artes da palavra, fazendo parte do *trivium* (Gramática, Lógica, Retórica), propedêutico do *quadrivium* (Geometria, Aritmética, Astronomia, Música).

A Retórica construiu dela mesma uma representação normatizadora, tanto do *processo* de produção do discurso como do seu *produto*, o discurso pronunciado:

- cinco momentos da produção do discurso: invenção, disposição, elocução, memória, pronúncia;
- três tipos de discurso: deliberativo, epidítico, judiciário;
- três actantes: a interação retórica é funcionalmente tripolar, reunindo "o *orador* que quer persuadir, o *interlocutor* que ele deve persuadir e o seu *contraditor*, que ele deve refutar" (Fumaroli, 1980: III);
- três tipos de provas que correspondem a três tipos de ação coorientadas para o público: o orador procura *agradar* pela imagem de si projetada no seu discurso, ou *ethos*; busca *informar*, *ensinar*, pela lógica da sua narrativa e da sua argumentação, ou *logos*; tenta *emocionar*, suscitando o *pathos*;
- tradicionalmente, os atos que procuram produzir esses efeitos estão concentrados nos momentos estratégicos do discurso. A *introdução* é o momento *etótico*, mostrando-se o orador agradável ao público; *a narração e a argumentação* são os lugares do *logos,* quando o orador informa e argumenta; a *conclusão* fecha o discurso com um crescente *patêmico*, através do qual espera arrancar a decisão.

Cícero dispôs os conceitos da Retórica antiga na forma de questão-resposta nas *Divisões da arte oratória*, "em tudo semelhante a um catecismo", como observa Bornecque (Introduction à Cicéron, *Div.*: VII). A Retórica pode ter sido árdua com sua configuração no sistema, supostamente pedagógica, na forma de listas rígidas enumerando distinções supostamente claras e distintas: a retórica da apresentação da Retórica é singularmente rígida.

## ORDENAMENTO PROCEDIMENTAL

O processo de construção do discurso retórico-argumentativo comporta tradicionalmente cinco etapas. Indicamos os termos latinos para evitar confusões com os termos em francês de que são falsos cognatos.

| 509 |

*Invenção, inventio* – "A invenção [*inuentio*] é a descoberta de coisas verdadeiras ou verossímeis que tornem a causa provável" ([Cícero], *Her.*, I, 3).

Guiada pela técnica das questões tópicas, a *inventio* é a etapa cognitiva da procura metodológica dos argumentos.

O termo latino *inventio* não significa "inventar" no sentido moderno de "criar" alguma coisa que anteriormente não existia. O sentido é o de "encontrar, descobrir" (Gaffiot [1934], art. *Inventio*). O sentido persiste na expressão jurídica que designa como "o inventor de um tesouro" aquele que o descobriu.

A investigação psicolinguística sobre a produção do discurso escrito e oral assumiu o papel da reflexão sobre as técnicas da *inventio*.

A argumentação religiosa introduziu uma mudança fundamental na técnica de produção de argumentos, retirando-os não de uma ontologia natural, mas do texto sagrado fundador e, em menor grau, dos textos da tradição. O evangelizador orador medieval utilizava as enciclopédias. Trata-se de um método de trabalho talvez mais moderno, mas, de qualquer modo, complementar daquele que consiste em procurar os argumentos na essência do espírito humano, ver **Pessoa**; *Topos*; **Tópica**; **Tipologia**; **Repertório.**

*Disposição, dispositio* – "A disposição [*dispositio*] é a ordenação e distribuição dessas coisas: mostra o que deve ser colocado em cada lugar" ([Cícero], *Her.*, I, 3).

Esta ordem de sucessão dos argumentos é o momento da planificação da argumentação.

Essas duas primeiras etapas, *inventio* e *dispositio*, são de ordem linguístico-cognitiva.

*Expressão, elocutio* – "A elocução [*elocutio*] é a acomodação de palavras a sentenças idôneas à invenção" ([Cícero], *Her.*, I, 3).

O termo *estilo* [*style*], utilizado na tradução, corre risco de evocar um arranjo superficial da expressão. A *elocutio* é mais do que isso, ela é relativa à "colocação na língua" dos argumentos, à sua semantização, correspondendo à totalidade da expressão linguística.

O termo latino *elocutio* e o termo francês contemporâneo *élocution* [elocução] são falsos cognatos. A elocução corresponde a certa qualidade da voz e deriva, por conseguinte, da ação oratória (*pronuntiatio*).

A *elocutio* caracteriza-se por quatro qualidades: a correção gramatical (*latinitas*), a clareza da mensagem para o interlocutor (*perspicuitas*), a adaptação da mensagem às circunstâncias sociais da enunciação (*aptum*) e, finalmente, a sua riqueza em termos figurativos e estilísticos (*ornatus*).

*Memorização, memoria* – o discurso deve ser memorizado, uma vez que é suposto ser apresentado oralmente, sem o suporte de um documento em papel ou um *teleprompter*. Como acontece na etapa da invenção, a memória põe em jogo fatores cognitivos. O alcance civilizacional deste trabalho de memorização, que poderia parecer anódino, foi revelado por Yates ([1966]).

*Ação oratória, pronuntiatio* – "A pronunciação [*pronuntiatio*] é o controle, com elegância, de voz, semblante e gesto" ([Cícero], *Her.*, I, 3).

O termo latino *pronuntiatio* não remete só para o processo físico de produção e modulação da fala, ele exprime também a ideia de *afirmar o discurso* (Gaffiot [1934], art.

*Pronuntiativus*). Trata-se de uma "declaração, anúncio, proposta". É neste sentido que o juiz não "diz" a sentença, mas a *pronuncia*.

A tradição retórica considera a *pronuntiatio* como o momento da performance, da entrega, da espetacularização do discurso. A técnica retórica é, aqui, a do corpo, do gesto, da voz. As restrições da ação retórica pesam também no retor, no ator ou evangelizador, mesmo que o estatuto social dos diferentes exercícios, e dos oradores, seja muito diferente (Dupont, 2000).

Em suma, procurar argumentos, ordená-los, exprimi-los por escrito: as prescrições retóricas formam um sistema pedagógico fácil de perceber e mesmo de colocar em prática, que tem grande valia para os textos acadêmicos.

## ORDENAMENTO ESTRUTURAL

No final deste processo, obtém-se o *produto* acabado, ou seja, o discurso em situação, tal qual foi enunciado. Divide-se em partes, tradicionalmente designadas:

> exórdio
> narração
> argumentação (confirmação *seguida de* uma refutação)
> conclusão

A argumentação é a parte central. Assenta-se na exposição dos pontos litigiosos e das posições sustentadas; engloba uma parte positiva, de *confirmação* da posição defendida, e uma parte negativa, a *refutação* da posição adversária. Contrariamente a uma visão escolar, não existe uma oposição entre a narração e a argumentação, tal como não existe entre argumentação e descrição, que correspondam sempre a uma orientação argumentativa particular, determinada pelo ponto de vista, interesses e valores defendidos no discurso.

## EXTENSÕES E RESTRIÇÕES DA RETÓRICA

A antiga retórica argumentativa foi redefinida em diversas dimensões:

- *Restrição à sua dimensão expressiva*. A retórica argumentativa pode ser orientada para a comunicação persuasiva ou para a precisão da expressão, ver **Persuasão**.
- *Generalização da sua dimensão persuasiva*. Nietzsche assimila a função retórica à função persuasiva da linguagem, ver **Persuasão**.
- *Restrição à sua dimensão linguareira em detrimento da sua dimensão cognitiva*. A lógica aparente dos cinco componentes da produção retórica foi questionada no Renascimento, principalmente por Ramus (Ong, 1958). Tudo o que deriva do exercício de pensamento (invenção, disposição, memória) foi separado do que deriva da linguagem (elocução e enunciação). Órfã da *inventio*, a Retórica, recentrada na modulação do discurso, redefiniu o seu objeto discursivo e, desviando-se dos discursos sociais e orientando-se para as *belles-lettres*, apaixonou-se pelo pensamento exclusivo das figuras. A argumentação, relegada

para o pensamento, deixa de ser considerada como o momento fundamental do processo discursivo, sendo desvalorizada tanto nos estudos retóricos e da linguagem em geral.

O problema torna-se então o da linguagem sem pensamento e o do pensamento sem linguagem. É este tipo de retórica órfã que será o alvo dos ataques violentos de Locke, ver **Retórica falaciosa?**

É justamente essa retórica, da qual Fontanier ([1827], [1831]) será figura emblemática no século XIX, que Genette qualifica de "restrita" (1970), em oposição à antiga retórica dita "geral". Douay mostrou que a situação era mais complexa e que a posição de Fontanier não era representativa nem do desenvolvimento teórico, nem das práticas escolares retóricas do século XIX (Douay, 1992, 1999).

A questão de um renascimento da retórica, em uma ou outra das suas formas, caracteriza um *topos* dos estudos de Retórica – tomando aqui *topos* no sentido de Curtius, ver **Topos.**

- *Generalização da dimensão linguageira.* A retórica *restrita* à linguagem foi ela própria *generalizada*: esta expressão paradoxal corresponde à abordagem do Grupo μ, que retoma a questão das figuras (da *elocutio*) no quadro de uma metodologia linguística que inscreve a retórica na língua, nos seus dois eixos sintagmático e paradigmático, na forma de uma *Retórica geral* (1970). Esta Retórica explora uma visão estruturalista da língua que não toca nas questões de argumentação, de fala, de interação ou de comunicação, nem, tampouco, na estética das figuras.

A *Retórica geral* era praticamente a única considerada na literatura francófona da retórica nos anos 1970, na qual o *Tratado da argumentação* não tinha senão uma posição marginal. Wenzel consagrou um parágrafo em resposta à visão "alarmante" que, na sua opinião, ela transmitia da retórica (1987: 103; ver Klinkenberg, 1990, 2001).

- *Extensão à palavra quotidiana.* A *retórica da palavra* estende a abordagem retórica a todas as formas de palavra, na medida em que elas implicam: a) um modo de gestão das faces dos interactantes (*ethos*); b) um tratamento dos dados orientado para um fim prático (*logos*); c) um tratamento correlativo dos afetos (*pathos*) (Kallmeyer, 1996). A trilogia retórica pode ser assim considerada como a antepassada das diferentes teorias sobre as *funções da linguagem* (Bühler, 1933; Jakobson, 1963).

Em quadros teóricos totalmente distintos, esta extensão conserva uma característica fundamental da fala retórica, a de ser marcada pela *urgência* de uma ação para a qual é preciso recorrer à linguagem. Esta visão alargada da urgência retórica corresponde à definição de Bitzer:

> Podemos definir as situações retóricas como complexos de pessoas, acontecimentos, objetos e relações que suscitam uma urgência [*exigence*] atual ou potencial, a qual pode ser parcial ou inteiramente eliminada por uma intervenção discursiva que permite orientar a decisão ou a ação humana no sentido de uma modificação desejada deste imperativo [*exigence*]. (Bitzer [1968]: 252)

- *Extensão aos diferentes domínios semióticos.* Toda a operacionalização estratégica de um sistema semiótico pode ser legitimamente considerada como uma prática retórica: retórica da pintura, da música, da arquitetura etc.; retórica estendida do verbal ao coverbal mimo-posturo-gestual etc.

A retórica restrita, as retóricas estendidas à língua ou à fala quotidiana, seja na sua versão nietzscheana ou na interacionista, problematizam a relação da retórica com a *eloquência* e sugerem a possibilidade de uma "retórica sem eloquência", segundo a expressão de Lévinas ([1981]).

(R.A.L.M.G.)

# ▪ Retórica falaciosa?

A oposição entre uma retórica das figuras e uma retórica dos argumentos é uma herança e uma exacerbação da distinção entre os dois momentos fundamentais da Retórica antiga, isto é, da *inventio*, ou a busca dos argumentos e a sua expressão. A ruptura entre *inventio* e *elocutio* é geralmente atribuída a Ramus. Apenas a *elocutio* e a *actio* derivariam da linguagem retórica; a *inventio*, a *dispositio* e a *memoria* deveriam ser integradas, de forma independente, ao pensamento ou à cognição. Essa oposição entre um discurso ornamentado, figurado ou retórico e um discurso *argumentativo*, idealmente sem sujeito e sem figuras, foi vigorosamente reafirmada por Locke na perspectiva moderna de um discurso que visa à "preservação e o desenvolvimento da verdade e do saber" (ver adiante). O antagonismo foi levado até à rejeição mútua do discurso de *prazer* em contraposição ao discurso de *razão*; do discurso *agente* de satisfação e o discurso *paciente*, submetido à razão, ver **Figura**.

### A RETÓRICA MASSIVAMENTE FALACIOSA

O empreendimento da Retórica enquanto arte de construir o *verossímil* persuasivo foi objeto de uma rejeição radical por Sócrates, em nome da *verdade*, principalmente no *Górgias* e no *Fedro* de Platão, ver **Argumentação (I); Persuasão; Verossímil – Verdadeiro**. De acordo com essa perspectiva, o verossímil oposto à verdade é o produto do *ornamento*, e, se se quer cortar o mal pela raiz, é o ornamento e, por conseguinte, as *figuras*, que devemos combater.

A retórica violentamente estigmatizada pelos teóricos modernos da argumentação – encabeçadas por Locke – é reconstruída como um discurso ornamentado, um discurso de paixão, um pouco perverso, um pouco mágico. As figuras e os *tropos* são definidos no quadro do *ornatus* e, depois, por sinédoque, a *elocutio* é assimilada ao *ornatus* e finalmente a própria Retórica é assimilada à *elocutio*. É esta visão ornamental de uma retórica da *dissimulação* que foi contraposta ao discurso íntegro *e natural* da argumentação. O seguinte texto de Locke é uma referência do discurso "contra a linguagem ornamentada".

> Engenho e fantasia são mais bem recebidos no mundo que a verdade nua e o conhecimento real, e dificilmente se consideraria que *discursos figurados* e *alusão na linguagem* seriam *imperfeições* ou *abusos* desta. Se o objetivo do discurso é antes aprazer e deleitar

que informar e aprimorar, dificilmente se pode considerar como falha o ornamento. Entretanto, se queremos falar das coisas como elas são, precisamos aceitar que a arte retórica que despreze ordem e clareza, que a aplicação figurativa e artificial de palavras inventadas pela eloquência, servem apenas para insinuar *ideias* erradas, para prover paixões e extraviar o juízo, e são meros truques. Por mais que a oratória louve e recomende essas invenções nas arengas e no discurso público, devem ser inteiramente evitadas em todo discurso que pretenda informar ou instruir; se o que importa é a verdade, e o conhecimento, é falta grave recorrer a elas. Não precisamos nos deter no caráter e no número dessas invenções; os numerosos manuais de retórica podem informar os interessados. Limito-me a observar que a verdade não concerne àqueles que escolhem as artes de falácia. Os homens preferem enganar a serem enganados; por isso a retórica, poderoso instrumento do erro e do engano, conta com instituições de ensino, é ensinada publicamente e desfruta, hoje como antes, de imensa reputação: parece atrevimento erguer a voz contra ela. As belezas da *eloquência*, como das mulheres, são demasiado atraentes para que uma denúncia as atinja; e é vão apontar faltas em artes do engano que tanto prazer dão aos homens. (Locke, 2012 [1972]: 554-555)

De Man mostrou que o que aqui está em jogo é o estatuto da linguagem natural em ciência e em Filosofia: "por vezes parece que Locke teria ignorado a língua, mesmo tendo escrito um ensaio sobre o conhecimento" (1972: 12). Mas esta observação não invalida diretamente a tese de Locke, pois é possível considerar que ela lida com a linguagem comum e sua capacidade de veicular as novas formas matemáticas do conhecimento científico. De fato, desde a era moderna, a linguagem natural não é, ou não é mais, a linguagem na qual "preservamos e desenvolvemos a verdade e o conhecimento", desenvolvendo-se a ciência nas linguagens do cálculo. No entanto, De Man enfatiza, com razão, a natureza contraditória de um empreendimento que se propõe a analisar o raciocínio em linguagem natural ao mesmo tempo em que condena a linguagem natural.

## CONTRA O DISCURSO ORNAMENTADO

O discurso *contra as figuras*, que as considera como ornamentos para concluir sobre o seu caráter falacioso, pode ser esquematizado como a seguir se apresenta.

*Falácia da pertinência* – na perspectiva do discurso argumentativo, todo ornamento é uma distração, ou seja, um *elemento distrator*. Por consequência, as figuras manifestam um problema de pertinência, são falaciosas por *ignorância da questão*, ver **Pertinência**.

*Falácia da verborragia e da emoção* – o conceito clássico de *discurso figurado* funda-se na ideia de escolha possível entre duas cadeias significantes para exprimir *a mesma coisa*: o mesmo ser, o mesmo conteúdo semântico ou mesma natureza. Nesse sentido, há abundância de termos no estreito caminho de expressão da verdade. A existência de várias cadeias de formas expressivas equivalentes está na origem da falácia de verborragia, uma espécie de metafalácia que abre o caminho a todas as outras, ver **Verborragia**.

Dito de outra maneira, a forma figurada favorece sistematicamente o *complexo* (o raro, o trabalhado…) relativamente à forma de falar comum, simples e direta. E se é a forma *simples* a escolhida, isso só acontece por uma dupla sutileza: o locutor simples espera o simples; o locutor complexo sabe que essa espera será frustrante e espera o figurado.

As expectativas do ouvinte ou do leitor são permanentemente superadas. A figura ornamental é deslocada, introduz uma diferença e uma surpresa; ora, por definição, a surpresa supõe um descontrole de si, o que é o sinal de uma emoção. Assim, a figura ornamental abre a porta ao vasto conjunto de falácias *ad passiones* que, como as outras, condenam as emoções estéticas. Esta ligação é explícita em Locke.

*Falácias de contradição* – as figuras violam intencionalmente três princípios griceanos, pecando contra as máximas da qualidade, da quantidade e da pertinência. Para retomar a expressão de Klinkenberg, elas são impertinentes. Mais: elas não respeitam a regra da não contradição; a metáfora é simultaneamente verdadeira e falsa, culpada de ambiguidade e de erro categorial (Klinkenberg, 1970: 129-130).

Na perspectiva de uma teoria das falácias, para garantir o acesso mais direto aos objetos e às suas ligações naturais, a linguagem argumentativo-científica deve ser regrada, sem ambiguidade, sem defeito nem excesso, proporcional à natureza das coisas, ou seja, transparente (*ad judicium*, Locke [1690]). A verdade deve sair cristalina do poço; as figuras que a pretendem adornar, na realidade, encobrem-na. Os ornamentos são piores que as falácias, são a sua origem e a sua máscara.

## UM ARGUMENTO ETIMOLÓGICO CONTRA A CONCEPÇÃO DECORATIVA DO *ORNATUS*

Será que as figuras são ornamentos? O termo *ornamento*, que associamos às figuras, é uma cópia do substantivo latino *ornamentum* (adjetivo *ornatus*, verbo *ornare*). O sentido primeiro de *ornamentum* é "aparelho, utensílios, equipamento [...] arreio, coleira [...] armadura" (Gaffiot [1934], art. *Ornamentum*). Este sentido fundamental é também particípio passado do adjetivo *ornatus*. É assim que se traduz *naves omni genere armorum ornatissimae* (C. Júlio César, *De bello gallico* 3, 14, 2) por: "navios carregados com todo o equipamento necessário [armas e dispositivos]" (ver também o verbete *Ornatus*).

Deste modo, um discurso bem *ornatus* é um discurso bem *equipado* para bem cumprir a sua função. Se se trata de um discurso meramente decorativo, então podemos falar de um discurso bem *decorado* – e aqui não se faz nenhuma crítica ao discurso ornado, nem ao princípio da busca da verdade pelo belo. Não obstante, se estamos numa situação da vida cotidiana, pública, ali um discurso bem *equipado* será um discurso bem *argumentado*. Nesse sentido, os argumentos compõem os *ornamenta* do discurso, isto é, são o seu *equipamento*.

Não definir as figuras como ornamentos falaciosos, mas como equipamentos do discurso, permite subscrever a perspectiva da Lógica natural que, sem dificuldade, as pode integrar ao inventário de instrumentos da construção de *objetos de discurso* e de *esquematizações*. A retórica é uma semântica do discurso, ver **Esquematização; Objeto de discurso**.

## UMA ARGUMENTAÇÃO SEM RETÓRICA, LOGO, SEM LINGUAGEM?

Por vezes tentamos depurar a argumentação da retórica, neutralizando possíveis arroubos etóticos ou patêmicos por parte dos interactantes, bem como as características espaço-temporais específicas da enunciação e da interação em geral. Em casos extremos, o dizer argumentativo é visto como uma operação puramente intelectual, cujo suporte já não é uma língua natural, mas uma espécie de linguagem que, por comodismo, chamamos "lógica".

Fica por avaliar se esta orientação é compatível com a intenção, declarada por todas as teorias da argumentação, de se dizer algo de substancial sobre o discurso *comum*, no qual a argumentação é sempre situada e vivida por sujeitos que manifestam interesses, paixões e valores.

O que, em última análise, está em jogo, é o estatuto das figuras – serão ornamentos falaciosos ou instrumentos da semântica do discurso? – e do contexto comunicacional: será que as figuras formam uma "camada" que se sobrepõe ao nível cognitivo desnaturando-o, ou será que elas estão inscritas em todas as operações de construção do enunciado?

(R.A.L.M.G.)

## ▪ Retorsão

Perelman define a retorsão como um caso de incompatibilidade, resultante de que

> [...] da afirmação de uma regra ser incompatível com as condições ou consequências da sua asserção ou da sua aplicação: podem qualificar-se estas incompatibilidades de *autofagia*. A *retorsão* é o argumento que ataca a regra, pondo a autofagia em evidência [...] a sua ação implica o que as suas palavras negam. (Perelman, 1992 [1977]: 77)

A retorsão é um procedimento de refutação que mostra que uma afirmação contém, sem o conhecimento de quem o propõe, um paradoxo que o invalida. O paradoxo pode ser afirmado enquanto tal, como no caso do cretense Epimênides quando afirma que *todos os cretenses são mentirosos*. A retorsão se aplica somente se a afirmação for apresentada como verdadeira, não como paradoxal:

L1:  – *Todas as afirmações podem ser postas em dúvida.*

L2:  – *Ponho em dúvida essa afirmação.*

Um enunciado pode assim se autorrefutar, como pode, aliás, autocertificar-se, ver **Argumentação (IV)**.

(R.A.L.M.G.)

## ▪ Riqueza e pobreza, arg.

A riqueza e a pobreza são duas fontes de autoridade no sentido em que se pode conferir um peso especial à palavra do rico pelo simples fato de ser rico, e à do pobre pelo simples fato de ser pobre. O Rico e o Pobre são então considerados *pela palavra dada*. Essa forma de autoridade pode ser explorada por um locutor que valida a sua posição utilizando-se das palavras de alguém reconhecidamente rico ou pobre, ver **Autoridade**; **Pessoa tópica**.

*Argumento da riqueza* – o argumento da riqueza (*appeal to money*) é subentendido pelo princípio geral "os ricos têm razão, a prova é que são ricos" (*IEP*, art. *Fallacies*).

|516|

> Ele é rico e, portanto, o que ele disse é verdade; a sua opinião deve ser tida em consideração; as suas decisões são justas; os seus gostos artísticos são notáveis.
> O Rico, os ricos, a classe dominante... diz P, então P.

Nesta definição, o argumento da riqueza nada tem a ver com o argumento da carteira [*portefeuille*], visto como uma forma de argumentação por punição e recompensa, ver **Punições e recompensas**.

*Argumento da pobreza* – a forma simétrica do argumento da riqueza é o argumento que valida um dizer pela autoridade retirada da pobreza: "os pobres têm razão".

> O pobre é bom, pois aquele que não tem dinheiro não tem vícios.
> Aquilo que ele diz é verdadeiro; a sua opinião deve ser tomada em consideração: os seus gostos artísticos são autênticos.
> O Pobre, os pobres, os explorados, a classe dominada... diz P, então P.

Por vezes utilizamos a expressão latina *ad Lazarum*. Lázaro era uma figura bíblica, paradigma da pobreza. Podemos associar o argumento da pobreza a outras formas de argumentação, como a palavra do *povo humilde*, o *camponês do Danúbio*, de La Fontaine, ou a palavra verdadeira que *sai da boca das crianças pequenas*.

O adágio *voz populi vox dei*, "a voz do povo é a voz de Deus", que subjaz a todo argumento *ad populum*, tem a sua *garantia* tanto no argumento da pobreza como no do número.

Apesar do nome latino pitoresco do segundo, essas formas de argumento são extremamente correntes e, também, duvidosas.

(R.A.L.M.G.)

## ▪ Riso e seriedade

O riso e a seriedade são a realização de duas etapas psíquicas antagonistas. O riso está do lado da *emoção* positiva; opõe-se às lágrimas e, também, ao *sério*, do lado da calma, ver **Emoção**; *Ethos*. O *riso* está do lado da retórica, e a *seriedade* do lado da argumentação. Numa situação argumentativa dialogal, o riso e a seriedade, isto é, a circunspecção, correspondem a estratégias de posicionamento: se o outro faz rir, respondemos-lhe com um discurso sério; se ataca com grande seriedade, respondemos-lhe fazendo(-o) rir.

### FALÁCIAS DO ANIMADOR DO PÚBLICO

A lista que Hamblim apresenta das falácias padrão em *ad* contém duas formas que aludem ao rir: as falácias *ad ludicrum* e *ad captandum vulgus* (Hamblin, 1970: 41, ver **Pathos**). Trata-se sempre de colocar os que riem do seu lado. As críticas feitas ao riso incluem diversas formas de teatralidade, algumas consideradas histriônicas, que não poupam nem o discurso científico, transformado em espetáculo:

- *Ad ludicrum*: o substantivo latino *ludicrum* significa "jogo; espetáculo"; Hamblin o traduz por *dramatics*.
- *Ad captandum vulgus*: o substantivo latino *vulgus* significa "o público, o populacho"; *captare*, "tentar alcançar, insinuar e captar a atenção". Hamblin

traduz por *playing to the gallery* ou *playing to the crowd*. Diz-se *playing to the crowd* de um ator cujo jogo demagógico apela aos gostos populares; ele "joga com o público", não com a peça. A designação desse argumento ilustra esta forma de fazer do orador *animador do público*, que o *diverte*. Poderíamos traduzir a expressão latina *ad captandum vulgus* por um discurso feito "para prender o público".

A sétima regra de Hedge proíbe que se faça rir à custa do adversário: "Toda tentativa de [...] enfraquecer a força do [raciocínio de um adversário] pelo humor, pelo trocadilho ou pela ridicularização [*by wit, caviling, or ridicule*] é uma violação das regras da controvérsia honorável", ver **Regras**.

**REFUTAÇÃO E DESTRUIÇÃO DO DISCURSO: O ABSURDO, O RIDÍCULO E A IRONIA**

Hamblin (1970: 4.) faz referência ao argumento *ad ridiculum*. O termo latino *ridiculum* significa "ridículo". Em sentido estrito, é um tipo de refutação pelo absurdo, que recusa uma proposição mostrando que ela tem consequências inadmissíveis, contraintuitivas, amorais, risíveis. O ridículo não é necessariamente cômico (ver **Absurdo**), mas a tradução de Hamblim *appeal to ridicule/appeal to mockery* sugere o sentido de *ridicularizar, tornar-se ridículo*.

O discurso pode ser destruído pelo riso e pelas diversas formas, mais ou menos irônicas, de resposta, ver **Ironia**; **Orientação**; **Destruição do discurso**.

A obra de Lucie Olbrechts-Tyteca *Le comique du discours* [O cômico do discurso] (1974) é dedicada à exploração cômica dos mecanismos argumentativos.

(R.A.L.M.G.)

- **Senso comum** ▸ *Doxa*; **Autoridade**

- **Sentido estrito, arg.**

   ❖ Lat. *a ratione legis stricta* ou *stricta lege*: lat. *ratio*, "razão"; *lex*, "lei"; strictus, "apertado, estreito". Ing. *arg. from literal meaning*.

   O princípio da aplicação estrita impede de restringir ou de alargar as disposições da lei ou dos regulamentos, os quais devem ser interpretados *stricto senso*, ao pé da letra. Podemos ver nisso um caso particular do princípio segundo o qual "não interpretamos o que está claro".
   Se a idade legal para votar é de 18 anos, então não podemos impedir alguém de votar no dia do seu aniversário porque ele "mal completou" 18 anos, nem permitir que na véspera festeje o seu aniversário porque "tem quase" 18 anos. Ora, "ele tem quase 18 anos" é linguisticamente coorientado para "ele tem 18 anos"; "Ele mal completou 18 anos" é linguisticamente coorientado para "ele não tem 18 anos". O princípio de interpretação *stricto senso* não permite essas coorientações. A lei estabelece limites que impedem que expressões como "mal" e "quase" extrapolem os limites estabelecidos, ver **Orientação (II)**; **Morfema argumentativo**; **Tópica jurídica**.

### *AD LITTERAM* E *AD ORATIONEM*

   O rótulo, pouco frequente, *ad litteram* (lat. *littera*, "letra") pode ser utilizado para designar um argumento que se atém estritamente "à literalidade" do que é dito, à interpretação estrita, ao pé da letra. A *letra* opõe-se então ao *espírito* do discurso.
   As etiquetas *ad orationem*, "sobre o discurso", e *ad litteram*, "sentido literal", utilizam termos latinos cujo sentido é relativamente próximo, mas a sua utilização em argumentação parece bem diferenciada: *ad orationem* corresponde a um argumento "sobre aquilo que foi realmente afirmado" e não sobre qualquer outro assunto dilatório, ver **Fundamento**.

(R.A.L.M.G.)

## ▪ Sentido original da palavra, arg.

Podemos procurar o sentido exato de um termo da língua corrente além do sentido corrente. Cada uma das fontes do "verdadeiro sentido do termo" origina argumentações específicas:

- sentido etimológico;
- sentido fundado no exame morfológico do termo;
- sentido deduzido do significante do termo;
- sentido do termo correspondente numa outra língua.

O recurso à definição "do sentido verdadeiro" opõe-se a conceituações contemporâneas, o que gera uma estase de definição, ver **Definição (III)**.

### ARGUMENTO DA ETIMOLOGIA

De acordo com o sentido conferido à *etimologia*, o rótulo "argumento da etimologia" corresponde a diferentes formas de argumentos.

(i) Em certos textos modernos intitulados "do lugar da etimologia" são descritos fenômenos relacionados à *derivação* etimológica (Dupleix [1607]: 303), ver **Derivados ou palavras derivadas**.

(ii) No sentido contemporâneo, a etimologia de um termo corresponde ao sentido da raiz mais antiga que se pode encontrar na história desse termo. A argumentação da etimologia explora a significação desta raiz, considerando que o sentido antigo corresponde ao sentido verdadeiro desse termo, o qual foi alterado pela evolução histórica até lhe conferir o sentido contemporâneo, enganador e falacioso. A partir dessa acepção antiga, a etimologia atua como na argumentação por definição, ver **Definição (III)**:

> *Átomo significa inquebrável; logo, não se pode dividir o átomo.*
> *Democracia significa governo pelo povo.*
> *No nosso país, o povo não governa, apenas vota.*
> *Não estamos, portanto, numa democracia.*

Esta forma de argumentação é ela própria sustentada por uma argumentação pela etimologia, uma vez que o termo *etimologia* provém da raiz grega *ètumos*, que significa "verdadeiro".

Como o conhecimento da etimologia é culturalmente valorizado, o argumento pela etimologia dá ao locutor certa postura etótica majestosa e de autoridade acadêmica. Dá muitos bons resultados na estratégia de destruição do discurso: *Você não conhece a própria língua*, ver **Destruição do discurso**.

### ARGUMENTO DA ESTRUTURA DA PALAVRA

❖ Lat. *notatio*, "ação de marcar com um sinal [...] de designar [...] de assinalar", tal como "etimologia" (Gaffiot [1934], art. *Notatio*).

Nos *Tópicos*, Cícero define o argumento *ex notatione* (VIII, 35), traduzido como "argumento por etimologia".* Esta tradução considera o termo *etimologia* no seu antigo sentido grego, "verdadeiro", não sendo ali "verdadeiro" o sentido original, mas antes aquele que é reconstruído pela análise correta do termo no seu domínio de aplicação. Um dos exemplos de argumentação discutidos por Cícero trata do conflito de interpretação de um termo jurídico composto (atualmente ainda em uso), o *postliminium*, "retornar para dentro do mesmo limite" (*Top.*, VIII, 36), ou seja, o direito que um prisioneiro que volta à pátria tem de recuperar os seus bens e o seu estado anterior ao cativeiro. A discussão de Cícero incide no estabelecimento do sentido correto do termo, apoiando-se na estrutura linguística, sem alusão clara à sua etimologia no sentido contemporâneo do termo.

O uso argumentativo de um termo, de uma palavra, particularmente se tal termo derivar da linguagem jurídica, impõe que o seu sentido seja corretamente estabelecido. Em francês, o *princípio do contraditório* jurídico significa que as partes tiveram o direito de ser escutadas. O relatório apresenta, assim, as posições contraditórias.

A argumentação da estrutura do termo implica, por conseguinte, duas argumentações:

- A primeira estabelece a significação do termo composto com base no sentido dos termos que o compõem, levando-se ainda em consideração a sua estrutura morfológica. Esse tipo de argumentação é pertinente em caso de sintagmas fixos ou semifixos cujo sentido de certa forma depende dos termos que o compõem. Nesse caso, é a técnica linguística que definirá o sentido, ver **Definição**.
- A segunda explora o "verdadeiro" sentido, isto é, o sentido jurídico, a partir dos mecanismos da argumentação por definição, ver **Definição (III)**.

O argumento da estrutura de um termo, de uma palavra, é um meio de sair de um conflito de interpretação.

### ARGUMENTO DO SIGNIFICANTE DA PALAVRA

A definição de uma palavra faz-se a partir do exame dos seus usos comum e científico. A relação significante-significado é arbitrária, o que significa que nada na forma significante (sonora ou gráfica) do termo permite deduzir o significado. Nesse sentido, não se pode deduzir o sentido de um termo a partir do exame das unidades da primeira articulação (letras, sons, sílabas) que o compõem. O cratilismo sustenta a posição oposta e, na sequência, a Cabala.

No caso dos termos compostos ou derivados, tal arbitrariedade é de segundo grau: o sentido dos termos compostos, ou do termo derivado, ora é independente do sentido dos termos ou morfemas que o compõem – como no caso anterior –, ora o sentido dos termos compostos não é totalmente arbitrário, mas relativamente dedutível da significação dos termos ou morfemas que o compõem.

---

* N.T.: Eis o que Cícero diz a esse respeito: "Muito se pode obter a partir do indício. Contudo, isso só acontece quando o argumento é elaborado a partir do radical da palavra, o que os gregos chamam de *etimologia* ou *forma original da palavra*, em tradução literal. Entretanto, nós – que não nos habituamos à novidade desse termo –, procurando evitá-lo, dizemos *indício*." (2019: 55)

## ARGUMENTO PELO SENTIDO DA PALAVRA EM UMA OUTRA LÍNGUA

Podemos procurar o verdadeiro sentido de um termo em outras línguas que, por razões diversas, são consideradas como mais próximas da "origem" ou da "essência das coisas", como o chinês ou o inglês. Por exemplo, em francês, os diferentes sentidos do termo *crise* ligam-se a dois componentes semânticos:

> I. – [Enfatiza-se a ideia de manifestação brusca e intensa de certos fenômenos, assinalando-se uma ruptura]
> II. – [A tônica é posta na ideia de problema, de dificuldade] (*TLFi*, art. *Crise*)

Em busca do verdadeiro sentido do termo *crise*, podemos recorrer ao seu equivalente chinês, um composto de dois signos-palavras ("perigo" e "oportunidade"). Desse modo, em chinês uma "crise" é uma oportunidade. Assim, numa argumentação fundada na definição chinesa, deduz-se que:

> A abordagem oportunista da crise assume então, a nosso ver, todo seu significado: não tentar aproveitar a oportunidade de uma crise é perder uma oportunidade. (Stéphane Saint Pol, *Wei Ji, Retour aux sources.* Disponível em: http://www.communication-sensible.com/articles/article0151.php. Acesso em: 20 set. 2013)

Tudo se passa como se a língua chinesa fosse considerada detentora de um conceito melhor de crise, mais próximo da essência da coisa e mais bem adaptado ao mundo moderno.

(R.A.L.M.G.)

## ▪ Série (argumentações em –)

A argumentação em cadeia ou *em série* [*serial argumentation*] (Beardsley, 1975, apud Wreen, 1999: 886) é também chamada *subordinada* (Eemeren e Grootendorst, 1992). É uma argumentação na qual as conclusões são utilizadas como argumentos para uma nova conclusão, até à conclusão última, ver **Sorites**.

Cada uma das argumentações que fazem parte da argumentação em série pode ser simples, convergente ou ligada. A argumentação em série esquematiza-se da seguinte forma:

Arg_1 → Concl_1 = Arg_2 → Concl_2 = Arg_3 → ... → Concl_n

As dificuldades provêm da possibilidade de se acrescentarem premissas entimemáticas; ou de interpretar do modo diferente a argumentação. Exemplo (Bassham, 2003: 72):

> *Pedro é teimoso, é um touro, não será capaz de negociar.*

Primeira interpretação: uma argumentação em série:

> *Pedro é um Touro, logo é teimoso, logo não será capaz de negociar.*
> *Pedro é teimoso, (de fato, uma vez que) é Touro, não será capaz de negociar.*

(A) Primeira argumentação: (1) *Pedro é um Touro, logo* (2) *ele é teimoso.*

> (A.i): Definição técnica de "ser um touro": "[O Touro] fica nas suas posições sem aceitar mudá-las" (Disponível em: http://www.astrologie-pour-tous.com/taureau.html. Acceso em: 20 set. 2013).
> (A.ii): Argumentação por definição e conclusão: "Pedro fica nas suas posições sem aceitar mudá-las".

(A.iii): Definição lexical de *teimoso*: "B.1a Aquele que fica obstinadamente preso às suas opiniões, às suas decisões; que é insensível às razões, aos argumentos que lhe opomos" (*TLFi*, art. *Teimoso*).
(A.iv): (A.i) e (A.iii) estão numa relação de paráfrase.
(A.v): Conclusão, por substituição do definido (*teimoso*) pela definição, (2) *Pedro é teimoso*.

(B) Segunda argumentação: (2) Pedro é teimoso, logo (3) não será capaz de negociar.

(B.i): Definição técnica de *negociação*: "[A negociação] implica a confrontação de interesses incompatíveis sobre diversos pontos (de negociação) que cada interlocutor vai tentar compatibilizar por um jogo de concessões mútuas" (*Wikipedia*, art. *Conciliation*, consultado em: 20 set. 2013).
(B.ii): "Ser teimoso" (v. A.iii) e entrar num "jogo de concessões mútuas" são coisas contrárias.
(B.iii): Não podemos afirmar coisas contrárias de um mesmo sujeito, Pedro.
(B.iv) Conclusão: (3) *Pedro não será capaz de negociar*.

Temos, pois, uma argumentação em série:

Arg_1 → [Concl_1 = Arg_2] → Concl_2

Segunda interpretação: dois argumentos convergem para a mesma conclusão:

(C) Primeira argumentação, (1) *Pedro é um Touro*, (3) *não será capaz de negociar*.
(C.i): As duas definições técnicas (A.i) e (B.i) estão em relação de contrariedade.
(C.ii): Não podemos afirmar coisas contrárias de um mesmo sujeito, Pedro.
(C.iii): Conclusão: (3) *Pedro não será capaz de negociar*.

Ou então

(C.i'): Definição técnica; "o negociador deve ser flexível, calmo e mostrar sangue-frio" (Jean-Paul Guedj, *50 fiches pour négocier avec efficacité*, Bréal: 123).
(C.ii'): "[a agilidade do touro] para acumular sentimentos e rancores torna-o capaz de rompantes de cólera" (Disponível em: http://www.astronoo.com/zodiaque/zodiaque-Taureau.html. Acesso em: 20 set. 2013).
(C.iii'): (C.i') e (C.ii') são contrárias.
(C.iv'): Não podemos afirmar coisas contrárias de um mesmo sujeito, Pedro.
(C.v): (3) *Pedro não será capaz de negociar*.

(D) Segunda argumentação: (2) Pedro é teimoso, (3) não será capaz de negociar.

(D.i): (A.iii) e (B.i) são contrários, ver (B.ii).
(D.ii): Não podemos afirmar coisas contrárias de um mesmo sujeito, Pedro.
(D.iii): Conclusão: (3) *Pedro não será capaz de negociar*.

Temos agora duas argumentações que sustentam a mesma conclusão:

(R.A.L.M.G.)

## Silêncio, arg.

❖ Diz-se também argumento *a silentio* ou *ex silentio*, do latim *silentio*, "silêncio". Ing. *arg. from silence.*

O argumento do silêncio é utilizado para sustentar que algo não deve ter acontecido simplesmente porque não se falou disso, ver **Ignorância**.

Parte-se, por exemplo, da constatação de que os cronistas revelam todos os fatos marcantes de uma época: se eles não mencionam um fato que deveria merecer atenção, é porque esse fato não aconteceu. Houve uma tempestade devastadora na França no decurso de um dado período? Se tal fato tivesse acontecido, os cronistas tê-lo-iam mencionado *a fortiori*, uma vez que eles mencionam fatos de menor importância. Ora, eles não o mencionaram, então não houve uma tempestade devastadora na França no decurso desse período. O valor do argumento depende da qualidade da documentação pertinente que temos de um dado período, sobretudo se se tratar de acontecimentos atmosféricos incomuns. Se no livro *Introdução à história da Bélgica* não se fala em batatas fritas, logo eles não comiam batatas fritas, o que parece um contrassenso.

O argumento do silêncio é utilizado para a datação de obras literárias. Marie de France escreveu os *Lais* (poemas com o tema do amor cortês) no final do século XII. Acerca da especificação da data da obra, o editor dos Lais argumenta o seguinte:

1. Para datar os Lais de forma mais precisa, situamos a obra em relação a outras obras do período.
2. Para fazer isso, Rychner (o editor) se baseia em um argumento *ex silentio* que deve ser usado com cautela, mas que seria errado negligenciar.
3. Não há traço certo em Marie de France da leitura de Chrétien de Troyes [autor do romance cortês *Eneas*], publicado em 1178.
4. Agora dificilmente posso imaginar, de minha parte, que, depois de lê-lo, ela pudesse ter permanecido tão completamente ela mesma e tão diferente dela, em sua 'escrita' como em inspiração geral.
5. Conclusão: os Lais devem ter sido redigidos antes de 1178. (Rychner, 1978: X-XI.)

(R.A.L.M.G.)

## Silogismo ▶ Lógica clássica (III)

## Simetria ▶ Reciprocidade

## Sinédoque ▶ Metonímia e sinédoque

## Sistemático, arg.

O argumento sistemático corresponde a uma definição de um conjunto como um *sistema* organizado, uma *estrutura* onde tudo converge. Tomado literalmente, esse princípio afirma que cada elemento do sistema, cada afirmação, no caso de um texto, adquire seu sentido (isto é, deve ser compreendido, interpretado) não em si mesmo, mas nas suas relações com os outros elementos do sistema ou com os outros enunciados do texto. Ele se aplica aos compêndios de leis e regulamentos, bem como aos textos sagrados e obras-primas literárias. O texto é tido como bem-feito, quer dizer, não contraditório, exaustivo e não redundante. Esse princípio abarca um conjunto de técnicas argumentativas:

- da coerência, *a coherentia*, ver **Coerência**.
- da completude, *a completudine*, ver **Completude**.
- argumento da economia, *ab inutilitate*, ver **Redundância jurídica**.

Os argumentos baseados no contexto da disposição legal podem entrar nesta série. Eles postulam que o texto é fortemente coerente:

- argumento do mesmo tema, *in pari materia*, ver **Coerência**.
- argumento do intitulado, *a rubrica*, ver *A rubrica*.

Neste caso também se pode falar de eventual emprego dos argumentos *a pari*, *a contrario*, *a fortiori* etc., ver *A pari*; *A contrario*; *A fortiori*.

(S.L.C.)

# ▪ Sizígia

A palavra *sizígia* é uma adaptação de uma palavra grega que significa "reunião". Em Astronomia, uma sizígia se produz quando três corpos celestes estão alinhados, como ocorre com o Sol, a Terra e a Lua no momento de um eclipse da Lua. A noção de sizígia pertence à exegese católica tradicional. A argumentação por sizígia baseia-se na relação entre eventos ou entre seres bastante análogos; por um lado, um evento, ser precursor, dito "Tipo"; por outro lado, um evento, ser fundamental, subsequente, dito "Antitipo". O Antigo Testamento é o lugar dos *tipos*, o Novo Testamento, o lugar dos *antitipos*. Essa oposição tipo/antítipo é específica, não tendo nada a ver com a oposição modelo/antimodelo.

> A tipologia aproxima dois eventos ou dois personagens históricos em que um anuncia o outro em virtude das "correspondências", porém um e outro são igualmente reais e estão inseridos na trama de um continuum histórico... o *antitipo* não somente repete, mas completa e "aperfeiçoa" o *tipo*. [...] Noé, Abraão, Moisés... são os "tipos" do Cristo. (Ellrodt, 1980: 38 e 43)

A teoria das sizígias é um meio de ordenar a história, e, através dessa função, ela serve como um princípio argumentativo: o que vem antes é análogo a, mas o que vem depois tende a ter um pouco mais de importância. A argumentação por sizígia é uma variante local e especializada do argumento do progresso (ver **Progresso**; **Analogia**) em um mundo de dois estados apenas.

Aplicado a esse mundo, considerado como um Tipo, o princípio de sizígia projeta-o para além daquilo que é um Antitipo. Nesse emprego, há uma função pedagógica que é dar ao religioso uma ideia de seu estado futuro: o Rei atual é o Tipo, cujo Pai Todo-Poderoso é o Antitipo.

Para [o homem], Deus alternou as imagens das sizígias, apresentando-lhe em primeiro lugar as imagens das coisas pequenas; em segundo lugar, das coisas grandes, como o mundo e a eternidade. O mundo atual efetivamente é efêmero, enquanto o mundo futuro é eterno. (*Les Homélies Clémentines*, sem autor, 1933: 110)

A obra de Karl Marx *O 18 de Brumário de Luis Bonaparte* começa assim:

Hegel faz em algum lugar a observação de que todos os grandes eventos e personagens históricos se repetem por assim dizer duas vezes. Ele se esqueceu de acrescentar: a primeira vez como tragédia, a segunda como farsa [...]. E nós constatamos a mesma caricatura nas circunstâncias em que foi lançada a segunda edição do 18 Brumário. (Karl Marx, *Le 18 Brumaire de L. Bonaparte*. Disponível em: https://www. marxists.org/francais/marx/works/1851/12/brum3.htm. Acesso em: 20 set. 2013)*

No 18 Brumário (9 de novembro) de 1799, Napoleão Bonaparte realizou um golpe de Estado que destituiu o Diretório e instaurou sua ditadura. Na "segunda edição do 18 Brumário", Marx designa o golpe de Estado de Luis-Napoleão Bonaparte em dezembro de 1851.

O preceito marxista "a história começa na forma de tragédia e se repete como uma farsa" é uma forma *inversa* da sizígia, colocada como lei histórica.

(S.L.C.)

# ▪ Sofisma, sofista

Fala-se de sofismas e de sofistas em dois contextos bem distintos: em Filosofia e na linguagem comum.

## OS SOFISTAS HISTÓRICOS

Os *sofistas históricos* representam a primeira escola que pôs em prática uma filosofia da linguagem. Através de intervenções discursivas chamadas *sofismas*, os sofistas desestabilizaram as representações habituais sobre a linguagem, destacando a sua arbitrariedade no sentido saussuriano, provocando os locutores ingênuos. Esses discursos têm menos a intenção de enganar do que confrontar os seus interlocutores com paradoxos expressos nos discursos cotidianos.

Certos diálogos de Platão representam Sócrates em discussões com os sofistas que sustentam *argumentos sofísticos*, como os que são propostos por Dionisodoro no *Eutidemo*:

– Simplesmente me responde: tens um cão?
– Sim, é um animal realmente perigoso – respondeu Ctesipo.
– E ele tem filhotes?
– Sim, um grupo de bichos ferozes como ele.
– Então esse cão é o pai deles?

---

* N.T.: Apesar de ter a tradução para o português, o excerto citado pelo autor foi retirado de um site, sem indicação de página, o que torna muito complicado encontrar no livro a parte citada.

– Certamente. Eu o vi com meus próprios olhos copulando com a cadela.
– Ora, o cão não é teu?
– Certamente, disse ele.
– Portanto, considerando-se que que ele é um pai e é teu, o cão passa a ser teu pai, e tu um irmão de filhotes de cão, não é mesmo? (Platão, *Eut.*, XXIV, 298a-299d)

É óbvio que este discurso não foi feito para convencer Ctesipo de que ele é filho e irmão de cachorro. O discurso sofístico não engana o seu público, mas o provoca, desconcertando-o.

Será que os problemas evidenciados pelos sofistas – sem estarem todos resolvidos, não só no plano lógico, como no caso do paradoxo do mentiroso, como também na questão dos deveres primeiros do homem – estão voltados para as pessoas diretamente ou para a sociedade em geral?

[Antifonte, o sofista, afirmava que] a lei, obrigando o homem a testemunhar a verdade perante o tribunal, obriga-nos frequentemente a fazer algum mal a quem nada nos fez, ou seja, a contradizer o primeiro preceito de justiça. (Bréhier, 1981: 74)*

A sofística representa, com o ceticismo, um movimento intelectual essencial para a argumentação, sobretudo porque inventou o princípio do debate e dos discursos irredutivelmente contraditórios, as *antilogias* (Antifonte, *Disc.*), a noção de ponto de vista, a reflexão sobre o verossímil e os paradoxos da linguagem. Essas posições foram estigmatizadas pelo idealismo platônico, que lhes infligiu deformações que duraram pelo menos até Hegel, e que a linguagem vulgar reteve.

## NA LINGUAGEM CONTEMPORÂNEA

Na linguagem contemporânea um sofisma é um raciocínio erístico, ou seja, falacioso, paralógico. Do ponto de vista interacional, é um discurso que provoca embaraço, enganador, manipulador e perigoso, tido como obviamente falso, mas difícil de refutar. Seja qual for o discurso que denunciemos categorizando-o como "sofisma", o conceito é essencial para a análise da recepção polêmica do discurso argumentativo.

Um *sofisma* é um paralogismo presente em um discurso mal-intencionado, produzido para desestabilizar o adversário. A distinção sofisma/paralogismo assenta-se na atribuição de uma intenção inconfessável que pode ou não ser bem-sucedida. O paralogismo está do lado do erro e da estupidez; o sofisma é um paralogismo que serve os interesses ou as paixões do seu autor. Em consonância com o princípio "descubra quem se beneficia do crime", para o destinatário e a vítima potencial tal "erro" está carregado de más intenções. Da descrição passa-se, assim, à acusação, que podemos encontrar na orientação negativa contemporânea de termos como *sofisma*, *sofista*, *sofística* (adjetivo), ver **Falácia**; **Paralogismo**; **Provas**.

(R.A.L.M.G.)

---

\* N.T.: Existe a tradução em português desta obra (Emile Brehier, *História da filosofia*. Tradução de Eduardo Sucupira Filho. São Paulo: Mestre Jou, 1977), mas, infelizmente, não conseguimos um exemplar, apesar de nossos esforços em tentar adquirir o livro em plataformas de vendas (novos e usados) e na biblioteca consultada *in loco*. Trata-se de edição já esgotada.

## ▪ Sorites

❖ O termo *sorites* é formado a partir da palavra grega *soros* que significa "amontoado".

Um sorites é um discurso que se desenvolve por reiteração da mesma estrutura.

*Um encadeamento de causa-efeito* – A é a causa de B, que é a causa de C, que é a causa de D… que é a causa de Z.

> Maldito
> Seja o pai da esposa
> do ferreiro que forjou o ferro do machado
> com o qual o lenhador cortou o carvalho
> com que esculpimos a cama
> em que o bisavô foi concebido
> do homem que dirigiu o carro
> em que a tua mãe
> encontrou seu pai! (Desnos, R. [1923])

*Paradoxo do sorites* – o paradoxo do sorites é um dos célebres paradoxos propostos por Eubulides, filósofo grego, contemporâneo de Aristóteles:

- um grão de trigo não é um monte de trigo, nem dois grãos, nem três grãos etc. Em outras palavras, se $n$ grãos de trigo não formam um punhado, n+1 também não. Portanto, nenhuma quantidade de grão forma um punhado;
- do mesmo modo, se se tirar um grão de trigo a um monte de trigo, ali haverá sempre um punhado de trigo, e assim por diante, até o último grão. Portanto, um grão de trigo é um punhado de trigo.

Todos os nomes coletivos como monte, multidão, rebanho, pessoas, exército, coleção, tufo, coletivo… estão sujeitos a esse paradoxo.

*Encadeamento de silogismos* – o termo *sorites* designa também um encadeamento de silogismos nos quais a conclusão serve de premissa ao silogismo seguinte; diz-se também *polissilogismo*: "chamamos polissilogismo a uma série de silogismos encadeados de tal maneira que a conclusão de um serve de premissa ao seguinte" (Chenique, 1975: 255). O termo *sorites* também pode se referir a um polissilogismo abreviado "no qual se subentende a conclusão de cada silogismo, exceto do último" (Chenique, 1975: 256-257), ver **Série**.

O problema que o polissilogismo apresenta é o da credibilidade da inferência. Se estivermos num sistema formal, a transmissão da verdade faz-se sem falha, mas se estivermos num sistema argumentativo comum, haverá um enfraquecimento das conclusões à medida que se dá a progressão do raciocínio. É por isso que certas escolas jurídicas árabes recusam a interpretação do texto sagrado. Ali apenas a palavra original, que é a letra do texto sagrado, está certa. Estamos numa situação próxima do declive escorregadio, forma de argumentação que se recusa mesmo passar de A para B, pois a seguir ter-se-á de passar de B para C, … até Z, a catástrofe final, ver **Declive escorregadio**.

Outros tipos de raciocínio incorrem no paradoxo do sorites, por exemplo a analogia: A é análogo a B, B a C, … e Y a Z. Mas será que Z é sempre análogo a A? ver **Analogia**. O mesmo se pode perguntar para a interpretação: B é uma interpretação de A, C é uma interpretação de B,… Z uma interpretação de Y. Mas será que Z é sempre uma interpretação da A? Nessas séries, tudo se passa como se o peso das refutações potenciais ([*Rebuttal*], ver **Diagrama de Toulmin**) fosse se acumulando até a ruptura da cadeia.

(R.A.L.M.G.)

## ▪ Superação ▸ Direção

## ▪ Superstição, arg.

> ❖ Bentham emprega a denominação *ad superstitionem*, do lat. *superstitio*, "superstição".

Bentham fala de apelo à superstição para designar duas falácias de compromisso irrevogável, que proíbem recorrer às disposições políticas já assumidas ([1824]: 402):

- Falácia dos votos e juramentos: *Mas nós havíamos jurado!*
- Falácia das leis irrevogáveis: *Mas isto seria violar a constituição!*

Esse argumento, na verdade, é tido como falacioso por todos os políticos que não cumprem suas promessas e seus programas eleitorais, alegando-se o princípio "as promessas comprometem apenas aqueles para quem são feitas":

O eleitor:　　– *Mas vocês se comprometeram!* (tentativa *ad hominem* de apresentar a contradição de alguém)

O eleito:　　– *Isso é uma falácia de compromisso irrevogável!*

Fala-se aqui de apelo à superstição porque a força dos juramentos é tida como garantida por um poder sobrenatural, ou sobre um dever contraído *in illo tempore*, no começo do mundo, diante dos Pais fundadores, cujas decisões devem ser respeitadas, por respeito filial. O apelo à superstição manifesta uma forma de temor a uma vingança sobrenatural, ver **Ameaça**.

(S.L.C.)

## ▪ Suporte argumentativo

A noção de *suporte* ou *sustentação*, desenvolvida na Lógica natural, é definida como:

> [...] uma função discursiva que consiste em, para um determinado segmento de discurso (cuja dimensão pode variar do enunciado simples a um grupo de enunciados que apresentem certa homogeneidade funcional), validar, tornar mais verossímil, reforçar etc. o conteúdo afirmado em um outro segmento do mesmo discurso. (Apothéloz e Miéville, 1989: 70)

Com essa noção, a Lógica natural vai ao encontro das problemáticas da argumentação como composição de enunciados e do enunciado-argumento que sustenta um enunciado-conclusão, ver **Argumentação (I)**.

Para designar o mesmo fenômeno, a Lógica natural emprega o termo *organização racional*:

Numerosos enunciados só servem, de fato, para apoiar, sustentar a informação dada. Isso diz respeito à ordem geral da argumentação e permite encarar blocos mais ou menos extensos de sequências discursivas como organizações racionais. (Grize, 1990: 119-120)

O estudo das organizações racionais é um instrumento para o estudo das *representações*, definido como "uma rede de conteúdos articulados entre eles" (Grize, 1990: 119-120). É necessário assinalar que, para a Lógica natural, *elaborar um raciocínio* não se limita a combinações de enunciados, mas inclui todo processo dinâmico de estruturação do enunciado, seja do argumento, seja da conclusão, ver **Esquematização**.

(L.B.L.)

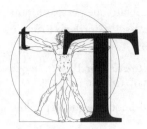

## ▪ Terceiro ▸ Papéis argumentativos

## ▪ Testemunho

O testemunho tem a forma de um argumento de autoridade: "a testemunha diz que P, então P", ver **Autoridade**.

*Em retórica*. Nos *Tópicos*, Cícero inclui claramente o testemunho no nível dos dados do processo (ver **Provas "técnicas" e "não técnicas"**). Ele destaca que os testemunhos têm pesos muitos diversos:

> Assim, pois, a argumentação que é chamada de "não técnica" consiste no testemunho. Aqui chamamos de testemunho tudo aquilo que é tirado de alguma fonte externa para dar fé de algo. Autoridade, porém, é coisa que o tempo ou a natureza dá. A autoridade natural está posta, sobretudo, na virtude; [mas] há muitas coisas no tempo que conferem autoridade: o talento, as riquezas, a idade, a sorte, a disciplina, a experiência, a necessidade e inclusive a colaboração de acontecimentos fortuitos. (Cícero, *Tóp.*, XIX, 73)

A garantia alcançada pelo juramento vai ao encontro daquela que confere o *status* social da testemunha, seu *ethos*, no sentido de "reputação".

O testemunho é prova por excelência no domínio judiciário. Os juramentos para os cidadãos, a tortura para os escravos são meios possíveis para assegurar sua veracidade. A força do testemunho supera a força dos argumentos.

A noção de testemunho nos textos antigos abarca um domínio muito mais vasto do que o testemunho pessoal sobre um evento particular. Constituem testemunhas "os autores antigos, os oráculos, os provérbios, os dizeres dos ilustres contemporâneos" (Vidal, 2000: 60). O testemunho aqui corresponde a toda fala que atribui fé, seja sobre os *fatos*, quando se trata de testemunhos no sentido atual, seja sobre *as leis* e *os princípios*, quando se trata de autoridades.

*Na tradição cristã*. O substantivo "mártir" provém de uma palavra grega que significa "testemunha". O mártir cristão é a testemunha da fala. Com a importância dada aos mártires, o mundo cristão deu novo vigor à problemática da validação de um dizer sob tortura: "Apenas acredito nas histórias cujas testemunhas estivessem dispostas a deixar-se degolar" (Pascal, 2005 [1977]: 270).

A validação da fala pelo mártir não escapa ao paradoxo. É fato que pessoas foram torturadas e mortas por conta de crenças e valores os mais diversos. Giordano Bruno é um "mártir do ateísmo". É preciso, então, inverter a proposição:

> "*Martyrem non facit poena, sed causa*" (Augustin *Contra Cresconium*, III, 47), "o que faz o mártir não é a pena (imposta), mas a causa (defendida)". (Mandouze, 1979: 54)

Se a causa não é boa (heresia), o mártir torna-se apenas um delinquente que foi punido.

*É-se testemunha de si mesmo?* A negação não é obviamente uma prova de inocência, mas se considera comumente que a confissão vale como prova. Mas não é sempre assim que funciona: segundo a lei judaica, crê-se mais nos testemunhos sobre o que realizei do que nas confissões que faço. É isto que diz o evangelista João: "Se faço um testemunho sobre mim mesmo, meu testemunho não é verdadeiro" (*Bíblia*, N.T., Evangelho segundo São João, V, 31).

*Paradoxo do testemunho frágil* – se o testemunho de um homem equivale àquele de duas mulheres, então o fato de apresentar-se em um texto o testemunho das mulheres pode fazer crer que um fato é uma prova de autenticidade desse fato. Se o texto fosse inventado, homens teriam sido chamados a testemunhar. Esse argumento foi desenvolvido a partir dos evangelhos, que, narrando a ressurreição do Cristo, mencionam que foram as mulheres que descobriram o túmulo vazio. Naquela situação a *fragilidade do testemunho* foi dada como prova de *autenticidade do fato*.

*Crítica ao testemunho* – não se avalia mais a qualidade de um testemunho pela intensidade de dor que pode suportar a testemunha, nem pelo gênero da testemunha. Os discursos opostos às testemunhas correspondem a duas opções: exame de fato e exame do testemunho. Tais discursos podem relacionar-se com os *topoi contra os testemunhos*, visando ao fato ou à testemunha.

- O fato não é crível, não é possível, não é verossímil.
- A testemunha não é crível; ela é parte interessada, além de não ser sincera.
- A testemunha está enganada: ela não tem "a ciência do fato" e não é competente; ela sofreu abuso.
- Em outros casos verificados, seu testemunho se revelou falso.
- Outras testemunhas dizem o contrário.
- Ele é o único a fazer tais afirmações, por isso seu testemunho não pode ser considerado (*Testis unus, testis nullus*).

(S.L.C.)

# ▪ Tipologias (I): Antigas

### ARISTÓTELES, *RETÓRICA*, ENTRE 329 E 323 A.C.

*Distinções imprecisas* – Aristóteles opõe a prova *retórica* à prova *científica*, cujo instrumento é o silogismo, e estabelece as seguintes distinções entre os diferentes tipos de provas retóricas:

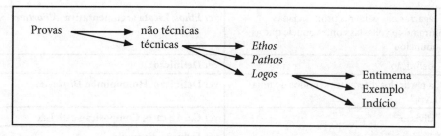

As provas ligadas ao *logos* são o *entimema*, que corresponde à dedução, e o *exemplo*, que corresponde à indução; além disso, são introduzidos os argumentos baseados em *indícios*, prováveis ou evidentes. O entimema e o exemplo são considerados comuns aos três gêneros retóricos. Não obstante, a articulação desses diferentes tipos de provas e a coerência do texto da *Retórica* tal como ele nos chegou é problemática (McAdon, 2003, 2004). A classificação das provas ligadas ao logos apresenta variantes:

(a) "Chamo *entimema* ao silogismo retórico e *exemplo* à indução retórica [...] fora destes nada mais há" (Aristóteles, *Ret.*, I, 2, 1356b5).

(b) "uma vez que os entimemas derivam de probabilidades e sinais" (Aristóteles, *Ret.*, I, 2, 1356b5).

(c) "Os entimemas formulam-se a partir de quatro tópicos e estes quatro são: a probabilidade, o exemplo, o *tekmérion*, o sinal" (Aristóteles, *Ret.*, II, 25, 1402bI).

O exemplo é empregado no mesmo plano que o entimema em (a), mas considerado como uma forma de entimema em (c). Os entimemas provêm de quatro fontes em (c) e de duas fontes em (b). Incorreríamos em erro se tentássemos estabelecer um sistema rigoroso através dessas apresentações das provas retóricas, ver **Entimema**; *Topos*; **Exemplo; Indício; Provável, verossímil, verdadeiro**.

A essas três formas, acrescentam-se os lugares dos *Tópicos*, que correspondem às diversas formas de dedução silogística, ver **Lógica clássica** (III).

## Os topoi da Retórica

A *Retórica* enumera vinte e oito "tópicos dos entimemas demonstrativos" (Aristóteles, *Ret.*, II, 23). No quadro seguinte, esses 28 *topoi* estão enumerados de acordo com a disposição na *Retórica*. Eles são designados ora pela denominação que lhes foi dada na tradução de P. Chiron, ora por uma expressão próxima. A segunda coluna refere-se à(s) entrada(s) correspondente(s).

| | |
|---|---|
| 1. "contrários" | ver **Contrários** |
| 2. "flexões causais semelhantes" | ver **Derivados ou Palavras derivadas** |
| 3. "as relações recíprocas" | ver **Correlativos** |
| 4. "do mais e do menos" | ver ***A fortiori*** |
| 5. "observação do tempo" | ver **Depois como antes** |

| | |
|---|---|
| 6. "agarrar nas palavras pronunciadas contra nós e voltá-las contra aquele que as pronunciou" | ver *Ethos*; Escala argumentativa; *A Fortiori* |
| 7. "definição" | ver **Definição** |
| 8. "a partir dos diferentes sentidos de uma palavra" | ver **Definição; Homonímia;** *Distinguo* |
| 9. "divisão" | ver **Caso a caso; Composição e divisão** |
| 10. "indução" | ver **Indução; Exemplo** |
| 11. "juízo sobre um caso idêntico, igual ou contrário" | ver **Precedente;** *Ab exemplo* |
| 12. "partes" | ver **Caso a caso; Composição e divisão** |
| 13. "das consequências da mesma coisa que segue um bem ou um mal" | ver **Pragmático** |
| 14. "oposição de termos contrários" | ver **Contrários; Pragmático; Dilema** |
| 15. "em público e em privado" | ver **Motivos velados e motivos declarados** |
| 16. "analogia" | ver **Comparação;** *A fortiori* |
| 17. "se a consequência é a mesma, é porque é a mesma causa de que deriva" | ver **Dedução; Causalidade (I); Causa** |
| 18. "nem sempre se escolhe o mesmo depois e antes" | ver **Depois como antes** |
| 19. "causa efetiva" | ver **Motivos velados e motivos declarados; Interpretação** |
| 20. "razões para agir e não agir" | ver **Motivos velados e motivos declarados** |
| 21. "fatos que se admitem existirem, mesmo sendo inverossímeis" | ver **Provável, verossímil, verdadeiro** |
| 22. "examinar os pontos contraditórios" | ver **Contradição; Coerência** |
| 23. "explicar a causa do que é estranho" | ver **Motivos velados e motivos declarados; Interpretação** |
| 24. "causa" | ver **Causalidade** |
| 25. "examinar se não seria ou não é possível fazer uma escolha melhor que aquela que se aconselha" | ver **Coerência** |
| 26. "quando se vai fazer algo contrário ao que já se fez, examinar ambas as coisas ao mesmo tempo" | ver **Contradição; Coerência** |
| 27. "acusar ou defender-se a partir dos erros da parte contrária" | ver **Coerência** |
| 28. "do nome" | ver **Nome próprio** |

A *Retórica* não propõe uma tipologia articulada em vários níveis, mas uma lista simples. Podemos sugerir alguns reagrupamentos que vão ao encontro de tipologias posteriores. Esses reagrupamentos sintetizamos a seguir:

- centralidade das questões da definição, da relação causal, da dedução e da consecução, da analogia;
- família de *topoi* que exploram estruturas lógico-linguísticas;
- família de *topoi* que se baseiam em estereótipos comportamentais, no caráter dos humanos e na motivação de suas ações.

## CÍCERO, *TÓPICOS*, 44 A.C.

Cícero propõe uma tipologia dos argumentos em uma obra de sua juventude, *Da invenção*, e na sua última obra consagrada à argumentação, os *Tópicos*. Diferentemente dos *Tópicos* de Aristóteles que expõe um método para encontrar os argumentos em uma troca dialética, a obra *Tópicos* de Cícero é voltada para a prática jurídica, da qual todos os exemplos são retirados. Ainda diferentemente da tipologia-catálogo de Aristóteles na *Retórica*, a tipologia de Cícero é uma tipologia sistêmica, que suprime a distinção entre uma argumentação científica (silogístico-ontológica) e uma argumentação retórica, ao explorar processos de forma solta sem um princípio unificador. Nesse quadro, Cícero propõe a seguinte tipologia.

(i) argumentos *intrínsecos*, "tangem ao que está sendo discutido" (Cícero, *Top.*, I, 8);

(ii) argumentos inerentes ao tema discutido (*in eo ipso de quo agitur*) (Cícero, *Top.*, I, 8);

(iii) argumentos considerados *de fora* do ponto em discussão, aí considerados os testemunhos cujas condições de validade se examina.

Os nomes latinos dos tipos de argumentos foram mencionados por Cícero e seus seguidores. Essa terminologia é continuada pela terminologia neolatina, desenvolvida na Idade Moderna.

Quadro:

A primeira coluna retoma o termo latino, que às vezes ainda é utilizado, e apresenta a versão proposta pelo tradutor dos *Tópicos*, H. Bornecque. A segunda refere-se ao verbete correspondente.

(i) Argumentos relativos ao tema em discussão (*in eo ipso de quo agitur*, *Top.*, II, 8) – são os argumentos extraídos da definição e da "etimologia". A definição pode ser de dois tipos: por gênero e espécies ou por enumeração.

| Argumentos | | Verbete |
|---|---|---|
| sobre "a definição" (*definitio*) (§ 8 a 10 – § 26 a 34) | definição por "gênero" (*a genere*) e "espécie do gênero" (*a forma generis*) | ver Gênero; **Classificação; Categorização; Definição;** *A pari*; *A contrario*; **Analogia** |
| | definição por enumeração das partes (*partium enumeratio*) | ver **Definição; Todo e parte** |
| pela etimologia (*ex notatione*) (§ 10 – § 35 a 37) | | ver **Etimologia; Definição** |

(ii) Argumentos extraídos de "coisas que têm semelhança com aquilo que está em debate" (*Top.*, IX, 38) "de algum modo tem semelhança com aquilo que está em debate" (Cícero, *Top.*, I, 8)

| Argumentos | Verbete |
|---|---|
| "de palavras da mesma família" (*a coniugata*) (§ 12) | ver **Derivados ou palavras derivadas** |
| "do gênero" (*a genere*) (§ 13) | ver **Gênero; Classificação; Categorização; Definição;** *A pari*; *A contrario*; **Analogia** |
| "da diferença" (*a differentia*) (§ 16) | |
| "de uma similitude" (*a similitudine*) (§ 15) | ver **Indução**; *A pari*; **Analogia** |
| "dos opostos" (*ex contrario*) (§ 17) | ver **Contrários**; *A contrario* |
| "das noções vizinhas" (*ab adiunctis*) (§ 50-52) | ver **Circunstâncias; Indício** |
| "das consequências, dos antecedentes, das coisas contraditórias" (*ex consequentibus, et antecedentibus, et repugnantibus*) (§ 53-57) | ver **Consequência; Inferência; Dedução;** *A priori, a posteriori*; **Contrários** |
| "da causa" (*ab efficientibus causis*) (§ 58-66) | ver **Causalidade** |
| "dos efeitos" (*ab effectis*) (§ 67) | |
| "da comparação" (*ex comparatione*) (§ 68-71) | ver **Comparação**; *A pari*; *A fortiori* |

Em resumo, os objetos, os fatos são construídos de acordo com cinco dimensões principais:

- *Definição*: definição em intensão (por categorização gênero/espécie) e inferências logicamente ligadas; definição por extensão (por descrição, enumeração das partes); geralmente, definição lexical.
- *Relações causais*: causas, tipos de causas, efeitos
- Similitudes e comparações
- Contrários
- Circunstâncias ou contexto.

Essa lista estruturada de argumentos foi transmitida na Idade Média principalmente por Boécio.

## QUINTILIANO, *INSTITUIÇÃO ORATÓRIA*, EM TORNO DO ANO 95

No § 10 do Livro V da *Instituição oratória*, intitulado *Dos argumentos*, Quintiliano recapitula uma lista de 24 formas argumentativas (*Inst.*, V, 10, 94). Uma primeira série de *topoi* se vincula à tópica substancial, ver **Tópica substancial**. Uma segunda série é do tipo catálogo de tipos de argumentos. O tradutor, J. Cousin, registra que:*

> essa lista-resumo, que parece ser um empréstimo, evoca no entanto classificações anteriores, cujos elementos estão organizados em uma ordem diferente: [...]; quanto aos retores posteriores, eles ampliam ou restringem essa lista sem razão aparente. (Nota L. X: 240)

### BOÉCIO, *DAS DIFERENÇAS TÓPICAS*, EM TORNO DO ANO 522

A obra de Boécio (*Boethius*, em inglês) sobre as *Diferenças tópicas* contém o que foi transmitido para a Idade Média das teorias ciceronianas da argumentação. Ele consolida um vocabulário técnico que será retomado pela dialética, pela lógica e pela filosofia medievais. Esse vocabulário estará ainda em uso na Idade Moderna, com Dupleix e Bossuet, ver **Tipologia (II)**.

(S.L.C.)

# ▪ Tipologias (II): Modernas

### SCIPION DUPLEIX, *LOGIQUE*, 1607 E JACQUES-BÉNIGNE BOSSUET, *LOGIQUE DU DAUPHIN*,** 1677

As duas tipologias modernas apresentadas abaixo foram retiradas da *La logique, ou art de discourir et raisonner* de Scipion Dupleix ([1607]) e da *Logique du Dauphin*, de Bossuet ([1677]). Essas obras provavelmente não tiveram importância histórica particular, mas dão uma ideia de como era a terminologia do século XVII, claramente filiada ao sistema ciceroniano, ver **Tipologias (I)**.

Quadro:

- Primeira coluna, Dupleix ([1607]).
- Segunda coluna, Bossuet ([1677]).
- Terceira coluna, verbete(s) correspondente(s).

Para facilitar a leitura, os tipos de argumentos idênticos foram colocados lado a lado. A ordem das linhas é a mesma de Bossuet, enquanto a ordem de Dupleix foi modificada (os números correspondem à ordem no texto).

---

\* N.T.: Plantin transcreve uma nota da edição francesa; na versão em português essa nota não existe. O trecho ao qual ele se refere está na página 267 da versão traduzida para o português, o qual apresentamos a seguir: "Portanto, para eu resumir com brevidade esse conjunto, deduzem-se os argumentos de pessoas, dos motivos, dos lugares, do tempo (do qual apontamos as três partes: precedente, simultâneo e subsequente), dos recursos (aos quais acrescentamos o instrumento), do modo (isto é, como algo foi feito), da definição, do gênero, da espécie, das diferenças, das propriedades, da eliminação, da divisão, do início, dos acréscimos, do resumo, das semelhanças, das diferenças, dos contrários, dos consequentes, dos eficientes, dos resultados e das comparações, que se subdividem em muitas espécies" (Quintiliano, *Inst.* V, 10, 94).

\*\* N.T.: *Dauphin* pode ser traduzido como *príncipe herdeiro, o filho do rei*.

| Dupleix [1607] | Bossuet [1677] | *Verbetes* |
|---|---|---|
| 3. etimologia | 1. etimologia | ver **Sentido original da palavra** |
| 4. conjugados | 2. *conjugata* | ver *A conjugata*; **Derivados ou palavras derivadas** |
| 1. definição | 3. definição | ver **Categorização; Definição** |
| 2. enumeração das partes | 4. divisão | ver **Composição; Caso a caso** |
| 5. gênero e espécie | 5. gênero | ver **Gênero; Classificação; Categorização; Definição;** *A pari*; **Analogia** |
| | 6. espécie | |
| | 7. particular | |
| | 8. acidente | |
| 6. similitude dissimilitude | 9. semelhança | ver **Analogia; Comparação** |
| | 10. dissemelhança | |

| Dupleix [1607] | Bossuet [1677] | *Verbetes* |
|---|---|---|
| 12. causas | 11. causas | ver **Causalidade** |
| 13. efeitos | 12. efeitos | |
| 9. *antecedens* | 13. o que precede | ver **Circunstâncias (***ex, nuclear***)** |
| 8. adjuntos ou conjuntos | 14. o que acompanha | |
| 10. consequência | 15. o que se segue | |
| 7. contrários | 16. contrários | ver **Contrários** |
| 11. *repugnans* | 17. *a repugnantibus* | ver *A repugnantibus*; **Contrários;** *Ad hominem* |
| | 18. todo e parte | ver **Composição** |
| 14. comparação das coisas maiores, iguais e menores | 19. comparação | ver **Analogia; Comparação** |
| | 20. exemplo ou indução | ver **Exemplo; Indução** |

## JOHN LOCKE, *ENSAIO SOBRE O ENTENDIMENTO HUMANO*, 1690 E GOTTFRIED WILHELM LEIBNIZ, *NOVOS ENSAIOS SOBRE O ENTENDIMENTO HUMANO*, 1765

No *Ensaio sobre o entendimento humano*, John Locke distingue:

> *quatro sortes de argumento* que os homens geralmente usam quando raciocinam para outros e tentam obter seu assentimento, ou pelo menos impressioná-los e silenciar sua oposição. (Locke, 2012 [1690]: 754)

- Argumento *ad verecundiam*, argumento de autoridade ou de modéstia, baseado na dificuldade de contradizer uma autoridade. Ele corresponde à prova etótica; ver **Modéstia; Autoridade;** *Ethos*.

- Argumento *ad ignorantiam*, ou argumento da ignorância, ver **Ignorância**.
- Argumento *ad hominem*, sobre a coerência das crenças da pessoa, ver *Ad hominem*.
- Argumento *ad judicium*, sobre a essência ou as próprias coisas, ver **Fundamento**.

Essa tipologia distingue argumentos válidos e falaciosos: apenas o quarto, o argumento *ad judicium*, traz "uma verdadeira instrução e nos permite avançar no caminho do conhecimento". Essa breve tipologia não tem nada a ver com as listas precedentes, todas inspiradas em Cícero: sob a denominação *ad judicium* são introduzidas todas as formas de raciocínio utilizadas em Matemática e nas ciências experimentais. Contrariamente às tipologias clássicas, os argumentos não são mais relacionados a uma lógica ligada a uma ontologia natural, mas às exigências do método científico, ver **Falacioso**.

Em os *Novos ensaios sobre o entendimento humano*, 1999 [1765], Leibniz apresenta um comentário e um complemento a essa tipologia. O comentário valida como argumento, em função das circunstâncias, o que Locke considera, em termos absolutos, como sofismas:

- Argumento *ad verecundiam*:

> Sem dúvida é necessário fazer diferença entre o que é bom para dizer e o que é verdadeiro para crer. Entretanto, já que a maior parte das verdades podem ser sustentadas atrevidamente, existe um certo preconceito contra uma opinião que é necessário esconder. (Leibniz, 1999 [1765]: 499)

Essa diferença remete à questão das condições de discussão, ver **Condições de discussão**.

- O argumento *ad ignorantiam* "é bom nos casos de presunção, quando é razoável manter uma opinião até que se demonstre o contrário" (Leibniz, 1999 [1765]: 499). *Presunção* tem aqui o sentido de "ônus da prova", ver **Ignorância**.
- "O argumento *ad hominem* tem este efeito: mostra que uma das duas asserções é falsa, e que o adversário se enganou de qualquer forma que se considere" (Leibniz, 1999 [1765]: 499)

Leibniz acrescenta o argumento *ad vertiginem*, que incide sobre a negação do princípio de contradição. Segundo o autor:*

> Poder-se-ia ainda aduzir outros argumentos dos quais as pessoas se servem, por exemplo, o que se poderia denominar *ad vertiginem*, quando se raciocina da seguinte maneira: Se esta prova não é concludente, não temos meio algum para chegar à certeza quanto ao ponto em questão, o que se considera um absurdo. Este argumento é bom em certos casos, como quando alguém quisesse negar as verdades primitivas e imediatas, por exemplo, que nada pode ser e não ser ao mesmo tempo. (Leibniz, 1999 [1765]: 499), ver **Vertigem**.

---

* N.T.: Inserimos o excerto completo da tradução.

*Tipologias (II)*

## JEREMY BENTHAM, *THE BOOK OF FALLACIES* [O LIVRO DAS FALÁCIAS], 1824

Em *The Book of Fallacies* [1824], Bentham interessa-se exclusivamente pelas falácias específicas do debate político. Ele propõe uma tipologia em dois níveis, a partir dos quais distingue quatro grandes categorias de falácias:

(i) falácias de *autoridade*, as falácias dos sábios ancestrais ou as falácias das instituições veneráveis;

(ii) falácias *alarmistas*, que reprimem a discussão pelo discurso do medo;

(iii) falácias de *temporização*, cujo objeto é adiar a discussão para que ela jamais ocorra;

(iv) falácias de *confusão*, categoria cujo princípio unitário não é ele mesmo muito claro.

(i) Falácias de autoridade [*f. of authority*]

- Os ancestrais eram mais sábios, ou o argumento chinês [*the wisdom of our ancestors, or Chinese argument*; *ad verecundiam*].
- As leis são intocáveis porque elas são garantidas por contratos sacralizados [*irrevocable law*; *ad superstitionem*].
- Os sermões são irrevogáveis, eles são dotados de poderes sobrenaturais [*fallacy of vows or promissory oaths*; *ad superstitionem*]. Essa falácia, bem como a anterior, não permite que gerações futuras façam alterações nas leis, proibindo qualquer modificação nelas ou na constituição.
- Ausência de precedente: "É inédito! Nunca vimos isso!" [*no-precedent argument*; *ad verecundiam*].
- A autoridade dissimulada sob a falsa modéstia [*self-assumed authority*; *ad ignorantiam*; *ad verecundiam*].
- A autoridade ultrajada: há pessoas em cuja palavra se deve crer; toda investigação a esse respeito seria uma ofensa: *Eu?! fazer coisas semelhantes! Suspeitar de um homem como eu!* [*self-trumpeter's fallacy*].
- As personalidades incontestáveis, as medidas que elas sustentam devem ser adotadas sem provas: *Vocês podem confiar em mim!* [*laudatory personalities*; *ad amicitiam*].

(ii) Falácias alarmistas [*f. of danger*] – todas elas baseiam-se na evocação do medo (*ad metum*) ou do ódio (*ad odium*):

- Atacar a pessoa [*vituperative personalities*; *ad odium*]: *Aquele que propõe essa medida tem más intenções; má reputação; más companhias; traz o mesmo nome de alguém que deixou uma péssima recordação.*
- Fazer falso alarde [*hobgoblin argument*]: *São uns anarquistas!*
- Inspirar a desconfiança: *Até parece! O que se esconde por trás dessa proposição?*
- Usar as instituições como subterfúgio [*official malefactor's screen*]: *Aquele que me ataca, ataca o governo, a Constituição, a República...*
- Intimidar o acusador [*accusation-scarer device*], tratando-o como caluniador, particularmente se as provas que ele apresenta não são de todo conclusivas.

(iii) Falácias de temporização [*f. of delay*]

Essas manobras possibilitam ganhar tempo, na esperança de que a decisão sempre adiada jamais seja tomada. Algumas contam com a estupidez e a preguiça mental (lat. *socordia*):

- [*the quietist fallacy; ad quietem*]: *Por que mudar, ninguém reclama!*
- uma solução falaciosa [*false consolation; ad quietem*]: *Pode ir, você verá que é muito pior!*
- [*procrastinator's argument; ad socordiam*]: *Espere, não é um bom momento.*
- [*snail's pace argument; ad socordiam*]: *Cada coisa no seu tempo!; Devagar e sempre!; Uma coisa após a outra!; Não tão rápido!; Lentamente, mas com segurança!* (trad. Cléro).
- sutilmente [*artful diversion; ad verecundiam*]: *Por que essa medida e não aquela outra?*

(iv) Falácias de confusão [*f. of confusion*]

- Termos enviesados que introduzem uma petição de princípio [*question-begging appellatives; ad judicium*];
- Embuste terminológico [*impostor terms; ad judicium*];
- Generalidades vagas [*vague generalities; ad judicium*];
- "Ídolos", palavras sagradas e intocáveis [*allegorical idols; ad imaginationem*]
- Classificações imprecisas e amálgamas: tudo é colocado no mesmo saco [*sweeping classifications; ad judicium*]
- Pseudodistinções, falsas simetrias e enganações [*sham distinctions; ad judicium*]
- *O povo é corrompido* [*popular corruption; ad superbiam*]
- Irracionnalismo – Sofismas antirracionais [*anti-rational fallacies; ad verecundiam*]
- Afirmações paradoxais [*paradoxical assertions; ad judicium*]
- Erros de atribuição causal [*non causa pro causa; ad judicium*]
- Parcialidade, preconceito e partidarismo [*partially-preacher's argument; ad judicium*]
- *O fim justifica os meios* [*the end justifies the means; ad judicium*]
- Isolar o oponente [*opposer-general's distinction; ad invidiam*]
- Oposição sistemática: rejeitar, em vez de modificar [*rejection instead of amendment; ad judicium*].

Observa-se que Bentham não relaciona essas falácias com formas lógicas, mas as apresenta sob forma de enunciados que constituem condensados de argumentação, às vezes próximos do *slogan*. Os *topoi* se aproximam dos "clichês" discursivos.

Em todas essas manobras Bentham enxerga sofismas, o que elas efetivamente podem ser. É necessário compreender por *fallacy* uma acusação feita aos oponentes em realizar manobras de obstrução ou de manipulação, em produzir maus argumentos de forma maliciosa, a fim de repelir uma discussão legítima e atender a objetivos desonestos ou antidemocráticos. O problema geral é aquele das condições de discussão de um problema, da negociação das condições que possibilitem a realização da argumentação. Tudo isso não é óbvio e pode, inclusive, fazer parte dos componentes de uma arena argumentativa, numa situação de desacordo, ver **Condições de discussão**.

(S.L.C.)

# ▪ Tipologias (III): Contemporâneas

### PERELMAN, OLBRECHTS-TYTECA, *TRATADO DA ARGUMENTAÇÃO*, 1958

Perelman e Perelman e Olbrechts-Tyteca propõem várias tipologias dos argumentos, no *Tratado da argumentação* (1999 [1958]), em *O império retórico* (1992 [1977]), na *Lógica jurídica* (1998 [1979]).

De acordo com Conley, o *Tratado* contém "mais de oitenta formas diferentes de argumentação e de observações esclarecedoras sobre mais de sessenta e cinco figuras" (1984: 180-181). E essa leitura rica é colocada em oposição à "lógica vergonhosa" [*logique honteuse/renegade logic*] de Toulmin. Essas formas de argumentação são apresentadas na terceira parte do *Tratado*, "As técnicas argumentativas", que é composta de cinco capítulos:

> Cap. 1. Os argumentos quase lógicos
> Cap. 2. Os argumentos baseados na estrutura do real
> Cap. 3. As ligações que fundamentam a estrutura do real
> Cap. 4. A dissociação das noções
> Cap. 5. A interação dos argumentos

O capítulo 5 corresponde à estrutura argumentativa textual. Nele são discutidas questões de *dispositio*. Os outros capítulos são consagrados às técnicas argumentativas, opondo as técnicas de ligação (cap. 1 a 3) às técnicas de dissociação (cap. 4).

- A técnica de dissociação é uma estratégia específica que, diferentemente das outras, não se baseia na estrutura < argumento conclusão >, mas em uma redefinição dos termos, ver **Dissociação**; *Distinguo*; **Definição**.
- As técnicas de ligação correspondem aos tipos de argumentos. Tal técnica introduz uma distinção muito útil "ser baseada em"/"fundar", que pode ser utilizada de forma transversal para caracterizar as argumentações que estabelecem/ exploram uma estrutura particular, ver **Causalidade (I)**; **Analogia**; **Definição**; **Autoridade**.

### OS TIPOS DE LIGAÇÃO ARGUMENTO-CONCLUSÃO

O *Tratado* propõe a seguinte tipologia:

- Coluna 1, nível 2 da tipologia
- Coluna 2, nível 1 da tipologia

| Nível 2 | Nível 1 |
|---|---|
| **Arg. quase lógicos** | § 46-49. Contradição e incompatibilidade |
| | § 50. Identidade e definição na argumentação |
| | § 51. Analiticidade e tautologia |
| | § 52. A regra de justiça |
| | § 53. Argumentos de reciprocidade |
| | § 54. Argumentos de transitividade |
| | § 55 e § 56. Parte/Todo |
| | § 57. Argumentos de comparação |
| | § 58. Argumentação pelo sacrifício |
| | § 59. Probabilidades |
| **Arg. baseados na estrutura do real** | Ligações de sucessão: o vínculo causal e a argumentação. Argumento pragmático; arg. do desperdício; arg. da direção; arg. da superação |
| | Ligações de coexistência: a pessoa e seus atos |
| **As ligações que fundamentam a estrutura do real** | O fundamento pelo caso particular: exemplo, ilustração, modelo e antimodelo |
| | O raciocínio por analogia Analogia e metáfora |

Perelman destaca os laços existentes entre essas diversas formas de argumentos.

## TOULMIN, RIEKE, JANIK, *AN INTRODUCTION TO REASONING* [INTRODUÇÃO AO RACIOCÍNIO], 1984

Toulmin, Rieke, Janik distinguem nove formas argumentativas principais (1984: 199):

| *forms of reasoning* | **formas de raciocínio** |
|---|---|
| *from analogy* | por analogia |
| *from generalization* | por generalização |
| *from sign* | pelo indício |
| *from cause* | pela causa |
| *from authority* | por autoridade |
| *from dilemma* | pelo dilema |
| *from classification* | por classificação |
| *from opposites* | contrários opostos |
| *from degree* | pelo grau |

## KIENPOINTNER, *ALLTAGSLOGIK* [LÓGICA COTIDIANA], 1992

Kienpointner (1992: 231-402) examina seis proposições de tipologias contemporâneas: Perelman e Olbrechts-Tyteca (1999 [1958]); Toulmin, Rieke e Janik, 1984; Govier, 1987; Schellens, 1987; Eemeren e Kruiger, 1987; Benoit e Lindsey, 1987. Após isso, ele propõe sua própria terminologia recapitulativa (1992: 246).

| I. *Schlussregel-benützende Argumentationsschemata* | I. Esquemas arg. que empregam leis de passagem | |
|---|---|---|
| *1. Einordnungsschemata* | **1. Esquemas classificatórios** | |
| | *a. Definition* | definição |
| | *b. Genus-Spezies* | gênero/espécie |
| | *c. Ganzes-Teil* | todo/parte |
| *2. Vergleichsschemata* | **2. Esquemas de comparação** | |
| | *a. Gleichheit* | equivalência |
| | *b. Ähnlichkeit* | semelhança |
| | *c. Verschiedenheit* | diferença |
| | *d. a maiore a minore* | *a fortiori* |
| *3. Gegensatzschemata* | **3. Esquemas de oposição** | |
| | *a. kontradiktorisch* | contradição |
| | *b. konträr* | oposição |
| | *c. relativ* | relação |
| | *d. inkompatibel* | incompatibilidade |
| *4. Kausalschemata* | **4. Esquemas causais** | |
| | *a. Ursache d. Folge* | causa/consequência |
| | *b. Wirkung* | efeito |
| | *c. Grund* | razão |
| | *d. Mittel f. Zweck* | meio/fim |
| II. *Schlussregel-etablierende A-Schemata* | **II. Esquemas que estabelecem leis de passagem** | |
| *induktive Beispielargumentation,* | Arg. pelo exemplo; indutivo | |

| III. *A-Schemata die weder die SR in I. benutzen, noch SR wie in II. etablieren* | III. Outros esquemas argumentativos |
|---|---|
| *1. Illustrative Beispielargumentation* | arg. pelo exemplo, ilustrativo |
| *2. Analogieargumentation* | argumentação por analogia |
| *3. Autoritätsargumentation* | argumentação por autoridade |

**DOUGLAS WALTON, CHRIS REED, FABRIZIO MACAGNO, *ARGUMENTATION SCHEMES* [ESQUEMAS ARGUMENTATIVOS], 2008**

A obra propõe um compêndio dos tipos de argumentos [*a user's compendium of schemes*] (2008: 308-346). Os *esquemas* são designados pela palavra *argumento*, com exceção de (19), (20), (21), respectivamente, *Argumentation from values, from sacrifice, from the group and its members*. Cada uma dessas formas admite subtipos.

| 1. Argument from position to know | Argumento com bases sólidas (daquele que está em boa posição para saber) |
|---|---|
| 2. A. from expert opinion | A. fundado no *conhecimento especializado* |
| 3. A. from witness testimony | A. fundado em *um testemunho* |
| 4. A. from popular opinion, ad populum | A. que invoca a *opinião comum, ad populum* |
| 5. A. from popular practice | A. que invoca a *prática* |
| 6. A. from example | A. fundado em um *exemplo* |
| 7. A. from analogy | A. fundado em uma *analogia* |
| 8. Practical reasoning from analogy | *Raciocínio praticado por analogia*: (uma forma de fazer que é justificada pelo que se pratica no dia a dia) |
| 9. A. from composition | A. fundado na *composição* |
| 10. A. from division | A. fundado na *divisão* |
| 11. A. from opposition (contradictory, contrary, converse, incompatible) | A. fundado em *uma oposição* (*contrária, contraditória, proposição inversa, incompatível*) |
| 12. Rhetorical argument from opposition | *Argumentação retórica por oposição* (*topos* das oposições) |
| 13. Argument from alternatives | *Argumento fundado na existência de uma alternativa* (conectivo *ou*, disjunção) |
| 14. A. from verbal classification | A. da *classificação verbal*[a] |
| 15. A. from definition to verbal classification | A. da *definição à classificação verbal*[b] |
| 16. A. from vagueness of a verbal classification | A. da *imprecisão de uma classificação verbal*[c] |
| 17. A. from arbitrariness of a verbal classification | A. da *arbitrariedade de uma classificação verbal* [d] |
| 18. A. from interaction of act and person | A. que *explora a ligação entre o ato e a pessoa* |
| 19. Argumentation from values | A. fundado em *valores* |
| 20. Argumentation from sacrifice | A. fundado no *sacrifício*[e] |
| 21. A. from the group and its members | Argumentação que atribui ao *grupo* uma das qualidades de seus *membros*[f] |
| 22. Practical reasoning | *Raciocínio prático*[g] |
| 23. Two-person practical reasoning | *Raciocínio prático com duas pessoas*[h] |
| 24. Argument from waste | A. do *desperdício* |
| 25. A. from sunk costs | A. dos *gastos irreparáveis*[i] |
| 26. A. from ignorance | Argumentação fundado na *ignorância* |
| 27. Epistemic argument from ignorance | A. *epistêmico fundado na ignorância*[j] |

| | |
|---|---|
| 28. Argument from cause to effect | A. que parte de uma *causa* e conclui a partir do *efeito* |
| 29. A. from correlation to cause | A. que conclui a partir de uma *relação de causalidade* |
| 30. A. from sign | A. fundado no *indício* |
| 31. Abductive argumentation scheme | Esquema para a argumentação *abdutiva* |
| 32. Argument from evidence to a hypothesis | A. que justifica ou rejeita uma *hipótese* a partir dos *fatos* |
| 33. A. from consequences | A. pragmático, isto é, que leva em conta as *consequências*, sejam elas positivas ou negativas |
| 34. Pragmatic argument from alternatives | A. *pragmático no caso de uma alternativa*[k] |
| 35. Argument from threat | Empregar *ameaça* (Arg.) para impulsionar uma ação |
| 36. A. from fear appeal | Causar *medo* (Arg.) para impulsionar à ação |
| 37. A. from danger appeal | Dissuadir alguém de fazer algo, arguindo sobre os *riscos* incorridos |
| 38. A. from need for help | Uma ação é justificada porque *ajudará* alguém |
| 39. A. from distress | Uma ação é justificada porque ajudará alguém em situação *calamitosa* |
| 40. A. from commitment | Argumento fundado em *engajamentos*[m] |
| 41. Ethotic argument | Argumento etótico |
| 42. Generic ad hominem | A. *ad personam* |
| 43. Pragmatic inconsistency | A. *ad hominem* opondo as crenças e os atos[n] |
| 44. Argument from inconsistent commitment | A. *ad hominem* sobre inconsistência de princípios e crenças alegados |
| 45. Circumstantial ad hominem | *Ad hominem* contextual[n] |
| 46. Argument from bias | A. *do viés*[o] |
| 47. Bias ad hominem | A. da *personalidade enviesada*[o] |
| 48. Argument from gradualism | Argumentação por *iteração*[p] |
| 49. Slippery slope argument | Argumento do declive *escorregadio* |
| 50. Precedent slippery slope argument | Declive escorregadio e *precedente*[q] |
| 51. Sorites slippery slope argument | O sorites como declive escorregadio |
| 52. Verbal slippery slope argument | *Declive escorregadio verbal*[p] [r] |
| 53. Full slippery slope argument | *Declive escorregadio radical*[s] |
| 54. Argument for constitutive-rule claim | A. que justifica *uma regra* de um jogo de linguagem. |
| 55. A. from rules | Argumento baseado em uma *regra* |
| 56. A. for an exceptional case | Argumento que visa suspender a regra invocando:<br>– *uma exceção* |
| 57. A. from precedent | – *um precedente* |

| | |
|---|---|
| 58. A. from plea for excuse | – *uma desculpa* |
| 59. A. from perception | Afirma-se P invocando:<br>– *a percepção* de P |
| 60. A. from memory | – *a lembrança* de P |

(a) "*a* tem a propriedade *F*, e para todo *x*, se *x* tem a propriedade *F*, então *x* tem a propriedade *G*, logo *a* tem a propriedade *G*" (p. 319).

(b) "*A* é definido como um *D*, e para todo *x*, se *x* é definido como um *D*, então *x* tem a propriedade *G*, logo *a* tem a propriedade *G*" (p. 319).

(c) Se, em um dado diálogo, um segmento não alcança o grau de precisão ("muito vago") exigido para este diálogo, então esse segmento deve ser rejeitado (p. 319-320). Esse caso provém das máximas conversacionais.

(d) Idem, se um segmento é definido de forma arbitrária. As formas (16) e (17) estão contidas particularmente num universo de discurso dialético. O mesmo se dá para a forma (40) etc.

(e) O valor de um objeto é proporcional ao dos sacrifícios que fazemos para obtê-lo.

(f) Se um membro M de um grupo G possui tal propriedade Q ("M tem [...] Q"), então todos os membros do grupo partilham dessa característica ("G tem [...] Q"): a propriedade evidentemente não deve ser generalizada ao grupo, mas a cada um dos membros do grupo. Um grande grupo não é um grupo em que todos os membros são grandes.

(g) Se se persegue um fim, então se deve galgar as etapas necessárias para alcançá-lo.

(h) Idem (22), quando os meios são sugeridos por uma segunda pessoa.

(i) As páginas 10-11 consideram sinônimos *argument from waste*, referido por Perelman e Olbrechts-Tyteca, e *argument from sunk costs*. Entretanto, eles figuram aqui em duas entradas.

(j) Esse argumento considera o caso *Se fosse verdadeiro, os jornais certamente falariam*.

(k) Idem (33) a alternativa situa-se entre o fazer/não fazer e o não sofrer/sofrer consequências negativas.

(l) Idem (35), mas a origem do perigo não é o interlocutor. (35), (36), (37) estão baseados em diversas *estratégias do medo*.

(m) Assim como para as formas (16) e (17), o universo de discurso de referência é aqui um jogo dialético. A argumentação sobre o engajamento, a tomada de responsabilidade (*committment*), sustenta que, tendo assumido a responsabilidade P, o locutor deve também assumir a responsabilidade Q (*is committed to*), pois Q é uma consequência (é dedutível?) de P.

(n) As formas (43), *pragmatic inconsistency*, e (45), *circumstantial ad hominem*, são muito próximas.

(o) As formas (46) e (47) são muito próximas: (46), A. *from bias*: "L advém de um viés linguageiro; suas conclusões são suspeitas" (47), *Bias ad hominem*: "L parte de um viés linguageiro; eu não confio nele". Notemos que o pré-conceito é relativo a um domínio, mas é cômodo considerar que toda a personalidade é tendenciosa ou enviesada (o que se chamava antigamente de *esprit faux*).*

(p) Conforme os comentários das páginas 114-115, essa forma provém do efeito declive escorregadio (*slippery slope*, formas (49) a (53)), e exprime o paradoxo do sorites (igualmente mencionado em (52): "Se se retira um grão de um saco de grãos, tem-se ainda um saco; se se retira outro grão, tem-se ainda um saco... mas até que limite?".

(q) O caso do declive escorregadio é utilizado para rejeitar um tratamento excepcional, porque essa exceção levaria a uma série infinita e insustentável de precedentes.

(r) O caso do declive escorregadio é utilizado para rejeitar a atribuição de uma propriedade a um objeto, porque tal propriedade se atribuiria pela simples aproximação entre objetos que não possuem necessariamente entre si relação de propriedade.

(s) O caso do declive escorregadio é invocado para que não se faça parte de algo do qual não se conseguirá mais sair.

(S.L.C.)

---

\* N.T.: No Dicionário Larousse, *esprit faux* significa "alguém que raciocina mal".

# ▪ Tipos e tipologias dos argumentos

## TIPOS DE ARGUMENTOS

Um *tipo* de argumento é um *topos inferencial*; os dois termos são empregados indiferentemente. Fala-se ainda em *forma* de argumento e, às vezes, de *linha* argumentativa ou de *esquema* de argumento, ver **Topos**; **Diagrama, esquema, esquematização**. Podemos ainda falar de *topos associativo* para designar os *topoi* argumentativos que associam de forma estável um discurso-argumento e um discurso-conclusão, sem prejudicar a forma lógica dessa associação. A tradição nos legou inventários mais ou menos sistemáticos dos tipos de argumentos, ver **Tipologias (I)**; **Tipologias (III)**.

## NOMES DOS ARGUMENTOS

Os argumentos são nomeados segundo sua forma ou seu conteúdo:

(i) Segundo seu conteúdo específico – alguns argumentos célebres foram nomeados em referência a seu próprio conteúdo:

- *O argumento do terceiro homem* é uma objeção feita por Aristóteles à teoria platônica das formas inteligíveis opostas aos indivíduos. Segundo essa objeção, essa teoria implica uma regressão ao infinito.
- *O argumento contra os milagres*: entre a probabilidade de que o morto tenha ressuscitado e a probabilidade de que a testemunha se enganou, a segunda é a mais forte.
- *O argumento ontológico* pretende demonstrar a existência de Deus a partir da noção de ser perfeito. É uma forma de argumentar por definição *a priori*: a ideia da perfeição implica a ideia da existência.

(ii) Segundo sua forma e seu conteúdo, ver **Tipologia**.

Sobre o uso do latim, ver ***Ab-, ad-, ex-*: Nomes latinos dos argumentos**

(iii) Denominações orientadas – alguns argumentos que envolvem a pessoa (ver **Pessoa**) são designados por denominações orientadas. A linguagem teórica é tendenciosa.

Nos casos gerais, a denominação que designa uma argumentação especifica uma forma ou um conteúdo: o argumento refere-se às consequências (*ad consequentiam*), à autoridade (*ab auctoritate*), às crenças da pessoa (*ad hominem*), à emoção (*ad passionem*) ou a uma emoção particular (*ad odium*). O argumentador pode reconhecer, sem se contradizer e face a seu público, que ele argumenta pelas consequências, *ad hominem*, *ex datis*, sobre crenças religiosas (*ad fidem*) ou, se necessário, argumentará pela quantidade *ad numerum*. Esses argumentos podem ser avaliados em uma segunda etapa, normativa. Mas não se pode dizer que um argumento como tal evoca a *estupidez*, a *superstição*, ou mesmo a *imaginação* sem invalidá-lo. Nesses últimos casos, as denominações atribuídas aos argumentos simultaneamente nomeiam e avaliam. Sua utilização engendra uma confusão dos níveis de descrição e de avaliação, constituindo um ataque *ad personam*. A evocação à fé será julgada falaciosa ou não se se partilha ou não das crenças do locutor. Fica claro, nesse sentido, que a intervenção normativa é ideológica.

## OS ARGUMENTOS NOS TEXTOS

A noção de tipo de argumento ancora o estudo da argumentação na concretude da fala argumentativa. A capacidade de identificar um argumento de autoridade, um argumento pragmático, um argumento hipotético-dedutivo faz parte das competências indispensáveis a um só tempo à produção, à interpretação e à crítica do discurso argumentativo, ver **Baliza argumentativa**.

Algumas obras como a *Suma teológica* de Tomás de Aquino ou o texto de Montesquieu "Da escravidão dos negros" (*Do espírito das leis*, l. XV, cap. 5) são integralmente descritas como uma profusão de argumentos. Outros textos dão a impressão de fluidez, mas não se caracterizam especificamente por apresentarem uma sucessão de formas argumentativas, uma vez que ali há diferentes esquemas relativamente subdeterminados por conteúdos linguageiros. Nesse sentido, há várias possibilidades de análise de um mesmo segmento textual: algumas sem validade. Tal indeterminação não deve ser necessariamente tida como um problema da argumentação. Em realidade, é preciso sempre se perguntar se estamos lidando com um mau argumentador ou com um *virtuose* da pragmática.

Podemos comparar o texto argumentativo a um prado natural cujas mais belas flores corresponderiam aos tipos de argumentos canônicos. Mas é necessário também se perguntar do que é feito o tecido vegetal do prado onde vivem essas flores, interessarmo-nos, como diria Francis Ponge, pela "fábrica do prado", quer dizer, levar em conta o fato de que há argumentação antes dos argumentos, em todas as operações que produzem o enunciado, nas tomadas de posição que engendram a questão argumentativa e, de uma forma geral, em todos os atos e fenômenos semióticos nos quais se inserem os enunciados argumentativos. Assim será possível densificar a análise.

## TIPOLOGIAS DOS ARGUMENTOS

Em argumentação, a palavra *tipologia* é utilizada em dois contextos.

(i) Fala-se às vezes em tipologia dos modos de estruturação das passagens argumentativas, em que uma série de premissas sustentam uma conclusão. Ver **Convergência – Ligação – Série**; **Epiquirema**.

(ii) Fala-se essencialmente em tipologia das argumentações para designar *conjuntos de topoi que ligam o argumento à conclusão* conforme determinada relação semântica. As tipologias clássicas contam com dezenas de tipos ou *topos*, ver **Topos**; **Entimema**.

De uma forma geral, uma tipologia é um sistema de categorias encaixadas, em que se pode distinguir um *nível de base* (nível 1); categorias *superordenadas* (nível +1 etc.), nível de maior generalidade do que o nível de base; categorias *subordinadas*, mais detalhadas (nível -1 etc.). A rigor, podemos considerar que um catálogo de formas constitui uma tipologia de um só nível. Nesse sentido, categorizar é identificar um ser como membro de uma categoria, reconhecendo nesse ser os traços que definem a categoria. Em argumentação, categorizar um segmento do discurso como um "argumento pragmático" é reconhecer nesse segmento os traços característicos que definem o argumento pragmático (nível 1). A categoria 1 "argumento pragmático" pode ela mesma entrar na categoria +1, "argumento que explora uma relação causal". Na tipologia perelmaniana essa categoria +1 seria colocada na categoria +2 da[s] "argumentação[ões] baseada[s] na estrutura do real", ver **Categorização; Definição; Causa; Tipologias contemporâneas.**

## "REVISAR A TRADIÇÃO"

As noções de *topos* e de tópica associativa estão na base da teoria da invenção retórica. Elas parecem engajadas em um perpétuo movimento de renovação e de redefinição, incidindo a um só tempo sobre sua natureza (o que é um *topos*?), sobre o que a torna sistemática em sua diversidade (o que é uma tópica?), sobre sua quantidade (os *topoi* são em número infinito? contáveis? quantos existem, alguns ou centenas?) e por fim sobre sua ligação com a história:

> Enquanto a tradição intelectual geral muda, mudando igualmente os nós que associam ativamente as ideias [*the active associative nodes for ideas*], sua classificação também muda. Revisar a tradição era um fenômeno corrente na Antiguidade. Aristóteles propõe uma lista de *topoi* diferente daquela dos sofistas; Cícero, uma lista diferente daquela de Aristóteles, Quintiliano propõe algo mais que Cícero. Temístocles não concorda com seus predecessores, nem Boécio que, para além disso tudo, também não concorda com Temístocles. Essa revisão continua em nossos dias, com as "grandes ideias" [*great ideas*] do professor Mortimer Adler (ampliadas para além da centena de origem), e com os artigos como o estudo muito útil do padre Gardeil sobre os *lugares-comuns* no *Dicionário de teologia católica*. Depois de ter reproduzido a descrição, bem como a organização dos lugares de Melchior Cano (em que ele observa que são às vezes retomados de Agricola palavra por palavra), Gardeil propõe, na grande tradição tópica, uma classificação ainda melhor, a sua. (Ong, 1958: 122)

De início retém-se dessa passagem a definição geral dos *topoi* como os "nós que associam ativamente as ideias" [*active associative nodes for ideas*], teorizados desde o nascimento da retórica no quadro da teoria da argumentação no discurso. Mas seu interesse muito particular provém disso que ele descreve claramente como armadilha taxonômica: propõe-se descolar-se das tipologias para uma tipologia que colocaria todo mundo de acordo e, no fim das contas, constatamos que apenas se acrescentou à lista uma tipologia suplementar, quer dizer, agravou-se o mal para o qual se pretendia trazer solução. Essa observação pode ser lida como um contraponto histórico irônico aos trabalhos que, nesse mesmo ano, 1958, iriam relançar a reflexão sobre a argumentação e as tópicas.

## LUGAR DA TIPOLOGIA DOS ARGUMENTOS NAS TEORIAS DA ARGUMENTAÇÃO

A questão dos tipos de argumentos é tratada de forma muito diferente conforme as abordagens da argumentação.

(i) *A Lógica substancial* de Toulmin. O exemplo que ilustra o esquema de Toulmin corresponde a uma forma muito produtiva, a inclusão de um indivíduo em uma categoria, ver

**Diagrama de Toulmin**. De uma forma geral, um tipo de lei de passagem corresponde a um tipo de argumento, como mostraram Ehninger e Brockriede ([1960]). Além disso, Toulmin, Rieke e Janik (1984) propuseram uma tipologia dos argumentos, ver **Tipologias (III)**.

(ii) Para a Nova retórica de Perelman e Olbrechts-Tyteca como para as teorias clássicas, a noção é central, ver **Tipologias (III)**.

(iii) A *teoria da argumentação na língua* de Anscombre e Ducrot vai em outra direção, acerca da questão dos tipos de argumentos. A noção de *topos* ali empregada é definida basicamente como ligação entre predicados. Por conseguinte, ali é grande e incontável o número de *topoi*, enquanto as teorias clássicas distinguem menos de uma centena, ver ***Topos***.

(iv) A *Lógica natural* de Grize está fundada na análise das esquematizações. As operações de configuração correspondem ao momento da sustentação, do suporte argumentativo [*étayage*], que remete à noção clássica de suporte de uma conclusão por um argumento. Os tipos de argumentos correspondem aos "tipos de suporte", ver **Esquematização**.

Vê-se que em certas teorias da argumentação a questão dos tipos de argumentos ocupa um lugar preponderante, enquanto, para outras, ou ela é redefinida, ou ela desempenha um papel periférico.

## RIQUEZA DAS TIPOLOGIAS: QUANTIDADE DOS TIPOS DE ARGUMENTOS

Perguntamo-nos constantemente sobre a quantidade das formas de argumentos: há apenas algumas formas de base? Essa quantidade é muito grande, porém contável? É infinita e como tal não quantificável? As respostas clássicas vão sobretudo no sentido do relativamente grande, mas contável: um conjunto de 28 para a *Retórica* de Aristóteles, mais alguns "lugares dos entimemas aparentes"; 12 para os *Tópicos* de Cícero; 25 para a *Instituição oratória* de Quintiliano. Boécio transmite à Idade Média 15 formas, ver **Tipologias (I)**.

As *Lógicas* de Dupleix e Bossuet, que podem, sem dúvida, ser considerados como representantes, na Idade Moderna, dessa tradição clássica, enumeram respectivamente 14 e 20 formas. Outras tipologias modernas são muito divergentes: Locke propõe uma tipologia de 4 elementos, ampliada em um elemento por Leibniz (Locke, 2012 [1972]; Leibniz, 1999 [1966]), mas em um mundo científico totalmente diferente do mundo clássico. Bentham destaca 31 fórmulas argumentativas apenas para o campo da argumentação política, ver **Tipologias (II)**.

Na Idade Contemporânea, Conley conta no *Tratado da argumentação* "mais de 80 diferentes tipos de argumento" (Conley, 1984: 180-181), reagrupados em três categorias de nível superior, ver **Tipologias (III)**.

## FORMAS DAS TIPOLOGIAS

Poderíamos opor as tipologias ao modo de Aristóteles e as tipologias ao modo de Cícero. Aristóteles enumera uma série de *topoi* em uma sucessão que se mostra perfeitamente arbitrária. Cícero propõe, em seu *Tópicos*, uma lista com uma dúzia de formas, organizadas conforme dois princípios: por um lado, duas formas que tocam de forma central no objeto do debate; por outro lado, outras formas que o implicam de maneira indireta, periférica, ver **Tipologias (I)**.

## FUNDAMENTOS DAS TIPOLOGIAS

As tipologias das formas dos argumentos podem ser organizadas por diferentes pontos de vista.

(i) Do ponto de vista de sua contribuição para a ampliação dos conhecimentos, opõem-se, a partir da Idade Moderna, os argumentos não probatórios e os argumentos probatórios, geralmente endossados como meios de provas científicas. Nos termos de Locke, apenas os argumentos irrefutáveis são "acompanhado[s] de uma verdadeira instrução, e [nos fazem avançar] no caminho do conhecimento"* (Locke, 2012 [1690]: 755), ver **Tipologias (II)**.

As argumentações são classificadas de acordo com seu interesse científico ou matemático, sendo mais interessantes as argumentações analíticas ligadas à definição conceitual e as argumentações que colocam em jogo relações causais. A argumentação por analogia pode ter um valor heurístico ou pedagógico; quanto às argumentações que tiram proveito dos artifícios da linguagem natural e da relação interpessoal, elas são, deste ponto de vista, sem pertinência.

(ii) Do ponto de vista de seu funcionamento linguístico. Podem-se opor os argumentos baseados em uma relação de contiguidade, do tipo metonímica, e os argumentos baseados em uma relação de semelhança, do tipo metafórica. Essa oposição corresponde em termos gerais àquela que Perelman e Olbrechts-Tyteca estabelecem entre os argumentos que se baseiam na estrutura do real (tipo causal) e aqueles que fundam a estrutura do real (tipo analogia). Ver **Metonímia**; **Metáfora**; **Tipologias** (III).

(iii) Do ponto de vista de sua produtividade. A produtividade de um *topos* é maior ou menor a depender do número de argumentações concretas (entimemas) que daí derivam. Podem-se opor os *topoi* bastante produtivos, como na argumentação que explora o binômio categorização e definição ou o *topos* dos contrários, aos *topoi* relativamente pouco produtivos, como na argumentação pelo sacrifício ou na argumentação vinculada às formas que aparentemente não são mais usadas, como na argumentação que toma por base a ideia das sizígias, ver **Definição**; **Sacrifício**; **Sizígia**.

(iv) Do ponto de vista de sua força relativa. Um belo exemplo de organização das formas tópicas conforme sua força pode ser visto na hierarquia dos argumentos jurídico-teológicos no domínio árabe-mulçumano, tal como o estabelece Khallâf ([1942]). Ele distingue dez fontes, ordenadas conforme seu grau de legitimidade. As formas mais legítimas são aquelas que se sustentam no Alcorão ou na Tradição, sendo as leis dos povos monoteístas e as opiniões dos companheiros do profeta aquelas que têm o grau de legitimidade mais frágil, nessa ordem. Era essa a situação em 1942.

(S.L.C.)

---

\* N.T.: O autor diz que se trata to "segundo" argumento [*ad ignorantiam*] arrolado por Locke, quando, em realidade, o excerto apresentado refere-se ao *quarto* argumento por Locke arrolado, isto é, o argumento *ad judicium*. Eis a tradução na íntegra: "o *quarto* argumento [*ad judicium*] é usar provas extraídas de fundações ou probabilidades de conhecimento. Dos quatro, é o único verdadeiramente instrutivo e que nos direciona até o conhecimento" (Locke, 2012: 755).

# ▪ Todo e parte ► Composição e divisão, arg.

# ▪ Tópica

Uma tópica é uma coleção de *topos*, ver **Topos**. Pode-se distinguir uma *tópica substancial* e uma tópica *inferencial* (ou *associativa*).

### TÓPICA SUBSTANCIAL

A tópica substancial é uma coleção de *topoi*:

- como *questão tópica*: Quem? Qual sexo? Qual nacionalidade? etc.
- como *estereótipo* associado às respostas para esta questão.
  *Qual nacionalidade?* (*topos*-questão)
  *Espanhol.* (resposta factual a uma questão tópica), ver **Pessoa tópica**.
  *Mas os espanhóis são orgulhosos.* (*topos*-estereótipo), ver **Tópica substancial**.

### TÓPICA *INFERENCIAL*

A *tópica inferencial* (*associativa*) é um conjunto de *topoi* no sentido de *leis de passagem*. Um *topos* inferencial é um esquema discursivo geral que associa um enunciado-argumento a um enunciado-conclusão. A tópica inferencial constitui a *tópica argumentativa* ou *tipologia* dos argumentos.

Os princípios de organização e de completude das duas tópicas são diferentes. A tópica *substancial* visa a delimitar o real por um método de interrogação calcado nas categorias fundamentais que formam essa realidade; ela exprime uma ontologia. A tópica *inferencial* é uma coleção de associações de enunciados, a qual é difícil de definir se não for por extensão, por enumeração.

Ver **Topos**; **Tipos e tipologias dos argumentos**; **Tipologias**.

### TÓPICA DE UMA QUESTÃO

Utiliza-se também o termo *tópica* para designar um argumentário, ver **Repertório**:

- conjunto de argumentos ligados a uma questão;
- conjunto de argumentos pontualmente explorados por um locutor particular, em uma discussão particular.

(S.L.C.)

# ▪ Tópica da deliberação política

A tópica da deliberação política é uma *tópica substancial* constituída pelo conjunto das questões que convêm serem postas antes de se tomar a decisão de adotar ou de rejeitar uma medida de interesse geral: "Essa medida é legal, justa e respeitável? Oportuna? Útil?

| 553 |

Necessária? Clara? Possível? Fácil? Agradável? Quais suas consequências previsíveis?" (Nadeau, 1958: 62).

Uma *tópica inferencial* da deliberação política reagruparia os tipos de argumentos mais utilizados nesse domínio, correspondendo, por exemplo, à tópica de Bentham, fortemente orientada pela refutação do discurso conservador, ver **Tipologias (II)**.

A *tópica substancial* pode se configurar da seguinte forma:

- interrogativo-deliberativa: "se você se pergunta sobre a necessidade de determinada medida, avalie se ela é justa, necessária, realizável, gloriosa, rentável e se ela terá consequências positivas". A tópica é utilizada como uma heurística. É possível, inclusive, construirmos uma posição política sobre um dado tema, respondendo (por meio de argumentos) a essas questões;
- prescritivo-justificativa: "se você quer sustentar determinada medida, mostre que ela é justa, necessária etc.";
- assertivo-analítico-crítica: "você mostrou precisamente que essa medida é justa, necessária, gloriosa; (mas) você nada disse sobre suas consequências e as modalidades práticas de sua realização".

Na prática essa tópica simples, robusta e eficaz aplica-se à ação em geral, pública ou privada.

(S.L.C.)

## ▪ Tópica jurídica

A tópica jurídica é uma tópica inferencial. Ela interessa à teoria geral da argumentação na medida em que os problemas de que ela trata estão ligados à especialização, no domínio do Direito, de problemas gerais que se encontram na argumentação cotidiana. É por essa razão que trataremos da tópica jurídica neste dicionário. A lista de argumentos discutidos por Cícero nos *Tópicos*, a qual se considera não estar ligada a um domínio específico do saber, é uma tópica jurídica, ver **Interpretação, exegese, hermenêutica; Tipologias (I): Antigas**.

Uma tópica jurídica é um conjunto de instrumentos discursivos que constituem as regras do método de interpretação dos textos jurídicos. Essas regras justificam a aplicação de um texto a um caso, eventualmente ampliando sua significação e sua força legal, se, no estado em que se encontra, o texto não se adequa à situação considerada. Sendo dado um fato A submetido à avaliação com base em um código (legal, religioso...), pode ser que A se encaixe em uma categoria M prevista no código. O regulamento prescreve que os M devem ser tratados de tal e tal forma; então A deve ser tratado de tal e tal forma. Não obstante, pode ser que a categoria na qual A foi encaixado não seja clara, então A poderá ser considerado como proveniente da categoria M ou da categoria X. A lei não dispõe de categoria imediatamente aplicável àquela situação. Essa situação passa então a corresponder a uma estase de categorização e de definição. Será necessário buscar no código uma categoria em que A possa ser mais bem encaixado ou ampliar a interpretação do código àquilo que possa recobrir A. Essa extensão constitui o processo da interpretação. Sob a pressão do caso particular a resolver, é necessário, então, produzir a lei.

Nesse caso, a interpretação se faz sob a contingência do caso particular a ser categorizado ou também pode ser realizada de forma mais geral, independentemente de todo caso particular. A argumentação parte, então, da proposição P a ser interpretada, que tem valor de argumento. Essa proposição é admitida porque ela pertence a um estoque de enunciados, por exemplo, códigos, regulamentos, textos sagrados..., admitidos pela comunidade de intérpretes. Disso tudo surge uma proposição Q, com valor de conclusão, que corresponde a uma interpretação de P. A tópica jurídica é a caixa que contém as ferramentas que autorizam tais derivações.

O limite da interpretação é fixado pelo princípio "não se interpreta aquilo que é claro" (às vezes citado sob a forma latina: *interpretatio cessat in claris*). Esse princípio consagra a existência de um sentido literal, baseado em dados gramaticais. Se, para ser eleitor, é necessário ter 18 anos e ser de nacionalidade francesa, não se pode exigir o voto de alguém que preencha apenas uma dessas condições: isso seria fazer do *e* um *ou*. Ali não há nada a interpretar, segundo o princípio anterior. Existem, entretanto, casos em que o sentido claro deve ser rejeitado, por exemplo, se o texto é explicitamente alterado por um erro tipográfico.

## TRÊS TÓPICAS

Os especialistas da argumentação jurídica propõem as tópicas que são listas importantes de formas de argumentos, especialmente no Direito. As tópicas de Kalinowski e de Tarello são frequentemente retomadas no quadro geral dos estudos de argumentação (Perelman, 1998 [1979]; Vannier, 2001; Feteris, 1999). Acrescentamos a essas a tópica *lawoutlines.com*, sem nome do autor (Legal tradition-Trahan.doc: 21-22. Disponível em: www.lsulawlist.com/lsulawoutlines/index.php?folder=/TRADITIONS. Acesso em 20 de setembro de 2013). Elas fazem uso extensivo da terminologia latina.

- *Kalinowski* (1965) distingue 11 formas de argumentos:
  - *a pari*
  - *a contrario sensu* ou *a contrario*
  - *a fortiori ratione* ou *a fortiori*
  - *a maiori ad minus* ou do maior ao menor
  - *a generali sensu* ou argumento da generalização da lei
  - *a ratione legi stricta*
  - *pro subjecta materia* ou argumento da coerência
  - trabalhos preparatórios
  - *a simili* ou argumento por similaridade
  - *ab auctoritate* ou argumento de autoridade
  - *a rubrica*
- *A tópica de Tarello* (1974, citada em Perelman, 1988 [1979]: 75) apresenta 13 tipos de argumentos:
  - *a contrario* – histórico
  - *a simili* ou argumento analógico – apagógico
  - *a fortiori* – teleológico

- □ *a completudine* – econômico
- □ *a coherentia* – *ab exemplo*
- □ psicológico – sistemático
- □ naturalista
- Em *lawoutlines*, a tópica ali apresentada conta com 10 tipos de argumentos:
  - □ analogia (*by analogy*) ou argumento *a pari*
  - □ justificativa maior (*of greater justification*) ou argumento *a fortiori*
  - □ contraste (*by contrast*) ou *argumento a contrario*
  - □ absurdo (*of absurdity*) ou *ab absurdum*
  - □ generalização (*from generality*) ou *a generali sensu*
  - □ superfluidade (*from superfluity*) ou *ab inutilitate*
  - □ contexto (*from context*) ou *in pari materia*
  - □ coerência (*from subject matter*) ou *pro subjecta materia*
  - □ título (*from title*) ou *a rubrica*
  - □ gênero (*from genre*) ou *ejusdem generis*

(i) Quantas formas distintas?

No total, 34 formas são mencionadas.

- Os quatro tipos de argumentos seguintes são comuns às três tópicas vistas anteriormente:
  - □ *A contrario*; *a contrario sensu*; contraste (*by contrast*) ou *a contrario*, ver **A contrario**.
  - □ *A fortiori ratione*, *a fortiori*; justificativa maior (*of greater justification*) ou *a fortiori*, ver **A fortiori**.
  - □ O argumento *a pari* é considerado à parte ou como equivalente à analogia (*by analogy* ou *a pari*).
  - □ O argumento *a simili* é semelhante ao argumento por similaridade, ver **Analogia**; **A pari**.
- Três tipos de argumentos são comuns ao menos a duas das tópicas apresentadas:
  - □ *a generali sensu*, argumento da generalização; generalização (*from generality*) ou *a generali sensu*, ver **Generalidade da lei**.
  - □ *pro subjecta materia*; coerência (*from subject matter*) ou *pro subjecta materia*, ver **Assunto em questão**.
  - □ *a rubrica*; (*from title*) ou *a rubrica*, ver **A rubrica**.
  - □ apagógico; absurdo (*of absurdity*) ou *ad absurdum*, ver **Absurdo**.
- 15 (ou 12) incluem-se em uma das três tópicas anteriormente apresentadas. Devemos notar que, nos quadros precedentes, há nomes de argumentos idênticos nas diversas tópicas. Se admitimos que, sob denominações diversas, os argumentos ditos dos *trabalhos preparatórios, histórico, psicológico e teleológico* visam igualmente levar em conta, segundo a expressão de Perelman, a "vontade do legislador" (1998 [1979]: 75), então ainda temos outras formas comuns que perpassam aquelas tópicas:

- trabalhos preparatórios, histórico, psicológico e teleológico, ver **Intenção do legislador**.
- contexto (*from context*) ou *in pari materia*, ver **Coerência**.
- *ratione legi stricta*, ver **Sentido estrito**.
- *ab auctoritate*, ver **Autoridade; Precedente**.
- *a completudine*, ver **Completude**.
- *a coherentia*, ver **Não contradição; Coerência**.
- econômico, ver **Redundância jurídica**.
- *ab exemplo*, ver **Precedente; Exemplo**.
- sistemático, ver **Sistemático**.
- naturalista, ver **Força das coisas**.
- superfluidade (*from superfluity*) ou *ab inutilitate*, ver **Redundância jurídica**.
- gênero (*from genre*) ou *ejusdem generis*, ver **Gênero**.

Obtêm-se então 22 (ou 19) formas distintas.

(ii) A partir do significado geral dos tipos de argumentos apresentados até aqui, os seguintes reagrupamentos são possíveis:

- *Argumentos gerais, não específicos do direito*. Uma série de argumentos utilizados no direito são formas gerais de argumentos aplicáveis a situações não especificamente jurídicas
  - coerência (*a coherentia*) – *a fortiori*
  - *a pari*, *a simili*, analogia – absurdo
  - gênero – precedente
  - *a contrario* – autoridade

No Direito, essas duas últimas formas de argumento recorrem à continuidade histórica da prática jurídica legal.

- *Argumentos que recorrem a dados relativos à gênese da lei*. A seguir, uma classe de argumentos que legitima as interpretações legais:
  - trabalhos preparatórios
  - histórico
  - intenção do legislador, teleológico
  - psicológico
- *Argumentos que recorrem ao caráter sistemático do código das leis*. As formas seguintes fundam interpretações sobre o caráter sistemático atribuído ao Código:
  - coerência (*a coherentia, in pari materia*)
  - completude
  - redundância jurídica
  - *a rubrica*

Essas diferentes formas argumentativas baseiam-se no postulado de que o texto a ser interpretado é perfeito: nele não se pode apontar nem contradição, nem redundância;

tudo é necessário: nada é inútil ou supérfluo; tudo se considera: os elementos têm sentido a partir da consideração de todo o conjunto. Não obstante, essa insistência no caráter estrutural e sistemático do código legal favorece uma visão mecânica da lei e de sua aplicação. A rigor, ao código são atribuídas propriedades de um sistema formal.

As definições dessas formas argumentativas no domínio do direito, suas condições de aplicação e os problemas que lhe são concernentes interessam aos especialistas do direito. As obras especializadas definem essas formas de modo mais ou menos preciso e as ilustram com exemplos nem sempre tão claros para o não especialista.

(iii) Tópica prescritiva – essa tópica legitima as interpretações da lei visando a sua aplicação a casos concretos. Como todas as tópicas, ela pode ser colocada sob a forma imperativa, tornando-se então um guia para a redação das leis. O redator sabe que seus escritos serão interpretados em função dos princípios enumerados: ele sabe que será aplicado ao texto que ele está redigindo argumentos por analogia, os quais serão interpretados em função da rubrica na qual ele será classificado etc. Nesse sentido, se, por exemplo, o argumento "econômico" ou da "redundância jurídica" supõe que as leis não são redundantes, o legislador deverá se esforçar para excluir toda redundância na redação da lei.

**GENERALIZAÇÃO EM OUTROS DOMÍNIOS,
VER INTERPRETAÇÃO, EXEGESE, HERMENÊUTICA.**

(S.L.C.)

## ▪ Tópica substancial

A tópica substancial é um sistema de questões que permite reunir metodicamente um estoque de informações sobre um evento ou uma pessoa.

- *A tópica substancial geral* tem a forma:* "Quem? (fez) O quê? Quando? Onde? Como? Por quê?...". Por exemplo, o *topos* substancial acerca do cometimento de um *ato* corresponde à questão "Quem? De que se trata?". Quintiliano propôs a lista seguinte:
  pessoas (*a personis*): *Quem?*
  motivos (*causis*): *Por quê?*
  lugares (*locis*): *Onde?*
  tempo (*tempore, praecedens, coniunctum, insequens*): *Quando?*

---

* N.T.: O autor fez uma leitura livre do trecho citado. Desse modo, como não se trata de tradução literal, trazemos o trecho completo ao qual o autor se refere: "Portanto, para eu resumir com brevidade esse conjunto, deduzem-se os argumentos de pessoas, dos motivos, dos lugares, do tempo (do qual apontamos as três partes: precedente, simultâneo e subsequente), dos recursos (aos quais acrescentamos o instrumento), do modo (isto é, como algo foi feito), da definição, do gênero, da espécie, das diferenças, das propriedades, da eliminação, da divisão, do início, dos acréscimos, do resumo, das semelhanças, das diferenças, dos contrários, dos consequentes, dos eficientes, dos resultados e das comparações, que se subdividem em muitas espécies" (Quintiliano, *Inst.*, V, 10, 94).

meios (*facultatibus*) "Onde guardamos o instrumento": *Como* (*meios*)?
maneira, (*modo*) "quer dizer, as modalidades particulares de uma ação": *Como* (*maneira*)? (Quintiliano, *Inst*. V, 10, 94)

- *Tópica de pessoa*. Cada uma dessas questões divide-se em subquestões que correspondem a subtópicas. A tópica de pessoa corresponde à questão "quem?". Por exemplo, o *topos* (substancial) de *nacionalidade* da pessoa corresponde à questão: "Nação? A qual grupo pertence a pessoa em questão?", ver **Pessoa tópica**.
- *A tópica da deliberação política* é um exemplo de tópica ligada a um domínio particular, por exemplo: "A medida a ser tomada trará honra a nós ou nos causará vergonha?", ver **Tópica da deliberação política**.

Os títulos dos capítulos equivalem ao exórdio do texto. Ali há um projeto de escrita *sistemática*, o que é bem diferente de uma escrita *automática*.

## O MÉTODO

Como auxiliar da pesquisa dos argumentos, o locutor utiliza a técnica das questões tópicas nas circunstâncias seguintes. No caso de uma questão argumentativa *Fulano cometeu esse crime terrível?*, procede-se como se segue:

- Sob o *topos* da pessoa "quem?", aqui "Quem é Fulano?". O *subtopos* "Qual nação?" permite desenvolver a informação categorizante: *Fulano é sildavo*; o mesmo ocorre para todas as questões que constituem a pessoa tópica, ver **Pessoa tópica**.
- *Endoxon* sobre os sildavos: à categoria *sildavo* está ligado um conjunto de predicados endoxais do tipo "os sildavos são assim", dotados de uma orientação argumentativa particular, "os sildavos são de natureza pacífica/sanguinária". Esses predicados fornecem uma definição endoxal dos sildavos, meio-enciclopédica, meio-semântica.
- Esse *endoxon* é explorado como um argumento no sentido da inocência/da culpabilidade de Fulano. A instanciação* da definição endoxal permite concluir: *Fulano é (certamente) de natureza pacífica/sanguinária*. Dali também se pode derivar *A culpabilidade de Fulano é pouco/muito plausível*.

Outras questões tópicas suscitadas acerca do mesmo Fulano poderiam fornecer outras orientações, eventualmente contraditórias em relação à primeira.

A independência das tópicas substanciais em relação a tópicas inferenciais, estritamente argumentativas, marca-se claramente no uso possível das primeiras como guia para a descrição ou a narração. Essa tópica substancial de alcance cognitivo tem a mesma forma daquela do sistema de palavras interrogativas:

> [As palavras interrogativas] já foram reconhecidas em diversas línguas com finalidades diferentes: com finalidade especulativa, no latim dos escolásticos: *cur, quomodo,*

---

\* N.T.: Na ausência de um termo dicionarizado em português que pudesse traduzir *instanciation*, optamos pela tradução literal "instanciação".

*quando* [por que, como, quando]; com finalidades militares em alemão, em que a tetralogia *Wer? Wo? Wann? Wie?* é ensinada a todos os recrutas militares como resumo das informações que todo batedor ao partir em reconhecimento deve ser capaz de obter e relatar a seus chefes. (Tesnière, 1959: 194)

(S.L.C.)

## ▪ Topos

❖ A palavra *topos* (no plural *topoi*) é uma releitura francesa de uma palavra grega que significa "lugar". Ela corresponde ao latim *locus communis*, "lugar-comum".

As definições dos *topoi* vão de um polo formal a um polo substancial. Os *topoi* são caracterizados por sua relação com outros discursos, podendo ser expressamente citados por meio de alusão ou sob a forma de algum tipo de esquema que dê coerência ao discurso. A palavra *topos* é utilizada para designar:

1. *Um tipo de argumento*, um elemento de uma tópica *inferencial*, ver **Topos inferencial**.
2. *Um elemento de uma tópica substancial*, correspondendo a uma resposta a uma "questão tópica", ver **Tópica substancial**.
3. Na Idade Contemporânea, o conceito de *topos* foi introduzido por Curtius na análise literária, para designar um *dado substancial* (tema, matéria, "argumento" no sentido 2, ver **Argumento**), permanente, amplo e adaptável, um "arquétipo, [... [uma] representação do subconsciente coletivo no sentido que entendia C. G. Jung" (Curtius [1948], vol. 1: 180). Por exemplo, associar a imagem de "um velho e uma criança" constitui nesse sentido um *topos*, bastante explorado nas publicidades sobre gestão de patrimônio. Essa associação evoca uma relação discursiva quase obrigatória, no sentido de representar a conservação do patrimônio. Assim, a evocação de eventuais contraexemplos ou mesmo de uma refutação a essa relação (idoso → jovem) pode demandar outro *topos*, a depender de cada situação. As proposições de Curtius estiveram na origem de uma importante corrente de pesquisa sobre os *topoi*, especialmente na Alemanha (Bornscheuer, 1976; Breuer e Schanze, 1981).

De uma forma geral, chamamos *topos* o discurso que apresenta uma resposta a uma questão tópica, um *endoxon: o advogado desenvolveu o topos sobre o caráter pacífico bem conhecido dos sildavos*, ver **Tópica substancial**; **Doxa**.

(S.L.C.)

## ▪ Topos inferencial

### TOPOS INFERENCIAL E LIGAÇÃO ENTRE FRASES

A noção de *topos inferencial* relaciona-se com a especificidade dos encadeamentos argumentativos. Por essa razão, ele se inscreve na problemática da coerência textual.

Nos discursos, as transições entre enunciados sucessivos realizam-se de acordo com princípios heterogêneos de vários tipos: um conteúdo que implica outro; um campo semântico que desenvolve sua isotopia; um pré-conceito que evoca outro; construções sintáticas que, em paralelo ou em oposição, se completam; sonoridades e ritmos que se harmonizam etc. Todos os planos linguísticos e enciclopédicos podem estabelecer ligação com as sequências de enunciados.

A progressão do discurso não se reduz a um conjunto de conexões entre ideias, regradas por um tipo de matemática. Ele está submetido à pressão da realidade e à eclosão de acontecimentos que o locutor não controla. Se ele torce o pé, se um acontecimento imprevisto ocorre ao seu redor, o fio do discurso será necessariamente partido para ser reiniciado sob uma forma totalmente nova. A questão da conexão linguística entre enunciados só pode ser tratada a partir de um formato de produção estável da fala, o mais estável sendo escrito de forma monogerida. Ademais, nesse tipo de discurso, as ideias se ligam, às vezes de forma peculiar, como mostram os elementos de ligação *a propósito* [*au fait*], ou *aproveitando a oportunidade* [*à propôs*], os quais marcam uma ruptura temática. Quando as ligações combinam sintagmas fixos, trocadilhos e digressões desconexas, o encadeamento é considerado semanticamente incoerente, sem ligação, e é interpretado como um sintoma de desvario:

> Uma mulher que, aos 68 anos, sofre com distúrbio maníaco pela sexta vez manifesta uma grande atividade intelectual. [...] Um dia ela se exprime nesses termos: Diz-se que a virgem é louca; fala-se em prendê-la; o que não interessa aos moradores da pequena Allier.* (Parchappe [1851], apud Rigoli: 230)

Além disso, mesmo se nos encontramos em um domínio discursivo propício à caça de ligações tópicas, quer dizer, em um discurso argumentativo, as conexões em relação às fronteiras desse discurso escapam aos *topoi* e são operadas por organizadores (ou planejadores) discursivos, como aquelas do anúncio: *eu proporei quatro argumentos*. Ali, um argumento poderá ser extraído da observação (primeiro argumento) e coexistir com um argumento extraído do livro santo (segundo argumento), de um cálculo aritmético (terceiro argumento) e de um argumento dos contrários (quarto argumento). Esse tipo de encadeamento argumentativo pode levar a saltos temáticos ou mesmo a listas de argumentos ou fenômenos de coordenação que se organizam em um plano totalmente diferente daquele da organização tópica inferencial, a qual só vale no interior das sequências argumentativas, ver **Baliza argumentativa**.

## *TOPOS* E ENTIMEMAS ARGUMENTATIVOS

A palavra *topos* é sinônimo de *lugar-comum* (argumentativo), *tipo*, *diagrama* ou *esquema* de argumento. Um *topos* é uma forma de inferência argumentativa, uma forma discursiva que corresponde e gera argumentações *concretas* ou *entimemas*. As noções de *topos* e de entimema são correlatas e acontecem numa relação tipo-ocorrência. Na

---

\* N.T.: No original: "On dit que la vierge est folle; on parle de la lier; ce qui ne fait pas l'affaire des gens du département de l'Allier". Ali há um jogo de palavras de difícil tradução entre *la lier* e *l'Allier*.

*Topos inferencial*

formulação de Aristóteles, "um lugar [*topos*] é a categoria sob a qual se organiza um grande número de entimemas." (*Ret.*, II, 26, 1403a17).* Em uma metáfora célebre, Cícero definiu os lugares (*loci*, sing. *locus*) como "os repositórios onde se buscam os argumentos"; "a matriz do argumento" (Cícero, *Top.*, I, 8; I, 9).

A noção de *topos* pode ser desenvolvida como *esquema lógico* ou *fórmula discursiva*.

- Como *esquema lógico*, o *topos* corresponde a uma forma dita "lógica" ou "profunda" que se atualiza em um contexto particular. Vejamos o caso do *topos a fortiori*, "quanto mais/que dirá/mais ainda/ainda mais etc.":
  *Topos*: Se < P é O > é mais verossímil (mais recomendável...) que < E é O >, e se < P é O > é falso (não é mais verossímil, nem recomendável), então < E é O > é falso (nem verossímil, nem recomendável)
  Entimema (argumentação) fundado sobre esse *topos*: *Se os professores não sabem tudo, que dirá/ainda mais os alunos.*

Outro exemplo, o *topos* dos contrários:

  Topos: Se < A é B >, então < não A é não B >.

Entimema (argumentação) fundado sobre esse topos: *Se não te fui útil durante a minha vida, que ao menos a minha morte te seja útil* (Ryan, 1984).

- Como *esquema discursivo*, o *topos* corresponde a uma fórmula geral, e o entimema, a sua aplicação a um caso particular. Alguns *topoi* são expressos sob a forma de provérbios ou de máximas, por exemplo o provérbio *Quem pode mais pode menos* corresponde à variante "do maior para o menor" (*a maiori ad minus*) do *topos* "quanto que dirá/ainda mais" (*a fortiori*). Podemos usar as fórmulas típicas, como as que propõe Bentham: *esperemos um pouco, o momento não é favorável*, ver **Tipologias (II)**.

Esse esquema pode ser especificado em um tema ou em um campo discursivo (exemplo, ver *A fortiori*). O *topos*, uma vez identificado e corretamente adaptado ao caso, necessita ainda ser ampliado. Eventualmente, o discurso se liberta de seu contexto de produção argumentativo para tornar-se descritivo e literário.

### EXEMPLO: *TOPOS* E ENTIMEMA SOBRE O DESPERDÍCIO

O modo de aplicação de uma tópica a uma análise argumentativa concreta (a partir de entimemas) pode ser ilustrado pelo *topos* do desperdício e pelos dois exemplos (quer dizer, entimemas) que são apresentados por Perelman e Olbrechts-Tyteca (1999 [1958]: 317-318), ver **Desperdício**. Eis o primeiro exemplo:

*Essa é a justificação fornecida pelo banqueiro que continua a emprestar ao seu devedor insolvente, esperando, no final das contas, ajudá-lo a sair do aperto.*

---

\* N.T.: Na versão já traduzida para o português temos: "Entendo por 'elemento' e 'tópico' uma e a mesma coisa, porque é elemento e tópico aquilo a que se reduzem muitos entimemas" (Aristóteles, 2012: 170).

Do ponto de vista linguageiro, o que permite dizer que esse exemplo "contém" uma ocorrência de *topos* é que, em uma análise palavra a palavra do exemplo, conseguimos, por uma operação linguística, identificar a formação do *topos*. Vejamos:

| Exemplo | Operação linguageira | *Topos* |
|---|---|---|
| Tema:<br>*emprestar dinheiro* | *emprestar dinheiro* representa um *sacrifício*;<br>Representa uma *obra* em realização | *já se começou a obra*<br><br>*aceitos os sacrifícios* |
| *devedor inadimplente* | devedor inadimplente = não serve para nada<br>= [dinheiro] *perdido* | *que não serviu para nada dinheiro perdido caso o banco desista do cliente* |
| *continuar a emprestar* | continuar a emprestar = *insistir na mesma direção* | *insistir na mesma direção* |

O segundo entimema é mais complexo:

> *É uma das razões pelas quais, segundo santa Terezinha, incita-se a orar, mesmo em período de "seca". Abandonaríamos tudo, ela escreve, se não pelo fato de "que lembramos que isso é bom e agrada ao senhor do jardim, que estamos vigilantes para não perder todo o trabalho realizado e, também, em favor de que esperamos grande esforço em sempre lançar o balde no poço e retirá-lo sem água.*

| Exemplo | Operação linguageira | *Topos* |
|---|---|---|
| *o serviço realizado* | *realizado* pressupõe *iniciado* um *serviço é* uma *obra* | *já se começou uma obra* |
| *grandes esforços* | grandes esforços = *sacrifício* | *aceitos os sacrifícios* |
| *em período de seca* | *seca*, metáfora devota para o não crescimento da fé = nenhum benefício | *que não serviu para nada* |
| *perder* | perder | *esforço perdido, em caso de desistência* |
| *orar mesmo em período de seca* | continuar a orar | *insistir na mesma direção* |

O *topos* permeia o texto cuja coerência ele contribui para estruturar, ver **Desperdício**.

Encontrar (aplicar) um *topos* em um texto é enriquecê-lo, além de propiciar-lhe uma interpretação.

## *TOPOS* NA TEORIA DA ARGUMENTAÇÃO NA LÍNGUA

Nessa teoria proposta por O. Ducrot e J.-C. Anscombre, os *topoi* são princípios gerais, comuns "apresentados como aceitos pela coletividade" (Ducrot, 1988: 103; Anscombre, 1995a). Esses princípios põem em relação gradual propriedades (predicados ou escalas) que são, elas mesmas, graduais. Os *topoi* assumem quatro formas:

| 563 |

| +A, +P | "Quanto mais alto na escala P, mais alto na escala Q" (Ducrot, 1988: 106): (+) *regime democrático*, (+) *felicidade dos cidadãos* |
|---|---|
| –B, –Q | Quanto menos P, menos Q: (–) *tempo de trabalho*, (–) *estresse* |
| +C, –R | Quanto mais P, menos Q: (+) *dinheiro*, (-) *verdadeiros amigos* |
| –D, + S | Quanto menos P, mais Q: (–) *esporte*, (+) *doenças* |

Esse tipo de ligação entre predicados foi observado da mesma forma por Perelman e Olbrechts-Tyteca em sua discussão sobre valores (1999 [1958], segunda parte, §18), ver **Valor**.

Os mesmos predicados podem ser associados a quatro formas tópicas:

Exemplo: relação entre *dinheiro* e *felicidade*:

1ª forma tópica: (+) dinheiro, (–) felicidade: A relação do banqueiro que faz empréstimos a quem precisa.
2ª forma tópica: (–) dinheiro, (+) felicidade: Fábula "O sapateiro e o financeiro" – La Fontaine.*
3ª forma tópica: (–) dinheiro, (–) felicidade: M. Todo mundo [*M. Tout-le-monde*].
4ª forma tópica: (+) dinheiro, (+) felicidade: idem.

Exemplo: relação entre *esporte* e *saúde*:

1ª forma tópica: (+) esporte, (–) saúde: *Os esportistas morrem jovens.*
2ª forma tópica: (–) esporte, (+) saúde: *Para conservar boa saúde, abstenha-se de fazer esporte* (Churchill, *no sport*).
3ª forma tópica: (–) esporte, (–) saúde: *Quando eu paro a atividade física, eu me sinto mal.*
4ª forma tópica: (+) esporte, (+) saúde: *Faça atividade física, você se sentirá melhor.*

Essas quatro diferentes relações, nos dois exemplos anteriores, registram-se, em síntese, da seguinte forma: < +/– P, +/– Q >.

Essas quatro formas tópicas representam o que se permite inferir nas possíveis relações entre, por exemplo, o dinheiro e a felicidade; a saúde e o esporte. Trata-se de inferências semânticas, isto é, de pseudo-raciocínios, na medida em que nada dizem sobre o real: é a língua que fala. Essa visão funda o ceticismo da teoria da argumentação na língua em relação à argumentação cotidiana como forma de raciocínio, ver **Crítica – Racionalidades – Racionalização**.

Talvez seja delicado aplicar as quatro formas tópicas < +/– P, +/– Q> a algumas combinações de predicados. Consideremos a situação em que duas pessoas, L1 e L2, devem ir à estação e estão preocupadas em perder o trem e ao mesmo tempo em não chegar muito cedo para a viagem. Tanto elas podem "chegar a tempo", quanto já podem irremediavelmente ter "perdido o trem".

---

\* N.T.: No original: La Fontaine, "Le savetier et le financier", *Fables*, Livre VIII, Fable 2.

## Os quatro casos

1. Vamos chegar: sem nos apressar ou nos apressando
Três situações correspondem a esse caso.
(a) L1 se apressa; L2 entende que ele não tem motivo para se apressar:

L2:     – *Não vale a pena se apressar, são oito horas, aliás, cinco para as oito.*

*Temos muito tempo, então chegaremos, não é necessário correria!*

(b) L1 leva muito tempo se arrumando; L2 pensa que, se isso continuar como está, eles vão perder o trem. L2 alerta L1:

L2:     – *Apresse-se: são oito horas, aliás oito horas e cinco.*

*Não temos muito tempo, resta pouco tempo, realmente pouco tempo!*

(c) L1 pensa que eles perderam o trem; L2 acredita que eles ainda têm uma chance, caso se apressem:

L2:     – *Apresse-se: são oito horas, aliás, cinco para as oito.*

*Relaxa, nós vamos chegar! Não temos muito tempo, mas ainda temos um tempinho; Estamos atrasados, mas ainda podemos chegar. Apresse-se!*

2. Não vamos chegar: mesmo se nos apressarmos
(d) L1 mobiliza-se energicamente enquanto L2 perdeu toda a esperança de chegar à estação:

L2:     – *Não vale à pena se apressar: já são oito horas, aliás, oito horas e cinco.*

*Não vamos chegar, não temos mais tempo.* L2 raciocina *a fortiori:* se às oito horas já estamos atrasados, *a fortiori* às oito horas e cinco.

## Representação dos casos

Para dar conta desses quatro tipos de encadeamentos, a teoria da argumentação na língua postula a existência dos *topoi* subjacentes. T identifica o predicado "ter tempo"; D identifica o predicado "se apressar". < + T > identifica "quanto mais tempo temos"; < – T > identifica "menos tempo temos"; idem para T.

1. Vamos chegar: sem nos apressar ou nos apressando

(a) L2:     – *Não vale a pena se apressar, são oito horas, aliás, cinco para as oito.*
corresponde ao *topos* < +T, –D >:
< *quanto mais* tempo temos, *menos* devemos nos apressar >

(b) L2:   – *Apresse-se: são oito horas, aliás, oito horas e cinco.*
corresponde ao topos < –T, +D >:
< *quanto menos* tempo temos, *mais* necessitamos nos apressar >

(c) L2:   – *Apresse-se: são oito horas, aliás, cinco para as oito.*
corresponderia ao topos < +T, +D >:
< *quanto mais* tempo temos, *mais* precisamos nos apressar >

2. Não vamos chegar: mesmo se nos apressarmos

(d) L2:   – *Não vale a pena se apressar: já são oito horas, aliás, oito horas e cinco.*
Corresponderia ao *topos* < –T, –D >
< quanto *menos* tempo temos, *menos* chance teremos de chegar a tempo >

## Conclusões

Como lei da língua, os dois últimos *topoi* parecem problemáticos. Os enunciados (c) e (d) põem em jogo dois sistemas de representação da situação temporal. Eles não se aplicam ao tempo objetivo (atribuído a L2), mas à representação do tempo que é a de L1.

- Enunciado (c):

L2:   – *Apresse-se: são oito horas, aliás, cinco para as oito.*

Representação de L1: Não temos bastante tempo, resta muito pouco tempo, então não vale à pena se apressar. L2 refuta essa representação de L1:

L2:   – *Relaxa! Nós vamos chegar. Não temos muito tempo, mas ainda temos um tempinho. Estamos atrasados, mas ainda podemos chegar. Apresse-se!*

L2 não pressupõe que < *quanto mais* tempo temos, *mais* podemos ficar tranquilos >, mas refuta "nós vamos chegar". Não é "mais tempo temos" que atua aqui, mas "mais tempo do que você pensa". B refuta "não vamos chegar, não temos mais tempo".

- Enunciado (d):

L2:   – *Não vale à pena se apressar: já são oito horas, aliás, oito horas e cinco.*

L1 comporta-se como se ele tivesse tempo suficiente ao se apressar.

L2 não pressupõe < *quanto menos* tempo temos, *menos* devemos nos apressar >, mas ele refuta "podemos chegar se nos apressarmos".

De todo modo, a teoria dos *topoi* trouxe para a argumentação uma descoberta fundamental: os predicados estão ligados entre si, evocam-se através do léxico e essas associações condicionam as formas da argumentação cotidiana.

(S.L.C.)

# ▪ Tranquilidade, Arg.

❖ Arg. *ad quietem*, lat. *quies*, "repouso; vida calma na política, neutralidade" (Gaffiot [1934], art. *Quies*). Ing. *appeal to repose, conservatism*.

A *calma* é um estado psíquico e físico. Diferentes aspectos da calma distinguem-se do ponto de vista da argumentação.

1. Na tipologia aristotélica das emoções retóricas, *a calma* opõe-se à *cólera*, ver **Emoções**.
2. Na tipologia de Bentham, o argumento *deixem-nos em paz!* (*ad quietem*) constrói a calma como um valor que estaria ameaçado pelo surgimento de uma situação argumentativa.
3. Na teoria das emoções, a calma corresponde ao *nível de base* (estado de espírito) da vida psíquica. O *retorno à calma* é um sentimento associado a toda emoção forte, positiva ou negativa. Podemos acalmar um grupo de entusiastas que fica excitado com a ideia de partir para a guerra ou mesmo alguém que tenha passado por grande constrangimento. Para todo discurso que argumenta uma forte emoção *negativa* (evocação ao ódio, à indignação, à cólera, à vergonha, ao medo...), bem como uma emoção forte *positiva* (discurso de entusiasmo, de alegria, de exaltação, de fervor...), podemos opor um *contradiscurso* que desconstrói a emoção e *clama pela calma*. A permanência do estado de calma é uma aposta do discurso contra uma emoção, qualquer que seja ela, ver **Emoções**.

A *tranquilidade* corresponde ao nível básico da vida psíquica quando ela não está submetida a alguma excitação emocional, podendo ainda ser acompanhada da apatia, da inércia, da preguiça. O surgimento de uma situação argumentativa estimula a produção de adrenalina, que pode levar a paroxismos. Não obstante, a *calma* se opõe à *preocupação* provocada pelo questionamento das certezas (como no caso de uma situação argumentativa). E, ainda, aquele que perturba uma situação de calmaria, o proponente, tem o ônus da prova, ver **Ônus da prova**. O argumento do tipo *deixem-nos em paz!* é oposto àquele empregado por quem perturba a calma.

> O voto concerne apenas os homens, porque as mulheres – felizmente para a sua tranquilidade – não têm direitos políticos. (Juranville, "conforme o programa de 1882" – 1ª parte)

A manobra *deixem-nos tranquilos!* foi identificada e batizada como *ad quietem* por Bentham ([1824]). Trata-se de uma tentativa de adiar a discussão de um problema na esperança de que ele não seja jamais abordado: "tudo isso já foi resolvido, temos outras prioridades, você é o *único* a ver que aí há um problema...". Substitui-se à discussão de um problema uma metadiscussão sobre a pertinência da discussão, ver **Tipologias (II)**.

Bentham considera essa manobra como falaciosa e a classifica na categoria das *falácias de temporização* [*fallacies of delay*], direcionadas contra a liberdade de proposição e de inovação política.

O excerto a seguir, extraído de um debate sobre a imigração e a nacionalidade, mostra como nos colocamos do lado daqueles que estimam que "o governo atualmente tem outras prioridades que são mais importantes a serem tratadas no momento":

| Transitividade

**Prof** – então* vocês permanecem mudos silenciosos nada vocês retiveram nada lhes chocou quais são os pontos vamos começar a listá-los então podem lhes dar sim

**Am** – já há dois pontos.de vista na verdade fim

**Prof** – há dois pontos de vista você viu que havia sim

**Am** – duas partes que se opõem há aqueles que querem ah como a petição de todos os artistas cineastas et cetera que querem que: a que o hum- fim o que o código da nacionalidade seja irrestrito seja para todo mundo e que que todos os sem todos os que não estão legalizados no país sejam regularizados então ah sem limite ne

**Prof** – hum hum hm hm

**Am** – e o segundo ponto de vista são esses que dizem que é necessário para que haja um direito das pessoas é necessário que tenha: um direito de estado então é necessário que haja justamente limites e que: e também hum geralmente essas pessoas são aquelas que dizem que o governo atualmente tem outras prioridades que são mais importantes no momento e que não é necessário voltar a isto

**Prof** – de acordo (*Corpus* Debate sobre a imigração – TP de estudantes, Base Clapi. Disponível em http://clapi.univ-lyon2.fr/V$_3$_Feuilleter.php?num_corpus=35. Acesso em: 30 set. 2013)

(S.L.C.)

## ▪ Transitividade ▸ Relação

---

\* N.T.: Trata-se de excerto de um *corpus* oral transcrito originalmente em francês. Fizemos algumas adaptações para que o excerto fique compreensível em português, sem modificação do sentido original.

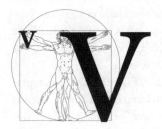

## ▪ Valor

O termo *valor* corresponde a:

1. O *valor de verdade* de uma proposição, ver **Lógica clássica (II)**; **Lógica clássica (IV)**; **Pressuposição**.
2. O *valor de uma argumentação* ou de um argumento, ver **Avaliação e avaliador**; **Normas**; **Força**.
3. A questão *dos valores e dos juízos de valor*, o sentido tratado neste verbete.

### EM FILOSOFIA

A tradição filosófica considerava que as questões "sobre o bem, o fim, o justo, o necessário, o virtuoso, o verdadeiro, o julgamento moral, o julgamento estético, o belo, o válido" (Frankena, 1967: art. *Valeur and Valuation*) provinham de domínios estanques (moral, direito, estética, lógica, economia, política, epistemologia). Apenas no fim do século XIX, eles foram retomados no quadro de uma teoria geral dos valores, de ascendência platônica distante. Em seguida "essa ampla discussão sobre o valor, os valores, os juízos de valor, se difundiu em Psicologia, nas ciências sociais, nas humanidades e até mesmo no discurso comum" (Frankena, 1967: art. *Valeur and Valuation*).

### A NOVA RETÓRICA

#### A REDESCOBERTA DA PROBLEMÁTICA DOS VALORES

Em argumentação, a noção de valor é central para a Nova retórica de Perelman e Olbrechts-Tyteca, os quais se inscrevem na filiação filosófica de Dupréel (Dominicy s. d.). Perelman, na verdade, apresenta sua descoberta da teoria da argumentação como aprimoramento de um programa de pesquisa em relação à "lógica dos juízos de valor" (Perelman, 1998 [1979]: § 50, 138; 1980: 457).

Essa pesquisa levou, por um lado, à "conclusão inesperada" de que "não há lógica nos juízos de valor" (p. 457). De forma geral, a Filosofia "positivista" chegou a separar os valores dos fatos, tachando de irracional toda prática fundamentada em valores. Não obstante, esses valores estão na base do raciocínio prático, os quais levam à tomada de decisões. No campo jurídico a questão torna-se ainda mais complexa, pois o Direito, que se baseia em julgamentos de valor, deveria ser considerado irracional.

A ciência e a Lógica tratam dos julgamentos de verdade. Elas não ditam as regras da razão prática, que trata dos julgamentos de valor. Perelman buscou outras perspectivas mais bem adaptadas sobre os valores em sua pesquisa. Ele os descobriu na *Retórica* e nos *Tópicos* de Aristóteles, que fornecem instrumentos possibilitando um estudo empírico da maneira pela qual os indivíduos justificam suas escolhas racionais. Ele também foi levado a redefinir seu objetivo teórico não mais como uma *lógica*, mas como uma (nova) *retórica*.

A questão dos valores está não somente na origem do desenvolvimento da Nova retórica, mas ela também constitui seu fundamento permanente, como mostra o capítulo introdutório da *Lógica jurídica* (1998 [1979]: 141), intitulado "A nova retórica e os valores", em que o recurso à argumentação aparece como a solução aos insucessos do tratamento filosófico (e não mais lógico) dos valores. É particularmente impossível estabelecer ali uma hierarquia dos valores baseada em uma ontologia dos valores (contrariamente ao projeto da Filosofia clássica), que permitisse um cálculo dos valores. Perelman opõe-se assim a Bentham sobre a possibilidade de um cálculo dos prazeres.

### Valores substanciais e juízos de valor

A Nova retórica é também marcada por uma dupla problemática, a dos valores substanciais como o verdadeiro, o belo, o bem, de origem filosófica, e a dos juízos de valor, de origem lógica. Um julgamento de valor é um julgamento feito sobre um ser ou uma situação concretos do ponto de vista de um valor.

O *Tratado* distingue dois tipos de valores substanciais, "os valores abstratos tais como a justiça e a verdade, e valores concretos, tais como a França ou a Igreja" (1999 [1958]: 87). Esses valores entram constantemente em contradição, que se pode solucionar hierarquizando-os (p. 103).

Os julgamentos de valor são opostos aos julgamentos de realidade. Eles não podem destes derivar. Se dois julgamentos de verdade que incidem sobre a mesma realidade são contraditórios, um deles é necessariamente falso (princípio do terceiro excluído). Os fatos se impõem e são objeto de constatação. Por outro lado, os valores são objeto de adesão, e dois julgamentos de valor contraditórios – é *belo!/é feio!* – podem ser igualmente justificados. Não há critérios que permitam caracterizar uma classe de enunciados como julgamentos de valores sem referência ao contexto: é um *carro* pode ser um julgamento de fato ou um julgamento de valor; é um *verdadeiro carro* é unicamente um julgamento de valor (Dominicy s. d.: 14-17). O *Tratado*, no entanto, mantém a oposição a título "precário" (Perelman e Olbrechts-Tyteca, 1999 [1958]: 579) e para os debates particulares.

Na linguagem do *Tratado*, segue-se que os valores substanciais e julgamentos de valor "são objetos de acordo que não pretendem a adesão do auditório universal" (p. 85), mas apenas aos auditórios particulares, ver **Auditório**. Os valores ditos universais "tais como o *Verdadeiro*, o *Bem*, o *Belo*, o *Absoluto*" apenas o são "com a condição de não lhes especificar o conteúdo" (p. 86). Tais valores são "uma forma vazia" adaptada a todos os auditórios, puros instrumentos de persuasão (p. 86).

O processo de aquisição dos valores é diferente do processo de aquisição da verdade. Os valores são adquiridos particularmente através da educação e da linguagem e são objeto de reforços por meio do gênero epidítico. Os gêneros deliberativo e judiciário são gêneros argumentativos, visando à tomada de decisão coletiva em situação de conflitos de posições. Segundo Perelman, o gênero epidítico tem um *status* bem diferente, pois não admite a contradição; seu objeto é o fortalecimento da adesão aos valores do grupo "sem os quais os discursos que visam a ação não poderiam encontrar a alavanca para comover e mover os seus auditores" (1992 [1977]: 38).

## VALORES E ARGUMENTAÇÃO

### DOIS TIPOS DE OBJETOS DA ARGUMENTAÇÃO

O *Tratado* dividiu os objetos da argumentação em duas classes, "objeto" sendo definido como tudo o que pode ser objeto de um acordo ou de um desacordo: por um lado, a categoria do *preferível*, a qual agrupa "os valores, as hierarquias e os lugares do preferível", e, por outro, a categoria do *real*, constituída pelos "fatos, verdades e presunções" (Perelman e Olbrechts-Tyteca, 1999 [1958]: 74-75). Em outros termos, a argumentação se interessa tanto pelas afirmações de valor como pelas afirmações de realidade e verdade; seu funcionamento como argumento pressupõe o acordo dos participantes.

Na argumentação oratória, o orador age através dos valores partilhados com seu auditório: ele raciocina a partir dos valores do auditório; apresenta seus valores como sendo os do auditório; torna seus os valores do auditório, ver **Orador – Auditório**; *Ex datis*. Em um debate contraditório, os discursos do proponente e o do oponente podem sustentar-se em valores radicalmente incompatíveis. O papel do terceiro (juiz ou votantes) torna-se essencial para decidir o conflito de valores.

### *TOPOI* DOS VALORES

Os valores são tratados por meio dos lugares, que o *Tratado* define como "premissas de ordem geral permitindo fundar valores e hierarquias". Esses lugares são distintos das "técnicas argumentativas", ou tipos de argumentos, ver *Topos* **inferencial**; eles têm as formas seguintes:

- Lugar da quantidade: "alguma coisa é melhor do que outra por razões quantitativas" (p. 97): *quanto mais, melhor.*
- Lugar da qualidade, que "contesta a virtude do número" (p. 100): *quanto mais raro, mais precioso.*

Esses lugares correspondem aos *topoi quanto mais... mais...* e *quanto menos... mais...* da teoria da argumentação na língua, ver *Topos* **inferencial**. Os lugares "da ordem" (p. 105) e "da essência" (p. 106) se deixam exprimir da mesma maneira:

*Quanto mais uma coisa é antiga, próxima de um protótipo, melhor ela é.*

Segundo o *Tratado*, esses lugares dos valores correspondem aos lugares do acidente nos *Tópicos* de Aristóteles (p. 94). Eles são então operatórios sobre um domínio mais vasto do que aquele dos valores.

## VALORES E DISSOCIAÇÃO DAS NOÇÕES

"Os lugares do existente" (p. 106) afirmam "a superioridade do que existe, do que é atual, do que é real, sobre o possível"; parece mais próximo da problemática da *dissociação*, que está estreitamente associada àquela dos valores. A dissociação é uma operação de valorização/desvalorização, dividindo uma noção em duas, uma avaliada positivamente (com orientação positiva) e outra avaliada negativamente (com orientação negativa), ver **Dissociação.**

## VALORES E ORIENTAÇÃO

A noção de valor remete às questões da *subjetividade* (Kerbrat-Orecchioni, 1980), da *afetividade*, e, no plano semântico, da *orientação* constitutiva da fala ordinária, ver **Emoções; Orientação.** *As palavras* que expressam valores são fundamentalmente valores portadores de orientações argumentativas, constituídos em pares de antônimos; todo esse léxico pode ser considerado como um gigantesco reservatório de pares polêmicos: prazer/desprazer, saber/ignorância; beleza/feiura; verdade/mentira; virtude/vício; harmonia/caos, discórdia; amor/ódio; justiça/injustiça; liberdade/opressão... A antonímia é expressa igualmente por sintagmas mais ou menos fixos (expressão de si/recalcamento; vida ao ar livre/vida em escritórios); o discurso pode, enfim, construir longas sequências antiorientadas sob a figura da antítese.

A relação valorização/desvalorização pode ser invertida: estética da feiura/(beleza), elogio da contradição/(coerência) etc.

A aspiração a uma linguagem "não tendenciosa", quer dizer, a uma linguagem livre de juízos de valor (subjetivos, emocionais, orientados) em benefício apenas dos juízos de fato, só pode ser alcançada renunciando-se à linguagem natural por meio uma língua formal ou angelical.

Essa atomização dos valores não questiona o fato de que o discurso retórico sempre se baseou em certos valores substanciais, talvez mais prosaicos que "o Verdadeiro, o Bem, o Belo, o Absoluto" (ver anteriormente), solidamente ligados à condição humana e com um conteúdo específico, a saber: *honos, uoluptas, pecunia* – a glória, isto é, o desejo de reconhecimento; o prazer sob todas as suas formas; o dinheiro e os bens materiais. É a valorização do real pelas três libidos que pôs fim ao estado de inocência:

> A mulher, vendo que o fruto da árvore era bom para comer, de agradável aspecto e mui apropriado para abrir a inteligência [...] (Gênesis, 3: 6)\*

---

\*    N.T.: Disponível em: https://salvaimerainha.org.br/noticias/genesis-3/. Acesso em: 3 ago. 2024.

"Boa para comer": o bom, como prazer dos sentidos; "agradável aos olhos": o belo, prazer dos olhos; "preciosa para a inteligência": o verdadeiro, prazer do saber.

## ARGUMENTAÇÃO QUE FUNDA UMA AVALIAÇÃO

Em francês, o termo "valorização" tem orientação positiva; a palavra supõe o aporte de um valor a mais. Trata-se de uma "alta no valor de mercado"; de "dar mais valor"; de "passar a uma utilização mais nobre" (Larousse, art. *Valorisation*). É impossível falar de "valorização" no sentido de avaliação negativa. Falar-se-á então de avaliação (positiva ou negativa) para designar a operação argumentativa que situa um fato, uma proposição de ação em relação a um valor.

Por exemplo, a soberania nacional é um valor substancial, cuja definição está inscrita no artigo 3 da "Declaração dos direitos do homem e do cidadão" de 1789:

> Art. 3. O princípio de toda Soberania reside essencialmente na Nação. Nenhum corpo, nenhum indivíduo, pode exercer autoridade que não emane expressamente dela. (Disponível em: http://www.legifrance.gouv.fr/Droit-francais/Constitution/Declaration-des-Droits-de-l-Homme-et-du-Citoyen-de-1789. Acesso em: 20 set. 2013)

O fato de figurar nessa "Declaração" confere um *status* de axioma ao valor "soberania".

Uma "questão de avaliação" se coloca quando, por exemplo, tal disposição de um tratado pode necessitar ser avaliada quanto a este valor. Para isso, recorre-se à definição de referência, enriquecida de seus corolários legais e das experiências extraídas das situações passadas. A operação de avaliação tem a forma geral:

- A soberania nacional se define pelas condições Ci, Cj, Ck…
- O tratado respeita/não respeita essas condições.
- Então nós podemos/não podemos assinar esse tratado (sem renunciar à nossa soberania nacional).

A operação de avaliação tem a forma de uma argumentação pela categorização de um objeto com base em uma definição, ver **Categorização**; **Definição**.

## ARGUMENTAÇÃO A PARTIR DE UMA AVALIAÇÃO

A argumentação pragmática supõe uma operação de valorização, ver **Pragmático**:

> Questão: *É necessário fazer F?*
> Argumentação: *F terá como consequência C1.*
> Avaliação positiva de C1: *ora C1 é (+) (do ponto de vista do valor Vi);*
> *logo: Façamos F.*

A refutação pode tomar dois caminhos:

> (i) Contra-avaliação de C1: *ora C1 é (–) (do ponto de vista do valor Vj).*
> (ii) Introdução de outra consequência C2: *F terá como consequência C2.*
> Avaliação negativa de C2: *ora C2 é (–) (do ponto de vista do valor Vm)*; Vm pode ser idêntico a Vi, o que dá à refutação um teor *ad hominem*.
> Nos dois casos, a conclusão é: *não façamos F.*

No caso precedente, a avaliação negativa do tratado em questão pode sustentar, por uma argumentação por definição, que o pleno exercício da *soberania nacional* (valor axiomático) supõe a *soberania financeira* (valor corolário) e, consecutivamente, proceder a uma contradição, em que tal consequência do *Tratado* é julgada incompatível com o princípio da soberania financeira.

(S.L.C.)

## ▪ Verborragia

A *Lógica* de Port-Royal estigmatiza a técnica da *inventio*, a tópica, estimulando a "má fertilidade de pensamentos comuns" (Arnauld e Nicole, 2016 [1965]: 394), ver **Retórica**. É possível fazer a mesma crítica às técnicas do *elocutio* que, estimulando e exaltando a abundância das palavras (*copia verborum*), produzem um discurso prolixo e redundante, ver **Redundância jurídica**.

Essa falácia da verborragia é um tipo de metafalácia, porque ela engloba todas as outras. De acordo com Whately "uma longa discussão é uma das máscaras mais eficazes das falácias; [...] uma falácia, que, afirmada sem véu [...] não enganaria uma criança, pode enganar a metade do mundo, se ela for diluída em um grande caderno" (Whately [1844], apud Mackie, 1967: 179).

A rejeição à verborragia ocasiona à da *eloquência*, definida como abundância de palavras (*copia verborum*).

(S.L.C.)

## ▪ Verossímil, verdadeiro ▸ Provável

## ▪ Vertigem, Arg.

❖ Lat. argument *ad vertiginem*, do lat. *vertigo*, "movimento de rotação, vertigem".

O argumento da vertigem ou da recessão infinita é definido por Leibniz em relação com sua discussão do argumento sobre a ignorância (*ad ignorantiam*) de Locke:

> Poder-se-ia ainda aduzir outros argumentos dos quais as pessoas se servem, por exemplo, o que se poderia denominar *ad vertiginem*, quando se raciocina da seguinte maneira: Se esta prova não é concludente, não temos meio algum para chegar à certeza quanto ao ponto em questão, o que se considera um absurdo. Este argumento é bom em certos casos, como quando alguém quisesse negar as verdades primitivas e imediatas, por exemplo, que nada pode ser e não ser ao mesmo tempo, ou, então, que nós mesmos existimos, visto que, se o oponente tivesse razão, não haveria possibilidade de demonstrar absolutamente nada. (Leibniz, 1999 [1966]: 499)

A argumentação tem a forma de uma argumentação pelas consequências ditas absurdas porque dramáticas, ver **Absurdo; Patético; Ignorância**.

Trata-se dos primeiros princípios do conhecimento, como o princípio da contradição, que toda pessoa deve admitir sob pena de nada poder dizer. Temos ali, portanto, uma forma de argumento sobre os próprios limites de nossa possibilidade de conhecimento. Diferentemente do argumento por ignorância, o argumento *ad vertiginem* seria então válido na medida em que a impossibilidade sobre a qual ele se estabelece é aquela não de uma pessoa, mas da humanidade como tal.

(S.L.C.)

# ■ Viés linguageiro

A holografia é uma técnica que permite representar em duas dimensões fenômenos tridimensionais. Metaforicamente, pode-se dizer que algumas palavras são hologramas do discurso, pois elas têm a propriedade de representar a totalidade do discurso argumentativo do qual elas fazem parte: a *linha* do discurso é condensada em um **único** de seus *pontos*, a palavra. Num contexto de debate sobre o aborto, se um fala de *bebê* e o outro de *feto*, já se sabe que o primeiro é provavelmente contra, e o outro, a favor do aborto. A palavra está *imbuída* [ing. *loaded*] da conclusão para a qual ela *orienta*. Considera-se geralmente que a palavra *designa* uma realidade e que o enunciado *diz* alguma coisa dessa realidade. Ora, aqui, o mecanismo de *designação* inclui também uma *predicação*, ver **Orientação**.

Falar de um *bebê* é designar um humano e inferir que tudo ali a que estamos a nos referir relaciona-se à ideia de uma "criança de pouca idade", com todas as implicações que isso possa ter. Por outro lado, se falamos em *feto*, estaremos designando um "produto da concepção dos vertebrados ao longo do desenvolvimento pré-natal, após o estado embrionário, quando ele começa a se formar e a apresentar os caracteres distintivos da espécie". *Bebê* demarca "empregos afetivos", o que não é o caso de *feto* (*TLFi*, verbetes *Foetus*; *Bébé*).

## O FENÔMENO

Confrontemos os seguintes enunciados (1) *Pedro é prestativo* e (2) *Pedro é servil*. Esses dois enunciados descrevem dois comportamentos ou uma única e mesma atitude? As duas posições podem ser defendidas.

(i) Eles descrevem dois comportamentos. Ajudar sua avó a cortar o frango é ser *prestativo*; propor a seu chefe carregar sua única pequena bolsa é ser *servil*. Como se pode ver, a cada tipo de comportamento está associado um valor diferente, positivo no primeiro caso (ser prestativo), negativo para o segundo (ser servil). Para determinar a natureza do comportamento de Pedro, deve-se analisar a realidade.

(ii) Pode-se também considerar que essas duas palavras descrevem um único comportamento, mas fazem intervir *dois pontos de vista* sobre esse comportamento, isto é, duas subjetividades, duas emoções ou *dois julgamentos de valor*. Eu julgo positivamente esse comportamento e digo *Pedro é prestativo*; eu o julgo negativamente, então *Pedro é servil*. A realidade não diz nada sobre ser prestativo nem sobre ser servil. A origem da distinção não está na realidade, mas na forma da percepção estruturante dos locutores.

Tudo o que se pode dizer sobre os enunciados (1) e (2) é que eles criam no ouvinte expectativas de discursos opostas. *Prestativo* orienta para "eu o tenho como um amigo",

| 575 |

enquanto *servil* anuncia "eu não quero ouvir falar desse cara"; aquele que procura amigos *servis* não procura "verdadeiros amigos", ver **Morfema argumentativo**.

As *designações antitéticas* – a oposição suscitada por um discurso e por um contradiscurso está, às vezes, refletida pela morfologia das palavras, como no caso precedente (ver **Antítese**; **Derivados ou palavras derivadas**) e seguinte:

> político/politiqueiro
> ciência/cientificismo

De maneira geral, as partes utilizam termos diferentes para designar os seres que estão no centro do debate: você é o *perseguidor*, eu sou a *vítima*; ele é o *corrupto rico*, eu sou o *pobre-mas-honesto*; você é um *cientista* enquanto eu sou adepto do *cientificismo*. Essa oposição pode se manifestar em construções complexas, suscetíveis de amplificar-se monologicamente em totalidades autônomas:

> *A caça ao faisão é um esporte de cavalheiros!*
> *A caça ao faisão é um massacre cometido por bêbados burgueses!*

Se eu ouço falar, sob nossas latitudes, de um animal que convive com os humanos, de olhos brilhantes, que gosta de ratos... concluo que se está falando de um gato. Essa operação de categorização não impõe muitos problemas quando nos referimos a plantas, aos animais e outras *espécies naturais*. As coisas são mais complicadas na argumentação, na medida em que implicam seres e situações cuja designação não é um preâmbulo do debate, mas o que, justamente, está em jogo no debate. Deve-se falar de *bebê-medicamento*, *bebê-salvador*, ou *bebê-doutor* para designar uma criança de que se sabe, antes da concepção, que o corpo poderá servir ao tratamento de seu irmão ou de sua irmã?* Segundo quais critérios posso categorizar um indivíduo como *terrorista* ou como *resistente*? O resistente é um terrorista que teve sucesso, e o terrorista, o resistente de uma causa perdida? Tal ato deve ser categorizado como um ato de terrorismo (covarde) ou um ato de resistência (heroico)? Diremos que todo mundo tem as mãos sujas? Que tudo depende do campo ao qual pertence o locutor? Ou que há critérios universais que nos permitem julgar cada caso? Ver **Categorização**.

## NEUTRALIZAR A LINGUAGEM?

As abordagens críticas do discurso falam de palavras e argumentos *enviesados*, os quais pressupõem as conclusões que deveriam construir, provocando um curto-circuito no procedimento argumentativo racional, que preconiza que a conclusão seja retirada do argumento pela aplicação de uma lei de passagem. A atitude com relação a vieses da linguagem diferencia fortemente as abordagens linguísticas e as abordagens normativas

---

\* N.T.: O exemplo no original trata de uma questão ética em genética, chamada, por alguns, de *bebê-medicamento*, e que trouxe a possibilidade da seleção de embriões, uma das técnicas utilizadas na reprodução humana assistida, por meio da qual os eles são selecionados a partir de um duplo diagnóstico genético pré-implantacional para serem livres de falhas genéticas e ao mesmo tempo compatíveis com irmãos mais velhos que precisem de transplante de células-tronco hematopoiéticas. Aparentemente os outros termos *bebê-salvador* e *bebê-doutor* são outros nomes pelos quais tal técnica é nomeada.

da argumentação. A palavra *enviesado* também é enviesada: tem uma orientação argumentativa negativa, pois dizer que as palavras são *enviesadas* é dizer que é necessário sair da linguagem para endireitar os vieses.

A questão dos vieses da linguagem é a da *orientação argumentativa* e da *definição persuasiva*, ver **Orientação; Definição (IV)**. A primeira põe em jogo dados de língua, e a segunda, das atividades de fala, mas, nos dois casos, pode-se dizer que o discurso é enviesado: a palavra, seja a da língua, seja a de sua ocorrência em discurso, contém uma orientação argumentativa, isto quer dizer que ela seleciona sua conclusão. Metaforicamente, diremos que o alvo (a conclusão) é talhado na medida da flecha (o argumento). Do ponto de vista da linguagem científica, o enunciado-argumento e o enunciado-conclusão não são independentes. A argumentação entra num círculo vicioso, ver **Petição de princípio**.

Se fundamentarmos a argumentação num enquadre de racionalidade monológica, seremos levados a dizer, considerando a objetividade, que a linguagem enviesada, uma vez que seja obstáculo ao tratamento a fundo dos problemas, deve ser banida do discurso argumentativo. Evitar a linguagem pesada deveria conduzir a uma forma de depuração da linguagem, visando à objetividade.

No debate sobre o aborto, em que se trata de determinar se se vai conceder o estatuto de "pessoa" ao objeto do debate, a discussão sobre os *termos* (*feto* ou *bebê*) não se dissocia da discussão sobre o seu *fundamento*. Na prática, o "vencedor" se reconhece por obter sucesso em impor seu vocabulário, com o sentido que lhe convém, ver **Persuasão**. Não é possível encontrar um remédio para a "linguagem enviesada" por uma forma de convencionalismo que consistiria em concordar com o sentido das palavras antes do debate no qual os termos serão utilizados, abstendo-se, dessa forma, de utilizar termos "carregados", preferindo termos "neutros". A discussão sobre *a natureza* do objeto nem sempre é separável da discussão sobre o *seu nome*. O fato de a designação de um conceito, um ente etc., ser o próprio objeto de um debate torna mais complexa tal designação. Seu "verdadeiro nome", seu verdadeiro "objetivo", lhe será, eventualmente, atribuído ao término do debate: objetividade não é uma condição, mas um produto do debate.

A busca de termos "neutros" manifesta, por um lado, o desejo de colocar a linguagem entre parênteses, na medida em que não corresponda a um ideal referencial puro e, por outro lado, essa busca manifesta a vontade de considerar que o debate entre seres racionais só poderia repousar sobre o *mal-entendido*, consequência dos defeitos da língua natural.

A situação de argumentação é relativamente simples se se parte da hipótese de que existem *dados admitidos* pelas duas partes. Não obstante, de maneira geral, falar de fatos só resulta em acordo se os fatos alegados são *pacíficos*, isto é, externos ao cerne do debate. Caso contrário, a divisão dos discursos é marcada então de maneira radical por designações ditas enviesadas, carregadas ou orientadas. A designação já é, por si, argumentativa, ver **Esquematização**.

O acordo sobre uma designação linguística dos fatos é uma questão de identidade, de focalização, de empatia emocional: não menos que às *crenças*, *convertemo-nos* aos fatos e a suas *designações*.

(A.M.S.C.)

## ■ Você também!, arg.

❖ Lat. *Tu quoque!*; em latim e em francês, o *topos* é nomeado conforme o enunciado que tipicamente encerra esse argumento.

O cenário da argumentação *Você também!* (*Tu quoque!*) é o seguinte:

L1 pratica determinada ação A.
L2 o repreende.
L1 responde a esta acusação: – *Mas você também a faz! Você faz exatamente a mesma coisa!*

Essa réplica pode ter diferentes valores argumentativos.

De uma forma geral, a réplica "eu faço A porque X o faz" é uma estratégia de legitimação banal por imitação quando A é uma ação qualquer, não apreciada:

M pratica uma ação qualquer A.

O fato de M fazer A cria um *precedente* suscetível de legitimar A. Pode ser que M seja considerado como um *modelo*, o que confere a A uma segunda forma de legitimidade, ver **Precedente; Imitação, paradigma, modelo**.

Se L2 pede a L1 para *justificar* sua ação, ele responde:

*M o faz, e eu sigo o seu exemplo.*

No exemplo, L1 legitima, explica, justifica sua atitude atribuindo a mesma ação a M que é tido como uma referência. E toda essa lógica expressa-se na argumentação *Você também!*.

No cenário da argumentação *Você também!*, L2 reprova a atitude de L1, a qual, segundo L2, é uma atitude *proibida*. L1 conta com diversas estratégias a sua disposição para contestar a acusação de L2:

- Ele pode responder a L2 que *outros fazem a mesma coisa*: Landru assassinava suas amantes, por que eu não posso fazê-lo? A legitimação depende da gravidade da transgressão e do número de transgressores. Se não respeitamos os semáforos na zona rural, quando a circulação é praticamente inexistente e a visibilidade perfeita, justificamos dizendo é *proibido, mas todo mundo faz, aquele carro fez, então vou fazer também*. A expressão inglesa *two wrongs make a right* [dois erros fazem um acerto] (ver adiante) poderia ser ampliada *many wrongs make a right* [muitos erros fazem um acerto]: a frequência das transgressões acaba criando certa legitimidade pela aplicação do argumento do consenso, contra a lei, ver **Consenso – Dissenso**.
- Se L2 pratica *ele mesmo* o que acusou L1 de haver praticado, há duas possibilidades de resposta para L1. Ele pode simplesmente retomar o caso precedente e legitimar sua ação pelo (mal) exemplo dado por L2 ou pode ainda replicar por uma contra-acusação, que pretende contradizer L2, acusando-lhe de agir diferentemente do que prega, ver ***Ad hominem***. L1, então, reconhece que não tinha o direito de agir como agiu, mas deixa bem claro para L2 que ele (L2) não pode condená-lo, porque agiu erradamente da mesma forma. Em termos de estase, a réplica questiona a legitimidade do juiz, isto é, do Terceiro, ver **Estase:**

L1:     – *Você está adorando me repreender, não é ?! Essa não! Você não tem moral para me dar lições.*

Two wrongs make a right [dois erros fazem um acerto] – podemos justificar um mal tratamento dado a alguém, argumentando por um tipo de lei de talião por antecipação (ver **Reciprocidade**), segundo o qual se fulano estivesse em tal situação ele teria agido de forma errada (Disponível em: fallacyfiles.org/twowrong.html. Acesso em: 20 set. 2013). Da mesma forma, tenta-se justificar uma injustiça por outra. Esses argumentos são considerados falaciosos se os consideramos a partir de um *topos* que exprime uma proibição moral *two wrongs don't make a right* [dois erros não fazem um acerto], o qual podemos traduzir por "os pecados, as ações ilegais, condenáveis... dos outros não absolvem as nossas". Na prática, um erro pode perfeitamente compensar outro. Se nos enganamos sobre o diagnóstico e sobre o medicamento, pode ser que, por um pequeno milagre, tenhamos, por este duplo erro, curado o doente.

(S.L.C.)

# Referências

**Obras citadas e já traduzidas para o português:**

AMOSSY, Ruth. *Imagens de si no discurso*: a construção do ethos. Tradução de Dilson Ferreira da Cruz e outros. São Paulo: Contexto, 2019.
AMOSSY, Ruth. *A argumentação no discurso*. Coordenação da tradução de Eduardo Lopes Piris e Moisés Olímpio-Ferreira. São Paulo: Contexto, 2018 [2000].
ARISTÓTELES. *Órganon* (Categorias, Da interpretação, Analíticos anteriores, Analíticos posteriores, Tópicos, Refutações sofísticas). Tradução de Edson Bini. Bauru, São Paulo: Edipro, 2005.
ARISTÓTELES. *Política*. Tradução de Maria Aparecida de Oliveira Silva. São Paulo: Edipro, 2019.
ARISTÓTELES. *Retórica*. Tradução de Manuel Alexandre Júnior, Paulo Farmhouse Alberto e Abel do Nascimento Pena. São Paulo: WMF Martins Fontes, 2012.
ARISTÓTELES. *Ética a Nicômaco*. Tradução, textos adicionais e notas de Edson Bini. 4. ed. São Paulo: Edipro, 2014.
ARNAULD, Antoine; NICOLE, Pierre. *A lógica ou a arte de pensar*. Tradução, apresentação e notas de Nuno Fonseca. Lisboa: Fundação Calouste Gulbenkian, 2016.
AUSTIN, J. L. *Quando dizer é fazer*: palavras e ação. Tradução de Danilo Marcondes de Souza Filho. Porto Alegre: Artes Médicas Editora, 1990.
BREHIER, Émile. *História da filosofia*. Tradução de Eduardo Sucupira Filho. São Paulo: Mestre Jou, 1977.
BENVENISTE, Émile. *O vocabulário das instituições indo-europeias*. II – Poder, Direito, Religião. Tradução de Denise Bottman e Eleonora Bottman. Campinas, São Paulo: Editora da Unicamp, 1995.
BENVENISTE, Émile. *Problemas de linguística geral I*. Tradução de Maria da Glória Novak e Maria Luisa Neri; revisão do professor Isaac Nicolau Salum. 4. ed. Campinas, São Paulo: Pontes, 1995.
BÍBLIA SAGRADA. Tradução em *BibleGateway*. Disponível em: https://www.biblegateway.com/passage/?search=G%C3%AAnesis%2018&version=ARC. Acesso em: 16 jul. 2024.
BILLIG, Michael. *Argumentando e pensando*: uma abordagem retórica à psicologia social. Tradução de Vera Lúcia Mello Joscelyne. Petrópolis, Rio de Janeiro: Vozes, 2008.
BRETON, Philippe. *A argumentação na comunicação*. Tradução de Viviane Ribeiro. 2. ed. Bauru: Edusc, 2003.
BRETON, Philippe; GAUTHIER, Gilles. *História das teorias da argumentação*. Tradução de Maria de Carvalho. Lisboa: Editora Bizancio, 2001.
CANGUILHEM, Georges. *O conhecimento da vida*. Tradução de Vera Lucia Avellar Ribeiro. Rio de Janeiro: Editora Forense, 2012.
CARROL, Lewis. *Alice através do espelho*: e o que ela encontrou lá. Edição comentada. Ilustrações originais de John Tenniel, tradução de Maria Luiza X. de A. Borges. Rio de Janeiro: Jorge Zahar Editores, 2002.
CHARAUDEAU, Patrick; MAINGUENEAU, Dominique. *Dicionário de análise do discurso*. Coordenação da tradução de Fabiana Komesu. São Paulo: Contexto, 2004.
CHATEAUBRIAND, François-René. *O gênio do cristianismo*. Tradução de Camilo Castelo Branco. Rio de Janeiro, São Paulo e Porto Alegre: W. M. Jackson Inc., 1964.
[CÍCERO]. *Retórica a Herênio*. Introdução, tradução e notas Adriana Seabra, Ana Paula Celestino Faria. Araçoiaba da Serra: Mnema, 2024.
CÍCERO. *Tópicos*: os lugares do argumento. Tradução de Gilson Charles dos Santos. Campinas, São Paulo: Pontes Editores, 2019.

CURTIUS, Ernst Robert. *Literatura europeia e Idade Média latina*. Tradução de Teodoro Cabral, Paulo Rónai. São Paulo: Edusp, 2013.

DAMASIO, Antônio R. *O erro de Descartes*: emoção, razão e o cérebro humano. Tradução de Dora Vicente e Georgina Segurado. São Paulo: Companhia das Letras, 1996.

DESCARTES, René. *Regras para a orientação do espírito*. Tradução de Maria Ermantina de Almeida Prado Galvão. São Paulo: Martins Fontes, 2012.

DESCARTES, René. *As paixões da alma*. Tradução de Ciro Mioranza. São Paulo: Lafonte, 2021.

DE VARAZZE, Jacopo. *Legenda áurea*: vidas de santos. Tradução do latim, apresentação, notas e seleção iconográfica de Hilário Franco Júnior. São Paulo: Companhia das Letras, 2003.

DOMENACH, Jean-Marie. *A propaganda política*. Tradução de Ciro T. de Pádua. Coleção Saber Atual. São Paulo: Difusão Europeia do Livro, 1955.

DOPP, Joseph. *Noções de lógica formal*. Versão brasileira Leônidas Hegenberg e Octanny Silveira da Mota. São Paulo: Herder, 1970.

DUCROT, Osvald. *O dizer e o dito*. Revisão técnica da tradução Eduardo Guimarães. São Paulo: Pontes Editores, 1987.

DUCROT, Oswald. *Provar e dizer*: linguagem e lógica. Tradução de Maria Aparecida Barbosa, Maria de Fatima Gonçalves Moreira, Cidmar Teodoro Pais. São Paulo: Global, 1981.

DUCROT, Oswald. *Princípios de semântica linguística*: dizer e não dizer. Tradução de Carlos Vogt, Rodolfo Ilari, Rosa Attié Figueira. São Paulo: Cultrix, 1977.

EURÍPIDES. *Hipólito*. Tradução de Bernardina de Sousa Oliveira. Brasília: Editora Universidade de Brasília, 1997.

FLAUBERT, Gustave. *Madame Bovary*. Tradução de Sérgio Duarte. Rio de Janeiro: Ediouro, 1997.

FRAISSE, Paul; PIAGET, Jean. *Tratado de psicologia experimental*: motivação, emoção e personalidade. Volume V. Tradução de Pedro Parafita de Bessa. Rio de Janeiro: Companhia Editora Forense, 1969.

FREUD, Sigmund. *Obras psicológicas completas de Sigmund Freud*: edição standart brasileira. Direção geral da tradução de Jayme Salomão. Rio de Janeiro: Editora Imago, 1987.

FREUD, Sigmund. *Obras completas*. O Eu e o Id, "Autobiografia" e outros textos (1923-1925) – vol. 16. Tradução de Paulo César de Souza. São Paulo: Companhia das Letras, 2011.

FURET, François. *O passado de uma ilusão*: ensaios sobre a ideia comunista no Século XX. Tradução de Roberto Leal Ferreira. São Paulo: Siciliano, 1995.

GOETHE, von Johan Wolfgang. *Máximas e reflexões*. Tradução de Marco Antônio Casanova. Rio de Janeiro: Forense Universitária, 2003.

GOFFMAN, Erving. *A representação do eu na vida cotidiana*. Tradução de Maria Célia Santos Raposo. 20. ed., Petrópolis, Rio de Janeiro: Vozes, 2014.

HESSEL, Stéphane. *Indignai-vos!* Tradução de Marly N. Peres. Portugal: Leya Editores, 2012.

KANT, Immanuel. *Crítica da razão pura*. Tradução de Alex Marins. São Paulo: Martin Claret, 2002.

KELSEN, Hans. *Teoria pura do direito*. Tradução de João Baptista Machado. 6. ed. São Paulo: Martins Fontes, 1989.

KNEALE, William Calvert; KNEALE, Martha. *O desenvolvimento da lógica*. Tradução de M. S. Lourenço. Lisboa: Fundação Calouste Gulbenkian, 1962.

KOUROUMA, Ahmadou. *Alá não é obrigado*. Tradução de Luísa Feijó. Vila Nova de Gaia, Portugal: Asa Editores S.A., 2004.

LA BRUYÈRE, Jean de. *Os caracteres*. Tradução, seleção e prefácio de João de Barros. Lisboa: Livraria Sá da Costa, 1956.

LA FONTAINE. *Fábulas de La Fontaine*: um estudo do comportamento humano. Tradução de Francisco do Espírito Santo Neto. S. l. Editora Boa Nova, 2007.

LA FONTAINE, Jean de. *Fábulas de La Fontaine*. Tradução de Ferreira Gullar. Ilustrações de Gustave Doré. 5. ed. Rio de Janeiro: Editora Revan, 2002.

LAUSBERG, Heinrich. *Elementos de retórica literária*. Tradução, prefácio e aditamentos de R. M. Rosado Fernandes. Lisboa: Fundação Calouste Gulbenkian, 2004.

LE BON, Gustave. *Psicologia das multidões*. Tradução de Ivone Moura Delraux. Edições Roger Delraux/Pensadores Delraux, para a língua portuguesa, 1980.

LEIBNIZ, Gottfried Wilhelm. *Novos ensaios sobre o entendimento humano*. Tradução de Luiz João Baraúna. São Paulo: Nova Cultural, 1999.

LOCKE, John. *Ensaio acerca do entendimento humano*. Tradução, apresentação e notas de Pedro Paulo Garrido Pimenta. São Paulo: Martins Fontes, 2012.

MAINGUENEAU, Dominique. Ethos, cenografia e incorporação. In: AMOSSY, Ruth. *Imagens de si no discurso*: a construção do ethos. Tradução de Dilson Ferreira da Cruz e outros. São Paulo: Contexto, 2019.

MILL, Stuart John. *Da liberdade*. Tradução de E. Jacy Monteiro. São Paulo: Ibrasa – Instituição Brasileira de Difusão Cultural S.A., 1963.

MOLIÈRE. *O doente imaginário*. Tradução de Guilherme Figueiredo. Rio de Janeiro: Civilização Brasileira, 1975.

MOLIÈRE. *O misantropo*. Tradução de Miguel Cintra. Lisboa: Editorial Estampa, 1973.

MOORE, George Edward. *Princípios éticos*. Escritos filosóficos. Problemas fundamentais da filosofia. Seleção de textos de Hugo Lacey. Tradução de Luis João Barauna, Pablo Ruben Mariconda. São Paulo: Abril Cultural, 1980.

NEWMAN, John Henry. *Ensaio a favor de uma gramática do assentimento*. Tradução de Artur Morão. Lisboa: Assírio & Alvim, 2005.

OLÉRON, Pierre. *A argumentação*. Tradução de Cascais Franco. Portugal: Publicações Europa-América, 1985.

PACKARD, Vance. *A nova técnica de convencer*. Tradução de Aydano Arruda. São Paulo: Ibrasa, 1959.

PASCAL, Blaise. *Do espírito geométrico e da arte de persuadir e outros escritos de ciência, política e fé*. Tradução de Flávio Fontenelle Loque. Belo Horizonte: Autêntica, 2017.

PASCAL, Blaise. *Pensamentos*. 2. ed. São Paulo: Martins Fontes, 2005.

PERELMAN, Chaïm. *Lógica Jurídica*: nova retórica. Tradução de Vergínia K. Pupi. São Paulo: Martins Fontes, 1998.

PERELMAN, Chaïm. *O império retórico*. Tradução de Fernando Trindade e Rui Alexandre Grácio. Porto, Portugal: Edições ASA, 1992.

PERELMAN, Chaïm; OLBRECHTS-TYTECA, Lucie. *Tratado da argumentação*: a nova retórica. Tradução: Maria Ermantina Galvão. São Paulo: Martins Fontes, 1999.

PLANTIN, Christian. *A argumentação*. História, teorias, perspectivas. Tradução de Marcos Marciolino. São Paulo: Parábola Editorial, 2008.

PLANTIN, Christian. *A argumentação*. Tradução de Rui Alexandre Grácio e Martina Matozzi. Coimbra: Grácio Editor, 2010.

PLATÃO. *Diálogos II* – Górgias (ou Da Retórica); Eutidemo (ou Da Disputa); Hípias maior (ou Do Belo); Hípias menor (ou Do Falso). Tradução, textos adicionais e notas de Edson Bini. 2. ed. São Paulo: Edipro, 2016 (Clássicos Edipro).

PLATÃO. *Fedro*. Tradução do grego, apresentação e notas de Maria Cecília Gomes dos Reis. 1. ed. São Paulo: Pengiun Classics Companhia das Letras, 2016.

QUINTILIANO, Marcos Fábio. *Instituição Oratória* – Tomo I. Tradução, apresentação e notas de Bruno Fregni Bassetto. Coleção Fausto Castillo Multilíngues de Filosofia Unicamp. Campinas: Editora da Unicamp, 2015.

QUINTILIANO, Marcos Fábio. *Instituição Oratória* – Tomo II. Tradução, apresentação e notas de Bruno Fregni Bassetto. Coleção Fausto Castillo Multilíngues de Filosofia Unicamp. Campinas: São Paulo: Editora da Unicamp, 2015.

REBOUL, Olivier. *Introdução à retórica*. Tradução de Ivone Castilho Benedetti. São Paulo: Martins Fontes, 2004.

ROUSSEAU, Jean-Jacques. *Discurso sobre a origem e os fundamentos da desigualdade entre os homens*. Tradução de Maria Ermantina Galvão. São Paulo: Martins Fontes, 1999 [1755].

SANTO AGOSTINHO. *A doutrina cristã*: manual de exegese e formação cristã. Tradução de Irmã Nair de Assis Oliveira. São Paulo: Paulus, 2002.

SÃO TOMÁS DE AQUINO. *Suma teológica*. Vol. 1. Tradução de Alexandre Correia. Campinas, São Paulo: Editora Permanência, 2016.

SEXTUS EMPIRICUS. *Esboços pirrônicos I*, 1-30. Tradução de Rodrigo Pinto de Brito. Disponível em: https://www.academia.edu. Acesso em: 10 jul. 2024.

STERNE, Laurence. *A vida e as opiniões do cavalheiro Tristram Shandy*. Tradução, introdução e notas de José Paulo Paes. São Paulo: Penguim/Companhia das Letras, 2022.

TCHAKHOTINE, Serguei. *A violação das massas pela propaganda política*. Tradução de Miguel Arraes. Revisão e atualização de Nélson Jahr Garcia. Edição eletrônica: Ed. Ridendo Castigat Mores. Disponível em: http://www.ebooksbrasil.org/eLibris/violacao.html. Acesso em: 25 abr. 2019.

TOULMIN, Stephen E. *Os usos do argumento*. Tradução de Reinaldo Guarany. São Paulo: Martins Fontes, 2001.

VIDAL-NAQUET, Pierre. *Os assassinos da memória*: "Um Eichmann de papel" e outros ensaios sobre o revisionismo. Tradução de Marina Appenzeller. Campinas, São Paulo: Papirus, 1988.

VIEHWEG, Theodor. *Tópica e jurisprudência*: uma contribuição à investigação dos fundamentos jurídico-científicos. Tradução da 5. edição alemã, revista e ampliada, de profª. Kelly Susane Alflen da Silva. Porto Alegre: S.A. Fabris, 2008.

VOLTAIRE. *Cândido*. Tradução de Maria Ermantina Galvão. São Paulo: Martins Fontes, 2003.

WITTGENSTEIN, Ludwig. *Da certeza*. Tradução de Maria Elisa Costa. Lisboa, Portugal: Edições 70, 1990.

**Versão original:**

ACHARD, Guy. *Rhétorique à Herennius*, trad. fr. par G. Achard. Paris: Les Belles Lettres, 1989.

ADAM, J.-M., L'Argumentation dans le dialogue. *Langue française*, 112, 1996, p. 31-49.

ADORNO, Th. W.; FRENKEL-BRUNSWIK, E.; LEVINSON, D.; SANFORD, N., *Études sur la personnalité autoritaire*, trad. de l'anglais [*The authoritarian personality*] par H. Frappat. Paris: Allia, [1950] 2007.

AL-'ALWANI, Tâhâ Jâbir. *Islam, conflit d'opinions*: Pour une *éthique* du désaccord. Paris: Al Qalam [1986] 1995, p.46-47.

AL-GHAZALI. *La balance juste*. Paris: Iqra, 1998.

AL-GHAZALI. *Les dégâts des mots*. Paris: Iqra, 1995.

AMOSSY, R. *Les idées reçues. Sémiologie du stéréotype*. Paris: Nathan, 1991.

AMOSSY, R. (éd.). *Images de soi dans le discours. La construction de l'éthos*. Genève: Delachaux et Niestlé, 1999.

AMOSSY, R. La notion d'éthos, de la rhétorique à l'analyse de discours. In: _____. *Images de soi dans le discours. La construction de l'éthos*. Genève: Delachaux et Niestlé, 1999, p. 9-30.

AMOSSY, R. *L'argumentation dans le discours*. Paris: Nathan, [2000] 2006.

ANGENOT, M. *Dialogue de sourds:* traité de rhétorique antilogique. Paris: Mille et Une Nuits, 2008.

ANSCOMBRE, J.-C. (éd.) . *Théorie des topoi*. Paris: Kimé, 1995a.

ANSCOMBRE, J.-C. De l'argumentation dans la langue à la théorie des topoi. In: _____. *Théorie des topoi*. Paris: Kimé, 1995b, p. 11-47.

ANSCOMBRE, J.-C.; DUCROT, O. *L'argumentation dans la langue*. Bruxelles: Mardaga, 1983.

ANSCOMBRE, J.-C.; DUCROT, O. Informativité et argumentativité. In: Meyer, M. (éd.). *De la métaphysique à la rhétorique*. Bruxelles: Éditions de l'Université de Bruxelles, 1986, p. 79-94.

ANSELME, (Saint), *Sur l'existence de Dieu (proslogion)*. Texte et trad. par A. Koyré. Paris: Vrin, 2003.

ANTIPHON. *Discours*. Édition et trad. fr. par L. Gernet. Paris: Les Belles Lettres, 1923.

APOTHÉLOZ, D.; MIÉVILLE, D. Cohérence et discours argumenté. In: CHAROLLES, M. (éd.). *The Resolution of Discourse*. Hambourg: Buske Verlag, 1989, p. 68-87.

ARENDT, H. *Le système totalitaire*. Trad. de l'anglais [*The origins of totalitarianism*] par J.-L. Bourget et al. Paris: Seuil, [1951] 1972.

ARENDT, H. Qu'est-ce que l'autorité ? In: _____. *La crise de la culture*, trad. de l'anglais. Paris: Gallimard, 1972.

ARISTOTE. *Éthique à Nicomaque*. Trad. et notes par J. Tricot. Paris: Vrin, 1979.

ARISTOTE. *Les premiers analytiques*. Trad. nouvelle et notes par J. Tricot. Paris: Vrin, 1983.

ARISTOTE. *Politique*. Nouvelle trad. avec introd., notes et index par J. Tricot. Paris: Vrin, 1982.

ARISTOTE. *Les réfutations sofistiques*. Trad. et notes par J. Tricot. Paris: Vrin, 1977.

ARISTOTE. *Rhétorique*. Introd., trad. par P. Chiron. Paris: Garnier-Flammarion, 2007.

ARISTOTE. *Rhétorique*. Trad. par M. Dufour. Paris: Les Belles Lettres, 1931-1932.

ARISTOTE. *Topiques*. Texte établi et traduit par J. Brunschwig. Paris: Les Belles Lettres, 1967.

ARISTOTE. *Poétique et Rhétorique*. Trad. par C. E. Ruelle. Paris: Garnier [préface de 1882].

ARISTOTE. *Les seconds analytiques*. Trad. nouvelle et notes par J. Tricot. Paris: Vrin, 1970.

ARISTOTE. *Topiques*. Trad. nouvelle et notes par J. Tricot. Paris: Vrin, 1984.

ARISTOTLE. *Poetics and Rhetoric*. Introd. et notes par E. Garver. *Rhetoric* traduit par W. Rhys Roberts, 1924; *Poetics*, traduit par S. H. Butcher, 1911. New York: Barnes and Nobles, 2005.

ARNAULD, A.; NICOLE, P. *La logique ou l'art de penser contenant outre les règles communes, plusieurs observations nouvelles propres à former le jugement*. Édition critique de P. Clair et F. Girbal. Paris: PUF, [1662] 1965.

AUROUX, S. Argumentation et anti-rhétorique. La mathématisation de la logique classique. *Hermès*, 15, 1995, p. 129-144.

AUROUX, S. *Encyclopédie philosophique universelle*. v. 2.: *Les notions philosophiques*. Paris: PUF, 1990.

AUSTIN. J. L. *Quand dire c'est faire*. Introd., trad. de l'anglais [*How to do things with words*] et notes par G. Lane. Paris: Seuil, [1962] 1970.

BACON, F. *Novum Organum. True Suggestion for the Interpretation of Nature*. Londres: William Pickering, [1620] 1844.

BAILLY, A. *Le Grand Bailly. Dictionnaire grec-français*. Rédigé avec le concours de E. Egger, nouvelle édition revue par L. Séchan et P. Chantraine. Paris: Hachette, [1895] 2000.

BAILLY, A. *Abrégé du dictionnaire grec-français*. Paris: Hachette, 1901. En ligne: http://home.scarlet.be/tabularium/bailly/index.html, consulté le 20 septembre 2013.

BAKER, M. J. Argumentation et co-construction des connaissances. *Interaction et Cognitions*, 2 (3), 1996, p. 157-191.

BAKHTINE, M. *Esthétique et théorie du roman*. Trad. du russe par D. Olivier, Paris, Gallimard, 1978.

BALACHEFF, N. Apprendre la preuve. In: SALLANTIN, J.; SZCZECINIARZ, J. J. (éd.). *Le concept de preuve à la lumière de l'intelligence artificielle*. Paris: PUF, 1999, p. 197-236.

BARTHES, R. L'ancienne rhétorique. Aide-mémoire. *Communications*, 16, 1970, p. 195-226.

BASSHAM, G. Linked and Independant Premises: A New Analysis. In: *Proceedings of the Fifth Conference of the International Society for the Study of argumentation*. Amsterdam: SicSat, 2003, p. 69-73.

BEARDSLEY, M. C. *Thinking Straight*: Principles of Reasoning for Readers and Writers. New York: Prentice-Hall, [1950] 1975.

BECKERMANN, Ansgar. Zur Inkohärenz und Irrelevanz des Wissensbegriffs. *Zeitschrift für philosophische Forschung*, 2001, 585, p. 55 (apud Otto Neurath, Protokollsätze, *Erkenntnis* 3, p. 206.)

BENDA, Julien. *La trahison des clercs*. Extrait de la *Preface* de l'édition de 1946. Paris: Grasset, [1927] 1975, p. 63.

BENOIT, W. L. On Aristotle Example. *Philosohy and Rhetoric*, 20, 1987, p. 261-267.

BENOIT, W. L.; LINDSEY, J. J. "Argument Fields and Forms of Argument in Natural Language". In: *Proceedings of the Conference on Argumentation* 1986. Dordrecht: Foris, 1987, p. 215-224.

BENTHAM, J. *The Book of Fallacies. The Collected Works of Jeremy Bentham*. Édité par Bowring J. New York: Russell & Russell, v. 2. [1824] 1962.

BENTHAM, J. *Fragment sur le gouvernement. Manuel de sophismes politiques*. Trad. fr. de J.-P. Cléro. Paris: LGDJ, 1996.

BENVENISTE, É. *Le vocabulaire des institutions indo-européennes*. Paris: Minuit, 1969.

BENVENISTE, É. Les relations de temps dans le verbe français. In: _____. *Problèmes de linguistique Générale*. Paris: Gallimard, [1959] 1966, p. 237-257.

BERLIOZ, J. Le récit efficace: l'exemplum au service de la prédication. *Mélanges de l'école française de Rome, Moyen Âge – Temps modernes*, t. 92, 1980, p. 113-146.

BERNIER, R., Le rôle de l'analogie dans l'explication en biologie. In: LICHNEROWICZ, A. et al. (dir.). *Analogie et connaissance*. t. 1: *Aspects historiques*; t. 2: *De la poésie à la Science*. Paris: Maloine, 1980, p. 167-193.

BÉROUD, Gérard. Valeur travail et mouvement de jeunes. *Revue Internationale d'Action Communautaire* 8/48, 1982.

BILLIG, M. *Arguing and Thinking. A Rhetorical Approach to Social Psychology*. Cambridge: Cambridge University Press/ Paris: Éditions de la Maison des Sciences de L'homme, [1987] 1989.

BILMES, J. Toward a Theory of Argument in Conversation: The Preference for Disagreement. In: *Proceedings of the Second International Conference on Argumentation*. Amsterdam: SicSat, 1991, p. 462-469.

BIRD, O. The Re-discovery of the Topics: Professor Toulmin's Inference warrant. *Mind*, 70, 1961, p. 76-96.

BITZER, L. F. Aristotle's Enthymeme Revisited. *Quarterly Journal of Speech*, 45, 1959, p. 399-408.

BITZER, L. F. "The rhetorical situation". In: FISHER, W. R. (éd.). *Rhetoric*: A Tradition in Transition. East Lansing: Michigan State University Press, [1968] 1974, p. 247-260.

BLACK, M. *Models and Metaphor. Studies in Language and Philosophy*. Ithaca: Cornell University Press, 1962.

BLACK, M. More about Metaphor. In: Ortony, A. (éd.). *Metaphor and Thought*. Cambridge: Cambridge University Press, 1979, p. 19-43.

BLAIR, J. A.; JOHNSON R. H. (éd.). *Informal Logic*: The First International Symposium. Inverness: Edgepress, 1980.

BLAIR, J. A. *Groundwork in the Theory of Argumentation*. Dordrecht: Springer, 2012.

BLANCHÉ, R. *L'axiomatique*. Paris: PUF, 1970.

BLANCHÉ, R. *Le raisonnement*. Paris: PUF, 1973.

BOECKH, P. A. Philological hermeneutics. In: MUELLER-VOLLMER, K. (éd.). *The Hermeneutics Reader*. New York: Continuum, [1886] 1988, p. 132-147.

BOETHIUS. *De topicis differentiis*. Trad. avec notes et critiques par E. Stump. Ithaca: Cornell University Press, [1978].

BONHOMME, M. *Les figures clés du discours*. Paris: Seuil, 1998.

BONJEAN, Renacle Joseph. *Code de la chasse ou Commentaire de la loi nouvelle sur la chasse*. v. 1, Liège: Félix Oudard, 1816, p. 68-69.

BOOTH, W. C. *Modern Dogma and The Rhetoric of Assent*. Chicago: The University of Chicago Press, 1974.

BOREL. M.-J.; GRIZE, J.-B.; MIÉVILLE D. *Essai de logique naturelle*. Berne: Peter Lang, 1983.

BORI, P. C. *L'interprétation infinie*. Trad. de l'italien [*L'interpretazione infinita*: L'ermeneutica cristiana e le sue trasformazioni] par F. Vial. Paris: Le Cerf, [1987] 1991.

BOUDON R. *L'art de se persuader des idées douteuses, fragiles ou fausses*: Paris: Seuil, [1990] 1991.

BOUGAUD, Abbé Ém. *Le Christianisme et le temps présent*. t. I, La religion et l'irréligion. Paris: Poussielgue Frères, 5ᵉ édition, 1883.

BORNSCHEUER, L. *Topik. Zur Struktur der gesellschaftlichen Einbildungskraft*. Francfort: Suhrkamp, 1976.

BOSSUET, J.-B., *Logique du Dauphin*. Paris: Éditions universitaires [écrit en 1677, publié en 1826], [1677] 1990.

BOUAMRANE, C.; GARDET, L. *Panorama de la pensée islamique*. Paris: Sindbad, 1984.

BOURDIEU, P. *Ce que parler veut dire. L'économie des échanges linguistiques*. Paris: Fayard, 1982.

BOREL, M.-J.; GRIZE, J.-B.; MIÉVILLE, D. *Essai de logique naturelle*. Berne: Peter Lang, 1983.

BOUVIER, A. (éd.). *Argumentation et sciences sociales, (I) et (II)*. *L'année sociologique*, 1994-1995, p. 44-45.

BOUVIER, A. *Philosophie des sciences sociales:* un point de vue argumentativiste en sciences sociales. Paris: PUF, 1999.

BOYER, A.; VIGNAUX, G. (resp.). *Argumentation et rhétorique, (I) et (II)*. *Hermès*, 1995, p. 15-16.

BOUVEROT, D. (éd.). *Rhétorique et sciences du langage*. *Verbum*, 1993, 1-2-3.

BOUVERESSE, J. *Prodiges et vertiges de l'analogie*. Paris: Raisons d'agir, 1999.

BRANDT, P.-Y.; APOTHÉLOZ D. L'articulation raisons-conclusion dans la contre-argumentation. *La néga-tion*. *Travaux du Cercle de Recherches Sémiologiques*, 59, 1991, p. 88-102.

BRAUDE, S.; LACEY, E. *La Recherche*, out. 1992.

BREUER, D.; SCHANZE, H. (éd.). *Topik*. Munich: Wilhelm Fink, 1981.

BRÉHIER, Émile. *Histoire de la philosophie, T.I. Antiquité et Moyen Âge*. Paris: PUF, [1928] 1981.

BRÉMOND, Cl.; LE GOFF, J.; SCHMITT, J-Cl. *L'exemplum*. Turnhout: Brepols, 1982.

BREMOND, Cl. Décomposition syntagmatique: les parties de l'*exemplum*. In: BRÉMOND, Cl.; LE GOFF, J.; SCHMITT, J-Cl. *L'exemplum*. Turnhout: Brepols, 1982, p. 113-143.

BRETON, Ph. *L'argumentation dans la communication*. Paris: La Découverte, 1996.

BRETON, Ph. *La parole manipulée*. Paris: La Découverte, 1997.

BRODY, B. A. Logical Terms, Glossary of. In: EDWARDS, P. (éd.). *Encyclopedia of Philosophy*. V. 5 New York: MacMillan / London: Collier, 1967, p. 57-77.

BROSSE, Jacques. *Larousse des arbres* – Dictionnaire de 1600 arbres et arbustes. Botanique, mythologies, histoi-re. Pour tout savoir sur les espèces qui peuplent nos contrées. France: Larousse, 2010.

BROWN, R. W.; LEVINSON, S. *Politeness. Some Universal en Language Usage*. Cambridge: Cambridge University Press, 1978.

BRUNSCHWIG, J. 'Introduction' à Aristote. *Topiques*. Paris: Les Belles Lettres, 1967.

BÜHLER. K. *Die Axiomatik der Sprachwissenschaften*. Notes et commentaires par E. Ströker, Francfort-sur-le-Main: Vittorio Klosterman, [1933] 1976.

BURHULT, Göran. Vers Homo Sapiens. *Les premiers hommes*. Preface de Yves Coppens. Paris: Bordas, 1994, p. 67.

BURKE, K. A dramatistic view of the origin of language and postscript on the negative. In: _____. *Language as Symbolic Action*. Berkeley: University of California Press, 1966.

BURKE, K. *A Rhetoric of Motives*. Berkeley: University of California Press, 1950.

BUTY, C.; PLANTIN, C. *Argumenter en classe de sciences. Du débat à l'apprentissage*. Lyon: INRP, 2009.

CALVIN, Jean. *Traité des reliques*. OEuvres choisies. Édition présentée par O. Millet. Paris: Gallimard (Folio), [1543] 1995.

CAREL, M. *Trop*: Argumentation interne, argumentation externe et positivité. In: ANSCOMBRE, I. C. (éd.). *Théorie des topoi*. Paris: Kimé, 1995, p. 177-206.

CAREL, M. "Sémantique discursive et sémantique logique: le cas de *mais*". *Modèles linguistiques*, XX, 1, 1999, p. 133-144.

CAREL, M. *L'entrelacement argumentatif. Lexique, discours et blocs sémantiques*. Paris: Champion, 2011.

CARROLL, Lewis. *De l'autre côté du miroir*. Trad. par H. Parisot. Paris: Flammarion, [1872] 1969.

CASAGRANDE, C.; VECCHIO, S. *Les péchés de la langue. Discipline et éthique de la parole dans la culture mé-diévale*. Préface de J. Le Goff, traduit de l'italien [*I peccati della lingua*] par Ph. Baillet. Paris: Le Cerf, 1991.

CASSIN, B. *Vocabulaire européen des philosophies* – Dictionnaire des intraduisibles. Paris: Seuil, 2004.

CHAIGNET, A. E. *La rhétorique et son histoire*. Slatkine reprints, 1988.

CHARAUDEAU, P.; MAINGUENEAU, D. *Dictionnaire d'analyse du discours*. Paris: Seuil, 2002.

CHATEAUBRIAND, F.-R. *Le Génie du christianisme*. Tours: Mame, [1877] 1964.

CHENIQUE, F. *Élements de logique classique*. t. 1: *L'art de penser et de juger*. t. 2: *L'art de raisonner*. Paris: Dunod, 1975.

CICÉRON. *De l'invention*. Trad. nouvelle de A. A. J. Liez, OEuvres complètes de M. T. Cicéron. t. 2. *Ouvrages de rhétorique*. Paris: Werdet et Lequien, 1826.

CICÉRON. *On invention*. Trad. par H. M. Hubbell. Cambridge: Harvard University Press, [1949] 2006.

CICÉRON. *De l'orateur*. Paris: Les Belles Lettres. Livre I: texte établi et trad. par E. Courbaud, [1922] 1985; Livre II: texte établi et trad. par E. Courbaud, [1928] 1966; Livre III: texte établi par H. Bornecque et trad. par E. Courbaud et H. Bornecque, [1930] 1971.

CICÉRON. *L'orateur*. Texte établi et trad. par A. Yon. Paris: Les Belles Lettres, 1964.

CICÉRON. *Divisions de l'art oratoire – Topiques*. Texte établi et traduit par H. Bornecque. Paris: Les Belles Lettres, [1924] 1990.

CHABROL, Cl.; RADU, M. *Psychologie de la communication et persuasion*. Bruxelles: De Boeck, 2008.

CHOMSKY, Noam. Discussion sur les commentaires de Putnam. In: PIATTELLI-PALMARINI, M. (éd.). *Théorie du langage, théorie de l'apprentissage*. Paris: Le Seuil, 1979, p. 461.

*COLLINS*. English-French Dictionnary. En ligne: http://www.collinsdictionary.com/dictionary/english-french, consulté le 20 septembre 2013.

CONDILLAC, E. Bonnot de, *Traiter de l'art de raisonner*. Paris: Vrin, [1976] 1981.

CONEIN, B.; FORNEL, M. de; QUÉRÉ, L. (éd.) *Les formes de la conversation*. v. 1. Paris: CNET, 1990-1991.

CONLEY, T. M. The Enthymeme in Perspective. *Quarterly Journal of Speech*, 70, 1984, p. 168-187.

COOPER, J. M. An Aristotelian Theory of the Emotions. In: RORTY, A. M. (ed) *Essays on Aristotle's Rhetoric*. Berkeley: University of California Press, 1996, p. 238-257.

COSNIER, J. *Psychologie des émotions et des sentiments*. Paris: Retz/Nathan, 1994.

COX, J. R.; WILLARD, C. A. (éd.). *Advances in Argumentation Theory and Research*. Carbondale: Southern Illinois University Press, 1982.

CURTIUS, E. R. *La littérature européenne et le Moyen Âge latin*. Trad. de l'allemand par J. Bréjoux. Paris: PUF, 2 v., [1948] 1956.

DAMASIO, A. R. *L'erreur de Descartes. La raison des émotions* [trad. de l'anglais *Emotion, Reason and Human Being*]. Paris: Odile Jacob, [1994] 2001.

DANBLON, E. *La fonction persuasive. Anthropologie du discours rhétorique:* origines et actualité. Paris: Armand Colin, 2005.

DASCAL, M. Colonizing and Decolonizing Minds. In: *Papers of the 2007 World Philosophy Day*. Ankara: Philosophical Society of Turkey, 2009, p. 308-332.

DAVIDSON, D. What Metaphors Mean. In: SACKS, S. *On Metaphor*. Chicago: The University of Chicago Press, 1978, p. 29-45.

DE VRIES, E.; LUND, K.; BAKER, M. J. Computer-mediated Epistemic Dialogue: Explanation and Argumentation as Vehicles for Understanding Scientific Notions. *The Journal of the Learning Sciences*, 11, 1, 2002, p. 63-103.

DECLERQ, G. *L'art d'argumenter. Structures rhétoriques et littéraires*. Paris: Éditions Universitaires, 1993.

DECLERQ, G. Avatars de l'argument *ad hominem*: éristique, sophistique, rhétorique. In: MURAT, M.; DECLERCQ, G.; DANGEL, J. (éd.). *La parole polemique*. Paris: Champion, 2002, p. 327-376.

*DES* = *Dictionnaire électronique des synonymes*. En ligne: http://www.crisco.unicaen.fr/cgi-bin/cherches.cgi, consulté le 20 septembre 2013.

DESCARTES, R. *Règles pour la direction de l'esprit*. Trad. et notes de J. Sirven. Paris: Vrin, [1628] 1988.

DESCARTES, R. *Méditations métaphysiques*. Paris, Garnier-Flammarion, [1641] 1979.

DESCARTES, R. *Les passions de l'âme*, précédé de *La pathétique cartésienne* par J.-M. Monnoyer. Paris: Gallimard, [1649] 1988.

DESCARTES, R. *Discours de la méthode*. Texte et commentaire de Étienne Gilson. Paris: Vrin, 1970.

DESNOS, Robert. La Colombe de l'arche. In: _____. *Corps et biens. OEuvres*. Paris: Gallimard, [1923], p. 536. En ligne: http://www.robertdesnos.asso.fr/index.php/Content/Article/la-colombe-de-l-arche, consulte le 20 septembre 2013.

*DFC* = *Dictionnaire du français contemporain*. Paris: Larousse, 1976.

*DICOLAT* = *Dictionnaire latin-français*. En ligne: http://www2c.aclille.fr/verlaine/College/Projets/Latin/dictionnaire_fr_latin/Dicolat-C.html, consulté le 20 septembre 2013.

DIETER, A. O. L. Stasis. *Speech Monographs*, 17, 4, 1950, p. 345-369.

DOMENACH, J. M. *La propagande politique*. Paris: PUF, 8ᵉ édition mise à Jour, [1950] 1979.

DOMINICY, M. Perelman et l'école de Bruxelles, s.d. En ligne: http://www.philodroit.be/spip.php?page=article&id_article=452&lang=fr, consulté le 20 septembre 2013.

DOPP J. *Notions de logique formelle*. 2ᵉ édition revue. Louvain/Paris: Béatrice Nauwelaerts, 1967.

DORGLES, Roland. *La Drôle de Guerre 1939, 1940*. Paris: Albin Michel, 1957.

DOUAY, F. Antanaclase et paradiastole: Présentation. In: BOUVEROT, D. (éd.). *Verbum, Rhétorique et sciences du langage*, 1993, p. 144-156.

DOUAY-SOUBLIN, F. La rhétorique en Europe à travers son enseignement. In: AUROUX, S. (éd.). *Histoire des idées linguistiques*. t. 2. Bruxelles: Mardaga, 1992, p. 467-507.

DOUAY-SOUBLIN, F. La rhétorique en France au xixe siècle à travers ses pratiques et ses institutions: restauration, renaissance, remise en cause. In: FUMAROLI, M. (éd.). *Histoire de la rhétorique dans l'Europe moderne 1450-1950*. Paris: PUF, 1999, p. 1071-1214.

DOURY, M. *Le débat immobile:* L'argumentation dans le débat médiatique sur les parasciences. Paris: Kimé, 1997.

DOURY, M. La réfutation par accusation d'émotion – Exploitation argumentative de l'émotion dans une controverse à thème scientifique. In: PLANTIN, C.; DOURY, M.; TRAVERSO, V. (éd.). *Les émotions dans les interactions*. Lyon: PUL, 2000, p. 265-277.

DOURY, M. L'évaluation des arguments dans les discours ordinaires. Le cas de l'accusation d'amalgame. *Langage et société*, 105, 2003, p. 9-37.

DOURY, M. Evaluating Analogy: Toward a Descriptive Approach to Argumentative Norms. In: HOUTLOSSER, P.; VAN REES, A. (éd.). *Considering Pragma-Dialectics. A Festschrift for Frans H. van Eemeren on the Occasion of his 60th Birthday*. Mahwah: Lawrence Erlbaum, 2006, p. 35-49.

DUBOIS, J. et al. *Rhétorique Générale*. Paris: Larousse, 1970.

DUBUCS, J. Les arguments défaisables. *Argumentation et rhétorique I, Hermès*, 15, 1995, p. 271-290.

DUCROT, O. Quelques raisons de distinguer 'locuteurs' et 'énonciateurs'. s.d. En ligne: http://www.hum.au.dk/romansk/polyfoni/Polyphonie_III/Oswald_Ducrot.htm, consulté le 20 septembre 2013.

DUCROT, O. (éd.). Logique et linguistique. *Langages*, 2, 1966, p. 3-30.

DUCROT, O. *Dire et ne pas dire*. Tours: Hermann, 1972.

DUCROT, O. *La preuve et le dire*. Paris: Mame, 1973.

DUCROT, O. Je trouve que. *Semantikos*, 1, 1975, p. 62-88 [Repris dans O. Ducrot O. et al., 1980, *Les mots du discours*, Paris, Minuit, p. 57-92].

DUCROT, O. *Les échelles argumentatives*. Paris: Minuit, 1980.

DUCROT, O. *Le dire et le dit*. Paris: Minuit, 1984.

DUCROT, O. *Polifonía y argumentación*. Cali: Universidad del Valle, 1988.

DUCROT, O. Les topoi dans la 'théorie de l'argumentation dans la langue'. In: PLANTIN, C. (éd.). *Lieux communs, topoi, stéréotypes, clichés*. Paris: Kimé, 1993, p. 233-248.

DUCROT, O. Les modificateurs déréalisants. *Journal of Pragmatics*, 24, 1995, p. 145-165.

DUCROT, O. et al. *Les mots du discours*. Paris: Minuit, 1980.

DUCROT, O. "Justement", l'inversion argumentative. *Lexique*, 1, 1982, p. 151-164.

DUFOUR, M. *Argumenter – Cours de logique informelle*. Paris: Armand Colin, 2008.

DUMARSAIS, Chesnau C. *Des tropes ou des différents sens dans lesquels on peut prendre un même mot dans une même langue*. Édition de F. Douay-Soublin, Paris: Flammarion, [1730] 1988.

DUMONCEL J.-C. Évidence. *Encyclopédie philosophique universelle*. v. 2.: *Les notions philosophiques*. Paris: PUF, 1990, p. 908.

DUPLEIX, S. *La logique, ou art de discourir et raisonner*. Paris: Fayard, [1607] 1984.

DUPONT, F. *L'Orateur sans visage. Essai sur l'acteur romain et son masque*. Paris: PUF, 2000.

DUPRÉEL, E. *Esquisse d'une philosophie des valeurs*. Paris: Alcan, 1939.

DUPRIEZ, B. *Gradus. Les procédés littéraires – Dictionnaire*. Paris: UGE, 1984.

DUVAL, R. Argumenter, démontrer, expliquer: continuité ou rupture explicative? *Petit X*, 31, 1992-1993, p. 37-61.

DUVAL, R. *Sémiosis et pensée humaine. Registres sémiotiques et apprentissages intellectuels*. Berne: Peter Lang, 1995.

*EC = Encyclopedia Judaïca*, v. 8, 3e édition, 1974, col. 368-372.

EDWARDS P. (éd.). *Encyclopedia of Philosophy*. New York: MacMillan / London: Collier, 1967.

EEMEREN, F. H. van; BLAIR, J. A.; WILLARD, C. A.; GARSSEN, B. (éd.). *Proceedings of the Sixth International Conference of the International Society for the Study of Argumentation*. Amsterdam: SicSat, 2007.

EEMEREN, F. H. van; BLAIR, J. A.; WILLARD, C. A.; SNOECK HENKEMANS, A. F. (éd.) *Proceedings of the Fifth Conference of the International Society for the Study of argumentation*. Amsterdam: SicSat, 2003.

EEMEREN, F. H. van et al. *Fundamentals of Argumentation Theory, A Handbook of Historical Backgrounds and Contemporary Developments*. Mahwah: Lawrence Erlbaum, 1996.

EEMEREN, F. H. van; GARSSEN, B. "The Fallacies of Composition and Division Revisited". *Cogency*, 1, 1, 2009, p. 23-42.

EEMEREN, F. H. van; GARSSEN, B.; MEUFFELS, B. *Fallacies and Judgements of Reasonableness – Empirical Research Concerning the Pragma-dialectical discussion Rules*. Dordrecht: Springer, 2009.

EEMEREN, F. H. van; GROOTENDORST. R. *Speech Acts in Argumentative Discussions*: A Theoretical Model for the Analysis of Discussions Directed towards Solving Conflicts of Opinion. Dordrecht: Foris, 1984.

EEMEREN, F. H. van; GROOTENDORST, R. *Argumentation, communication, fallacies*. Mahwah: Lawrence Erlbaum, 1992.

EEMEREN, F. H. van; GROOTENDORST, R. The Pragma-dialectical Approach to Fallacies. In: HANSEN, H. V.; PINTO R. C. (éd.). *Fallacies:* Classical and Contemporary Readings. University Park: Pennsylvania State University Press, 1995. En ligne: www.ditext.com/eemeren/pd.html, consulté le 20 septembre 2013.

EEMEREN, F. H. van; GROOTENDORST, R. *La nouvelle dialectique*. Trad. de l'anglais [*Argumentation, communication, fallacies*] par M.-F. Antona et al. Paris: Kimé, 1996.

EEMEREN, F. H. van; GROOTENDORST, R. *A Systematic Theory of Argumentation*: The Pragma-dialectical Approach. Cambridge: Cambridge University Press, 2004.

EEMEREN, F. H. van; GROOTENDORST, R.; BLAIR, J. A.; WILLARD, C. A. (éd.). *Proceedings of the Conference on Argumentation 1986*. Dordrecht: Foris, 1987.

EEMEREN, F. H. van; GROOTENDORST, R.; BLAIR, J. A.; WILLARD, C. A. (éd.). *Proceedings of the Second International Conference on Argumentation*. Amsterdam: SicSat, 1991.

EEMEREN, F. H. van; GROOTENDORST, R.; BLAIR, J. A.; WILLARD, C. A. (éd.). *Proceedings of the Third ISSA Conference on Argumentation (1994)*. Amsterdam: SicSat, 1995.

EEMEREN, F. H. van; GROOTENDORST, R.; BLAIR, J. A.; WILLARD, C. A. (éd.). *Proceedings of the Fourth International Conference of the International Society for the Study of Argumentation*. Amsterdam: SicSat, 1999.

EEMEREN, F. H. van; GROOTENDORST, R.; SNOECK HENKEMANS, A. F. *Argumentation: Analysis, Evaluation, Presentation*. Mahwah: Lawrence Erlbaum, 2002.

EEMEREN, F. H. van; HOUTLOSSER, P. (éd.). Perspectives on Strategic Maneuvering. *Argumentation*, 20, 4, 2006.

EEMEREN, F. H. van; HOUTLOSSER, P. The relation between rhetoric and dialectic. *Argumentation*, 14-3, 2000.

EEMEREN, F. H. van; HOUTLOSSER, P. *Dialectic and Rhetoric*. Dordrecht: Kluwer, 2002.

EEMEREN, F. H. van; HOUTLOSSER, P. *More about Fallacies as Derailments of Strategic Maneuvering*: The Case of Tu Quoque. Communication au colloque "Informal Logic@25", Ontario Society for the Study of Argumentation, University of Windsor, Windsor, Ontario, Canada, 15-17 mai 2003. (CDRom).

EEMEREN, F. H. van; HOUTLOSSER, P.; SNOECK HENKEMANS, A. F. *Argumentative Indicators in Discourse. A Pragma-dialectical Study*. Amsterdam: Springer, 2007.

EEMEREN, F. H. van; KRUIGER, T. Identifying argumentation schemes. In: EEMEREN, F. H. van; GROOTENDORST, R.; BLAIR, J. A.; WILLARD, C. A. (eds.) 1987, p. 271-291.

EGGS, E. Logos, ethos, pathos: l'actualité de la rhétorique des passions chez Aristote. In: PLANTIN, C; DOURY, M.; TRAVERSO, V. (éd.). *Les émotions dans les interactions*. Lyon: PUL, p. 15-31.

EGGS, E. *Grammaire du discours argumentative*. Paris: Kimé, 1994.

EHNINGER, D.; BROCKRIEDE, W. Toulmin on Argument: An Interpretation and application. In: GOLDEN, J. L. et al. *The Rhetoric of Western Thought*. Dubuque: Kendall/Hunt, [1960] 1983, p. 121-130.

EKMAN, P. Basic emotions. In: DALGLEISH, T.; POWER, T. (éd.). *The Handbook of Cognition and Emotion*. Sussex: John Wiley & Sons, 1999, p. 45-60. Cité d'après e-edu.nbu.bg/mod/resource/view.php ?id...1/

ELLUL, J. *Histoire des institutions I. L'antiquité*. Paris: PUF, [1961] 1999.

ELLRODT, R. *Histoire et analogie de Saint Augustin à Milton*. Lichnerowicz A. et al. (dir.), 1980, p. 39-53.

EMPSON, W. Assertions dans les mots. In: TODOROV, T. et al., *Sémantique de la poésie*. Paris: Seuil [1940] 1979.

*ENCYCLOPEDIA JUDAÏCA*. v. 8., 3e édition, 1974.

ÉRASME, Désiré. *Du libre arbitre*. In: LUTHER, M.; LAGARRIGUE, G. *Du serf arbitre*. Présentation, trad. et notes par Georges Lagarrigue. Paris: Gallimard, [1525] 2001, p. 470.

FETERIS, Eveline T. *Fundamentals of Legal Argumentation*: A Survey of Theories on the Justification of Judicial Decisions. Dordrecht: Kluwer, 1999.

FIDELIUS, Petr. Prendre le mensonge au sérieux. *Esprit*, 91-92, 1984, p. 16.

*FIGURES DE LA PASSION*. Paris: Musée de la Musique, 2001.

FINOCCHIARO, M. A. A Critique of the Dialectical Approach: Part II. In: EEMEREN, F. H. van; GROOTENDORST, R.; BLAIR, J. A.; WILLARD, C. A. (éd.). *Proceedings of the Fourth International Conference of the International Society for the Study of Argumentation*, Amsterdam, SicSat, 1999, p. 195-199.

FINOCCHIARO, M. A. The Positive versus the Negative Evaluation of Arguments. In: JOHNSON, R. H.; BLAIR, J. A. (éd.). *New Essays in Informal Logic*, Windsor, Informal Logic, 1994, p. 21-35.

FISHER, D. H. *Historians' Fallacies*: Toward a Logic of Historical Thought. New York: Harper & Row, 1970.

FLAUBERT, Gustave. *Madame Bovary*, 1997 [1856]. Livre de poche, 1961.

FOGELIN, R. J. The logic of deep disagreement. *Informal Logic*, 7, 1, 1985, p. 3-11.

FOGELIN, R. J.; DUGGAN, T. J. Fallacies. *Argumentation* 1, 3, 1987, p. 255-262.

FONTANIER, P. Traité général des figures du discours autres que les tropes. In: _____ *Les figures du discours*. Paris: Flammarion, [1827] 1977.

FONTANIER, P. *Manuel classique pour l'étude des tropes ou Elémens de la science des mots*. In: _____ *Les figures du discours*. Paris: Flammarion, [1831] 1977.

FOUCAULT M. *L'archéologie du savoir*. Paris: Gallimard, 1969.

FOUCAULT M. *L'ordre du discours*. Paris: Gallimard, 1971.

FOVIAUX, J. *De l'empire romain à la féodalité. Droit et Institutions*. 2e edition. Paris: Economica, 1986.

FRAISSE, P.; PIAGET, J. Les émotions. In: _____ (dir.). *Traité de psychologie expérimentale V*: Motivation, émotion et personnalité. Paris: PUF, 1968, p. 86-155.

FRANK. R. H. *Passions within Reason. The Strategic Role of the Emotions*. New York: Norton, 1988.

FRANKENA, W. K. Value and valuation. In: EDWARDS, P. (éd.). *The Encyclopedia of Philosophy*. New York: MacMillan, 1967.

FREGE, G. *Idéographie*. Traduction de l'allemand [*Begriffschrift*], préface, notes et index par C. Besson. Postface de J. Barnes. Paris: Vrin, [1879] 1999.

FREUD, S. Le Moi et le ça. *Essais de psychanalyse*. Paris: Payot (Petite Bibliothèque Payot), [1923] / s. d., p. 177-234.

FREUD, S. *Die Traumdeutung*. Project Gutenberg EBook, [1900] 2012. En ligne: http://www.gutenberg.org/files/40739/40739-h/40739-h.htm, consulté le 20 septembre 2013.

FREUD, S. La Dénégation. *Die Verneinung*, 1925. En ligne: http://www.khristophoros.net/verneinung.html, consulté le 20 septembre 2013.

FUMAROLI, M. *L'âge de l'éloquence. Rhétorique et "res literária" de la Renaissance au seuil de l'époque classique*. Paris: Droz, 1980.

FURET, François. *Le Passé d'une illusion. Essai sur l'idée communiste au XX^e siècle*. Paris: Robert Laffont, Calmann-Lévy, 1995, p. 65.

GADAMER, H.-G. Rhetoric, hermeneutics, and the critique of ideology. In: MUELLER-VOLLMER, K. (éd.). *The Hermeneutics Reader*. New York: Continuum, [1967] /1988, p. 256-292.

GADOFFRE, G. Introduction. In: LICHNEROWICZ, A.; PERROUX, F.; GADOFFRE, G. (dir.). *Analogie et connaissance*. t. 1: *Aspects historiques*. t. II: *De la poésie à la Science*. Paris: Maloine, 1980, p. 7-10.

GADOFFRE, G. Les hommes de la Renaissance et l'analogie. In: LICHNEROWICZ, A.; PERROUX, F.; GADOFFRE, G. (dir.). *Analogie et connaissance*. t. 1: *Aspects historiques*. t. II: *De la poésie à la Science*. Paris: Maloine, 1980, p. 47-53.

GAFFIOT, F. *Dictionnaire illustré latin-français*, Paris, Hachette, 1934.

GAFFIOT, F. *Le grand Gaffiot – Dictionnaire latin-français*. Édition par P. Flobert. Paris: Hachette, 2000.

GARDET, L.; ANAWATI, G. C. *Mystique musulmane*: aspects et tendances, expériences et techniques. 4^e édition. Paris: Vrin, [1967] 1986.

GARDET, L.; ANAWATI, M.-M. *Introduction à la philosophie musulmane. Essai de théologie compare*. Paris: Vrin, [1948] 1981.

GARFINKEL, H. *Studies in Ethnomethodology*. Englewood Cliffs: Prentice-Hall, 1967.

GASTAUD, H. Discussion. In: MORIN, E; PIATTELLI-PALMARINI, M. (dir.). *L'Unité de l'homme*. Paris: Le Seuil, 1974, p. 183.

GAUTIER M. Dialectique. *Notions, notionnaire 1. Encyclopædia Universalis* 12, 2004, p. 268-270.

GENETTE, G. La rhétorique restreinte. *Communications* 16, 1970, p. 158-171.

GIL, F. *Preuves*. Paris: Aubier, 1988.

GINZBURG, C. *History, Rhetoric and Proof*. Hannovre & London: University Press of New England, 1999.

GODDU, G. G. Against Making the Linked-convergent Distinction. In: EEMEREN, F. H. van; BLAIR, J. A.; WILLARD, C. A.; GARSSEN, B. (éd.). *Proceedings of the Sixth International Conference of the International Society for the Study of Argumentation*. Amsterdam: SicSat, 2007, p. 465-469.

GOFFMAN E. *The Presentation of Self in Everyday Life*. London: Penguin, [1956] 1987.

GOFFMAN E. *Façons de parler*. Trad. de l'américain [*Forms of talk*, 1981] par A. Kihm. Paris: Minuit, [1981] 1987.

GOLDER, C. *Le développement des discours argumentatifs*. Lausanne: Delachaux & Niestlé, 1996.

GOVIER T. *Problems in Argument Analysis and Evaluation*. Dordrecht: Foris, 1987.

GRIMSHAW, A. D. (éd.). *Conflict Talk – Sociolinguistic Investigations on Arguments in Conversation*. Cambridge: Cambridge University Press, 1990.

GRICE, H. P. Logic and Conversation. In: COLE, P.; MORGAN, J. L. (éd.). *Syntax and Semantics – Vol. 3 Speech Acts*. New York: Academic Press, 1975, p. 41-58.

GRIZE, J.-B. (éd.). *Logique de l'argumentation et discours argumentatifs*, Travaux du CdRS n° 7, Université de Neuchâtel, Centre de recherches sémiologiques, 1971.

GRIZE J.-B. (éd.). *Recherches sur le discours et l'argumentation*. Genève: Droz, 1974.

GRIZE J.-B. *Logique moderne. 1: Logique des propositions et des prédicats*. Paris: Mouton/Gauthier-Villars, 1972.

GRIZE J.-B. *De la logique à l'argumentation*. Préface de G. Busino. Genève: Droz, 1982.

GRIZE J.-B. *Logique et langage*. Gap: Ophrys, 1990.

GRIZE J.-B. Comment fait-on pour dire 'P donc Q'? In: Maurand, G. (éd.). *Le raisonnement*. Toulouse, 1993, p. 3-12.

GRIZE J.-B. *Logique et communication*. Paris: PUF, 1996.

GRIZE J.-B. (dédicataire). Pensée naturelle, logique et langage – Hommage à Jean-Blaise Grize. [Cahiers Vilfredo Pareto] *Revue Européenne des Sciences Sociales*, 77, XXV, 1987.

HABERMAS, J. *Théorie de l'agir communicationnel*. Trad. de l'allemand [*Theorie des kommunikativen Handelns*]. t. 1: *Rationalité de l'agir et rationalisation de la société*, t. 2: *Pour une critique de la raison fonctionnaliste*. Paris: Fayard, [1981] 1987.

HAMBLIN, C. L. *Fallacies*. Londres: Methuen, 1970.

HAN-FEI-TSE. *Han-Fei-tse ou Le Tao du Prince*. Présenté et traduit du chinois par J. Levi. Paris: Seuil, 1999.

HEDGE, L. *Elements of Logick, or a Summary of the General Principles and Different modes of Reasoning*. Boston: Hilliar, 1938.

HEISENBERG, Werner. *La nature dans la physique contemporaine*. Trad. de l'allemand par A. E. Leroy. Paris: Gallimard (Idées), [1955] 1962, p. 35-36.

HERITAGE, J. Interactional Accountability: A Conversation Analytic Perspective. In: CONEIN, B.; FORNEL, M. de; QUÉRÉ, L. (éd.) *Les formes de la conversation*. v. 1. Paris: CNET, 1990-1991, p. 23-49.

HERMOGÈNE. *L'art rhétorique*. Traduction française intégrale, introd. et notes par M. Patillon, préface de P. Laurens. Lausanne: L'Âge d'Homme, 1997.

HESSE, M. Models and Analogy in Science. In: EDWARDS P. (éd.). *Encyclopedia of Philosophy*. New York: MacMillan / London: Collier, 1967, v. 5, p. 354-359.

HINTIKKA, J. The Fallacy of Fallacies. *Argumentation* 1, 3, 1987, p. 211-238.

HIRSCHMAN A. O. *Deux siècles de rhétorique réactionnaire*. Trad. de l'anglais [*The rhetoric of Reaction: Perversity, Futility, Jeopardy*] par P. Andler. Paris: Fayard, 1991.

HOAGLUND, J. Informal logic and pragma-dialectics. In: EEMEREN, F. H. van; BLAIR, J. A.; WILLARD, C. A.; GARSSEN, B. (éd.). *Proceedings of the Sixth International Conference of the International Society for the Study of Argumentation*. Amsterdam: SicSat, 2007, p. 621-624.

HOAGLUND, J. Using argument types. In: EEMEREN, F. H. van; BLAIR, J. A.; WILLARD, C. A.; SNOECK HENKEMANS, A. F. (éd.) *Proceedings of the Fifth Conference of the International Society for the Study of argumentation*. Amsterdam: SicSat, 2003, p. 491-495.

HOREAU, L. M. Flagrants délirants. *Le Canard Enchaîné*, le 29 août 2007, p. 1.

*IEP = Internet Encyclopedia of Philosophy*. En ligne: http://www.iep.utm.edu/.

JACOBS, S.; JACKSON, S. "Conversational Argument: A Discourse Analytic approach". In: COX, J. R.; WILLARD, C. A. (éd.). *Advances in Argumentation Theory and Research*. Carbondale: Southern Illinois University Press, 1982, p. 205-237.

JAKOBSON, R. Linguistique et poétique. In: _____. *Essais de linguistique général*. Traduit de l'anglais et préfacé par N. Ruwet. Paris: Seuil, 1963.

JOHNSON, R. H. *The Rise of Informal Logic*. Édité par John Hoaglund, avec une préface de Trudy Govier. Newport News: Vale Press, 1996.

JOHNSON, R. H.; BLAIR, J. A. (éd.). *New Essays in Informal Logic*. Windsor: Informal Logic, 1994.

JOULE R. V., BEAUVOIS J. L. *Petit traité de manipulation à l'usage des honnêtes gens*. Grenoble: PUG, 1987.

JURANVILLE, Clarisse. *Manuel d'éducation morale et d'instruction civique*. [s. d.]. Paris: Vve P. Larousse, 5ª edição, "conforme au programme de 1882" [1ª partie Éducation morale, chap. Le vote. § Les femmes et la politique.

KAHANE H. *Logic and Contemporary Rhetoric:* The Use of Reason in Everyday Life. Belmont: Wadsworth, 1971.

KALLMEYER, W. (éd.). *Gesprächsrhetorik – Rhetorisches Verfahren im Gesprächsprocess*. Tübingen: Gunter Narr, 1996.

KALINOWSKI, G. *Introduction à la logique juridique – Éléments de sémiotique juridique, logique des normes et logique juridique*. Paris: Librairie Générale de Droit et de Jurisprudence, 1965.

KANT, E. *Critique de la raison pure*. Trad. par C. J. Tissot. Paris: De Ladrange, [1781] 1835.

KELSEN, H. *Théorie pure du droit*. Trad. de l'allemand [*Reine Rechtslehre*] par C. Eisenmann. Paris: Dalloz [1934] 1962.

KENNEDY, G. A. *Classical Rhetoric and Its Christian and Secular Tradition from Ancient to Modern Times*. 2ᵉ édition augmentee. Chapel Hill: University of North Carolina Press, [1980] 1999.

KERBRAT-ORECCHIONI, C. *L'énonciation. De la subjectivité dans le langage*. Paris: A. Colin, 1980.

KERBRAT-ORECCHIONI, C. *Les interactions verbales*. t. 1. Paris: Armand Colin, 1990.

KERBRAT-ORECCHIONI, C. *Les interactions verbales*. t. 2. Paris: Armand Colin, 1992.

KERBRAT-ORECCHIONI, C. *Les interactions verbales*. t. 3. Paris: Armand Colin, 1994.

KERBRAT-ORECCHIONI, C. L'analyse des interactions verbales: la notion de 'négociation conversationnelle' – défense et illustration. *Lalies*, 20, 2000b, p. 63-141.

KHALLÂF, A. al-W. *Les fondements du droit musulman*. Trad. de l'arabe [*'ilm ousoul al-fiqh*] par C. Dabbak, A. Godin et M. Labidi Maiza, préface de A. Turki. Paris: Al Qalam, [1942] 1997.

KIENPOINTNER, M. Towards a Typology of Argumentative Schemes. In: EEMEREN, F. H. van; GROOTENDORST, R.; BLAIR, J. A.; WILLARD, C. A. (éd.). *Proceedings of the Conference on Argumentation 1986*. Dordrecht: Foris, 1987, p. 275-288.

KIENPOINTNER, M. *Alltagslogik. Struktur und Funktion von Argumentationsmustern*. Stuttgart-Bad Cannstadt: Fromman-Holzboog, 1992.

KIENPOINTNER, M. Nouvelle Rhétorique/Neue Rhetorik. In: UEDING, G. (éd.). *Historisches Wörterbuch der Rhetorik*. Bd. 6. Tübingen: Niemeyer, 2003, p. 561-587.

KLEENE, S. C. *Logique mathématique*. Trad. de l'anglais [*Mathematical Logic*] par J. Largeault. Paris: Armand-Colin, [1967] 1971.

KLINKENBERG, J.-M. Rhétorique de l'argumentation et rhétorique des figures. In: MEYER, M.; LEMPEREUR, A. (éd.). *Figures et conflits rhétoriques*. Bruxelles: Éditions de l'Université de Bruxelles, 1990, p. 115-137.

KLINKENBERG, J.-M. La métaphore en question. *Cahiers de Praxématique* 35, 2001.

KLINKENBERG, J.-M. Retórica de la argumentación y retórica de las figuras: ¿hermanas o enemigas?, 2001. *Tonos digital – Revista Electrónica de Estudios Filológicos*, 1, 2001. En ligne: http://www.um.es/tonosdigital/znum1/estudios/Klinkenberg.htm, consulté le 20 septembre 2013.

KLEIBER, G. *La sémantique du prototype – catégorie et sens lexical*. Paris, PUF, 1990.

KNEALE, W.; KNEALE, M. *The Development of Logic*. Oxford, Clarendon Press, [1962] 1984.

KOUROUMA, Ahmadou. *Allah n'est pas obligé*. Paris: Le Seuil, [2000] 2004.

KOONS, R. Defeasible reasoning. *The Stanford Encyclopedia of Philosophy* (Spring 2005 Edition). Zalta Edward N. (éd.). En ligne: http://plato.stanford.edu/archives/spr2005/entries/reasoning-defeasible/.

KOTARBINSKI T. *Leçons sur l'histoire de la logique*. Trad. du polonais par A. Posner. Paris: PUF, [1964] 1971.

KRABBE, E. C. W. "Who is afraid of figures of speech?" *Argumentation* 12, 2, 1998, p. 281-294.

LA BRUYÈRE, Jean de. Des ouvrages de l'esprit. In: _____. *Les Caractères ou les moeurs de ce siècle. Oeuvres completes*. Texte *établi* et annoté par J. Benda. Paris: Gallimard, [1688] 1951.

LAKOFF, G.; JOHNSON, M. *Metaphors We Live by*. Chicago: Chicago University Press, 1980.

LAPLANCHE, J.; PONTALIS J.-B. *Dictionnaire de psychanalyse*. Paris: PUF, 1967.

*LA SAINTE BIBLE*. trad. Lemaistre de Sacy. Paris: Furne & Cie, [1696] 1841.

LE BRUN, J. Sophie Houdard, *Les invasions mystiques*. *Revue de l'histoire des religions*, 1, 2011, p. 124-128.

LE PAPE, G. *La Recherche*, out. 1992.

*LES HOMÉLIES CLÉMENTINES* [Premiers siècles du christianisme]. trad. A. Siouville. Paris: Rieder, 1933.

LICHNEROWICZ, A.; PERROUX, F; GADOFFRE, G. (dir.). *Analogie et connaissance*. t. 1: *Aspects historiques*; t. II: *De la poésie à la science*. Paris: Maloine, 1980.

LITTRÉ, É. *Dictionnaire de la langue française*. Paris: Hachette [1863-1972]. En ligne: http://www.littre.org/, consulté le 20 septembre 2013.

LLOYD, G. E. R. *Pour en finir avec les mentalités*. Trad. de l'anglais [*Demystifyng mentalities*, 1990] par F. Regnot. Paris: La Découverte, 1993.

LO CASCIO V. *Persuadere e convincere oggi. Nuovo manuale dell'argomentazione*. Acqui Terme: Academia Press, 2009.

LAUSBERG, H. *Handbuch der literarischen Rhetorik*. Munich: Max Hueber, [1960] 1973.

LAUSBERG, H. *Elemente der literarischen Rhetorik*. Munich: Max Hueber [1963] 1971.

LE BON, G. *Psychologie des foules*. Paris: PUF, [1895] 1963.

LEIBNIZ, G. W. *Nouveaux essais sur l'entendement humain*. Chronologie et introduction par J. Brunschwig. Paris, Garnier-Flammarion [Première rédaction en 1703; première édition en 1765] [1765] 1966.

LEMPEREUR, A. Les restrictions des deux néo-rhétoriques. In: MEYER, M.; LEMPEREUR, A. (éd.). *Figures et conflits rhétoriques*. Bruxelles: Éditions de l'Université de Bruxelles, 1990, p. 139-158.

LÉVINAS E. Langage quotidien et rhétorique sans éloquence. *Hors sujet*. Saint-Clément de Rivière: Fata Morgana, [1981] 1987, p. 201-211.

LÉVY, C.; PERNOT, L. *Dire l'évidence – Philosophie et rhétorique antiques*. Paris: L'Harmattan, 1997.

LICHNEROWICZ, A.; PERROUX, F.; GADOFFRE, G. (dir.). *Analogie et connaissance*. t. 1: *Aspects historiques*. t. II: *De la poésie à la science*. Paris: Maloine, 1980.

LOCKE, J. *Essai philosophique concernant l'entendement humain*. Traduit de l'anglais [*An essay concerning human understanding*] par P. Coste, 5e édition, revue et corrigée. Amsterdam: J. Schreuder & Pierre Mortier. Reproduction en fac-sim., précédée d'une introd. et suivie de notes d'E. Naert. Paris: J. Vrin, [1690] 1972.

LOINGER, G.; NÉMERY, J.-C. *Récomposition et développement des territoires*. Paris: L'Harmattan, 1998, p. 126.

LORENZO-BASSON, M.-C. *La vente à domicile. Stratégies discursives en interaction*. Thèse de doctorat, sous la direction de C. Kerbrat-Orecchioni, Université Lyo n. 2, 2004.

LOUIS, P. *Vie d'Aristote*. Paris: Hermann, 1990.

MACKENZIE, J. "Distinguo": The Eesponse to Equivocation. *Argumentation* 2-4, 1988, p. 465-482.

LUTERO, Martin. 1520: À la noblesse chrétienne de la nation allemande, sur l'amendement de l'état de Chrétien. *Les grands écrits réformateurs*. Trad. por M. Gravier. Paris: GF-Flammarion, s.d.

MACKIE, J. L. Fallacies. In: EDWARDS P. (éd.). *The Encylopedia of Philosophy*. v. 3, 1967, p. 169-179.

MAINGUENEAU, D. *Initiation aux méthodes de l'analyse du discours*. Paris: Hachette, 1976.

MAINGUENEAU, D. *L'analyse du discours*. Paris: Hachette, 1990.

MAINGUENEAU, D. Ethos, scénographie, incorporation. AMOSSY, R. (éd.). *Images de soi dans le discours. La construction de l'éthos*. Genève: Delachaux et Niestlé, 1999, p. 75-102.

MANDOUZE, André. Les persécutions à l'origine de l'Église. In: DELUMEAU, J. *Histoire vécue du peuple chrétien*. Toulouse: Privat, 1979, p. 54.

MAN, P. de. The Epistemology of Metaphor. SACKS, S. (éd.). *On Metaphor*. Chicago: The University of Chicago Press, 1978, p. 11-28.

MARITAIN J. *Éléments de philosophie*. Paris: Téqui, [1923] 1966.

MAULNIER, Thierry. *Le sens des mots*. Paris, Flammarion, 1976.

MAYANS Y SISCAR, G. *Rhetorica*. Valencia: Josef y Thomas de Orga, 2ᵉ édition, 1786.

MCADON, B. Probabilities, Necessary signs, idia and topoï: The Confusing Discussion of Material for Enthymemes in the Rhetoric. *Philosophy and Rhetoric*, 36, 3, 2003, p. 223-248.

MCADON, B. Two Irreconcilable Conceptions of Rhetorical Proof in Aristotle's Rhetoric. *Rhetorica*, 22, 4, 2004, p. 307-325.

MCEVOY, S. *L'invention défensive*: poétique, linguistique, droit. Paris: Métailié, 1995.

MEYER M. (éd.). *De la métaphysique à la rhétorique*. Bruxelles: Éditions de l'Université de Bruxelles, 1986.

MEYER, M.; LEMPEREUR, A. (éd.). *Figures et conflits rhétoriques*. Bruxelles: Éditions de l'Université de Bruxelles, 1990.

MILGRAM, S. *Soumission à l'autorité.* Pari: Calmann-Lévy (Liberté de l'esprit), 1974.

MILL, J. S. *Système de logique déductive et inductive – Exposé des principes de la preuve et des méthodes de recherche Scientifique*. Traduit sur la 6ᵉ édition anglaise par Louis Peisse. Paris: Librairie philosophique de Ladrange, 1866. Reproduction P. Mardaga, Liège. Préface de M. Dominicy [1843] 1988.

MILL, J. S. *On Liberty*. Harmondsworth: Penguin Classics, [1859] 1987.

MIQUEL, Pierre. *La guerre d'Algérie*. Paris: Fayard, 1993.

MOESCHLER, J.; REBOUL, A. *Dictionnaire Encyclopédique de Pragmatique*. Paris: Seuil, 1994.

MOESCHLER, J.; REBOUL, A. *Argumentation et conversation. Éléments pour une analyse pragmatique du discours*. Paris: Hatier, 1985.

MOLIÈRE. *Le malade imaginaire. OEuvres complètes*, t. II, texte établi, présenté et annoté par G. Couton. Paris: Gallimard [1673].

MOLINIÉ, G. *Dictionnaire de rhétorique*. Paris: Librairie Générale Française, 1992.

MOLINO J. "Métaphores, modèles et analogies dans les sciences". *Langages*, 54, 1979, p. 83-102.

MOORE, G. E. *Principia Ethica*. Cambridge: Cambridge University Press, [1903] 1986.

MONTEGUT, J.; MANUEL, J. *Atlas des Champignons*. Paris: Globus, 1975.

MORNET, Daniel. *Les origines intellectuelles de la révolution française*. 1715-1787. Paris: Armand Colin, 1933.

MORTUREUX M.-F. Paradigmes désignationnels. *Semen 8*, Besançon: Presses de l'Université de Franche-Comté, 1993, p. 121-142.

MUELLER-VOLLMER K. *The Hermeneutics Reader*. New York: Continuum, 1988.

MUSIL, Robert. *Esprit et expérience. Remarques pour des lecteurs réchappés du déclin de l'Occident* [1921], *Essais*. Trad. de l'allemand par Philippe Jaccottet. Paris: Le Seuil, 1984, p. 100. Cité en J. Bouveresse, *Prodiges et vertiges de l'analogie*. Paris: Raisons d'agir, 1999, p. 21-22.

NADEAU R. Hermogenes on "Stock Issues" in Deliberative Speaking. *Speech Monographs*, 25, 1958, p. 59-66.

NADEAU R. Hermogenes' On Stases: A Translation with an Introduction and Notes. *Speech Monographs*, 31, 1964, p. 361-424.

NEWMAN, J. H. *Grammaire de l'assentiment*, trad. de l'anglais [*An Essay in Aid of a Grammar of Assent*] par M. M. Olive. Paris: Desclée de Brouwer, [1870] 1975.

NICOLAS, L. *La force de la doxa. Rhétorique de la décision et de la délibération*. Paris: L'Harmattan, 2007.

NIETZSCHE, F. *Rhétorique et langage*. Textes présentés et traduits par J.-L. Nancy et Ph. Lacoue-Labarthe. *Poétique* 5, [1971] p. 99-142.

NONNON, E. Activités argumentatives et élaboration de connaissances nouvelles: le dialogue comme espace d'exploration. *Langue française*, 112, 1996, p. 67-87.

*OED = Online Etymology Dictionary*. En ligne: http://www.etymonline.com/, consulté le 20 septembre 2013.

O'KEEFE, B. J. « Two concepts of argument and arguing », Cox J. R., Willard C. A., éd., [1977] 1982, p. 3-23.

OLBRECHTS-TYTECA L. *Le comique du discours*. Bruxelles: Éditions de l'Université de Bruxelles, 1974.

ONG, W. J. *Ramus. Method and the Decay of Dialogue*. Cambridge: Harvard University Press, 1958.

ORTONY, A. (éd.). *Metaphor and Thought*. Cambridge: Cambridge University Press, 1979.

PARCHAPPE, J.-B. M. Symptomatologie de la folie [1851]. Cité par Jean Rigoli, *Lire le délire. Aliénation, rhétorique et littérature en France au XIXᵉ siècle*. Paris: Fayard, 2001.

PARENT, X.; LIVET, P. Argumentation, révision et conditionnels. In: LIVET, P. (éd.). *Révision des croyances*. Paris: Hermès Sciences Publication, 2002, p. 229-258.

PACKARD, V. La persuasion clandestine. Traduit de l'anglais [*The Hidden persuaders*], préface de M. Bleustein-Blanchet. Paris: Calmann-Lévy, [1957] 1958.

PASCAL, B. *De l'esprit géométrique et de l'art de persuader*. *OEuvres completes*. Paris: Seuil, [1657] 1963.

PASCAL, B. *Pensées*. Édition présentée, établie et annotée par M. Le Guern. Paris: Gallimard. 1977.

PATILLON, M. *La théorie du discours d'Hermogène le rhéteur. Essai sur la structure de la rhétorique ancienne*. Paris: Les Belles-Lettres, 1988.

PASCAL, B. *Éléments de rhétorique classique*. Paris: Nathan, 1990.

PEIRCE, C. S. *Collected Papers of Charles Sanders Peirce*. v. 7, book II: *Scientific Method*. Burke A. W. (éd.), Cambridge: Harvard University Press [1958].

PELLEGRIN, P. Glossaire. In: SEXTUS EMPIRICUS. *Esquisses Pyrrhoniennes*: Paris: Seuil, 1997, p. 527-556.

PERELMAN, C. Jugements de valeur, justification et argumentation. *Revue internationale de philosophie*, 58, 4, 1961, p. 327-335 [Republié dans C. Perelman, *Justice et raison*. Bruxelles: Éditions de l'Université de Bruxelles, 1972].

PERELMAN, C. Logic and rhetoric. In: AGAZZI, E. (éd.). *Modern logic – A Survey*. Boston: D. Riedel Pub. Co., 1981, p. 457-464.

PERELMAN, C. *Justice et raison*. Bruxelles: Éditions de l'Université de Bruxelles,1963/1972.

PERELMAN, C. *L'empire rhétorique. Rhétorique et argumentation*. Paris: Vrin, 1977.

PERELMAN, C. *Logique juridique – Nouvelle rhétorique*, Paris, Dalloz, 1979.

PERELMAN, C.; OLBRECHTS-TYTECA, L. Logique et rhétorique. In: _____. *Rhétorique et philosophie. Pour une théorie de l'argumentation en philosophie*. Paris: Presses Universitaires de France, [1950] 1952, p. 1-43.

PERELMAN, C.; OLBRECHTS-TYTECA, L. *Traité de l'argumentation. La nouvelle rhétorique*. préface de E. Bréhier. Paris: PUF / Bruxelles: Éditions de l'Université de Bruxelles, [1958] 1976.

PERELMAN, C.; OLBRECHTS-TYTECA, L. Acte et personne dans l'argumentation. *Rhétorique et philosophie*. Paris: PUF, 1952, p. 49-84.

PIAGET, J. *Le jugement et le raisonnement chez l'enfant*. 6e edition. Neuchâtel: Delachaux et Niestlé, [1924] 1967.

PIE IX. *Quanta cura et Syllabus*. Paris: Pauvert (Libertés), 1967, p. 104-105.

PLANTIN, C. *Essais sur l'argumentation*. Paris: Kimé, 1990.

PLANTIN, C. *L'argumentation*. Paris: Seuil, 1995.

PLANTIN, C. *L'argumentation*: Histoire, théories, perspectives. Paris: PUF, 2005.

PLANTIN, C. A place for figures of speech in argumentation theory. *Argumentation* 23, 3, 2009, p. 325-337.

PLANTIN, C. Les instruments de structuration des séquences argumentatives. *Verbum. Revue de Linguistique*, 32, 1, 2011, p. 31-51.

PLANTIN, C.; DOURY, M.; TRAVERSO, V. (éd.). *Les émotions dans les interactions*. Lyon: PUL, 2000.

PLATON. *Euthydème*. *OEuvres complètes*. t. II. Traduction, notice et notes par É. Chambry. Paris: Garnier Flammarion, 1967.

PLATON. *Gorgias*. Trad. de M. Canto. Paris: Garnier-Flammarion, 1987.

PLATON. *Phèdre*. Trad., introd. et notes par L. Brisson. Suivi de J. Derrida, *La pharmacie de Platon*. Paris: Garnier-Flammarion, 1989.

PLATON. *Phèdre*. Trad. É. Chambry. Paris: Garnier-Flammarion, 1964.

POMERANTZ A. Agreeing and Disagreeing with Assessments: Some Features of Preferred/Dispreferred Turn-shapes. In: ATKINSON, J.-M.; HERITAGE, J. (éd.). *Structures of Social Action – Studies in conversation Analysis*. Cambridge: Cambridge University Press, 1984, p. 79-112.

PORPHYRE. *Isagoge*. Trad. et notes de J. Tricot. Paris: Vrin, 1984.

PORPHYRY THE PHOENICIAN. *Isagoge*. Traduction, introduction and notes par E. W. Warren. Toronto: The Pontifical Institute of Mediæval Studies, 1975.

POUJOL, Robert. *L'abbé du Chaila (1648-1702) – Du Siam au Cévennes*. Montpellier: Les Presses du Languedoc, 2001, p. 31.

*PR = Le Nouveau Petit Robert*: Dictionnaire alphabétique et analogique de la langue française. Paris: Le Robert.

PRIOR, A. N. Traditional logic. In: EDWARDS, P. (éd.). *Encyclopedia of Philosophy*. New York: Macmillan, v. 5., 1967, p. 34-45.

QUINE, W. van O. La logique et l'éclaircissement des problèmes syntaxiques. Traduit de l'anglais [Logic as a source of mathematical insight]. *Langages* 1, 2, [1962] 1966, p. 58-64.

QUINE, W. van O. *Logique élémentaire*. Trad. de l'anglais [*Elementary Logic*] par J. Largeault et B. Saint-Sernin. Paris: Armand Colin, [1941] 1972.

QUINE, W. van O. *Méthodes de logique*. Trad. de l'anglais [*Methods of logic*] par M. Clavelin. Paris: Armand-Colin, [1950] 1973.

QUINE, W. van O.; ULLIAN, J. S. *The Web of Belief*. New York: Random House, 1982.

QUINTILIEN. *Institution oratoire*. Texte établi et traduit par J. Cousin. Paris: Les Belles Lettres, 1975.

REBOUL, O. La figure et l'argument. In: MEYER, M. (éd). *De la métaphysique à la rhétorique*. Bruxelles: Éditions de l'Université de Bruxelles, 1986.

REBOUL, O. *Introduction à la rhétorique*. Paris: PUF, 1991.

RÉCANATI, F. *La transparence et l'énonciation:* pour introduire à la pragmatique. Paris: Seuil, 1979.

REITER, Raymond. A logic for default reasoning. *Artificial Intelligence*, 13, 1980, p. 81-131.

RÉMOND, R. et al. *Paul Touvier et l'église*. Paris: Fayard, 1992.

REY, A. (dir.) *Dictionnaire historique de la langue française*. Paris: Le Robert, [1992] 1998.

RICHARDS, I. A. *The Philosophy of Rhetoric*. Oxford: Oxford University Press, 1936.

RIMÉ, B.; SCHERER, K. (éd.). *Les émotions*. Neuchâtel: Delachaux et Niestlé, 1993.

ROCHEBLAVE-SPENLÉ, A.-M. *La notion de rôle en psychologie sociale*. Paris: PUF, [1962] 1969.

ROMILLY, J. de. *Les grands sophistes dans l'Athène de Périclès*. Paris: De Fallois, 1988.

RORTY A. O. (éd.)., *Essays on Aristotle's Rhetoric*, Berkeley, University of California Press, 1996.

ROUSSEAU, Jean-Jacques. *Discours sur l'origine et les fondements de l'inégalité parmi les hommes. OEuvres completes*. t. III, édition de B. Gagnebin et M. Raymond. Paris: Gallimard (La Pléiade), [1755] 1964, p. 132-133. (Ponctuation originelle.)

ROMANS, Humbert de. *Le don de crainte ou l'Abondance des exemples*. Redigé entre 1263 e 1277, trad. du latin par Christine Boyer, postface de Jacques Berlioz. Lyon: PUL, 2003, p. 116.

RUSKIN, John. Of the Pathetic Fallacy [1856]. *Modern Painters*. v. III, parte IV, Londres: Smith Elder.

RUSSELL, B. On denoting. *Readings in Philosophical Analysis*. In: FEIGL, H.; SELLARS, W. (éd.). Ridgeview Publishing Co., [1905] 1949, p. 103-115.

RYAN, E. E. *Aristotle's Theory of Rhetorical Argumentation*. Montréal: Bellarmin, 1984.

RYCHNER, Jean. *Introduction aux Lais de Marie de France*. Paris: Champion, 1978.

RYLE, G. Systematically Misleading Expressions. *Proceedings of the Aristotelian Society*, 32, 1932, p. 139-170.

SACKS S. (éd.). *On Metaphor*. Chicago: The University of Chicago Press, 1978.

SAINT JOSEPH, Fortuné Anthoine de. *Concordance entre les codes civils étrangers et le Code Napoléon*. 2e édition. t. II. Paris: Cotillon, 1856, p. 460.

SCHERER, K. R. Les émotions: fonctions et composantes. In: RIMÉ, B.; SCHERER, K. (éd.). *Les émotions*. Neuchâtel: Delachaux et Niestlé, [1984] 1993, p. 97-133.

SCHIAPPA, E. Arguing about Definitions. *Argumentation* 7, 4, 1993, p. 403-417.

SCHIAPPA, E. Analyzing Argumentative Discourse from a Rhetorical Perspective: Defining "Person" and "Human Life" in Constitutional Disputes over Abortion. *Argumentation*, 14-3, 2000, p. 315-332.

SCHIFFRIN, D. *Discourse Markers*. Cambridge: Cambridge University Press, 1987.

SCHIFFRIN, D. The Management of a Cooperative Self in Argument: The Role of Opinions and Stories. In: GRIMSHAW, A. (éd.). *Conflict Talk*. Cambridge: University Press, 1990, p. 241- 259.

SCHOPENHAUER, A. *L'art d'avoir toujours raison* ou *Dialectique éristique*. Trad. de l'allemand [*Die Kunst, Recht zu behalten*] par H. Plard. Strasbourg: Circé, [1864] 1990.

SCHMID, M. Bewegung im TV-Studio. *Eine Stadt in Bewegund. Materialen zu den Zürcher Unruhen*. Zürich: SD Stadt Zürich, 1980.

SCHELLENS, P. J. Types of argument and the critical reader. In: EEMEREN, F. H. van; GROOTENDORST, R.; BLAIR, J. A.; WILLARD, C. A. (éd.). *Proceedings of the Conference on Argumentation 1986*. Dordrecht: Foris, 1987, p. 34-41.

SENDER, Ramón J. *Requiém por un campesino español*. 7e éd. Barcelona: Destinolibro, [1953] 1981, p. 100-101.

SEXTUS AURELIUS VICTOR. *Origine du peuple Romain…* Nouvelle traduction par M. N. A. Dubois. Paris: Panckouke, 1816.

SEXTUS EMPIRICUS. *Esquisses pyrrhoniennes*. Introduction, traduction et commentaires par P. Pellegrin. Paris: Seuil, 1997.

SHELLEY, C. Analogy Counterarguments and the Acceptability of Analogical Hypotheses. *British Journal for the Philosophy of Science*, 53, 2002, p. 477-496.

SHELLEY, C. Analogy Counterarguments: A Taxonomy for Critical Thinking. *Argumentation* 18, 2, 2004, p. 223-238.

*SIL = Summer Institute of Linguistics – Glossary of Linguistic Terms*. En ligne: http://www.sil.org/linguistics/ GlossaryOflinguisticTerms/.

SITRI, F. *L'objet du débat. La construction des objets de discours dans des situations argumentatives orales*. Paris: Presses de la Sorbonne Nouvelle, 2003.

SNOEK HENKEMANS, A. F. *Analysing Complex Argumentation*. Amsterdam: SicSat, 1992.

SNOEK HENKEMANS, A. F. Comments on [Schiappa E. 2000]. *Argumentation* 14-3, 2000, p. 333-338.

SNOECK HENKEMANS, A. F. Indicators of Analogy Argumentation. In: EEMEREN, F. H. van; GROOTENDORST, R.; SNOECK-HENKEMANS, A. F. *Argumentation: Analysis, Evaluation, Presentation*. Mahwah: Lawrence Erlbaum, 2002, p. 969-973.

SOLMSEN, F. The Aristotelian Tradition in Ancient Rhetoric. *The American Journal of Philology*, 62, 2, 1941, p. 169-190.

STERNE, Laurence. *Vie et opinion de Tristram Shandy, gentilhom*. Trad. Français de Ch. Mauron. Paris: Flammarion, [1946] 1975.

STEVENSON, C. L. Persuasive definitions. In: _____ (éd.). *Ethics and Language*. New Haven, London: Yale UP, [1938] 1944.

STRAUSS, L. *La persécution et l'art d'écrire*. Trad. de l'anglais [*Persecution and the art of writing*] par O. Sedeyn. Paris: Gallimard [1953] 2009.

STRAUSS, L. *La persécution et l'art d'écrire*. Trad. de l'anglais [*Persecution and the Art of Writing*] par O. Sedeyn. Paris: Presses Pocket, [1989] 1989.

TARELLO, G. Sur la spécificité du raisonnement juridique. Acte du congrès de Bruxelles de 1971. *Die juristische Argumentation. Archiv für Rechts – und Sozialphilosophie*, 7. Wiesbaden: Franz Steiner, 1972, p. 103-124.

TARIQ Ali. *Un lynchage bien orchestré*. Afrique Asie, février 2007.

TARSKI, A. Le concept de vérité dans les langages formalisés. In: _____ (éd.). *Logique, sémantique, métamathématique*, 1923-1944. Trad. sous la dir. de G. G. Granger. Paris: Armand Colin, t. 1., [1935] 1972, p. 156-259.

TCHAKHOTINE S. *Le viol des foules par la propagande politique*. Paris: Gallimard, 1939.

TESNIÈRE, Lucien. *Éléments de syntaxe structurale*. Paris: Librairie Klincksieck, 1959.

THOMAS, S. N. *Practical Reasoning in Natural Language*. Englewood Cliffs: Prentice Hall, 1986.

THOMAS D'AQUIN. *Somme théologique*. En ligne: http://docteurangelique.free.fr/bibliotheque/sommes/1sommetheologique1apars.htm, consulté le 20 septembre 2013.

THOMAS D'AQUIN.*Commentaire de l'Éthique à Nicomaque d'Aristote*. En ligne: http://docteurangelique.free.fr/livresformatweb/philosophie/commentaireethiquenicomaque.htm#_Toc198465464, consulté le 20 septembre 2013.

TLFi = *Trésor de la langue française informatisé*. En ligne: http://www.cnrtl.fr, consulté le 20 septembre 2013.

TOULMIN, S. E. *Les usages de l'argumentation*. Trad. de l'anglais [*The uses of argument*] par Ph. de Brabanter. Paris: PUF, [1958] 1993.

TOULMIN, S. E.; RIEKE, R.; JANIK A. *An Introduction to Reasoning*. New York: McMillan, 1984.

TRAVERSO, V. *La conversation ordinaire*. Paris: Nathan, 2000.

TRICOT, J. *Traité de logique formelle*. Paris: Vrin, [1928] 1973.

TROTTMAN C. *Théologie et noétique au xviiie siècle. À la recherche d'un statut. Sujet et méthode en théologie. Études de théologie médiévale*. Paris: Vrin, 1999.

TURNER, D.; CAMPOLO, C. Introduction: Deep Disagreement Re-examined. *Informal Logic*, 25, 2005, 1-2.

TUTESCU, M., 2003. *L'argumentation. Introduction à l'étude du discours*. Bucarest: Editura Universităţii din Bucureşti, 2003. En ligne: http://ebooks.unibuc.ro/lls/MarianaTutescu-Argumentation/1.htm.

UEDING, G. (éd.). *Historisches Wörterbuch der Rhetorik*. Tübingen: Niemeyer, 1992.

VALENTIN, Robert. *Les controverses et suasoires de M. Annæus Seneca, Rhéteur*. De la traduction de M. Mathieu de Chalvet. Rouen: Robert Valentin, 1618.

VANNIER, G. *Argumentation et droit. Introduction à la Nouvelle Rhétorique de Perelman*. Paris: PUF, 2001.

VAX, L. *Lexique logique*. Paris: PUF, 1982.

VEGA REÑÓN, L.; OLMOS GÓMEZ, P. *Compendio de lógica*: argumentación y retórica. Madrid: Trotta, 2011.

VIDAL, G. R. *La retórica de antifonte*. México: UNnam, 2000.

VIDAL-NAQUET. Un Eichmann de papier. In: _____. *Les assassins de la mémoire*. Paris: La Découverte, [1987] 1999.

VIÉ LARGIER, C. *Le travail de la reprise discursive dans un genre émergent:* mes forums de débat de la presse allemande et française en ligne. Thèse de doctorat, sous la direction de I. Behr, Université de Paris 3 – Sorbonne Nouvelle, 2005.

VIGNAUX, G. *L'argumentation:* essai d'une logique discursive. Genève: Droz, 1976.

VIGNAUX, G. Énoncer, argumenter: opérations du discours, logiques du discours. In: ALI BOUACHA, A.; PORTINE, H. (éd.). *Langue française. Argumentation et énonciation*, 50, 1981, p. 91-116.

VIGNAUX, G. *L'argumentation – Du discours à la pensée*. Paris: Hatier, 1999.

VION, R. *La communication verbale*. Paris: Hachette, 1992.

VOLKOFF, V. *Les désinformation, arme de guerre*. Lausanne: L'Âge d'Homme, 2004.

VOLTAIRE. *Les Cabales. OEuvre pacifique (1772)*. London: Kessinger Pub, [1772] 2009.

VOLTAIRE. *Candide ou l'Optimisme*. Paris: La Sirène, 1759, p. 37.

WALTON, D. N. *The Place of Emotion in Argument*. University Park: The Pennsylvania State University Press, 1992.

WALTON, D. N. *Argument Structure:* A Pragmatic Theory. Toronto: University of Toronto Press, 1996.

WALTON, D. N. *Appeal to Pity:* Argumentum ad Misericordiam. Albany State: University of New York Press, 1997.

WALTON, D. N. Francis Bacon: Human Bias and the Four Idols. *Argumentation* 13, 4, 1999, p. 385-389.

WALTON, D. N. Deceptive Arguments Containing Persuasive Language and Persuasive Definitions. *Argumentation* 19, 2, 2005, p. 159-186.

WALTON, D.; REED, C.; MACAGNO F. *Argumentation Schemes*. Cambridge: Cambridge University Press, 2008.

WALRAS, Léon. Socialisme et libéralisme. In: _____. *Études d'économie sociale – Théorie de la répartition de la richesse sociale*. Lausanne: Rouge / Paris: Pichon, [1863] 1896, p. 4.

WEAVER, R. Abraham Lincoln and the Argument from Definition. In: _____. *The Ethics of Rhetoric*. South Bend: Gateway, 1953, p. 85-114.

WEBER. M. *Économie et société*. Trad. de l'allemand. Paris: Pocket (Agora), [1921]n1997.

*WEBSTER = Webster Online Dictionary*. En ligne: http://www.webster-dictionary.org/, consulté le 20 septembre 2013.

WEIJERS, O. *De la joute dialectique à la dispute scolastique. Comptes rendus des séances de l'Académie des Inscriptions et Belles Lettres*, 1999, p. 509-518. En ligne: http://www.persee.fr/web/revues/home/prescript/article/crai_0065-0536_1999_num_143_2_16013, consulté le 20 septembre 2013.

WENZEL, J. The Rhetorical Perspective on Argument. In: EEMEREN, F. H. van; GROOTENDORST, R.; BLAIR, J. A.; WILLARD, C. A. (éd.). *Proceedings of the Conference on Argumentation 1986*. Dordrecht: Foris, 1987, v. 1, p. 101-109.

WHATELY, R. *Elements of Rhetoric Comprising an Analysis of the Laws of Moral Evidence and of Persuasion, with Rules for Argumentative Composition and Elocution*. Édité par D. Ehninger, préface par D. Potter, Carbondale and Edwardsville: Southern Illinois University Press, [1828] 1963.

WHATELY, R. *Elements of Logic*. Louisville: Morton & Griswald, [1832].

WIKIPEDIA. http://fr.wikipedia.org/wiki/Wikip%C3%A9dia:Accueil_principal, consulté le 20 septembre 2013.

WINDISCH, U. *Le KO verbal – La communication conflictuelle*. Lausanne: L'Âge d'Homme, 1987.

WILLARD, C. A. *A Theory of Argumentation*. Tuscaloosa: The University of Alabama Press, 1989.

WITTGENSTEIN, L. *On Certainty / Über Gewissheit*. Édité par G. E. M. Anscombe, and G. H. von Wright, traduit par D. Paul et G. E. M. Anscombe. Oxford: Basil Blackwell, 1974.

WITTGENSTEIN, L. *Critique de l'argumentation. Logiques des sophismes ordinaires*. Textes choisis et traduits par M.-F Antona et al. Paris: Kimé, 1992.

WOODS, J., WALTON, D. N. *Fallacies. Selected Papers 1972-1982*, Dordrecht: Foris, 1989.

WOODS, J., WALTON, D. N. Critique de l'argumentation. Logiques des sophismes ordinaires, textes choisis et traduits par M.-F Antona et al. Paris: Kimé, 1992.

WREEN, M. J. A Few Remarks on the Individuation of Arguments. In: EEMEREN, F. H. van; GROOTENDORST, R.; BLAIR, J. A.; WILLARD, C. A. (éd.). *Proceedings of the Fourth International Conference of the International Society for the Study of Argumentation*. Amsterdam: SicSat, 1999, p. 884-888.

WREEN, M. J. Review of Douglas Walton Argument from Ignorance. *Argumentation* 14, 1, 2000, p. 51-56.

YATES F. A. *L'art de la mémoire*. Trad. de l'anglais [*The art of memory*] par D. Arasse. Paris: Gallimard, [1966] 1975.

YZERBIT, V.; CORNEILLE, O. (éd.). *La persuasion*. Lausanne: Delachaux et Niestlé, 1994.

# O AUTOR

**Christian Plantin** é linguista e teórico da argumentação. Professor emérito da Université Lumière Lyon 2, foi diretor de pesquisas do Centre National de la Recherche Scientifique (CNRS).

# Coordenadores da Tradução

**Rubens Damasceno-Morais** é docente da Universidade Federal de Goiás (UFG) com doutorado em Ciências da Linguagem, sob orientação do professor Christian Plantin (*Université Lumière Lyon 2*).

**Eduardo Lopes Piris** é doutor em Letras pela Universidade de São Paulo (USP) e docente da Universidade Estadual de Santa Cruz (UESC). É presidente da Associação Brasileira de Argumentação (ABA), biênio 2023-2025.

# AGRADECIMENTOS

Meus agradecimentos vão ao CNRS (Centro Nacional de Investigação Científica), à Universidade de Lyon 2, à Escola Normal Superior de Lyon e ao Laboratório ICAR (Interações, Corpus, Aprendizagens, Representação), onde tenho encontrado, ao longo dos últimos vinte anos, um ambiente de trabalho particularmente rico e estimulante.

Muito obrigado igualmente à ENS Editores e à Sophie Lecluse por sua atenção e paciência.

Eu agradeço imensamente a todos e todas com quem pude dialogar no processo de elaboração deste trabalho sobre argumentação:

Ruth Amossy, Tel Aviv
Elvira Arnoux, Buenos Aires
Vahram Atayan, Heidelberg
Michael Baker, Paris
J. Anthony Blair, Windsor
Marina Bondi, Módena
Dora Calderón, Bogotá
Claude Chabrol, Paris
Sara Cigada, Milão
Emmanuelle Danblon, Bruxelas
Joseph Dichy, Lyon
Marc Dominicy, Bruxelas
Marianne Doury, Paris
Isabel Margarida Duarte, Porto
Frans van Eemeren, Amsterdã
Frances de Ehrlich, Caracas
Wander Emediato, Belo Horizonte
Eckehard Eggs, Hanôver
Anca Gata, Galati
Silvia Gutiérrez, México
Ralph Johnson, Windsor
Catherine Kerbrat-Orecchioni, Lyon
Roselyne Koren, Tel Aviv

Olga Lucía León, Bogotá
Vincenzo Lo Cascio, Amsterdã
Kristine Lund, Lyon
Anna Mankovska, Varsóvia
Maurizio Manzin, Trento
Roberto Marafioti, Buenos Aires
María Cristína Martínez, Cáli
Michel Merle, Nice
Michel Meyer, Bruxelas
Nora Muñoz, Rio Gallegos
Constanza Padilla, Tucumã
Chantal Plantin, La Rochette
Federico Puppo, Trento
Matthieu Quignard, Lyon
Rui Ramos, Minho
Henrique Carlos Jales Ribeiro, Coimbra
Eddo Rigotti, Lugano
Michaël Rinn, Rennes
Hammadi Sammoud, Tunis
Serena Tomasi, Trento
Véronique Traverso, Lyon
Douglas Walton, Windsor
Edda Weigand, Münster
Maria Zaleska, Varsóvia

A todos os participantes dos seminários de argumentação, um muito obrigado por suas críticas, seus questionamentos às vezes imprevisíveis e a sua atenção exigente.

# CADASTRE-SE
## EM NOSSO SITE,
## FIQUE POR DENTRO DAS NOVIDADES
## E APROVEITE OS MELHORES DESCONTOS

---

LIVROS NAS ÁREAS DE:

História | Língua Portuguesa
Educação | Geografia | Comunicação
Relações Internacionais | Ciências Sociais
Formação de professor | Interesse geral

ou
editoracontexto.com.br/newscontexto

Siga a Contexto
nas Redes Sociais:
@editoracontexto

**GRÁFICA PAYM**
Tel. [11] 4392-3344
paym@graficapaym.com.br